AMRA

MONIKA
DONNER

TIGER IN HIGH HEELS

Warum ich in
unserer Idiotengesellschaft
als Frau leben muss

AMRA

Brandheiße Infos finden Sie regelmäßig auf:
www.facebook.com/AMRAVerlag

Hier erreichen Sie unsere Autorin:
www.Monika-Donner.at

Besuchen Sie uns im Internet:
www.AmraVerlag.de

Ein Originalpaperback im AMRA Verlag
Auf der Reitbahn 8, D-63452 Hanau
Telefon: + 49 (0) 61 81 – 18 93 92
Kontakt: Info@AmraVerlag.de

Herausgeber & Lektor	Michael Nagula
Einbandgestaltung	factory point & Guter Punkt
Layout & Satz	mufim.media & Birgit Letsch
Illustrationen	Jasmin Hoffmann (nach Ideen der Autorin)
Fotorechte	Monika Donner
Druck	Finidr, s.r.o.

ISBN-Printausgabe 978-3-95447-043-3
ISBN eBook 978-3-95447-136-2

Für
uns alle

Angaben zur Autorin

Monika Donner wurde 1971 in Linz als Junge geboren, maturierte an einem Jesuitenkollegium, war Offizier des Bundesheeres und ist zurzeit als Juristin im Verteidigungsministerium beschäftigt. Außerdem ist sie Lebens- und Sozialberaterin. Sie begleitet Menschen auf dem Weg zur Selbstwerdung.

Monika Donner ist eine Transfrau und lebt in einer »hetero-lesbischen« Partnerschaft mit einer Frau. Ihre Transidentität empfindet sie als wesentlichen und spirituellen Bestandteil ihres Lebens. Sie ist keinem Ismus zuordenbar und lebt zen-orientiert. 2010 hat sie wesentlich dazu beigetragen, dass für Transsexuelle der Zwangscharakter genitalanpassender Operationen auf höchstrichterlicher Ebene in Österreich aufgehoben wurde. Deutschland, Italien und die Schweiz sind 2011 nachgezogen.

Haftungsausschluss

Das vorliegende Buch ist sorgfältig erarbeitet worden. Dennoch erfolgen alle Angaben ohne Gewähr. Weder Autorin noch Verlag können für eventuelle Nachteile oder Schäden, die aus den im Buch gemachten theoretischen Erläuterungen sowie praktischen Hinweisen und Anleitungen resultieren, eine wie auch immer geartete Haftung übernehmen. Das Buch wurde mehrfach korrektur- und testgelesen. Wer dennoch Fehler findet, darf sie behalten.

INHALTSVERZEICHNIS

II. EGO-MANIE UND SELBST-BEFREIUNG

III. FÜR DICH?

IV. APPENDIX

VORWORTE

Entweder und Oder

Wer die drei Vorworte „Entweder und Oder" bereits verinnerlicht hat, dem wird das Lesen dieses Buchs ziemlich sicher leicht fallen. Eigentlich könnten Sie dann das vorliegende Werk gleich weiterschenken.

Ich freue mich, dass Sie weiterlesen. Sind Sie unsicher, was mit den Vorwörtern gemeint ist? Das kriegen wir schon hin. Worum geht es in diesem Buch? Es geht um ein Leben in der Mitte. Im Hauptteil beschreibe ich zuerst, wie ich in den Rollen von Mann und Frau gelebt habe. Danach zeige ich, wie es mir gelungen ist, mich von den Geschlechterrollenbildern und den mit ihnen verbundenen Zwängen zu befreien. Unter diesen Zwängen sind sowohl die gesellschaftlichen als auch meine ehemaligen Vorstellungen über die Geschlechterrollen zu verstehen.

Was bringt Ihnen die Lektüre über einen Menschen, der unverschämt zwischen den Geschlechtern lebt? Jeder Mensch hat ein zweigeschlechtliches Innenleben. Die Darstellung meines Befreiungskampfs soll Ihnen bei der Auseinandersetzung mit Ihrem Innenleben helfen. Dieses Buch handelt schließlich von der Entwicklung des inneren Selbst, der Freilegung des nicht manipulierbaren Wesenskerns. Diese Entwicklung versteht sich nicht als Aneignung von etwas Neuartigem oder Fremdem, sondern als Entfaltung des längst vorhandenen tiefsten Inneren. Erst habe ich nämlich mich bzw. meinen Wesenskern eingewickelt oder verwikkelt in gewisse Masken meines Ego, des gesellschaftlich konstruierten Ichs. Später befreite ich mich von der Vorstellung, nur das Produkt der eigenen und gesellschaftlichen Denkmanipulation zu sein. Das Innere wurde in etwa entwickelt, also frei gemacht, wie ein Körper, der nackt zum Vorschein kommt, wenn alle Bekleidungsschichten abgelegt sind. Hervor tritt das Selbst. In der Psychologie spricht man auch vom inneren Kind. Jesus sagte, dass wir wieder zum Kind werden sollen. Dann sind wir im Paradies auf Erden. Und Buddha hat beschrieben, wie das geht: indem man den Weg der Mitte geht. Müssen dafür Männer als Frauen und Frauen als Männer leben? Nein. Aber schaden tut's nicht.

Für Zwischenformen ist in den Gehirnen der meisten Menschen leider wenig Platz, obwohl uns die Natur zeigt, dass es Sachverhalte gibt, die nicht klar einem der beiden Pole zugeordnet werden können. So sind selbst die Pole der Welt, Nord- und Südpol, zwar geographisch, das heißt auf Landkarten, mehr oder weniger genau determiniert, in Wahrheit sind die Grenzen aber schwimmend und Schwankungen ausgesetzt.

Die Nacht ist nicht schwarz und der Tag nicht nur hell. Selbst im finstersten Wald erhellt der Mondschein den Weg. Auch am sonnigsten Tag werfen Gegenstände dunkle Schatten. Die Erde ist rund und hat keine Ränder im Sinne eines Anfangs oder Endes.
Es gibt intersexuelle Lebensformen, die die Merkmale beider Geschlechter in sich vereinen. Leider zwangsoperiert sie der Mensch in seiner eigenen Spezies prinzipiell gleich nach der Geburt und beraubt sie so ihrer unverkennbaren Individualität, um sie exakt einem Geschlecht zuordnen zu können: Mann oder Frau. Daneben gibt es Menschen, die zwar biologisch mehr oder weniger klar zuordenbar sind, aber de facto weder ganz in das männliche, noch in das weibliche Rollenbild passen: Transsexuelle, Transvestiten, Crossdresser, Androgyne, Drag Queens, Drag Kings usw. Vereinfachend fasse ich diese Menschen unter dem Begriff „Transidente" zusammen. Die Definitionen der einzelnen Kategorien interessieren uns in diesem Buch nur am Rande. Sie sind aber in verschiedenen Kapiteln zu finden.[1] Interessanterweise sind viele Transidente normalitätssüchtiger als Otto Normalverbraucher. Sie erkennen ihr Potential nicht.

Ich bin in einer sehr natürlichen Umgebung aufgewachsen und fühlte mich als Kleinkind eins mit ihr. Den Eintritt in soziale Einrichtungen wie Kindergarten und Schule habe ich als äußerst schmerzhaft erlebt, weil mein sensibles Wesen den dortigen Systemdruck wie ein graues Netz spürte. Bald schon wurden die Rollenbilder wahrgenommen, in denen die Erwachsenen zu erstarren schienen. Bereits im zarten Kindesalter kam die erste Vision, irgendwann als Frau im Männerkörper zu leben. Nach einigen harten Erlebnissen in der Pubertät habe ich mich zum Selbstschutz in extrem männliche Rollenbilder begeben. Vom Randgruppen-Rowdy, Biker, Kraftsportler und Weiberheld zum Offizier des österreichischen Bundesheers und Juristen im Verteidigungsministerium. Keinen Tag dieses Lebens als „Centurio" möchte ich missen, weil ich jeden Moment voll und ganz, also richtig gern, gelebt habe. Aber irgendetwas fehlte, ging förmlich verloren. Aber was? Es war die mir angeborene Sensibilität und Weichheit sowie das Erlebnis der Einheit zwischen mir und meinem Umfeld, die mit fortscheitender Identifikation mit der selbst erwählten Männerrolle mehr und mehr zu schwinden schien. Sie war zwar nie wirklich ganz weg, aber doch stark von dem überlagert, was sie schützen sollte. Meine Weichheit wurde von meiner männlichen Persönlichkeit überschattet. Ich mutierte zum Sklaven meiner männlichen Rolle.

1 Siehe insb. die Kapitel „Begriffe zum Begreifen", „Anima-Erotik" („Hinter den Kulissen") und „Käfig 2: Monique Dumont" („Ein- und Umleitung")

Meine Weiblichkeit suchte ich – natürlich vergeblich – in meinen Partnerinnen. Dieser Mangel suchte einen Ausgleich. Es kam, wie es kommen musste, und es entwickelten sich bald verstärkt meine eigenen weiblichen Anteile. Meine Anima[1] manifestierte sich in Form der Wochenend-Diva „Monique Dumont", einem stets perfekt gestylten, weiblich erotischen, verführerischen, lebenslustigen, manchmal aber sehr unsicheren Wesen. Auch gegenüber dieser weiblichen Rolle versklavte ich mich.

Mit Beginn der Lebens- und Sozialberatungsausbildung begannen beide bis dahin bewusst getrennt gehaltenen Persönlichkeiten „Centurio" und „Monique Dumont" zu verschmelzen. Es galt jeden einzelnen Tropfen gesellschaftlichen Sklavenbluts aus mir herauszupressen, indem ich den Fokus auf mein Inneres richtete und mich so unabhängiger vom Fremdbild, d.h. vom realen oder von mir erwarteten Reagieren der Außenwelt auf mich, machte. Mehr und mehr Tropfen Sklavenblut verließen mich, bis ich schließlich entschied, als Frau im Männerkörper zu leben.

Fragen, mit denen ich privat und beruflich konfrontiert werde, lauten zum Beispiel: Wozu das Ganze? Ist das nicht anstrengend für dich und deine Mitmenschen? Willst du nur provozieren? Wie siehst du die Welt? Warum leiden so viele Menschen? Bist du bei dir angekommen? Fühlst du dich wohl? Macht es dir Freude, anders zu sein? Ist das natürlich? Bist du gegen Männer? Unterstützt du Frauen? Ist deine Partnerin lesbisch? Wie findest du zu dir? Wie finde ich zu mir? Wie überbrückt man die Kluft zwischen Spiritualität und Wissenschaft?
Diese Fragen können auf vielen Ebenen beantwortet werden. Für dieses Buch habe ich eine Mischung unterschiedlicher Ansätze gewählt. Meine Antworten vereinen die Darlegung meines innersten Empfindens und eigenen Erlebens mit psychologischen, sozialkritischen, rechtlichen, naturwissenschaftlichen und philosophischen Ansätzen, aber auch spirituellen Erläuterungen. Dabei steht die Vereinigung spiritueller und wissenschaftlicher Erkenntnisse mit ihrem Ergebnis im Mittelpunkt: Der Zweck unserer Existenz ist die Selbstwerdung. Wir dürfen wieder zum Kind werden.

Die Kurzantwort auf die genannten Fragen lautet: Ich bin, wie ich bin.

Für die nun folgende lange Antwort muss ich mich freilich der Mittel der sprachlichen Ausdrucksweise bedienen. Worte sind begrenzt und können verschieden verstanden werden. Dazu kommt, dass ich mich bei

1 Anima: weiblicher Anteil der männlichen Psyche; siehe insb. die Kapitel „Anima-Vision"

wissenschaftlichen Auseinandersetzungen teilweise auf geborgtes Wissen abstützen muss, das nicht immer meiner eigenen Erfahrung entstammt. Unter Spiritualität verstehe ich kein magisches Hokuspokus, sondern die bewusste Rückentwicklung zu jener natürlichen Einheit hin, die jedem Wesen innewohnt: die Einheit von Körper, Seele und Geist einschließlich der Erfahrung universeller Verbundenheit. Dazu bedarf es „nur" der individuellen Befreiung aus dem gesellschaftlich programmierten Denk-Gefängnis des eigenen Ego.
Das Spirituellste, das ein Mensch tun, nein, geschehen lassen kann, ist die Sprengung des über die Jahrtausende gebauten Gehirn-Knasts. Wahre Spiritualität ist also etwas sehr Irdisches. Parasitäre Religionen wie das katholische Christentum, falsche Gurus und andere Scharlatane kann und will ich nicht direkt mit wahrer Spiritualität in Verbindung sehen, weil sie nur das Ego stärken und damit der Selbstwerdung im Weg stehen.

Seit meiner Kindheit beschäftige ich mich mit den in diesem Buch behandelten Themen. Der Impuls, sie in einem Werk zusammenzufassen, kam nach einer Rede des Herrn Joseph Ratzinger zum Jahreswechsel 2008/2009. Die Ansprache des Papsts empfand ich als Hetze gegen transidente Menschen, ganz generell aber auch als versuchte Hexenjagd gegen all jene Menschen, die individuelle Lebenswege beschreiten. „Diese negative Energie muss transformiert werden!", dachte ich und begann zu schreiben. Im Zuge des Studiums der „heiligen" Schriften bekam ich schließlich – schwarz auf weiß – die Bestätigung für mein von klein auf tief sitzendes Gefühl, dass sich der Vatikan so weit von Jesus entfernt hat wie Adolf Hitler vom Humanismus. Ich weise hiermit darauf hin, dass ich zwar mit der Kirche alles andere als zimperlich verfahre, es mir jedoch nicht darum geht, irgendjemanden zu beleidigen. Es ist aber ein deutliches Ziel dieses Buchs, ein geistiges Beben auszulösen oder zu verstärken, das das ohnehin schon brüchige Prunkgebäude der römischen Kirchenführung zum Einsturz bringt. Die geistig-seelische Distanzierung von dieser bigotten Organisation ist nämlich aus meiner Sicht nötig, um Gott in sich selbst und seinen Mitmenschen zu erkennen.

Mein persönliches Erleben und meine Ansichten sollen aufgrund der immanenten Subjektivität keinen Allgemeingültigkeitsstatus erlangen. Jeder von uns hat seinen individuellen Weg zu gehen. Im Idealfall wird daher auch die Schwingung hinter den Worten erfasst. Das geht meiner Meinung nach am Besten, wenn wir mit Herz und Verstand lesen.

EINLEITUNG

Das Allerwichtigste … ist
fähig zu sein, das Leben zu genießen
ohne sich von den Dingen in die Irre führen zu lassen.

Haftet an nichts fest …
nicht einmal an der Wahrheit.
Shunryu Suzuki [1]

Was will ich mit diesem Buch erreichen? Es geht mir um mehr gesellschaftliche Liebe und Akzeptanz durch individuelle Befreiung. Im ersten Teil wird daher mein Befreiungsweg aus den gesellschaftlichen Rollenbildern „Mann" und „Frau" sowie anderen Zwängen anhand meiner bisherigen Verwicklung und Entwicklung inklusive meiner heutigen Sichtweise vermittelt. Dies geschieht primär, um die darauf folgenden theoretischen Feststellungen mit etwas lebendiger Substanz zu versehen. Ich möchte Ihnen Gelegenheit geben, an meinem Leben teilzuhaben und sich bei Bedarf etwas aus diesen Schilderungen in Ihr eigenes Leben mitzunehmen. Hoffentlich wird auch so ein Beitrag zu mehr Liebe und Akzeptanz im menschlichen Zusammenleben geleistet.

Hinsichtlich des Geschlechterkampfs, den ich nie wollte, in dem ich mich aber ganz einfach und großteils sehr naiv befand, geht es mir nicht um die Leugnung der menschlichen und biologischen Natur. Ganz im Gegenteil. Es soll ein möglicher Weg zur Befreiung aus der Konditionierungsklammer, aus dem Gefängnis des manipulierten Geistes, dem allgemeinen Psychoknast, gezeigt werden. Diesen unsichtbaren *Käfig für Geist und Psyche*, den Menschen errichtet und aufrecht erhalten haben, der der breiten Masse Sicherheit bietet und deshalb schwer fassbar ist, kann nur jeder für sich selbst sprengen. Um authentisch zu bleiben, muss mein Befreiungsweg vorwiegend unter Bezugnahme auf mein bisheriges Lebensthema „geschlechtliche Rollenbilder" erfolgen.

1 *Shunryu Suzuki*, Seid wie reine Seide und scharfer Stahl (2002), S. 12 und 14

Da diese Rollenbilder weitestgehend denaturalisiert, vom Menschen konstruiert und künstlich sind, habe ich sie von klein auf hinterfragt, als unnötige Bürden empfunden und mich im Laufe der Jahre selbst als Mensch und Transfrau neu erschaffen. Ich lebe als mein eigenes Gesamtkunstwerk, wenn Sie so wollen.

Das Sekundärziel, einen Beitrag zu einer friedlicheren Welt zu leisten, sehe ich im folgenden Kontext erreichbar: Die Erkenntnis, dass wirkliche individuelle Freiheit nicht von außen kommt, man sie sich folglich nur selbst geben kann, können grundsätzlich alle Menschen gewinnen. Politik, Religion, Wirtschaft und Massenmedien können insofern ihren Beitrag zur Schaffung günstiger Voraussetzungen leisten, als politischer, religiöser und wirtschaftlicher Wandel die Folge individueller Befreiung sogenannter Machthaber sein kann. Dann kann sich nämlich kurzsichtige, egozentrische Politik zur weitsichtigen, fürsorglichen Schaffung staatlicher Rahmenbildung für die persönliche Entfaltung des Einzelnen transformieren. Viele religiöse Institutionen, die bisher nur dem Selbstzweck dienen, könnten sich mit Leichtigkeit zu Vermittlerinnen wahrer Spiritualität (Freiheit des Individuums) hocharbeiten, und profitsüchtige Konzerne könnten umweltschonende, familienfreundliche Marktstrategien einsetzen. Dies und viel mehr könnten die Folgen der Selbstwerdung einzelner Personen sein.

Unser Leben trommelt sich auf seine Weise,
mal eher laut, mal eher leise.
Nicht der Trommler, nicht der Stick
lenken das Geschick.

Diese Zeilen tippe ich soeben im Wohnzimmer der kleinen Wochenendwohnung meiner Mutter, in die ich nach einer ausgedehnten Schneewanderung durch tiefe Wälder zurückkehrte. Das heimelige Domizil befindet sich im idyllisch verschneiten Kirchschlag, einer kleinen ländlichen Ortschaft mehrere hundert Meter über dem weit entfernten Meeresspiegel, nahe meiner Heimatstadt Linz. Dass meine Ausführungen eventuell von Mitgliedern der Kirche, aber auch anderen religiösen und weltlichen Machtmissbrauchern als Schlag ins Gesicht empfunden werden, wäre durchwegs auch auf die klare Luft und die bewusstseinserweiternde Energie des Kirchschlager Waldes zurückzuführen. Die Natur synchronisiert meine Emotionen und Gedanken.

Das noch lüftende Backrohr wärmt noch lange den Raum, nachdem die daraus entnommene Pizza schon längst verspeist wurde. Die Wärme meiner Wangen wird angenehm vom bis zum Po reichenden Haar gedämmt. Mein Blick schweift nach draußen in den von Väterchen Frost imposant gestalteten Garten. Der Schnee am unlängst restaurierten Vogelhäuschen glitzert ebenso schön wie meine langen, french manicure gestylten Fingernägel. Ich blicke umher. Alles befindet sich an seinem Platz: Bücher, Schreibzeug, der Einkauf für die nächsten Tage, (unbenutzte) Schminksachen, Sportkleidung, kuschelige Wohlfühlklamotten, Stiefel, Laufschuhe und ein Paar High Heels. Es handelt sich um meine Lieblingssandaletten in Schlangenlederoptik mit goldenen 14 Zentimeter Absätzen. Es widerstrebt mir, ohne Stöckelschuhe zu verreisen, wenngleich die jetzige Witterung am Land das Tragen dieser sexy Fußkunstwerke nur drinnen ermöglicht. Ansonsten stöckle ich gelegentlich beim Shopping in der Stadt herum. Oft habe ich die Hohen Hacken für das seelische Wohlbehagen im Büro an. Am liebsten bin ich aber mit flachen Schuhen im Wald unterwegs.

Am heutigen Tag stelle ich fest, dass es mir weitestgehend gelungen ist, meine Kindheitsvision zu leben. Das Innerste wurde nach außen gekehrt, das Äußere nach innen gestülpt. Weibliche Anteile sind im Einklang mit den männlichen. Mit Jasmin, meiner geliebten Partnerin, erlebe ich jenes harmonische Zusammensein, das ich mir schon als Kind gewünscht habe. Wir verbringen jede freie Minute zusammen, ohne uns einzuengen. Hauptberuflich bin ich als Juristin im Verteidigungsministerium beschäftigt. Dort leite ich ein Referat im Bereich der Personalführung. Als Nebentätigkeit versehe meinen Dienst beim Helplineservice des Heerespsychologischen Dienstes. Meine Stunden in der Armee scheinen aber gezählt zu sein. Seit einiger Zeit arbeite ich mit einem renommierten Produzenten an einem Kinofilm, der auf diesem Buch basiert. Wenn der Streifen was wird, wechsle ich vielleicht die Branche.

Wie kam es dazu? Ein Blick durchs geistige Auge nach oben erblickt mich im einzigen darüber liegenden Stockwerk, wo ich im Jahr 1992 als junger Mann lebte. Damals war ich 21 Jahre alt, voll ungezügelter Energie und noch mitten in der ersten Pubertät. Eine zweite in weiblicher Form sollte folgen. Doch dazu später. Stellen Sie sich nun einen großen, durchtrainierten Mann vor, mit rasiertem Schädel und funkelnden Augen. Wären Sie die Nachbarin gewesen, hätte sich Ihnen untertags grundsätzlich dieses Bild geboten: Der breitschultrige Nachbar namens Toni steigt von seinem dröhnenden Motorrad ab, begibt sich laut stapfend in seine Wohnung, aus der er kurz darauf mit seinem ausgewachsenen Rottweiler Wotan in den Wald verschwindet. Kaum sind Nachbar und Hund retour, lässt Ihnen Heavy Metal keine Ruhe und den Wunsch hochkommen, der biologische Raumteiler (massive Kerl) möge sich bald wieder an die Luft begeben.

Tatsächlich geht er spät nachts noch einmal mit einem Rucksack hinaus. Dass sich darin zwei schwarze Stöckelschuhe befinden, weiß nur er. Still und heimlich sucht er einen ruhigen, unbeleuchteten Platz unweit seines Apartments. Noch bevor er die schicken Schuhe ausgepackt hat, klopft das Herz wie ein Presslufthammer. Wie die laute Musik, die in seiner Wohnung das geliebte Klappern der Absätze übertüncht, wenn er wieder einmal zwischen Schlaf- und Wohnzimmer herumstöckelt. Im Freien jedoch ist die Angst, erwischt zu werden, riesengroß. Toni hat die Stilettos schon in der Hand, zögert aber und fragt sich, ob er denn verrückt sei, ob sein Drang, in diesen Schuhen draußen herumzugehen, normal sei. Man könnte das doch weiterhin nur im sicheren Zuhause machen, überlegt er ängstlich. Das genügt ihm aber schon lange nicht mehr. Er verabscheut es zutiefst, etwas zu verstecken, das ihm solche Freude bereitet. Er muss also hinausgehen.

Nach einigen tiefen Atemzügen hat er kurz Klarheit. Er empfindet es als sein gutes Recht, seinem Inneren zu folgen und etwas zu tun, das für Frauen selbstverständlich ist. Er schadet auch niemandem damit. Außerdem handelt es sich doch nur um etwas Leder und Metall, verbunden mit Schrauben und Klebstoff. Kaum will er die High Heels anziehen, kommen wieder Gedanken hoch. Was würde geschehen, wenn ihm nun jemand auf diesem dunklen Weg entgegen käme? Was würde man von ihm denken? Würde man ihn auslachen oder gar zum Dorfgespött machen? Was würden Mama, Vati oder gar Großvater, der Offizier und Gentleman, sagen, wenn sie davon wüssten? Es folgt eine kurze Lagebeurteilung, die man als überzeugter Soldat einfach drauf hat: Schnell die heißen Schuhe anziehen, einige Schritte machen, kurzer Beobachtungs- und Horchhalt, Weitermarsch, bei „Feindkontakt" rasch die Schühchen in die Wiese gekickt und so weiter. Noch einmal durchgeatmet. Los geht's. What a feeling! Was für ein „herrlich weibliches" Gefühl! Es wackelt zwar mehr als in den eigenen vier Wänden und ein wenig Angst ist noch da, aber ein gewisser Duft der Freiheit überlagert jegliche Beklemmung.

Die Anspannung war enorm. Größer war die Freude darüber, sich einen lang gehegten Wunsch erfüllt zu haben.

Zurück in die Jetzt-Zeit. Heute war ich, wie erwähnt, sehr lange in der Natur und auch an jenem Ort, an dem ich vor rund 17 Jahren meine ersten quasi öffentlichen Anima-Schritte machte. Hier in meiner natürlichen Gehschule fasste ich einen Entschluss. Ich würde die Beschreibung meiner persönlichen Befreiung aus den Geschlechterrollen und des Wegs zu mir selbst einleiten, indem ich das Problem aufzeige, das gesellschaftliche Bekleidungsdiktate in mir verursachten. Diese teils schriftlichen, teils ungeschriebenen Kleidungsvorschriften sind nur eine Facette der gesellschaftlichen Geschlechterrollen.

Durch Kleidertausch wird jedoch besonders deutlich sichtbar, dass und wie sich in Bekleidungsordnungen gesellschaftliche Realitäten widerspiegeln. Am sogenannten Crossdressing, dem Tragen der dem Gegengeschlecht zugeordneten Kleidung, wird sichtbar, dass bestimmte Einschränkungen keine geschlechtliche Legitimierung haben.[1] Denn offensichtlich wird die Art, sich so zu kleiden, als derart abnorm angesehen, dass man für sie einen eigenen Namen schuf. Sich seinen Wünschen entsprechend zu kleiden, wird leider nicht als Selbstverständlichkeit betrachtet, sondern am ehesten als einzelne verrückte Normabweichung. Kleidertausch führt uns den Konnex zwischen Geschlecht bzw. sozialer Rolle und Bekleidung einerseits sowie Status in der Hierarchie der Geschlechter andererseits vor Augen.

Frauen, die maskuline Kleidung anlegen, fallen heutzutage kaum bis gar nicht auf, wird ihr Kampf um Anerkennung in der männlichen Geschäftswelt in Verbindung mit dem Anlegen männlicher Insignien doch eher als Aufstieg gesehen. Umgekehrt wird es vielfach als sozialer Abstieg des Mannes erachtet, wenn er sich weiblich kleidet und benimmt oder ganz als Frau lebt. Die Worte „Aufstieg" und „Abstieg" machen deutlich, dass es eine großteils unsichtbare, aber fühlbare Rangordnung vor allem in kapitalistischen Staaten gibt, die Frauen im materiellen Bereich noch immer den zweiten Platz hinter den männlichen Artgenossen, den absoluten Meistern der wirtschaftlichen Produktion, einräumt. Umgekehrt sieht es im Sexuellen aus, zumal Verführung und die damit einhergehende Kontrolle den Frauen obliegt.[2]

1 Vgl. auch *Susanne Benedek und Adolphe Binder,* Von tanzenden Kleidern und sprechenden Leibern – Crossdressing als Auflösung der Geschlechterpolarität? (1996), S. 185
2 Vgl. auch *Jean Baudrillard,* De la séduction (1979) – Von der Verführung (1992)

Im Prinzip ist seine Eroberung nämlich nur erfolgreich, wenn sie ihn, vorwiegend unter Einsatz ihren äußeren Reize, dazu verführt hat.

Besonders deutlich präsentiert sich uns die enge Schnürung der Geschlechterkorsetts, wenn jemand die Geschlechterrolle für immer wechselt. Wer im anderen sozialen Geschlecht[1] – ich nenne es das Gegengeburtsgeschlecht – leben will, muss zu Beginn des 21. Jahrhunderts in einigen europäischen Ländern für die rechtliche Anerkennung ein Blutopfer erbringen, sich nämlich einer sogenannten geschlechtsanpassenden Operation (gaOp) unterziehen. Ohne gesetzliche Deckung verlangten die österreichischen Behörden noch im Jahr 2009, mehr geheim als offiziell, von einem Mann im Frauenkörper die Entfernung von Gebärmutter und Eileitern. Bei diesem Menschen, der biologisch Frau, vom Denken und Fühlen her aber Mann ist, ist der chirurgische Aufbau eines Penisersatzes (Penoid) nicht verpflichtend. Will ein biologisch männlicher Mensch mit weiblichem Fühlen und Denken als Frau anerkannt werden, muss er nicht nur Penis, Hoden und Samenleiter wegoperieren lassen, sondern auch eine sogenannte Neovagina formen lassen. Natürlich kann man im biologischen Sinne aus einer Frau niemals einen Mann machen und umgekehrt. Geschlechtswechsel im biologischen Sinn ist ein Ding der Unmöglichkeit.[2] Ziel der geschlechtsanpassenden Operation kann nur, wie der Name ja sagt, die Anpassung an das andere (biologische) Geschlecht sein.

Der Operationszwang und die unterschiedliche Handhabung hinsichtlich der primären Geschlechtsorgane, Penis und Vagina, zeigen uns einiges über gesellschaftliche Wertungen und Zwänge. Man gibt uns nur zwei Geschlechter und die damit verbundenen Rollenzwänge vor. Mangels (rechtlich) anerkannter Zwischenformen mussten sich transidente Personen bis vor kurzem noch organisch zurechtstutzen lassen wie menschliche Bonsais[3], um in der anderen Rolle rechtliche und öffentliche Anerkennung zu finden. Das galt in Österreich, bis ich die Nase gestrichen voll hatte und mir in einem anstrengenden Papierkrieg das Recht erkämpfte, ohne gaOp als Frau anerkannt zu werden. Kurz darauf verbesserte sich auch die Rechtslage in Deutschland, Italien und der Schweiz.

1 Soziales Geschlecht als seelisch-mentales Pendant zum biologischen Geschlecht, wobei zweiteres hauptsächlich auf primäre und sekundäre biologische Geschlechtsmerkmale wie Genitalien und Keimdrüsen sowie Chromosomenstatus abstellt.
2 Vgl. *Johanna Kamermans*, Mythos Geschlechtswandel (1992), insb. S. 108
3 Bonsai: zurechtgeschnittene und klein gestützte Bäume und Sträucher; aus dem Japanischen direkt übersetzt bedeutet Bonsai soviel wie Schalenpflanze

Seither muss sich keine Transfrau mehr unters Messer legen, um einen weiblichen Vornamen und Dokumente mit weiblichem Geschlechtseintrag zu erhalten. Das gilt im umgekehrten Fall auch für Transmänner.[1] Etwa die Hälfte der Betroffenen wünscht keine solche Operation, weil sie diese als Verstümmelung und Zwangskastration empfinden würde. Für sehr viele anpassend operierte Menschen ist der chirurgische Eingriff jedoch die Erlösung aus dem „Leid im falschen Körper", wobei der soziale Anpassungsdruck ein wesentlicher Faktor bei der psychischen Entfremdung vom eigenen Körper sein dürfte.

In der je nach Geschlecht unterschiedlichen gesellschaftlichen Forderung nach körperlicher Anpassung lag eine patriarchalische Doppelmoral: Während bei Frauen, die als Männer lebten, der Aufbau eines künstlichen Penis nicht notwendig war, damit ihre geschlechtliche Identität anerkannt wurde, musste sich der biologische Mann erst seines Herrschaftszepters berauben lassen, um als Frau zu gelten. Im Gegensatz dazu war ja der im patriarchalischen Sinne „Neuling" Transmann in seiner Wahl frei. Homophobie[2], „Transphobie"[3] und gedankliche Dominanz des puren (biologischen) Männlichen lassen grüßen. Auch wenn sich die rechtliche Situation in Österreich, Deutschland, Italien und der Schweiz jetzt geändert hat und das wahrscheinlich die Rechtslandschaft weniger liberaler Länder beeinflussen wird, sind deshalb noch lange nicht alle geschlechtlichen und sexuellen Ungleichbehandlungen und Diskriminierungen beseitigt. Es gibt noch viel zu tun. Da Österreich und die erwähnten Nachbarländer nicht der Maßstab der Welt sind, wird im vorliegenden Buch gelegentlich noch vom Operationszwang die Rede sein. Dieses Buch wurde schließlich für geistige Weltbürger geschrieben.

Freilich gibt es mehrere gesellschaftliche Rollen und daran geknüpfte Erwartungen, die allesamt unmöglich erfüllt werden können. Beim Themenkreis Rollen und Rollenbilder kommen wir kaum am Thema Konditionierung und Manipulation vorbei. Wir sind vielfach konditioniert, d.h. absichtlich geistig manipuliert und dressiert worden wie Versuchstiere oder Zirkusäffchen. Wem nutzen diese verschiedenen Rollen, die nicht nur vermeintliche Sicherheit bieten, sondern auch unzählige Menschen wegen ihrer überwiegenden Unnatürlichkeit, Zwanghaftigkeit und Unerfüllbarkeit unglücklich machen?

1 Transmann: biologisch Frau, soziales Geschlecht Mann

2 Homophobie: eine irrationale, weil durch den homophoben Menschen sachlich nicht begründbare Angst vor homosexuellen Menschen und ihren Lebensweisen; grds. ist von der Angst vor der *eigenen* Homosexualität des Homophoben auszugehen

3 Transphobie: Angst vor der eigenen Transidentität; siehe die Fußnote zur Homophobie

Wer hat etwas davon, dass wir angepasst leben? Und worin liegt unsere Neigung, nicht aus der Masse treten zu wollen, um unser eigenes Leben zu leben? Warum glauben wir, unser Ego, das funktionierende Ich, zu sein, anstatt es nur als Instrument zu nutzen und zu wissen, dass wir in Wirklichkeit reines Bewusstsein sind?

Mit der Beantwortung dieser Fragen beschäftige ich mich vor allem im zweiten Teil „Ego-Manie und Selbst-Befreiung", nachdem Sie mich im ersten Teil auf meinem persönlichen Weg durch den menschlichen Chaos-Dschungel begleitet haben. Der dritte Teil hält eine Auswahl an alltagsrelevanten Umsetzungsmöglichkeiten für Sie bereit. Der für Bücher übliche Anhang (vierter Teil) beinhaltet neben dem Abkürzungsverzeichnis und einer Danksagung auch detaillierte, sozialkritische, eher heitere Begriffsbestimmungen transidenter Lebensformen.

Es würde die Leser wahrscheinlich unnötig verwirren, mich irgendeinem „Ismus" zuordnen zu wollen. Weder huldige ich dem Kapitalismus, Kommunismus, Materialismus, Nationalismus, Anarchismus oder Nihilismus, noch dem Katholizismus, Judaismus, Islamismus, Hinduismus oder Buddhismus als amtlichen Religionen. Sehr wohl picke ich mir aber die mit meinem Inneren vereinbaren Elemente der verschiedensten „Ismen" heraus, um mich in der Öffentlichkeit verständlich zu machen. Worte mit geschlechtsspezifischer Endung verwende ich gelegentlich entgegen der üblichen Praxis in der weiblichen Form, zumal im deutschsprachigen Raum nach wie vor die meisten Begriffe männlich besetzt sind. So wird meiner Meinung nach im Unterbewusstsein weiterhin ein hauptsächlich männliches Weltbild aufrechterhalten. Dies soll nicht darüber hinwegtäuschen, dass ich weder das Männliche noch das Weibliche bevorzuge. Einzig die Förderung wahrer Weiblichkeit und Männlichkeit, nämlich natürlicher Menschlichkeit jenseits von einseitigen gesellschaftlichen Rollen und Zwängen, liegt mir am Herzen. Diese ergibt sich aus der vom Geschlecht unabhängigen Befreiung des Individuums von seinem Ego und dessen Masken als Summe gesellschaftlicher Konditionierungen.

Bewusst wird grundsätzlich auf wichtigkeitsfetischistische Fachbegriffe verzichtet. Wo sie ausnahmsweise als erforderlich erachtet wurden, befindet sich eine entsprechende Erklärung, eine in Klammern gesetzte Anmerkung oder eine Fußnote. Ich bin dafür, klar Erfassbares auch klar auszudrücken.

Fußnoten geben darüberhinaus jene Quellen bekannt, aus denen ich nicht meinem Erfahrungsschatz entsprungenes Wissen beziehe oder die meine Haltung wissenschaftlich und spirituell untermauern. Sie sollen das Nachschlagen und Überprüfen meiner Angaben erleichtern.

Ich hoffe, es stört nicht weiter, dass ich Sie ab hier mit „du" anspreche. Immerhin erhältst du tiefen Einblick in mein Leben. Es ist bestimmt nachvollziehbar für dich, dass es mir leichter fällt, wenn ich beim Schreiben das Gefühl habe, alles einer guten alten Freundin oder einem guten alten Freund zu erzählen.

I. MEINE VER- UND ENTWICKLUNG

ZUM GELEIT

Ich erinner' mich gern an diese Zeit,
eine Zeit, die man nie vergisst,
doch ich muss mein Leben leben,
meinen Weg alleine gehen,
mach's gut, du schöne Zeit,
auf Wiedersehen ...
Böhse Onkelz[1]

Der Himmel hat sich verdunkelt. Die Erdoberfläche ist vom Krieg zwischen Mensch und Maschine verwüstet. Siegreiche Kampfmaschinen produzieren Energie aus menschlichen Körpern, die zu diesem Zweck auf riesigen Feldern in ihren Waben liegen. Sie leben, befinden sich aber in einem computergenerierten Traumzustand, den sie für die Realität halten. Dieses Programm (Matrix) halten sie für ihr reales Leben. Tief im Erdkern liegt Zion, wo die letzten frei geborenen Menschen und jene Glücklichen leben, die von mutigen Schiffsbesatzungen aus den Fängen der Matrix befreit wurden. Dazu müssen sich die Retter bewusst in das computererzeugte Gefängnis des Verstands, die Matrix, einloggen. Unzählige Kampfmaschinen stehen kurz davor, in Zion einzudringen, als Morpheus, der Kapitän eines dieser Schiffe, seine Schwestern und Brüder beruhigt, indem er folgende Ermutigung durch die Höhlen hallen lässt: „Ich stehe hier völlig angstfrei. Wieso? Etwa, weil ich an etwas glaube und Ihr nicht? Nein! Ich stehe hier ohne Angst, weil ich etwas nicht vergessen habe. Ich habe nicht vergessen, dass ich nicht hier bin wegen des Wegs, der vor mir liegt, sondern wegen des Wegs, der bereits hinter mir liegt ..."[2]

1 *Böhse Onkelz*, aus dem Lied "Erinnerungen", Album "Onkelz wie wir" (1987)
2 Aus dem Film „Matrix Reloaded" (Teil II, 2003), Drehbuch und Regie: *Wachowski-Brüder*

Weil mein Vertrauen in das Leben von Geburt an groß war, sah man mir vermutlich nicht an, dass ich – ab der Identifikation mit meiner Persönlichkeit – in gewissen Situationen ganz tief in mir Riesenängste hatte. Ich stellte mich diesen Ängsten, um zu erkennen, dass ich sie hauptsächlich selbst verursacht hatte. Hinsichtlich meiner Lebensgeschichte wird auf jene Abschnitte und Ereignisse näher eingegangen, die zum Ziel dieses Buchs in eindeutigem Verhältnis stehen, d.h. dafür relevant sind. Dies unabhängig davon, ob es freudige oder leidvolle Erfahrungen waren. Es geht niemals darum, mit jemandem schriftlich abzurechnen. Alle Rechnungen sind beglichen. Zum Schutz einzelner Personen habe ich ihre Namen geändert und Details ausgelassen, die auf eine bestimmte Identität schließen lassen. Da die Erzählung für mich eine Reise in die Vergangenheit wird, die ich mir durch Meditation so gut wie möglich in die Gegenwart hole, kann es in einigen Abschnitten etwas heftiger in der Ausdrucksweise werden. Ich werde meine Empfindungen nicht nachträglich beschönigen, weil ich ganz ungeschminkt vermitteln will, wie ich gelebt und erlebt habe. Schließlich hat mich mein bisheriger Weg zu dem gemacht, was ich heute bin.

Unmittelbar nach einem autobiografischen Kapitel befindet sich der Anhang ***„Hinter den Kulissen“***. Darin erfolgt die Vermittlung der heutigen Sichtweise, die reflektierende Erklärung. Sie wird kursiv geschrieben und grundsätzlich fachliterarisch begleitet. Diese Sicht von außen hat den Zweck, das von mir im menschlichen Theater persönlich Erlebte aus wissenschaftlicher und spiritueller Sicht zu erläutern. Es handelt sich um die erwähnten entwicklungspsychologischen, psychotherapeutischen, soziologischen, naturwissenschaftlichen, juristischen und mystischen Darlegungen, wobei das Ziel der Verbindung von Spiritualität und Wissenschaft deutlich im Vordergrund steht. Eine große Herausforderung stellte die Verknüpfung zwischen dem persönlichen Teil einerseits mit der Vermittlung dieser reflektierenden Betrachtung andererseits dar. Dabei galt es abzuwägen, wie man spontan Erlebtes und nachfolgende Reflexion bestmöglich verbindet. Eine direkte Verknüpfung en bloc wäre nicht fair. Sie würde den Lesefluss unnötig bremsen. Bei einer separaten Abhandlung in einem in sich geschlossenen Teil würde der Konnex zum lebhafteren persönlichen Part verloren gehen. Demnach fiel die Entscheidung auf einen Kompromiss, nämlich einen speziellen Anhang, der bis zum Kapitel „Innere Führung“ zumeist einem konkreten Lebensabschnitt (Kapitel) folgt.

Ab einer bestimmten Lebenserfahrung deckt sich die damalige Sichtweise mit der heutigen, weshalb es zum betreffenden Kapitel dann keinen Anhang gibt.

Es kommt vor, dass scheinbar mit der aktuellen Thematik weniger stark verbundene Themenkreise relativ intensiv behandelt werden. Beispielsweise wird im Kapitel „Der liebe Gott" meine persönliche spirituelle Erfahrung im Verhältnis zur späteren externen Betrachtung relativ kurz beleuchtet. Die Gründe dafür sind, dass meine Erfahrungswelt in diesem Punkt sehr deutlich für sich selbst spricht und die nachfolgende „biblische Beweisführung" der Anbetung eines Nichtgottes durch die katholische Kirche sowohl Erkenntnisse in spiritueller Hinsicht ermöglicht, als auch verschiedene machtmissbräuchliche Phänomene unseres Alltagslebens zu erklären vermag. Die zusammenfassenden Erläuterungen bieten somit die Möglichkeit, anhand gebündelter Informationen im realen Leben auf rationaler Ebene zu argumentieren, wo einem hin und wieder vor Schock die Spucke wegbleibt. Wem dieser theoretische, eher rationale, aber dennoch praxisrelevante Part zu intensiv oder gegenüber dem mitunter sehr emotional geschriebenen autobiographischen Teil zu kontrastreich ist, für den besteht die Möglichkeit, „Hinter den Kulissen" als gesonderte Lektüre zu lesen oder überhaupt wegzulassen.[1]

Es sei noch darauf hingewiesen, dass es sich bei der nun folgenden Erzählung um mein persönliches, individuell einzigartiges Erlebtes handelt. Den Weg, den ich ging, war ich förmlich gezwungen zu gehen, insbesondere weil ab einem gewissen Zeitpunkt jeder Schritt in eine andere Richtung Leid in verschiedener Gestalt brachte. Insofern kann unreflektierte Nachahmung nicht empfohlen werden. Nicht, weil ich jemandem diese Erfahrungen ersparen oder nicht gönnen möchte. Der Grund ist einfach: Imitationen und Kopien sind meist gefährlicher als das Original – für sich selbst und für ihre Mitmenschen. Jeder geht am besten seinen eigenen Weg und versucht dabei, soweit als möglich im Einklang mit seiner Umwelt zu sein.
Solltest du während des Lesens bei dir körperliche Veränderungen oder extreme Stimmungsschwankungen wahrnehmen, so sei bitte behutsam mit dir selbst und lege eventuell eine Pause ein. Es könnte gut sein, dass du deinen persönlichen Käfig erstmals bewusst wahrnimmst. Die „Frohe Botschaft" lautet: Es gibt einen Weg heraus. Du selbst bist die Tür aus dem Käfig.

1 Im zweiten Fall wäre es wirklich schade drum, weil viel Herzblut drin steckt.

Nach einer intensiven Sitzung meinte ein Klient zu mir: „Aha, da draußen umgibt mich also ein riesiges Gefängnis. Es ist aber hauptsächlich im Kopf und daher bin ich selbst die Tür in die Freiheit!" Eventuell inspiriert dich die eine oder andere Schilderung, deinen eigenen Weg ähnlich wie ich oder in eine ganz andere Richtung zu gehen. Nochmals ersuche ich dich, nicht unbedingt am Wortlaut zu haften, dafür aber das Buch mit Herz und Hirn im Kontext zu erfassen – als Ausgleich für eventuell unzureichende Worte.

Dafür danke ich dir von ganzem Herzen!

We are one
Everywhere I go, everyone I see
And I see my face looking back at me
We are one
Everything I know, what I know is true
Everyone of us is inside of you
We are one

Wir sind eins
Wohin ich auch geh, wen ich auch anblick´
Mein eigenes Gesicht blickt auf mich zurück
Wir sind eins
Alles was ich weiß, und was ich weiß, ist wahr
Jeder von uns ist in Dir gewahr
Wir sind eins[1]

Begeben wir uns nun auf eine Zeitreise vom Jahr 1970 bis zum Jahr 2012 und begleiten einen geschlechtsneutralen Embryo auf seinem Weg über das naturverbundene Kind, den supermännlichen „Centurio", seinen weiblichen Gegenpart, die Wochenendfrau „Monique Dumont", bis hin zum nicht mehr schubladierbaren Menschen.

Wirkliche individuelle Freiheit kommt nicht von außen.
Nur der einzelne Mensch kann sie sich selbst geben.
Freiheit ist das höchste Gut – Wahrheit und Liebe
sind ihr Schwert und Schild.

1 *Kiss*, aus dem Lied „We are one" vom Album „Psycho Circus" (1998); frei übersetzt von Monika Donner

PRÄNATALES

Danke mir nicht für dein Leben -
ich hatte Spaß bei deiner Zeugung.
Anton Justl [1]

Mein Leben begann lange bevor ich das Licht der Welt erblickte, wobei ein Zeitraum von etwa neun Monaten als gesichert erachtet werden kann. Ich kann mit keinerlei Erinnerungen über ein Vorleben als Pharao, byzantinische Hure oder außerirdische Lebensform aufwarten. Meiner inneren Gewissheit zufolge habe ich aber bereits mehrfach in anderen physischen Formen gelebt, und diese Erfahrungen bedingen mein großes Vertrauen in die Existenz mit. Selbstverständlich habe ich eine zeitlang – in sogenannten Selbstfindungsphasen – darüber phantasiert und mir von selbsternannten Sehern erzählen lassen, welch großer Heerführer ich einst gewesen sei. Ob es sich dabei um Projektionen ihrer eigenen Wünsche auf meine Erscheinung, ihre Wahrnehmungen meiner Energien und Hoffnungen, um die Wahrheit oder eine Mischung aus alldem handelte, ist nicht verifizierbar. Rückführungen haben mich gereizt, ich ließ meine Vorleben aber dann bewusst jene Mysterien bleiben, die sie offenbar seit der Geburt sein sollen. Ich kam ohne Wissen über sie zur Welt und habe nun dieses Leben zu meistern, lautete die Entscheidung. Entgegen der allgemeinen Euphorie bestand für mich von Kindesbeinen an lange Zeit kein Sinn darin, auf den Mond zu rasen oder sonst wo im Weltraum herumzuschwirren, solange die Probleme auf der Erde nicht gelöst sind.[2]

1 Mein Vater (1946 bis 2000)

2 Nun stehe ich diesem Thema neutral gegenüber, wozu das (witzigerweise erst nach Fertigstellung meines Manuskripts) gelesene Buch von *Edgar Mitchell*, Wege ins Unerforschte – Die äußere und innere Reise eines Apollo-Astronauten (1997), beigetragen hat: Mitchell beschreibt darin auch seine spirituelle Erfahrung universellen Verbundenseins auf der Reise im All und bringt sie mit wissenschaftlichen Erklärungen in Einklang.

Mama hat nie etwas über eine „gesegnete Invitrofertilisation"[1] oder eine „Befruchtung durch den Kosmos" erzählt. So gerne ich lange Zeit auch etwas Super-Besonderes gewesen wäre, so sehr zwingen die Fakten zur Beschränkung auf die Wahrheit. Nicht einmal die Zeit in Mamas Bauch habe ich in Erinnerung. Mama und Vati haben mir aber bestätigt, dass ich neun Monate drinnen war, bis ein glückstrahlender Wonneproppen das grelle Licht der Welt, also des Kreißsaals, erblickte.

Im Alter von etwa sieben Jahren wurde mir von meinem Vater offenbart, ihm für mein Dasein auf der Welt nicht dankbar sein zu müssen. Immerhin habe er mächtig Spaß „dabei" gehabt. Darüber wollte ich genauer Bescheid wissen. Ich erinnere mich daran, dass ich stets allen möglichen Menschen Löcher über Gott und die Welt in den Bauch fragte. Bereits im Kindergarten fand ich heraus, dass die Menschen zwar von der Seele sprechen, aber null Ahnung haben, wovon sie da reden. So fiel es auch nicht schwer, viel Erdigeres wie die Sexualität zu erfragen und später zu erleben. Das führe ich darauf zurück, dass mein inzwischen verstorbener Vater von vornherein offen und auf eine humorvolle, aber gleichzeitig wahrheitsgetreue Art mit diesem Thema umging. Scham aufgrund meines Sexuallebens kam bei mir nie auf, wofür ich dem „Alten Herrn" sehr verbunden bin.

Gezeugt wurde ich irgendwann im kalten Oktober 1970. Die Schilderung von erotischen Details kann mangels diesbezüglicher Informationen (und würde letztlich aus Diskretionsgründen) nicht erfolgen. Es steht aber fest, dass ein männliches Spermium meines Vaters in eine Eizelle meiner Mama eindrang und erstere – genau gesagt auch zweitere – befruchtete. Woher ich über die Beschaffenheit des kleinen väterlichen Lebensspenders weiß? Mein Chromosomentest im Jahr 2008 ergab die biologische Geschlechtsinformation „XY", d.h. „männlich". Es hätte jedoch durchwegs anders kommen können, was in meinem Fall alles andere als abwegig wäre.

1 Invitrofertilisation: „Befruchtung im Glas" – künstliche Befruchtung; spontane Befruchtung von Eizellen und aufbereiteten Spermien im Reagenzglas

Hinter den Kulissen

Daher machen wir jetzt einen kurzen Abstecher in die Unterleibsregionen. In den Hoden werden männliche und weibliche Spermien zu etwa gleichen Teilen produziert. Sie transportieren somit entweder weibliche (X-Chromosom) oder männliche Erbinformationen (Y-Chromosom). Die Frau im Mann existiert so gesehen auch im biologischen Sinne. Die von der Frau gelieferte unbefruchtete Eizelle stellt stets das weibliche X-Chromosom zur Verfügung. Neben von der Natur vorgesehenen Abweichungen kommen also grundsätzlich zwei chromosomale Konstellationen durch eine erfolgreiche Befruchtung heraus: XX gleich Mädchen und XY gleich Junge.

Bis zur neunten Schwangerschaftswoche ist der Fötus praktisch geschlechtsneutral. In ihm sind bis dahin die Urkeimdrüsen beider Geschlechter angelegt. Das sind die sogenannten Müllerschen und Wolfschen Gänge. Vereinfacht kann man sagen, dass sich bei „XX-Embryos" (Mädchen) aus den Müllerschen Gängen weibliche Keimdrüsen, nämlich Eierstöcke, Eileiter und Uterus, entwickeln. Die Wolfschen Gänge verkümmern. Umgekehrt verhält es sich grundsätzlich bei „XY-Embryos" (Jungen). Es kann jedoch, je nach Existenz eines weiteren Gens, zu „XX-Männern" und „XY-Frauen" kommen. Bei „normaler" Rezeption (Aufnahme) bestimmter, dem männlichen chromosomalen Geschlecht entsprechender Hormone aus den embryoeigenen Hoden entwickelt sich der Fötus zu einem männlichen Phänotyp. Es ist aber ein natürliches Phänomen zu beobachten: Fehlen Keimdrüsen oder lenken fötale Hodenhormone die Entwicklung nicht in die männliche Richtung, entwickelt sich ein weiblicher Phänotyp.

Demzufolge bevorzugt die Natur das weibliche Geschlecht, wie Johanna Kamermans im Sachbuch „Mythos Geschlechtswandel – Transsexualität und Homosexualität" verdeutlicht.[1] Für die menschliche Entwicklung gibt es ein Basismodell, und dieses ist weiblich.[2] Aus dem Vorhandensein von Brustwarzen bei Männern kann geschlossen werden, dass das ursprünglichere Geschlecht das weibliche ist.[3] Dies könnte damit zusammenhängen, dass das kleinere männliche Y-Chromosom vor etwa 240 bis 320 Millionen Jahren aus dem vielfach größeren weiblichen X-Chromosom entstanden sein soll.

1 Vgl. *Johanna Kamermans*, Mythos Geschlechtswandel – Transsexualität und Homosexualität (1992), S.21
2 Vgl. auch *Hellgard Rauh* in *Rolf Oerter und Leo Montada*, Entwicklungspsychologie (2007), S. 154
3 Vgl. auch *Gisela Bleibtreu-Ehrenberg*, Der Weibmann (1984), S. 19 – unter Berufung auf *Charlotte Wolff*

Das Y-Chromosom enthält nur einige Dutzend Gene, wohingegen das X-Chromosom Tausende von Genen enthält: „Wissenschaftlich gesehen bedeutet dies, dass die weibliche Identität als Erste vorhanden war und dass die männliche Identität eine davon abgeleitete ist."[1]

Für die Festlegung des Geschlechts bedarf es nach Pschyrembels Klinischem Wörterbuch grundsätzlich der Übereinstimmung folgender fünf Faktoren: 1. Chromosomales Geschlecht (Genetisches Geschlecht: grundsätzlich XX oder XY), 2. Gonadales Geschlecht (Keimdrüsengeschlecht: Eierstöcke, Hoden), 3. Genitales Geschlecht (äußere Genitalien sowie sekundäre Geschlechtsmerkmale: Frau - Brüste, höhere Stimme, reicheres Haupt- und weniger starkes Körperhaar; Mann - Bart, Adamsapfel und tiefere Stimme), 4. Psychisches Geschlecht (sexuelle Selbstidentifikation als weiblich oder männlich) sowie 5. Soziales Geschlecht (sexuelle Einordnung und Rollenzuweisung durch die Umwelt, u.a. als juristisches Geschlecht). „Widersprüche zwischen genitalem, psychischem und sozialem Geschlecht können unter Umständen zu erheblicher psychischer Beeinträchtigung der Betroffenen führen", lautet die abschließende Bemerkung.[2] *Es sei klargestellt, dass es sogar innerhalb des genitalen Geschlechts zu Abweichungen kommen kann. So verhält es sich zum Beispiel bei einer (bartlosen) Transfrau mit Penis, Brüsten und weiblicher Stimme.*

Das chromosomale Geschlecht ist nicht immer eindeutig, dafür aber unabänderlich, und das gonadale Geschlecht ist grundsätzlich im Alltag nicht sichtbar. Im sozialen Alltagsleben zählen hauptsächlich die sichtbaren sekundären Geschlechtsmerkmale. Viele dieser Kriterien nutzen aber beispielsweise einer Transfrau in vielen Ländern dieser Erde nur sehr wenig. Entfernen des Bartwuchses, reduzierte Körperbehaarung, feminine Stimme, Brüste, weibliche Kleidung – alle diese sekundären Geschlechtsmerkmale sowie das psychische und soziale Geschlecht zählen kaum etwas im Vergleich zum äußeren Genital. Dabei ist diese „Problemzone" im Alltag kaum bis gar nicht sichtbar. Trotzdem wird die rechtliche Zuordnung als „weiblich" faktisch noch immer verweigert oder erschwert. Im Klartext: Aus einem kleinen Ding wird eine riesengroße Sache gemacht. Es geht immerhin um den Stolz der Männlichkeit und die mit diesem „Zepter" (Penis) verbundene Machtposition

1 *Roel den Dulk*, Der androgyne Engel – Kampf und Versöhnung der Geschlechter (2002), S. 200; sich berufend auf „Science" (Oktober 1999), zitiert nach *Allard Stikker*, Over vrouw en man (Amsterdam/Antwerpen 2000)
2 Vgl. *Pschyrembel*, Klinisches Wörterbuch (1998), S. 566

vor allem gegenüber den mit der „Schande“ (Vagina) behafteten Frauen.[1] Im Jahr 1977 war das hormonelle Geschlecht noch ein weiteres, aber umstrittenes Kriterium. Wahrscheinlich wurde damals deshalb angemerkt, dass in der Notwendigkeit der Übereinstimmung all dieser (einst sieben)[2] Kriterien „die Schwierigkeit einer forensischen und juristischen Beurteilung unklarer geschlechtlicher Verhältnisse“ liegt.[3]

Im diffusen Licht der nicht immer einfachen Geschlechtszuordnung und der Erkenntnis des natürlichen Vorrangs der Weiblichkeit wird unsere künstlich starre, nach wie vor patriarchalische Geschlechterordnung als rein menschliches Theater entlarvt. Steht der natürliche Vorrang des Weiblichen etwa in einem Zusammenhang mit der gröblichen Vernachlässigung weiblicher Elemente im Christentum und anderen Religionen? Fühlen sich manche Männer, vor allem Machthaber und Würdenträger, den Frauen unterlegen? Da die „natürliche Feinmechanik“ im embryonalen Stadium offenbar eine komplexere Entwicklung zum Mann eingerichtet hat, mutmaße ich pauschal und wissenschaftlich wahrscheinlich nicht belegbar, dass Männer (auch) deswegen im sozialen Leben den Frauen an Komplexität um nichts nachstehen. Höheres Statusstreben, mehr Konkurrenzkampf und höhere Selbstmordraten, gesteigertes Suchtverhalten und niedrigere Lebenserwartung gegenüber den Damen sprechen dafür, dass männliche Menschen entgegen dem uralten Klischee im Kontext eher ein komplizierteres Wesen aufweisen. Liegt es daran, dass er seine weiblichen Anteile weniger integriert hat als sie ihre männlichen? Ist die Zeit reif für die Efrauzipationsbewegung[4] des Mannes mit wirklicher weiblicher Hilfe?

Versuche der Eltern, aus ihren Söhnen „richtige Männer zu machen“, meine ich jedenfalls nicht mit wirklicher Hilfestellung. Es würde vermutlich schon genügen, wenn so mancher Sohn – auf der psychischen Ebene – nicht als „Mutters kleiner Ehemann“ oder „Vaters kleiner Konkurent“ herhalten müsste ...

1 Zepter und Schande: „Zepter“ war tatsächlich eine zumindest in Österreich auf dem Land geläufige Bezeichnung für den Penis; für die Vagina hatte man den unschöneren Begriff „Schande“.
2 Sieben Kriterien 1977: Man unterschied zudem zwischen genitalen (äußeren Genitalien) und sekundären Geschlechtsmerkmalen.
3 Vgl. *Pschyrembel*, Klinisches Wörterbuch (1977), S. 41
4 Efrauzipationsbewegung: Wortschöpfung als Pendant zur Eman(n)zipationsbewegung

KINDHEIT

Paradiesische Wiege

Mit Mamas Hilfe zwängte ich mich am 11.7.1971 um ca. 18:15 Uhr mitteleuropäischer Zeit aus ihr und in den Dunstkreis der Stadt des Stahls. In Linz sollte ich die folgenden 34 Jahre verbringen. Da war ich nun in der noch gar nicht bipolar wahrgenommenen Welt. Als eher introvertierter Krebs erhielt ich den extrovertierten Schützen zum Assistenten, wie er von mir in meiner spielerischen Kindersprachwelt noch Jahre später genannt wurde.[1] Ein Elternteil weiblich – der andere männlich, drinnen warm – draußen kalt usw. Vati zählte triumphierend bis 21: Zehn Finger, zehn Zehen und ... na, wäre ich ein Mädchen geworden, wäre er nur bis 20 gekommen. Kaum draußen, wurde der Junge nach Gewicht und Körpergröße vermessen, erhielt Kleidung, den Namen „Anton Alexander Justl" und eine nahegelegene Wohnanschrift. Was für ein Service. Direkt neben der Frauenklinik befand sich unser gemauerter Wohnbereich. Der von hohen Bäumen und weiten Wiesen ummantelte Vierkanter hatte bereits als Bauernhof ausgedient, bot aber ein warmes Zuhause und jenes natürliche Ambiente, in dem klein Toni etwas später unkontrolliert und frei herumdüsen durfte. Dieses Heim geht auf Mamas Willen zurück, wofür ich ihr bis heute dankbar bin.

Bei der Namensgebung hatte sie jedoch nichts mitzureden. Als Anton Nr. 4 in der väterlichen Ahnenreihe wurde mir nicht nur derselbe amtliche Vorname sondern auch derselbe Rufname „Toni" verpasst. „Anton" war mir als mein eigener Name von Beginn an fremd. Ich konnte mich mit diesem für mich sehr hart und kühl klingenden Namen nicht identifizieren. Auch meine drei männlichen Vorfahren wollten nicht „Anton" gerufen werden, und dennoch konnte mir niemand erklären, warum dann ausgerechnet diese so viel unpersönlicher klingende Buchstabenfolge in meinen Dokumenten stehen musste.

1 Gemeint ist freilich der Aszendent im astrologischen (und nicht im juristischen) Sinne.

Es handelte sich vermutlich um eine Art sinnloser Tradition der als Polizist, Heeresoffizier und bei der Landesregierung beamteten Vorfahren. Obwohl ich kein Mitspracherecht hatte, musste ich aber später des Öfteren gegenüber meinen Mitmenschen erklären, warum ich nicht „Anton" gerufen oder gehänselt werden wollte. Wäre es nach Mama gegangen, so hätte man mich „Martin" getauft. Zumindest das „M" in „Monika" ging ihr 38 Jahre später in Erfüllung.

Die Liebe beider Eltern, ein behagliches Zuhause, massig leckere Nahrung sowie der stete Kontakt mit saftigen Wiesen und hohen Bäumen gaben mir das bis heute ungebrochene Vertrauen, geliebter Teil dieser Erde zu sein. Da war die liebende Fürsorge meiner Mutter, die – wie in den meisten Familien üblich – meine Hauptbezugsperson war. Sie war immer da, also daheim, bis ich zur Schule ging. Wenn mein Vater zuhause war, lag er oft kuschelnd neben mir im Bett und erzählte Geschichten. Alles in allem ruft die Zeit als Säugling und Kleinstkind kaum konkrete Bilder hervor. Vielmehr lebt sie als wohligwarme Geborgenheit und Verbundenheit in mir weiter, die am ehesten als braunbeige gemischte, ruhige, harmonische Schwingung in meinem Inneren beschrieben werden kann.

Die erste detaillierte Erinnerung ist die an ein zutiefst ergriffenes Lachen im Alter von knapp über einem Jahr. Es wurde vom Zuschlagen eines Buchs verursacht. Meine Oma mütterlicherseits hat mir irgendetwas vorgelesen, das ich als Knirps im Gitterbett inhaltlich nicht erfassen konnte. So stand ich da und beobachtete sie beim Lesen. Sogar ihre hochgesteckte Frisur und die Farbe meines Stramplers[1] habe ich in Erinnerung. Sie liest und liest. Plötzlich fällt das Buch zu. Dieses „Krawumm!" durchfährt mich wie ein Blitz und ruft intensives Gelächter hervor. Mit großen Augen blicken sich Baby und Großmutter an. „Was findet der Kleine so lustig?" fragt sie sich. Langer Blickkontakt. Da kommt das erheiternde Geräusch noch einmal. Lachen. Und noch einmal. Lachen. Krawumm, krawumm, krawumm! Ich war begeistert und Oma lachte mit. Was ergriff mich so stark? Heute kann ich sagen, dass es die Störung oder abrupte Beendigung eines monotonen Vorgangs war. Plötzlich war Leben da. Die künstliche Ordnung wurde mit einem Knall zerstört und dadurch ergab sich mitmenschliche Berührung durch Lachen. Die Sichtweise, dass in Zerstörung etwas „Heiliges" liegt, wenn daraus Kreativität und Begegnung resultieren, scheint mir buchstäblich in die Wiege gelegt worden zu sein.

1 Strampler: Babyoverall

Hinter den Kulissen

In der sogenannten oralen Phase[1] *liegt die Keimzelle des Urvertrauens, der späteren positiven Beziehung zu unseren Eltern, anderen Bezugspersonen und zum gesamten Umfeld. Je nachdem, ob physische Bedürfnisse und Verlangen nach Nähe angemessen befriedigt wurden, erlebt das Kind, dass es in seine Umwelt eingebettet ist und mit allem Nötigen versorgt wird. Oder es fühlt sich der Welt hilflos ausgesetzt (Urmisstrauen). Auf der Ebene der geistigen Entwicklung spricht man bis zum zweiten Lebensalter vom sogenannten sensomotorischen Stadium, in dem die kognitiven Erkenntnismöglichkeiten des Babys an die augenblicklichen Interaktionen mit der Umwelt gebunden sind.*[2] *Das Baby differenziert noch nicht zwischen Vergangenheit, Gegenwart und Zukunft. Es nimmt sich nicht als getrennt von seiner Umgebung wahr, weil es sich noch nicht mit einem „Ich" identifiziert. Bereits im sechsten Monat können Babys aber kausale Ereignissequenzen erkennen, d.h. sie nehmen eine Verknüpfung von Ursache und Wirkung wahr. Ihre Denkleistung beschränkt sich jedoch auf die aktuelle Situation im Hier und Jetzt. Vergegenwärtigen wir uns daher die Aussage des Menschensohns Jesus, dass „diese Kleinen, die gesäugt werden" denen gleichen, „die ins Königreich eingehen."*[3] *Wenn wir bewusst wieder wie diese Kinder werden, unser Urvertrauen zurückerlangen, dann sind wir wieder im Hier und Jetzt. In diesem paradiesischen Zustand, das unserem Selbst (wahren Ich) entspricht, offenbart sich das Königreich (Paradies) hier auf Erden. Dasselbe lehrt Buddhas Weg der Mitte.*[4]

Entwicklungspsychologisch betrachtet, kommen Säuglinge mit bestimmten kognitiven Fähigkeiten zur Welt, die sie später zur Ausbildung gewisser domänenspezifischer Kernwissenssysteme befähigen.[5] *Fachwissen über Biologie, Psychologie, Zahlen, Physik etc. kann dadurch erlernt werden. Diese in der Natur des Menschen gelegene, „programmierte geistige Entwicklung" wird großteils durch Menschen einseitig konditioniert (trainiert). Sie geht einher mit der „natürlichen" gedanklichen – ego-zentrischen – Abgrenzung gegenüber der Umwelt ab dem zweiten Lebensjahr.*

1 Vgl. *Sigmund Freud*, Vorlesungen zur Einführung in die Psychoanalyse (1930): Die Klassische Phasenlehre wird von einigen als nicht mehr zeitgemäß erachtet; im gegebenen Zusammenhang ist sie mE absolut passend.
2 Vgl. *Beate Sodian* in *Rolf Oerter und Leo Montada*, Entwicklungspsychologie (2007), S. 438 und 439
3 ausdrücklich im Thomas-Evangelium, Logion 22 sowie ähnlich („Kindlein") bei Matthäus 18:3 und 19:4, Markus 10:14 und Lukas 18:16; Anmerkung zum Begriff Logion („Vers"): Griechisch „Logia" bedeutet soviel wie „Spruch" oder „Göttliche Antworten" und „Äußerungen"
4 Siehe Kapitel „Buddha Jesus", insb. „Jesu Lehre ist Buddhas Lehre" – „Zur vierten Wahrheit *Magga Sacca*"
5 Vgl. *Beate Sodian* in *Rolf Oerter und Leo Montada*, Entwicklungspsychologie (2007), S. 478

Erkennen wir irgendwann, welche Konditionierungen uns von unserem Selbst entfernten, uns zu einem Ego mit einer bestimmten Persönlichkeit machten, brauchen wir sie lediglich loszulassen. Das ist mit Jesu Hinweis gemeint, dem zufolge wir „die alte Persönlichkeit ablegen" sollen, die „gemäß ihren trügerischen Begierden verdorben" wurde.[1] *Anders formuliert: „So leget nun von euch ab, nach dem vorigen Wandel den alten Menschen, der durch Lüfte im Irrtum sich verderbt."*[2]

Garten Eden

Nachdem mir die Zuversicht gegeben worden war, dass die Welt zuhause voll in Ordnung ist, begann die Erkundung der Welt außerhalb. Aus dem sportlichen Kinderwagen heraus griff ich zum Erstaunen meiner Mutter den Hunden ins Maul und lallte fröhlich die Menschen an. Meine Eltern brachten mich beide auf ihre Weise der Natur näher. Mama spazierte stundenlang an vielen schönen Orten mit mir. Erlebnisse in Wäldern, an Seen und Flüssen sind eine der Ursachen für das von Liebe, Annahme und Freundschaft geprägte Verhältnis zwischen uns. Vatis Naturbezug erstreckte sich auf den Rasen. Seine Ausmaße sind genormt und betragen in der Breite 45 bis 90 und in der Länge 90 bis 120 Meter.[3] Auf diesem Feld war er in Oberösterreich so etwas wie eine lebende Fußballlegende. Für mich war er der Gott des runden Leders.

Ab den ersten Laufschritten verbrachte ich die meiste Zeit im riesigen Garten, mit dem ich eine Einheit bildete. Bis auf wenige Fleckchen war er so belassen, wie die Natur es vorsah. Kein Golfrasen. Durch hohe Gräser musste man sich lange kämpfen, um zu den Sträuchern vor einem Zaun zu gelangen. Dass dahinter Autos fuhren, hörte man gelegentlich, war aber nicht weiter von Interesse. Viel spannender waren die Blumen, Schnecken, Regenwürmer und Vögel. Der Duft des Grases, der Geschmack von Kirschen, Äpfeln und gelegentlich auch Erde, die Berührung von Baumrinde, Steinen und manchmal auch Brennnesseln begleiteten die Erlebnisse der warmen Jahreszeit. Durch verschneite Landschaften stapfen und bis zur Erschöpfung laufen, um dann die „Maaaamaaaaa" wegen etwas Essbarem oder zwecks reiner Anwesenheitskontrolle zu stören, gehörte zum winterlichen Ritual.

1 Epheser 4:22 in „Neue-Welt-Übersetzung der heiligen Schrift (1994)"
2 Epheser 4:22 in „Die Bibel, Deutsche Übersetzung nach Martin Luther, Britische und ausländische Bibelgesellschaft (1929)"
3 Siehe das Regelwerk der FIFA

Das Verhältnis zu den Nachbarn war gut. Es gab keine Probleme mit den älteren Menschen. Weil ihre Kinder längst ausgezogen waren, hatte ich wenig Kontakt zu Gleichaltrigen.

Meine Eltern ließen mich (bis zur Pubertät) so sein, wie ich war. Sprechen zu lernen, machte mir große Freude, insbesondere weil mich Mama und Vati intensiv und spielerisch dabei begleiteten. Meine Sprache folgte selbstredend auch meinen eigenen Regeln. „Nuk" hieß Schnuller, die „Lopolopogagive" zog die Eisenbahnwaggons und zu „Südwester" wurden Raketen gen Himmel gefeuert. Irgendwann muss es passiert sein, dass Toni von sich selbst nicht mehr in dritter Person sprach, sondern – wie die Erwachsenen es vorlebten – als „Ich". Wann das geschehen ist, kann ich mich nicht mehr erinnern. Aber ich weiß noch genau, dass meine Erinnerung an Ereignisse in der Natur ab dem Tag etwas anders wurde, als ich Mama und Vati als in der Ichform von draußen berichtete. War das Thema zum Beispiel das eben errichtete Baumhaus, dann merkte ich während der Erzählung, dass sich meine Erinnerung an die Einzelheiten des Bauens mit den Schilderungen darüber veränderte. Es waren die Worte, die meine Empfindungen verfälschten. Daran dürfte es gelegen haben, dass ich, manchmal zum Leidwesen meiner Angehörigen, lieber meine Werke zeigte, als über sie zu reden.

Über meine Kunstwerke aus Lego (Plastik) und Matador (Holz) musste ich niemandem berichten, man sah sie ohnedies im einen oder anderen Zustand. Sie flogen durchs Zimmer, als ich die Freude an der Zerstörung entdeckte. Es machte Spaß, wenn alles in Einzelteile zersprang und dann herumlag. Spannung im Körper, zusammengepresste Lippen und Augen, Krach und Herumpurzeln der Einzelteile gaben mir ein mächtiges Gefühl. Außerdem löste es hin und wieder eine interessante Reaktion beim Menschen nebenan, meiner Mutter in der Küche, aus. Es kam aber auch vor, dass ich Zorn verspürte, wenn ein Bauwerk nicht wie vorgestellt gelang, weil die dummen Steine nicht taten, was ich (das Ich) wollte. Das Ich wurde also zornig, wenn etwas nicht entsprechend seiner Vorstellung verlief. Dafür mussten freilich die Bausteine büßen und durchs Zimmer fliegen. Ich entsinne mich sogar, mich als Kleinkind einmal ganz bewusst in eine Art Tobsuchtsanfall hineingesteigert zu haben. Hui, es war ein innerliches Tosen und äußerliches Explodieren, das gar nicht mehr enden wollte. Dabei erfolgte ab einem gewissen Zeitpunkt so etwas wie eine Parallelschau, in der ich mich zwar intensiv am Boden erlebte, aber zugleich aus der Vogelperspektive sah.

Der mental gelenkte Ausbruch führte schließlich zu Schamgefühlen. Wahrscheinlich war er genau deshalb nicht der letzte. Es sollte mir noch viele Jahre diebische Freude bereiten, große Steine den Berg runter kullern zu lassen, um die Bahn der Vernichtung zu verfolgen.

Hinter den Kulissen

Als anale Phase[1] *bezeichnet man die Zeit des Erkundens und Beherrschens des eigenen Körpers. Im Kleinkindalter, also zwischen zwei und drei Jahren, wird kräftig der Wille geübt. Kinder sagen erstmals „Nein!", um sich selbst zu behaupten. Darin ist kein unmotivierter Trotz zu sehen, sondern vielmehr die Auswirkung erster Ich-Gefühle. Dies ist von entscheidender Bedeutung, um sich später in der Welt der Erwachsenen behaupten zu können. Trotzverhalten wird zwar von den Erziehungsberechtigten als schwierig und lästig empfunden, in ihm liegt jedoch die neue Fähigkeit des Kindes, sich eine konkrete Handlung vorzustellen und sich selbst – sein Ich – als Herr dieser Aktion zu sehen. Das Kind stellt sich im Grunde nicht sich selbst (sein wahres Selbst), sondern nur eine äußere Projektion, die es angenommen hat (das Ego), in einem künftigen Handlungsablauf vor. Weil die Handlungs- und Kommunikationskompetenzen bis dahin noch nicht sonderlich ausgeprägt sind, steht dem Kind ausschließlich „massive Bockigkeit" als Reaktion auf Behinderung durch Außenstehende zur Verfügung.*[2] *In meinem Fall war der Zorn die Reaktion auf den Ungehorsam der Legosteine, die sich nicht so anordnen lassen wollten, wie mein kleines Ego sich das vorgestellt hatte. Soeben habe ich (in einer Schreibpause) meinen Hund Yama dabei beobachtet, wie er im Garten vergeblich versuchte, einen Stein aus dem Teich zu scharren. Einige Minuten bemühte er sich, ohne zornig zu werden. Das erkannte ich an seiner Körpersprache (freudiges Wedeln mit der Rute). Ziemlich sicher scharrte er also ohne ein Wollen im Sinne einer ego-getriebenen Zukunftsvorstellung. Schwanzwedelnd stand er dann auch im Stiegenhaus, bis er von mir gestreichelt wurde, während ich (mein Ich) gedanklich – ungeduldig zukunftsorientiert – an diesem Kapitel, an meinem (!) Buch weiter schreiben wollte …*

Mit dem Wort „mein" schließen Kinder andere vom Gebrauch ihrer Spielsachen aus. Es wird immer wichtiger, etwas „alleine" zu machen.

1 Klassische Phasenlehre: vgl. *Sigmund Freud*, Vorlesungen zur Einführung in die Psychoanalyse (1930)
2 Vgl. *Heinz Heckhausen* in *H. Heckhausen, PM. Gollwitzer und F.E. Weinert*, Jenseits des Rubikon – Der Wille in den Humanwissenschaften (1987), "Perspektiven einer Psychologie des Wollens", S. 121 bis 142

Früher oder später erkennt sich das Kind im Spiegel. Die bewusste Selbstwahrnehmung über „nein" und „mein" ist eine wichtige Voraussetzung zur sprachlichen Identifikation mit dem „Ich". Wesentliches Kriterium ist die innere Vorstellung von seiner eigenen Person.[1] *Die Entwicklung des Denkens bei Kindern zwischen zwei und sieben Jahren wird voroperatorisches Stadium genannt. Es ist gekennzeichnet durch die Schaffung von Vorstellungswelten und die Bildung stabiler mentaler Repräsentationen der Vergangenheit und Zukunft. Das Denken im Hier und Jetzt gleitet in dieser Phase über in die spielerische und kommunikative Erschaffung zunehmend komplexerer Symbole.*[2] *Diese Symbole braucht das Kind, um verbal – in Begriffen – kommunizieren zu können.*

Westliche Kulturen fördern als grundsätzlich eher individualistische Zivilisationen generell die technische Intelligenz sowie Durchsetzungsfähigkeit und Unabhängigkeit des Einzelnen. Im Vordergrund stehen der Umgang mit Gegenständen, das Begreifen von kausalen Zusammenhängen und die Leistung des einzelnen Menschen. Diese Systeme stärken den Glauben an eine Einzigartigkeit der Person, die anderen Personen und der ganzen Welt getrennt gegenübersteht. Der Ich-Gedanke erfährt damit in westlichen Kulturen insofern eine Aufwertung. In den eher kollektivistischen östlichen Staaten werden soziale Intelligenz, Bindung, Gehorsam und Respekt gefördert. Der Einzelne trägt durch einfühlsames Verhalten zum Erfolg der Gemeinschaft bei. Weil man entsprechend der monistischen philosophischen Tradition zur Einsicht gelangt ist, dass die Person dieselbe Substanz wie die restliche Welt besitzt, wird grundsätzlich menschliche Verbundenheit und wechselseitige Abhängigkeit akzeptiert und gelebt.[3]

Im einen System erfährt sich der angeblich freiere Mensch getrennt von allem, nach dem Motto „Ich gegen den Rest der Welt", wohingegen sich der Einzelne des anderen Systems auf den ersten Blick zu Lasten seiner Individualität verbundener mit allem fühlt. Zur Befreiung des Selbst bedarf es der Erkenntnis, dass Vorstellungen nur Konzepte des Geistes (Denkens) sind – egal ob es die Vorstellung eines kleinen östlichen oder aufgeblasenen westlichen Ich oder das Kollektiv betrifft. Ist die Identifikation mit dem Ego als Illusion enttarnt, lebt es sich wieder von Moment zu Moment. Dies geht in der Regel damit einher, dass Wörter als gedanklicher Ersatz für Realitäten und damit als Fiktion erkannt werden. Wie der oben erwähnte Begriff „Repräsentanten" verdeutlicht, werden durch Vorstellungen und Worte bzw. abstrakte Begriffe reale Lebensumstände repräsentiert.

1 Vgl. *Remo H. Largo*, Kinderjahre (2008), S.183
2 Vgl. *Beate Sodian* in *Rolf Oerter und Leo Montada*, Entwicklungspsychologie (2007), S. 439 bis 442
3 Vgl. *Ralf Oerter* in *Rolf Oerter und Leo Montada*, Entwicklungspsychologie (2007), S. 105ff.

Ebenso wenig wie der Vizepräsident der Präsident ist und der Präsident niemals real alle Menschen „seiner" Institution repräsentieren kann, ist das durch einen Begriff beschriebene Objekt oder Subjekt tatsächlich so, wie der Begriff es etikettiert. Genauso wenig ist unser Spiegelbild identisch mit dem Körper – und unser Ego ist nicht unser Selbst.

Kindergarten

Gelegentlich wurde daheim von einem mir unbekannten Garten gesprochen. Da ich nicht wusste, um welche Grünfläche es sich beim Kindergarten handelte, hörte ich mangels Aktualität auch nicht näher hin. Umso schlimmer war dann das Erwachen. Von meinem „Garten Eden" des bäuerlichen Anwesens zum Kindergarten waren es nur wenige Schritte schräg über die Straße. Und doch lagen jene Welten zwischen ihnen, die meinen inneren Kosmos erstmals wild erschütterten. Da ich lange Touren durch die Wildnis gewohnt war, kann es nicht auf schlechte Kondition zurückzuführen sein, dass Mama mich in den Spielraum tragen musste. Die ersten Schritte durch die Glaseingangstüre setzte ich noch mutig. Alsdann verließ mich beim Anblick der geordneten Schühchen und der einengenden Räumlichkeit jede Zuversicht, hier das ersehnte Grün zu finden. Es roch ganz unangenehm nach etwas, wofür ich noch keinen Namen hatte. Aber ich wusste, dass ich mich hier nicht frei bewegen konnte. Und dann die starrenden Blicke dieser bleichen Gesichtlein, während Mama mich in die neue Zone trug. Die Schwingung von „Jetzt haben sie dich!" machte sich in mir breit. Bittere Tränen wegen des Schmerzes, unschuldig inhaftiert zu werden, konnten weder durch den Anblick des winzigen Gärtchens draußen noch durch die sich um mich bemühenden „Tanten" gestoppt werden. Was soll ich hier? Wieso sagt man zu nicht verwandten Betongärtnerinnen „Tanten"? Warum sagen die, was ich zu tun habe und wann ich Pause mache? Sorry, falsch verbunden! In diesen Garten wollte ich nicht!

Die Kinderpsychologin wurde konsultiert. Ein Problemfall wäre ich, wurde meiner Mutter gesagt, die mich viele Tage begleiten musste. Kurz darauf ersetzten mein Teddybär und der Prinzessinnenkopf aus Vaters Kasperlefigurensammlung meine Mutter als Händchenhalterin. Als ich dann eines Tages sah, wie ein Junge mit einer Polizeikappe den Kinderverkehr regelte, war die mütterliche Begleitung vergessen und es um mich geschehen.

Diese Kopfbedeckung war für einige Zeit meine Hauptmotivation geworden, täglich in den Kindergarten zu gehen. Kaum erklang, nach wenig interessanten vorschulischen Übungen, das Spielsignal, war ich stets der Erste bei der Spielzeugtruhe und kurz darauf mitten im Verkehrsgeschehen. Zwar hatte ich keine Ahnung, was ich da tat, es fühlte sich aber großartig an, die Geschehnisse zu lenken oder einfach nur wichtig herumzustehen. Dass dieses Gefühl auch mancher erwachsene Ordnungshüter kennen musste, wurde mir erst viel später klar ...

In meiner persönlichen Hölle holte ich mir also meine Macht zurück, indem ich in eine Uniform und dadurch bewusst in meine erste Rolle schlüpfte. Kraft der mit den Insignien des Polizisten verliehenen Autorität trieb ich meine Faxen – zu meiner Belustigung und der der anderen Kids. Mit ihnen spielte und unterhielt ich mich auch gelegentlich, wobei ich mich mit deren Gebrabbel über Themen wie „Mein Pappi ist so super" oder „Meine Hose ist viel schöner als deine" überhaupt nicht auseinandersetzen wollte. Schon bald tollte ich auch im neuen Garten herum wie ein Irrer. Fühlte ich mich innerlich gereinigt, verzog ich mich allein in eine Ecke und baute meine Kreationen aus Bauklötzen. Ein gelegentlich sehr zorniger junger Mann beobachtete mich dabei, welche Freude mir die Zerstörung meiner eigenen Werke bereitete. Wie ein kleiner Kraftaufwand eine vorhandene Struktur auseinandersprengen konnte, um dann etwas Neues daraus zu schaffen, faszinierte uns beide. Sepp verstand mich, und wir wurden Freunde.

Es gab jede Menge Regeln in dieser Einrichtung. Eine davon hatte ich offenbar in den Augen einer strengen Kindergartenpädagogin gebrochen, bevor ich etliche Male sinnlose Buchstabenkombinationen auf einem Zettel nachmalen musste. Außerdem konnte sie mich nicht leiden. Sie war mir eher gleichgültig – wie die meisten Unterrichte und Strafaktionen. Nicht egal war mir, dass diese eine Strafe zu Unrecht erfolgte. Weinend und verzweifelt saß ich da, als eine liebe Tante, die sich diesen Titel wirklich verdient hatte, mich am Kopf streichelte. Sie strahlte soviel Wärme aus an diesem manchmal so gefühlskalten Ort. Das Lächeln ihrer gutmütigen Augen strahlte mitten in mein Herz und der Anblick ihrer dunkelviolett lackierten Nägel brannte sich ebenfalls ganz tief in mir ein. Ich erinnere mich genau, dass in diesem Moment die anderen Kinder laut spielten, aber in mir alles ruhig war. Mein Verbundenheitsgefühl zu diesem dunkelhaarigen Engel war sehr stark.

Es fühlte sich so an, als ob ihr sanftes Verhalten und schönes Erscheinungsbild sehr viel mit meinem Inneren und späteren Äußeren zu tun haben würden. Meine Intuition meldete sich also sehr intensiv im Alter von ca. fünf Jahren und lieferte einen dezenten Hauch von Vision über mein späteres Leben. An dieses innere, unaussprechliche Bild würde ich mich in der Pubertät zurückerinnern.

Zurück zu den Schreibübungen. Als sprachgewandtes Kind waren gewisse auf die Schule vorbereitende Übungen keine wirkliche Herausforderung für mich. So bot sich Gelegenheit zum Beobachten. Bei einer bestimmten „Tante" spürte ich, dass sie eigentlich gar nicht durchnehmen wollte, was sie da mit uns machte. Sie kam mir wie jemand vor, der etwas vorspielte, weil sie es musste. Und die Kinder schienen aus demselben Grund mitzumachen. Mein inneres Bild dazu war ein graues Netz, das über unser aller Köpfe hing und dem man nicht entkommen konnte. Je geringer meine Aufmerksamkeit auf die Buchstaben- und Zahlenfolgen war, desto mehr hinkte ich hinten nach. Das erzeugte mehr Druck in mir. Folglich spielte ich so lange brav mit, bis es nachmittags wieder heim zu Muttern und Garten ging. Mein Garten war immer der Ort, wo keine Trennung zwischen mir und der Welt war. Im Gras herumzutollen oder Blumen für Mama zu pflücken, spülte den Zivilisationsdreck des gemauerten Kindergartens binnen kürzester Zeit hinweg.

Summa summarum war ich im Kindergarten weder Insider noch Outsider. Beim Versuch, mein Ding durchzuziehen, war das Bestreben im Spiel, niemand zu verletzen. Meine Scheu vor Konditionierungsanstalten und größeren Menschenmengen blieb jedoch tendenziell bis heute erhalten. Die spätere berufliche Laufbahn als Offizier des Bundesheers mit dem Kommando über eine mehrfache Hundertschaft darf als Selbstheilungsversuch gedeutet werden.

Hinter den Kulissen

Unter Fremdeln wird die „Achtmonatsangst" vor fremden Personen verstanden. Diese Trennungsangst als erste soziale Scheu erreicht ihren Höhepunkt mit der Vollendung des ersten Lebensjahres und nimmt danach langsam wieder ab. Vom Vorstellungsschema abweichende (fremde) Gesichter oder vom vertrauten (elterlichen) Kommunikationsgefüge verschiedenes (fremdes) Verhalten überfordern das Kind.

Es kennt ja noch keine adäquaten Verhaltensformen für die neue Situation.[1] Je früher Kinder sprechen lernen, umso eher schwächen sich die Symptome des Fremdelns in der weiteren Kindheit ab. Ganz verschwinden werden sie aber nie. Vorsichtige und abwartende Haltungen gegenüber fremden Menschen bleiben individuell verschieden bis ins Erwachsenenalter erhalten.[2] Die Furcht vor der „Selbstwerdung", die Angst, ein eigenes Ich zu werden, wird von eher depressiven Charakteren als Herausfallen aus der Geborgenheit erlebt, weiß der Psychoanalytiker und Psychotherapeut Fritz Riemann. Das Urbild einer Liebe, in der zwei Menschen zu einer Einheit zusammenschmelzen, ist, wenn eventuell auch nur für Augenblicke, die Beziehung zwischen Mutter und Kind.[3]

Die Aufhebung des Gefühls der Getrenntheit war in meinem Fall (auch) mit meinem „Garten Eden" verbunden. Meine Angst vor der Lösung von Vertrautem und dem Schritt in Neues würde ich als völlig normal erachten, zumal ich ansonsten keine Kontaktschwierigkeiten hatte und auch nicht sonderlich fremdelte. Ich hatte Klarheit hinsichtlich meiner Wahrnehmung des Zwanghaften in dieser Gleichschaltungsinstitution Kindergarten, konnte oder wollte sie aber noch nicht kommunizieren. Es gibt sehr wohl Kinder zwischen vier und fünf Jahren – vorwiegend Jungen – die Schwierigkeiten beim Aufbau von Beziehungen zu Spielgruppenleitern oder Kindern haben und kaum ohne ihre Mutter auskommen können. Die Bindungsbereitschaft in diesem Alter hängt, wie auch sonst, vom Maß der bis dahin bekommenen Geborgenheit und Zuwendung ab. Da ich mit Nähe und Liebe bestens versorgt war, bleibt auch aus diesem Grund „nur" der erfühlte Systemzwang als rationale Erklärung für meine erste ablehnende Haltung gegenüber der sozialen Einrichtung Kindergarten über. Heute habe ich zwar keine Ängste vor fremden Großgruppen, fühle aber im ersten Moment nach wie vor beinahe dasselbe Unbehagen hinsichtlich des spürbaren kollektiven Zwangs …

Kindergartenfreund Sepp und ich lebten unsere phallische Phase[4] ziemlich ähnlich aus. Im Alter von etwa vier bis fünf Jahren geht es sehr viel darum, sich zu zeigen, auf andere zuzugehen und sich der Welt zu öffnen. Man erfährt sich, indem man sich anderen Menschen zeigt und sein Ich vorführt.

1 Vgl. *C. Trevarten* in *M.v. Cranach, K. Foppa, W. Leppenies & D. Ploog*, Human ethology – claims and limits of a new discipline (1979), „Instincts for human understanding and for cultural cooperation" sowie *J. Kagan* in *O.G. Brim & J. Kagan*, Constancy and change in human development (1980), "Perspektives on continuity"

2 Vgl. *Remo H. Largo*, Kinderjahre (2008), insb. S. 123f.

3 Vgl. *Fritz Riemann*, Grundformen der Angst (2003), S. 59

4 Klassische Phasenlehre: Vgl. *Sigmund Freud*, Vorlesungen zur Einführung in die Psychoanalyse (1930)

Die Initiative zur Selbstdarstellung, die in Wahrheit eine Ichdarstellung ist, steht oft im Spannungsfeld mit den einhergehenden Schuldgefühlen insbesondere wegen des Bruchs gesellschaftlicher Normen. Wo Menschen zusammen leben, muss es Regeln geben. Regeln, die mich stören, habe ich bereits im Kindergarten durch Zerstörungsaktionen gebrochen.

Zum Einheitserlebnis im Garten und dem ersten Anima-Erlebnis mit der lieben Kindergartentante: Kinder sind so etwas wie vorspirituell, wenn man unter Spiritualität die höchste Entwicklungsstufe vor allem in Gestalt der Mystik oder Transpersonalität versteht. Vertreter der Psychologie bestätigen, dass Kinder zu spirituellen Intensiverfahrungen fähig sind.[1] Die von Ken Wilber, einem sogenannten Integralpsychologen, angeführten, mitunter mystischen, transpersonalen Entwicklungsstufen entsprechen einer psychischen, subtilen und kausalen Stufe.[2] Für die psychische Stufe steht nach Wilbers Ansicht die erlebte Einheit mit beispielsweise der Natur im Zusammenhang mit dem transzendierten Ich. Einheit mit einem göttlichen Wesen ist die subtile und Aufgehen im reinen Geist die kausale Stufe der transpersonalen Entwicklung, die in eine nicht duale Stufe übergleitet. Deren Vorstadien – im Sinne früher unbewusster, weil nicht meditativ erlangter Erfahrungen – sind auch durch ein Kind erfahrbar. Bei Kleinkindern verwundert das wegen der zeitlichen Nähe zum Einheitserleben im Säuglingsalter wenig.

Um Kinder ihre frühspirituellen Erfahrungen erleben zu lassen, sollte man sie tunlichst keiner wie auch immer gearteten Religion aussetzen. Bereits 1964 forderte R. Goldmann für damalige Verhältnisse sehr mutig, Kinder vor religiöser Unterweisung zu verschonen, weil sie religiös-biblische Konzepte entwicklungsbedingt nur missverstehen können.[3] Aber auch von Erwachsenen kann Religion prinzipiell nur missverstanden werden, weil die herkömmliche, kollektivistische Religion selbst auf Missverständnissen beruht, oder wegen dem Abweichen von der Freiheitslehre ihrer Stifter (spirituellen Meister) und dem daraus resultierenden Zwangscharakter so gut wie nichts mehr mit Spiritualität gemeinsam hat.[4] Menschen sehnen sich indes nach wahrer Spiritualität. Darunter verstehe ich das Erkennen der Wahrheit und die gelebte Einheit mit der Existenz im Zusammenhang mit der Erkenntnis, dass religiöse und politische Machtausübung uns im Ego klein und gefangen halten sollen.

1 Vgl. *Anton A. Bucher und Fritz Oser* in *Rolf Oerter und Leo Montada*, Entwicklungspsychologie (2007), S. 616
2 Vgl. *Ken Wilber*, Integrale Psychologie (2006), S. 222 (Tafel 1b „Entsprechungen")
3 Vgl. *Anton A. Bucher und Fritz Oser* in *Rolf Oerter und Leo Montada*, Entwicklungspsychologie (2007) sowie *R. Goldmann*, Religious thinking from childhood to adolescence (1964)
4 Siehe insb. die Kapitel „Religion", „Buddha Jesus" sowie „Papa im Kleid und die Transen"

Die Seele

Schon in der Kindergartenzeit hatte ich ein klares inneres Bild der Seele, zumal ich mich mehrfach und völlig unbedarft damit beschäftigte. Dahinter steckten nicht nur der allgemeine kindliche Wissensdurst, sondern auch einige Traumerlebnisse. Das meist im elterlichen Schlafzimmer positionierte Gitterbett wurde durch meinen neuen Schlafplatz abgelöst. Er war nun im Esszimmer der eher kleinen Wohnung, also zentral im familiären Geschehen, wo man zu Beginn der täglichen Geschehnisse wieder Platz benötigte. So gesehen war das braune Klappbett mit seinen Metallrohren am Kopf- und Fußende sehr praktisch. Diese verursachten allerdings auch Schmerzen, wenn ich aus Träumen hochschreckte. Eigentlich bin ich aber hinuntergeschreckt. Tief in meinen Träumen war dieses mir sehr lieb gewordene Bett nämlich zum gepolsterten Fluggerät geworden. Ich schwebte über Wiesen und Felder, oft auch über die Dächer der Umgebung hinweg. Dachschindeln, Schornsteine, Fernsehantennen, Innenhöfe mit Menschen und Bäumen, Autos auf den lang gezogenen Asphaltschlangen – alles sah so anders aus von dort oben. Abrupt endeten einige der Matratzenflüge im himmlisch freien Fall mit dem ganz irdischen Aufprall meines Hinterkopfs am Bettgestell. In einem ganz anderen Traum schimpfte wieder einmal die Frau Felsberger, die letzte Bäuerin am Hof, mit mir, und ich entzog mich ihrem Gekreisch, indem ich mich senkrecht in die Luft erhob. Es war wunderbar, ihr kariertes Kopftuch von oben immer kleiner werden zu sehen.

Nach einigen Erlebnissen dieser Art sinnierte der kleine Forscher, wie es sein kann, dass man im Traum etwas aus Perspektiven sieht, die man gar nicht kennt. Ja, ich kannte das fliegende Auto aus „Tschitti Tschitti Bäng Bäng“ und im für mich persönlich geschriebenen Kinderbuch „Tonis Traumreise“ flog ich auch mit dem Bett herum. Doch fanden die Traumflüge schon vor der Buchschenkung statt, und außerdem waren die Abbildungen darin gezeichnet. In einem Düsenflieger saß ich erst später und in einem senkrecht startenden Helikopter noch viel später. Woher wusste ich also, wie beispielsweise der echte Schornstein unseres Hauses von oben aussieht? Mein Körper war nicht wirklich da oben, und die Augen fliegen auch nicht losgelöst vom Körper herum, war eine weitere logische Feststellung. Also musste es etwas mit der Seele zu tun haben, von der die Erwachsenen sprachen. Übrigens wurden diese Träume immer seltener, je mehr ich mich rational mit ihnen auseinandersetzte.

Der Verstand zersägte förmlich die schönen Erlebnisse, die ich genauso real erlebt habe wie das Laufen auf der Erde ...

Wenn die Erwachsenen endlich zu etwas Spannendem in ihren Unterhaltungen kamen, wie etwa zum Wort „Seele“, fühlte ich mich wie aufgeladen. Nur kurz hielt dieses Gefühl an, zumal dieser Begriff zwar verschiedenartig, aber substanzlos verwendet wurde. „Frau XY ist gestorben, die arme Seele“, „Es tut mir in der Seele weh“, „Ich hab was für meine Seele getan und war zwei Wochen in Venedig“ usw. Ohne Scheu stellte ich Fragen, Antworten kamen aber keine befriedigenden. „Wovon reden die Erwachsenen da bloß?“, wollte ich wissen und bedrängte beharrlich meine Eltern. Mama wusste immerhin, dass die Seele tief im Körper drinnen ist. Nachdem ich sie mit dem obligatorischen, für die phallische Phase typischen „Warum, warum, warum?“ quälte, empfahl sie mir bei einer Ausfahrt in unserem grünen VW Käfer, das Fenster zu öffnen und die Hand hinauszustrecken. Die mal warmen, mal kalten Brisen brachten mich der Sache schon etwas näher. Schließlich war ich dann komplett aus dem Häuschen, als Vati mir eines Tages erklärte, dass mein Fußball kaputt war, weil die Seele ein Loch hatte.

Allein im Hinterhof und das Taschenmesser zur Hand, hielt ich bald neben ein paar Lederflecken das Innenleben oder das, was von ihm übrig war, in Händen. Das beige Gummiding hatte nichts mit der menschlichen Seele zu tun, soviel war klar. Aber die Zusammenführung mütterlicher und väterlicher Erklärungen ließ mich erahnen, dass die Seele das unsichtbare Ding ist, das den Menschen tief drinnen ausmacht, weil er ohne sie nicht leben kann. Wenn jemand von Tod oder Gott spricht, dann ist diese Seele gemeint, in allen anderen Fällen will jemand seine Gefühle zum Ausdruck bringen, waren meine Schlussfolgerungen. Für meine Flugträume bedeutete dies also, dass meine Seele herumflog, während mein Körper im Bett lag. Anders konnte es für mich nicht sein. Dieses Thema war insoweit abgeschlossen, vor allem weil es in meinen Gesprächen mit dem lieben Gott nicht um die Seele ging. Warum ich nicht „ihn“ gefragt habe, liegt wahrscheinlich daran, dass ich „ihm“ nur Gefühle, Wünsche und Gedanken offenbarte. „Für meine Fragen hat er bestimmt keine Zeit“, dachte ich, quälte die Erwachsenen und malte mir mein eigenes Bild. Und ich wusste – ja, ich glaubte nicht, sondern wusste – damals schon, dass die Seele ein Teil des lieben Gottes (der Existenz) ist, wo sie vor der Geburt herkommt und wohin sie beim körperlichen Tod wieder hingeht.

Hinter den Kulissen

Diese Ansicht über die Seele hat sich seit meinem fünften Lebensjahr nicht verändert. Sie wurde weit später, im Zuge der Befassung mit Buddhismus, Psychologie und Psychotherapie, bestätigt und vertieft. Aufschlussreich war eine der intensiven Diskussionen mit zwei Zeugen Jehovas. Ich unterhielt mich sehr gerne mit den beiden, weil ich sie als aufrichtige Menschen mit fast perfekter Rhetorik wahrnahm. Kaum jemand scheint so am Wortlaut der Bibel zu haften wie Angehörige dieses Glaubens. Nach ihrer Aussage sind Zeugen Jehovas der Ansicht, dass der Mensch keine Seele hat, sondern eine Seele ist. Maximal sei die Seele das Leben selbst.[1] Vor allem deswegen könne es keine vom Körper unabhängige Seele oder gar Reinkarnation geben. Dabei berufen sie sich auf das Alte Testament (AT).

In der Genesis wurde dem aus der Erde geformten Menschen durch „Gott" der Odem des Lebens in die Nase geblasen, worauf der Mensch eine lebendige Seele wurde.[2] Logisch argumentiert, kann der Mensch daher nicht identisch mit der Seele sein. Der Mensch wurde nämlich wortlautgemäß nicht zur Seele sondern zur lebendigen Seele. Auch ist die Seele nicht das Leben selbst, zumal sich ja sonst die „lebendige Seele" auf die pleonastische[3] Wortfolge „lebendiges Leben" reduzieren würde. Es ist der Odem des Lebens, dessen Einblasen gemäß der Bibel aus dem bis dahin leblosen menschlichen Körper sowohl einen lebendigen Körper als auch eine lebendige Seele macht. Aus der Sicht des Menschen wurde der für ihn sichtbare Part – der Körper – lebendig. Aus der Sicht des „Schöpfers" ist die Seele mit Leben erfüllt worden, weil der Körper ihre Existenz sichtbar macht. Der Odem als universelle Energie, dessen Teil die Seele ist, erhält durch den Körper Substanz. Der Körper wird durch die Seele lebendig.
Die Verwendung der Worte „Mensch" und „Körper" sowie davon unabhängig des Begriffs „Seele" in der restlichen Bibel spricht für diese Auslegung. So ist beispielsweise in der Heiligen Schrift (auch jener der Zeugen Jehovas) bei Lukas 12:22 davon die Rede, dass man sich keinerlei Sorgen machen soll „um eure Seele, über das, was ihr essen werdet, oder um euren Leib, über das, was ihr anziehen werdet."

1 Vgl. *Wachturm Bibel- und Traktatgesellschaft deutscher Zweig e.V.*, Unterredungen anhand der Schriften (1990), S. 386 bis 390
2 Vgl. 1. Mose 2:7
3 Pleonasmus: Innerhalb einer Wortgruppe wird eine gewisse Bedeutung mehrfach und auf unterschiedliche Weise ausgedrückt; Bsp.: brennendes Feuer

Vers 23 stellt darüberhinaus klar, dass die Seele mehr wert ist als die Speise und der Leib mehr als die Kleidung. Da sich der Mensch keine Sorgen über seine Seele machen soll, setzt dies inhaltlich und begrifflich voraus, dass er eine hat und sie daher nicht selber ist. Weiters wird die Seele in beiden Versen auch deutlich vom Leib (Körper) unterschieden. Aus diesen Bibelstellen wird ersichtlich, dass Jesus die Speise als materielle Nahrung und die Seele als spirituelle Energie erklärt. Die spirituelle Energie (Seele) leitet den Menschen, der sich nicht von Sorgen auffressen lässt, zur Speise. Deshalb ist die Seele „mehr wert" als die Speise. Die explizite begriffliche, aber auch materielle Trennung zwischen Körper und Seele findet man ferner bei Matthäus: „Und fürchtet euch nicht vor denen, die den Leib töten und die Seele nicht töten können."[1] Wenn der Körper getrennt von der Seele vernichtet werden kann, dann sind Körper und Seele per definitionem keine gänzlich untrennbare Einheit. Die Seele ist damit auch nach der Heiligen Schrift eine gegenüber dem Körper mehr oder weniger eigenständige Einheit. Q.e.d.[2]

Der liebe Gott

„Liebes Schutzengelein mein, lass mich dir empfohlen sein!", sagte ich des Nachts brav das Sprüchlein mit meinem Vater auf, spielte aber nur mit, weil zu fühlen war, dass er es gut meinte. Noch nie war da ein Schutzengel zu sehen. Außerdem passten mein Krokodil und der Kasperle aus dem Kasperltheater auf mich auf. Auch der Teddy hielt Wache. Aber irgendwas war dann doch dran an diesem Schutzengel. Irgendwie spürte ich ihn um mich, glaubte ihn sogar nach einer raschen Drehung schemenhaft im Augenwinkel zu sehen. „Mit dem lieben Gott unterhalte ich mich ja auch, ohne ihn zu sehen, ich spüre ihn und das reicht", dachte ich und ließ es dabei bewenden. Meine inneren Dialoge mit dem lieben Gott, wie ich „ihn" heute noch nenne, waren als Kind sehr stimmig. Es gab keine Vorstellung von einem bestimmten Körper oder Gesicht. Ich visualisierte auch nichts. Irgendwann einmal flatterte bei offenem Fenster ein langer, weißlicher Vorhang dezent und harmonisch ins Wohnzimmer hinein. Dieses Bild kommt meiner inneren Schwingung im „göttlichen Dialog" sehr nahe. Hin und wieder erzählte ich „ihm" etwas, dann sah ich Bilder und hörte Stimmen in mir. Sie drängten sich nicht überrumpelnd auf, sondern kamen leicht und sanft.

1 Matthäus 10:28, 1. Satz
2 Q.e.d.: Quod erat demonstrandum (lat.): Was zu beweisen war.

Kurz nach der Scheidung meiner Eltern im Jahr 1978 starb mein Opa. Weil er der Vater meiner Mutter war, fand erst sie und danach mein Vater tröstende Worte für mich. Doch ich war nicht wegen Opas Tod traurig. Obgleich ich ihn sehr lieb hatte, war es nur die Trauer meiner Mutter, die mich traurig machte. Ich wusste ja, dass er eine Seele hat. Und die muss, wenn sein Körper unter der Erde ist, wie ich ja bei der Beerdigung sah, wieder beim lieben Gott sein. Der liebe Gott war mir vertraut und so „hat er es da oben sicher gut", war mir klar. Ich saß auf dem alten braunen Meller-Ofen in der Ecke des schummrig beleuchteten Wohnzimmers. Mama stand vor mir, als wir uns über ihren Papa unterhielten, wie es ihm wohl im Himmel gehen mag und dass er auf uns aufpassen würde. Ab nun gab es zwei Wesen im Himmel, mit denen ich mich unterhielt. Das tat ich mit mir ganz allein, meist nachts im Bett liegend. Zwar sprach ich vom Himmel, weil das der gebräuchliche Begriff der Erwachsenenwelt war, doch hatte ich keine Vorstellung darüber, wo dieser sein sollte. Wozu auch? Ich wusste genau, dass ich an keinem Tag, an dem ich in der Wiese liegend den Himmel betrachtete, einen Engel mit einer Harfe oder einen gekrönten Weißbart sah oder spürte.

Die Kirche schräg vis-a-vis war mir ein Gräuel – sowohl vom betonierten Gebäude als auch von der Stimmung bei den so gut wie nie von mir besuchten Messen her. Erzwungenes Geträller, Herunterlesen von Bitten, unverständliche Gebetstexte und ewig dieses „Amen". Angestrengt gläubige oder gelangweilte Gesichter wirkten wie Statisten in einem düsteren Opernstück. Mein lieber Gott, mit dem ich alleine immer so gut auskam, war gar nicht da. Na ja, wenn es ruhiger wurde, konnten wir uns kurz unterhalten. Ansonsten war es „nur laut und nicht echt" da drinnen. Den Pfarrer mochte ich aber sehr gerne. Er war ein feiner Mensch, spielte gelegentlich mit uns Fußball und kümmerte sich um junge Menschen, ohne den „kirchlichen Ton" anzuschlagen. Obwohl der Pater mit Familiennamen „Teufel" hieß, hatte niemand Angst vor ihm. Ob es dem Bischof Recht gewesen ist, dass „der Teufel" mit den Kindern kickte? Es gab irgendwelche Probleme, bekamen wir mit, und so wurde er angeblich weit weg versetzt. Jedenfalls hatte ich im Leben nie Angst vorm Teufel. Wenn von ihm die Rede war, erschien das Bild vom freundlichen Fußballer im schwarzen Kleid in meinem Kopf ...

Vor einer einzigen Phantasieperson hatte ich Angst. Das war „Dracula". Als ich rund sieben Jahre alt war (meine Eltern waren schon geschieden), wurde Vaters neue Anschaffung einer genauen Prüfung unterzogen.

In Verbindung mit dem Verzehr riesiger (bei Mama nicht erhältlicher) Schokoladetafeln zogen wir uns die tollsten Filme auf Video rein. Eines Nachts musste Vati ins Büro fahren. Er hatte Bereitschaftsdienst. So war ich allein im Haus und kuckte „Dracula" mit Christopher Lee in der Rolle des Blutsaugers. Entsetzlich. Aber ich konnte nicht abdrehen, wollte ich doch sehen, wie das Gute siegt. Gewonnen hat nur die Filmindustrie. Etwa zwei Jahre dauerte es, bis meine nächtlichen Inspektionen des Bettzeugraums und der Schränke auf die Anwesenheit eines Nosferatu aufhörten. Der liebe Gott schwieg. Soweit ich mich erinnere, bat ich „ihn" auch kein einziges Mal um Hilfe. Den Blödsinn hatte ich selbst verbockt und musste ihn auch selbst wieder ausbaden. Eine Filmszene gereichte mir jedoch zur mentalen Unterstützung. Wie war das mit dem Kreuz? Ein religiöses Insignium[1] half: Mein Holzkreuz, das ich bei der Erstkommunion erhielt, lag etwa ein Jahr lang griffbereit im Bett.

Ähnlich schrecklich wie die Riesenfledermaus war die Prozedur der Erstkommunion. Reichte es nicht, dass man mich taufte, ohne dass ich mein Einverständnis dazu gegeben hatte? Die britischen Blödlergenies von Monty Python sangen in einem Lied über die Zwangsmitgliedschaft im Katholikenclub: „I'm a Roman Catholic and have been since before I was born. The one thing they say about Catholics is: They'll take you as soon as you're warm."[2] Im Garten teufelte ich in meinen "Rebhendlpyjamas"[3] herum, weil schönes Gewand dafür zu schade gewesen wäre. Auch sonst legte ich Wert auf bequeme, praktische Kleidung. Und nun? Jetzt stand ich da in der Betonbunkerkirche – in einem Anzug. Das mir! Hilfe!
Ein Anzug, auf den man aufpassen musste, dessen oberste Hemdknöpfe in Allianz mit dem verhassten Mascherl (Fliege) den Atem einschnürten. So stand ich neben Menschlein, denen das alles noch Freude zu bereiten schien. Wie ein Häufchen Elend stand ich da. Wie der traurige Schatten meiner selbst. Was machte ich da nur anderen zuliebe mit? Die anderen Kinder hielten strahlend ihr doofes Kerzchen, polierten noch einmal die Schühchen nach, und ich wollte nur raus. Es gab kein Entkommen. Schon im Vorbereitungsunterricht hatte mich diese scheinheilige Sache angekotzt, weil ich den wahren Sinn der Gleichschaltungsprozedur nicht erfasst hatte.

1 Insignium (lat.): Kennzeichen
2 Zu deutsch: „Ich bin römisch-katholisch und ich war es noch bevor ich geboren wurde. Was man über Katholiken sagt, ist, dass sie einen nehmen noch bevor man geboren wurde" - *Monty Pythons,* aus dem Lied „Every sperm is sacred" vom Album „Monty Python Sings" (1989)
3 Rebhendlpyjama: zu Hochdeutsch Rebhuhnschlafanzug; militärischer Insiderbegriff für Tarnanzug

Und dann noch diese huldvollen Gesänge. Ich fragte nach. Keiner der Veranstaltungsverpflichteten wusste, worum es ging. Niemand hatte einen blassen Schimmer, was die Liedertexte bedeuten sollten. Weil ich natürlich den Text nicht lernte, stand ich inmitten der Lämmchen und spielte Lamm, indem ich meine Lippen zur Musik bewegte. Fromm blikkend fürs Publikum.

An der Firmungslotterie nahm ich überhaupt nur teil, weil als garantierter Hauptpreis eine Uhr winkte. Ja, ich war käuflich und scheinheilig, bereute aber nichts. Irgendwo musste sich doch die erlernte Kirchenanpassungsstrategie bezahlt machen. Einige Jahre später sollte sie einen hohen Perfektionsgrad erreichen: im Jesuitenkollegium. Die meisten Patres – die kirchlichen Väter (!)[1] – und weltlichen Professoren an diesem Gymnasium waren weltoffen und nett. Nicht zuletzt durch sie erfuhr ich, dass es einen krassen Unterschied zwischen Christentum und Katholizismus gibt. Er wurde nicht angesprochen, schien sie aber selbst zu beschäftigen. Als „Streiter Gottes" gefielen mir die Jesuiten. Zwar war mir damals nicht klar, für welchen „Gott" sie aus welchem Grund kämpften, doch spürte ich so etwas wie eine Ähnlichkeit zwischen ihrem „Gott" und meinem lieben Gott. Wir hatten vieles in Sachen Weltanschauung gemeinsam. Es fiel mir daher leicht, an so mancher „heiliger" Messe inklusive Gebeten im Einheitsbrei und den kollektiven Heuchelgesängen teilzunehmen. Immer brav die Lippen mitbewegen. Schließlich wollte ich keinen der Patres enttäuschen.[2] Weil dieser Firlefanz gar nicht zu den überdurchschnittlich intelligenten, dem Spaß nicht abgeneigten Menschen passte, bestätigte ein Blick hinter die Kulissen meine Annahme, dass sie bewusst eine Rolle spielten, amtskirchliche Riten mehr zum Schein vollzogen und sehr viel mehr wussten, als sie sagten. Daher spielte auch ich meine Rolle und ließ mir Sünden einfallen, die ich sodann bei der seltenen, niemals erzwungenen Beichte vortrug. Auf Tuchfühlung mit einem Pater, einem Vermittler zu ihrem „Gott", konnte ich im Beichtstuhl meine schauspielerischen Künste in einer One-Man-Performance testen. Es klappte. Ich war sündig und mir wurde verziehen … Halleluja! Lobpreiset Jahwe!

Bis zum heutigen Tag hat sich an meinem inneren Dialog mit der universellen Göttlichkeit, dem lieben Gott, so gut wie nichts verändert.

1 Patres (lat.): Väter; gemeint sind geistliche Väter im Sinne von Pfarrer; zum Ausspruch Jesu, dass niemand, abgesehen vom Vater im Himmel, auf Erden Vater genannt werden sollte, siehe Kapitel „Papa im Kleid und die Transen"

2 So mancher Vertreter des weltlichen Lehrkörpers durfte mich zu seinem Leidwesen etwas intensiver kennenlernen, wenn Macht wieder mal wichtiger war als der Lehrstoff.

Diese Gespräche lassen in etwa die gleiche Frequenz ruhiger Gelassenheit und liebevollen Prickelns in mir pulsieren wie die erlebte Einheit mit der Natur. In bestimmten Phasen meines Lebens war beides kaum gegeben und daher gab es Leid. Die Schwingung in manchen Kirchen, die bekanntlich meist an alten „heidnischen" Kraftorten errichtet wurden, ist beinahe so wie jene der Natur für mich – wenn die „Gotteshäuser" menschenleer sind. Sobald mehrere Personen anwesend sind, um durch den Gleichschaltungsbeauftragten in schwarz-weiß gelenkt zu werden, wird die Energie schwer und müßig für mich. Lange Zeit brauchte und hatte ich dafür keine Erklärung, lag ich doch mit meiner Art zu beten goldrichtig. Das bestätigte sich erst viel später beim Studium der Bibel, die mich bis vor kurzem überhaupt nicht interessiert hatte.

Hinter den Kulissen

Je länger ich beobachtete, wie sehr klerikaler Machtmissbrauch bis ins 21. Jahrhundert hinein Menschen nachhaltig verwirrt, desto intensiver wurde meine Auseinandersetzung mit der Bibel.[1] *Ich brauchte dieses Buch zuvor nie und brauche es auch jetzt nicht für mein privates Leben. Nach den letzten Übergriffen des Herrn Joseph Ratzinger gegenüber Randgruppen kurz vor Weihnachten 2008 war mein persönliches Maß aber voll. Was er über die Gender-Theorie und damit über transidente Personen und Homosexuelle, aber auch religionsunabhängige Frauen von sich gab, klang für mich wie Verhetzung. Er hat weder gut noch schön gesprochen.*[2] *Benedikt bedeutet „Gutsprechender". Dieser Name wurde ihm daher von mir aberkannt. Auf der Suche nach einer Antwort auf die Frage, ob gewisse Leute im Vatikan und ihre Lakaien vom Wahnsinn gepackt oder einfach „nur" kontrollsüchtig sind, fand ich die wichtigsten Antworten und Argumente in der kirchlichen Artillerie, der großen Kanone des Klerus: im Kanon, der Summe der Heiligen Schriften, die in der Bibel zu finden sind.*

1 Zum Studium der Bibel zog ich zwei eher kontroverse Quellen heran. Die Verweise und Zitate in diesem Buch beziehen sich grds. auf diese Bibel.: „Die Bibel, Deutsche Übersetzung nach Martin Luther, Britische und ausländische Bibelgesellschaft" (1929); sie wurde mir im Jahr 1999 von einem deutschen „Sektenbeauftragten" und Bibelforscher geschenkt, nach dessen Aussagen sie eines der am wenigsten verfälschten Werke sein soll. Wo ich aus folgender Bibel zitiere, wird explizit darauf hingewiesen: „Neue-Welt-Übersetzung der Heiligen Schrift", Watch tower bible and tract society of Pennsylvania (1986); es handelt sich um eine sehr praktische deutsche Übersetzung der „Zeugen Jehovas" mit vielen sehr nützlichen Querverweisen; nachdem die netten Überbringer der Bibel mich von der allgegenwärtigen Präsenz Satans überzeugen wollten, teilte ich ihnen mit, dass ihre Auslegung der Bibel gemäß ihrem eigenen Glauben an das personifizierte Böse nur dem Satan dienen kann, wenn es denn einen geben sollte. Sie machten kehrt und verließen mein Haus ...

2 Siehe insb. Zeit online, Tagesspiegel 23.12.2008: **www.zeit.de/news/artikel/2008/12/23/2691453.xml** (zuletzt abgerufen am 19.12.09) sowie Kapitel „Papa im Kleid und die Transen"

Fündig wurde ich auch in den „Canons" des Katechismus der Katholischen Kirche (KKK).[1] *Einige Blicke in die Bibel bestätigten meine innere Haltung und das „heilige Geschütz" richtete sich von selbst gegen seine kirchlichen Bediener.*

Gebets-Mühle

Über das Gebet sagte Jesus: „Und wenn du betest, sollst du nicht sein wie die Heuchler, die da gern stehen und beten in den Schulen (Synagogen) und an den Ecken und auf den Gassen, auf dass sie von den Leuten gesehen werden."[2] *Heuchlerei wird wie folgt präzisiert: „Und wenn ihr betet, sollt ihr nicht viel plappern wie die Heiden; denn sie meinen, sie werden erhört, wenn sie viel Worte machen." In einer anderen Fassung lautet derselbe Vers: „Wenn ihr aber betet, sagt nicht immer und immer wieder dasselbe wie die Leute von den Nationen, denn sie meinen, dass sie erhört werden, weil sie viele Worte machen."*[3] *Jesus hat eindeutig darauf hingewiesen, dass rituelle Kollektivfaslerei und Kommunalhuldigung nicht im Sinne des wahren Gottes sind. Wer an diesen erzwungenen Huldigungen Gefallen findet, ist jemand anderer: die Kirchenfürsten, die durch die Beitragszahlungen verwirrter Menschen ihre wirtschaftliche Existenz absichern.*

Wenn wir beten, sollen wir es alleine und hinter verschlossener Türe machen: „Wenn aber du betest, so gehe in dein Kämmerlein und schließ die Tür zu und bete zu deinem Vater im Verborgenen; und dein Vater, der in das Verborgene sieht, wird dir's vergelten öffentlich."[4] *Kommunikation mit Gott ist demnach Privatsache. Die katholische Kirche weiß um die Wichtigkeit des Gebets im Stillen, erklärt es aber entgegen der klaren Worte Jesu („du betest") im KKK dennoch zum Gebet der Kirche: „Selbst wenn das Gebet ‚im Verborgenen' geschieht (Mt 6,6), bleibt es Gebet der Kirche und Gemeinschaft mit der heiligsten Dreifaltigkeit ..."*[5] *Ich persönlich kümmere mich nicht weiter um diesen Wahnsinn und genieße nach wie vor die Kommunikation mit der Schöpfung in den Tempeln der Wälder und grundsätzlich überall, wo ich alleine sein kann.*

1 Katechismus der Katholischen Kirche (KKK) : Nachschlagwerk über das Verständnis christlichen Glaubens. In diesem Buch ist unter Katechismus stets der KKK zu verstehen; Verfügbarkeit als Download über **www.kirchenweb.at** bzw. **www.kirchenweb.at/z/download/katechismus.zip** (zuletzt abgerufen am 19.12.09). De facto werden die Absätze des KKK „Nummern" genannt; Details zum KKK: Siehe Kapitel „Religion", insb. „Erkenntnisquelle Heilige Schrift"

2 Matthäus 6:5

3 Matthäus 6:7; Version 1: Die Bibel, Deutsche Übersetzung nach Martin Luther, Britische und ausländische Bibelgesellschaft (1929); Version 2: Neue-Welt-Übersetzumg der heiligen Schrift (1994)

4 Matthäus 6:6

5 KKK Nr. 2655, letzter Satz

Kirchenschatzkammern

Dem Neuen Testament (NT) ist zu entnehmen, dass Gott nicht in Kirchen anzutreffen ist: „Aber der Allerhöchste wohnt nicht in Tempeln, die mit Händen gemacht sind."[1] Jesus selbst war Wanderprediger. Gemäß der biblischen Überlieferung reinigte er einen Tempel, indem er die Händler aus ihm vertrieb.[2] Wenn ihn schon die Anwesenheit von Viehhändlern und Geldwechslern störte, die selber nicht Priester waren, wie wütend müsste ihn dann erst der heutige Kirchenprunk machen?

Einst war die Anordnung, sich kein Abbild des Himmels oder der Hölle zu machen, Bestandteil der Zehn Gebote, die Moses von seinem „Gott" namens Jahwe erhielt. Beim zweiten Abstieg vom Berg Sinai ist ihm nicht etwa wieder eine Gebotstafel in Brüche gegangen. Nein, Rom strich dieses Verbot der Götzenanfertigung und machte aus dem ehemals zehnten Gebot zwei einzelne Gebote, um nach wie vor zehn Gebote zu haben.[3] So einfach ist das, wenn man weder auf Götzendienst noch auf kirchlichen Prunk, geschnitzte Heiligenbilder, Statuen, goldverzierte Engel und wertvolle Gemälde von Adam bis zum Fegefeuer verzichten will.

Ganz auf der Linie der Wahrheit stellt Hans-Werner Deppe im Buch „Sind Sie auch katholisch?" die Worte Jesu den davon abweichenden Regeln der katholischen Kirche gegenüber. So hebt er unter anderem hervor, dass im Konzil von Trient festgelegt wurde: „Ferner soll man Bilder Christi, der jungfräulichen Gottesmutter und der anderen Heiligen vor allem in Kirchen haben und beibehalten. Man soll ihnen die schuldige Ehrfurcht und Verehrung erweisen ..."[4]

Viele Christen, Juden und Moslems wissen um das Verbot des Götzendienstes. Im Zweiten Buch Mose 20:4 (Altes Testament) lautet es: „Du sollst dir kein Bildnis noch irgendein Gleichnis machen, weder des, das Oben im Himmel, noch des, das unten auf Erden, oder des, das im Wasser unter der Erde ist." Herstellung und Anschaffung von Götzen sind also eindeutig verboten. Im jüdischen Talmud wird klargestellt,

1 Apostelgeschichte 7:48 und 17:24
2 Vgl. Johannes 2:13 bis 22; siehe auch Kapitel „Religion" („Spirituelle Rebellion")
3 Siehe 2. Mose 20:4 und 17: Das vormals zweite Gebot in 2. Mose 20:4 „Kein Abbild machen" wurde gestrichen, dafür wurde das vormals zehnte Gebot in 2. Mose 20:17 „Nicht Haus oder Weib des Nächsten begehren" (das ist ein Gebot) zu zwei Geboten gemacht: Neuntes Gebot („Haus") und zehntes Gebot („Weib")
4 Vgl. *Hans-Werner Deppe*, Sind Sie auch katholisch? (2005), S. 99 (Verfügbarkeit als download unter **www.dasjahrderbibel.de** bzw. **www.betanien.de/Material/katholisches_Artikel/sind_sie_auch_katholisch.pdf** (zuletzt abgerufen am 19.12.2009) – zitierend Konzil von Trient, in: „Der Glaube der Kirche", Nr. 474-476

dass die Verehrung der Natur erlaubt, aber alles durch Menschenhand zum Götzendienst Bearbeitete verboten ist.[1] Im Koran wird Götzendienst, wie Heuchlerei, als falsch erachtet.[2] Als Beispiel wird die Verehrung von Bildern angeführt.[3] Unter Götzen fallen nach den drei auf der Thora, das sind die fünf Bücher Mose, aufbauenden Religionen jedenfalls die Bildnisse und Statuen von Heiligen, Jesus und Maria sowie das christliche Markenzeichen schlechthin: der malträtierte Leichnam Jesu Christi und das Kreuz, jenes vermarktete Folterinstrument, welches wohl die Angst und das schlechte Gewissen der Gläubigen schüren soll. Wenn Jesus schon im Jerusalemer Tempel tobte, weil sich dort Händler und Geldwechsler aufhielten, dann würde er bestimmt kurz nach dem Betreten des Petersdoms dieses römische Prunkgebäude in Brand setzen.

Dass jeder Mensch allein – ohne selbsternannte Vermittler – Kontakt zu Jesus und dem Gott haben kann, von dem er berichtet, steht im (vom Vatikan logischerweise nicht anerkannten) Thomas-Evangelium: „Jesus sprach: Ich bin das Licht, das über allen ist. Ich bin das All; das All ist aus mir hervorgegangen, und das All ist zu mir gelangt. Spaltet das Holz, ich bin da. Hebt einen Stein auf, und ihr werdet mich dort finden.“[4] Die wahren Kirchen befinden sich in den Wäldern, sagte John Moir. Er war Gründer des amerikanischen Nationalparks. „Der Schamane aus dem Allgäu“ Wolf-Dieter Storl schreibt in seinem Werk „Ich bin Teil des Waldes“, dass die Waldeshallen „die wahren Kirchen, die Tempel des Schöpfers“ sind.[5] Hast du Lust auf einen Spaziergang?

Meditieren kann man aber überall. In der Meditation sind wir eins mit unserem Inneren. Daher ist sie der Schlüssel zu Gott: „Denn sehet, das Reich Gottes ist inwendig in euch“[6] Diese Worte Jesu sind auch für die Kirche verbindlich, weil sie im NT stehen. Da wir Gottes Wirkgröße in uns haben, brauchen wir sie nicht in Kirchen oder irgendwo im Himmel suchen.

1 Siehe Jerusalemer Talmud, Mischna, Awoda Sara 3, Abschnitt 1; Der Jerusalemer Talmud (Reclam, 1995), S. 192
2 Vgl. 33. Sure des Koran, Vers 73; *Publikation der Türkischen Religionsstiftung/33,* „Der gnadenreiche Koran“ (2002), S. 428
3 Vgl. 21. Sure des Koran, Vers 52 und 57, ebendort S. 327
4 Thomas-Evangelium, Logion (Vers) 77; Verfügbarkeit des Textes: Siehe bspw. *Dietrich Koller*, Das Thomas-Evangelium für heute – Ein spiritueller Begleiter (2008); *Gerd Lüdemann und Martina Janßen*, Bibel der Häretiker – Die gnostischen Schriften aus Nag Hammadi (1997) sowie im Internet: **www-user.uni-bremen.de/~wie/texteapo/thomas.html** (zuletzt abgerufen am 19.12.2009); das Thomas-Evangelium ist nicht Bestandteil des Kanons der katholischen Kirche. Mehr dazu insb. unter „Buddha Jesus“.
5 Vgl. *Wolf-Dieter Storl,* Ich bin Teil des Waldes (2009), S. 55; siehe auch Kapitel „Alles im grünen Bereich“ (*„Hinter den Kulissen“*)
6 Lukas 17:21

Der Kapitän und der Eine

Die Bibel spricht eine nicht immer ganz klare Sprache; in unseren Breitengraden heute die deutsche. In der hebräischen Originalfassung ist „Elohim" die Bezeichnung für einen „Gott" unter mehreren Göttern. Die Buchstabenfolge für „Herr" lautete ursprünglich „JHWH". Man verzichtete auf Vokale. Es hat sich außerdem die für mich verständliche jüdische Überzeugung gebildet, dass man den Namen des alttestamentarischen Terrorgottes nicht aussprechen darf. Für den wahren Gott steht die Buchstabenfolge „Ehje". Es ergeben sich daher grundverschiedene Bedeutungen für das, was manche als Gott bezeichnen:

- *„Elohim" steht für „Gott" im Sinne eines von mehreren Göttern[1],*
- *„Jahwe", „Adonai" oder „Jehova" (JHWH) heißt „Herr"[2] und*
- *„Ehje" bedeutet „Sein" oder „Der Ewige".*

„Ehje ascher Ehje" bedeutet „Ich bin, der ich bin", „Ich bin das Seiende, welches das Seiende ist, nämlich das notwendig Seiende".[3]
Na, dämmert es schon? Es sei vorweggenommen, dass Jahwe (und Elohim) nicht der wahre Gott (Ehje) ist. Er ist der personifizierte Herr, Sklaventreiber und Verbündete der Juden, um den es im Alten Testament (AT) geht. Ehje ist der Echte und Ewige, die allmächtige Schöpferenergie, deren Sohn Jesus ist und dessen Töchter und Söhne wir alle sind. Dieser wahre Gott ist energetischer Natur, namentlich Licht, Geist und Liebe, weshalb unser aller und daher auch Jesu Abstammung vom wahren Gott energetischer, spiritueller Art ist. Weil Jesus auf diesen Umstand hinwies und dadurch das bestehende, auf Jahwe aufbauende Machtgefüge der jüdischen Machtelite, insbesondere der Priester (und nicht des jüdischen Volks) gefährdete, musste er ans Kreuz geschlagen werden. Dessen dürfte er sich wohl bewusst gewesen sein.

1 Vgl. „Die Geschriebenen – DaBhaR-Übersetzung aus dem Masoretischen Text", 2 Teile von F.H. Baader, 2. Gesamtausgabe (1989), im 1.Teil, S. 977 (Elohim: Gott als Beauftragter, einer von mehreren Göttern oder eine Einheit von Göttern)

2 Vgl. bspw. *Wachturm Bibel- und Traktatgesellschaft deutscher Zweig e.V.*, Unterredungen anhand der Schriften (1990), S. 224ff.

3 Vgl. *Mose Ben Maimon*, Führer der Unschlüssigen (*Moses Maimonides*, More Nevuchim), übersetzt und kommentiert von *A. Weiss* (1995), S. 236ff.; siehe auch *Karl Erich Gröziner*, Jüdisches Denken – Theologie, Philosophie, Mystik – Band II (2005), S. 309ff.

Sadistischer UFO-Kapitän Jahwe

Liest man, was die wenigsten tun, die Bibel an bestimmten Stellen sehr aufmerksam, lässt sich erkennen, dass es im AT von wundersamen herabschwebenden Wolken nur so wimmelt, in denen auch Piloten sitzen.[1] Donnernde und blitzende „Wolken" oder „feurige Wagen mit feurigen Rossen" landen auf der Erde, spucken menschenähnliche Wesen aus oder nehmen sie auf.[2] Jahwe selbst steuert und dreht die „Wolken", wie er will.[3] Plausible Erklärungen gibt es dafür nicht allzu viele.
Das Niedergeschriebene könnte erlogen, als Naturphänomen übertrieben oder aber eine kollektive Sinnestäuschung bekiffter oder zu starker Hitze ausgesetzter Menschen gewesen sein. Für Sinnestäuschungen und Übertreibungen natürlicher Phänomene erscheinen mir die detailreichen Beschreibungen von landenden Wolken und technischen Geräten, wie etwa der Bundeslade, zu zahlreich, genau und einheitlich zu sein. Außerdem passen die wolkigen Flugobjekte auch zu umwälzenden Geschehnissen, wie etwa der Spaltung des Roten Meeres durch den in Wolkensäulen vor dem jüdischen Volke herziehenden Jahwe. Es könnte sich um eine glatte Lüge im Kleide eines altertümlichen Science-Fiction-Romans handeln, mit dem Moses das eigene umherwandernde Volk in Zaum halten und es sich gegenüber anderen Völkern überlegen fühlen lassen wollte. Fanden diese Phänomene aber tatsächlich wie in der Bibel beschrieben statt, dann wird die Erklärungsauswahl ziemlich eng. Vielleicht spielte Moses den ersten Copperfield, um Kontrolle über seine Stämme zu kriegen. Zum Zwecke der Machtausübung wurde immer schon gelogen. Warum sollte man also nicht einen „Gott" erfinden? Das erscheint doch äußerst plausibel.

Bevor wir nun auf die Theorie des Terror-Astronauten näher eingehen, sei festgestellt, dass es im Resultat keinen Unterschied macht, mit welcher Erklärung man liebäugelt. Denn eines steht fest: Der „Gott" Jahwe des AT kann nicht Gott bzw. Schöpfer des Universums gewesen sein, sondern maximal ein sadistischer Astronaut mit Terror-Allüren. Entweder wurde er erfunden, oder er existierte real.

Im AT lesen wir, dass Kapitän Jahwe mit seiner schweren Wolke sehr imposant am Berg Sinai landete: laut, blitzend, rauchend, bebend.

1 Vgl. insb. 2. Mose 13:21 und 22, 14:19 bis 31 sowie 19:16 bis 22; siehe auch Hiob 37:11 und 12
2 Vgl. insb. 2. Könige 2:11 und Hesekiel 1:4-28
3 Vgl. Hiob 37:11 und 12

„Als nun der dritte Tag kam und es Morgen war, da erhob sich ein Donnern und Blitzen und eine dicke Wolke auf dem Berge und ein Ton einer sehr starken Posaune; das ganze Volk aber, das im Lager war, erschrak. Und Mose führte das Volk aus dem Lager Gott entgegen, und es trat unten an den Berg. Der ganze Berg Sinai aber rauchte, darum dass der Herr herab auf den Berg fuhr mit Feuer, und sein Rauch ging auf wie ein Rauch vom Ofen, dass der ganze Berg sehr bebte."[1] Da hatte der gute Jahwe wohl zuviel Öl im Vergaser der „dicken Wolke". Nehmen wir einmal an, das Geschriebene geschah tatsächlich. Wie sollte ein Mensch, für den Pferde, Karren und Boote die einzigen Fortbewegungsmittel waren, bloß die Erscheinung eines rundlichen, glänzenden, metallartigen Raumschiffs oder Flugzeugs und dessen feuerspuckende Landung anders beschreiben? Bräuchte der allmächtige Schöpfer der Erde ein derartig gefährliches Raumschiff, um zu seinen Kindern zu kommen? Nein. Die wahre Göttlichkeit ist unsichtbar. Sie existiert in allen Dingen.

Vor Jahwes Landung erhielt Moses die Anweisung zur Absperrung der Gefahrenbereiche: „Und mache dem Volk ein Gehege umher und sprich zu ihnen: Hütet euch, dass ihr nicht auf den Berg steiget, noch sein Ende anrühret, denn wer den Berg anrührt, soll des Todes sterben."[2] UFO-Landung oder kreative Lüge vor mehreren Tausend Jahren? Durften die Juden den Berg etwa nicht betreten, damit sie nicht den mit Schießpulver „zaubernden" Moses und einen als „Gott" verkleideten Bauer erkennen könnten, der aus dem Rauch stieg? Nachdem die „Wolke" landete und das Volk von der „göttlichen" Technologie beeindruckt war, unterjochte sie ihr neuer „Herr" einfach mal so auf eine sehr unhübsche Weise. Das tut das physische Geschöpf, indem es sich für einen Gott ausgibt, für den die sonst auf Eseln reitenden Menschlein den Schurken in seinem donnernden, Flammen spuckenden Raumschiff verständlicherweise halten. Er gab sich grundsätzlich nicht für den Gott im Sinne des universellen Schöpfers, sondern eben für einen „Gott" namens Jahwe aus. Das impliziert, dass es noch andere Götter gegeben haben muss. Moses gegenüber gab er sogar selber zu, nicht der wahre Gott zu sein: „Ich bin der Herr und bin erschienen Abraham, Isaak und Jakob als der allmächtige Gott; aber mein Name Herr (Jahwe) ist ihnen nicht offenbart worden."[3] Sohin wusste wenigstens Hirte Moses, dass Jahwe ein mächtiger Betrüger war. Solche Schurken aber auch. Das niedere Volk wird von den Oberhirten bis heute darüber im Unklaren gelassen.

1 2. Mose 19:16 bis 18
2 2. Mose 19:12
3 2. Mose 6:2,3

Von sehr weit her kann unser Rauchpilot mit dem Pott nicht gekommen sein. Gleich nach der Landung knechtet der UFO-Gauner das beeindruckte israelische Volk mit seinen Zehn Geboten. Er verspricht, sie als sein auserwähltes Volk zu behandeln für den Fall, dass sie sich komplett seinem Willen unterordnen: „Werdet ihr nun meiner Stimme gehorchen und meinen Mund halten, so sollt ihr mein Eigentum sein vor allen Völkern; denn die ganze Erde ist mein.“[1] Die Israeliten stimmen ein und verknechten sich: „Alles was der Herr geredet hat, wollen wir tun.“[2] Jahwe ist also ein „Gott“, der einen Namen trägt[3], der gesehen wird[4], Partei für eine Nation ergreift und darüberhinaus ein „Kriegsmann“ ist, der seine Feinde in Zornesglut zerschmettern kann.[5]
Eine Gott-Kreatur, die ein Volk auserwählt, ist – wie Hitler, Bush & Co – die personifizierte Beleidigung und Erniedrigung der übrigen Völker. Hinter der ganzen Sache steckt dasselbe Bedürfnis nach Bessersein wie bei Hitlers Schwachsinn vom überlegenen deutschen Volk oder einer US-amerikanischen Politik, die ihre eigene Niedrigkultur aufgrund überlegener Militärmacht zur Führungsnation erklärt. Wo ist dabei bitte der Unterschied zum Führungsdiktat des Judengottes Jahwe?

Von offenbar enormer Bedeutung war diesem „bösen Captain Kirk“[6] die Einhaltung folgender beider Regeln (Gebote): „Du sollst keine anderen Götter haben neben mir“ (1. Gebot) und „Du sollst den Namen des Herrn, deines Gottes, nicht missbrauchen; denn der Herr wird den nicht ungestraft lassen, der seinen Namen missbraucht“ (2. Gebot).[7] Nur das aufgeblasene Ego eines außerirdischen Lügners (oder irdischen Schriftenfälschers) kommt auf derlei dreiste Forderungen. Kommt da in seiner Schüssel runtergedonnert, verarscht kräftig die Leute und stellt Regeln auf, die seine Identität verschleiern sollen. Auffällig ist, dass das Gebot nicht zu töten (5. Gebot) verhältnismäßig weit hinten gereiht ist. Es hat ihm also sehr viel daran gelegen, nicht als Trittbrettfahrer des „Ewigen“ entlarvt zu werden. Der hätte aber solch ein Regelwerk erst gar nicht nötig, weil die schöpferische Energie im „Sein“ ruht, wie die Bezeichnung des wahren Gottes ja lautet: das ewige Sein.

1 2. Mose 19:5; „meinen Mund halten“: an meine Worte halten
2 2. Mose 19:8
3 Vgl. bspw. 2. Mose 15:3
4 Vgl. 2. Mose 33:23: Jahwes Rücken durfte Moses sehen – verständlicherweise aber nicht dessen Gesicht, weil sonst offenkundig gewesen wäre, dass es sich um ein menschenähnliches Wesen und nicht um einen „Gott“ handelte (UFO-Variante). Oder Moses bzw. der/die Verfasser der Bücher Mose hatte/n gelogen/getrickst und schuf/en einen nicht identifizierbaren Gottes-Mythos (Lügen-Variante).
5 Vgl. 2. Mose 15:6 und 7
6 Der Kapitän des Raumschiffes „Enterprise“ aus der gleichnamigen Fernsehserie
7 2. Mose 20:3 und 7

Eventuell landete also wirklich auf unserer Mutter Erde ein Weltraum-Gangster in seinem brennstoffbetriebenen unbekannten Flugobjekt – abgekürzt auch UFO genannt. Eingehend mit der Beweisführung außerirdischer Landungen und Tätigkeiten auf unserer Erde befasst sich z.B. der Forscher, umstrittene Autor, Bibelkenner und ehemalige Jesuitenschüler Erich von Däniken.[1] Anzunehmen, wir Menschen seien „alleine" bei all den Milliarden Planeten im Universum, wäre wohl etwas zu vermessen. Warum sollen Außerirdische nicht bereits die Erde besucht haben, wo wir doch selbst im All herumfliegen, schon am Mond waren und vorhaben, 2020 den Mars zu betreten? Pressemeldungen von Ende April 2009 zufolge ist der ehemalige Raumfahrer Edgar Mitchell, Apollo-14-Atronaut und sechster Mensch am Mond, felsenfest davon überzeugt, dass es außerirdisches Leben gibt. Er wisse auch, dass die US-Regierung die Existenz extraterrestrischen Lebens absichtlich geheim halte und sei kürzlich an seine Regierung mit der Forderung herangetreten, dem Volk die Wahrheit preiszugeben.[2]

Warum sollte es nicht uns technologisch weit überlegene Wesen geben? Warum sollten diese Wesen nicht bereits hier gewesen sein? Däniken ist der Ansicht, dass die vom Himmel herabgekommenen „Götter" außerirdische Raumfahrer waren, die sich als Gott zelebrieren ließen oder gar den Menschen nach ihrem Ebenbild formten, d.h. klonten oder kreuzten. Dies würde nicht nur das Rätsel lösen, warum wir die irdische Entwicklung des Menschen Millionen Jahre zurück verfolgen können, aber keine Erklärung für das „plötzliche" Auftreten der sehr jungen Menschenform Homo sapiens vor etwa 300.000 bis 100.000 Jahren haben.[3] Auf den Punkt gebracht: Das Bindeglied (Missing Link) zwischen Menschenaffen und Homo sapiens wurde nicht gefunden.[4] Folgende Stelle der Genesis würde die Theorie einer genetischen Kreuzung unterstützen: „Lasst uns Menschen machen, ein Bild, das uns gleich sei."[5]

1 Als vertiefende Literatur kann empfohlen werden: *Erich von Däniken*, Die Götter waren Astronauten (2003) sowie Botschaften und Zeichen aus dem Universum – die erfolgreichsten Bücher in einem Band (1996)

2 Vgl. bspw. **www.spiegel.de/panorama/leute/0,1518,620383,00.html** sowie **diepresse.com/home/panorama/skurriles/472438/index.do** sowie **www.abendblatt.de/vermischtes/article979398/Edgar-Mitchell-Ausserirdische-sind-unter-uns.html** (zuletzt abgerufen am 19.12.2009)

3 Homo sapiens: vernunftbegabter Mensch; „Afrikanische Gründerpopulation", die vor etwa 100.000 Jahren Eurasien und Südostasien besiedelte; diesem Homo sapiens entstammen angeblich alle Jetztmenschen; vgl. hiezu insb. *Douglas Palmer*, Die Ursprünge des Menschen (2007), v.a. S. 184 und 185

4 Missing Link: fehlendes Bindeglied bzw. nicht durch fossile Funde nachgewiesene Übergangsform zweier Arten. Konkret mangelt es insb. in einem Zeitraum von etwa 1 Million Jahren an Fossilienfunden hinsichtlich Übergangsformen zwischen dem letzten „Homo ergaster" (lebte vor etwa 1,5 Mio. Jahren) und dem ersten „Homo antecessor" (lebte vor ca. 800.000 Jahren), der wiederum Vorfahr des „Homo erectus" (Afrika vor ca. 500.000 Jahren) war, aus dem sich – wiederum mit fehlendem Bindeglied – der „Homo sapiens" (erstmals in Afrika vor etwa 200.000 Jahren; Besiedelung Eurasiens vor etwa 100.000 Jahren) entwickelt haben soll; vgl. hierzu insb. *Douglas Palmer*, Die Ursprünge des Menschen (2007), v.a. S. 184 und 185

5 Vgl. 1. Mose 1:26

Jahwe spricht hier ausdrücklich von „uns". Er hatte also andere „Götter" als Helfer. Zecharia Sitchin, seines Zeichens Historiker, Archäologe, Journalist und Bibelexperte, legt in „Der zwölfte Planet"[1] plausibel dar, dass eine außerirdische Rasse namens Nefilim – „die Hinuntergeworfenen"[2] – nach dem Aufstand der „Götter" (Anunnaki) die Menschen als Arbeiter schufen. Diese Darlegung ist mit dem eben erwähnten Schöpfungsmythos des AT, dem dortigen Wochenarbeitsplan für Menschensklaven (sechs Tage Arbeit, ein Tag Huldigung des Herrn), alten sumerischen Texten, aber auch der Evolutionstheorie im Einklang. Die Entwicklung des Menschen könnte doch mit hoher Wahrscheinlichkeit vor der „gentechnischen Kreuzung" menschenähnlicher irdischer Primaten mit außerirdischen Lebensformen evolutionär verlaufen sein. Nach dieser Manipulation könnte die Evolution wieder ihren Lauf genommen haben. Mit dieser Theorie würde sich die Suche nach einem materiellen Missing Link erübrigen, weil im Labor erzeugte oder sexuell gezeugte Übergänge gar nicht gefunden werden können. Diese „Übergänge" wären schließlich bereits der verkörperte Wechsel. Somit könnte das „Entweder-Evolution-oder-Schöpfung" in ein viel stimmigeres und nachvollziehbareres „Evolution-und-Schöpfung" transformiert werden.

Wenige wissen, dass der Begründer der Evolutionstheorie, Charles Darwin, selbst Schöpfungstheorie und Evolutionstheorie verknüpfte, indem er den Keim des Lebens als vom Schöpfer eingehaucht erachtete.[3] Zwar meinte Darwin, dass alle Arten auf einen „Stammvater" zurückgehen und alle Wirbeltiere inklusive uns Menschen (Menschen sind Tiere) nach demselben allgemeinen Modell gebaut sind. Jedoch meint er auch, es liege lediglich an unserer Arroganz, dass unsere Vorväter erklärten, von „Halbgöttern" abzustammen.[4] Hier muss ich nochmals klarstellen, dass der „Gott" des AT nicht der allschöpfende Gott gewesen sein kann. Folglich war er, falls er existierte, ein außerirdisches Wesen und damit aus menschlicher Sicht sehr wohl ein „Halbgott" – nämlich ein vom Schöpfer erschaffenes Wesen, das vom Himmel kam und sich als „Gott" ausgab. Zwar ist die Genesis (Erstes Buch Mose) hinsichtlich der Erschaffung der Welt in einer Woche bereits deshalb abzulehnen, weil Jahwe, wie dargelegt, nicht der universelle Schöpfer ist.

1 *Zecharia Sitchin*, Der zwölfte Planet – Wann, wo, wie die ersten Astronauten eines anderen Planeten zur Erde kamen und den Homo Sapiens erschufen (1995)

2 Nefilim ist Hebräisch und bedeutet wörtlich „die auf die Erde Hinuntergeworfenen" und nicht wie von Luther in 1. Mose 6:4 und 4. Mose 13:33 übersetzt „Riesen" oder „Tyrannen" – vgl. insb. *Sitchin*, S. 8

3 Vgl. *Charles Darwin*, Die Entstehung der Arten durch natürliche Zuchtwahl (1859); deutsche Übersetzung, Reclam (2007), S. 678; siehe auch Kapitel „Alles im grünen Bereich" (*„Hinter den Kulissen"*)

4 Vgl. *Charles Darwin*, Die Abstammung des Menschen; aus dem Englischen von *Heinrich Schmidt* (2009), S. 34

Die gentechnische Erschaffung des Menschen in der heute vertretenen Form durch ihn würde ich jedoch zumindest in Betracht ziehen. Er oder jemand anderes könnte den Menschen im Reagenzglas produziert haben.

Sollte eine Kreuzung seiner Art mit einem irdischen Wesen erfolgt sein, müsste man lediglich den biblischen „Erdenkloß" durch einen Primaten ersetzen. Dies würde auch Deckung in Darwins Theorie von der natürlichen Zuchtwahl finden, die ihm hinsichtlich der rapiden Vergrößerung des menschlichen Gehirns (und Schädels) Kopfweh bereitet: Das Schädelvolumen eines Neandertalers und modernen Menschen (ca. 1.500 cm^3) ist dreimal höher als jenes des Australopithecus oder eines Schimpansen (ca. 500 cm^3).[1] Diese Entwicklung muss, im zeitlichen Abriss betrachtet, relativ jung sein, zumal die Dauer der „Aufzucht" menschlichen Nachwuchses aufgrund Schädelwachstums und Gehirnentwicklung ungleich länger ist als die ihrer potentiellen Primaten-„Vorfahren". Die Häufigkeit von Kaiserschnitten und Zangengeburten sowie die evolutiv hinsichtlich des Embryoschädels relativ nachhinkende Beckenbreite und Vulvadehnbarkeit könnten Indizien für einen manipulativen Eingriff mittels Gentechnik sein. Zum Vergleich: In freier Wildbahn gebärende Stuten und Kühe bringen ihre behuften, großschädeligen Jungen grundsätzlich problemloser zur Welt als wir Menschen …

Vorausgesetzt, die Berichte in den Büchern Mose sind nicht erlogen oder halluziniert, kommt als (ebenso) plausible Alternative zur UFO-Gangster-Theorie magisches Hokuspokus in Betracht. Moses könnte selbst ganz tief in die Zauberkiste gegriffen haben. Es wurde festgestellt, dass Ägyptens Priester bereits vor etwa 6.000 Jahren wussten, wie man Schießpulver herstellt.[2] Was liegt näher, als dem umherwandernden, störrischen Volk mittels feuriger Machtdemonstrationen einen rachsüchtigen „Gott" vorzuspielen, ihn zu inszenieren, damit man ehrfürchtig und gehorsam Moses folge? Für diese Auslegung ist die Bibel – d.h. nicht nur bei Moses, sondern etwa bei Hiob und teilweise im NT – meiner Meinung nach aber zu sehr vollgespickt mit gesteuerten Wolken.

Es ist jedoch aus spiritueller und wissenschaftlicher Sicht völlig unbedeutend, für welche Variante man sich entscheidet, weil uns im gegebenen Zusammenhang bereits die Erkenntnis von großem Nutzen ist,

1 Vgl. *Christian Kummer*, Der Fall Darwin – Evolution contra Schöpfungsglaube" (2009), S. 97ff.
2 Vgl. *Jens Jürgens*, Der biblische Moses (1928)

dass Jahwe nichts mit dem wahren Schöpfer, der wahren Göttlichkeit zu tun hat. Die Erkenntnis, dass die nach wie vor kirchlich gepredigten Anordnungen (Gebote) ihres Pseudogottes jeglicher Grundlage entbehren, macht die Bibel bereits lesenswert.

Wer sich nun fragt, was ein Kapitel über einen Aliengott in einem Buch über bewusste Selbstwerdung zu tun hat, dem darf in Erinnerung gerufen werden, dass es die männliche Personifizierung eines realen oder erfundenen Nichtgottes ist, die Frauen und Männer in rechtlich und faktisch ungleich behandelte Wesen teilte. Wer sich dessen bewusst ist, kann darüber schmunzeln. Ein Weg dazu ist die rationale Auseinandersetzung mit dem Jahwe-Kult.

Das ewige SEIN

In dieselbe Kerbe schlägt auch Jesus Christus. Dieser rebellische Mensch lehrt den Menschen unter anderem, wer der wahre Gott und Schöpfer ist und worauf es im Leben wirklich ankommt. Kinnhaken Nr. 1 für Priester und andere Zecken war die Verkündung der tatsächlich wichtigsten zwei Gebote: „Höre, oh Israel, der Herr, unser Gott ist ein einiger Gott; und du sollst Gott, deinen Herrn, lieben von ganzem Herzen, von ganzer Seele, von ganzem Gemüte und von allen deinen Kräften. Das ist das vornehmste Gebot. Und das andere ist ihm gleich (viel wert). Du sollst deinen Nächsten lieben als dich selbst. Es ist kein Gebot größer denn diese."[1]
Mit seinem Gebot der Liebe stellt Jesus klar, dass der wahre Gott kein eifersüchtiger Trottel ist, weil es neben ihm gar keinen anderen Gott geben kann. Nur „er" hat die gesamte Welt erschaffen und ist reiner Geist (dazu weiter unten). Gott ist die gesamte Existenz. Wer sollte schließlich die Existenz erschaffen haben, wenn es nicht die Existenz selbst war? Gäbe es einen Personengott, der alles (die Existenz) erschuf, dann müsste man konsequenterweise weiterfragen, wer denn zuvor diesen Personengott erschaffen hatte und immer so weiter. Statt blödsinnigem Namensdünkel steht die Liebe zum Mitmenschen im Vordergrund, die gleichzusetzen ist mit der Liebe zum einen Gott. Wer verkündet, dass die Liebe wichtiger ist als Macht, macht manchen Machthabern ein Problem. Denn auch die menschenähnliche Figur Jahwe wurde, falls sie überhaupt existierte, von jenem Gott erschaffen, von dem Jesus sprach.

1 Markus 12:28

Eine offene Kriegserklärung an den Weltraum-Banditen lautet: „Ihr habt weiter gehört, dass zu den Alten gesagt ist: Du sollst keinen falschen Eid tun und sollst Gott deinen Eid halten. Ich aber sage euch, dass ihr überhaupt nicht schwören sollt." Ein schlichtes „Ja!" oder „Nein!" würde reichen und „was darüber ist, das ist von Übel", meinte Jesus.[1] Mit den „Alten" sind jene Israeliten gemeint, die Jahwe den Treue-Eid leisteten. Im Klartext lautet Jesu Message: Ihr seid reingelegt worden. Jahwe ist nicht der Gott, für den ihr ihn gehalten habt.
Juristisch ausgedrückt, würde nach österreichischem Recht ein Irrtum[2] über Identität und Eigenschaften[3] des Geschäftspartners vorliegen, der durch List, d.h. bewusste Täuschung, herbeigeführt wurde. Da der Treue-Schwur in Kenntnis der wahren Person des Pseudogottes Jahwe ziemlich sicher nicht geleistet worden wäre, handelt es sich um einen wesentlichen Irrtum, der den Anspruch zur Anfechtung und Aufhebung des Rechtsgeschäfts begründet. Solche Ansprüche sind bestimmt in den meisten Rechtsordnungen verankert, aber gegenüber „Göttern" schwer durchzusetzen, weshalb man sich nicht zu lange und eng an sie binden sollte ...

Aber nun wird es noch deutlicher: „Niemand hat Gott je gesehen."[4] Gott ist Licht[5], Gott ist Liebe[6] und Gott ist Geist. Die ihn anbeten, müssen es im Geist und in der Wahrheit tun.[7] Und die Wahrheit ist: Jahwe ist nicht Gott, weil Gott Geist ist. Mit Geist kann nur eine schöpferische Energie im Sinne des Chi, des Nullpunktfeldes, des Ousia-Feldes etc. gemeint sein.[8] Denken im menschlichen Sinne, als kognitiver Prozess, kommt eher nicht in Frage, weil menschliches Denken einen menschlichen Körper voraussetzen würde. Der menschliche Körper entspricht dem Begriff der Materie, und Materie geht aus dem Geist hervor.[9] Im Geist und im stillen Kämmerlein soll man zu Gott beten. Im Staub kriechen vor gerissenen, eventuell nur erfundenen Astronauten, mag manchen Menschen Freude bereiten, macht aber nur die Knie wund und führt nicht ins Paradies. Was der Geist tut, sagt der Zweite Brief an die Korinther in 3:6. Bibelfetischisten und Wortlautverdreher aufgepasst: „Denn der Buchstabe tötet, aber der Geist macht lebendig."

1 Vgl. Matthäus 5:33 bis 37
2 Vgl. §§ 871 bis 877 ABGB
3 Vgl. *Rummel*, Kommentar zum ABGB 1. Band (2000), S. 1342
4 Johannes 1:18 und 1. Johannes 4:12
5 1. Johannes 1:5
6 1. Johannes 4:7 und 16
7 Johannes 4:24
8 Zum Chi, Nullpunktfeld und Ousia-Feld siehe Kapitel „Alles im grünen Bereich" (*„Hinter den Kulissen" – „Waldeinheit und Ousia-Feld"*)
9 Vgl. Johannes 6:63, 2. Korinther 3:6

Die Böhsen Onkelz drückten es anders aus: „Wahrheit wird gelebt und nicht doziert."[1] Eine klare Aufforderung, sich vom extrem Materiellen abzuwenden und sich auf Spirituelles zu besinnen, enthält folgender Vers: „Denn wo ihr nach dem Fleisch lebt, so werdet ihr sterben müssen, wo ihr aber durch den Geist des Fleisches Geschäfte tötet, so werdet ihr leben."[2]

Auch über das Ablegen des Ego, seine Masken und Rollen lesen wir im NT: „So leget nun von euch ab nach dem vorigen Wandel den alten Menschen, der durch Lüste im Irrtum sich verderbt. Erneuert euch aber im Geist eures Gemüts und zieht den neuen Menschen an, der nach Gott geschaffen ist in rechtschaffener Gerechtigkeit und Heiligkeit."[3] Durch das Ablegen des alten Menschen, also dessen Lust, die aus dem Wünschen und Denken des Ich resultiert, wird unser Selbst freigelegt. Unser Wesenskern entspricht dem „Geist unseres Gemüts", das unser tiefstes Inneres ist. Das tiefste Innere wiederum ist identisch mit der Göttlichkeit. Kurz gefasst: Lebe im Hier und Jetzt, und du bist, wer du bist (Ehje ascher Ehje): reines Bewusstsein und Göttlichkeit. Was ganz nach der Lehre Buddhas klingt, gab uns, wie sogar die Katholiken zugeben müssten, auch Jesus als weitere Anleitung zur Selbstwerdung mit auf unseren Weg.[4]

Schlussfolgerungen

An und für sich war die Bibel für mich lange Zeit nicht wichtig, ich lehnte sie sogar als Machtinstrument der Kirche ab. Anlässlich mich prägender Übergriffe seitens der Katholiken wurde aber eine „Feindlagebeurteilung" dringend nötig. So habe ich durch die Bibel vor allem folgende Dinge erfahren:

- *Jahwe ist nicht Gott, sondern ein Sklaventreiber*
- *Jesus war ein menschlicher Rebell, der Sklaven befreite*
- *Das Wirken von Jesus Christus entspricht Buddhas Wirken*
- *Ein rebellisches Leben ist im Einklang mit Jesu und Buddhas Leben*
- *Die vatikanische Sinnumkehrung Jesu Wirken zur Stärkung der Kirchenmacht ist nachweisbar*
- *Die Bibel ist die beste selbstgelenkte Waffe zur Entmachtung der katholischen Kirche, weil sie sich nicht an die Worte Jesu hält*

1 *Böhse Onkelz*, aus dem Lied „Wenn du wirklich willst" vom Album „Viva los tioz" (1998)
2 Vgl. Römer 8:13
3 Epheser 4:24
4 Siehe Kapitel „Buddha Jesus"

Weiß man in vatikanischen Gefilden all das oben Angeführte und hält die Leute bewusst dumm? Versteht man sein biblisches Handwerk nicht? Sollte zweiteres der Fall sein, müsste man in Rom zur Besinnung kommen und bewusst Diener der Menschen werden, wie Jesus bei Matthäus meint: „Und wer da will der Vornehmste sein, der sei euer Knecht.“[1] Solltest du ein Vertreter des Vatikans bzw. der katholischen Kirche sein, dann bestelle bitte dem Joseph Ratzinger – oder wer auch immer gerade im heiligen Sesselchen herumsitzt[2], dass ich gerne unentgeltlich als Lehrkraft in Sachen Bibelkunde zur Verfügung stehe. Vier Bedingungen hätte ich da allerdings: erstens angemessener Aufwandersatz (Reisekosten), zweitens freier Aufenthalt in allen Bibliotheken, drittens keine Hostien zum Tee, und viertens der Papst trägt kein schöneres Kleid als ich.

Kleider machen Leute

Im Alter von ca. fünf Jahren sah ich, wie an einem Baum eine honigfarbene Flüssigkeit austrat. Als mir Mama erklärte, dass Harz das Blut der Bäume ist, umarmte ich den hölzernen Riesen ganz spontan und sagte ihm, dass ich ihn lieb habe. Dieses Beispiel symbolisiert meines Erachtens die dem Menschen innewohnende Liebe und Wärme, die er im Kindesalter als völlig unverdorbenes Wesen bedingungslos geben kann. Ich war ein Teil der Natur, in der ich mich befand. Von nichts fühlte ich mich wirklich getrennt. Die Pflanzen und Steine sprachen zu mir und ich zu ihnen. Im Garten ging es freilich auch etwas wilder zu. Sehr beliebt war Feuermachen. Der Herr des Feuers war Nachbar, Freund und Wüstenabenteurer Daniel. Feuermachen war aber am spannendsten, wenn außer mir niemand davon wusste. War das Holz feucht war und ließ sich nicht entzünden, musste auch schon mal Daniels Rasenmäherbenzin herhalten. Schöne Schlangenmuster auf den Brettern machen und dann anzünden, bereitete mir besondere Freude.
Eines Tages gesellte sich die „Vroni“ zum Toni. Die große braune Hündin einer alten Dame aus dem Nebenhaus wurde meine Begleiterin und Spielgefährtin, wobei sie meine Spielchen wie Todstellen bald durchschaute. Gemeinsam erkundeten wir die Umgebung, und Schmutz war der nicht abzuschüttelnde Begleiter unserer langen Ausflüge. Wir hatten jede Menge Spaß. Blöd nur, dass die dreckigen, vom Feuer angesengten Hosen bei Mama weniger gut ankamen. Geschimpft hat sie aber nie.

1 Matthäus 20:27
2 Beinahe hätte ich „herumfurzt“ geschrieben, aber wirklich nur beinahe.

Dafür hatte ich kaum neue Kleidung, was mir aber überhaupt nichts ausmachte. Solange ich mich draußen wohl fühlte, war alles okay.

Doch eines schönen Frühlingstages machten wir mit den Großeltern mütterlicherseits einen Wochenausflug nach Bad Ischl. Opa war untertags in Kur, und ich war mit Mama in der Natur. Beim Frühstück war ich irgendwie zum Mittelpunkt des Interesses der älteren Menschen geworden. Es reifte der Entschluss, dass wir gemeinsam Bergwandern gehen und ich sie führen würde. Ein langes Stück Spagat diente als Bergseil. Alle spielten mit und waren happy – ganz besonders der kleine Bergführer. Soweit ich mich erinnern kann, war diese Expedition in Seniorenkreisen der Anlass dafür, dass mir ein wunderschönes Geschenk gemacht wurde. Ich erhielt eine eigene Wandertracht: schwarze Knickerbocker (Wander-Dreiviertelhosen), gelbe Weste und schwarzen Hut mit Quasten. Das gefiel mir. Was ich weniger toll fand, waren die nicht enden wollenden verbalen Aufmerksamkeiten in Hinblick auf die neue Kleidung.

Den Hut warf ich schnaufend auf den Gehsteig und ging eilig weiter, nachdem man mir mehrfach gesagt hatte, welch schöner junger Mann ich doch derart gewandet sei. Es war für mich im Alter von etwa fünf Jahren nicht um die Burg einzusehen, warum ich mit der Tracht auf einmal Schmeicheleien zu hören kriegen sollte, die ich in meiner Rumteufelkleidung nicht zu hören bekam. Warum sagte mir niemand, dass ich ein hübscher Mensch bin, wenn ich in der Badewanne saß? Es entbrannte eine Wut in mir, an die ich mich noch genau erinnern kann und die mich noch sehr lange begleiten würde. Diese Schlüsselsituation und die erwähnte, sehr prägende Zwangsvorführung eines im Anzug eingeengten Menschleins zur Erstkommunion waren die ersten deutlich spürbaren Zwänge der Erwachsenenwelt, in der Kleidung mehr zu wiegen schien als innere Werte und Nacktheit. Meine spontane Reaktion des gezogenen und geworfenen Huts war das erste bewusste Auflehnen gegen gesellschaftliche Konditionierungen. Zwar gefiel mir die Tracht sehr gut, doch zu diesem Preis wollte ich sie – zumindest den Hut – nicht tragen. Mein Auflehnen wurde allerdings nicht bewertet oder beurteilt. Im Gegenteil: Mein Opa lachte aus tiefem Herzen und die Frauen mit ihm. Dieser offene Umgang meiner Familie mit meiner empörten Reaktion war ein wesentlicher Baustein in meinem Raubritterturm späterer bewusster Rebellion gegen Zwänge der angepasst gekleideten, sich anscheinend im sozialen Elfenbeinturm sicher fühlenden Mitmenschen.

Hinsichtlich der geschlechterspezifischen Kleidungsordnung saß ich als Kind wahrlich auf einer gesellschaftlichen Insel der Seligen. Es war mir schnurzegal, was Frauen und was Männer trugen. Hauptsächlich war ich ja in der Natur unterwegs. Im Kindergarten war ich der Polizeiclown mit Absonderungstendenzen. Geschlechtergruppen im privaten Freiraum gab es mangels Nachbarkinder nicht. Meine Eltern ließen mich so herumtollen, wie ich wollte, und die Familie mütterlicherseits war eine Zusammenkunft verschiedener Privatphilosophen. Onkel Hans begann damals, soweit ich weiß, neben seiner Tätigkeit als Pharmareferent die Schamanenausbildung. Oma war ewige Rebellin halbungarischer Herkunft, die immer schon meinte: „Eigentlich müsste man sich draußen auf der Straße eine Straußenfeder in den Po stecken und damit herumlaufen können, ohne dass sich jemand das Maul darüber zerfetzt." Dass sie genau zu dieser Zeit mit einem männlichen Verwandten dessen Leidenschaft für schöne Damenkleider teilte, weil ihr Mann sie ohnehin kaum beachtete, wenn sie sich schön anzog, erfuhr ich leider erst im Jahr 2007.

Als ich am Tag der Erstkommunion die schönen weißen Kleider der kleinen Kirchgeherinnen sah, löste dies keinen inneren Konflikt oder Neid auf die Mädchen aus. Mein Thema war nicht das Geschlecht an sich, sondern der damit verbundene Zwang. Das unterscheidet mich deutlich von vielen transidenten Personen, die faktisch als Kind schon klar dem anderen Geschlechterbild entsprechen wollen. Wesentlich für mich war die gefühlte Bewertung und die damit einhergehende Auf- oder Abwertung aufgrund von – für mich trivialen – Äußerlichkeiten. Warum hatte ich nicht so ein schickes, verspieltes Kleidchen mit Rüschen und Bändern an? Warum steckte ich in diesem doofen Anzug und sah aus wie mein Vater in Kleinformat? Mir war klar, dass so manches Mädel ihr Kleidchen als unpraktisch empfinden und sich in ihrer Bewegungsfreiheit eingeengt fühlen würde. Was mich also störte, war der anlassbezogene Zwang zu einer gewissen Kleidung und darüberhinaus die nach dem Geschlecht differenzierte Beschaffenheit der Klamotten. Das war unfair und roch nach Ungleichbehandlung. In diesem Spiel wollte ich nicht mitspielen.

Hinter den Kulissen

Im Alter zwischen drei und sechs Jahren gewinnen die Geschlechterkategorien zunehmend an Bedeutung. Kinder entwickeln in diesem Zeitraum die Überzeugung, dass gewisse Gegenstände, Aktivitäten und Eigenschaften besser zum einen oder anderen Geschlecht passen. Dabei werden die „guten" Eigenschaften tendenziell der Gruppe des eigenen Geschlechts zugeordnet.[1]
Es erfolgt eine meist rigide geschlechterstereotype Zuordnung durch die Kinder selbst, wobei nicht übersehen werden sollte, dass bestehende Rollenbilder den Kindern bereits vorgegeben wurden. Im Grunde wird die Anpassung an diese gesellschaftlichen Bilder belohnt und Rebellion mit Strafe belegt. In westlichen Gesellschaften gibt es grundsätzlich nur zwei geschlechtliche Rollenbilder, durch die bestimmte Verhaltensweisen und äußere Attribute klar einem der beiden biologischen Geschlechter zugeordnet werden.

Als ich im grauen Erstkommunionsanzug steckte und die Mädchen in ihren süßen weißen Kleidchen strahlen sah, spürte ich deutlich, dass ich um etwas betrogen wurde. Worum ich betrogen wurde, war mir damals noch nicht ganz klar. Es ging jedenfalls um ungerechte Ungleichbehandlung im Bereich der Mode. „Mit ihr (der Mode) wird Politik gemacht, durch sie werden auf unsichtbar sichtbare Weise Hierarchien durchgesetzt und Ideologien transportiert", schreiben Susanne Benedek und Adolphe Binder.[2] *Die beiden Autorinnen behandeln wissenschaftlich (soziologisch, politik- und literaturwissenschaftlich) die Frage, ob Crossdressing die Geschlechterpolarität auflösen kann. Als Basisannahme gilt, dass Frau und Mann nur abstrakte Gleichheit genießen, sich also faktisch nicht ebenbürtig gegenüberstehen: Auf ökonomischer und sexueller Ebene herrscht eine Ungleichheit, die sich im verordneten normativen Einheitslook widerspiegelt. Das Modediktat bringt das Sein des Mannes und den Schein der Frau zum Ausdruck.*[3] *Das schlichte, rationale äußere Erscheinungsbild kommt dabei dem Mann zu, der im 21. Jahrhundert immer noch die äußere Welt der wirtschaftlichen Produktion dominiert. Diesem Sein steht der Schein der Frau gegenüber, die zwar nicht im Berufsleben der Industrienationen, wohl aber im Bereich der Sexualität das Sagen hat.*

1 Vgl. *Hanns Martin Trautner* in *Rolf Oerter und Leo Montada*, Entwicklungspsychologie (2007), S. 635
2 *Susanne Benedek und Adolphe Binder*, Von tanzenden Kleidern und sprechenden Leibern – Crossdressing als Auflösung der Geschlechterpolarität? (1996), S. 19
3 Mit ähnlichen Worten ebendort S. 16

Sie ist es schließlich, die entscheidet, wer sie erobern darf. Er bemüht sich neben seinen Konkurrenten, sie wählt aus. Nicht umgekehrt. Um potentielle Werber anzulocken, verführt sie mit einem adretten Äußeren, wie eine Blüte die Bienen anzieht. Die Mode läuft diesem großteils unbewusst ablaufenden Programm jedoch nicht entgegen, sondern verhärtet die „Fronten" zwischen Frau und Mann.

Menschen, die die Kleidung des Gegengeschlechts tragen, stören diese künstliche Ordnung. „Das vernunftgetränkte maskuline Outfit zitiert den Respekt und die Ehrfurcht, die dem Träger ansonsten zugute kommen", erläutern die Autorinnen im Zusammenhang mit Frauen, die im Berufsleben Männerkleidung tragen.[1] Sie stellen auch die Verbindung zwischen Crossdressing und der im Tierreich zu beobachtenden Mimikry her. Zum Selbstschutz benutzen manche Tiere eine Art Tarnung, indem sie die Gestalt wehrhafter oder ekelhaft schmeckender Artgenossen täuschend ähnlich imitieren. Ahmen Menschen wirtschaftlich oder sexuell mächtigere Personen nach, indem sie deren Kleidung anlegen? Wollen Frauen in Männerkleidung die Marktwirtschaft beherrschen? Wollen Männer in Frauenkleidung das erotisch-sexuelle Leben bestimmen?

Was ich als Kind erspürt habe, aber freilich noch nicht in die entsprechenden Worte fassen konnte, war also das Phänomen einer existierenden Geschlechterhierarchie und die damit verbundenen Bekleidungsdiktate. Barbara Vinken ist wie ich der Überzeugung, dass die kleidertauschende Frau das Patriarchat (Vorherrschaft der Männer) manifestiert und es nicht erschüttert.[2] Sie stärkt schließlich die Rationalität im Geschäftsleben. Die subversive Kraft des Kleidertauschs kommt alleine den Männern zu, die dadurch die allgemeine Feminisierung des Männlichen provozieren und die Vorstellung einer homogenen maskulinen Identität zerstören. Dadurch können die Geschlechter, Rassen und Klassen zusammenrücken. Durch die Einnahme der weiblichen Differenzposition verleiht der Mann der Weiblichkeit mehr Raum und Gewicht. So kann er schließlich die Grundpfeiler einer patriarchalischen Gesellschaft niederreißen, indem er ihre Künstlichkeit und mangelnde Authentizität demaskiert und damit die „Grenzen der westlichen Gesellschaft niederreißt."[3]

Würde man Frauen und Männer als militärisch ungleich starke Feinde betrachten, weil Frauen in einer nach wie vor patriarchalischen,

1 Ebendort S.40
2 Vgl. *Barbara Vinken*, Mode nach der Mode - Kleid und Geist am Ende des 20. Jahrhunderts (1993)
3 Vgl. ebendort S. 34ff. sowie *Benedek und Binder*, insb. S. 40ff. und 125ff.

von Männern dominierten und kontrollierten Gesellschaft deutlich unterlegen sind, würde ein Überlaufen der Frauen zu den Männern natürlich die Männerseite stärken. Laufen aber Männer zu den Frauen über, stärken sie damit das weibliche Lager, was einem äußeren Kräftegleichgewicht nahe kommt. Selbstredend sind Mann und Frau keine Feinde. Nicht einmal die Konditionierungen und künstlichen Ordnungen sind der Feind. Ich orte den „Feind" hauptsächlich im gesellschaftlich erzeugten inneren Anpassungsteufelchen (Ego) eines Menschen. Wenn Männer sich auf die Seite der Frauen schlagen, stärken sie damit aber eigentlich nur eine Seite: ihr eigenes Wesen. Durch gesellschaftlichen Machtverzicht gewinnen sie nämlich ihre sexuelle Eigenmacht zurück. Bekanntlich unterstützte Jesus die Weiblichkeit sowohl in seinem liebvoll annehmenden, sich hingebenden Wesen als auch durch faktische Unterstützung der damals noch deutlicher unterdrückten Frauen. In diesem Zusammenhang verweise ich bereits hier darauf, dass Jesus für die zur Selbstwerdung nötige Aufhebung des Dualismus von Mann und Frau plädierte. Wir gelangen ins (irdische) Himmelreich, „wenn ihr aus dem Männlichen und dem Weiblichen eine Sache macht, so dass das Männliche nicht männlich und das Weibliche nicht weiblich ist.[1]

Transidente Menschen sind potentielle selbstbewusste Outlaws. In den Augen unserer „Fürsten" sind sie dermaßen gefährlich für das Establishment, dass sie teilweise offen angefeindet werden. Meines Erachtens gibt es für Frauen und Männer, die gesellschaftliche Missstände bewusst wahrnehmen, keine besseren Verbündeten als transidente Personen. Warum Frauen und Männer? Weil wahre, also natürliche Weiblichkeit und Männlichkeit weit außerhalb oder in der Mitte der künstlichen Ordnungen liegen.[2]

Wenn ich als Kind das Gefühl hatte, bekleidungstechnisch um etwas betrogen worden zu sein, so handelte es sich im Grunde um die mir gesellschaftlich vorenthaltene Ganzheit meines Wesens. Ich wurde ja, ohne dass jemand dabei eine „Schuld" zu tragen hätte, besonders durch Kleidung in eine Rolle gedrängt. Allerdings bin ich im Verhältnis zu anderen Kindern doch in einem textilen Paradies aufgewachsen.

1 Thomas-Evangelium, Logion 22; siehe Kapitel „Buddha Jesus"
2 Siehe insb. Kapitel „Papa im Kleid und die Transen"

Kleine Schulfarm

Erstklassig

Da Österreich 1977 noch nicht Mitglied der Europäischen Union war, befand sich die „Europaschule“ nicht in Brüssel sondern in Linz. Lag der Kindergarten gleich vis-à-vis, musste ich auf dem Weg zu dieser Volksschule[1] bereits eine Hauptstrasse in Richtung des Linzer Stadtzentrums überqueren. Das auf der Strecke gelegene Gerichtsgebäude war genauso betonglatt wie die moderne Kirche und der Schulbau. Trotzdem oder vielleicht deshalb war es auch ein wenig abenteuerlich, sich – in Mamas Begleitung – dorthin zu begeben. In der Schule wirkte erst alles kahl und kühl auf mich. Die Garderoben erinnerten an einen Tiergarten: vergitterte Boxen, in denen je eine Gruppe junger Menschen ihre Straßenkleidung ab- und die Hausschuhe anzulegen hatte. Für jedes Kindchen ein Häkchen. Ein wenig lockerte die Farbe der „Umzäunung“ auf. Sie war in einem Blauton gestrichen.

Im Klassenzimmer war die Stimmung etwas freundlicher, und so akklimatisierte ich mich schnell. Auch weil ich das Spiel mit den Sesselchen, Tischchen und der Aufsicht bereits im Kindergarten zu meinem eigenen gemacht hatte. Mama wurde von ihren guten Beisitzdiensten bereits nach einer knappen Stunde entlassen. Ich dagegen blieb länger und fand die ganze Sache sogar irgendwie spannend. Aus mir wurde ein aufmerksamer, fleißiger Schüler mit „beachtlichem sprachlichen Ausdrucksvermögen und überdurchschnittlichem Wissen im Sachkundeunterricht“, geht aus dem ersten Jahreszeugnis hervor. Fleißig war ich immer, Quasseln und Fragenstellen waren meine Leidenschaften, und wenn ich das nicht tat, war ich meistens im Grünen. Von daher spiegelt auch die schulische Beurteilung mein bisher wenig gebranntes Wesen wider: „Toni ist ein frisches, heiteres und kontaktfreudiges Kind. Durch den guten sprachlichen Ausdruck trägt er viel zu einem lebendigen Unterrichtsgespräch bei. Durch sein offenes, ehrliches und freundliches Wesen hat er keine Schwierigkeiten in der Gemeinschaft und der Lehrkraft gegenüber.“ Mit anderen Worten wurde Toni auch in der Schule bald der Clown. Am Religionsunterricht nahm ich mit großem Interesse teil. Diese obligatorische Märchenstunde war schließlich eine willkommene Abwechslung. Zudem war das Fernsehgerät zuhause nur selten in Gebrauch.

1 Volksschule: entspricht den (ersten) vier Jahren Grundschule in Deutschland

Vieles wurde spielerisch erlernt und gemeinsam erarbeitet. Den Nachmittag hatten wir aber für uns, die Wildnis und ich. Außerdem war die Lehrerin eine sehr nette Frau, die sich auch mütterlich-fürsorglich verhielt. Wenn sie streng sein musste, war ihr förmlich ins Gesicht geschrieben, dass sie sich dabei mindestens so unwohl fühlte wie wir. Es bereitete mir Freude, konstruktiv am Unterricht mitzuarbeiten. Im Vordergrund stand ja vorerst das gemeinsame Gespräch. Man konnte seine Erfahrungen einbringen, von seinen Erlebnissen in Familie und Natur berichten. Es gab auch genügend Zeit für Fragen und Antworten. Die lebendige Form des Unterrichts glitt jedoch ab der zweiten Klasse fließend in eine einseitig fordernde und bewertende über. Im Mittelpunkt stand das geschriebene Wissen. Buchstaben und Zahlen lesen, ins Heftchen „malen" und nach Gruppen ordnen, gewann mehr Bedeutung gegenüber dem, was man angreifen und direkt erfahren konnte. Auch wenn man sein Selbsterlebtes, wie einen Radausflug mit Freunden, in einem Aufsatz zum Besten gab, so wurde nicht nur die Rechtschreibung, sondern auch der Inhalt einer Überprüfung unterzogen und mit einer Note bewertet. Meine Mitschülerinnen wurden untereinander plötzlich zu Konkurrentinnen im Kampf um schulische Anerkennung, nahm ich etwas traurig zur Kenntnis. Wo war das Gemeinsame geblieben? Nicht selten hatte ich schon frühmorgens ein flaues Gefühl im Magen, wenn ich die Treppen zum Klassenzimmer hochstieg. Da war wieder das beklemmende graue Netz, das ich schon im Kindergarten wahrnahm.

Es kam nicht selten vor, dass Mitschüler durch die neue (männliche) Lehrkraft vor der Klasse getadelt oder gar von anderen Kindern ausgelacht wurden. Mir taten diese Kinder leid, wenn man über sie spottete, weil sie nicht mitkamen. Sie waren immer etwas verträumter und geistig weniger präsent im Klassenraum als die anderen. Das konnte ich gut verstehen, wünschte ich mir doch auch oft, bald wieder daheim zu sein. An einem anderen Ort sein zu wollen und an die Zukunft zu denken, löste mich also bereits gelegentlich aus jener Gegenwart heraus, in der ich aber doch die meiste Zeit trickreich verblieb. Wurde mir nämlich der schulische Druck mit Zahlen, Buchstaben, Denksport und mahnenden Worten zuviel, zog ich gern meinen ganz privaten Klamauk ab und spielte den Klassenkasperl. Durch bewusstes Blödeln löste ich mich für kurze Zeit aus dem als Zwang erlebten Schulbetrieb heraus, war aber dennoch „voll da" und zog darüberhinaus die Aufmerksamkeit des Umfelds auf mich und weg vom vorgegebenen Programm. Ein Clown muss voll präsent sein, sonst wäre er ja kein Clown …

Hinter den Kulissen

Die menschlich-individuelle, ausführliche „Bewertung“ meiner Leistungen im ersten Schuljahr spricht Bände gegenüber den darauf folgenden Beurteilungen mittels Noten von 1 bis 5 (in meinem Fall von 1 bis 3). Es bedarf offenbar eines sanften Übergangs vom erlebnisgeprägten Vorschulalter zum leistungsorientierten Schülerdasein, in dem normierte Abläufe, Noten-Urteile, Lob und Strafe Kinder auf das spätere Berufsleben vorbereiten und trimmen sollen. Sollen aus den lebendigen Erstklasslern mit den Jahren erstklassige Industrieroboter werden? Selbstverständlich brauchen wir später eine Arbeit, um uns selbst versorgen zu können. Dazu bedarf es auch einer gewissen Struktur. Manche Strukturen, vor allem die schulischen, scheinen jedoch einen praxisfremden Selbstzweck zu erfüllen.
Die dazu erforderliche Programmierung der Schülerinnen und Schüler erfolgt über das Gehirn mittels a. Primat des Denkens vor Emotionen und körperlichen Empfindungen und b. deutlicher Dominanz abstrakt begrifflichen bzw. rational logischen Denkens gegenüber ganzheitlichem, gehirngerechtem Denken.

Möglich sind diese Steuerungen aufgrund des kindlichen Bindungsverhaltens in der Schulzeit. Kinder haben mit etwa sechs bis sieben Jahren die Bereitschaft, sich auf fremde Erwachsene einzustellen, ihnen gefallen zu wollen, sie zur Autoritätsperson zu erheben und von ihnen zu lernen.[1] *Kindern ist dabei bewusst, dass sie einer gesellschaftlichen Bewertung unterliegen. Im Alter ab etwa fünf Jahren wird der Standpunkt anderer Menschen selbstleitend – besser: egoleitend – wirksam. Das Verständnis des Kindes über die Ansichten und Überzeugungen Außenstehender werden in den ersten Schuljahren hochbedeutsam für die „Konstruktion des Selbstkonzeptes“*[2] *– besser: Ego-Konzeptes.*

Im konkret-operatorischen Stadium der geistigen Entwicklung erwerben Kinder im Alter von sieben bis zwölf Jahren fundamentale Begriffe, um logische Operationen vollziehen, also bestimmte Aufgaben unter Berücksichtigung mehrerer Dimensionen lösen zu können. Die sogenannten Invarianzbegriffe umfassen Zahlen, Zeiten, Kausalität, Erhaltung und Ähnliches. Gedanklich werden „alternative Welten“ konstruiert.

1 Vgl. *Remo H. Largo*, Kinderjahre (2008), S. 138 bis 142
2 Vgl. *Rolf Oerter* in *Rolf Oerter und Leo Montada*, Entwicklungspsychologie (2007), S. 231

Die Abstraktionsfähigkeiten sind aber eher noch beschränkt, und es fällt Kindern noch schwer, systematisch über hypothetische Situationen nachzudenken.[1] Im bisherigen Leben gesammelte und gespeicherte Erlebnisse machen das sogenannte episodische Gedächtnis aus. In der Schule wird dieses episodische Wissen verschiedenen Kategorien untergeordnet, indem sie aus dem bisherigen Erfahrungszusammenhang herausgelöst, wissenslogisch neu geordnet und schließlich als semantisches Gedächtnis gespeichert werden. Hier (in der Schule) schleicht sich also die Welt der Trennung von praktisch erfahrbarem Wissen und einer eigenen theoretischen Geisteswelt ein. Was nämlich im Alltag praktisch begriffen (und angegriffen) werden kann, wird in der Schule fast ausschließlich im Kopf bearbeitet: „Das Alltagswissen, das in Erfahrungskontexte eingebettet ist, wird also dekontextualisiert und in einen neuen Zusammenhang gestellt."[2] Darin ist ein wesentliches Element der Entfremdung des Menschen von sich selbst zu erblicken. Denn die eher ganzheitliche Wahrnehmung mit allen oder vielen Sinnen wird durch eine überwiegend gedankliche, theoretisch-abstrakte Leistung ersetzt.

Durch die Schrift wird sich das Kind der Sprache (anders) bewusst und baut über die Struktur der Sprache ein deklaratives Wissen auf, bei dem gegenüber dem prozeduralen Wissen Fakten, Regeln, Gesetzmäßigkeiten und Prinzipien im Vordergrund stehen. Zusammen mit der im schulischen Bereich vorwiegend auf die Logik reduzierten Sprache werden Kinder durch die Dekontextualisierung des Wissens dazu befähigt, mehr und mehr logische Schlüsse zu ziehen. Logisches Denken erfährt eine gewisse Eigenständigkeit und Unabhängigkeit gegenüber konkreten, praxisnahen Inhalten.[3] Der Schule kommt, mit allen Vor- und Nachteilen, eine gewichtige Funktion für die kognitive Entwicklung der Kinder zu, bei der aussagenlogisches Denken eindeutig im Vordergrund steht. Das Schulsystem ruft die (künstliche) Dominanz abstrakt begrifflichen Denkens gegenüber (natürlicher) bildhaft-anschaulicher Denkweisen hervor. Bildlich-anschauliches Denken ist aber durch Mutter Natur in uns angelegt worden und fällt uns daher leichter. Diese natürliche Form des „Bilderdenkens" wird in Fachkreisen auch ikonische Repräsentation genannt. Gehirngerechte Gleichnisse, in denen beispielsweise Jesus sprach, entsprechen dieser Art des ganzheitlichen Denkens.[4]

1 Vgl. *Beate Sodian* in *Rolf Oerter und Leo Montada*, Entwicklungspsychologie (2007), S. 442 bis 443
2 *Rolf Oerter* in *Rolf Oerter* in *Rolf Oerter und Leo Montada*, Entwicklungspsychologie (2007), S. 255
3 Vgl. ebendort S 255 bis 257
4 Siehe auch Kapitel „Schule und Co." sowie „Buddha Jesus" („Jesu Lehre ist Buddhas Lehre" – „Zur vierten Wahrheit *Magga Sacca*" – „Psychologischer Hintergrund")

Im schulischen Bereich sind Begriffe und Symbole wie „Haus“ oder „Auto“ als inneres Bild von wesentlicher Bedeutung, weil sie – losgelöst von unmittelbaren Erfahrungen – in neuen Zusammenhängen herangezogen werden können. Es wird größter Wert auf die formalen Aspekte der Symbolsysteme, die sogenannten Notationen gelegt. Sehr viel Zeit verbringen die Schüler mit Lesen, Schreiben und Rechnen, obwohl sie nur Hilfsmittel sind, um Wissen auszudrücken und festzuhalten. Reines Abschreiben von Geschriebenem und gleichförmige Rechnungen sind als lediglich mechanischer Umgang mit Notationen dem Symboldenken wenig förderlich. Erst wenn das Kind die gesetzmäßigen Beziehungen zwischen Zahlen und Wörtern selbst entdecken kann, wird eine bessere Verinnerlichung stattfinden.[1] „Lernen durch Einsicht ist der schnellste Weg“, erklärt die Leiterin des Instituts für gehirngerechtes Arbeiten, Vera F. Birkenbihl. Sie weiß, dass jedes „Aha!“ ein Begreifen mit beiden Gehirnhälften bedeutet und daher gehirngerecht ist.[2] Typisches Schul-Lernen ist weit davon entfernt. Cui bono? Wem nützt das?

Für Kinder bedeutet Denken „mit Wörtern umgehen“, woraus zu schließen ist, dass sich junge Menschen eher noch nicht mit dem Gedachten identifizieren. Grundsätzlich ergaben Forschungen über die kindliche Gedankenwelt, dass der Bindung der Gedanken an Wörter drei Verbindungen bzw. Vermengungen (gedanklich) zu Grunde liegen: Erst verbinden Kinder einen Gedanken mit einem Gegenstand; dann wird das Innere und das Äußere vermengt, indem Denken im Mund und in der Luft lokalisiert wird. Sodann erfolgt die Verbindung von Materie und Denken, wenn Denken als materieller Körper, Stimme und Hauch identifiziert wird. Kinder sind sich prinzipiell dieser Dualismen bewusst. Im Alter von etwa sieben Jahren tritt Bewusstheit hinsichtlich des Denkens ein. Mit ca. elf Jahren wird das Denken als etwas Immaterielles befunden.[3] Es scheint uns zwar einzuleuchten, dass der Gedanke über einen Gegenstand nicht dem realen Gegenstand entspricht – das Wort „Kuchen“ ist nicht identisch mit der realen Wahrnehmung des Kuchens, jedoch glauben wir, dass sich unsere Gedanken mit der Realität decken. Glauben heißt aber, nicht(s) zu wissen, wie der schlaue Volksmund sagt. Die Wichtigkeit der Worte in unserem Leben ist kaum mehr wegzudenken. Deshalb stellte C.G. Jung[4] fest: „Der allgemein verbreitete Glaube an Wörter ist eine wahrhafte Krankheit der Seele, denn ein solcher

1 Vgl. *Remo H. Largo*, Kinderjahre (2008), S. 183 und 184
2 Vgl. *Vera F. Birkenbihl*, Stroh im Kopf (1999), S. 155f
3 Vgl. *Jean Piaget*, Das Weltbild des Kindes (2005), S. 88 und 89
4 *Carl Gustav Jung*: Schweizer Mediziner, Psychologe und Begründer der analytischen Psychologie

Aberglauben lockt immer weiter weg von den Grundlagen des Menschen und verführt zur heillosen Identifikation der Persönlichkeit mit dem jeweils geglaubten ‚slogan'." *Durch den sogenannten Fortschritt verlagert sich Überwundenes und Zurückgelassenes zunehmend in die Sphären des Unbewussten, wodurch der primitive Zustand der Identität mit der Masse entsteht.*[1]

Unabhängig von unseren persönlichen Lernbedürfnissen geben Stundenplan und Pausenglocke Inhalt und Geschwindigkeit des Lernstoffs vor. Das junge Menschlein distanziert sich zunehmend vom Sein im Hier und Jetzt. Durch nicht gehirngerechtes Lernen wird die linke „rational-männliche" zu Lasten der rechten „intuitiv-weiblichen" Gehirnhälfte übertrainiert. Dies erfolgt offensichtlich entgegen der Natur, zumal diese zumindest im Babyalter einen Entwicklungsvorsprung der rechten kortikalen Hemisphäre (Gehirnhälfte) programmiert hat, um dann mit etwa einem halben Jahr in ein Stadium der Kooperation beider teilspezialisierter Gehirnhälften überzugehen.[2] *Zum anderen verblasst das Erlebnis der Einheit auch aufgrund des Drucks, den Schuluhr und Pausensignal, aber auch Angst und Schamgefühl erzeugen. Die Gleichschrittfabrik Schule trägt durch die Konditionierung unseres (einseitigen) Denkens wesentlich zur Entfernung von unserem Selbst (Wesenskern) bei. Dem wirkte ich mit meiner Lustigkeit entgegen, so gut ich konnte.*

Bis Herr Rat euch scheidet

Was es brauchte, um als Clown den Verlauf des teilweise schon sehr belastenden schulischen Alltags zu beeinflussen, bekam ich von zuhause mit. Lachen war mir in die Wiege gelegt worden. Wie man mit Blödeleien und Provokationen aller Art Situationen verändern kann, lebte mir mein Vater am Fußballplatz, zum Leidwesen meiner Mutter aber auch daheim vor. Ich genoss es, wenn er Grimassen schnitt, halbnackt und lachend durch die Wohnung flitzte oder blödsinnige Reime das Gute-Nacht-Prozedere abrundeten. Tief drinnen war er ein hochsensibler Mensch, der zutiefst lieben und sein Umfeld mit Witzen und provokanten Sticheleien in seinen Bann ziehen konnte. Im Gegensatz dazu kuschelte er gerne mit mir oder brachte mir Spielzeug und Schallplatten mit, die Mama am liebsten weggeworfen hätte.

1 Vgl. *C.G. Jung*, Archetypen (2008), S. 130
2 Vgl. *Hellgard Rauh* in *Rolf Oerter und Leo Montada*, Entwicklungspsychologie (2007), S 171 und 185

Freibeuter „Klaus Störtebeker", Indianerfreund „Lederstrumpf" und Indianerkrieger „Winnetou" wurden meine Helden. Unzählige Süd- und Nordstaatler in Kleinformat (Soldatenfiguren) benötigten Forts, die ich ihnen aus Holzresten baute. Vati hatte Freude daran, seinem Sohn Spielzeug für einen „richtigen Buben" zu schenken. Wahrscheinlich triumphierte er auch innerlich, gegen die Maxime des gewaltfreien Spielzeugs der 1970er Jahre zu verstoßen, deren Banner auch Mama führte. Ich spürte den Konflikt, der zwar nicht vor mir ausgetragen wurde, aber öfter in der Luft lag, als ich meine Soldaten befehligte.

Gelegentlich ließ mich mein Vater spätnachts zum Fernsehen ins Wohnzimmer krabbeln, ohne dass meine Mutter es gemerkt hätte. Ich dachte aber nur, dass ihr nicht auffiel, wenn er leise die Tür zu mir öffnete und direkt neben dem Eingang eine Decke zusammenlegte, sodass ich mich „in Deckung" hinter jene Couch vorarbeiten konnte, auf der Mama es sich bequem gemacht hatte. Damit man mich nicht kriechen hörte, hustete er etwas länger als üblich oder pfiff eine Melodie. Bei solchen geheimen Aktionen waren wir ein gutes Team. Immer öfter hatte er Mama leider auch ganz offen auf der Schaufel. Meist konterte sie. Wenn er etwas am Essen auszusetzen hatte, kommentierte er dies hin und wieder mit den Worten: „Also, bei meiner Mutter schmeckt das besser." Darauf erwiderte sie, dass „das Muttersöhnchen dann halt bei seiner Mutter essen soll." Es war total lustig für mich, wenn er auf Mamas Ermahnung, wegen der Nachbarn leiser zu sein, beim Fenster hinaus und in den Innenhof hinein pinkelte. Dabei grölte er lauthals: „Schaut´s nur her, der Herr Amtsrat pisst beim Fenster raus!" Einmal reichte es meiner Mutter. Sie fuhr erbost weg, worauf er ihr noch Wasser aus dem orangen Plastikzahnputzbecher aufs Auto nachkippte mit den Worten: „Da fährt die Frau Gräfin zum Herrn Papa." Mit ihm lachte ich, weil die Situation einfach nur komisch wirkte, und sie tat mir leid, weil ich spürte, dass es verkehrt war, so behandelt zu werden.
Hin und wieder schoss er, vor allem wenn Bruder Alkohol seine Sinne trübte, weit übers Ziel hinaus. Einmal frühmorgens konnte ich nicht mehr schlafen, weil laute Musik aus dem Wohnzimmer dröhnte. So stieg ich aus dem Bett und roch beim Betreten des Wohnzimmers erst einmal den penetranten Geruch der Alkoholspucke, derer sich Vati gerne im Rausch am Teppichboden entledigte. Wie ein kleines Kind lag er schlafend da und zitterte bei offenem Fenster. Nachdem ich die Musik abgedreht, ihn zugedeckt und damit bemuttert hatte, ging ich wieder schlafen. Oft stichelte er verbal oder bohrte mit den Fingern in Mamas

Gesicht herum, was für mich eher witzig wirkte. Ihr ging es aber gewaltig auf den Wecker. Er reizte sie nicht selten bis aufs Blut. Gelegentlich trug meine Mutter Sonnenbrillen, obschon der glühende Fixstern hinter dicken Wolkenschichten versteckt war. Wenn der Haussegen schief hing, trieben düstere Beziehungswolken und der Suff ihn nämlich gelegentlich dazu, sie seine körperliche Überlegenheit brutal spüren zu lassen. Mit Worten war sie ihm deutlich überlegen und durch Handgreiflichkeiten ließ sie sich nicht beeindrucken. Das dürfte ihn noch mehr erzürnt haben. Ich war nie anwesend, wenn es zu körperlicher Gewalt kam, fühlte aber mit ihr, wenn ich Mamas stille Tränen hinter beglasten Augen wahrnahm. Psychisch war sie eindeutig die Stärkere, das spürte ich damals schon. Einmal durfte ich es sogar sehen. Es wirkte peinlich auf mich, als er vor ihr kniete, sie um Verzeihung und darum bat, den Telefonhörer aufzulegen, anstatt die Polizei zu rufen. Meine zumeist heitere Laune konnte das oberflächlich kaum trüben, zumal ich mir in solchen Situationen selbst Wärme gab, indem ich mit einem Polster herumlief, in dem ich meinen Arm vergrub. In der anderen Hand hielt ich einen blond gelockten Prinzessinnenkopf …

Diese Ereignisse und meine ambivalenten Gefühle stehen für das Dreiecksverhältnis Mama, Vati Toni und Sohn Toni. Beide Elternteile liebten mich über alles, was ich immer fühlte, hörte und wusste. Und ich liebte meine Eltern. Aber die zwei konnten einfach nicht (mehr) miteinander. Im Außenverhältnis war er der Mächtigere, weil seine überwiegend spaßigen Eskapaden das Familiengeschehen stark prägten. Innerlich empfand ich meine Mama als deutlich stärker, weil sie es nie nötig hatte, mich auf ihre Seite zu ziehen. Er sah in mir wohl das verbrüderte Publikum und lenkte, vielleicht sogar bewusst, eine gewisse Ernsthaftigkeit zwischen ihm und seiner Frau in lustigere Bahnen, die letztendlich ihren Kampf nicht allzu intensiv auf mich wirken ließen. Trotzdem tat es mir höllisch weh, dass zwei Menschen, die ich liebte, sich gar nicht mehr verstanden. Als Vati an einem wunderschönen Samstag wieder einmal fußballbegeisterte Massen in einem Wirtshaus zum Lachen brachte und ich anschließend seine Freundin kennenlernte, war ich etwa sechs Jahre alt. Er stellte mir ein junges Mädchen vom Land vor, für das er offensichtlich der gefeierte Haudegen des Sports und der Unterhaltung war. „Kannst daheim ruhig der Mama sagen, dass du meine Freundin gesehen hast", lallte er nur, während sie ihn anhimmelte und er sich in ihr Dekollete vergrub. Als ich daheim in der Badewanne saß, berichtete ich mit gemischten Gefühlen vom Ausflug inklusive Vatis neuer Liebschaft.

Meine Mutter reagierte gelassen. Sie stand ganz ruhig auf, verließ das Bad und griff zum Telefon. Von da an ging alles sehr schnell: Rechtsanwalt, Richter, Scheidung, Vaters neue Wohnung, Besuchsregelung und der ganze Eheauflösungskram.

Ich verstand meine Mutter und meinen Vater, litt innerlich, aber machte niemandem einen Vorwurf. Es war eben so, wie es war. Klar hat mich die Situation belastet, aber ihre Liebe und mein Urvertrauen gaben mir die Kraft, wie von selbst darüber hinwegzukommen. Außerdem nahm mich Mama für einen Kurzurlaub auf dem Land aus der Schule, wo wir über alles redeten. Zwar durfte ich ab da meinen Vater offiziell nur jedes zweite Wochenende sehen, er kam aber oft heimlich nachts an mein Fenster. Wie er selbst erzählte, tat er dies entgegen dem „angeblich weisen Rat von Psychologen". Sein Herz sagte ihm, dass es für seinen Sohn wichtig sein würde, seinen Vater zu spüren. Er hatte absolut Recht damit, denn es tat mir gut, ihn zu sehen und zu fühlen. So blieb unsere Verbindung ungebrochen und herzlich, bis ich Jahre später zu ihm zog. Oft kam er und schaute mir beim Fußballspielen zu, brachte einen Fußball vorbei oder steckte mir heimlich einen Spielzeugrevolver zu. Hin und wieder weinte er, wenn er mich zu meiner Mutter nach Hause brachte. Das habe ich nie als Schwäche, sondern viel mehr als Gefühlsstärke empfunden. Manchmal tat sich eine tiefe, traurige Leere auf beim Abschied. Leider kamen regelmäßige Sticheleien gegen meine Mutter, besonders wegen der „lumpigen Kleidung", die ich trug. Ich legte ja, vor allem wegen meiner Rumteufelei im Garten, ohnehin keinen Wert auf schöne Kleidung, verstand aber seinen Standpunkt, dass er „schließlich und immer Alimente für meine Versorgung zahle." Über jeden Mann, der meiner Mama näher kam, gab es unfeine Bemerkungen, obwohl sich bei ihm selbst die mir meist sehr sympathischen Mädels gegenseitig die Türklinke in die Hand drückten. Das fand ich ungerecht.

Vor allem für mein Wohlergehen tat Mama gut daran, die Trennung herbeizuführen. Doch das Dazwischenstehen nahm kein Ende. Ich kam, wie gesagt, nach einiger Zeit ganz gut mit der Scheidung zurecht. Woran ich allerdings schwer zu kauen hatte, waren die Kommentare von Vaters Sippe über das Verhalten meiner Mutter. Er wird bestimmt seinen Teil dazu beigetragen haben, dass sich das unwissende Rudel hinterrücks verbal über meine Mutter hermachte. Sie suchten eine Schuldige und fanden sie in ihr. Richtig ekelhaft empfand ich diese Mischung aus Unwissenheit und versteckter Aggression. Ich hätte kotzen können.

Das unangenehme, drückende Gefühl in der Bauchgegend kannte ich schon vom grauen Netz. In unserem Umfeld und erst recht zur damaligen Zeit war es nichts Alltägliches, dass eine Frau sich wegen solcher „innerfamiliären Kleinigkeiten“ (Mama wurde gelegentlich grün und blau geprügelt) scheiden ließ. Mama wurde in Vatis Familie – in meinem Beisein – von der „besseren Dame“ zur „Bösen“ gemacht. Ich mochte jede Person dieser Familie und nahm jeden für sich als liebenswerten Menschen wahr. Kaum aber waren alle auf einem Fleck, sah ich mich von egozentrischen Wichtigtuern umgeben, die nichts Liebevolles mehr an sich hatten, sondern wie lästige Bälger um Aufmerksamkeit rangen. Ab der Scheidung meiner Eltern wurde die Kluft zur Familie meines Vaters immer größer. Wer uns eine Zeit lang zusammenhielt, war mein Opa, also der Vater meines Vaters. Mit seinem Humor, Weitblick und Ehrenverhalten eines Offiziers war er ein wirkliches männliches Vorbild für mich. Als Erstgeborener namens Toni seines erstgeborenen Tonis schien ich bei ihm ein für mich nicht wahrnehmbares Vorrecht zu genießen. Davon erfuhr ich durch seltsame neidische Bemerkungen aus der Verwandtschaft. Worum ging es da? Sollte mein Name in der Toni-Linie mich zu etwas berechtigen und verpflichten, von dem ich nichts wusste? Ich nahm es etwas skeptisch, aber unbekümmert zur Kenntnis, weil ich mir um Bevorzugung und Standesdünkel keine Gedanken machte. Auch später nicht, als man mir offenbarte, ich sei ein Spross der Ritterfamilie „von Justenberg“. Wenn schon Ritter, dann freier Raubritter bitteschön.[1] Keine Familienzwänge für mich. Danke.

Hinter den Kulissen

Zwar waren sie geschieden, doch ich stand immer noch zwischen ihnen. Verstand ich meine Eltern in ihren ehelichen Auseinandersetzungen, brachte ich nun Verständnis für nacheheliche Übergriffe auf. Dieses kindliche Verständnis dürfte der Grund sein, warum es für die sonst in der ödipalen Phase (ca. viertes bis sechstes Lebensjahr) übliche Konkurrenz mit dem gleichgeschlechtlichen Elternteil um den gegengeschlechtlichen Elternteil für mich keinen Raum gab.[2] *Meine Mutter wollte ich nie meinem Vater abspenstig machen oder heiraten. Auch hatte ich keine Aggressionen gegen Vati. Vielmehr erkannte ich, dass beide sich in ihrem einengenden Rollenverhalten selbst und gegenseitig blockierten.*

1 Im sozialen Sinne war wohl ohnehin jeder Ritter ein Raubritter (Schutzgeld-Mafioso im Kettenhemd)

2 Ödipale Phase: von *Sigmund Freud* benannt nach Ödipus, der ohne Wissen über seine familiäre Herkunft seinen Vater getötet sowie die eigene Mutter geheiratet und mit ihr Kinder gezeugt hat (griechische Mythologie)

Beide habe ich ja als Einzelpersonen sowohl mir als auch anderen gegenüber ganz anders erlebt. Außerdem war für meine kindliche Rivalität und Eifersucht kein Platz, weil mir das Gefühl innerlicher Hin- und Hergerissenheit gelegentlich den Boden unter den Füßen wegzog.

Mein Vater war damals bereits Alkoholiker. Meine Mutter und ich waren Co-Alkoholiker. Die Angehörigen von Süchtigen werden auch als Co-Abhängige bezeichnet, weil die Abhängigkeit des nahestehenden Menschen zur emotionalen Abhängigkeit von dieser Person führen kann. Unter Co-Abhängigkeit in einer Alkoholikerfamilie ist vorwiegend das Phänomen der Anpassung der anderen gemeint, die von übertriebener Wachsamkeit gegenüber dem Verhalten des eigentlich Abhängigen begleitet wird. Wird dieser Stress chronisch, kann er zum Verlust des Kontakts zu den eigenen Gefühlen, Bedürfnissen und Wünschen führen. Herrscht in einer Familie Gewalt, kann das Kind sich nur noch auf die Außenwelt konzentrieren. Es verliert nach einer gewissen Zeit die Fähigkeit, aus sich selbst heraus ein gesundes Selbstwertgefühl zu entwikkeln. Auch Zeugen von Gewalttätigkeiten sind Opfer der Gewalt, weil sie in Angst und Schrecken versetzt werden.[1] Fritz Riemann stellte fest, dass Kinder, die sich mit schwierigen oder unreifen Eltern(teilen) auseinandersetzen, zu früh Stimmungen erspüren und Situationen verstehen müssen. Oft müssen sie die Elternrolle für sich selbst übernehmen, was zu einer grenzenlosen Überforderung führen kann. Zuviel Verständnis für die Eltern kann dazu führen, dass das Kind gar nicht dazu kommt, es selbst zu sein, weil es immer nach allen Seiten denken, vermitteln, verstehen und ausgleichen muss.[2] Die Entscheidung meiner Mutter zur Scheidung war auch aus diesem Grund nicht nur verständlich, sondern auch goldrichtig.

Die künstlich wirkende männliche Dominanz in unserem Familienleben war deutlich und lebhaft zu spüren. Was ich erlebte, spiegelte sich in der Rechtsordnung wider. Bis kurz vor meinem vierten Geburtstag kam dem Mann, also meinem Vater, rechtlich das sogenannte Leitungsrecht im Familienleben zu. So regelten die Paragraphen des Allgemeinen Bürgerlichen Gesetzbuchs (Zivilrecht) bis zum 30.6.1975, dass der Mann das Oberhaupt der Familie ist: „In dieser Eigenschaft steht ihm vorzüglich das Recht zu, das Hauswesen zu leiten; es liegt ihm aber auch die Verbindlichkeit ob, der Ehegattin nach seinem Vermögen den

1 Vgl. *John Bradshaw*, Das Kind in uns (2000), insb. S. 27 bis 29
2 Vgl. *Fritz Riemann*, Grundformen der Angst (2003), S. 38

anständigen Unterhalt zu verschaffen, und sie in allen Vorfällen zu vertreten."[1] Die Gattin erhielt den Namen des Mannes, die Rechte seines Standes, war zur Wohnsitzfolge verpflichtet, hatte dem Mann im Haushalt und beim Erwerb nach Kräften beizustehen und „soweit es die häusliche Ordnung erfordert, die von ihm getroffenen Maßregeln sowohl selbst zu befolgen als auch befolgen zu machen." Hinter der Vorrangstellung des Mannes und der Gehorsamspflicht der Frau verbargen sich die (veraltete) Lehre von der väterlichen Gewalt und die aristotelische Philosophie von der Leitungsfunktion des Mannes. Männliches weltliches und klerikales Machtstreben mündeten in älterer Zeit in der „eherechtlichen Munt" (eheliche Vormundschaft), die dem Mann einst das Recht verlieh, seine Frau zu bestrafen, verstoßen und verkaufen.[2]

Was sich über Jahrhunderte oder Jahrtausende entwickelt, schwingt lange weiter und kann auf der psychischen Ebene selbstredend mit dem gesetzlich ab 1.7.1975 normierten partnerschaftlichen Prinzip (allein) nicht abgebremst werden. „Gott" Vater und die von ihm abgeleitete päpstliche und kaiserliche Macht brauchten einen weiteren Mann als innerfamiliären Vollstrecker männlicher Herrschaft. Der Mann war insofern der verlängerte Arm des Papsts, als die Frau ihm demütig zu gehorchen hatte, so wie es dem damaligen christlichen Verständnis einer ehelichen Gemeinschaft entsprach. Dies sollte schließlich der (phantasierten) strengen Gemeinschaft zwischen Jesus und der Kirche entsprechen.[3] Analog zu „Sauron" in Tolkiens „Herr der Ringe"[4] war der Papst bis in die Mitte der Siebzigerjahre des 20. Jahrhunderts der „Herr der Eheringe". Die Gravur in Saurons Ring lautet: „Ein Ring sie zu knechten, sie alle zu finden, ins Dunkel zu treiben und ewig zu binden …"
Auf der Lüge, Jesus sei ein „Gott"[5] und auf einer Phantasiegemeinschaft mit diesem „Gott" aufbauend, wurden Mann und Frau insofern von jeher getrennt, als die Frau dem Manne folgen musste und beide einem erfundenen „Gott" zu gehorchen hatten. Im Endeffekt waren beide die Leidtragenden, zumal nur ebenbürtige Begegnung liebevolle Zweisamkeit aufkeimen und sich gegenseitig erkennen lassen kann. Dass er Vater und Mutter verlassen wird, fest zu seiner Frau halten soll und sie zu einem Fleisch werden sollen, steht zwar schon im AT, war und ist aber nicht im Interesse der klerikalen und weltlichen Machthaber gelegen.

1 §§ 91 und 92 ABGB in der damaligen Fassung
2 Vgl. *Ursula Floßmann*, Österreichische Privatrechtsgeschichte (2005), S. 85 bis 88
3 Vgl. mit ähnlichen Worten ebendort S. 86
4 Vgl. *John Ronald Reuel Tolkien*, Der Herr der Ringe (1969/1970)
5 Jesus bezeichnete sich als „Menschensohn" und war aus mehreren Gründen kein Gott; siehe insb. Kapitel „Religion" („Götter sind erfundene Sklaventreiber")

Meine Oma

Weil Vati auszog, musste Mama wieder arbeiten gehen, und so verbrachte ich die restliche Volksschulzeit unter der Woche bei ihrer Mutter. Weil man bei ihr Filzpatschen tragen musste, nannte ich sie zärtlich „Schlapfen-Oma". Die Patschen waren weich und warm wie ihr Temperament, das die halbe Ungarin wohl von ihrer Mutter geerbt hatte. Die Verpflichtung, Hausschuhe zu tragen, war Ausdruck der deutschen Exaktheit väterlicherseits. Ihr Vater, der strenge Herr von Müller, war Lehrer und Offizier zu Kriegszeiten gewesen, wie Oma gern betonte. Die Kombination aus Liebe und Drill tat meiner Entwicklung mehrfach gut. Mit ihrer (und Vatis) Hilfe erlernte ich zum Beispiel Kopfrechnen, indem ich mir die Zahlen im Kopf bildlich vorstellte und sodann mit ihnen „dort oben herumbastelte". Anfängliche schulische Schwächen in deutscher Grammatik bekämpfte sie erfolgreich, indem sie mich alte Kalender mit lustigen Kurzaufsätzen vollschreiben ließ. Jedes Blatt Papier wurde genutzt. Als kriegsgeprüfte Frau wusste sie zu sparen. Sie gab umweltbewusstes Denken und Handeln an mich weiter. „Lass das Wasser nicht sinnlos laufen, denn es muss dann wieder und wieder gereinigt werden in den Werken", sagte sie. Ich stellte es mir bildlich vor und verstand. Dank Oma achte ich bis heute auf das Ablaufdatum von Lebensmitteln, weil „es nicht nötig ist, Essbares vergammeln zu lassen."

Wenn uns der Kopf vom Lernen rauchte, lüfteten wir ihn am bewaldeten „Bauernberg" aus, wo wir über Gott und die Welt philosophierten. Aus den dort gefundenen Kastanien bastelten wir Figuren oder versuchten vergebens, sie als Maroni zu verspeisen. Sie beschäftigte sich intensiv mit mir und hatte auch Verständnis, wenn mir der Lerndruck zu groß wurde. Ich verschwand dann immer unter dem Esstisch und kläffte wie ein Hund, um danach lauthals zu lachen. Sie hatte nicht nur Verständnis, sondern lachte mit. Wenn ich im Keller des mehrstökkigen Hauses etwas für sie holte, nutzte ich gerne die dortige Akustik für Sing- und Lachexperimente. Dass mein Gejodel und Gelächter bis zu ihr und den Nachbarn hoch drang, störte sie wenig. Auf die Frage einer alten Dame, ob sie auch „das Jaulen eines Hundes im Keller" höre, entgegnete sie nur: „Das ist sicher mein Enkel!" Sie förderte künstlerische Betätigung und Blödeleien aller Art. Wenn meine Cousinen und ich uns verkleideten oder den nackten Po herausstreckten, war sie nicht schockiert, dafür aber mit der Kamera zur Hand. Breit grinsend.

Ihr bereits erwähnter Ausspruch, dass man eigentlich mit einer Straußenfeder im Hintern durch die Stadt gehen können müsste, ohne dass die Leute dumm glotzen, wurde zu meinem Lebensmotto.

Oma verdanke ich meine eiserne Konsequenz, die Vermittlung mehrerer Lebensweisheiten, aber auch die Erhaltung meiner unbeschwerten Ausgelassenheit. Als militante Nichtraucherin legte sie mit ihrem Vorbild den Grundstein für meine spätere Abstinenz, die nur selten gebrochen wurde und wird. Es reicht doch, wenn die Industrieschlote qualmen. Auch wenn ihr Beharren auf Ordnung und Disziplin mich hin und wieder beinahe verzweifeln ließ, so verkörperte sie einerseits genau jene Struktur, die ich nach der Scheidung meiner Eltern benötigte, und andererseits durfte sie sich selbst in Sachen Humor und Gelassenheit anders erfahren als einst bei der Erziehung ihrer eigenen Kinder. Durch ihr Wirken hatte ich das nötige Rüstzeug, um im Gymnasium während dem Unterricht meinen Unfug zu treiben und mir vor Prüfungen kurzfristig – meist in Pausen – das nötige Wissen anzueignen. Darüberhinaus ließen mich auch meine Eltern bis zur Pubertät so sein, wie ich sein wollte, weshalb meine späteren schulischen Erfolge meinem Fleiß, hauptsächlich aber meinen Schummelkenntnissen, der Geduld der Klassenstreber und damit letztlich meiner Verantwortung überlassen waren.

Hinter den Kulissen

Großeltern sind eine Brücke vom Elternhaus des Kindes in eine neue bzw. weitere soziale Umgebung.[1] *Sie können eine wichtige Rolle bei der Vermittlung von Werten spielen und Motivatoren zur Bewältigung kindlicher Probleme sein, weil sie mit ihrer Biographie als lebendes Beispiel für überwundene oder umgangene Lebenshürden dienen. Des Weiteren können sie aufgrund einer eher objektiven (distanzierteren) Betrachtungsweise auch wichtige Ratgeber bei der Bewältigung familiärer Probleme sein.*[2] *Einerseits ist die Schaffung eigenen Wohnraums der Förderung individueller Freiheit nicht gerade abträglich, andererseits erschwert sich durch die Distanzierung von älteren Generationen auch der Zugang zu alten Lebensweisheiten und sinnvollen Werten. Zudem geschieht kaum noch eine ernsthafte Auseinandersetzung mit den Themen Alter und Tod. In modernen Wegwerfgesellschaften wird der Tod zu etwas Fremdem, indem man ihn einfach ausgrenzt.*

1 Vgl. auch *Mannle und Tomasello,* Fahters, siblings and the bridge hypothesis (1987): Brückenhypothese
2 Vgl. auch *Krappmann und Lepenies,* Alt und Jung (1997) - „Brauchen junge Menschen alte Menschen?"

Das Sterben wird als nicht zum Lebenskreislauf gehörig betrachtet und behandelt. Folglich wird das Individuum oft erst in einer schmerzlichen Situation mit voller Wucht vom Phänomen des Sterbens nahestehender Menschen erfasst.

Meine Oma ist im Juli 2009 gestorben. Im Alter von 89 Jahren hat sie ihren Körper verlassen. Ich habe sie geliebt. Vermutlich war ich deshalb keine Spur traurig, als sie starb. Ich freute mich für sie, weil sie ein erfülltes Leben gelebt hatte und ihre Energie, ihre Seele, wieder zur Quelle zurückkehren durfte. Was sie machte, tat sie voll und ganz. Oma ging ihren Weg mit viel Energie, Freude, manchmal Wut und viel Humor. Sie durfte ihn friedlich wieder zurückgehen. Über die Seelenreise habe ich nicht nur gelesen. Ich durfte sie beim Tod meines Vaters im Jahr 2000 (Kapitel „Mystische Welt") und im Rahmen meiner Nahtoderfahrung im Jahr 2012 (Kapitel „Nahtoderfahrung") als etwas Reales erleben.
Wem gilt die Traurigkeit beim „Tod" eines nahestehenden Menschen? Der tote Körper, der vor uns liegt, ist nicht traurig. Die aus ihm entweichende Seele vermutlich ebenso wenig. Die Trauer gilt daher zumeist dem eigenen Verlust – vor allem in Verbindung mit nicht gelösten Problemen mit dem verstorbenen Menschen. Plötzlich ist der geliebte oder gehasste Mensch einfach weg. Doch ist er wirklich weg, nur weil seine Hülle nicht mehr ihre Funktion erfüllt? Am leblosen Körper erkennen wir, dass der uns bekannte Mensch nie sein Körper (allein) war. Energie geht nicht verloren, wie auch die Wissenschaft insbesondere im Energieerhaltungssatz in der Mechanik, der Relativitätstheorie, der Elektrodynamik und der Quantenmechanik belegt. Der Arzt stellt eine Sterbeurkunde aus, nachdem der „Tod" des physischen Körpers festgestellt wurde. Schlägt das Herz nicht mehr, gilt der Körper als „tot". Doch wer hat den Herzschlag initiiert und perpetuiert?[1] Entsteht der Herzschlag aus sich selbst? Kommt er aus dem Nichts? Aus meiner Sicht wird der menschliche Körper von derselben Energie durchströmt und belebt wie die Kraft, die die Gestirne kreisen und die Pflanzen wachsen lässt. In diesem Sinn kann es keinen „Tod" geben, weil die Kraft sich nicht einfach in Luft auflöst, wenn die physische Existenz ein Ende gefunden hat. Vielmehr scheint die Seele ein Teil der göttlichen Schöpfungskraft und Urenergie zu sein, die sich im Körper eines Wesens bis zu seinem „Ablaufdatum" zum Ausdruck bringt. Sie darf dann wieder in die „Macht", das Chi, das allgegenwärtige Energiefeld, das Ousia-Feld, zum lieben Gott etc. zurückkehren und eventuell eine neue Daseinsform mit Leben erfüllen …

1 Begonnen und fortgesetzt

Vatis Matrix

***Wenn der Vater mit dem Sohne einmal ausgeht und dann keiner gern nach Haus geht …*[1]**

Die meiste schulfreie Zeit verbrachte ich mit Mama, Oma, allein oder mit Freunden draußen in der Natur. Intensive Kommunikation über soziale Belange hatte ich mit den beiden Frauen. Bei ihnen fühlte ich mich vom Herzen her so angenommen, wie ich war, egal was ich gerade ausgefressen hatte. Sie beantworteten mir unzählige Fragen, gaben Nähe im Gespräch und bastelten mit mir. Sie waren meine „emotionale Basis" für die eher künstliche Welt draußen, in der Vati mein Held wurde.
Trotz der Scheidung hatte ich regen Kontakt zu meinem Vater, weil er ihn nicht abreißen ließ, sondern – manchmal geheim gegenüber meiner Mutter – intensivierte. Dieses Geheime bekräftigte die quasi verschworene, brüderliche Beziehung zu ihm. Im Gegensatz zu anderen Jungs wollte ich nicht denselben Beruf wie mein Vater ausüben, unter anderem, weil ich keinen Schimmer davon hatte, was er in der Zeit zwischen dem Verlassen der Wohnung und seiner oft alkoholisierten Rückkehr tat. Aber ich spürte, dass es etwas mit Anspannung zu tun hatte. Eines Tages nahm er mich mit in das Rechenzentrum der Landesregierung, wo er für operative Systemabläufe zuständig war. Hinter den hohen Schaltkästen konnte man sich toll verstecken, Lochkarten konnte man bemalen und die bunten Ringe der Magnetspulen waren meine Wurfringe. In einem Eck des surrenden Systemraums stand eine Campingliege. Hier also verbrachte er seine Nächte, wenn es wieder einmal Computerprobleme im Büro gab.
All zuviel wusste ich freilich mit dem ganzen Zahlenkram nicht anzufangen, aber immerhin identifizierte sich Vati mit seinem Beruf. Er schien nicht nur eine bedeutende Stellung innezuhaben, sondern auch für fachliche Kompetenz und persönlichen Einsatz geschätzt zu werden – und natürlich für seine auflockernden Blödeleien. Seine Kollegen erzählten mir, dass mein Vater in der Beamtenschaft als Fußballer bekannt war. Nicht nur wegen seiner Leistungen auf dem grünen Feld, sondern auch, weil er zur Beamtendienstprüfung in einem ungewöhnlichen Anzug erschien: im Trainingsanzug. Dass dies angesichts des kurz zuvor eingegipsten Beins nötig war, wurde unter „Fans" offenbar als unwesentliches Detail vernachlässigt. Man sah ihn wohl gern als Provokateur.

1 Gesungen von *Heinz Rühmann und Oliver Grimm* im Film „Wenn der Vater mit dem Sohne" (Regie *Hans Quest*, 1955)

Die Männer im Büro schienen jedenfalls Freude an ihrer Arbeit zu haben. Trotzdem war mir mein Garten und die Arbeit, die dort zu verrichten war, viel lieber. Mein Berufsziel damals war Bauer. Handwerkliches Können hatte ich. Es wurde von meiner Mutter, Großmutter und Nachbarin gefördert. Die alte ehemalige Bäuerin lehrte mich im Umgang mit Spitzhacke und Rechen, wobei sie mir letzteren wütend nachschoss, wenn ich mich an ihren Tomaten vergriff.

Der Rechen war so gar nicht Vatis Ding, das Rechnen hingegen schon. Er konnte schneller zwei- und dreistellige Zahlen multiplizieren, als sein erstauntes Gegenüber sie in den Taschenrechner einzutippen vermochte. Vati dachte blitzschnell und vernetzt, hatte aber zwei linke Hände, wenn es um körperliche Arbeit ging. Dafür aber schien er mit zwei rechten Beinen Fußball zu spielen. Er war Spielertrainer bei einigen Vereinen, spielte Mittelfeld oder Stürmer links außen und wurde richtig bekannt, als seine Mannschaft gegen den mindestens zwei Klassen höher angesiedelten Wiener Club „Rapid" (bei dem acht Nationalspieler kickten) in einem legendären Spiel nur 0:1 verlor. Über die Jahre trainierte er mehrere Mannschaften. Bei etlichen Spielen war ich dabei und stolz auf ihn, wenn die Menge nach schweizerischem Vorbild „Tooooniii, Tooooniii" sang. Vernahm ich, was selten vorkam, gegnerische Fans „Scheiß Justl" rufen, dann packte mich die Wut und danach ein erwachsener Arm als Reaktion auf mein Zurückschimpfen. Schließlich war das auch mein Familienname. Ja, er war mein Held des Rasens, und er gab sein Können als Trainer weiter. Leider weniger an mich, weil trotz größten Eifers das Mannschaftsspiel nie zu meiner Domäne wurde.
Kegelschieben und Eisstockschießen waren seine Nebenhobbys. Außerdem spielte er noch Tennis, wobei er wirkliche Tennis-Sirs mit seinem unkonventionellen Spielstil in den Wahnsinn trieb. Zeichnete sich nämlich ein Spielverlust ab, spielte er den Ball nicht wie üblich in gerader Linie zurück, sondern konterte mit seinen „Schupfern". Dabei handelte es sich um bis zu zehn Meter hoch gespielte Bälle, die am Zurückweg vom Himmel wegen der hohen Geschwindigkeit nicht richtig zu treffen waren oder wegen ihrer Wucht das Spielfeld nach dem Bodenkontakt unerreichbar verließen. Ich hatte diebische Freude, wenn die Tennis-Aristokraten wütend wurden, weil „man so einfach nicht Tennis spielt."

Viele Jahre meines Bemühens um ähnliche sportliche Leistungen blieben erfolglos, aber Vati vermittelte mir etwas Wesentliches: wie man mit einer Kombination aus Eifer, lockerer Gelassenheit und Humor sein eigenes Programm erschafft, seine eigene Matrix kreiert und dadurch seine Individualität im Kollektiv bewahrt. Die Zwänge verschiedener Systeme lockerte er mit spontanen Absurditäten auf. Er war ein Multitalent, das sich leider in den Jahren meiner Pubertät noch mehr dem Alkohol hingab und schwer krank wurde, weil – so steht es für mich fest – gute Anlagen vor allem in spiritueller Hinsicht ungenützt blieben. Er stand kurz davor, beim damaligen Erstdivisionär LASK[1] unter Vertrag genommen zu werden. Auch von einem Ortwechsel in die Vereinigten Staaten war die Rede. Aus beidem wurde nichts. Er kommentierte es so: „Da war schon jemand mit dem Geldkoffer am Platz und ich habe alles versaut wegen dem beschissenen Alkohol!" Mein Vater war voll drinnen im Leben und trotzdem stand er draußen. Darunter hat er meiner Meinung nach gelitten. Die große Chance seines Daseins konnte er nicht erkennen und umsetzen. Bis zu seinem Tod meinte er: „Ihr werdet mich erst verstehen, wenn ich gegangen bin, aber da werde ich euch die Zunge aus dem Sarg zeigen!"

Hinter den Kulissen

Die Industrialisierung des Wirtschaftslebens brachte den traurigen Umstand mit sich, dass Söhne ihren Vätern nicht mehr bei der Arbeit zusehen und von ihnen lernen konnten. Die wenigsten Burschen wissen heute, was der Herr Papa untertags so macht. Seltene Erzählungen sind nichts, wodurch man als junger Mann wirklich den Beruf des Vaters begreifen könnte. Es mangelt an Anschaulichkeit. Ein Bäcker kann heute seinem Sohn wenigstens Semmeln mit nach Hause bringen. Doch was sollte zum Beispiel ein Bürohengst seinem Sohnemann zeigen? Einen Kugelschreiber und ein paar Heftklammern? „Das Einzige, was der Vater heutzutage mit nach Hause bringt, ist normalerweise eine gereizte Stimmung, die aus der Machtlosigkeit und seiner Verzweiflung erwächst, vermischt mit alter Scham und der Taubheit, die denjenigen eigen sind, die ihre Arbeit hassen", schreibt Robert Bly in seinem Buch über Männer.[2]

Die in der späten Kindheit und Jugend wichtigste Vorbildfunktion des Jungmannes ist der Vater. Der wird jedoch in der Regel beim Sohn, auf der psychischen Ebene, zum Dämon. Der Sohn füllt das vom selten gesehenen Vater zurückgelassene Vakuum mit dunklen Bildern auf.

1 LASK: Linzer Athletik Sport Klub

2 *Robert Bly*, Eisenhans – Ein Buch über Männer (2005), S. 126ff und insb. S. 132

Was sollte man von einem Vater schon groß lernen, wenn er in einem riesigen Unternehmen arbeitet, wo ihm die Bürokratie jene Feigheit lehrt, die zur Absicherung des Arbeitsplatzes und der Familienexistenz nötig erscheint? Mein Vater nahm mich zwar gelegentlich mit in sein Büro, dunkle Phantasien über das, was dort mit ihm geschah, hatte ich aber schon. Wen wundert das, wo er doch meist fröhlich zur Arbeit ging und in einem ganz anderen Zustand wieder nachhause kam?
Töchter erleben ihre Mütter meist hautnah – ab einem gewissen Zeitpunkt zu beider Leidwesen. Deshalb brauchen auch die Mädchen ihre Väter. Für Töchter kann unsere vaterlose Gesellschaft zu Nachteilen im Vertrauensaufbau in Beziehungen zu Männern führen.[1] Generell ist der Archetyp[2] des positiven Königs, der präsent ist, Mut, Kraft und Ehre gibt, so gut wie verschwunden: „Nicht umsonst spricht man immer wieder von der vaterlosen Gesellschaft. Ich würde sie sogar die ‚königslose' Gesellschaft nennen. Durch den ständig steigenden Konkurrenzkampf wird der innere Krieger so gefördert, dass für den König kein Platz mehr übrig ist."[3] Oft wird der Vater zur lächerlichen, unentschlossenen und mies gelaunten Randfigur der Familie. Nicht nur, dass ihn die außerhalb der eigenen vier Wände geleistete Arbeit nicht wirklich positiv fordert, auch ihm fehlen (seit der Kindheit) die positiven männlichen Vorbilder. Seit dem Ende des Zweiten Weltkriegs sind die wahren Helden des Alltags ziemlich dünn gesät, nicht zuletzt, weil die Helden des Kriegs kollektiv zu Kriegsverbrechern degradiert wurden – sofern sie einem „Verliererstaat" wie Österreich oder Deutschland angehörten.

Wo die Väter fehlen, um Ehre und Liebe zu geben, herrscht Orientierungslosigkeit: „Die vaterlose Gesellschaft bringt diese vogelähnlichen Männer hervor, die so intensiv, so bezaubernd, so suchtanfällig, so aufrichtig sind wie die breiten Buchten des Hellespont die von Homer erwähnten Kraniche hervorbrachten, die zu Abertausenden auf die Sonne zuflogen."[4] Mit den Worten meines Freundes und Onkels Hans gesprochen, ist die komplexeste Beziehung jene zwischen Sohn und Mutter, weil die Mutter weit präsenter ist als das väterliche „Vorbild" und dieses Vaterbild kein nachahmenswertes mehr zu sein scheint. Darunter leiden die jungen Männer. Bestätigung findet diese Feststellung darin, dass das männliche Geschlecht allgemein stärker verwundbar oder anfälliger ist, was sich auch im Zusammenhang mit den Folgen der

1 Vgl. ebendort S. 133
2 Archetyp: seelisch abgespeichertes Urbild; siehe auch Kapitel „Anima-Vision" („*Hinter den Kulissen*")
3 *Manfred Twrznik*, Aufbruch zum Mann (2002), S. 42
4 *Robert Bly*, S. 139

Scheidung ihrer Eltern zeigt.[1] *Meine Kindheit war trotz der Trennung meiner Eltern nicht wirklich vaterlos. Zumindest war Vati damals noch ein sportlicher, humoristischer Held für mich. Seine innige Zuneigung mir gegenüber war präsent. Liebe und mich begeisternde „heroische Absurditäten" erleichterten es mir später (in der Jugend), seine auch auf mich gerichteten Übergriffe als Reaktionen auf sein Leiden zu erkennen. Zutiefst verletzt haben sie mich dennoch.*

Mädchen und Jungs

Die Schulpausen verbrachte ich am liebsten mit den Mädchen, weil sie geschmeidiger waren und mehr von sich erzählten als die Jungs. Außerdem hatten wir durchschnittliche Leistungen im mathematischen Bereich gemeinsam. Bald kam so etwas wie ein Liebesgefühl gegenüber einer Schulkameradin in mir hoch, wobei es weniger um „haben wollen", sondern mehr um ein „Wir-Sind-Eins-Gefühl" ging. Es war mir freilich noch nicht möglich, dieses Gefühl zuzuordnen und zu benennen.

In der Europaschule lernten auch Jungs Handarbeiten. So erhielt meine Muskelpuppe „Big Jim" einen gehäkelten Schlafsack, Mama und Oma freuten sich über gestrickte Topflappen. Die Beschäftigung mit Wolle und was daraus entstand, hatte eine beruhigende Wirkung auf mich – und auf „Big Jim".
In der rivalisierenden Welt der Jungs spielte ich nur am Rande mit. Aus meinem Blickwinkel machte es wenig Sinn, dauernd zu beweisen, wie toll man ist und wenn man es nicht schaffte, sich dann auch noch unterzuordnen. Manche kämpften sogar um Mädchen, die aber an keinem der Rivalen Interesse hatten. Also konnte es kaum um wirkliche Zuneigung zu einem Mädchen gehen, sondern vielmehr um den Konkurrenzkampf an sich. Und so kam es, dass mich ein sehr wütender Bursche zum Zweikampf forderte, weil ich seiner Angebeteten zu nahe gestanden war. Der einmal sitzen Gebliebene hatte es schon länger auf mich abgesehen, war größer als ich und rammte mir einmal grundlos einen Bleistift in meine Handfläche. Versuche, ihn diesmal zu besänftigen, scheiterten. Also ließ ich mich in völliger Ruhe auf das „Duell" ein, in dem ich agierte wie ein Westernheld aus dem Streifen „Die glorreichen Sieben". Yul Brynner hatte am selben Tag Geburtstag wie ich.

1 Vgl. *Rolf Oerter* in *Rolf Oerter und Leo Montada*, Entwicklungspsychologie (2007), S. 113

In einer Filmszene vermittelte er mir jene Form der passiven Gewalt, unter deren Anwendung der auf mich losstürmende Kerl zweimal zu Boden ging und einmal gegen einen Baum knallte. Die Mädels jubelten mir zu und selbst die älteren Burschen hatten plötzlich Respekt.

Eines war höchst interessant und auch sehr angenehm an dem Programm, das in den meisten jungen Männern abzulaufen schien: Der Zusammenhalt beim Erreichen gemeinsamer Ziele war kaum zu brechen. „Organisieren" von Rinderaugen aus dem Schlachthof, Schmierestehen und verdecktes Anbringen der starren Äuglein hinter den Autotürengriffen der Lehrer funktionierte nach einer kurzen Befehlsausgabe beinahe wortlos. Männliches Zusammenwirken als Jagdgemeinschaft entsprach viel mehr meinen Vorstellungen als „sinnlose" gegenseitige Bedrängung. Das eine schien es aber nicht ohne das andere zu geben. Folglich war ich zumeist mit zwei Freunden unterwegs, die sich selbst auch nicht im hierarchischen Rudelgeschehen einordneten. Hagen fiel mir schon sehr früh ins Auge, weil er in den Schulpausen gerne Raketen mit Hakenkreuzsymbolen zeichnete, dauernd was vom Krieg erzählte und in seiner eigenen Welt daheim zu sein schien. An einsamen Abstellgleisen der Bundesbahn, in leeren Fabrikhallen, in der vielfältigen Natur rund um die „VOEST-Werke"[1] (das ehemalige Hermann-Göring-Werk) und entlegenen Feldern spielten wir unsere imaginären Kleingefechte. Bei diesen Kämpfen ging es nicht um Gewalt, sondern um „mystisch Besonderes abseits der realen Welt". Tobias holte uns immer wieder auf den Boden der Realität zurück, indem er spaßig veranschaulichte, dass Phantasiewaffen keine Wirkung gegen bodenständige Körperdimensionen zeigten. Wir durchstreiften vorwiegend die Gegend mit unseren Fahrrädern, spielten aber auch Fußball, sammelten Briefmarken, stellten die Anschlussversorgung mit Panzern aus der Stahlstadt Linz nach Russland mit der Modelleisenbahn sicher und saßen philosophierend am Donauufer.

So aufgeweckt und fröhlich ich auch grundsätzlich in der Kindheit war, so wütend konnte ich im Falle von Ungerechtigkeiten werden. Da war stets eine gewaltige Portion Wut, wenn mein sensibles Wesen etwas als unfair anderen oder mir gegenüber empfand. Niemand verstand mich, als ich (nur) die Pferde bemitleidete, nachdem Moses im Film „Die Zehn Gebote" gerade noch seine jüdischen Gefolgsleute durchs Rote Meer geführt hatte und die nachfolgenden ägyptischen Reiter von den Wellen

1 VOEST: Vereinigte Österreichische Eisen- und Stahlwerke

verschlungen worden waren. Auf die Frage „Und was ist mit den Menschen?“ gab ich die Erklärung, dass die Soldaten sich anders hätten entscheiden können, aber die Pferde keine Wahl hatten. Das verstanden weder meine Filmfreunde noch mein Vater. Auch kapierte man kaum, dass ich mir von den im Pfarrheim rumlungernden Rockertypen nichts gefallen ließ. Es hat ihnen gelegentlich Spaß gemacht, mich wegen meiner weicheren Erscheinung zu hänseln oder uns den (meinen) Fußball wegzunehmen. „Reg dich nicht auf, Toni!“, wollte mich Hagen beruhigen. Meine Mutter war wohl ratlos und mein Vater fand das „ganz normal unter Kindern.“ Ich solle mich nicht ärgern und halt nicht Fußballspielen gehen, wenn die Rocker da sind. Vati empfand ich in diesem Punkt als Feigling. Meine Kämpfernatur in Sachen Gerechtigkeit habe ich von meiner Mutter „geerbt“.

Warum ich mich beruhigen sollte, konnte mir als etwa Neunjährigem keiner begreiflich machen. Es war einfach unfair, seine körperliche Überlegenheit auszuspielen. Ich sah das nicht ein und schaue auch heute nicht weg, wenn jemand ungerecht behandelt wird. Damals ergriff ich entweder für ein paar (verbal) nicht zurückgehaltene „Arschlöcher“ und „Vollidioten“ die Flucht oder musste hinnehmen, dass ich mal heftiger rangenommen und angespuckt wurde. „Na wartet!“, dachte ich bei mir und beschloss, größer und stärker als diese halbstarken Affen zu werden. Das wurde ich auch. Doch als ich sie an Körpergröße und Kraft übertroffen hatte, waren sie bereits lange in Vergessenheit geraten. Aber immerhin entbrannte durch diese Feiglinge mein Zorn, der viel Energie freisetzte, um in Zukunft für ähnliche Vorfälle gerüstet zu sein. Die Spucke im Gesicht war das auslösende Ereignis, statt Bauer später doch Soldat zu werden …

Hinter den Kulissen

Als Latenzphase[1] *wird die Entwicklung vom sechsten Lebensjahr bis zur Pubertät bezeichnet. In dieser Phase konkurriert die eigene Kompetenz mit der eigenen Minderwertigkeit. Das bezieht sich vor allem auf den Platz in der Gruppe der Gleichaltrigen (Peer-Gruppe). Beziehungen zu Gleichaltrigen sind im Gegensatz zu jenen gegenüber den Eltern von mehr Symmetrie geprägt. Es geht um ein neues Gemeinschaftsleben.*

1 Klassische Phasenlehre: vgl. *Sigmund Freud*, Vorlesungen zur Einführung in die Psychoanalyse (1930)

Soziales Verhalten entwickelt sich mit dem Verständnis für Gleichwertigkeit und Gerechtigkeit. Es leistet einen wesentlichen Beitrag zum sogenannten Selbstkonzept im Sinne des individuellen Verständnisses der eigenen Persönlichkeit, des Ichs.[1] Nicht unwesentlich für die Entwicklung der sozialen Kompetenz sind die Wirkung der Gruppe auf die einzelne Person und die mit der Gruppenzugehörigkeit verbundenen Gefühle. Tests ergaben, dass die eigene Gruppe stets unkritisch gegenüber der Gruppe „der anderen" als die zufriedenere beurteilt wird.[2] Hinsichtlich der Selbsteinschätzung der eigenen Leistungen fällt auf, dass Jungs sich für besser halten, wenn sie der „besseren" Gruppe angehören. Mädchen hingegen bewerten ihre eigenen Leistungen unabhängig von der Gruppenzugehörigkeit als durchschnittlich gleich hoch. Weitere Experimente verdeutlichen, dass die stärkere soziale Ader der Mädchen im Bereich der Mythen anzusiedeln ist. Beide, Mädchen und Jungs, helfen gerne, aber eben unterschiedlich. Beobachtet man die geschlechtsspezifischen Unterschiede im Rahmen von Hilfeleistungen, dann fällt auf, dass Mädchen verstärkt unter Abstellung auf ihre sprachlichen Fähigkeiten (tröstender Zuspruch) und Knaben eher konkret (handwerklich) helfen.[3] Voraussetzung für Freundschaften im Alter von sechs bis acht Jahren sind auf direkter Gegenseitigkeit beruhende Freundlichkeiten, die im Alter zwischen neun und elf durch zeitlich unabhängige freundliche Handlungen ersetzt werden, bis gegenseitiges Verstehen immer wichtiger wird (12 bis 14 Jahre). Der Übergang zur psychischen Nähe erklärt sich an den Entwicklungsthemen.[4] Stehen in der Kindheit noch soziale Einbettung und Akzeptanz im Vordergrund, befassen sich heranreifende Jugendliche vermehrt mit der Ich-Werdung: Wer bin ich? Wie möchte ich sein? Was möchte ich arbeiten?

Warum störte die älteren Jungs meine Weichheit? Spontan würde ich sagen, es hatte mit Neid zu tun; bedingt durch die an ihrem eigenen Leib erfahrene Härte. „Deine Springerstiefel sehnen sich doch nur nach Zärtlichkeit"[5], singen „Die Ärzte" und bringen ein auch in der Psychotherapie bekanntes Phänomen beim sexuellen Missbrauch von Kindern zum Ausdruck: Oftmals wurde der Täter selbst seelisch und/oder körperlich misshandelt. Daher beneidet er ein Kind wegen dessen Unschuld und macht aus ihm ein „Opfer", um sich so selbst zu erhöhen.

1 Vgl. auch *Rolf Oerter* in *Rolf Oerter und Leo Montada*, Entwicklungspsychologie (2007), S. 257ff.
2 Vgl. *M.D. Yee & R. Brown*, Self-evaluations and intergroup attitudes in children aged three to nine (1992, Child development, insb. S. 619 bis 629; siehe auch *Oerter und Montada*, S. 258ff.
3 Vgl. *R.C. Savin-Williams*, Adolescence: An ethological perspektive (1987); siehe auch *Oerter und Montada*, S. 264
4 Vgl. *J.G. Parker and J.M. Gottmann* in *T.J. Berndt and G.W. Ladd,* Peer relationships in child development (1989, Social and emotional development in a relational context – friendship interaction from early childhood to adolescence; siehe auch *Oerter und Montada*, S. 260f.
5 *Die Ärzte*, aus dem Lied „Schrei nach Liebe" (Single-Album 1993)

Dass ich die Mädchen geschmeidiger empfand und die Jungs härter, ist weniger auf die Natur, sondern mehr auf soziale Prägung und Erziehung zurückzuführen. Psychische Variablen (wie Eigenschaften, Interessen, soziales Verhalten), aber auch die meisten physischen Variabeln sind geschlechtstypisch, d.h. bei einem Geschlecht relativ häufiger oder stärker ausgeprägt. Dieses „mehr oder weniger" wird gesellschaftlich nach wie vor durch ein eindeutiges „entweder oder" ersetzt. Dadurch kann die psychisch-seelische Realität des Einzelnen sogar auffällig vom gesellschaftlich vorgegebenen Stereotyp abweichen.[1] Ich erlebte mich jedenfalls betreffend Weichheit und Kommunikationsstil eher als Mädchen, wobei mir klar war, dass ich, biologisch gesehen, ein Junge war.

Die Geschlechtsidentität ist ein wesentlicher, wenn nicht der wichtigste Aspekt der persönlichen Identität bzw. der Ich-Werdung. Dabei haben die Geschlechterkategorien bei Kindern und Jugendlichen eine dermaßen hohe Bedeutung, dass Kinder mit abweichendem geschlechtlichem Verhalten eher negativ bewertet werden.[2] Doch was macht die geistige Differenzierung in männlich und weiblich so wichtig? Das morphologische Geschlecht (primäre Geschlechtsorgane: Penis und Vagina) bestimmt das Erziehungsgeschlecht. Die biologischen Unterschiede zwischen Mann und Frau vermögen jedoch nicht die sozialen Differenzierungen zu erklären – vor allem deshalb nicht, weil sie sich gegenseitig beeinflussen. Ein bestimmtes Verhalten kann zu einer damit übereinstimmenden Hormonausschüttung führen.[3] So stimmten damals und stimmen heute wieder meine weichen Gesichtszüge mit meinem Innenleben überein. Dazwischen verhärtete sich mein Gesichtsausdruck in verstärkt männlichen Rollen, was auf alten Passphotos deutlich zu erkennen ist.

Entwicklungspsychologische Untersuchungen ergaben, dass sich die Eltern den Mädchen vermehrt und zärtlicher zuwenden, wohingegen Jungs öfter bestraft werden. Burschen werden mehr zu konkurrierendem Verhalten, Mädels hingegen zu weniger Wildheit (im Spiel) und mehr Sauberkeit erzogen. Besonders interessant ist in diesem Zusammenhang auch, dass Kinder zornige Gesichtsausdrücke als männlich und fröhliche als weiblich erleben.[4]

1 Vgl. auch *Hanns Martin Trautner* in *Rolf Oerter und Leo Montada*, Entwicklungspsychologie (2007), S. 626
2 Vgl. *D.N. Ruble, C. Martin & S. Berenbaum* in *W. Damon*, Handbook of Child psychology (2006), Gender development; siehe auch *Oerter und Montada*, S. 638 und 647
3 Vgl. *Hanns Martin Trautner* in *Rolf Oerter und Leo Montada*, Entwicklungspsychologie (2007), S. 644
4 Vgl. ebendort, insb. S. 625 ff., insb. S. 635 und 645

Harter Mann – weiche Frau? Bekräftigungen durch Erziehung führen offensichtlich zu einer Überdeterminierung der Geschlechtsidentität: „Geringe Unterschiede der Geschlechter, die von einem Faktor hervorgerufen werden (z.B. evolutionär fundiertes stärkeres Wetteifern bei Jungen), werden durch andere Faktoren weiter verstärkt (z.B. die Unterstützung derartigen Verhaltens durch die Eltern und eines entsprechenden Selbstkonzeptes des Jungen).“[1]

Dazu sei vertiefend angemerkt: Es gilt als gesichert, dass stärkerer Konkurrenzkampf unter Jungs evolutionär, insbesondere durch Jagd und Krieg, bedingt ist. Unterstützen die Eltern dieses Verhalten beispielsweise durch einen rauen Umgangston innerhalb der Familie oder Kriegsspielzeug, mündet dies in einem bestimmten Ego-Konzept des Kindes. Interessant finde ich dabei, dass Kinder immer noch vorwiegend von Frauen erzogen werden. Erhält das Kind geschlechtskonforme Informationen, dann bewertet es diese als positiv, wodurch sie zum Motor der Selbstregulierung werden. Die Bewertung als positiv oder negativ entspricht der kognitiven Entwicklung in der späten Kindheit (neuntes bis zwölftes Lebensjahr), in der das sogenannte bidimensionale Denken (linke Gehirnhälfte) besonders durch Leistungsbeurteilung im Schulwesen, aber auch durch sozialen Vergleich vor allem innerhalb der Peer-Gruppe[2], eine Stärkung in Relation zum ganzheitlichen Denken erfährt.

Wie gesagt, wissen Kinder, dass sie bewertet werden. Nach Kohlberg werden selektiv gleichgeschlechtliche Modelle imitiert, worauf es schließlich zur Identifikation mit diesen Modellen kommt.[3] Diese Theorie mag grundsätzlich in der Realität zutreffen, sie lässt jedoch – und hier stimme ich Trautner zu – außer Bedacht, dass bei beiden Geschlechtern die Tendenz zur Höherbewertung der männlichen Rolle vorherrscht.[4] Folglich passen, wie in meinem Fall, die Kenntnis der differenzierten Geschlechterrollen und deren Akzeptanz nicht unbedingt zusammen. Als „Modelle“ fungieren sowohl Vater und Mutter als auch gleichaltrige und fremde ältere Personen. Die Imitation orientiert sich, unabhängig vom Geschlecht der Beobachteten, eher daran, ob das beobachtete Verhalten zum (eigenen) Geschlecht passt oder nicht.[5] Jungen bevorzugen eher die Nachahmung des kriegerischen Verhaltens eines Mädchens als

1 Ebendort S. 649
2 Vgl. *R. Case and Griffin* in *C.A. Hauert*, Developmental psychology (1990), Child cognitive development; siehe auch *Oerter und Montada*, S. 231
3 Vgl. *L. Kohlberg* in *E.E. Maccoby*, The development of sex differnces (1966), A cognitive developmental analysis of children´s sex role concepts and attitudes
4 Vgl. *Hanns Martin Trautner* in *Rolf Oerter und Leo Montada*, Entwicklungspsychologie (2007), S. 647
5 Vgl. *W. Emmerich & K. Shepard* , Developmental psychology (1982)

bemutterndes Verhalten eines Burschen.[1] *Klein Toni lernte hauptsächlich aus dem Verhalten seiner Mutter in ehelichen Auseinandersetzungen, dass man sich Gewalttätigkeiten nicht gefallen lassen muss.*

Ein wesentlicher Unterschied zwischen Mädchen- und Jungengruppen liegt in der differierenden Spiel- und Konfliktkultur. Jungen sind viel mehr darauf aus, ihren Status innerhalb des Rudels zu sichern, weshalb sie intensivere Dominanzhierarchien als Mädchen aufbauen. Die Rangordnung unter (jungen und älteren) Männern scheint aber auch den Zusammenhalt des Rudels und sein geschlossenes Wirken nach außen zu sichern. Viele Mädchen empfinden die Spielweise der Burschen als zu wild, was sich insbesondere beim Austragen von Konflikten und in Rollenspielen zeigt. Außerdem beeinflussen sich Mädchen gegenseitig stärker als Jungen, was auch zu den beinahe geschlechterhomogenen Gruppen führen dürfte.[2] *Ich selbst empfand in dieser Hinsicht wie die meisten Mädchen, gehörte aber als Kind nie wirklich einer der beiden Gruppen an. Warum? Wahrscheinlich weil die Mädchengruppe damals kaum zugänglich und doch zu wenig interessant, weil eher passiv war und die Unterwerfung in die Hierarchie der aktiveren Jungen auch nicht erstrebenswert schien. Noch hatte mich das „künstliche System" nicht vereinnahmt. Ich war Einzelgänger mit Kontakten in jede Clique, wobei sich aber schon der wütende Wunsch nach einem stärkeren, unverletzlichen Ich herauszukristallisieren begann …*

Anima-Vision

Auch wenn oder vielleicht weil ich groß und stark werden wollte, rief mich noch vor dem zehnten Lebensjahr eine innere Stimme zu etwas, das ich klar fühlte, aber rational nicht begreifen konnte. Es mag jetzt kitschig für dich klingen, aber es war wohl so ähnlich, wie der Ruf Gottes, den so manche Priester oder spirituell Erweckte in sich hören. Seit dem Einheits-Erlebnis mit der Kindergartentante war latent so etwas wie eine Schwingung von „weich und sanft wie ein Mädchen, aber stark wie ein Junge" in mir. Während einer Autofahrt schweifte der blicklose Blick in der vorbeifahrenden Landschaft, als plötzlich alles ruhig und klar wurde. Ich sah mich in der Zukunft als „Frau" mit Frauen an meiner Seite. In diesem inneren Bild war ich eine Frau und ich war auch keine.

1 Vgl. *Hanns Martin Trautner* aus *Asendorpf (1999)* in *Rolf Oerter und Leo Montada*, Entwicklungspsychologie (2007), S. 646

2 Vgl. ebendort S. 636

Die anderen Frauen und ich waren wie Schwestern, die sich gegenseitig unterstützen. Dabei fühlte es sich unbeschreiblich gut an, wie sich eine wohlige Wärme in der Bauchgegend breit machte.

Diese Anima-Vision[1] steht in direkter Verbindung mit meinem Bild von der Seele. Als im Sachkundeunterricht der menschliche Körper durchgenommen wurde, interessierte mich dies zwar brennend, aber das Erlernte war einige Zeit nicht mit mir persönlich in Einklang zu bringen. Zwar konnte ich mich voll und ganz mit meinem äußerlich sichtbaren Körper einverstanden erklären, es fiel mir aber schwer zu verstehen, dass ich Blut, Fleisch und Knochen unter der Haut habe. Obwohl ich mich pudelwohl in meinem Körper fühlte und mir vom Verstand her klar war, dass unter der Haut Materie sein muss, trug ich ein starkes, gefühltes Bild subkutan[2] pulsierender Seelenenergie in mir herum. An dieser Stelle sei auch gleich darauf hingewiesen, dass ich zu keiner Zeit meines Lebens meine Körperlichkeit ablehnte. Dies ist ein signifikanter Unterschied zu vielen der als transsexuell diagnostizierten Menschen, die den eigenen Körper eher als Behinderung erleben und am liebsten in jenen des Gegengeburtsgeschlechts schlüpfen würden.

Ich dagegen wollte am liebsten in das Seelenkleid, in den emotionalen Körper eines Mädchens schlüpfen. Besser ausgedrückt, wollte ich eine im Äußeren erlebte Weiblichkeit in mir aufblühen lassen. Bei mir ging es immer schon darum, einen starken inneren Anteil hervorzuholen. Dessen war ich mir aber erst lange Zeit nach dem ersten Verliebtsein bewusst. Eigentlich war es weit mehr als bloße Verliebtheit. Etwas Substanzielles erfasste mich, als ich Ela von weitem auf das Fußballfeld zukommen sah, auf dem ich gerade wild herumkickte. Total verausgabt und verschwitzt ging ich wie ferngesteuert auf meine ehemalige Klassenkameradin zu, blickte in ihre dunklen Augen und war auf einmal soweit weg von der Fußballerde, dass ich nur noch irgendetwas Schwachsinniges daherstammelte. Ihre dunklen Augen und Haare, ihr Lächeln, die weiche Erscheinung im langen goldgelben Pulli und den schwarzen Leggins strahlten noch lange Zeit in mir. Ich saß daheim am Boden und spürte sie noch immer. Alles vibrierte bittersüß und fast heiß in mir. Der enge Raum dehnte sich aus und die Platte meiner Modelleisenbahn wurde zum Dach der Welt. Irgendwie fühlte ich mich verbunden

1 Anima verwende ich in diesem Zusammenhang als Form innerer weiblicher Energie, wohingegen Animus der männliche Gegenpart ist.
2 Subkutan (lat.): unter die/der Haut

oder eins mit Ela und allem, was mich umgab. Keine Verwirrtheit. Totale Klarheit. Einige Zeit später bahnte sich so etwas Ähnliches wie eine längere „liebliche Freundschaft" zwischen uns an. „Ernst" wurde es nicht wirklich, weil sie einen Freund hatte. Eines Tages begeisterte sie mich mit der Schilderung, dass sie ihn schminkte und seine sehr langen Haare wie die eines Mädchens stylte, um dann in einem Park als lesbisches Pärchen Aufsehen zu erregen. Ab hier begann mein inneres, noch etwas verschwommenes Bild vom Leben als „Frau" schon konkretere Gestalt anzunehmen. Es hat viel mit Liebe zu tun ...

Hinter den Kulissen

Anima ist das lateinische Wort für Seele und ein Begriff aus C.G. Jungs analytischer Psychologie.[1] *Sie ist neben Animus (Geist)*[2] *eine der wichtigsten Archetypen. Archetypen sind in der Seele gespeicherte Urbilder. Diese Energiekomplexe bestehen aus Bildern, die im kollektiven Unbewussten verankert, daher von persönlicher Erfahrung unabhängig sind. Sie finden sich in religiösen Überlieferungen und weltlichen Mythen, aber auch Träumen und Visionen wieder. Für Jung ist Anima die weibliche Seite der Psyche des Mannes und eine wesentliche Facette in seinem Unbewussten. Die Anima grenzt Jung als „Inneres" und femininen Seelenanteil strikt von der äußeren Persönlichkeit (lat. Persona) ab. Er ist der Ansicht, dass jeder Mann das Bild einer ganz bestimmten Frau in sich herumträgt. Im Grunde ist dieses Bild eine unbewusste, aus Urzeiten stammende, dem lebenden System eingegrabene Erbmasse. Die Projektion (unbewusste Übertragung) der Anima in die Außenwelt, in erster Linie auf die Partnerin, kann zu Störungen in partnerschaftlichen Beziehungen führen, weil sie mit der so gut wie unmöglich erfüllbaren Erwartung verbunden ist, die Frau müsse das innere weibliche Ideal des Mannes verkörpern.*

Erscheint Anima in Visionen, Träumen oder inneren Bildern, ist sie meist die Vermittlerin zwischen dem Ich und dem Unbewussten. Sie ist quasi eine Brücke zwischen dem Ego des Mannes und seinem Selbst. Anima taucht in vielerlei Gestalt auf: von der Heiligen bis zur Hure. Jung war der Meinung, Anima habe eine Ernst zu nehmende Konkurrenz.

1 Vgl. *C.G. Jung*, Archetypen (2008), insb. S. 57 bis 74

2 Animus und Anima bedeuten übersetzt beide Seele, Lebenskraft, Leben, Geist, Denkkraft etc. – vgl. *Stowasser, Petschenig und Skutsch*, Der kleine Stowasser (1980), S.33; im gegeben Zusammenhang wird Anima jedoch als weiblicher Seelenanteil „Seele" und Animus als männlicher Seelenanteil „Geist" verwendet.

Bei jungen Männern wird sie grundsätzlich vom Archetypus der Mutter überlagert oder verdrängt. Die Befreiung der Anima aus der mütterlichen Einbettung stellt einen wesentlichen Schritt in der individuellen Ent-wicklung dar. Der Gegenpart zur Anima ist Animus, der eine Zusammenstellung männlicher Attribute und Potenziale im weiblichen Unbewussten darstellt. Anima und Animus wirken verschieden. Anima kann den Mann durch Emotionen beeinflussen, Animus äußert sich durch Meinungen. Übernehmen Töchter unkritisch die Meinungen väterlicher Figuren, wiederholen sie diese eventuell gedankenlos, statt individuell zu denken und handeln.
Im Kapitel „Der Hermaphroditismus des Kindes" seines Werks „Archetypen" erläutert Jung, dass im Lauf der Kulturentwicklung das zweigeschlechtliche Urwesen wegen seiner Deutung als Einheit der Persönlichkeit zum Symbol des Selbst wurde. In der modernen Psychologie erscheint dieses Urbild wieder: als Gegensatz männlichen Bewusstseins (Animus) und weiblich personifiziertem Unbewussten (Anima). Jesus lehrte, wir sollen männliche und weibliche Gegensätze aufheben. Dies bringt uns wieder – und zwar bewusst – in den Zustand frühester Kindheit. Dadurch können wir das Paradies sehen, das bereits auf der Erde ausgebreitet ist.[1] Im Buddhismus wird dieser Zustand der bewussten Selbstwerdung Erleuchtung genannt. Das Kind versteht sich nach Jung als Anfang- und Endwesen, als umfassendes Wesen mit seelischer Ganzheit: „Das Anfangwesen war vor dem Menschen, und das Endwesen ist nach dem Menschen. Psychologisch bedeutet diese Aussage, dass das ‚Kind' das vorbewusste und das nachbewusste Wesen des Menschen symbolisiert. Sein vorbewusstes Wesen ist der unbewusste Zustand der frühesten Kindheit, das nachbewusste Wesen ist eine Antizipation per analogiam über den Tod hinaus."[2] Als kleinen Vorgriff auf das Kapitel „Unser Selbst" in Teil II formulieren wir Jungs Aussage mit anderen Worten: Im bewusst erreichten frühkindlichen Zustand liegt seelische Ganzheit, sprich Erleuchtung. Die Ganzheit besteht niemals im Umfang des Bewussten allein, weil sie die unbestimmbare Ausdehnung des Unbewussten mit einschließt.[3]
Ganz offensichtlich besteht ein Konnex zwischen dem ersten Einheitsgefühl mit meiner netten Kindergartentante und der zweiten Anima-Vision einerseits sowie der Wesensähnlichkeit mit Mädchen und meinem kindlichen Wunsch nach verteidigungsbereiter Stärke andererseits.

1 Vgl. Lukas 17:21; Matthäus 18:3 und 19:14; Thomas-Evangelium, Logion 22 und 113; siehe auch Kapitel „Buddha Jesus" („Jesu Lehre ist Buddhas Lehre" – „Zur vierten Wahrheit *Magga Sacca*")
2 *C.G. Jung*, Archetypen (2008), S. 133
3 Vgl. ebendort

Auf der seelischen Ebene kündigte sich der sanfte Ausgleich für sich anbahnende aggressive Tendenzen schon an, bevor ich sie auslebte. Ein berühmter Krieger des Sioux-Stammes der Oto träumte nach der siegreichen Heimkehr vom Krieg, dass ihm die Mondgöttin erschienen sei. Sie gab ihm den Befehl, sein Dasein als Krieger zu beenden und fortan als Frau zu leben. Obwohl seine Brüder protestierten, wechselte er Waffen und andere männliche Insignien gegen weibliche Kleidung und Verhaltensweisen. Es liegt nahe, dass er des Kämpfens müde war und ihm sein Unterbewusstsein den entscheidenden Wink gab, wie er das Kriegshandwerk ablegen kann. Nicht selten waren und sind die Schamanen der Naturvölker tatsächlich Frauen oder aber Männer, die sozial als Frauen leben. Die schamanische Funktion als ekstatische Verbindung des Menschen mit dem Jenseits im Dienst der Gemeinschaft ist hauptsächlich eine Kunst der Verwandlung. Bei einigen Stämmen ist man davon überzeugt, dass die Schamanengabe ursprünglich nur Frauen „übergeben" wurde, weil sie von Natur aus geradezu Schamanen sind. Es verwundert daher nicht, dass neben der grundsätzlichen Wertschätzung der Frauen – vor allem als Fortwirkung ihrer frühgeschichtlich größeren religiösen Bedeutung[1] – die kultischen Transvestiten und Transsexuellen hohe Anerkennung erfuhren. Ob man nun die Beweggründe für das Leben als „Weibmann" im Versuch der Wiederherstellung der urzeitlichen Frau-Mann-Einheit sieht[2] oder in der Aneignung gegengeschlechtlicher Eigenschaften[3], spielt letztlich keine Rolle. Beide Möglichkeiten laufen im Grunde auf ein hohes, weil spirituelles Ziel hinaus: Selbsttranszendenz durch Identifizierung mit dem Gegengeschlecht.[4] Die abwertende Verdrängung der Frauen im katholischen Christentum zeigt, dass diese Religion völlig antispirituell ist. Das gilt natürlich für fast jede Religion.

Nach integral-psychologischen Gesichtspunkten ist die höchste spirituelle Entwicklungsstufe die sogenannte kausale Stufe, die mit dem Aufgehen im reinen Bewusstsein verbunden ist. Diesem Zustand entsprechen der spirituelle Austausch und die Identität mit Gott. Die diesbezügliche Geschlechterrolle liegt bereits jenseits der Geschlechter. Auf der Beziehungsebene der darunter liegenden subtilen Stufe (Einheit mit einem Gottwesen) findet die Zwiesprache oder Vereinigung mit Gott statt. Der einzelne Mensch vereinigt in sich die Geschlechter.[5]

1 Vgl. *H. Kirchner* in Anthropos, Ein archäologischer Beitrag zur Urgeschichte des Schamanismus (1952): Grds. Bestätigung der größeren religiösen Bedeutung der Frauen im vor- und frühzeitlichen asiatischen Schamanismus
2 Vgl. *Joan Halixfax*, Shamanic voices – a survey of visionary narratives (1979)
3 Vgl. *Elmar Gruber*, Transformation – Schamanismus und die Auflösung der Ordnung (1982)
4 Vgl. zu alldem und vertiefend *Gisela Bleibtreu-Ehrenberg*, Der Weibmann (1984), insb. S. 55, 60 bis 65, 100 und 101
5 Vgl. *Ken Wilber*, Integrale Psychologie (2006), S. 222 – Tafel 1b „Entsprechungen"

Wie bereits dargelegt, werden durch die Schule die linke Gehirnhälfte (rationales Denken) und damit das begrifflich abstrakte Denken deutlich übertrainiert. Die urtümlichen, seit alters her bekannten Bilder, die Archetypen, „erscheinen" jedoch mit sehr hoher Wahrscheinlichkeit in der rechten Gehirnhälfte (Intuition). Sind wir den sogenannten Primitiven wirklich überlegen? „Aber der Primitive hat soviel Seelisches außerhalb des Bewusstseins, dass ihm die Erfahrung eines außerhalb seiner selbst befindlichen Psychischen in noch viel höherem Maße geläufig ist als uns", lautet C.G. Jungs ernüchternde Antwort.[1] Dass die ikonische Repräsentation bei den sogenannten Primitiven vorherrscht, rundet das Bild wie folgt ab: Der von Natur aus mit dem kollektiven Unterbewussten verbundene Mensch wird von der Schule gleichsam von diesem und von sich selbst (seinem Selbst) entfremdet. Ist das nicht schlimm?

Dass meine Anima spätestens ab der Kindheit nicht vom inneren Bild der Mutter überschattet war, lässt auf einen gewissen „Bonus" in spiritueller Sicht schließen, der mich manche Dinge aus der Distanz und mit einer gewissen Weisheit betrachten ließ. Als noch unbewusstes Potenzial trugen die frühen Anima-Visionen auch den „Malus" im materiellen Leben in sich, und zwar das oft starke, schmerzhafte Gefühl der Ausgegrenztheit. Das Gefühl, nirgendwo richtig dazuzugehören, erfüllte mich hin und wieder mit einer tiefen Traurigkeit. Diese Emotion brachte ich einmal schauspielerisch meinen Großeltern gegenüber am Ufer irgendeines Sees zum Ausdruck: „Ja, ich bin der kleine Toni und bin ganz allein auf der Welt!" Klar wusste ich, dass meine Eltern da waren und auch wo sie sich befanden, aber ich fühlte mich nicht selten einsam mit einem gewissen Weitblick. Meine Mutter stellte mir in jungen Jahren die Frage, wie ich ihr und meinem Vater „vergeben" konnte, während sie selbst damals noch nicht mit bestimmten Erfahrungen in ihrem Elternhaus abgeschlossen hatte. Ich erklärte mir eben die Dinge in meinen Gesprächen mit dem lieben Gott oder lernte von älteren Menschen wie meiner Oma, dass auch Erwachsene „geprügelte Wesen" oder „gefallene Engel" sind, die anhand ihrer Biografie zu lernen haben. Mein Weitblick distanzierte mich – vermeintlich – von den meisten Kindern meines Alters, weil ich viele ihrer Muster erkannte und mich nicht darauf einließ. Das sollte sich in der Pubertät radikal ändern …

Mein Inneres, meine spirituelle Führung oder beide leiteten mich also sanft dazu an, männliche und weibliche Anteile in Einklang zu bringen

1 Vgl. *C.G. Jung*, Archetypen (2008), S. 134

und mich dahingehend als „Trans-Person" zu trans-zendieren. Interessant ist dabei der Umstand, dass ich mich als „Frau" neben Frauen und diese als meine Verbündeten sah. Hatte dies etwas mit meinem Vater zu tun? Manche Söhne verzweifeln so, wie es im Buch „Eisenhans" beschrieben wird: „Vermutlich haben sie [die Söhne] mit sechs Jahren bereits die Meinung der Mutter über den Vater übernommen, und mit zwanzig werden sie das in der Gesellschaft vorherrschende kritische Bild von Vätern übernommen haben, was einer Entlassung gleichkommt. Was können sie anderes tun, als Frauen um Hilfe bitten?"[1] Auf mich übertragen, könnte man es folgendermaßen beschreiben: Mein Vater lebte mir eine Form von Männlichkeit vor, die seine innere Weiblichkeit vernachlässigte. Da er mir Anima nicht vermitteln konnte und der weibliche Seelenanteil eine höchstpersönliche Angelegenheit ist, gab mir mein Innerstes einen einfühlsamen Wink. Meine inneren Bilder würde ich als frühe spirituelle Erfahrungen bezeichnen.

Es besteht ein Riesenunterschied zwischen Religion und Spiritualität. Religiosität ist häufig die auf ein Offenbarungssystem aufbauende, auf Endgültiges Bezug nehmende Praxis mit entsprechenden Riten und Symbolisierungen. Spiritualität hingegen beinhaltet im Wesentlichen zwei Aspekte: Ein Transzendieren, in dem sich jemand auf etwas hin überschreitet, das größer ist als er selber und in einer Sinnschaffung, mittels der aus kleineren Lebensthemen und scheinbar nicht zusammenhängenden Sinngehalten größere Entscheidungen resultieren.[2] Die von mir erfahrene religiöse Zwanghaftigkeit und Wortfixiertheit der Kirche wird im falsch interpretierten Basisdokument, dem NT, als gegenüber der Spiritualität getrost vernachlässigbar bezeichnet: „Denn der Buchstabe tötet, aber der Geist macht lebendig."[3]

Auch wenn ich ein gewisses Empfinden sozialen Alleinseins hatte und, ohne heute darunter zu leiden, noch immer habe, so fühlte ich mich dafür in der Natur und mit dem lieben Gott eins. Meine Eltern zwangen mir weder Religion noch Kirchgang auf. Meinen Vater sah ich lediglich kurz vor wichtigen Fußballspielen in die Kirche rauschen, wobei er die ehrenvolle Handbewegung eines Samurais ausführte, während er die Worte flüsterte: „Hilf mir heute, gell!" Danach zwinkerte er mir zu. Mich wunderte, dass er sich dazu in den Kirchenbunker begeben musste.

1 *Robert Bly*, Eisenhans – Ein Buch über Männer (2005), S. 135
2 Vgl. *J. A. Belzen*, Psychology Religion, In defense of the object – On trends and distinctions. *(2006)*; siehe auch Kapitel „Religion" sowie *Oerter und Montada*, S. 607ff.
3 2. Korinther 3:6

Außerdem stellte ich mir die Frage, ob der liebe Gott Zeit für solche Anliegen hat. Nun, eine andere religiöse Erfahrung gibt es da noch: Auf der Österreichrundfahrt wurde ich gescholten, weil ich es gewagt hatte, mich in das Gästebuch der durch Joseph Hadyn berühmten Eisenstädter Bergkirche mit dem Namen „Papst Popschlocherl" zu verewigen.

„Spiritualität scheint stärker als Religiosität genetisch bedingt zu sein. Es gibt triftige empirische Indizien, dass Spiritualität – im Sinne von Selbsttranszendenz und Verbundenheit – stärker genetisch bedingt ist als Religiosität", heißt es im psychologischen Lehr- und Sachbuch „Entwicklungspsychologie".[1] Die Biologie hat also dem Menschen eine Struktur für spirituelle Erfahrungen geschenkt.[2] Der Molekularbiologe Dan Hamer spricht sogar von einem göttlichen Gen, das dem Menschen Spiritualität in die Körperzellen legt.[3] Experimente von Kirk, Eaves & Martin[4] mit knapp 1.300 Zwillingspaaren weisen in eine deutliche Richtung, die Anton Bucher und Fritz Oser wie folgt auf den Punkt bringen: „Das heißt, ob Menschen Gefühle des Einsseins mit dem Kosmos entwickeln, ist stärker genetisch bedingt; ob sie regelmäßig zur Kirche gehen, hängt hingegen stärker von der Erziehung ab."[5] Kein Wunder also, dass die Kirchenväter für die Einimpfung der religiösen Lügen und Zwangsneurosen bereits im frühen, gutgläubigen, anpassungsgewillten Kinderalter sorgten und sorgen. Wie schon erwähnt, stellte Goldman 1964 in den (auch kirchlichen) Raum, dass religiöse (im Sinne kirchlich-biblischer) Konzepte bei Kindern zwangsweise zu Missverständnissen führen müssen. Er plädierte daher für die ersatzlose Streichung jeglicher religiöser Schulung im Kindesalter.[6]

Das ist im Einklang mit der Feststellung des NT zu sehen, der zufolge es Menschen gibt, die uns irreführen wollen und wir schließlich niemanden benötigen, der uns (religiös) lehrt.[7] Kirche und Schulsystem führen uns in die Irre. Sie sorgen von Anfang an dafür, dass wir nicht mehr wie die Kinder sind. Warum sollte uns dann gerade die Kirche auf den spirituellen Pfad der Selbstwerdung bringen und auf dem Weg zur bewussten Kindwerdung begleiten wollen oder können? Sie profitiert doch von unserem unbewusst kindlichen „Erwachsenen"-Dasein.

1 *Anton A. Bucher und Fritz Oser* in *Rolf Oerter und Leo Montada*, Entwicklungspsychologie (2007), S. 616
2 Vgl. *A. Hardy*, The biology of God (1975)
3 Vgl. *Dan Hamer*, The God gene (2004)
4 Vgl. *K.M. Kirk*, L.J. Eaves & N.G. Martin in "Twin research", Self-transcendence as a measure of spirituality in a sample of older Australian twins (1999)
5 *Rolf Oerter und Leo Montada*, S. 616
6 Vgl. *R. Goldman*, religious thinking from childhood to adolescence (1964)
7 Vgl. 1. Johannes 2:26 und 27 (im Zusammenhang mit der Salbung)

In diesem Zusammenhang fallen die gerade wieder hochaktuellen katholischen Kindesmissbräuche auf. Jesus betonte die Wichtigkeit der Kinder – bigotte Priester ficken sie seelisch und auch körperlich. Körperliche Vergewaltigungen sind „nur" die Spitze eines seelenkranken, überbetont männlichen, sexualrassistischen, ausbeuterischen Machtapparats, der mit Jesu Spiritualität soviel gemeinsam hat wie der Führerbunker mit der Klagemauer.

Ich bin daher nicht nur gegen religiöse Schulungen von Kindern, sondern gegen jegliche Einmischung dieser katholischen Seelenparasiten in unser Leben, solange sie nicht im Sinne Jesu agieren.

Nachdem ich mein Innerstes halbwegs verstand, stieß ich auf die Herausforderung, in den weiteren Etappen meines Daseins zu mir zu stehen und das Innere langsam und behutsam nach außen zu bringen. Denn in der Außenwelt gab es niemanden, der als lebendiges Vorbild für mein inneres Bild von mir selbst hätte dienen können. Im Gegenteil erwies sich die Welt draußen als bipolar geordnet: in Männchen und Weibchen. Je mehr ich ab der Pubertät in neue Rollen schlüpfte und mich teilweise mit ihnen identifizierte, desto weniger oft und intensiv waren meine Gespräche mit dem lieben Gott. Dennoch war „er" nie ganz weg. Meine Anima hingegen äußerte sich sogar intensiver denn je. Sie wurde ab Einsetzen der geschlechtlichen Reife vorerst auf eine erotisch-sexuelle Ebene verlagert, um dann viel später mit Geist und Körper eins zu werden.

Zen-Meister Shunryu Suzuki lehrte, dass man seinem Weg treu bleiben muss, bis man schließlich an dem Punkt anlangt, wo man die Notwendigkeit einsieht, alles über sich selbst zu vergessen. „In eurer Praxis solltet ihr alles annehmen wie es ist, und jedem Ding dieselbe Aufmerksamkeit entgegenbringen wie einem Buddha", meinte er und erläuterte, dass wir uns vor allem und jedem verbeugen können, wenn wir wirklich wir selbst sind.[1] Dann gibt es nämlich keine Trennung mehr zwischen Spiritualität und materieller Welt. Die Trennung war nur im Kopf. Sie verschwindet mit der Selbstwerdung.

1 Vgl. *Shunryu Suzuki*, Zen-Geist – Anfänger-Geist (2001), S. 48 und 51

JUGEND

Die schwarze Burg

Im letzten Volksschuljahr prophezeite der Herr Klassenvorstand, dass ich „nicht einmal die erste Klasse im Gymnasium schaffen werde." Davon erzählte mir Mama aber erst, als ich bereits die Unterstufe[1] der Mittelschule erfolgreich absolviert hatte. In einem Aufwischen erwähnte sie auch gleich, dass der Kinderarzt nach meiner Geburt meinte, ich würde wegen meines großen Kopfs ziemlich sicher geistig behindert werden. Soweit zum Thema Expertenmeinungen. Nun, so mancher Lehrkraft am Jesuitenkollegium „Aloisianum" hätte dieser medizinische Hüftschussbefund, diese damals übliche Modediagnose, mit an Sicherheit grenzender Wahrscheinlichkeit zur Erklärung meines oft sehr verrückten Verhaltens in der Oberstufe gereicht. Schön langsam verwandelte sich nämlich ein naturverbundener, liebevoller, rücksichtsvoller Junge während der Zeit an dieser Eliteschule[2] in einen zwar immer noch netten, aber immerhin mir als Kind so verhassten Halbstarken in Springerstiefeln. Der schulische Druck selbst war dabei aber nur ein Teilchen im Aggressionspuzzle.

Bereits am ersten Schultag kam ich – in Mamas Begleitung – zu spät. Staunend betrat ich das auf mich wie eine Ritterburg wirkende Anwesen, das noch immer majestätisch am begrünten Freinberg über Linz thront. Ganz anders als der Europaschule-Betonklotz strahlten die alten Gemäuer mystische warme Energie ab. Über die Stiegen hinaufgeeilt, empfing uns ein zuvorkommender, geduldiger Geistlicher. Die Uhren tickten hier anders, soviel war bereits klar.

1 Unterstufe: erste bis vierte Klasse Gymnasium; Oberstufe: fünfte bis achte Klasse Gymnasium
2 Soweit ich mich erinnere, wurde dies von der Schulleitung selbst nicht betont, sondern ganz einfach gelebt.

Dieser Pater war einer der wenigen geistlichen Professoren. Er brachte mich ins neue Klassenzimmer, wo die bei mir beliebte letzte Reihe inzwischen völlig ausgebucht war. Unter den vielen neuen Gesichtern war kein einziges Mädchen, dafür aber einige versnobbte Kinder neureicher Eltern, die sich sichtlich etwas besser vorkamen als die anderen. Zumindest hatte ich diesen Eindruck. Meinen neuen Klassenvorstand liebte ich, von pubertären Auflehnungen einmal abgesehen, vom ersten Augenblick bis zur Matura wie einen zweiten Vater. Ein Jahr lang durfte ich ihn in der ersten Reihe fußfrei erleben. Den Stoff seines Fachs Englisch vermittelte er uns auf lustige und spannende Weise, gab uns aber auch gehörig Zunder, wenn wir es mit unseren Faxen übertrieben. Aus seinen persönlichen Erzählungen ging hervor, dass er als Kind ein Naturbursch gewesen war wie ich. Mit seinem Sportskumpel, unserem Turnprofessor, zeichnete er Comicfiguren an die Tafel und zog gelegentlich eine erheiternde Show mit fiktiven Revolver- oder realen Schwammduellen ab, die den massiven Lerndruck im Internat drosselte. Die beiden durchtrainierten Männer wussten schon, wie sie junge Menschen motivierten. Sie spornten mich dazu an, fleißig meinen Körper zu trainieren und wenn ich erschöpft war, gab der Gedanke an eine Demütigung durch die Rockertypen Kraft für ein paar weitere Liegestütze, Klimmzüge oder Laufrunden.

Bis zur Reifeprüfung ging ich ohne eine einzige unerlaubte Fehlstunde und meist mit Freude zur Schule. Im Brennpunkt meines Interesses standen freilich Sport sowie die zweistündigen Pausen zwischen den Unterrichtsblöcken und dem gemeinsamen, beaufsichtigten Studium (Heimbetrieb). In diesen Unterbrechungen wurde nämlich nach (für mich) sehr leckerem Essen das runde Leder auf einer der vielen Wiesen oder Kunstflächen getreten. Nachdem ich im ersten Jahr auf dem Platz herumflitzte wie ein Irrer, aber nie angespielt wurde, lernte ich in einem Fußballverein den Mannschaftssport. Mein spielerisches Können war durchschnittlich, aber es reichte, um den Klassenkameraden zu zeigen, wer hier der „Boss" am Feld war. Nicht selten kickte ich mich vom eigenen Strafraum bis zum gegnerischen Tor im Alleingang durch und wurde deshalb (zu Recht) „Justl der Eigensinnige" und nicht (wie Vati) „Toooniii, Toooniii" gerufen. Oft kam mein Vater mit einer neuen „Wuchtel" schnell mal aus dem Büro vorbeigeflitzt, wenn sich wieder einmal ein Ball auf dem Weg nach unten (Linz) verselbständigte. So konnten wir uns auch unter der Woche kurz sehen. Das von Bäumen umringte Areal und die frische Luft dort oben waren einfach herrlich.

Zwar war der Freinberg nicht unbedingt ein adäquater Ersatz für meinen eigenen Garten, ein Blick auf das graue Linz führte mir aber vor Augen, wie privilegiert ich gegenüber den Schülern in den Betonbauten war.

In der humanistischen Privatschule war ich also gut aufgehoben. Die Lehrkräfte vermittelten die gewaltigen Lehrstoffmengen, bis auf wenige Ausnahmen, didaktisch einwandfrei, mit einer gewissen Lockerheit und dem Hauptaugenmerk auf menschlichen Weitblick. Sogar im Religionsunterricht wurden kritische Fragen und Abhandlungen zugelassen. Es bestand kein Zwang zur Beichte, und meine Erfahrung vom liebenden Gott blieb unberührt. Verwirrend war jedoch, dass meine schriftlichen Arbeiten in Deutsch im ersten Schuljahr mit „Sehr gut" benotet wurden, selbige jedoch ab der zweiten Klasse – nach einem für mich unangenehmen Professorenwechsel – grundsätzlich mit stetig absteigender Tendenz bewertet wurden. Ich verweigerte die Anpassung meiner Ausdrucksweise an die des neuen Lehrers. Das kam in gewissen „Spannungsverhältnissen" und in meiner späteren offenen Aggression zum Ausdruck.

Wütend machte mich auch der, nur von einzelnen Professoren praktizierte, nicht anschauliche Unterricht in Form reiner und unpersönlicher Wissensvermittlung. Dieser gelangte maximal in meinen „Arbeitsspeicher". Hätte einer meiner jüngsten Kadersoldaten während meiner Zeit als Offizier beim Heer auf diese Weise Rekruten ausgebildet, hätte ich ihn ermahnt und im Wiederholungsfall bestraft. Was es in den Fächern dieser wenigen Lehrkräfte zu lernen galt, wusste ich im gerade noch nötigen Umfang bis kurz nach der Prüfung. Immerhin aber merkte ich mir zu Vaters Beruhigung endlich die Hauptstädte der österreichischen Bundesländer – ein Wissen, das jahrelang erfolgreich an mir vorüberzog, weil er es mir ungeduldig in meinen Schädel pressen wollte. Ich weiß zum Beispiel heute noch, dass Graz die Hauptstadt von Vorarlberg ist.[1] Ab der dritten Klasse brachte uns der Lateinprofessor die tote Sprache sehr lebendig näher, indem er uns pausenlos, d.h. volle Unterrichtseinheiten lang, auf der Schaufel hatte und es schaffte, als strenger Kumpel akzeptiert zu werden. „Ich bin Gargamel, und ich hasse euch Schlümpfe!" war sein Motto und wir spielten begeistert mit. Hinter den schon sehr trockenen Schriften steckten oftmals gebündelte Lebensweisheiten oder zumindest detailreich beschriebene Schlachtszenarien, die mich ab einer gewissen Zeit brennend interessierten.

1 Scherz: Tatsächlich ist Graz die Hauptstadt der grünen Steiermark

Einige Gefechte gab es auch aufgrund meines Namens, weil ich hinnehmen musste, dass manche Schüler am Gang laut „Dschastl" (Justl englisch ausgesprochen) oder „Anton" riefen, um sodann rasch hinter einer Ecke zu verschwinden. Ich tobte vor Wut. Und je mehr ich tobte, desto mehr wurden mir natürlich Verarschungen entgegengeschmettert. Nicht selten kam ich wutentbrannt nach Hause, und meine Mutter musste ihren Schützling besänftigen, weil der es überhaupt nicht hinnehmen wollte, wegen seines Namens gefoppt zu werden, ohne dass er jemandem etwas getan hatte. „Die Rache ist mein!" sprach der kleine Herr irgendwann und konterte härter als seine vermeintlichen Feinde, was nicht selten in harmlosen körperlichen Auseinandersetzungen endete, in denen er wegen physischer Überlegenheit als Sieger hervorging. Tatsächlich gesiegt hat aber nur einer: der Heimleiter und Gebäudebeauftragte des Jesuitenkollegiums. So mancher Hitzkopf kühlte nämlich beim strafweisen Saubermachen der Schulwiesen ab …

Auch der Druck daheim nahm zu. Mamas neuer Mann war immer nett zu mir. Er spielte mit uns, mit seinen Söhnen und mir, Fußball und Modelleisenbahn. Aber zwischen ihm und meiner Mutter gab es heftige Spannungen. Nach einer Auseinandersetzung war ich zu meinem Vater und seiner neuen Frau am Fuße des Römerbergs, fast direkt unterhalb der Schule gelegen, übersiedelt. Auch dort gab es Probleme, wie ich nach wenigen Monaten (noch nicht am eigenen Leib) erleben musste. Er hatte sich mittlerweile nicht mehr im Griff, dafür der Alkohol ihn. Ich litt sehr darunter, wie sehr er sich verändert hatte. Als ich schon meine eigene Wohnung hatte, spürte ich gelegentlich noch dasselbe Drücken im Bauch, wenn ich mich an seine Saufeskapaden erinnerte. Noch war es aber erträglich bei ihm. Der Lerndruck alleine machte mir schon zu schaffen. Mein Verhältnis zum Prosa-Fan wurde nicht besser. In Physik kann ich mich an ein einziges Experiment erinnern, bei dem die Lehrkraft voller Stolz eine Glühbirne zum Leuchten brachte. Für mich als Modelleisenbahner war das keine Herausforderung. Dafür klatschte man uns ellenlange Formeln an die Tafel und erwartete ihren automatischen Übergang in unser Großhirn. Mathe war von vornherein nicht meine Spezialität. In unzähligen Pausen hielt der arme Klassenprimus als Trainer meines Kurzzeitgedächtnisses her, damit ich in bestimmten Gegenständen nicht bei den Prüfungen durchratterte. Mein „Großrechner" war mir zu schade für den Schwachsinn. Sorry, aber so war es. Aber immerhin schaffte ich es, bis zur Matura (Abitur) ohne bezahlte Nachhilfestunden auszukommen. Dafür war aber sowieso kein Geld da.

Meine neureichen Mitschüler brauchten da nicht zu sparen. Stattdessen stempelten sie weniger betuchte Kinder wie mich als „primitive Proleten" ab. Primitiv und dumm fand ich nur ihre „Coolness", mit der sie angebissene Wurstsemmeln und halbvolle Cola-Flaschen in den Müll warfen – „weil wir es uns leisten können!"

Mein Freund Sven Sorring und ich empfanden ähnlich. Irgendwann platzte uns der Kragen. Wir machten uns selbst zu Narrenkönigen, indem wir uns zu den neuen Beauftragten des schulischen Druckabbaus erklärten. Ohne diese Maßnahme wäre es nicht möglich gewesen, an der Schule zu bleiben. Was mit Störungen des Unterrichts mit blödsinnigem Gefasel und Gelächter anfing, setzte sich bald mit Lachkrämpfen und Zerstörungsaktionen in der Pause fort. Hatten wir wieder einmal null Durchblick in der uns verhassten Mathematik und konnte uns selbst der vielgequälte Klassenbeste nicht aushelfen, war Terror angesagt. Die zweibeinigen Holzstühle knackten herrlich, wenn man nur fest genug auf die Sitzfläche stieg. Zur leichteren Entsorgung machten sich alsbald hilfsbereite Klassenkameraden an die aggressive Detailarbeit. Sie warfen die Holzstücke auf das Flachdach des Schulturms. Herrlich, wie der geistige Druck abnahm. Göttlich, wie sich andere beteiligten. Schlimm, wie wir am Jahresende für rund 15 fehlende Stühle zur Kasse gebeten wurden. Aber der Spaß war es uns wert. Schließlich vereinte dieser Aggressionsabbau die Klasse. Der Spaßfaktor überbrückte oberflächliche Unterschiede. Er machte uns zu Kumpels einer Risikogemeinschaft. Im Rahmen dieser ziemlich gestörten Zertrümmerungsaktionen begegneten wir uns auf einer beinahe künstlerisch-musikalischen Ebene. Putzig fanden die meisten Schüler unsere „Biohandgranatenspiele". Dabei bohrte man ein Loch in einen alten Apfel, füllte ihn mit einem Schweizerkracher (oder Böller), rieb diesen an und warf sich das explosive Teil im Kreis stehend zu. Im Klassenzimmer selbstverständlich. Dieses Spiel wurde „Risiko" genannt. Das hoch beschleunigte Apfelmus traf aber ohnehin jeden, der dämlich grinsend im Gefahrenbereich stand. Große Freude bereitete es auch, jemanden mit der Leerung seines Pults zu bestrafen oder seine Bücher zu zerfetzen, weil „man das gerade brauchte." Wir blieben uns in diesem Punkt nichts schuldig. Auch verbal bzw. oral wurden wir schärfer. Eines Tages rülpste ich im Lateinunterricht, wobei ich mein Gesicht hinter dem Wörterbuch „Stowasser" versteckte. Kaum verhallte mein gewaltiger Magenorkan, dröhnte auch schon ein weiterer Rülpser im Klassenzimmer.
Der coole Professor meinte nur: „Eine Sau kommt selten allein!"

Darauf ein frecher Schüler[1]: „Sie sprechen vom Konferenzzimmer?" Man spielte auch Klassenraumtheater. Als Vollstreckung eines stupiden Schauprozesses wurde das „Indianerspiel" aufgeführt, im Zuge dessen der Stärkste[2] den Leichtesten stellvertretend für einen Professor auf einen Kasten hob und die anderen wild um ihn herumtanzten. Zwar war unser Freund und Klassenkamerad nicht wirklich böse auf uns, weil er wohl wusste, dass er schlicht wegen seines geringen Gewichts herhalten musste. Sein gedemütigter Gesichtsausdruck ließ mir aber lange keine Ruhe. Ich wusste ja aus meinen ruhigeren Tagen nur zu gut, wie es ist, für die Probleme anderer büßen zu müssen …

Beinahe hätte ich meinen Schulstern vergessen. Da war ja noch die bildhübsche Professorin, wegen deren Ausstrahlung ich mich für das Wahlfach Italienisch entschied. Eine faszinierende Wirkung hatte sie auch auf einige Professoren, die ihr zu unserem Amüsement wie ferngesteuert hinterhereiferten. Ihre dunklen Augen, langen Haare, sanften Bewegungen, ihr Duft, ihre stilvolle Kleidung, ihre meist hochhackigen Schuhe… all das ließ mich emotional genauso abheben, wie sie ins Klassenzimmer zu schweben schien. Da war es wieder, dieses tiefe, mich komplett erfassende Gefühl der Einheit – diesmal schon mit einer Dosis Erotik gepaart.

Hinter den Kulissen

Im formal-operatorischen Stadium (ab dem 12. Lebensjahr) wird, aufbauend auf das konkret-operatorische Denken, das hypothetische oder theoretische Herangehen an Problemstellungen erlernt. Diesen Gipfelpunkt oder „Idealtyp menschlicher Rationalität" erreicht nicht jeder Erwachsene. In der Schule sollen Jugendliche lernen, Probleme abstrakt zu repräsentieren und dabei analytisch vorzugehen. Hypothesen sollen systematisch geprüft und mit Experimenten überprüft werden, um zu gültigen Schlussfolgerungen zu gelangen.[3] Die in den vorhergehenden Kapiteln dargelegte Domäne einseitig rationalen, abstrakt-begrifflichen Denkens erfährt im formal-operativen Denken ihren – leider einpoligen – geistigen Höhepunkt. Formal abstrakte Unterrichtsinhalte wie Physik und Chemie sollten zumindest im Übergang zum formal-operatorischen Denken anschaulich präsentiert werden.

1 Justl
2 siehe Fußnote 1
3 Vgl. *Beate Sodian* in *Rolf Oerter und Leo Montada*, Entwicklungspsychologie (2007), S. 443

Dabei sollten – wie ich es später beim Militär erlebt habe – auch graphisch-visuelle Repräsentationsmittel zum Einsatz gelangen. Geschieht dies nicht, darf der Frust bei den Schülern, wie in meinem Fall in Physik, nicht verwundern. Ganz allgemein kommen die Naturwissenschaften im Schulunterricht bei weitem zu kurz.[1]

Die enorme Informationsflut schien nicht nur meine „Birne" rauchen zu lassen. Wir standen alle unter Druck. Wie gesagt, hatte das Lehrpersonal schon ein Auge darauf, dass wir den Überblick bewahren konnten. Trotzdem ist es meiner Meinung nach weder sinnvoll noch gesund, soviel wie möglich an Informationen in die Köpfe junger Menschen stopfen zu wollen. Im Informationszeitalter gibt es viele Möglichkeiten, in Windeseile an die nötigen Informationen zu gelangen. Wozu gibt es Bibliotheken und das Internet? Außerdem wird im späteren Berufsleben mehr und mehr gefragt, was beinahe systematisch verlernt wurde: die soziale Kompetenz. Mit Remo H. Largo bin ich folgender Ansicht: „Das Hauptanliegen der Schule ist nach wie vor, den Kindern möglichst viel Wissen zu vermitteln. Diese Bildungsstrategie der Industriegesellschaft hat sich in den vergangenen 150 Jahren als nützlich erwiesen. Ein großer Wissensstand bietet aber heutzutage kaum mehr Vorteile, weil Wissen ein rasch vergängliches Gut geworden ist und ständig erneuert werden muss."[2] *Folglich könnte und sollte man die wertvolle Unterrichtszeit gleichmäßig auf die wichtigsten Kompetenzen menschlicher Intelligenz (nach Gardner) verwenden: Sprachliche, soziale, logisch-mathematische, figural-räumliche, motorisch-kinästhetische*[3] *und musikalische Kompetenz.*[4] *Ein solches „harmonisches Kompetenzpaket" würde den Anforderungen unseres Gehirns gerecht werden. Das würde wiederum das Wohlbefinden der Schüler und Lehrer steigern.*

Schüler sind für ihr Wohlbefinden viel stärker auf ihre Bezugspersonen (Lehrer) angewiesen, als man annehmen möchte: „So kann sich ein Schüler nur wohl fühlen, wenn er spürt, dass der Lehrer ihn mag. Wird er vom Lehrer nicht als Person zur Kenntnis genommen, erlebt er jede schlechte Schulnote als Ablehnung."[5] *Das kann ich bestätigen. Zwar wusste ich, dass ich von einem Professor aus Gründen abgewiesen wurde,*

1 Vgl. *Olaf Köller und Jürgen Baumert* in *Rolf Oerter und Leo Montada*, Entwicklungspsychologie (2007), S. 740
2 *Remo H. Largo*, Kinderjahre (2008), S. 184
3 Kinästhetisch: auf den Körper bezogen; andere die Sinne betreffende Kriterien sind: visuell (sehbar), auditiv (zu hören), gustatorisch (geschmacklich) und olfaktorisch (den Geruchssinn ansprechend)
4 Vgl. *Howard Gardner*, Frames of mind – the theory of multiple intelligences (1985) sowie Multiple intelligences – the theory in practise (1993); siehe auch *Largo*, S. 186ff.
5 *Largo*, S. 163

die in meinem Naturell lagen, und dass meine Leistungen ungerecht bewertet wurden, die Kenntnis dieser Umstände allein vermochte mir aber nicht zu helfen. Wo es Probleme auf der emotionalen Ebene gibt, folgen in der Regel Schwierigkeiten auf der sachlichen Ebene. Dass Sachlich-Materielles und Emotionales kaum zu trennen sind, erkannte ich leicht bei manchen Mitschülern: Die materiell reichen Söhne der angeblichen gesellschaftlichen Elite versinnbildlichten zugleich ihre Armut auf der emotionalen Ebene. Ihre Egos spiegelten die in individualistischen Kulturen geförderten Aspekte, die mehr mit materiellem Besitz und Leistung zu tun haben als mit der Verbundenheit menschlicher Wesen, wie sie oft in nichtwestlichen Kulturen gelebt wird.[1] So sieht die Kehrseite unseres Konsumreichtums aus: „Die Welt gibt uns immer weniger Geborgenheit; trotz allem Komfort fühlen wir uns immer gefährdeter, und unser Lebensgefühl wird labilisiert durch die Überfülle an Reizen ...“, stellt Fritz Riemann im Zusammenhang mit dem sogenannten schizoiden Menschentypus fest, der Angst vor der Selbsthingabe hat, sich daher eher kühl, rational oder arrogant gibt.[2]

Innerhalb der Klassenwände erschufen wir jedoch unsere eigene Welt, eine eigene Atmosphäre lustiger, teilweise gewalttätiger Ausgelassenheit, die uns aus meiner Sicht verbunden hat. Sie machte die „8a“ (Maturajahr) zu einer für viele Jahre berüchtigten Klasse. Man sprach noch von uns, als wir bereits studierten oder arbeiteten. Unsere eher unbewusst abgezogenen Shows waren enorm wichtig für die emotional-seelische Stabilität vieler Schüler. Aber: Können Kinder Emotionen und emotionsbezogenes Verhalten kontrollieren, wird ihr Verhalten im sozialen Kontext der Schule und der Familie als angepasster wahrgenommen. Sie scheinen sozial kompetenter zu sein.[3] Eine Voraussetzung für erfolgreichen sozialen Umgang ist zwar, dass man seine eigenen Gefühle unter Kontrolle hat und über Strategien zur Bewältigung von Konflikten verfügt. Was aber vielfach dabei auf der Strecke bleibt, ist das eigene Seelenkostüm. Aggressionen sind dazu da, sich ihrer zu entledigen oder sie zu transformieren. Die Welt hat schon genug Menschen, deren Mägen die organischen Gewächshäuser unterdrückter Aggressionen sind. Aufgestaute Aggressionen wurden wir großteils kontrolliert, auf eine für die Mitschüler mehr oder weniger de facto „harmlose“ Art und Weise los.

1 Vgl. *H.C. Trianidis*, the self and the social behaviour in differing cultural contexts (1989) sowie *Rolf Oerter* in *Rolf Oerter und Leo Montada*, Entwicklungspsychologie (2007), S. 111
2 *Fritz Riemann*, Grundformen de Angst (2003), S. 40
3 Vgl. *Rolf Oerter* in *Rolf Oerter und Leo Montada*, Entwicklungspsychologie (2007), S. 259

Dass es sich bei diesem selbst erschaffenen Programm (Matrix)[1] *um gerade noch im sozialadäquaten Rahmen befindliche Strategien zur Konfliktbewältigung handelte, untermauert unser Verbleib an der Schule (mit teilweise durchschnittlichen Betragensnoten), aber auch das begeisterte Mitwirken der etwas „vornehmeren" Schüler und sogar des Klassenprimus. Ich war in Ekstase, als der sonst so ruhige Musterschüler einmal mit einem breiten Grinsen seinem viel massiveren Banknachbarn den Sessel unter dem Hintern wegzog, nachdem der ihn traktiert hatte.*

Um im späteren Leben auf angemessene, reife Art mit seinen Aggressionen umgehen zu können, müssen wir vorher – in der Kindheit und Jugend – entsprechende Erfahrungen mit eigener und fremder Aggression machen. Unterdrückte Affekte und Aggressionen wirken antriebsmindernd und selbstzerstörerisch: „Affekte und Aggressionen, die man nicht äußern kann oder darf, die somit kein Ventil finden, werden nicht nur äußerst quälend; sie führen auch zu einer allgemeinen Antriebsschwäche bis zur Passivität und Indolenz[2]*, die gleichzeitig die Folge der gehemmten Aggressivität sind, sekundär wieder zu deren erneuter Hemmung werden."*[3] *Durch Freisetzen oder Transformieren von Aggressionen steigt man aus diesem Teufelskreis der Antriebsunterdrückung aus. Die eigenen mit Aggressivität gemachten Erfahrungen sind eine wichtige Basis für unseren Selbstwert: „Die gesunde und gekonnte Aggressivität ist ein wesentlicher Bestandteil unseres Selbstwertgefühls, des Gefühls für die Würde unserer Persönlichkeit und für einen gesunden Stolz."*[4] *Wer als Kind oder Jugendlicher lernt, mit Aggressivität umzugehen, legt den Grundstein für seinen gesunden Selbstwert und kann dadurch später auch das gesellschaftlich geforderte „sozialadäquate Verhalten" im angepassten Gesellschaftskostüm an den Tag legen, ohne völlig durchzudrehen ...*

1 „Matrix" ist in diesem Buch ein Synonym für ein vorgegebenes biologisches oder gesellschaftliches Programm; Programm 1 (Matrix 1): „Natürliche Programmierung" menschlichen Verhaltens, Programm 2 (Matrix 2): „Gesellschaftliche künstliche Konditionierung" und Programm 3 (Matrix 3): „Selbstkreiertes bzw. kreatives Alternativprogramm" (wie unsere lustige Gewaltwelt im Klassenzimmer) zwecks Abschwächung, Aufhebung oder Ausstieg aus Programm 2; siehe dazu in Teil II das Kapitel „Das Ego"

2 Indolenz: Unempfindlichkeit oder auch Gleichgültigkeit gegenüber Schmerzen

3 *Fritz Riemann*, Grundformen der Angst (2003), S. 72

4 Ebendort

Erste Pubertät im Rowdy-Kostüm

Einleitung

... they live to spread the fear of the wrong of right of self,
they want us all to live like books upon a shelf,
but we know we have the power to fight and make a stand,
strike when we are challenged all across the land to be king ...
Manowar[1]

Bis zur ersten Pubertät spielte das äußere Erscheinungsbild für mich eine untergeordnete Rolle, da ich genau so herumlaufen konnte, wie ich mich wohl fühlte. Das Innen entsprach dem Außen. Ob bestimmte Kleidung oder Verhaltensweisen von anderen als „weiblich" oder „männlich" erachtet wurden, ließ mich kalt, solange man mich damit in Ruhe ließ. Dahingehend gab es auch keine Beeinflussung durch meine Mutter oder meinen Vater.

In der Pubertät gesellten sich erotische Anima-Phantasien zu meinen inneren Anima-Bildern. Diese waren ab da eng an meine Sexualität gebunden. Sie wurden als „innerer Ausgleich" umso häufiger und intensiver, je mehr ich mich in der Außenwelt einem männlichen Rollenbild annäherte. Eine Weile rannte ich noch als eher androgyner Softie herum, bis mich der Hormonschub erfasste und ich gleichzeitig im irren Weltentaumel von der Magie des Randgruppendaseins ergriffen wurde. Mit der dort übernommenen machohaften Rolle des ausgeflippten, gewaltbereiten Revoluzzers fand noch keine hundertprozentige Identifikation statt. Sie ging aber fließend in die erste wirkliche Männerrolle des „Centurio", mein erstmal kräftiges Ego beim Militär über.

1 Zu Deutsch: „Sie leben, um die Angst vor dem Falschen, Richtigen und dem Selbst zu verstreuen. Sie wollen, dass wir alle wie Bücher in einem Regal leben. Aber wir wissen, dass wir die Kraft haben zu kämpfen, standhaft zu bleiben und zuzuschlagen, wenn wir überall auf der Welt herausgefordert werden Könige zu sein; *Manowar*, aus dem Lied „King" vom Album „Louder than hell" (1996); frei übersetzt von Monika Donner

Hinter den Kulissen

Identifikation ist die stark fordernde Kernaufgabe jugendlicher Menschen. Unter Identifikation verstehen wir nach dem kulturanthropologischen Ansatz die Koppelung an gesellschaftlich vorgegebene Konzepte und Werte betreffend Sinn und Kultur, aber auch die Orientierung an Vergangenheit, Gegenwart und Zukunft innerhalb der Gesellschaft. In komplexen, mobilen, sich rapide wandelnden Gesellschaften wie unserer wird die Suche nach der eigenen Identität (Ego) mitunter zum Problem. Nicht zuletzt, so meint auch Margaret Mead, weil die erfolgreiche Umsetzung von Coping-Strategien (Strategien zur Lebensbewältigung) eng an enorme Orientierungsleistungen gebunden ist und sogenannte „Ich-Prozesse" zur Basis hat.[1] *Zum gesellschaftlichen Überleben benötigen wir daher ganz dringend ein Ego (Ich), jedoch auch, um es irgendwann erkennen und letztendlich transformieren zu können. Auch Erik H. Erikson sieht einen engen Zusammenhang zwischen der Entwicklung des Ego und der Identitätsentwicklung. Unter dem Ich verstehen wir aus psychosozialer Sicht ein Konstrukt oder organisiertes System von inneren Haltungen und Beweggründen sowie Anpassungsleistungen und Bewältigungsstrategien.*[2]

Für Anna Freud ist die Adoleszenz eine turbulente Periode, ja sogar eine „entwicklungsbedingte Störung" oder „Entwicklungsstörung". Unter psychodynamischen Gesichtspunkten beruht das Konfliktpotential in der Jugendzeit auf den gesteigerten internalen Anforderungen des Jugendlichen, wie sie vor allem aus dem sexuellen Heranreifen resultieren.[3] *Die gelungene Vereinigung des kulturellen (Mead) und psychosexuellen Blickwinkels (Freud) sehe ich in den von Dreher und Dreher definierten Entwicklungsaufgaben zusammengefasst: Körperliche Veränderungen, Freundeskreis (Peers), geschlechtliche Rolle, Beziehungen, Abnabelung von den Eltern, berufliche Erwägungen, Vorstellungen über die eigene Familie, Selbstfindung (hier: Ego-Findung), eigene Werte und Zukunftsperspektive.*[4] *An dieser Liste sehen wir, welche gewaltigen Herausforderungen Jugendliche zu bewältigen haben.*

1 Vgl. *Margaret Mead,* Der Konflikt der Generationen – Jugend ohne Vorbild (1971) sowie insb. *Ralf Oerter und Andrea Dreher* in *Rolf Oerter und Leo Montada,* Entwicklungspsychologie (2007), S. 275ff

2 Vgl. ähnlich *Erik H. Erikson,* Der vollständige Lebenszyklus (1988) sowie *Oerter und Montada,* S. 277f.

3 Vgl. *Anna Freud,* Adolescence – Psychoanalytic study of the child (1958) sowie *Anna Freud* in *G. Caplan and S. Lebovici,* Adolescence – Psychosocial perspectives, Adolescence as a developmental disturbance (1969); siehe auch *Oerter und Montada,* S. 276f.

4 Siehe *Ralf Oerter und Andrea Dreher* in *Rolf Oerter und Leo Montada,* Entwicklungspsychologie (2007), S. 279 unter Bezug auf *Dreher und Dreher* (1996)

Die Theorie des dynamischen Interaktionismus geht von einem wechselseitig aktiven, also einem sich gegenseitig beeinflussenden System „Einzelner – Umwelt" aus.[1] *Jugendliche sind demzufolge die Produzenten ihrer eigenen Entwicklung. Sie beeinflussen das soziale Leben und erzeugen so auch ein Feedback für sich selbst. Diese Rückmeldung dient ihnen zur weiteren Orientierung und Erweiterung ihres Handlungsspielraums. Ein ganz wesentlicher Aspekt der Entwicklung Jugendlicher liegt in der Differenzierung der Geschlechter in männlich und weiblich.*[2] *Das Schwergewicht der folgenden Darstellung liegt daher auf dem männlichen Rollenbild und der Abnabelung aus dem Familienverband.*

Softie

Wie es in mir drinnen aussah, so gab ich mich auch nach außen: längere Haare, weiche Gesichtszüge, die Haut glatt wie ein Baby-Popo, weiche verspielte und bunte Kleidung. Sven beschrieb mich zu dieser Zeit so: „Longe Zodn, a kurze Hosn wie a Rock, a Seesock[3] und a Walkman – des is da Toni."[4] Bis zum etwa 16. Lebensjahr machte ich mir kaum Gedanken darüber, wie ich auf andere wirkte. Ich lebte einfach in den Tag hinein, erfreute mich an den Dingen, wie sie kamen und war grundsätzlich zufrieden mit mir. Nachts kuschelte ich meist mit einem Polster und stellte mir vor, wie es wäre, eine Freundin im Arm zu haben. Mit ihr würde ich in tiefer Verbundenheit das Leben teilen. Einmal nahm ich mein Kissen etwas spielerisch sogar mit aufs Klo, weil meine gefiederte Freundin schließlich so verrückt nach mir war wie ich nach ihr. In der Familie mütterlicherseits wurde einmal über die Liebe gesprochen. Wir saßen beim Esstisch und gaben reihum unsere Definitionen der Liebe ab. Da fielen „Respekt" und „Toleranz". Von mir kam: „Liebe ist, wenn man den anderen so liebt wie sich selbst". Den Blicken war zu entnehmen, dass niemand begriff, was ich damit meinte.

Mädchen interessierten mich mehr und mehr. Ihnen sagte ich erst gar nichts über meine Ansichten zur Liebe. Ihre Reaktionen auf mein empfindsames Verhalten sprachen dagegen, mein Herz auf der Zunge zu tragen.

1 Vgl. ebendort S. 278 und 279

2 Vgl. *Hanns Martin Trautner* in *R. Schumann-Hengsteler & H.M. Trautner*, Die Bedeutung der Geschlechtskategorien im Jugendalter (1996), Entwicklung im Jugendalter, S. 165ff.

3 Der Seesack war ideale Schul-, Trainings- und Badetasche sowie bestens geeignet zum Entsorgen von Sesselteilen auf dem Heimweg von der Schule (siehe Kapitel „Die schwarze Burg").

4 Hochdeutsch: „Lange Haare, eine kurze Hose, die wie ein Rock aussieht, ein Seesack und der Walkman – das ist Toni"

Als hübscher, netter Kerl war ich für sie maximal ein lieber Freund. Ein großer, breitschultriger Kuschelbär war wohl nicht das, was sie suchten. Da saß ich in Lokalen oder im Bus, und wenn mir eine gut gefiel, strahlte ich sie an, so gut ich konnte. Mein Lächeln war ehrlich, wurde aber selten erwidert. Sprach ich sie an, kam man schnell ins oft lange Gespräch, das sich dann darin erschöpfte, welche Schweine „die Männer" sind. „Hey, ich bin doch auch noch hier!", dachte ich, während ich mir anhörte, wie die „schlimmsten Kerle" die schönsten Mädchen kriegten. Das ablaufende Programm der jungen Damen war: „Sprich mich an und kämpfe um mich. Ich spiele mit dir und servier dich ab, wenn mir etwas nicht passt. Da kannst du machen, was du willst!" Bald hatte ich es durchschaut und beschloss, dass die Mädels den ersten Schritt machen müssen, weil es ja sowieso sie sind, die entscheiden. Zum Beispiel war da Daniela, die bildhübsche Zahnarzttochter. Sie sprach mich an und meinte, dass sie auf kuschelige Typen wie mich steht. Da ich von einer harmonischen Begegnung mit langsamer Annäherung und immer intensiver werdender Intimität träumte, ging ich es sehr sachte an. Der erste Kuss sollte etwas Besonderes werden. Er wurde es auch: Sie gab ihn einem anderen. Über den Neuen wusste sie bald zu berichten, wie schlimm er sei. Ich wurde Meister im Teilen weiblichen „Leids" ...

Hinter den Kulissen

Jede Frau hat eine ungezähmte Frau in sich. Diese wilde Frau wird auch Wolfsfrau genannt. Sie ent-wickelt sich je nach Ausprägung ihres Animus.[1] Zu diesem seelischen Abbild der Männlichkeit haben Mädchen selten einen guten Draht, weil im Erziehungskonzept der Eltern schlichtweg kein Raum für Wildheit ist. Sie suchen daher ihr Gegenstück außerhalb und hoffen unbewusst, es in einem jungen wilden Mann zu finden. Die Jungs sind aber nicht geerdet in ihrer Wildheit, weil sie kaum Kontakt zu ihrer Anima haben. Ohne sie entpuppt sich der wilde Kerl bald als nicht komplett, worauf er immer uninteressanter wird. Schon als Mädchen wollen Frauen das volle Wunderpaket Mann: Er soll wild und zivilisiert zugleich sein, stark und zärtlich und so weiter.[2] Immerhin ist der „Marktwert" der Damen in jungen Jahren ein beträchtlich höherer als der der männlichen Wesen. Daher lässt frau sich Zeit, bis der Traumprinz auftaucht – der Held auf dem weißen Ross und künftige Vater ihrer Kinder.

1 Vgl. *Clarissa Pinkola Estés*, Die Wolfsfrau – Die Kraft der weiblichen Urinstinkte (1993)
2 Vgl. auch *Manfred Twrznik*, Aufbruch zum Mann (2002), S. 17

Den späteren Waschlappen und Kindererzieher an ihrer Seite hat sie entweder selbst aus ihm gemacht, oder er ist bereits der Ersatz für den strahlenden Helden, der noch weitere Eroberungen vorzunehmen hat. Erst nach der Kinderphase respektive in der zweiten Lebenshälfte kommt es zu einer gewissen Annäherung von Frau und Mann in ihren Geschlechtsidentitäten: „Aus evolutionsbiologischer Sicht ließe sich dies auf die nach der Reproduktionsphase fehlende Notwendigkeit eines ausgeprägten Geschlechtsunterschiedes zurückführen."[1]

Ich war noch nicht wild genug für die Damenwelt. Meine Anima war damals eher ein Hindernis auf dem Weg zu den Mädels meines Begehrens. Bereits als kleiner Junge zeigte ich auch passives Verhalten, Empfindsamkeiten, Einfühlungsvermögen, Mitgefühl und allgemein Haltungen, die eher „weiblich" waren. Für mich war das normal, aber aus gesellschaftlicher Sicht handelte es sich um weibliche Qualitäten. Chris Griscom beschreibt in „Der weibliche Weg" die positive feminine Seite, die auch männliche Wesen haben können, als hegend, liebend, einsichtig, empfangend und verstehend.[2] *Besonders naive Männer sind stolz darauf, wenn sie die Schmerzen der Frauen übernehmen können, weiß Robert Bly. Er zieht in Betracht, dass diese emotionale Überversorgung von Frauen aus einem allzu frühen Verstehen des mütterlichen Schmerzes über das Betragen ihres Mannes herrühren könnte: Der junge Mann fühlt sich geschmeichelt wegen des großen Vertrauens, dass eine Erwachsene ihm bei der Mitteilung ihres Leids zuteil werden lässt, wenngleich der Vater dabei in ein dunkles Licht gerückt wird.*[3]
Bei mir war das dann doch eine Spur komplexer. Ich verstand das Leid beider Elternteile, wobei ich meine Mutter spürte und sich hauptsächlich mein Vater ganz offen bei mir beklagte. Wie Bly gehörte ich damals am ehesten zu jenen Söhnen, die die Einsamkeit des Langstreckenläufers ertragen haben, um sich schließlich hoch in die Lüfte zu erheben im Versuch, sich selbst zu erleuchten – zur Erlösung des „dunklen Vaters" oder als Ausgleich zu ihm. Außerdem wollte ich unbedingt jene innige Einheit mit einem Mädchen erleben, die meine Eltern leider nicht (mehr) zusammen erleben durften. Dazu war die Zeit allerdings noch lange nicht reif. Vorher musste ich lernen, dass unser Gegenüber nicht dazu da ist, unsere Bedürfnisse zu befriedigen. Außerdem hatte ich noch meinen Heldenweg zu gehen, denn weder wusste die männliche Energie, wo sie hinsollte, noch konnte die Anima sie erden.

1 *Hanns Martin Trautner* in *Rolf Oerter und Leo Montada (2007), S. 641*
2 Vgl. *Chris Griscom*, Der weibliche Weg – Begegnungen mit der Frau in uns (2006), insb. S. 23 und 31
3 Vgl. *Robert Bly*, Eisenhans – Ein Buch über Männer (2005), S. 91

Anima-Erotik

Transsexual lesbians – stormtroopers of love
Transsexuelle Lesben – Sturmtruppen der Liebe
Demented are go![1]

Ihre sanften Züge vermitteln Hingabebereitschaft und Stärke zugleich. In ihren großen Augen spiegelt sich die Welt als Lavastrom der erotischen und sexuellen Energie, die sie in sich trägt. Sie war schon lange da und erfüllte mich ganz, wenn erotische Tagträume zu einer eigenen Gegenwart wurden. Auf dem Bauch liegend, war den Händen Ruhe vom Alltag vergönnt. Sie war in mir, wenn ich in meiner Phantasie High Heels kaufen ging. Zu Hunderten verschönerten diese Stöckel-Kunstwerke die Regallandschaft und die exquisitesten Objekte füllten meine Einkaufstüten. Nach dem virtuellen Shopping glitt sie aus mir. Wir zelebrierten dann die aufgestaute Erotik und Freude in zärtlichen Berührungen, die nicht selten im realen geistig-seelischen und körperlichen Höhepunkt endeten. Hin und wieder erschien sie mir als anmutige, durchwegs auch reifere Dame, der sehr viel an meiner äußerlichen Feminisierung gelegen war. Sie war absolut stilvoll gekleidet und verpasste mir sehr einfühlsam ein ähnliches Outfit.

Meine Animafigur war den Damen sehr ähnlich, denen ich bewundernd, aber unauffällig in der Innenstadt nachschlich, um mir genau einzuprägen, wie sie in ihren Stilettos gehen. Der Fluss der Zeit hielt an, wenn sich eine Frau in Stöckelschuhen vor einer Auslagenscheibe Rock und Haare zurechtrichtete. Es vibrierte in mir, wenn ich die Verbindung aus gerundeter Weichheit, stolzem Auftreten und narzisstischer Selbstbegutachtung einfing. Freilich waren diese Begebenheiten nur eine Facette meines mehr oder minder „normalen" Jungendaseins. Die mentale Zuordnung dessen, was sich da genau abspielte, war weder nötig noch möglich. Die Betrachtung, nein das Erleben dieser ausgewählten Ladies hatte aber eindeutig sehr viel mit mir selbst zu tun, soviel leuchtete mir damals schon ein.

Als mir meine Freunde im alten Geheimversteck unter der Eisenbahnbrücke voll eifriger Freude ein verschmutztes Pornoheft zeigten,

1 *Demented are go!* (Psycho-Billy), aus dem Lied "Transsexual lesbians" vom Album "I wanna see you bleed" (2000)

waren sie hin und weg von der gepaarten Nacktheit, den Muschis, Pimmeln, Ärschen und Brüsten. Eine gewisse Hitze kam in mir hoch, obschon ich die Bilder mindestens so schmutzig empfand wie das vom Dreck der Bahnschwellen gezeichnete Cover. Nackte Körper fand ich okay, die meisten weiblichen sogar sehr okay, aber die Vermarktung in diesem Magazin war nicht mein Stil. Es fehlte die Weichheit, das Verspielte und die Mystik, also etwas, das meinem inneren erotischen Erleben entsprach. Und trotzdem konnte ich den Blick nicht vom Heft abwenden. Eine der Frauen hatte nämlich wunderschöne, extrem lange Fingernägel. Der orange Nagellack war zwar nicht so toll, aber immerhin fesselte mich das Außergewöhnliche so sehr, dass ich es zu imitieren begann.

Allein zuhause (bei Mama) kramte ich alles hervor, was man zur laienhaften Herstellung solcher Nägel brauchen konnte. Weißes, stärkeres Papier wurde in Streifen geschnitten, in ihrer Form meinem Nagelbett angepasst, mit Klarsichtfolie beklebt und danach mit Fensterkitt auf meine eigenen Nägel geklebt. Ein roter Nagellack meiner Mutter wurde aufgetragen und das Fläschchen dann wieder exakt zurückgestellt. Der Zufall spielte mir ein weiteres Sexmagazin in die roten Krallen, und zufällig war in der Mitte des Hefts ein Mädchen zu sehen, dessen Hände den meinen glichen. „Hey, das ist ja wie in meinen Träumen!" realisierte ich und phantasierte mir zärtliche Berührungen mit diesem Model herbei. Der nackte Mann neben ihr interessierte mich nicht und störte mich wenig. Hoffentlich war er nicht eifersüchtig, dachte ich schmunzelnd. Am Ende derartiger erotisch-sexueller Erlebnisse kroch ich aus meinem selbst errichteten, hermetisch abgeriegelten Schlafplatz unter der Eisenbahnplatte, um meine „Ritualgegenstände" Nägel, Kitt und Heftchen dort zu verstauen, wo sie niemand vermuten würde: im Inneren des riesigen, aus Pappe, Fliegennetz und Gips gefertigten Gerüsts des großen Tunnels. Das Heiligtum wurde von Panzern bewacht, die zur Sicherung der Tunnelportale in Stellung gebracht wurden.

Das Heft verlor seinen Reiz. Darum zeichnete ich meine Phantasien. Während des Unterrichts. Interessanterweise waren auf meinen Bildern nur nackte Frauen mit perfekten Kurven zu sehen, die im Paar miteinander spielten. Ein Klassenkamerad stellte einmal die Frage, warum kein Schwanz zu sehen sei. „Wieso brauchst du da einen Schwanz? Du hast doch selber einen!", fragte und stellte ich gleichzeitig fest.

Ab diesem Zeitpunkt bekam eine der beiden Amazonen ein männliches Genital. Dreimal darfst du raten, wer diese Eine in meiner Phantasie war.

Warum sollte ich mir eigentlich keine High Heels zulegen? Gefragt, getan. Ein halbes Jahr aufgespartes Taschengeld und, da ich mit 16 Jahren bereits meine endgültige Größe 44 hatte, ab in den Übergrößenschuhladen am Linzer Hauptplatz. Kurz zweifelte ich, ob ich hineingehen soll. Nur kurz. Kaum war ich drinnen, nahmen die Dinge ihren eigenen erotischen Lauf. Ich wurde höflich bedient und niemand schien seltsam zu finden, dass ein junger Mann völlig schamlos herumstöckelte. Das Bild eines androgynen Burschen in Stöckelschuhen dürfte stimmig gewesen sein. Auf den etwa 13 Zentimeter hohen Absätzen lief es sich wie von selbst. Die schwarzen Lacklederpumps fühlten sich an, als sei ich in ihnen geboren worden, als hätte man diese sexy Schuhe speziell für mich gemacht. Auf die Strasse getraute ich mich allerdings nicht damit. Ich lebte inzwischen bei meinem Vater, und die „Justls“ waren bekannt in Linz. Vati wegen des Fußballs und eine meiner Tanten als Handballerin und Sportlerin des Jahres. Hin und wieder gab sie mir Nachhilfe in Mathe und lebte damals, glaube ich, in unmittelbarer Nähe des Geschäfts. Hätte ich nicht darüber nachgedacht und den Dingen ihren Lauf gelassen, wäre so einiges in meinem Leben anders verlaufen. Weil ich schon beim Denken war, fiel mir auch gleich das Gesicht der streng katholischen Popcorn-Oma[1] ein, das sie machen würde, wenn sie mich in den „Stöcklern“ sehen würde. Diese Phantasie führte mich ganz real in die Stadtpfarrkirche, in der sie gelegentlich anzutreffen war. Schließlich wollte ich zumindest einen Hauch Öffentlichkeitsatmosphäre haben. Die Kirche war leer und überwältigend das Gefühl der wunderschönen Pumps an meinen Füßen. Zwar saß ich nur auf einer der Bänke, doch war das Auftreffen des Metallabsatzes am Steinboden wegen des prickelnden Gefühls am Fuß und des klickenden Geräuschs wie elektrisierend. Ansonsten regte sich nichts im Gotteshaus. Wenigstens die Heiligenstatuen und Engelsbüsten hätten ihre Köpfe verdrehen und mir bewundernde Blicke zuwerfen können. Fehlanzeige. Aber: Ich strahlte, Anima freute sich mit mir und dem lieben Gott war es egal.

Meinem Vater wäre es nicht egal gewesen. Der fand ja schon seltsam, dass sein Sohn lieber Dessousvideos statt herkömmlicher Fleischfilme (Pornos) guckte. Diesen Umstand verband er mit der Gefahr,

1 Popcorn-Oma: die Mutter meines Vaters, bei der es meist Popcorn oder Schokolade gab

ich könnte schwul werden. Was das eine mit dem anderen zu tun haben sollte, war mir nicht klar. Aber so blieb es mein Geheimnis. Allen gegenüber. Meine Erotik und Sexualität waren mehr für mich als irgendeine oberflächliche Lustbefriedigung. Die Frau in mir, für die ich keinen Namen hatte, war das Leben selbst und eine unermessliche Energiequelle. Es schien niemanden zu geben, der das auch nur annähernd ähnlich erlebte. Und ich sollte Recht behalten. Selbst in der mir etliche Jahre später vertrauten „Transgender-Szene" lernte ich nur ein Trans-Mädel kennen, das einigermaßen ähnliche Empfindungen hatte.

„Geh heim und mach es geheim daheim!" war die Devise. Ein schwarzer Koffer mit Nummernschloss fungierte gleichzeitig als Schuhschachtel, als Aufbewahrungsort für Korsett und Strümpfe sowie als mobiles Nagelstudio. An Nagelstudios konnte ich übrigens ebensowenig vorüber gehen wie an Schuhgeschäften. Die schicken Fuß- und Fingerkunstwerke mit ihren erotisch-narzisstischen Energien waren Ausdruck der äußerlichen Anbindung an eine der vielen Frauenwelten. „Geh nie an einem Stöckelschuh vorbei, als wäre er dir einerlei!", könnte mein verinnerlichter, unausgesprochener Grundsatz gewesen sein, der Omas katholischen Sinnspruch für mich stimmiger machte.[1] Wenn zuhause sturmfrei war, lud ich entweder Freunde ein oder, was öfter vorkam, ich zelebrierte mein schönes Anima-Ritual. Kofferauspacken, Anlegen von Strümpfen, Unterwäsche und High Heels, Aufkleben der inzwischen gekauften langen Kunstnägel und der Vorgang des Lackierens in Dunkelrot hatten eine beruhigende, gleichsam erotisch stimulierende Wirkung auf mich. Ich zählte nicht zu den Rauchern, weshalb in der gepafften Zigarette eher ein unbewusstes „spirituelles Rauchwerk" zu sehen war.

Nur wenn ich darüber nachdachte, blitzte der Einfall auf, dass es „nicht ganz normal" war, was ich da tat. Intensiver wurde dieser Gedanke allerdings, je mehr ich mich mit dem Thema Gewalt auseinandersetzen musste, während ich in eine typisch männliche Rolle schlüpfte. Einmal warf ich sogar den gesamten Kofferinhalt einfach weg, weil der Stress in der ersten Männerrolle kurz den Eindruck erweckte, ich müsse mich von dem reinigen, was mir doch so gut tat. Es dauerte aber ohnehin nicht lange, und der Koffer war praller gefüllt als zuvor. Entrinnen konnte und wollte ich mir nicht. Schließlich war ich im Grunde von der Richtigkeit und Stimmigkeit meiner persönlichen Anima-Erfahrungen überzeugt.

1 „Geh nie an einem Kreuz vorbei, als wäre es dir einerlei" bedeutet soviel, dass man vor dem Abbild des gekreuzigten Jesus stehen bleiben und sich bekreuzigen soll. In dieser morbiden Sache war mir zuwenig Leben.

Diese Anima-Erlebnisse wurden zwar manchmal von eher destruktiven „männlichen" Energien überlagert, konnten aber zu keiner Zeit meines Lebens wirklich verdrängt werden.

Hinter den Kulissen

Sexuelle Energie ist Lebensenergie. Meiner Meinung nach kann nur jemand der Ansicht sein, man müsse Sex zurückhalten, der Angst vor Kontrollverlust und leidenschaftlicher Hingabe hat. Dass so mancher christliche, buddhistische oder sonstige Mönch nicht weiß, wie er mit zu multiplen Orgasmen fähiger (weiblicher) Lava umgehen soll, ist nachvollziehbar. Wenn die Natur sich durchsetzt und passiert, was passieren muss, nämlich Sex, bindet schlechtes Gewissen die Priesterschafe an die Oberhirten. Das ist unnatürlich und ungesund. Sexualität und sexuelle Intimität werden von etwa 50 Prozent der liberal gesinnten Menschen als Teil der Spiritualität gesehen. Traditionell religiöse Menschen lehnen dies eher ab. Spiritualität (aber auch Religiosität) tragen zu einer gesünderen Entwicklung der Jugendlichen insofern bei, als sie weniger zu Depressionen, Melancholie, Sucht und Aggression neigen. Durch Studien wurde belegt, dass spirituell-religiöse Menschen psychisch und physisch gesünder sind.[1]

Die bereits erarbeitete Differenzierung zwischen Spiritualität und Religion[2] *erfährt Bestätigung durch das empirisch nachweisbare „Spiritual Sensitivity Instrument". Diese Zusammenfassung spiritueller Kategorien beinhaltet zum einen die Wichtigkeit der Besinnung mitten im Leben, das Teilen dieser Momente mit den anderen, die Suche nach dem Guten im Leben und das „mystery sensing". Meine mit Feingespür erlebte Mystik der Verbindung männlicher und weiblicher Aspekte empfand ich als lustvoll. Imagination macht ja das Leben lustvoll. Sie wird als Beispiel des mystery sensing angeführt.*[3] *Im Hinblick darauf, dass keines der vier oben angeführten Items mit kirchlicher Religiosität vereinbar ist, greifen wir nochmals auf „Jesu Fahrplan ins Paradies" vor: Wir sollen den Gegensatz weiblich/männlich aufheben. Heute ist mir vollkommen klar, weshalb kirchliche Fanatiker in Menschen wie mir eine Gefahr sehen:*

1 Vgl. *Anton A. Bucher und Fritz Oser* in *Rolf Oerter und Leo Montada*, Entwicklungspsychologie (2007), S. 607 und 617ff

2 Siehe Kapitel „Anima-Vision" („*Hinter den Kulissen*"); siehe auch Kapitel „Religion" in Teil II

3 Vgl. *K. Tirri, P. Nokelainen & M. Ubani*, Conceptual definition and empirical validation of a spiritual sensitivity scale – Journal of empirical theology (2006) sowie *Anton A. Bucher und Fritz Oser* in *Rolf Oerter und Leo Montada*, Entwicklungspsychologie (2007), S. 608

Die Kirche tritt zwar offiziel im Namen Jesu auf, in Wahrheit tritt sie aber seine Lehre mit Füßen.[1] *Meine Anima-Erotik nebst Ritualen war mystische Erfahrung und Meditation zugleich. Beruhigung, Reizunterbindung und transzendente Erfahrungen der Einheit im Rahmen der Meditation sind durch spezielle neurophysiologische Prozesse gekennzeichnet.*

Diese wurden vom Gehirnforscher Andrew Newberg untersucht. Er stellte fest, dass der Glaube an einen „Gott" im Gehirn entsteht (und daher rein gar nichts mit der Realität zu tun haben muss). Viel bedeutender war aber Newbergs Entdeckung, dass spirituelle Transzendenzerfahrungen an jenen Mechanismus gekoppelt sind, der sich in der Evolution aus dem Vorgang des Orgasmus bildete.[2] *Es liegt also der wissenschaftliche Beweis vor, dass uralte mystische Disziplinen, wie zum Beispiel Tantra, Recht behalten haben, als sie die Einheit des Materiellen und Spirituellen im Sexuellen erkannten. Dies deckt sich mit C.G. Jungs Erkenntnis, dass die Ganzheit immer Bewusstes und Unbewusstes umfasst, die erlebte Einheit daher keine Spekulation (des Geistes), sondern immer eine unmittelbare seelische Erfahrung ist. Es gibt eine seelische Existenz, die der Willkür bewusster Erfindung und Handhabung entzogen ist.*[3]

Wie oben angeführt, leben spirituelle Menschen gesünder. Dass Transidentität, die per se nicht unbedingt mit Sexualität verbunden sein muss, etwas tief Spirituelles sein kann, wird in diesem Buch mehrfach dargelegt und ist hiermit auch – als Potential – wissenschaftlich abgesichert. In patriarchalischen und materialistisch orientierten Gesellschaftsstrukturen leben die meisten transidenten Menschen allerdings ein eher isoliertes Randgruppen-Dasein. Dies führe ich nicht nur auf gesellschaftliche und vor allem religiöse Zwänge zurück. Die mit den Zwängen auf die Betreffenden hereinbrechende Scham wiegt wohl am schwersten. Transidente sind sich daher meist wegen des starken Anpassungskampfs gar nicht der spirituellen Komponente ihres Daseins bewusst. Die Betroffenen übersehen, dass Rebellion durchaus von spiritueller Relevanz sein kann.[4] *Die Scham fürs Anderssein muss daher ziemlich heftig sein. Wie kommt das? Transvestitismus und Transsexualität (geschlechtliche Identität) werden gemäß der gültigen Klassifikation von Krankheiten, ICD 10, als Krankheiten, namentlich als Persönlichkeitsstörungen bezeichnet.*[5]

1 Siehe dazu insb. Kapitel „Papa im Kleid und die Transen"
2 *A. Newberg, E. d'Áquili und V. Rause*, Der gedachte Gott – Wie Glaube im Gehirn entsteht (2004), S. 173
3 Vgl. *C.G. Jung*, Archetypen (2008), S. 61 und 133
4 Siehe auch Kapitel „Religion" („Spirituelle Rebellion")
5 ICD 10: siehe auch Kapitel „Pharmaindustrie und Mediziner"

Auch die Homosexualität (sexuelle Orientierung) war früher unter den Krankheiten aufgelistet. Weder sind Schwule und Lesben krank, noch sind es die Transidenten. Aber die großteils von außen aufgezwungene Scham kann krank machen. Nicht selten löst Scham den inneren Drang aus, sich unters Messer eines Chirurgen zu legen.[1] Wie Rotraud A. Perner bin ich davon überzeugt, dass Scham krank macht.[2] Von einigen Transidenten wurden schon vor längerer Zeit Stimmen laut: „Wie kann das, was mich heilt, krank sein?" Zu heilen gilt es nur die Symptome der Scham. Sie können zum Beispiel schamanisch geheilt werden. Auch dieses Statement kann man wissenschaftlich erklären.
Das älteste spirituelle System ist der Schamanismus. Es ist kein Geheimnis, dass das „Schlüpfen in eine andere Haut" der schamanischen Tätigkeit immanent ist. Winkelmann zufolge haben die veränderten Bewusstseinszustände nach überstandenen, oft krisenhaften Initiationsriten sogenannte adaptive Potentiale im Heilen und in der Kognition. Sie bewirken religiöse und spirituelle Erfahrungen, die integrative Seelenkräfte fördern und natürliche Heilungsprozesse auslösen können.[3] Es liegt also ein großes Potential in den Menschen, die sich augenscheinlich in unserer Kultur für ihr Dasein schämen sollen. Steht zu euch wie Ihr seid! Wenn wir – alle Menschen – das tun, gibt es vielleicht bald niemand mehr, den man noch „Transe" nennen könnte, und die Welt wäre von unnatürlichen, menschenunwürdigen Rollenbildern geheilt.

Obwohl die Definitionen der Begriffe „Transvestiten" und „Transsexuelle" wegen ihres fast ausschließlichen Bezugs auf Äußerlichkeiten kaum geeignet sind, meine individuellen Erfahrungen und meine allgemeine Sichtweise zu beschreiben, ziehe ich sie dennoch heran, um sie in weiterer Folge um meine inneren Erfahrungswelten zu erweitern. Kurz beschrieben, versteht man unter einem Transvestiten einen Menschen, der vorübergehend ganz oder teilweise das äußere Erscheinungsbild des Gegengeschlechts annimmt. Der transsexuelle Mensch identifiziert sich hingegen dermaßen stark mit dem Gegengeburtsgeschlecht, dass sie/er permanent in der anderen Rolle zu leben wünscht und dies in etwa der Hälfte der Fälle durch operative Eingriffe zum Ausdruck bringt. Dies war, wie gesagt, in Österreich bis vor kurzem (Ende 2009) noch nötig,

1 Operationszwang: Aus Gesprächen mit befreundeten Betroffenen als auch mit Klientinnen habe ich erfahren, dass sich einige von ihnen nicht zur Operation entschieden hätten, wenn es damals die Möglichkeit des rechtlich und sozial anerkannten Lebens in der anderen Rolle gegeben hätte; die rechtliche und soziale Situation war vermutlich niemals allein der Grund für eine Operation, sie war aber insofern Auslöser, als sie das Zünglein an der Entscheidungswaage war.
2 Vgl. *Rotraud A. Perner*, Scham macht krank – Sexualpädagogik, Sexualberatung, Sexualtherapie (1997)
3 Vgl. *Michael Winkelmann* in *American behavioral scientist (2002),* Shamanism as neurotheology and evolutionary psychology; siehe auch *Anton A. Bucher und Fritz Oser* in *Rolf Oerter und Leo Montada*, Entwicklungspsychologie (2007), S. 614

um rechtliche Anerkennung im gelebten Geschlecht zu erfahren. Einige Nationen beharren weiterhin auf dem Blutopfer, das auf dem OP-Tisch erbracht wird. Transvestiten und Transsexuellen gemeinsam ist der so gut wie unüberwindbare Drang zum jeweiligen Verhalten. Dabei gilt es zu berücksichtigen, dass es sich bei den Begriffen um zusammengefasste Konzepte handelt, deren Elemente im Einzelfall oft fließend ineinander übergehen. Die Auffassung, Transvestiten streben eine Ich-Erweiterung an, die als Lust und Befriedigung erlebt wird, teile ich vollinhaltlich. Für den Suchtcharakter spricht, auch bei Transsexuellen, der Umstand, dass dieser Aspekt des Lebens vielfach die Führung übernimmt.[1] Selbstverständlich gibt es im Hinblick auf Diagnostik, Therapie und Medizin Unterschiede, deren theoretische Abhandlung im gegebenen Zusammenhang aber nicht zielführend, weil zu oberflächlich wäre.

Dass die wünschbare Identifikation sich meist auf weibliche nahe Verwandte bezieht, findet in meinem Fall kein Entsprechen. Zu keiner Zeit wollte ich wie meine Mutter sein. Ich bin auch nie in ihre Kleider geschlüpft. Viel wichtiger als die „weiblichen Dinge" war für mich die Energie, die sich hinter ihnen und in mir ausbreitete. Dabei gilt es, vorab strikt in materielle Erscheinung und dahinter liegende Energie zu unterscheiden. Schuhe sind Schuhe. Kleider sind Kleider. Wer sie trägt, wird hauptsächlich kulturell bestimmt. Bleibtreu-Ehrenberg stellt im Zusammenhang mit dem Bedürfnis, sich mit Kleidung, Haartracht, Schminke etc. herauszuputzen, fest, dass „ein Blick in die Journale von Anno Dazumal eindeutig zeigt, dass es ehedem viel eher das männliche Geschlecht war, das sich so schmückte, denn das Weibliche. Antwort: Es ist die Mode, deren Diktat wir hier folgen, ohne uns dessen bewusst zu sein; Moden bilden ja nicht nur Stile, sondern es sind die moralischen Werte und kulturellen Normen, die sich in jenen Stilen widerspiegeln."[2]

Ich komme hier erfreulicherweise nicht an einer Ode an meine geliebten High Heels vorbei. High Heels repräsentieren für mich beide Energien – weibliche und männliche. Gewisse psychoanalytische Betrachtungen, denen zufolge der Zehenteil des Stöckelschuhs die weibliche Vulva und der hohe Absatz den männlichen Phallus verkörpern, mag ich alles andere als in Abrede stellen. Mit dieser Intraspektion korreliert nämlich die physische Erscheinung der Trägerin. Einerseits werden (bei Geübten) die Hüftbewegungen „weiblich" runder, erotischer und einladend sexueller. Doch auch das Maskuline kommt nicht zu kurz.

1 Vgl. *Gisela Bleibtreu-Ehrenberg*, Der Weibmann (1984), S. 27
2 Vgl. ebendort S. 27

Die Spannung der Waden und generell im ganzen Körper erzeugen ein „phallisches" Auftreten, das man durchwegs dem Männlichen zuordnen kann. Aus der Integralpsychologie wissen wir bereits, dass bei der kausalen Stufe (Aufgehen in reinem Bewusstsein, Identität mit Gott) die diesbezügliche Geschlechterrolle jenseits der Geschlechter liegt. Bei der subtilen Stufe (Einheit mit einem Gottwesen) kommt es zur (archetypischen) Vereinigung der Geschlechter.[1] *Hinsichtlich der Entwicklung der Geschlechterrolle stellt Wilber klar, dass die unkonventionellen Ausformungen oder Orientierungen jenseits der Geschlechterrolle weitgehend transdifferenziert und trans-konventionell sind.*[2] *„Trans" ist ein lateinisches Wort und bedeutet vor allem „hinüber", „darüber hinaus" und „jenseits".*

Von den Füßen der Mann-zu-Frau-Transidenten sind die magischen Kunstschuhwerke (High Heels) kaum wegzudenken. Auch durch das Tragen dieser im Industriezeitalter dem weiblichen Geschlecht zugewiesenen Schuhe empfand und empfinde ich mich als ein über die Geschlechtergrenzen hinausgehender Mensch, indem ich einer verinnerlichten Stimme, einer Stimme aus dem „inneren Jenseits" folgte. Entsprechend meiner eigenen Mystifizierung sind High Heels weich, erotisch und kriegerisch zugleich. Durch die Erkenntnis dessen, was mein Innerstes mir mit der Faszination für die von mir so bewunderten Schuhe mitteilen wollte, konnte ich mich selbst in ein weiches, erotisches und zugleich kriegerisches Wesen trans-formieren. In die für manche Menschen wichtige Engelssprache übersetzt steht „High" für höher und auch körperlich der Weisheit näher (über mir: Erzengel Jophiel). Nicht nur wegen der stolzen Haltung, sondern vielmehr wegen der kurzen, bewussten Schritte, die die hohen Fersen (High Heels) am Boden zulassen.[3] *Erzengel Zadkiel (unter mir) steht für Schicksal, unausweichliche, veränderbare Wege und Transformation …*[4]

Spieglein, Spieglein

Die Familie väterlicherseits war zu Besuch. Meine Tanten unterhielten sich in der Küche. Als ich noch im Vorzimmer stand, sagten sie, wie „fesch" (hübsch) ich sei. Das tat mir sehr gut, weil ich dadurch ihnen und

1 Vgl. *Ken Wilber*, Integrale Psychologie (2006), S. 222 - Tafelb
2 Vgl. ebendort S. 141
3 High heels (engl.): hohe Fersen bzw. hohe Absätze
4 Zu den Engeln vgl. *Jeanne Ruland*, Das große Buch der Engel – Namen, Geschichte(n) und Rituale (2006), insb. S. 111f. und 119f.

meiner Anima nahe sein durfte. Es fühlte sich wohlig warm und elektrisierend an. Dieses Gefühl war mir bereits vertraut, und es war vollkommen klar, dass es etwas mit meinem Lebensweg zu tun hat. Ein Kontrollblick in den Spiegel ließ mir einen androgynen Burschen mit langen, dunklen Haaren im kuschelig wolligen Hemd entgegenstrahlen. „Warum sagen Mädchen und Frauen, dass ich gut aussehe, aber manche männliche Artgenossen betonen, wie hässlich sie mich finden?“, fragte ich mich. Ich stand noch immer vor dem Spiegel, als ich die anderen etwas alkoholisiert und peinlich übergriffig sprechen hörte. Da war auch die Stimme, die mich zu meinem tiefen Schmerz gelegentlich „Kartoffelgesicht“ nannte. Es war das unüberhörbare Organ meines Vaters, das mich dazu veranlasste, noch einmal in den Spiegel zu blicken. Diesmal fasste ich einen Entschluss, der in seiner kühlen Berechnung die innere Wärme bis in den Hof hinauszudrängen schien: „Hier kannst du nie als *Frau* leben – schütze dich, sei hart, zeige es ihnen und werde erst zum Mann.“

Über diese innerliche Reaktion war ich selbst erstaunt, obschon sie das Resultat eines immer enger werdenden grauen Netzes war, in dem ich mich hilflos gefangen sah. Erstaunlicherweise erklärte ich mich auch noch solidarisch mit meinem Vater, der ein Gefangener im dornigen Gestrüpp seiner eigenen Gedanken war. Er sprach es selbst einmal an: „Sie (die Gedanken) sind immer da, ich weiß nicht, was ich tun soll … du bist da ganz anders.“ Vati dachte so lange und intensiv im immer seltener werdenden Zustand der Nüchternheit, bis ihm der Schädel explodierte und er sein „Brennen“ hatte. Es war ein Verrücktspielen der Nerven, das seine Brust rot färbte und ihn fast durchdrehen ließ. Im mit Alkohol betäubten Zustand hingegen dachte er kaum über etwas nach. Tief sitzende Gefühle kamen hoch, wenn er etwa zweimal die Woche bei „Ben Hur“, „El Cid“ oder „Doktor Sauerbruch“ tief ergriffen und weinend vor dem Fernseher saß. Diese Filme haben eines gemeinsam: den Helden mit hochmoralischen Selbstansprüchen, die ihn zum Wohle der Gemeinschaft in Todesgefahr bringen oder sogar töten. Im Grunde weinte er um sich selbst und sein wenig genutztes Potential. Nicht selten stieg ich die Treppen runter, drehte das TV-Gerät leiser und deckte ihn wie in meiner Kindheit zu, wenn er endlich eingeschlafen war.

Ich spürte seine Ohnmacht. Er tat mir entsetzlich leid. Ich hätte ihn so gern davon geheilt. Sein Sohn wäre auch gerne so ein ausgezeichneter Denker wie er gewesen, wenn es um die Organisation in Details ging. Dieser Wunsch führte beinahe zur völligen Selbstentfremdung.

Mit der bewussten Entscheidung, die Dinge ab nun verstärkt mit dem Kopf anzugehen und über sie nachzugrübeln, entfernte ich mich mehr und mehr von meiner Unbeschwertheit. Die Welt war etwas grauer und sinnloser geworden. Vor allem weil nicht selten das Gefühl des Mangels präsent war. Wenn ich doch nur gewusst hätte, was fehlte. Aber wie sollte man schließlich wissen, dass das Fehlende identisch war mit etwas, von dem zuviel vorhanden war? Gedankenfreiheit im Sinne von Gedankenlosigkeit fehlte, wo ich mich mit zu vielen Gedanken quälte. Des Weiteren begleitete mich ab dann das Gefühl, dass mir ständig jemand über die Schulter guckt. Die Abhängigkeit vom (vermeintlichen) Fremdbild, also vom Bild, das andere von mir haben würden, hatte mich nun gepackt, obwohl ich meist gar nicht wusste, was andere von mir denken.

Auch das Thema Männlichkeit beschäftigte mich. Ich hatte wenig Kenntnis darüber, was es genau bedeutet, ein Mann zu sein. Eine Ahnung bekam ich, als ich meinem Vater eine deutliche Grenze setzte und dadurch härter wurde.

Hinter den Kulissen

Die Dominanz der Gedankenwelt hatte mich nun fast komplett erfasst. Die Auseinandersetzung mit Gedanken wie „Habe ich das richtig gemacht?“, „Sollte ich das nicht anders machen?“ oder „Warum ist die Welt so, wie sie ist?“ war einerseits interessant, aber andererseits potenzierten sie den Eindruck des Getrenntseins von allem. Eine stille Verzweiflung klopfte an, die auf das bloße Sein, wie ich es zum Beispiel als Kind im Garten erlebt hatte, aufmerksam machen wollte. „Was war nur anders geworden?“, „Was könnte ich dagegen tun?“, fragte ich mich nicht selten.

„Jedes Problem, das in deinem Leben auftaucht, ist letztlich unwesentlich. Wesentlich ist der Kern jeglicher Probleme, eigentlich das einzige Problem. Es findet sich in drei harmlosen Buchstaben, und diese drei Buchstaben sind: Ich. Mit diesen drei Buchstaben beginnen viele oder fast alle Gedanken, die in deinem Bewusstsein erscheinen.“ Diese bemerkenswerte Antwort auf meine Fragen stammt vom zen-buddhistisch orientierten Mystiker und Philosophen Om C. Parkin.[1] Es ist das Ich,

1 *Om C. Parkin*, Die Geburt des Löwen – Dialoge zur Selbsterforschung (2006), S. 210

das an Momenten klammert. Wie wäre es wohl, das Wort „Ich" durch „Kuh" oder „Elefant" zu ersetzen? Erleuchtung besteht nach Shunryu Suzuki darin, diesen Augenblick zu vergessen und in den nächsten hineinzuwachsen.[1]

In Wilbers Zusammenschau der Definitionen von Spiritualität stellt der Autor bei den Gipfelerfahrungen fest: „Man kann nicht betrunken und nüchtern zugleich sein."[2] *Das stimmt nicht ganz. Betrachtet man nämlich die geistige Bindung an die ichbezogenen, konditionierten Gedanken als einen Traum, sieht die Sache ein wenig anders aus. Die Schamanen der australischen Aborigines betrachten ihr Tagesbewusstsein als Traum und ihre (nächtlichen) Träume als die Welt, in der sie konkret gestalten können.*[3] *Die in den Regenwäldern des Amazonas lebenden Indianerstämme der Huaorani und Achuar sehen und leben das ähnlich. Für sie sind Träume so etwas wie Orientierungshilfen im wachen Alltag. Das wache Alltagsleben ist für sie die Unwahrheit und der Traum ihre Realität.*[4]

Ein Alkoholrausch entfernt uns in der Regel aus der künstlichen Gedankenwelt, weshalb anzunehmen ist, dass (unbewusst) genau darin der Reiz liegt, sich zu betrinken oder anderwärtig zuzudröhnen. Der Rausch ist allerdings nur eine Pseudogipfelerfahrung von der Art einer künstlichen, nur anscheinenden Befreiung aus dem ebenso künstlichen Denk-Programm (Matrix). Sie trägt außerdem das große Negativpotential in sich, zu einem eigenen schädlichen Programm (Matrix) zu mutieren: der Sucht. Wie der sexuelle Höhepunkt nur einen (gesunden) Vorgeschmack auf den orgastischen Zustand des No-Mind[5] *geben kann, ist die Trunkenheit maximal eine kurze (ungesunde) Vorahnung auf die wahre Befreiung aus dem sozialen Knast des einseitigen Denkens.*

1 Vgl. *Shunryu Suzuki*, Seid wie reine Seide und scharfer Stahl (2003), bspw. S. 11
2 *Ken Wilber*, Integrale Psychologie (2006), S. 155 (Definition Nr. 5)
3 Vgl. *Morpheus*, Matrix-Code (2003), S. 103
4 Vgl. *M. Schlitz*, On consciousness, causation and evolution (7/1998), "Alternative therapies", S. 82ff. sowie *Lynne McTaggart*, Das Nullpunkt-Feld – Auf der Suche nach der kosmischen Urenergie (2007), S. 189ff.
5 No-Mind: Zustand des gedankenlosen Seins im Hier und Jetzt (frei von konditionierten Gedanken)

Unter Druck

... Insanity laughs,
under pressure we're cracking,
can't we give ourselves one more chance,
why can't we give love that one more chance ...
Queen[1]

Es war die in der Welt erlebte Doppelmoral, Falschheit und Härte, die mich härter werden ließen, um mein Inneres zu schützen. Von allen Seiten spürte ich einen Druck, den ich damals nur mit Gegendruck kompensieren konnte. Dabei bewegte ich mich nicht selten am Rande der Legalität. Der Lernstress in der Schule wurde immer größer. Vater soff wie ein Loch, war stolz, wenn er einen Tag nüchtern war, würdigte mich ab der Pubertät zum Teil verbal herunter und bedrängte mich körperlich im Vollrausch. So kam es regelmäßig vor, dass er mir auf der Stiege den Weg versperrte, mir dabei in die hormonell bedingt sensiblen Brustwarzen zwickte oder auf den Brustkorb boxte. Ich erinnere mich, mit welchem Unbehagen ich die Holzstiege zu meinem Zimmer hochging, wenn er torkelnd oben stand und schon auf mich zu warten schien. Am liebsten hätte ich geheult. Die Traurigkeit kippte aber zunehmend in Wut. Mein Gedanke war dann: „Kann dieser besoffene Arsch mich nicht einmal in Ruhe lassen?" Er war zwar nicht übertrieben brutal, aber es respektive er nervte gewaltig, wenn er auf mir klebte wie eine übergroße Schmeißfliege mit drei Promille. Oft war nicht klar, wer hier eigentlich in der Pubertät war. Ich trainierte dann im Keller am Boxsack und visualisierte sein Gesicht dabei.

Eines Tages war das Fass am überlaufen. Er hatte wieder einmal – im Wissen, dass ich mich auf eine wichtige Prüfung vorbereitete – die Stereoanlage bis in die frühen Morgenstunden auf voller Lautstärke. Als ich die Musik abdrehen wollte, stellte er sich mir wie üblich in den Weg und begann verbal und mit den Fingern zu sticheln, wie er es früher mit Mama gemacht hatte. Plötzlich durchfuhr mich ein gewaltiger, befreiender Zorn. Ich spürte ihn von den Zehen bis zum Scheitel. Völlig unerwartet für ihn und mich, drängte ich ihn mit voller Wucht gegen die weiße Wand des Stiegenhauses.

1 *Queen*, aus dem Lied "Under pressure" vom Album "Hot space" (1982); frei übersetzt: „... Der Wahnsinn lacht, unter dem Druck zerbrechen wir. Können wir uns nicht noch die eine Chance geben? Warum können wir der Liebe nicht noch diese eine Chance geben?"

Körperlich war ich ihm längst weit überlegen. Schockiert hielt er mit seinen Sticheleien inne und fragte nur: „Du schlägst dein eigen Fleisch und Blut?" Ich ließ mir kein schlechtes Gewissen machen und antwortete ganz spontan: „Noch habe ich nicht zugeschlagen, aber wenn du mich noch einmal angreifst, wirst du erleben, warum ich boxe und Kraftsport trainiere!" Diese Worte kamen auch für mich dermaßen unerwartet aus meiner oralen Pistole geschossen, dass ich erst später realisierte, wie sehr die Situation uns beide eigentlich entspannte. Es war wie eine Erlösung für beide Seiten. Er schien wie ich erleichtert zu sein, wahrscheinlich weil er jene Grenze erfuhr, die ihm weder als Kind noch als Fußballstar gesetzt worden war. Und: Aus dem Softie Toni wurde in seinen Augen vermutlich ein (junger) Mann, der in der Gesellschaft bestehen kann.[1]

Vati wurden kaum Grenzen gesetzt, weil er der Erstgeborene von vier Kindern war. Schon in der frühen Kindheit wurde er wegen zweifacher Gehirnhautentzündung mit Samthandschuhen angefasst. Wie ich von einer seiner Schwestern erfuhr, quälte er sie einst im Hof, und als eine Nachbarin ihre Mutter alarmierte, meinte diese lediglich: „Ach, die Kinder spielen nur!" Diese Haltung passte für mich perfekt in die Scheinwelt einer streng gläubigen Katholikin, die nicht nur mit ihrem Papst eine „Doppelehe" führte, sondern auch noch den Rest der Familie mit ihrem kirchlichen Unsinn in ihrer Entwicklung einschränkte. Als ich ihr mit etwa 15 Jahren in aller Ruhe zu erklären versuchte, dass der liebe Gott nicht jener Jahwe ist, von dem das AT spricht, bekreuzigte sie sich und nannte mich einen Ketzer. „Selbstverständlich ist die Erde in einer Woche erschaffen worden!", entgegnete sie auf evolutionstheoretische Erklärungsversuche.

Die ansonsten vorlaute Restfamilie kuschte und ermahnte mich, der alten, sonst sehr lieben Frau ihren Glauben zu lassen. Hinter ihrem Rücken aber beklagte sich die falsche Bande. Ab diesem Tag hatte ich, auch wegen der Lästerei über meine Mutter, mit dieser Familie innerlich abgeschlossen. Wie gesagt, war ich niemandem je persönlich böse. Den hysterischen familiären Club der unaufrichtigen Halbgebildeten hielt ich aber nicht mehr aus. Das kam auch zum Ausdruck, als ich einen Onkel väterlicherseits vor versammelter Mannschaft in die Schranken wies. Er konnte mit bloßen Händen 100 Kilogramm auf die Waage drücken. Das beeindruckte mich.

1 Alter: Etwa 16 Jahre

Er dürfte aber meine geistige Entwicklung nicht verkraftet und sich irgendwie in den Muskelschatten gedrängt gefühlt haben, als ich mit etwa 16 Jahren eine sehr reale Zehnteltonne auf der Bank drückte.[1] Er erlaubte sich wieder einmal, wie kurz zuvor noch mein Vater, grundlos mit Worten und Händen übergriffig zu werden. So musste er hinnehmen, dass ihm ein „junger Fratz" vor der Verwandtschaft androhte, ihn niederzuschlagen, wenn er es noch einmal wagen würde, seine Hand „im Scherz" zu erheben oder mich zu beleidigen. Funkstille. Das innerfamiliäre hündische Aufreiten – Rüden reiten einander zur Dominanzbekundung und Klärung der Rudelhierarchie auf – hatte damit ein Ende gefunden. So, wie ich beim Bankdrücken mehr als mein Körpergewicht in Metall gegen die Schwerkraft bewegte, stieß ich mir auch meinen Vater körperlich vom Leib weg. Dasselbe tat ich mental und sodann verbal gegenüber mündlichen Übergriffen und Sticheleien.

Hinter den Kulissen

Mit meinem väterlichen Freund Alf entwickelte ich einen die Gewalt betreffenden Grundsatz, der sich bis heute erhalten hat: Alles so lange wie möglich friedlich regeln. Erst wenn es nicht anders geht, ist Gewalt – als ultima ratio[2] und Notwehr – eine legitime Antwort auf Gewalt. Dabei erlebte und erachte ich noch immer biblische und rechtliche Regelungen als Einschränkung derer, die sich guten Gewissens zur Wehr setzen. Statt „Auge um Auge" soll Jesus gepredigt haben, auch die rechte Wange hinzuhalten, wenn man auf die linke geschlagen wird.[3] Geduldiges Ertragen mag in gewissen Situationen möglich sein, führte aber in meiner persönlichen Geschichte lange Zeit nur zu noch mehr Übergriffen.

Eine historische Deutungsmöglichkeit wäre, dass die Unrechtssituation unterbunden werden würde, wenn man die andere Wange hinhält. Die Römer schlugen nämlich angeblich ihre Sklaven erst mit dem Handrücken und dann in der entgegengesetzten Richtung mit der offenen Hand. Gegen diese Auslegung sprechen jedoch die weiteren Verse, denen zufolge man unter anderem sein gesamtes Kleid geben soll, wenn man seines Rocks beraubt wird.

1 Bankdrücken: eine Kraftsportdisziplin, bei der am Rücken liegend eine mit Hantelscheiben beladene Stange waagerecht zur Brust herabgelassen wird, um sodann in die Höhe befördert zu werden (beansprucht hauptsächlich Brustmuskeln und Trizeps); siehe auch Kapitel „Graues Netz und Psycho-Ventil"
2 Ultima ratio (lat.): letztes Mittel
3 Vgl. Matthäus 5:38 bis 44

Das Notwehrrecht des Strafgesetzbuchs erlaubt zumindest die angemessene Verteidigung.[1] *Darunter ist jene Verteidigung zu verstehen, die notwendig ist, um rechtswidrige Angriffe auf die Rechtsgüter Leben, Gesundheit, körperliche Unversehrtheit, Freiheit oder Vermögen abzuwehren. Notwehrexzesse sind grundsätzlich strafbar. Legitim ist nur jene „unangemessene Verteidigung", die aus Bestürzung, Furcht oder Schrecken und nicht fahrlässig geschieht.*
Was vielleicht kompliziert klingt, hat verständliche Gründe. Der Gesetzgeber wollte unkontrollierbare Gewaltausschreitungen verhindern, die absichtlich erfolgen und in einem Blutbad enden könnten. Hätte ich meinen Vater blutig geprügelt, hätte ich mich strafbar gemacht. Das kann ich sachlich absolut nachvollziehen. Es gibt jedoch auch anders gelagerte Fälle. Sicher stimmst du mir zu, dass es sinnlos ist, einem Irren, Vergewaltiger oder Sadisten in einer gefährlichen Situation mit „Liebe" zu begegnen. Auf der emotionalen Ebene plädiere ich daher aus Sicht des „Opfers" für ein schrankenloses Notwehrrecht, zumal das Wissen um eine etwaige Strafbarkeit zu Verwirrung und unnatürlichem Stopp eines sich endlich anbahnenden Endes der Unrechtssituation führen kann. Bei Menschen, die Gewalt ausgesetzt sind, dauert es oft eine beträchtliche Weile, bis das Unrecht erkannt und der Mut zur Gegenwehr aufgebracht wird.

Was Jesus vielleicht gut gemeint hat oder eventuell von seinen Bewunderern missinterpretiert wurde, entspringt der Geisteshaltung „Der Klügere gibt nach." Mit diesem Schwachsinn hat man aber nur eines erreicht: Wir haben die Herrschaft der Dummen. Die spirituell und geistig Dummen werden, wie die Reichen, noch von unseren Gesetzen geschützt. Dass körperliche Unversehrtheit weniger zählt als materieller Besitz und Macht, spiegelt sich vor allem in den relativ höheren Strafdrohungen für Eigentumsdelikte und „Widerstand gegen die Staatsgewalt" einerseits gegenüber dem Straftatbestand der Körperverletzung andererseits wider.[2] *Eine Herrschaft der Klügeren wäre durchaus kompatibel mit der Biologie, die gemäß Charles Darwin das Überleben des Stärkeren sichert. Geistig stärker sind jene, die „weiter oben" angesiedelt sind auf der (gedachten) Stufenleiter des Denkens.*

1 Siehe § 3 StGB
2 Vgl. § 83 StGB "Körperverletzung": Strafdrohung u.a. bis zu 1 Jahr Freiheitsentzug für bspw. zugefügte Blutergüsse oder Krankheiten bis zu 24 Tagen. Dem gegenüber gibt es für einen „schweren Diebstahl" nach § 128 StGB bis zu 10 Jahre Knast, für „Widerstand gegen die Staatsgewalt" nach § 269 StGB bis zu 5 Jahre. Hinter diesen Normen liegt eine Wertung und diese könnte lauten: Geld und Macht gehen vor Integrität des Einzelnen; ihre Kompetenz in Sachen Selbstverteidigung sollen die staatsbürgerlichen Schäfchen an die Polizei abgeben, die aber – zu ihrer eigenen Unzufriedenheit – immer mehr in Verruf gerät, weil man mit dem einstigen "Freund und Helfer" fast nur noch in Verwaltungsstrafverfahren (als Verkehrssünder) in Berührung kommt.

Wie wir wissen, steht ganzheitliches Denken „höher" als etwa rein wissenschaftliches Denken. Also, liebe spirituellen Meister, raus aus den Tempeln und rein mit euch in die Hallen der Politik. Dort charakterlich zu bestehen, darf als Beweisprobe für die Echtheit des Erleuchtungszustands gesehen werden.

Die linke Backe hin zu halten, funktioniert garantiert unter Menschen gleicher Entwicklungsstufen. In den Fällen der Extrembeispiele Vergewaltigung und Kinderschändung ist es doch – wissenschaftlich bzw. kriminalpsychologisch nachgewiesen – gerade die Wehrlosigkeit des künftigen „Opfers", die der Täter meist lange zuvor beobachtet, um sicher zu gehen, auf keine Gegenwehr zu stoßen und schließlich im passenden Moment zuzuschlagen. Welcher Ministrant wird wohl vom schleimigen, fleischliche Nähe suchenden Herrn Pfarrer ausgesucht? Der Täter wählt den Menschen, von dem die geringste Gegenwehr zu erwarten ist. Was würde hier also das Anbieten der anderen (Po)Backe helfen? Es sollte legitim sein, dass die sexuell genötigte Person den Gewalttäter an Ort und Stelle mit dem Messer kastriert. Das mag jetzt sehr brutal klingen. Ist es auch. Wieso vergeht sich der Trottel auch an der Freiheit eines Mitmenschen?

Würde ein Kommandant eines österreichischen Panzerbataillons den eingedrungenen Feind nur aus seinen Stellungen drängen, ohne diese sofort zu vernichten und den Feind so gut als möglich auszuschalten, würde sich nicht nur sein Brigadekommandant sondern auch die Zivilbevölkerung zu Recht auf den Kopf greifen. Sollte man etwa als (offiziell noch)[1] *neutraler Kleinstaat Grenzverletzungen dulden und Eindringlingen dabei zusehen, wie sie sich neu formieren, um erneut anzugreifen? Wieso sollte sich das dann beim angegriffenen Einzelmenschen als „neutralem Kleinststaat" anders verhalten?*

Das wäre unnatürlich und damit einer künstlichen, menschlichen Zwangsordnung[2] *zuzuordnen, die nur gewissen Machtinteressen dient. Genauso wie es wider die Natur ist, dass Mädchen eher zur Passivität und Jungs mehr zur Aggressivität erzogen werden. Eine Folge dieser seltsamen Erziehung sind dann die körperlich vergewaltigten Frauen*

1 „Neutralität": Durch die verpflichtende Teilnahme an sog. Petersberg-Missionen – d.h. kollektives Einschreiten von auch nicht direkt angegriffenen Mitgliedstaaten gegen einen Aggressor im Rahmen des Europäischen Verteidigungsbündnisses – ist die österreichische Neutralität so gut wie aufgehoben. An die Stelle der Neutralität gelangt nach einer nachvollziehbaren Auffassung der Terminus „Allianzfreiheit"; vgl. dazu Art 23f B-VG iVm dem Vertrag von Amsterdam.

2 Programm 2 (Matrix 2); siehe Kapitel „Das Ego" (im II. Teil)

und die seelisch misshandelten Männer. Mit alldem hängt auch der Umstand zusammen, dass kaum jemand einschreitet, wenn Gewalt zu beobachten ist. Die meisten Leute glotzen und warten, dass „jemand etwas tut". Brav konditioniert, warten sie auf Hilfe von außen. Im Hier und Jetzt sein würde bedeuten, sofort und energisch einzuschreiten. Da das in den seltensten Fällen geschieht, wird Frauen von der Polizei geraten, in Vergewaltigungsszenarien statt „Hilfe!" laut „Feuer!" zu rufen. Ein Brand ist „neutral" und greift das heilige Eigentum an. Außerdem fürchtet man wohl eher, sich bei körperlicher Gewalt die Finger zu verbrennen.

Hier helfen auch verdrehte buddhistische Weisheiten oder Karmalehren nicht weiter. Was wollen uns ein paar Obernarren eigentlich damit sagen, dass man die Vergewaltigung als Verstrickung beider Beteiligter als solche unberührt lassen soll? Diese religiöse Idiotie kann man sofort ins Gegenteil verkehren und wird damit näher an der Wahrheit sein: Die gegenwärtige Verstrickung gehört sofort aufgelöst und bereinigt. Mit dem weisen Philosophen und Mystiker Osho bin ich der Meinung:

„Wenn dich jemand auf die Wange schlägt,
schlag zurück, so fest du kannst.
Das macht euch gleichwertig."

Wenn man ihm nämlich die andere Wange auch noch hinhält, beleidigt man den Aggressor in seinem Innersten. Man sagt ihm durch die Blume: „Ich bin heiliger als du. Du stehst unter mir."[1] *Zur Bereinigung der Situation gehört also eventuell auch Gewalt. Dazu bedarf es allerdings selbstbewusster Menschen. In diesem Zusammenhang gebe ich kritisch zu bedenken, dass durch jüngste waffenrechtliche Bestimmungen der private Schusswaffenbesitz stark untergraben wurde, während sich die Zahl der Einbrüche zunehmend erhöht. Hat hier jemand Angst vor der „kleinen Frau" und dem „kleinen Mann", also dem „niederen Volk"?*

1 Vgl. *Osho*, Der Gott den es nicht gibt – Westliche Religion und die Lüge von Gott (2008), S. 108f

Religionssex

Unter Religionssex verstand ich bereits in der frühen Jugend verklemmte, oberflächliche Sexualpraktiken, die von nachfolgender tiefer Scham begleitet werden. Einer der wirklich wenigen dunklen Flecken im Jesuitenkollegium war das geistliche Kontrastprogramm zum Biologieunterricht. Einmal wurde uns, anlässlich der Schwangerschaft einer Erzieherin, durch einen Geistlichen nicht nur äußerst stümperhaft vermittelt, wie es praktisch zur Befruchtung der Eizelle kommt, sondern darüberhinaus noch das Verbot unehelichen Geschlechtsverkehrs eingetrichtert. „Da steht der Mann in schwarz vor uns, der selbst keine Erfahrung mit Frauen hat und erzählt uns was von Sex und Schwangerschaft", dachte ich – und lag völlig falsch.

Kurz nach der Mitteilung des „göttlichen Verbots", die ich als Kernbotschaft der „Aufklärung" außerhalb des Unterrichts heraushörte, sprach es sich nämlich in der ganzen Schule herum, dass genau dieser „Man in black" Vater geworden ist. Es vergingen wenige Wochen, und wieder wurde schlechtes Gewissen mit etwas gemacht, womit die meisten noch gar keine Erfahrung hatten. Man teilte uns mit: „Masturbation ist eine Sünde!" Selbstbefriedigung würde gar nicht gut ankommen beim „Herrn", lautete es. Da ich persönlich schon meine erotischen Selbsterfahrungen gemacht hatte, dachte ich mir nur, dass es mir schnurz ist, was bei ihrem „Herrn" gut oder schlecht ankommt. Der Verdacht befiel mich, dass hier eine konkrete Person nun auf Handbetrieb umgestiegen war, um sich nicht für ein weiteres Kind rechtfertigen zu müssen, dessen Alimente die Kirche zu zahlen hätte. Aber immerhin kam ich durch ihn erstmals auf die Idee, mich bei meinen erotischen Spielen auf den Rücken zu legen …

Obwohl ich all das rational erfasste, überkam mich ab dann bei der Selbstbefriedigung erstmals ein dunkles Gefühl. Davor, währenddessen und danach drehten sich einige Gedanken darum, ob es nicht doch Sünde sein könnte. Könnte es nicht doch gegen den göttlichen Plan sein? Zweifel waren da. Sie waren nicht sonderlich stark, aber sie gingen einige Zeit nicht weg. Als ich erstmals den Film „Der Sinn des Lebens" von Monty Python sah, wurden selbst die letzten Bedenken hinweggefegt. Im Abschnitt „Kinder" muss ein sympathischer katholischer Familienvater seine etwa 100 Kinder für medizinische Experimente verkaufen, weil er sie nicht mehr ernähren kann. Gesenkten Hauptes marschieren die traurigen Kinder in einer nicht enden wollenden Schlange auf die Straße und singen dabei:

„Every sperm is sacred, every sperm is great.
If a sperm is wasted God gets quite irrate."

Kein Tropfen heiliges Sperma dürfe also vergeudet werden, weil es „Gott" erzürne. Der den Trauermarsch beobachtende Protestant erklärt dann seiner Frau die Vorzüge des Kondoms, das die Katholiken verbieten würden, weil sie die am schnellsten wachsende Religion sein wollen ...

Hinter den Kulissen

Welche Zweifel müssen Kinder haben, die von weniger liberalen Eltern erzogen wurden als ich und vielleicht deshalb noch keine eigenen sexuellen Erfahrungen gemacht haben, bevor sie religiös verblödet werden können?

Sex ist etwas Natürliches. Sex ist pure Lebensenergie. Die Menschen von ihrer Sexualität abzuspalten, war seit jeher die größte „Kunst" und das aus meiner Sicht schwerstwiegende, weil am längsten währende Verbrechen einiger Religionen. Die Katholiken sind sogar wahre Meister der mentalen Kastration. Zuerst werden Menschen angeleitet, gegen die Natur zu leben (sexuelle Enthaltsamkeit, eheliche Treue ohne Scheidungsmöglichkeit, Zölibat etc.) und wenn die Natur durchschlägt, haben sie ein schlechtes Gewissen. Sie suchen dann Vergebung bei Priestern oder Heilung bei Psychotherapeuten. Durch religiöse Erziehung kann es zu „ekklesiogenen" (kirchlichen) Neurosen kommen, in denen Menschen unglücklich, unzufrieden, zwanghaft, intolerant, körperfeindlich bis psychisch krank werden.

In seinem Werk „Wenn Frommsein krank macht" beschreibt Wynfried Noll unter anderem den (therapeutischen) Fall einer bayrischen Frau, die wegen erzreligiöser Erziehung neurotisch wurde. Man hatte ihr früher eingeimpft, dass Selbstbefriedigung eine Todsünde sei, die nach dem Tod mit Höllenqualen bestraft werden würde.

Wie vorherzusehen war, gab sie ihren natürlichen Bedürfnissen nach, masturbierte und hatte deswegen Schuldgefühle. Die Verdrängung dieser Schuldgefühle resultierte im unterbewusst hervorgerufenen Zwang, sich äußerlich von der Sünde – der schmutzigen Sexualität – frei zu reinigen. Sie wusch sich dermaßen übertrieben gründlich, dass die Haut an ihren Händen abgescheuert war und sie sich deswegen in dermatologische Behandlung begeben musste.[1]

Schuld ist mit dem Gefühl verbunden, dass unser Verhalten unannehmbar ist. Unter Scham hingegen verstehen wir das Gefühl, wir selbst (und nicht nur unser Verhalten) seien unannehmbar: „Scham wird durch die Reaktion der ‚anderen' bestimmt." Wie die Psychoanalytikerin, Psychotherapeutin, Lebens- und Sozialberaterin und Juristin Rotraud A. Perner aus ihrer langjährigen Erfahrung in der Sexualberatung weiß, suchen beschämte Ratsuchende wegen folgender Problemstellungen Sexualberatungseinrichtungen auf: allgemeine Störung in der sexuellen Identitätsentwicklung, Scham über ihr körperliches Aussehen, wegen ihrer Geschlechtsidentität und des Zwangs zur Heimlichkeit wegen der Reaktionen der Umgebung, Selbstwertschwankungen bei Abweichungen vom Geschlechterrollenbild, wegen Selbstbefriedigung und vielem mehr.[2] *Ein Großteil dieser Scham wurde und wird meines Erachtens durch jene religiöse Prägung verursacht, die Jungfräulichkeit, Keuschheit und priesterliche Unbeweibtheit zu Idealen erhebt, denen entsprechend alle nicht zur Zeugung führenden sexuellen Aktivitäten als Werke des Bösen verurteilt werden.*

Dazu muss man wissen, dass die jüdische Religion alles andere als sexfeindlich ist. Trotz der starken Verbindung zum Judentum entwickelte sich „dank" Paulus eine urchristliche Sexphobie. Paulus war der erste Hirte der Christenkirche und angeblich selbst ein kranker, zeugungsunfähiger Epileptiker.[3] *Die Phantasielüge, dass Selbstbefriedigung und Coitus interruptus*[4] *Sünden seien, entstand durch die alttestamentarische Geschichte über Onan. Von ihm leitet sich auch das Wort Onanie (Selbstbefriedigung) ab. Onan verweigerte seiner verwitweten Schwägerin die Zeugung von Kindern. Einem jüdischen Frauenschutzgesetz zufolge hätte er für seinen toten Bruder einspringen müssen. Gleichzeitig hätten diese Kinder aber als jene des Verstorben gegolten,*

1 Vgl. *Wynfried Noll*, Wenn Frommsein krank macht (1989), S. 64f.
2 Vgl. *Rotraud A. Perner*, Scham macht krank (1997), insb. S. 16 bis 22
3 Vgl. *Salcia Landmann*, Jesus starb nicht in Kashmir – Ohne Kreuzestod kein Christentum (1996), S. 185
4 Coitus interruptus: unterbrochener Geschlechtsverkehr, Ejakulation außerhalb der Vagina

was wiederum Onans Erbteil geschmälert hätte. Jahwe geriet ausschließlich über die Verweigerung der Schwagerpflicht in Rage, weshalb er Onan erschlug.[1] Was muss dieser „Gott" wohl für ein unbeschreiblicher Sadist sein?

Darin haben wir einen weiteren Beweis dafür, dass Jahwe nicht der Schöpfergott sein kann, sondern maximal ein rachegeiler Alien-Pseudogott in menschenähnlicher Gestalt. Außerdem erkennen wir hier die kirchliche Raffinesse, zwar offiziell dem Gott der Liebe des NT zu huldigen, sich jedoch hinsichtlich des religiösen Regelwerks ganz stark der Normen des AT, wie etwa der Zehn Gebote oder der Onan-Geschichte, unter völliger Verdrehung der Tatsachen zu bedienen.

Ähnlich verhält es sich mit dem vermeintlichen Verbot der Homosexualität. Der Gehirnweichspülung des KKK zufolge verstoßen homosexuelle Handlungen gegen „das natürliche Gesetz" und sind daher „in keinem Fall zu billigen".[2] Lesen die Katechismusautoren nicht einmal zur Kontrolle, welchen Blödsinn sie schreiben? Homosexualität ist ein natürliches Phänomen, nicht zuletzt, weil es regelmäßig und auch unter Tieren auftritt. Dem nicht genug. Die kirchliche Tabuisierung geht ebenfalls auf das AT zurück und wäre bereits deshalb unbeachtlich. Was interessiert die Menschheit, was ein körper- und sexfeindlicher Pseudogott von sich gibt? Jahwe erklärt im selben Kapitel zur Sexualität, dass die Menstruation etwas Unreines ist, während der man(n) sich der Frau nicht nähern soll.[3]

Der hat Probleme.

Beim Thema Homosexualität ging es dem eifersüchtigen Narren Jahwe ausschließlich um die Abschaffung der kultischen schwulen Aktivitäten, denen sich die Heiden mit den Kastraten hingaben.[4] Diese Konkurrenz wollte der bekennende Eifersüchtler (siehe sein 1. Gebot)[5] ausschalten. Ansonsten wird weder die lesbische noch die schwule Liebe verurteilt oder mit Strafe bedroht. Die vatikanische Homophobie muss daher eine selbst gestrickte sein. Offenbar handelt es sich um eine jener bigotten Verordnungen, die nur einen Zweck haben: Kontrolle durch Scham.

1 Vgl. 1. Mose 38:5-10 sowie *Landmann,* S. 90ff.
2 Vgl. KKK Nr. 2357
3 Vgl. 3. Mose 18:19
4 Vgl. 3. Mose 18: 22 (dieser Vers ist in Verbindung mit Vers 21 zu lesen); siehe auch *Landmann,* S. 88f.
5 Vgl. 2. Mose 20:3 („Keine Götter neben mir")

Sehr wahrscheinlich wurde aus diesem biblischen „Mistverständnis“[1] heraus die Homosexualität (im ICD) als Krankheit definiert. Das blieb dann, wie schon angedeutet, bis etwa 1990 so. Darüberhinaus macht bereits eine Wortinterpretation die Sinnlosigkeit des vermeintlichen Verbots offensichtlich: Man kann bei einem Mann nicht „ebenso liegen“, wie man bei einer Frau liegt. Es sei denn, man meint den Analverkehr. Dieser wäre aus Sicht des Mannes mit beiden Geschlechtern möglich. Sollte Analverkehr gemeint gewesen sein, hätte dies auch so formuliert werden müssen. Ein Verbot des Analverkehrs mit Frauen ist aber der Bibel, soweit ich weiß, nicht zu entnehmen.

Zurück zur Liebe zwischen Männern. König David soll Sauls Sohn namens Jonathan geliebt haben wie seine eigene Seele, worauf die beiden einen Bund schlossen, weil auch Jonathan großen Gefallen an David fand. Was auch immer das bedeuten mag. Als Jonathan starb, hat David ihm mit den Worten nachgetrauert: „Ich habe große Freude und Wonne an dir gehabt; deine Liebe ist mir sonderlicher gewesen, denn Frauenliebe ist.“[2] Ob die beiden nun ein Techtelmechtel hatten oder nicht, berührt mich genauso wenig wie die Grundsatzfrage, ob Bäume Wurzelbehandlungen mit Amalgam vertragen oder nicht. Ich lebte stets mit Frauen zusammen und sah in Schwulen nie eine Gefahr. Im Gegenteil. „Durch Schwule habe ich weniger Konkurrenz bei Frauen!“ dachte ich mir. Außerdem ist der Erdball ohnehin überbevölkert. Obendrein sind die meisten Schwulen, die ich kenne, ganz liebe Menschen. Lesben fand ich immer interessant. Wahrscheinlich wurde ich deshalb später eine Hetero-Lesbe.

Im Film „Stigmata“[3] wird eine junge konfessionslose Frau mit den Wundmalen Jesu Christi versehen (stigmatisiert), nachdem die Seele eines verstorbenen, wirklich christlichen Paters in sie schlüpfte. Dieser Pfarrer arbeitete an einem von Rom wohl gehüteten Geheimnis: der Überlieferung „geheimer“ Worte Jesu, die von Liebe und der Unnötigkeit der Kirche handeln.[4] Ein vom Vatikan gesandter Priester soll die Angelegenheit untersuchen. Dabei kommen sich die Frau und der Geistliche näher. Als die attraktive Frau den schon lange an Gott zweifelnden Priester küsst,

1 Ein Missverständnis kann meines Erachtens nicht vorliegen, zumal Theologen geschult sind, die Bibel zu interpretieren. Daher vermute ich bewusste Verdrehung.
2 Vgl. zu alldem 1. Samuel 18:1 und 19:1 sowie 2. Samuel 1:26 (Satz 2 und 3)
3 *Rupert Wainwright*, „Stigmata“ (1999), Drehbuch von *Tom Lazarus*
4 Als Modell für diese „Geheimnisse“ dürften die Apostelgeschichte (7:48 und 17:24) und das Thomas-Evangelium (Logion 77) gedient haben.

wendet sich dieser von ihr ab. Daraufhin spricht sie mit der Stimme des Verstorbenen und attackiert den jungen Pater massiv körperlich. Während sie in Rage ist, gibt sie Folgendes von sich: „Sie sind so stolz auf ihre heilige Abstinenz, als ob die Berührung einer Frau sie umbringen würde. Frauen sind dreckige kleine Komplikationen. Deshalb sind sie Priester geworden … Sie sind so stolz auf ihre Kirche der Jungfrauen und Eunuchen!"

Eine kraftvolle, imposante Szene, die die kirchliche Sexphobie mitsamt der Angst vor Frauen und der Sexualität im Allgemeinen anschaulich macht. In diesen klerikalen Unnatürlichkeiten, diesen perversen Vergehen an der Lebensenergie und der wahren Natur des Menschen sind die Wurzeln klerikaler Sexualperversionen zu finden.

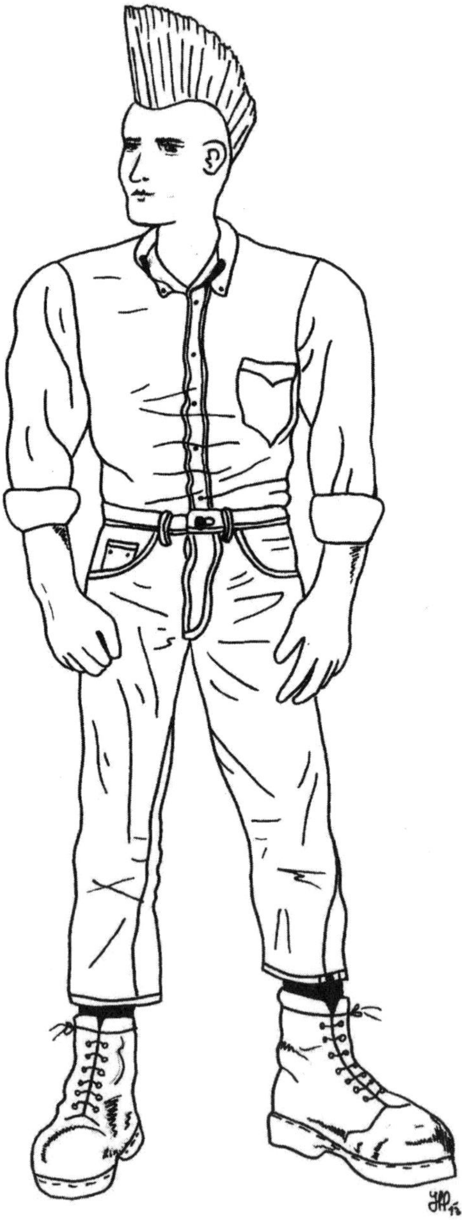

Graues Netz und Psycho-Ventil

Auf dem Kreuzzug gegen die Ordnung und die scheinbar heile Welt zelebrieren sie die Zerstörung, Gewalt und Brutalität.

Erst wenn sie ihre Opfer leiden sehn, spüren sie Befriedigung. Es gibt nichts mehr, was sie jetzt aufhält in ihrer gnadenlosen Wut.
Die Toten Hosen[1]

„Schönen guten Tag, Frau Mayer! Na, Sie sehen ja heute wieder blendend aus! 50 Gramm Salami? Darf es sonst noch was sein? Nein? Bitte schön! Danke schön, Frau Mayer! Besuchen Sie uns bald wieder ... Hast du eben die Mayer gesehen? Mit der Frisur würde ich nicht auf die Straße gehen!" Gesprächsfetzen wie diese hingen fast in der ganzen Linzer Innenstadt gut hörbar herum. In den Ferien putzte ich ein paar Wochen lang Feuerwehrautos mit aggressiven Reinigungsmitteln. Nicht weniger aggressiv reagierten die dortigen Helden der Arbeit, wenn sie wieder einmal vom Chef tyrannisiert wurden. Ihm gegenüber waren sie freundlich, um nicht ihre Karriere zu gefährden, aber in Pausengesprächen zogen sie über ihren Vorgesetzten her, was das Zeug hielt. In den Nachrichten kam eine Schreckensmeldung nach der anderen. Kaum ging ich aus einem Geschäft, in dem ein Kunde den Verkäufer mit der lebensbedrohlich wirkenden Frage konfrontierte, ob er nicht den Abteilungsleiter bemühen möchte, wenn er selbst unfähig sei, da erblickte ich schon ein Plakat mit den furchterregenden Lettern „Aids in Europa!" All diese Negativenergien dürften sich auf die „Motivationsgabe" vieler Menschen ausgewirkt haben: „Das schaffst du nicht!" Hörte ich diesen Satz, wurde ich zornig. Abseits meiner natürlichen Inseln kam mir die Welt wie eine Sklavenarena vor. Sah denn niemand außer mir, dass Geld, Macht und Negativität Vorrang gegenüber zwischenmenschlicher Nähe und positiver Einstellung hatten?

John Carpenter hat es gesehen und verfilmt. „Sie leben"[2] und sind Außerirdische, die die Menschen längst zum eigenen Profit versklavt haben. Mit Strahlungen beeinflussen sie unsere Gedanken und manipulieren uns hauptsächlich über das Fernsehen. Die Erdenbewohner leben und konsumieren, was ihnen das TV-Programm vorflimmert. Die meisten Menschen befinden sich im medialen Dämmerschlaf.

1 *Die Toten Hosen*, aus dem Lied „Hier kommt Alex" vom Album „Ein kleines bisschen Horrorschau" (1988)
2 *John Carpenter*, „Sie leben" (1988)

Nur eine Untergrundbewegung, die in den Nachrichten „Terrororganisation“ genannt wird, bekämpft die Ausbeuter. Der sympathische Nada, gespielt vom Wrestler Roddy Piper, findet eine Sonnenbrille dieser Freiheitskämpfer. Durch sie sieht er in Grautönen, wie die Welt wirklich läuft: Die sonst bunten Zeitschriften und Werbeplakate sind plötzlich nur noch Befehle wie „Konsumiere!“ und „Gehorche!“ Auf den Geldscheinen steht geschrieben: „Das ist Dein Gott!“ Sven und ich waren begeistert von diesem Film, der symbolisch ausdrückte, was wir empfanden.
Meine Aggressionen wurden immer stärker wegen „all der Scheiße auf dieser Welt“. Daheim roch es nach Alkohol statt nach Heldentum. Darum suchte ich meine heroischen Vorbilder unter Rittern und Kraftsportlern wie Schwarzenegger und Stallone. Draufgänger und Drachentöter Siegfried brach Regeln und wurde deswegen sogar gefeiert. „Rambo“ räumte ganz allein auf mit den fiesen Feinden. „Conan“ krönte sich selbst zum König, nachdem er sich in unzähligen Abenteuern wacker geschlagen hatte. Es galt den Körper zu stählen und Kameraden zu finden. Mein etwas älterer Cousin nahm mich einmal mit ins Stadion zu seinen Freunden. Die gewaltbereiten Fans des „SK VOEST Linz“ nannten sich „Die Macht“ und so benahmen sie sich auch. Sie waren selbst unter Skinheads, Punks und Rockern gefürchtet. Das beeindruckte mich. Unter ihnen befanden sich einige extrem brutale Psychopathen, mit denen sich sogar die Polizei ungern oder gar nicht anlegte. Als ich inmitten der harten Jungs stand, kam einer ihrer Anführer namens „M“ auf mich zu. Er schlug mir ohne ersichtlichen Grund das Cola-Rotwein-Gemisch aus der Hand. Sollte das ein Begrüßungsritual gewesen sein? Oder war ich ihm einfach zu groß? Auf die Frage, wieso er das getan hatte, sagte er nur: „Du gefällst mir nicht, frag noch einmal und du kriegst ein paar aufs Maul!“ Niemand beschützte mich als etwa Sechzehnjährigen vor dem älteren, großen, dicken Kerl. Es blieb mir nichts über als cool zu bleiben. Doch innerlich schwor ich wieder einmal Rache.

Im Keller wurde es mir zu eng, weshalb nun eine echte Kraftkammer her musste. Schickimicki-Studios kamen wegen Reinlichkeitswahn und hohen Preisen nicht in Frage. Das „Römerbergstudio“ war genau richtig. Drei Minuten von zuhause entfernt, günstig, schmutzig, rostig, modrig, ehrlich und voll Testosteron, war es einfach perfekt. Rasch wurde ich im Bund der erwachsenen, eisernen Trainierer aufgenommen. Keine Frau hätte dort ihre bestrumpften Füße reingesetzt, denn die „Höhle“ lag direkt im Berg und war zutiefst dreckig. Rost lag auf den Hanteln und

selbstgebauten Geräten, die Luft war feucht, Nacktschnecken klebten an den Wänden, und die Kerle schrieen wie die Berserker, während sich das Altmetall bog. Herrlich, hier war ich daheim. Ungeschminkte Realität. Bereits am zweiten Tag bot sich folgendes Bild: Ein Zuhälter trainierte seinen in ein Seil verbissenen Pitbull, mit dem er ihn die Reckstange hochzog, während er mir seine Wahrheit über das Prostitutionsmilieu glaubhaft machte. Daneben drosch ein Muskelpaket mit dem feuchten Handtuch auf den Brustkorb eines anderen Kraftlackels ein, damit er noch mindestens zwei Wiederholungen Nackendrücken mit 40 Kilo-Kurzhanteln schafft. Im Umkleideraum verschwand schnell eine Spritze, ohne deren Inhalt es gewisse übermenschliche Leistungen in diesem Sport niemals geben könnte. Man gab mir bereitwillig Auskunft zum Thema Doping, weshalb ich nie dem Lug und Trug der Hochglanzmagazine erlegen war, man könne wie „Arnie" werden, nur mit ehrlichem Training, Proteinshakes und anderen legalen „Wundermittelchen."
Nach einem Gespräch mit der Hausärztin regte ich Schilddrüse und Hormonspiegel durch spezifische Ernährung und hohe sexuelle Aktivität zusätzlich an. Handbetrieb war angesagt und machte Freude in meinen „Frauensachen". Natürliches, schnelles Muskelwachstum wurde begünstigt durch mein junges Alter und war Folge eiserner Trainingsdisziplin, geistiger Visualisierung und ausreichenden Schlafs. Schnell stand ich mit meinem ersten persönlichen Höchstversuch von 100 kg in meiner Lieblingsdisziplin Bankdrücken auf der internen Rangliste. Kurz danach bekam ich den Schlüssel zum Gym, was mir Training zu jeder Tages- und Nachtzeit ermöglichte. Wenn Wut hochkam, verteilte sie sich schnell im Metall und verwandelte sich in den „Pump", der Muskelwachstum förderte. Die starke Durchblutung von Brust, Bizeps, Trizeps, Schultern, Rücken und Beinen transformierte nicht nur Spannungen in selbstsichere Gelassenheit, sie zeigte auch ein gutes Spiegelbild. Größten Wert legte ich auf eine schöne, große, runde Brustmuskulatur, die ich an mir stark, aber auch weiblich weich und männlich beschützend empfand. War ich allein im Studio, wurde nicht nur schweres Metall gedrückt, gehoben und gestemmt, sondern auch gehört. Durch Queens „Stone cold grazy" glitt mein Musikgeschmack nämlich zu Heavy Metal über. Motörhead, Iron Maiden, Metallica, Manowar und vor allem die Böhsen Onkelz begleiteten mich akustisch. Auch im Walkman. Dem Studio haftete ein gewisser Mythos an, der bestimmt auch etwas mit den Aktivitäten außerhalb des Trainingsraums zu tun hatte. Es gab da so irre Wettbewerbe, wie zum Beispiel Schiebetruhen gefüllt mit Hantelscheiben den Römerberg bis zum Schloss hochzukarren.

In der Nähe des Schlosses lebte mein Freund Harry in einer rosa Villa, nicht weit entfernt von Vaters Wohnung. Er war damals schon knapp zwei Meter groß und schwerer als ich. Ganz nüchtern wurde die Feststellung getroffen, dass wir mit unserer Intelligenz und Ausstrahlung als etwa 250 kg schweres Kampfduo vor ein paar hundert Jahren Kriegerfürsten gewesen wären. Doch in dieser Welt drückten wir die Schulbank und erlebten die Menschheit auf eine Weise, die nicht unserem Ehrenkodex entsprach. In der zweiten Hälfte des 20. Jahrhunderts schienen Ehre, Freiheit, Treue und Kühnheit als ritterliche Tugenden allesamt nicht mehr gebraucht zu werden. Sollten wir das archaische Erbe mehrerer Generation von Mördern und Huren auf unserem Rücken tragen, uns für etwas schämen, wo a. es aus unserer Sicht nichts zu schämen gab und b. wir persönlich nicht beteiligt waren? Es gab keine wirklichen männlichen Vorbilder, zu denen wir aufblicken konnten. Bis auf unsere Großväter. Die Macht der Insignien der Wehrmacht und Waffen-SS zog uns in ihren Bann, wenngleich wir uns deutlich von Menschenverbrechen distanzierten. Die Power der Symbolik schien soviel anmutiger als das feige Gekrieche vor der Vergangenheit unserer Vorfahren zu sein. Unsere eigene Vergangenheit war es ja nicht. Der tagtägliche Daseinskampf schien in unseren Augen am ehesten in jenen in Gut und Böse eingeteilten Lagern stattzufinden, wie sie in „Krieg der Sterne"[1] verfilmt wurden. Seit wir uns kennenlernten, waren wir Schwert und Schild in dem Sinn, dass er mich in verbalen oder körperlichen Auseinandersetzungen perfekt abschirmte, damit ich frei zuschlagen konnte. Harry bewahrte eher den ruhigen Überblick und band die Gegner an sich, damit ich mich auf sie stürzen konnte. Niemals schlugen wir zuerst hin, sondern verteidigten uns „nur". Hin und wieder sorgte das Schwert allerdings gerne dafür, dass uns jemand angriff ...

Ich hatte dermaßen die Schnauze voll vom irdischen Affenzirkus, dass ich noch weitere Gleichgesinnte suchte. Die Zecken (Punks) waren mir sympathisch, aber zuwenig ästhetisch und konstruktiv, die 50er vernarrten Rock-a-Billys zu kuschelig. Die Mischung aus beiden war mir anfangs gerade recht: Psycho-Billys. Irre Musik, noch verrücktere körperbetonte Tänze und extravagante Outfits im Stil „Hey, Ihr Idioten könnt uns alle mal am Arsch lecken!" zogen mich extrem an. Einzig die Frisur war mir zu anstrengend. Zwar war mein Schädel rundherum kahlrasiert und oben langhaarig, das Aufstellen des „Flats" (Mischung aus Irokese und Tolle) bereitete jedoch zuviel Aufwand.

1 *George Lucas*, Starwars (Teil I bis VI)

Außerdem war der haarige Henkel unvorteilhaft bei Schlägereien. Zuvor jammerte mein Oheim wegen meinem langen Haar, nun störte ihn die „geschorene Birne". Was mir bei den Psychs fehlte, waren Stolz und Durchsetzungskraft. Beides fand ich bei den Skinheads, deren Bewegung zu meiner Zeit die genialste Form des „strukturierten Anarchismus" war. Leider ließ sich irgendwann ein beachtlicher Teil der Anarcho-Glatzen von rechtsextremen Idioten einsacken. Die meisten Punks hingegen wurden erfolgreich von den Linken geködert. Das war dann schließlich das Aus für die Effizienz der einstigen Ziele beider Bewegungen, vor allem weil die einseitige Medienberichterstattung alle Randgruppenmitglieder, also auch die weiterhin anarchistischen Skins und Punks, über einen politischen Kamm scherte. Politische Neutralität und riskante Brutalität vermittelten die Hooligans. Keiner dieser Gruppierungen gehörte ich wirklich an. Anfangs wurde ich, die unpolitische Psycho-Skin-Hool-Mischung, nicht gerne bei den „alten Hasen" gesehen. Sie legten sehr viel Wert auf das „Corporate Design"[1]: Die Psychs trugen Creepers (geile Halbschuhe) oder Boots von Dr. Martens wie die Skins. Hools legten Wert auf Markensportschuhe. Auch für die Oberbekleidung gab es ein mehr oder weniger striktes Regelement, an das ich mich sowieso nie hielt. Klar wollte man sich von den „Normalen" auch äußerlich unterscheiden, der Hang zu strenger Kleidungskonformität war mir jedoch zu zwanghaft. Mein Outfit war schlicht und sah – auch in der Schule – meist wie folgt aus: muskelbetontes Polohemd (Fred Perry), selbst gefärbte „Domestos" (mit WC-Reiniger blau-weiß gefleckte Jeans), „Street Fighter" Springerstiefel (Dr. Martens) und Bomberjacke. Die anfänglich rote Jacke passte nicht zu den schwarzen oder grünen Stammesfarben, weshalb mich einige Asphaltindianer hinterrücks „Pseudo" nannten und Mama mit mir nach Passau fuhr, um eine schwarze Bomberjacke – mit provokantem Fellkragen – zu kaufen.

Ich ließ mir von österreichischen, rotznäsigen Kopien britischer Proletarierbewegungen nicht meinen Stil vorschreiben. Das wiederum dürfte mitsamt meiner körperlichen Erscheinung und meinem Schild Harry einige so beeindruckt haben, dass mich niemand zu kritisieren wagte. Schön langsam vancierte ich zum Anführer einer größeren Zahl Dazwischenstehender. Es war ein erhabenes Gefühl, wenn sich das nächtliche Linz zur Abenteuerlandschaft und Blutwiese verwandelte. Dort an der Spitze eines „Mobs" irrer Halbstarker zu stehen, war genau mein Ding.

1 Corporate Design: geschlossenes Design, Firmendesign; Begriff aus der Wirtschaft: einheitliches äußeres Erscheinungsbild

In der Gruppe zu toben, wo untertags ein nicht weniger irres geschäftliches Leistungstreiben stattfand, hob den Adrenalinspiegel zusätzlich zum gelegentlich sehr hohen Alkoholspiegel. Ein Gefühl von Macht breitete sich unter uns aus. So manchen Intensivrausch hatte ich erlebt, aber wirklich übertrieben hatte ich es wohl wegen Sport und Vatis Negativbeispiel nie. Alkohol war das einzige Rauschmittel. Darauf achteten Harry und ich auch in der Gruppe. Durch lautes Schreien und Singen im illuminierten Zustand machte ich meine androgyne Stimme absichtlich rauer und mächtiger. Auch das selbstkreierte Outfit verlieh ein mächtiges Gefühl. Wenn Menschen geschockt reagierten, brüllte ich innerlich vor Lachen. Manchmal war auch ein äußerliches Brüllen zu hören (ebenfalls als Lachen), nachdem ich meine Mitmenschen erfolgreich provoziert hatte.
Manche Aussagen in den Geschichtsbüchern und den Medien wichen extrem von den Berichten meines Großvaters ab, der als Offizier der Wehrmacht an vielen Kriegsschauplätzen ganz vorne mit dabei gewesen war und nach dem Krieg dafür als Nazi bezeichnet wurde. Das veranlasste mich hin und wieder dazu, die Öffentlichkeit wie folgt zu provozieren: Ein junger verrückt gekleideter Mann stapft allein und betont schweren Schrittes in die Straßenbahn, wartet bis ihn der ganze Wagen zur Kenntnis nimmt und ruft völlig ergriffen die Frage aus: „Wollt ihrrr Butterrr oderrr Kanonen?" So dämlich wie ihren Gesichtsausdruck stellte ich mir die geistige Verfassung von Menschen vor, die dem „großen Führer" zu Tausenden und unter Tränen am Linzer Hauptplatz zujubelten, aber nach dem Niedergang des Reichs die heimkehrenden „Helden des Kriegs" wie Verbrecher empfingen. Mein Großvater wurde angespuckt, als er endlich in lädierter Uniform aus Italien nach Hause kam.

Der Gipfel meines jugendlichen Auflehnens war erreicht, als ich mich ganz offen mit den Oberen der Randgruppennahrungskette, den älteren Hooligans und Skinheads, anlegte. Mit den meisten von ihnen verband mich die Wut auf gewisse Ausländer, die bestimmte Linzer Territorien für sich beanspruchten und vor deren offensiver Anmache unsere Mädchen Angst hatten. Da die Bullen hauptsächlich den Straßenverkehr regelten, klatschten wir nicht selten jene arroganten ausländischen Mitbürger weg, für die wir Österreicher ein „Volk von Idioten" waren. Spinnen die? Wir antworteten deutlich und machten ihnen klar, dass sie sich nachhause verpissen sollen, wenn es ihnen hier nicht gefällt. Was mir allerdings an den „rechten" Skins nicht gefiel, war die Verbreitung hirnloser (brauner) Parolen, die die ganze Szene gefährdete.

Als Viertelungar und Vierteltscheche machte ich mich wohl nicht gerade mit meiner Ansicht beliebt, dass nur wenige Ausländer übergriffig sind und wir eher extremen Jungs die ersten gewesen wären, die man in der ach so verherrlichten Nazizeit entweder an vorderster Front oder in einem Lager verrecken lassen hätte. Das Heben des rechten Arms war eindeutig eine demonstrierte Protesthaltung gegen soziale Missstände und weniger der Ausdruck einer ernsthaften politischen Gesinnung. Dass diese Handbewegung verboten war, machte sie besonders interessant. Die meisten jugendlichen „Rechten" unserer Szene wären bei Hitlers Machtübernahme mit an Sicherheit grenzender Wahrscheinlichkeit Protestkommunisten gewesen. Weil man nun aber die Glatzen mit rechtsextremem Gedankengut in Verbringung bringen konnte, wurde der einstigen Anarcho-Bewegung der mediale Nazidolchstoß versetzt. Das begriffen diese oft sehr unreflektierten Menschen nicht.
Weil wir im Gymnasium nicht hinnehmen wollten, dass unsere Großväter kategorisch als Nazis und Kriegsverbrecher abgestempelt worden waren, starteten drei Schulkameraden und ich ein protestgeladenes Experiment. Wir saßen im Schulbus und sangen den aktuellen Text der deutschen Nationalhymne haargenau so, wie er in unseren schulischen Musikbüchern abgedrückt war. Wie erwartet, schwärzte man uns in der Schule an, wo man uns als „Nazischweine" und „Judenhasser" beschrie. Sogar mit dem Rauswurf drohte man uns. Einer sachlichen Argumentation, der zufolge wir nichts Unrechtes taten und auch kein rechtsextremes Gedankengut hegten, war man nicht zugänglich.

Weiter im Zwist mit den Skins und Hools. An den älteren Hools kotze mich an, dass sie gerne ihre brutale Überlegenheit gegenüber Psychs und Konsorten ausspielten. In meinen Augen saßen wir alle im selben Boot. Als ich wieder einmal eine Auseinandersetzung zwischen einem Hool und einem jungen Psycho-Billy mitbekam, stellte ich den Fußballvandalen und drohte ihm an, eine Baustelle aus ihm zu machen, wenn er nicht aufhöre. Ich hätte es wirklich getan, wäre er mir nicht mit seinem Tränengasspray zuvorgekommen, das er mir aus wenigen Zentimetern Nähe direkt ins Auge sprühte. Ein Höllenschmerz veranlasste mich, etwa einen Doppelliter mitgebrachten Rotwein in mein Auge rinnen zu lassen. So rettete ich mein Augenlicht, während das flinke, feige Schwein entkam. Als man mich bereits ins Spital gebracht hatte, tat der treue Harry das, wofür wir später gehasst wurden. Er lief zur Polizei und fuhr mit selbiger vor die „Zentrale" der Hools und Skins, wo sich unter den Versammelten schon die Kunde breit machte, dass „der Justl eingesprüht" worden war.

Dort angekommen, deutete Harry auf den Täter, wodurch dieser festgenommen und später durch meinen coolen Nachbarn, Fußballfan und Rechtsanwalt belangt werden konnte. Harry und ich brachen damit zwei Tabus. Wir waren jünger, aber trotzdem stärker und sozialer zugleich. Außerdem verdeutlichten wir, dass beim Einsatz unfairer Waffen sehr wohl die sonst unbeliebte Polizei zum Einsatz kam. Einige Monate plagte mich riesige Angst vor dem Zorn der Hooligans, die ankündigten, mich kalt zu machen. Da kein fairer Kampf mehr zu erwarten war, mied ich zähneknirschend die Altstadt für einige Zeit, wie Vati mir geraten hatte.

Einigen älteren Gang-Mitgliedern ging gegen den Strich, dass ich für meine eigenen Werte eintrat. Keiner von ihnen, nicht einmal mein eigener Cousin, kam mich im Spital besuchen. Das schmerzte nur kurz, zumal mein Zimmer im Krankenhaus ohnehin zum „Szenetreffpunkt" mutiert war, wobei Jungs und Mädchen in einem ausgewogenen Verhältnis erschienen. Besondere Freude hatte ich an den Renees, den treuen, kameradschaftlichen, attraktiven Skinhead-Girls. Für das weibliche Geschlecht war ich inzwischen interessant geworden. Meine erste Freundin Beate war Bassistin in einer Rock-a-Billy-Band. Wir waren schwer verliebt und zärtlich miteinander. Sie trennte sich aber von mir, als ich mich im öffentlichen Auftreten in punkto Brutalität zunehmend den Hools angenähert hatte.

Die Trauer war bald überwunden, weil sich sowohl innerhalb der Randgruppe als auch außerhalb die Mädels um einen wilden Kerl rissen. Eines Abends war Daniela, mit der ich schon einmal schlechte Erfahrungen machte, mit mir und meinen Freunden unterwegs. Ich stand immer noch auf sie, schenkte ihr aber kaum Aufmerksamkeit. Nachdem wir uns die Tanzfläche irgendeines Schuppens freigestänkert und den DJ davon überzeugt hatten, unsere Musik zu spielen, sah meine Begleitung eine wild tanzende Horde, die ihrem „leader" Alkohol einflößte, während der erschöpft am Boden lag. Nachdem ich stockbesoffen aufgestanden war, brachte ich das Mädchen nachhause. Kurz darauf waren wir beinahe ebenso kurz zusammen – wahrscheinlich wegen meiner noch immer aufrechten Einstellung zur langsamen, romantisch-intimen, sexuellen Annäherung. Während ich im Urlaub war, kam mir nämlich wieder einmal ein anderer Kerl zuvor. Bitterlichst enttäuscht vergoss ich viele Tränen, trennte mich von ihr, aber nicht von meinen romantischen Träumen.

Das berühmte erste Mal erlebte ich, nach beiderseits gewünschtem, sachtem Näherkommen, im Alter von 17 Jahren. Es war sehr intensiv, weshalb die sehr viel reifere Gabi am nächsten Tag gefragt wurde, ob wir SM (Sadomasochismus) gemacht hätten. Sie hatte Mühe, aufrecht zu gehen. Tatsächlich machte ich damals schon tantrische Liebe, ohne je über Tantra gehört zu haben. Zärtlichkeit, Kuscheln, erotische Atmosphäre und Bedachtnahme auf die Partnerin waren mir im Bett immer schon wichtig – auch wenn oder eventuell sogar weil ich meine Sau in der Stadt herausließ ...

Hinter den Kulissen

Das graue Netz kann man nicht berühren. Viele von uns spüren es aber bereits als Kinder. Wie kommt es zu Falschheit, Negativität und dazu, dass Menschen sich freiwillig für Macht und Geld versklaven? Wie gelangen wir in die Waben, die im Film „Matrix" zugleich Brutstätte und Lebensort der lebenden Energiezelle Mensch sind?[1] *Individuell betrachtet, wurden wir im doppelten Wortsinn hineingelegt, aus einer höheren Sicht haben sich die Menschen selbst in dieses auch Sicherheit gebende Gefängnis begeben. Wo die Götter sterben, weil wir mit C.G. Jung entdecken, dass sie gar nichts bedeuten, weil sie von Menschenhand gemacht, aus Holz und Stein geformte Nichtsnutzigkeiten sind, dort gehen historische Symbole verloren. Weil die Masse keinen Ersatz für sie findet, tut sich eine gähnende Leere auf, die sie mit Angst erfüllt. Das Vakuum wird dann mit absurden politischen und sozialen Ideen gefüllt, die sich allesamt durch geistige Öde auszeichnen.*[2] *Diese geistige Öde ist von einem eklatanten Mangel an Spiritualität und domänenübergreifendem Denken gekennzeichnet, der mit der Überbetonung von Rationalität und Materialismus einhergeht.*

Egozentrischer Materialismus beutet Mutter Natur aus und schadet dem Menschen, weshalb Riemann schreibt: „Aber auch die gesamte Umweltsituation des westlichen Menschen wirkt sich schizoidisierend aus: Die Welt gibt uns immer weniger Geborgenheit; trotz allem Komfort fühlen wir uns immer gefährdeter, und unser Lebensgefühl wird labilisiert durch die Überfülle an Reizen ..." Unsere gemüthaften, sensiblen Seiten drohen immer mehr zu verkümmern angesichts unseres Existenzkampfs inklusive der Lebensbedingungen, der Beherrschung der Natur sowie der Raum und Zeit überwindenden Technik.[3]

1 Vgl. *Wachowski-Brüder,* Die Matrix (1999)
2 Vgl. *C.G. Jung,* Archetypen (2008), insb. S. 16 und 18
3 Vgl. *Fritz Riemann,* Grundformen der Angst (2003), S. 40

Der Autor Morpheus bezeichnet diese Welt als das „Theater des Intellekts", in der von den Herren der künstlichen Matrix all die Illusionen, vor allem als gezielte dunkle Energien in den Nachrichten („du sollst dich da-nach-richten!"), geschaffen wurden, um deine Seele gefangen zu halten, solange es geht.[1]

Die Existenz, unser Dasein, lässt sich hinsichtlich unseres Bewusstseins in Wellen erfassen. Wilber beschreibt diese „Wellen der Existenz" als Dynamik einer Spirale, in der sich das Bewusstsein aus acht Ebenen ineinander übergehender Formen des Denkens bzw. Bewusstseins zusammensetzt.[2] *Die unteren Ebenen sind dabei jeweils in den nächsten Ebenen enthalten. Daher entsprechen diese Stufen keiner wirklichen Hierarchie, sondern bestenfalls einer gedachten Ordnung. Dies kommt auch darin zum Ausdruck, dass die ersten sechs Ebenen als „Subsistenzebenen" zusammengefasst werden.*[3] *Diese Subsistenzebenen, die ich auch Bestandsebenen nenne, entsprechen dem Denken ersten Ranges, einer eher starren, rigiden Form des Denkens. Sie ist geprägt von der Überzeugung, nur die eigene Sichtweise sei richtig. Wenn ich vom „Einseitigen Denken" schreibe, ist damit vor allem das Denken ersten Ranges gemeint. Mit Ebene Sechs des Denkens vollzieht sich eine revolutionäre Entwicklung des menschlichen Geistes, die ihn auf den Quantensprung in das Denken zweiten Ranges vorbereitet. Dieses Denken setzt sich aus zwei Ebenen zusammen, bei denen ganzheitliches Erfassen im Vordergrund steht. Die insgesamt acht Ebenen des Denkens bzw. Bewusstseins stellen sich (in abgekürzter Form) wie folgt dar:*

I) Denken ersten Ranges (Überzeugung in Detailbereichen):

1) Archaisch-instinkthaft (Reines Überleben)
2) Magisch-animistisch (Geister, Rituale, magischer Glaube)
3) Machtgötter (Macht und Ruhm als Basis des Feudalismus)
4) Konformistische Regel (absolute Prinzipien: richtig und falsch)
5) Wissenschaftliche Leistung
(Sinn und Wahrheit – materieller Gewinn)
6) Empfindsames Selbst
(Gefühl und Anteilnahme vor „kalter Rationalität")

1 Vgl. *Morpheus*, Matrix-Code (2003), S. 72
2 Vgl. *Ken Wilber*, Integrale Psychologie (2006), S. 64 bis 74
3 Subsistenz: subsistere (lat.) bedeutet stillstehen, zurückbleiben, widerstehen etc.; das altlateinische Wort subsistentia heißt soviel wie Bestand haben oder Selbständigkeit. Im philosophischen Sinne meint man mit Subsistenz, dass etwas Bestehendes sich aus sich selbst heraus erhält.

II) Denken zweiten Ranges (ganzheitliches Erfassen):

1) *Integrativ (Flexibilität, Spontaneität und Funktionalität)*
2) *Holistisch (Vereinigung von Gefühl und Wissen – universelle Ordnung)*

Was denkst du, auf welcher Ebene des Denkens sich die Masse der Menschheit in unseren Breitengraden oder überhaupt befindet? Mit Ken Wilber vertrete ich den Standpunkt, dass die Gesetze der Ebene Fünf – der wissenschaftlichen Leistung – die Wirtschaft, die Politik und damit beinahe das gesamte menschliche Geschehen beherrschen. Seine Beobachtung, „die Welt ist ein Schachbrett, auf dem Spiele gespielt werden, wo Gewinner die Oberhand haben und über Verlierer die Nase rümpfen"[1]*, findet Deckung in der schon erörterten Förderung bereits kindlichen konkurrierenden Verhaltens. Zu hoffen bleibt, dass die Menschheit ihre große Chance wahrnimmt, sich zusammen über das „Empfindsame Selbst" in das ganzheitliche Denken hinein zu entwickeln, bevor unser Planet vollends zerstört wird. Die Betrachtungsweise des Denkens (Bewusstseins) in Rängen und Ebenen ist nur eine von mehreren.*
Mit dem integrativen und vor allem holistischen Denken setze ich den Zustand der Erweckung (Erleuchtung) gleich. Der Zustand reinen Bewusstseins und bedingungsloser, umfassender Liebe entspricht dem Sein im Hier und Jetzt. Wir erlebten ihn in der frühesten Kindheit und haben ihn irgendwann verloren. Nun können wir wieder bewusst in diesen Zustand zurückkehren, in ihm verweilen und ruhen.

Dieser entspannte Zustand entspricht dem natürlichen Synchronlaufen beider Gehirnhälften (Analyse/Detail sowie Synthese/Überblick).[2] *Er eröffnet uns durch uns selbst den Zugang zum Hyperraum, zur Intuition und zum Instinkt, weshalb versucht wird, dich niemals zur Ruhe kommen zu lassen.*[3] *Dieser Umstand verdeutlicht sich auch in der erwähnten Konkurrenzförderung unter Kindern. Wer konkurriert, ist angespannt. In der bewussten, aufmerksamen Entspannung begegnen wir schließlich unserem nicht manipulierbaren Selbst. Im normalen Verlauf eines Menschenlebens durchläuft man grundsätzlich verschiedene Ebenen des Bewusstseins und Denkens. Unser Selbst kann jedoch auch unabhängig vom Durchlaufen diverser Denkschematas freigelegt werden.*

1 *Wilber*, S. 67
2 Vgl. *Vera F. Birkenbihl,* Stroh im Kopf (1999), S. 31ff
3 Vgl. auch *Morpheus*, Matrix-Code (2003), S. 95ff

Wenn wir zu unserem wahren Ich, zu unserem Selbst gelangen, zerfällt die Gefangenschaft in sozial vorgegebenen Rollen, Modellen, Konzepten und Mustern ganz von alleine. Die Erkenntnis über ihre Existenz, ihre Unnatürlichkeit und Unerfüllbarkeit ist ein wesentlicher Schritt in diese Richtung. In sehr vielen Bereichen wird uns vorgegeben, wie wir zu sein haben. In juristischer Hinsicht besteht eine Flut an Gesetzen, die nicht einmal die Rechtsgelehrten überblicken, geschweige denn inhaltlich kennen können. Wo viele Menschen zusammenleben, bedarf es eines Regelwerks. Doch die meisten rechtlichen Normen entsprechen dem Denken auf Ebene Fünf, das eben auf der Überzeugung des Rechthabens fußt und dem Zweck des materiellen Reichtums dient.

Zum Schutz bestimmter, auf den Wertungen genau dieses starren Denkens (ersten Ranges) beruhender Rechtsgüter wird gegenläufiges Verhalten unter Strafe gestellt, wobei „nur" strafbar ist, was zuvor ausdrücklich durch das Gesetz mit Strafe bedroht wurde.[1] *Zur strafrechtlichen Relevanz eines menschlichen Verhaltens bedarf es grundsätzlich der objektiven und subjektiven Tatbestandsmäßigkeit. Das bedeutet, dass ein Verhalten objektiv dem vom Strafrecht verbotenen Verhalten, dem niedergeschriebenen Tatbild, entsprechen und subjektiv vorwerfbar sein muss, damit es mit Freiheits- oder Geldstrafe belegt werden kann. Die „subjektive" Vorwerfbarkeit wird auch als „Schuld" bezeichnet, orientiert sich jedoch wiederum an einem objektiven Kriterium. Diethelm Kienapfel, Professor für Strafrecht, drückt dies so aus: „Maßstab der Schuld ist nicht das individuelle Dafürkönnen des Täters, sondern der maßgerechte Mensch in der Situation des Täters."*[2] *Der Täter hat demnach schuldhaft gehandelt, wenn ein anderer (der maßgerechte Mensch) in der Lage des Täters nach allgemeiner Erfahrung der Tatversuchung widerstanden hätte. Dieser maßgerechte Mensch fühlt sich mit der Rechtsordnung verbunden und richtet sich nach ihr.*
Wir wissen zwar sehr gut, dass sich diese fiktive Persönlichkeit entsprechend der Rechtsordnung verhalten würde, aber Name, Anschrift, Denken, Fühlen und komplette Lebensgeschichte dieses anonymen Mustermenschen müssen uns unbekannt bleiben, weil es ihn ebenso wenig gibt wie „Gott" Jahwe. Das individuelle Schicksal bleibt dennoch mehr oder weniger unberührt: „Dieser objektivierte Schuldmaßstab des maßgerechten Menschen stellt vor allem auf ein generelles Sollen und nur modifizierend auf das individuelle Können des Täters ab."[3]

1 Vgl. § 1 (1) StGB
2 *Diethelm Kienapfel*, Grundriss des österreichischen Strafrechts – Allgemeiner Teil (1998), S. 77 (Z13, Rn8)
3 vgl. ebendort S. 77 (Z13, Rn 10)

Zum einen werden, wie im AT, Verbote aufgestellt und zum anderen haben wir es mit einer Standardisierung strafrechtlicher Schuld zu tun. Bekannte Verbote sind nicht selten die ersten unbewussten Triebfedern der Delinquenz. Negativformulierungen und negative Symbole bringen meist Negatives hervor. Als Ahab in „Der Dämon und Fräulein Prym" wortlos einen Galgen enthüllte, trieb das Rätseln um den konkreten Zweck der Tötungsvorrichtung die Menschen in gegenseitiges Misstrauen.[1] Das Unterbewusstsein kennt die Worte „kein" und „nicht" nicht. Denke nicht an einen Tiger in roten High Heels! Welches Bild hattest du im Kopf?
Für den Fall, dass jemand über rechtliche Verbote uninformiert ist, folglich noch kein rechtliches Bild der Tat verinnerlicht haben kann, bietet das Gesetz eine sehr abstrakte Lösung. Der allseits bekannte Grundsatz „Unwissenheit schützt vor Strafe nicht" wird mit der Konstruktion einer speziellen Rolle verbunden. Gemeint ist auch hier jener maßgerechte Mensch, der sich mit der Rechtsordnung verbunden fühlt. Kienapfel leitet folgenden, allgemein anerkannten Umkehrschluss aus dem Gesetz[2] ab: „Vorwerfbar handelt, wer unrecht tut, obwohl er entweder weiß, dass seine Handlung Unrecht ist, oder dies zumindest hätte erkennen können." Zum anonymen Rechtstreuen weiß der Professor: „Der maßgerechte Mensch ist verpflichtet, alle Erkenntnismöglichkeiten von Recht und Unrecht zu nutzen. Wer sie nicht nutzt, handelt vorwerfbar."
Im Kernbereich des Strafrechts wird prinzipiell jede Berufung Erwachsener auf einen „Verbotsirrtum", d.h. auf das Nichterkennen der Unrechtmäßigkeit der Tat, ins Leere gehen[3], wenn wir uns eben nicht wie Frau oder Herr Anonym (der maßgerechte Mensch) verhalten und uns nicht unablässig aktiv über jede erdenkliche rechtliche Anordnung informieren, die andere schaffen, um uns mehr und mehr einzuengen.

Auch im Zivilrecht, das insbesondere die wirtschaftlichen Beziehungen der Bürger unter sich regelt, bedient man sich im Bereich des Schadenersatzes einer ähnlichen Konstruktion: der „objektiv gebotenen Sorgfalt".[4] Es wird jener Grad des Fleißes und der Aufmerksamkeit verlangt, der bei gewöhnlichen Fähigkeiten angewendet werden kann. Dabei wird dem Gesetzeswortlaut zufolge aber auch vermutet, dass dazu jeder fähig ist, „welcher den Verstandesgebrauch besitzt."

1 *Paulo Coelho*, Der Dämon und Fräulein Prym (2001), S. 78ff
2 Vgl. § 9 StGB („Rechtsirrtum" bzw. „Verbotsirrtum")
3 Vgl. zu alldem *Kienapfel*, S. 97ff, insb. S. 97 (Z17, Rn1), 99 (Z17, Rn19) und 101 (Z18, Rn8)
4 Vgl. *Peter Apathy und Andreas Riedler*, Bürgerliches Recht III – Schuldrecht – Besonderer Teil (2000), insb. S. 117 (Rn13/15)

Beim erforderlichen Grad des Fleißes und der Aufmerksamkeit genügen gewöhnliche Fähigkeiten. Wer sich anders verhält, macht sich eines Vergehens schuldig.[1] *Abstrakte, nicht einmal objektivierbare gewöhnliche Fähigkeiten werden in Relation zum abstrakten, ebenso wenig objektivierbaren Besitz des Verstandesgebrauchs gesetzt. Dem legendären „Rummel-Kommentar" entnehmen wir: „Es ist zu fragen, wie sich der maßgerechte Durchschnittsmensch (...) in der konkreten Lage des Täters (insofern ist auf den Einzelfall abzustellen ...) verhalten hätte."*[2] *Wer „Frau maßgerechter Durchschnittsmensch" oder „Herr maßgerechter Durchschnittsmensch" persönlich kennt, möge mich bitte unbedingt mit ihr oder ihm bekannt machen!*

Im wirtschaftlichen Bereich zeigt uns das Model, wie wir auszusehen, woran wir uns zu orientieren haben. Das Model ist das Modell, der sich ständig wandelnde Prototyp, mit dem wir uns vergleichen sollen, dem wir entsprechen sollen, aber nicht können. In der Medizin und Psychologie wird durch einen umfangreichen Katalog[3] *an Krankheiten („Normabweichungen") in den Köpfen der Menschen die Illusion eines idealtypisch gesunden Normkörpers und Normgeistes erzeugt.*
Religionen erheben menschlich Erreichtes und Vorgelebtes zu etwas Göttlichem und folglich zu einem unerreichbaren Ziel. Durch diffizile Detailregelungen und Rituale wird die simple Wahrheit von Erleuchteten wie Buddha und Jesus zur „spirituellen Karotte" kastriert, hinter der wir wie Esel herlaufen und den Karren profitgeiler Institutionen ziehen. In Gedanken an die Zukunft hoffen wir, dass es uns später besser geht, vergessen dabei aber, im Hier und Jetzt zu leben.

Mit alldem begründe ich meine These, dass etwas wahrhaft „Heiliges" in der jugendlichen Rebellion steckt, dessen Integration in den erwachsenen Alltag den Karren aus den eingefahrenen Spuren stoßen und in neue Richtungen zu lenken vermag. Ohne Provokation keine Evolution.

Unverletzlich wie Siegfried wollte ich in einer als hart erfahrenen Welt sein, in der ich mich bald umblickte wie der „Terminator". Der Weg des Helden kann positiv richtungsweisend sein, wenn sich durch die Auflösung der Identität die Gestalt des Helden, unter Reduktion des Bewusstseins auf ein menschliches Maß, allmählich bis zum Symbol des Selbst differenziert.[4] *Mit anderen Worten: Der Held „muss sich*

1 Vgl. § 1297 ABGB
2 *Peter Rummel*, Kommentar zum Allgemeinen bürgerlichen Gesetzbuch – 2. Band (2002), S. 386 (Rn2)
3 zurzeit ICD 10; siehe auch Kapitel „Pharmaindustrie und Mediziner"
4 Vgl. *C.G. Jung*, Archetypen (2009), insb. S. 134 und 135

seiner eigenen Transformation stellen. Sehr oft muss er dann seine Liebe zur Natur und zu den anderen Menschen zeigen oder erwecken." Er muss auch kreativ sein, um den Drachen zu besiegen und mit einem Schatz heimzukommen: „Dann wird er selbst zum König."[1] Genau das habe ich an Conan so bewundert. Als ich ihn, Siegfried und Rambo zu meinen Helden machte und ihnen nacheiferte, geschah das freilich zunächst unbewusst. Es kam zur von Jung beschriebenen „Intensivierung der Phantasiegestaltung", einer Visualisierung und Umsetzung im Äußeren als zweitem Schritt und dann zur Identität mit einer „attraktiven Heldenrolle" (Anführer einer rebellischen Gruppe) vor allem wegen der großen Rolle, die „mystische Bedrohungen" (gespürtes graues Netz) spielten.[2] Die Auflösung der Identität (Identifikation) mit dem Helden kann als selbsterworbene Erfahrung zur Entmystifizierung und Selbstwerdung führen. Dies wird in Gesellschaften, die in jugendlicher Rebellion mehr eine Gefahr für ihre illusionierten Werte sehen „müssen", als sie die große Chance für gemeinsame Entfaltung zur sechsten Ebene des Denkens und darüberhinaus sehen können, mitunter durch politische und wirtschaftliche Aushöhlung rebellischer Bewegungen vereitelt.

Sinndefizite können in subkulturellen Peer-Gruppen überbrückt werden. Diese sind jedoch anfällig dafür, von extremistischen Bewegungen verzehrt zu werden. Das geht vor allem dann leicht, wenn es sich um latent oder offensichtlich gewaltbereite Gruppierungen handelt, die in Wahrheit Halt suchen. Härte und Streben nach Macht gehen gerne mit dem Wunsch nach Liebe und Selbstbestimmung einher: „So unterschiedliche Merkmale wie Minderwertigkeitsgefühl und extremes Machtstreben, Suche nach Geborgenheit und Wunsch nach Selbstbestimmung, Undifferenziertheit und Nonkonformität werden beispielsweise als Korrelate extremistischer Haltungen und Handlungen gefunden."[3] Gerade wegen ihrer radikalen Erscheinung und teilweise auch brutalen Vorgehensweise konnten so viele Punks und Skinheads von den extremen politischen Lagern „links" und „rechts" aufgefressen werden.[4] Die ehemals rebellischen Bewegungen wurden durch die Politik der Erwachsenen zu etwas abgrundtief Hässlichem entstellt und konnten dadurch ihrer Dynamik beraubt werden. Mit der politischen Vergewaltigung ging die wirtschaftliche Ausschlachtung Hand in Hand: Ab etwa 1990 wurde unsere Kleidung vermarktet.

1 Vgl. *Manfred Twrznik*, Aufbruch zum Mann (2002), S. 27ff
2 Vgl. *Jung*, ebendort
3 *Siegfried Preiser* in *Rolf Oerter und Leo Montada*, Entwicklungspsychologie (2007), S. 879
4 Siehe auch Kapitel „Böhse Onkelz"

Süße angepasste Teenager liefen in weiten Teilen Österreichs mit Dr. Martens-Stiefeln herum, weil es „in" war. Bemerkenswert finden auch Rolf Oerter und Andrea Dreher, dass „die Wirtschaft die kulturellen Innovationen der Jugendlichen oder jungen Erwachsenen aufgreift und sie kommerzialisiert." Sie kommen zur Schlussfolgerung: „Damit verliert die jeweilige Subkultur ihren Zweck der Neudefinition von Identität in einer selbstgeschaffenen Umwelt und verkommt zum Konsumgut."[1]

Die Bewegung war damit endgültig tot. Sie musste ohnehin sterben, weil Brutalität und Gewalt an sich keine adäquaten Wegbereiter für ein Sich-Empor-Schwingen der Gesellschaft sein können. Gewalttätigkeiten können einer Gesellschaft aber etwas zeigen. Wie sie darauf reagiert, entspricht der jeweiligen Ebene des Denkens. Wissenschaftliches Denken (Ebene Fünf) musste im Triumph der stärkeren Politik und Wirtschaft enden. Dadurch wurden die Skins und Punks noch mehr vom gesellschaftlichen Leben verdrängt und folglich wurden sie noch extremer in ihren Haltungen: „Die Marginalisierung extremer Gruppen wie ‚Skinheads' oder ‚Autonome' in der Öffentlichkeit kann zu einer immer weitergehenden Abschottung und Extremisierung führen."[2]

Wäre man damals schon einen Schritt weiter gewesen und hätte ganzheitlich gedacht, hätten Elemente der ursprünglich anarchistisch strukturierten Bewegungen behutsam zur Förderung jener individuellen Befreiung in das allgemeine soziale Leben „eingebaut" werden können, die das Kollektiv auf lange Sicht sogar leistungsfähiger macht. Eine umfassende Sichtweise ist beispielsweise die von Eisenstadt, der zufolge jede (jugendliche) Subkultur von der Gesellschaft produziert wird. Die Subkultur ist vermenschlichter Ausdruck unterdrückter gesellschaftlicher Lebensbedürfnisse. Sie ist eine gesellschaftliche Einrichtung, in der aus einem Mangel resultierende soziale Konflikte zum Ausdruck gebracht werden.[3] *Die Verwahrlosung und Verrohung ist aber selbst nie die Folge fehlender Zucht und Ordnung, sondern Ausdruck einer bereits bestehenden emotionalen und sozialen Verwahrlosung.*[4]
Ein familiärer Aspekt der Verrohung ist, dass Jugendliche sich geradezu aggressiv oder „garstig" von ihren klammernden Eltern abnabeln können und müssen, weil sie durch die (elterliche) Angst des Liebesentzugs

1 *Rolf Oerter und Andrea Dreher* in *Rolf Oerter und Leo Montada*, Entwicklungspsychologie (2007), S. 322
2 *Siegfried Preiser* in *Rolf Oerter und Leo Montada*, Entwicklungspsychologie (2007), S. 880
3 Vgl. *M.J. Eisenstadt*, Problem-solving ability of creative and non-creative college students, Journal of Counseling Psychology (1966); siehe auch *Oerter und Montada*, S. 321ff.
4 Vgl. *Remo H. Largo*, Kinderjahre (2008), S. 343

geradezu dazu gezwungen werden.[1] Es ermangelt uns an dringend nötigen Abnabelungsritualen, den sogenannten Initiationsriten. Unsere Vorfahren und andere Kulturen kannten und kennen Pubertätsrituale und Initiationsrituale, in denen die Jugendlichen von den Älteren des eigenen Geschlechts in die Welt der Erwachsenen eingeführt werden.[2] Wenn neue Musikrichtungen, Sprachen oder Sprachelemente, Verhaltensweisen, Kleidung und damit so etwas wie ein neuer Lebensstil geschaffen wird, dann darf dies als die Reaktion der Jugendlichen auf die Einseitigkeit und Zwanghaftigkeit der angeblichen Norm des gesellschaftlichen Lebens verstanden werden. Wir zeigten deutlich auf, dass uns der Mainstream und das angepasste Dasein der erwachsenen Industrieroboter gegen den Strich gingen. Doch die Zeit war offenbar noch nicht reif für jenes Mehr an individueller Freiheit, wie wir es uns wünschten – vor allem nicht, weil der Weg des Helden seine eigene Transformation zu mehr Liebe beinhaltet ...

Berechtigte Hoffnung auf umfassendere Denkweisen und eine Transformation bisher einseitigen Denkens in den Zustand umfassender Liebe macht das ewige Kind in jedem einzelnen Menschen: „Das ‚ewige Kind' im Menschen ist eine unbeschreibliche Erfahrung, eine Unangepasstheit, ein Nachteil und eine göttliche Prärogative, ein Imponderabile, das den letzten Wert und Unwert einer Persönlichkeit ausmacht."[3] Manche Psychologen setzen Spiritualität mit jener „Offenheit" und jenem „Im-Fluss-Sein" gleich, mit denen Kinder in Berührung sind, die Erwachsene daher wiedergewinnen sollten.[4] „Werdet wie die Kinder", wies Jesus den Weg ins irdische Paradies. Der Kreis schließt sich auch hier: Wir sind bereits freie Seelen. Es gilt lediglich den selbst errichteten gedanklichen Käfig zu verlassen.

Noch ein paar Worte zu Harrys und meinem „Gut und Böse". Aus heutiger Sicht gibt es Gut und Böse, und gleichzeitig gibt es sie nicht. Bipolar denkend, definiere ich als „gut", was der Liebe und der Freiheit der Menschen dient. Als „böse" betrachtet man so am ehesten, was Liebe und Freiheit entgegenwirkt. Doch verhilft uns der „böse" Unterdrücker nicht zu unserer Freiheit, wenn wir endlich die Kraft finden, ihn zu stürzen? Die Dinge zu erkennen und sie grob zuzuordnen, erleichtert die Orientierung im Alltagsleben. Das war es dann schon.

1 Vgl. mit ähnlichen Worten ebendort S. 151f.
2 Vgl. bspw. *Robert Bly*, Eisenhans – ein Buch für Männer (2005), insb. S. 28 (Hopi-Indianer), S. 53 (Initiationsriten allgemein) sowie S. 112 bis 114 (Aschenjahre der Wikinger)
3 *C.G. Jung*, Archetypen (2008), S. 134
4 Vgl. bspw. *Ken Wilber*, Integrale Psychologie (2006), S. 161ff.

Ohne selektive Wahrnehmung und ohne unsere Vorurteile würde uns die permanente Reizüberflutung heillos überfordern. Ist aber der Fokus zu sehr auf schwarz und weiß gerichtet, verdunkelt das meiner Erfahrung nach das eigene Licht.

Was zählt, ist das authentische, weil spontane, maximal kurz überlegte Handeln oder Nichtstun. Dieses ergibt sich von selbst im Zustand des „No-Mind“ oder im Denken zweiten Ranges, in dem „das Böse“ stets die andere Seite der Medaille ist, die gleichzeitig „dem Guten“ dient. Das Licht erzeugt den Schatten und nicht umgekehrt.
Osho erklärte alle Erscheinungen der äußeren Welt zu etwas Relativem. Das Relative wiederum ist eine Illusion. Das verdeutlichte er unter anderem am eigenen Selbstwert, der durch das Vergleichen mit anderen Menschen beeinflusst wird: „Wenn du eine schöne Frau siehst, hältst du dich für unscheinbar; wenn du einen großen Mann siehst, fühlst du dich klein. Doch Größe ist relativ. Bevor der große Mann dazukam, warst du vollkommen in Ordnung, gab es kein Problem. Du hast dir über deine Größe keine Gedanken gemacht.“[1]

Reif für die Insel

Die Wohnsituation wurde immer enger. Vati hatte mit seiner neuen Frau bereits drei Söhne. Sie war viel jünger als er und verstand mein Rowdytum nicht zuletzt deshalb, weil wir gute Verbündete waren, wenn ihr Mann etwas anstrengend war. Als ich ihr einmal voller Begeisterung ein Album der Metaller „Mötley Crüe“[2] zeigte, kommentierte sie die Bilder der geschminkten, langhaarigen Männer mit den Worten: „Männer sind sowieso die schöneren Frauen!“ Muss ich betonen, dass mir das gefiel? Trotzdem erzählte ich auch ihr nichts von meinem Anima-Koffer.

Auch meine drei Brüder brauchten Platz.[3] Weil ich mit seiner Frau und den drei entzückenden Kindern gut auskam, haute es mich aus den Socken, als Vati letztere indirekt zum Thema machte. Er drangsalierte nämlich seine Frau, sie möge mir endlich ins Gesicht sagen, was sie an mir stört und nicht nur ihm damit in den Ohren liegen. Sie meinte, da wäre nichts. Also begann er von neuem und das ging so weiter, bis sie endlich sagte, es würde sie lediglich nerven, dass meine Socken und

1 *Osho*, Der Gott den es nicht gibt (2008), S. 245
2 *Mötley Crüe*, Album "Shout at the devil" (1983)
3 Das Wort Halbbrüder wäre angesichts des damals innigen Verhältnisses unangebracht.

Unterhosen nicht ordentlich im Wäschekorb landen. Dass sie dasselbe auch an meinem Vater störte, nahm er nicht zur Kenntnis. Stattdessen pustete er das Thema auf wie einen Heißluftballon. Da wäre mehr, meinte er. Sie schwieg.

Bis heute habe ich keine Ahnung, worum es da gegangen sein mag. Ich nehme an, dass diese (unbewussten) Doppelbotschaften bereits vermitteln sollten, dass ich mir bald ein eigenes Zuhause suchen muss. Gerade das Gegenteil vermittelte er aber ansonsten. Weil ich die Wahrheit nicht erfuhr, dürfte sich zum Berufswunsch des Soldaten der des Juristen gesellt haben.

Obwohl mein Vater dem Alkohol verfallen war, blieb er doch grundsätzlich ein liebenswerter Mensch, der seine Mutter in die Kirche brachte und mir Kondome überreichte. Dies tat er, indem er mir, bevor ich ausging, seine offenen Hände entgegenstreckte, in denen sich Geldscheine befanden. In einer Hand lag ein Fünfzig-Schillig-Schein, aber das Kondom befand sich immer auf dem Hunderter in der anderen Hand. Weil ich mich richtig für den höhern Geldbetrag entschied, bekam ich zum Überzieher gleich den Fünfziger dazu. Schließlich hätte ich ihm so die Zahlung von Alimenten erspart, meinte er. Hätte ich ihm mitteilen sollen, dass ich nicht wild herumvögelte, ein Mädchen hatte und sie die Pille nahm?

Die sogenannte Reifeprüfung bestand ich im Vorübergehen. Vier Vierer zierten das Maturazeugnis, weil ich zu den mündlichen Prüfungen dieselben Gegenstände wie bei den zuvor abgelegten schriftlichen Arbeiten wählte und weiteres Streben verweigerte. So schnell wie möglich und mit geringstem Aufwand weg zu kommen, war die Devise – hauptsächlich weil sich meine Lagebeurteilung bestätigte, der zufolge ein Professor bis zum letzten Tag stapelweise kopiertes „prüfungsrelevantes Material" anschleppte. „Du kannst mich mal!", dachte ich mir, ließ mich nicht noch nervöser machen und lachte mir im Parkbad liegend ins gebräunte Fäustchen, weil ich wusste, dass ich aufgrund der nicht gerade schlechten schriftlichen Arbeiten in keinem Gegenstand mehr durchfallen konnte. Meine Mitschüler lernten etwas eifriger. Von meinen Klassenkollegen habe ich heute nur noch zu Sven regelmäßigen Kontakt. Neben ihm und Harry hatte ich erst in der Militärzeit wirkliche Kameraden.

Für das Militär war ich bereits bestens gerüstet. Schon vor der Stellung (Musterung) trainierte ich in verschiedenen Situationen mit der auf einer Brücke gefundenen Schutzmaske, die vermutlich ein Arbeiter vergessen hatte. Liegestütze, Gehen, Laufen und auch Fernsehen mit dem „Rüssel" gewöhnten mich an das Gerät. Schnürstiefel waren längst mein Hauptschuhwerk. Sogar des Blinddarms und der Mandeln entledigte ich mich in eher wahnhaften, aber nicht ganz unrealistischen Gedanken, dass man im Kriegsfall entweder keine oder nur schlechte medizinische Versorgung haben würde. Ich steigerte mich kurz in innere Bilder über einen eitrigen Blinddarm und gerötete Mandeln hinein, sodass sich diese Organe tatsächlich entzündeten und daraufhin operativ entfernt wurden. Verrückt, oder? Der Haarschnitt war schon soldatisch kurz. Zwar liebte ich als Jugendlicher meine langen Haare, doch scherte ich sie ja vor einiger Zeit gerne für die Randgruppenzugehörigkeit ab. Mama förderte meine Frisuren, Vati hingegen motzte über alles, was nicht seinem seit Jahrzehnten unveränderten Beamtenscheitelschnitt entsprach. Dazu kam, dass gerade er zu heulen begann, als ich zum ersten Mal mit Stoppelglatze heimkam, weswegen er sich informierte, „um was es bei den Skinheads geht." Ein zweifach einseitiger Zeitungsartikel und das Bewusstsein, dass auch seine Exzesse mich in diese Szene trieben, dürften die Gründe für seine Tränen gewesen sein. Meinen Schädel rasierte ich aber nicht nur aus Protest ganz oder teilweise kahl, denn mir war klar, dass die Locken beim Heer sowieso wegmüssen. Das störte mich wenig, weil ich es ohnehin nicht erwarten konnte einzurücken. Ja, ich gebe es zu: Ich wollte kämpfen. Doch mit der Welt des Rambo hatte und hat das Heer nichts zu tun, wie ich bald feststellen musste.

Hinter den Kulissen

Ich gab mich stärker in bestimmten äußeren Welten, blieb aber prinzipiell ein heiterer, freundlicher, hilfsbereiter junger Mann. Je härter ich im Äußeren wurde, desto stärker schrie meine Anima im Inneren, meist auf der erotischen Ebene auf. Ab da suchte ich sie in potentiellen Partnerinnen, bis ich viel später (2006) herausfand, dass meine Traumfrau mit den dunklen Augen und langen Haaren ich selber war – und dass der wahre Kampf nicht draußen, sondern in mir selbst stattfand. Der Kampf „weiblich gegen männlich" ist im Allgemeinen auch ein haariges Thema. Mit der Überbetonung des männlich rationalen Denkens geht auch die Diskriminierung anderer über deren Äußerlichkeiten einher: „Lange Haare – kurzer Verstand". So erklärt man Frauen (und manche Männer) für weniger vernunftbegabt. Jack Nicholson erklärt im Film „Besser geht's nicht" als zwangsneurotischer Autor einem begeisterten weiblichen Fan, warum er in seinen Liebesromanen die Frauen so gut beschreiben kann: „Ich stelle mir einen Mann vor und substrahiere Verstand und Zurechnungsfähigkeit."[1] Dieser Kerl trägt so viele Emotionen in sich, hat aber – wie viele Männer – damit zu kämpfen, sie auch raus zu lassen.

Durch die Medien inszenierte Modelle sollen uns zeigen, wie unsere Haartracht auszusehen hat. Die den Männern gegebene Löwenmähne – Bart und Haare – ist abrasiert oder kurzgeschoren. Wo er keine Haare hat, kann sie gar nicht genug davon haben. Frauen färben nicht nur ihr Haar, sie verdichten und verlängern es auch. Manche tanzen aus der Reihe, aber grundsätzlich tragen bei uns Menschen die Weibchen die vollere, prächtigere Mähne. Bei uns wird die Löwin optisch zum Löwen. Haare stehen unter anderem für Intuition, Leidenschaft, sexuelle Energie, Ungezähmtheit und Extravaganz. Sollte man nun aus der „Verstandesformel" den Umkehrschluss ziehen, dass die Intensität sexueller Erfahrungen mit der Haarlänge zunimmt? Stimmt man Robert Bly zu, dass bereits „allein die Menge des vorhandenen Haares" darauf schließen lässt, „wie sehr die Instinkte beschnitten und wie stark die Spontaneität gezügelt ist"[2] und anerkennt man den starken Konnex zwischen Spontaneität und Leidenschaft, dann lautet die Antwort: Ja. Durch Haare drücken wir auch Emanzipation, Rebellion und Befreiung aus. Es liegt auf der Hand, dass der subtile bis gewaltvolle Druck anderer Menschen wegen unserer Haare wenig über uns, aber etwas ganz Entscheidendes über unser soziales Umfeld aussagt: Unsere Individualität bedroht die Scheinharmonie der Beziehung oder Gruppe.[3] Wenn unsere Frisur die soziale "Harmonie" gefährden kann, ist es keine echte Harmonie. Unsere Haare hingegen sind echt.

1 Vgl. *James L. Brooks*, „Besser geht's nicht" (1997)
2 Vgl. *Robert Bly*, Eisenhans – Ein Buch über Männer (2005), S. 66 bis 70
3 Vgl. *Linda Deslauriers*, Haare im Licht (2004), insb. S. 94 und 107

KÄFIG 1: CENTURIO

Underneath my mascarade
A simple man who is so afraid
I try to find a light to guide me home

Unter meiner Maskerade
Ein einfacher Mann der so ängstlich ist
Ich versuche ein Licht zu finden, das mich heim führt
Ozzy Osbourne[1]

Alles im grünen Bereich

Gerade 18 geworden, rückte ich am 2. Oktober 1989 in Freistadt bei Linz zur 5. Kompanie des Landwehrstammregiments Nr. 42 als Einjährig-Freiwilliger (EF) ein. Die kleine Tilly-Kaserne wurde zwar mein Hauptwohnsitz, zuhause war ich aber selten. Die meiste Zeit verbrachten wir in den umliegenden Wäldern und auf Übungsplätzen, wo man die im Lehrsaal theoretisch vermittelten Inhalte in die Praxis umsetzen konnte. Zu den Zeiten des nicht mehr ganz so kalten Kriegs lernten wir als Jagdkämpfer die Planung und Durchführung von Hinterhalten, Überfällen und Störaktionen auf feindliche Kommando- und Versorgungseinrichtungen. Endlich durfte ich als Soldat legal das tun respektive üben, was mich als Psycho-Skin beinahe ins Gefängnis gebracht hätte. Wozu, wo und wie wir ausgebildet wurden, war geheim, und das aus gutem Grund. Die militärstrategische Aufteilung Österreichs in Schlüssel- und Raumsicherungszonen sowie der geplante Einsatz der Panzer- und Infanterieverbände inklusive der Jagdkampfeinheiten erwiesen sich als goldrichtig, nachdem die eisernen Vorhänge endlich gefallen und die Aufmarschpläne der Warschauer-Pakt-Staaten offen gelegt worden waren. Aber langsam. So schnell, wie ich jetzt beinahe zum Abschluss dieses Kapitels gekommen wäre, schießen angeblich nicht einmal die Preußen.

1 *Ozzy Osbourne*, aus dem Lied "Running out of time" vom Album "Down to earth" (2001); frei übersetzt von Monika Donner

Beim ersten Passieren der Wache und dem Betreten der militärischen Liegenschaft hatte ich ein mulmiges Gefühl. Es herrschte Ordnung in dieser neuen Welt, und doch waren diese Gemäuer ähnlich behaglich wie jene des Jesuitenkollegiums. „Von den Streitern Jesu zu den irdischen Kämpfern" dachte ich, als ich die in der Wiese liegenden Uniformierten beim Waffendrill beobachtete. Endlich sah ich das „Sturmgewehr 77" im Originalmaßstab. Bisher zierte es als Miniatur den Schreibtisch meines Kinderzimmers. Ein Energieschub erfasste mich und jede Scheu war weg. Erst recht, als ich merkte, dass es den anderen Frischlingen in Zivil weit schlimmer zu gehen schien. Die Aufnahme in der neuen, grünen „Burg" war kurz und strikt, aber auch herzlich. Schon am ersten Tag wurde uns verdeutlicht, dass es „hier keine Mama gibt, die euch alles nachträgt … Ihr werdet selbst Ordnung halten und reinigen!" So sprach immerhin die Mutter der Kompanie, wie der „Spieß" auch genannt wird. Er organisierte die inneren Abläufe und griff als erster Unteroffizier der etwa 150 Mann starken Kompanie klarerweise keinen Putzlappen an, aber er „wusch einem das Gestell", wenn man nicht spurte. Der Boss der Kompanie war ein Hauptmann. Er verstand es wirklich, Jungmänner zu motivieren, und seine Persönlichkeit prägte mein Bild, wie der Vater der Kompanie sein muss.

Bald waren wir Wehrmänner (heute sagt man Rekruten) äußerlich nicht mehr von den Berufssoldaten zu unterscheiden. Nur eine etwa daumengroße, auf den Schultern des Feldanzugs angebrachte Winzigkeit stellte die symbolisierte Rangordnung sicher: Dienstgradabzeichen. An ihnen konnte man ablesen, um welchen Chargen-, Unteroffiziers- oder Offiziersrang es sich handelte. Sehr praktisch für Insider, und für Feinde aus der Ferne nicht erkennbar. Dazu kamen noch die verschiedenen Funktionen, die in der Großfamilie zu erfüllen waren. Im Grunde ist es ganz simpel und auch für Zivilisten leicht zu verstehen. Unsere infanteristische[1] Kompanie wurde von einem Hauptmann kommandiert, der für innere und äußere Angelegenheiten verschiedenes Kaderpersonal befehligte. Seine linke Hand (Innenminister) war der bereits erwähnte Spieß. Diesem unterstand die Versorgungsgruppe, die die Personalverwaltung und den Bedarf an Feldzeuggerät, Waffen, Bekleidung, Bettwäsche bis hin zum Klopapier sicherzustellen hatte. Für den äußeren Dienst und vor allem die Ausbildung leitete der ranghöchste Offizier und Kompaniechef, wie der Kommandant in Deutschland genannt wird, seine rechten Hände (Außenminister).

1 Infanterie: Soldaten, die hauptsächlich zu Fuß unterwegs sind

Gemeint sind die Ausbildungsoffiziere, der Kommandogruppenkommandant sowie die Zugs- und Gruppenkommandanten. Züge waren (und sind) in der Ausbildung etwa 40 Mann stark und bestehen aus Gruppen, die je etwa acht Mann umfassen.

Diese an die Einsatzgliederung angelehnte Organisation sagte mir zu. Man war sichtlich bemüht, dass wir sie und die theoretischen Ausbildungsinhalte rasch verinnerlichten, um gefechtstechnisch ausgebildet werden zu können. Seit der ersten Klasse Volksschule durfte ich endlich wieder einmal gehirngerecht, nämlich anschaulich und praxisorientiert lernen. Ausgerechnet in dem Club, gegen den so viele Lehrer wettern. Im Gegensatz zu den Lehrkräften empfand ich keinen der militärischen Vorgesetzten als ungerecht. Sie hatten weit mehr Gewalt über uns als die schulischen Pädagogen, verhielten sich aber überwiegend kameradschaftlich und gerecht. Zum ersten Mal in meinem Leben empfand ich mich in einer menschlichen Organisation als gleichwertiges, gebrauchtes Mitglied. Hier schien mein Gerechtigkeitsempfinden, Humor, Temperament, ja mein gesamtes Wesen nicht nur akzeptiert, sondern sogar gefördert zu werden. Ich fühlte mich sehr wohl damals.

Die erste Nacht in der Kaserne war aber die Hölle. Alles war fremd. Es lagen 22 Mann in einem Raum und manche von uns schienen im Schlaf mehr Bretter zu sägen, als der Lattenrost der Stockbetten fasste. Tagewache war um punkt sechs Uhr. Für die meisten von uns. Wehrmann Justl ruhte nach der Körperpflege immer noch etwas am bereits gemachten Bett aus, während die anderen Gang, Stiegenhaus und Toiletten putzten. Als stillschweigend vereinbarten kameradschaftlichen Dienst trug ich dafür draußen bereitwillig schweres Gerät wie das Maschinengewehr oder das Gepäck eines erschöpften Kameraden. Erheiternd war, wenn Kameraden wegen schlechter Rasur getadelt wurden und sie sich ein Beispiel am „tadellos rasierten Wehrmann Justl“ nehmen sollten. Ich hätte zwar genügend Zeit zum Rasieren gehabt, benötigte sie aber nicht, weil Mutter Natur bei mir keinen Bartwuchs vorsah. Dafür musste ich meine noch immer eher androgyne Stimme zu einem männlichen Kommandomundwerk umfunktionieren.

Julius und ich wurden für verrückt erklärt, als wir uns nach Dienst zwecks Jux und Tollerei gegenseitig in der Kaserne rauf- und runterexerzieren ließen. Dabei erfanden wir merkwürdige neue Kommandos wie „Linksdrehung“ oder „Rechtsdrehung“, sprich Marschpirouetten.

Unter dämlichem Gelächter vergatterten[1] wir auch Bäume und Sterne. Als wir wieder einmal spätnachts „Universum auf mein Kommando – Linie zu vier Gliedern – Vergatterung!“ brüllten, wurden wir vom OvT[2] mit den Worten „Geht's schlafen, Ihr Helden!“ ins Bett kommandiert.

Nachdem unsere Kondition in der Allgemeinen Grundausbildung auf Vordermann gebracht wurde und wir militärische Grundkenntnisse erlernt hatten, folgte die Ausbildung zum Kadersoldaten in der Waffengattung „Jagdkampf“. Wir lernten eine Art Guerillakampf, bei dem der Feind überraschend und mit geringstem materiellem Aufwand ausgeschaltet oder zumindest verlangsamt wird. Ob es nun ein einzelner feindlicher Soldat war, an den man sich alleine oder zu zweit von hinten anschlich, um ihm gleichzeitig in die Kniekehle zu steigen, mit dem Messer die Kehle durchzuschneiden, den Mund zuzuhalten und darauf zu achten, dass dabei nicht seine Waffe auf den Boden fällt, oder ob man eine gegnerische Fahrzeugkolonne in einem Hinterhalt durch zeitgleiche Feuereröffnung schwerer und leichter Waffen zum Stehen brachte, machte keinen Unterschied hinsichtlich des dazu nötigen Überraschungseffekts. Um diesen zu erzielen, musste man so gut wie unsichtbar sein und geräuschlos vorgehen. Aus bestimmt nachvollziehbaren Gründen gehe ich nicht auf tiefer gehende Details der verschiedensten Arten und Techniken des Kampfs ein. Die nun folgende Schilderung darf als meine Erfahrung der Mystik und Philosophie gesehen werden:

Wir sitzen auf den Holzpritschen des MTW[3] und haben für eine „C-Übung“, also für drei Tage im Wald gepackt. Das bedeutet soviel wie Spind am Rücken. Endlich kommt der Befehl „Absitzen!“ Es folgt die Formierung in Gruppen und eine kurze Befehlsausgabe. Ab hier Schweigen. Wir marschieren in einigen Metern Abstand, versetzt und abseits von Wegen durch den Wald. Die Verständigung erfolgt über Blickkontakt und Handzeichen. Nach ein paar Kilometern halten wir in einer von Gestrüpp umgebenen kleinen Lichtung. Der eingeteilte Zugskommandant beschließt hier das „Lager“ zu errichten. Das dauert nur wenige Minuten. Er selbst mit seinem Trupp in der Mitte und die Gruppen um ihn legen das schwere Gepäck im Viereck ab und sichern es gegen Regen. Kein Zelt, kein offenes Feuer. Maximal eine Unterlegmatte deutet so etwas wie ein herkömmliches Lager an.

1 Vergattern: die Truppe durch Kommandos in die gewünschte Formation bringen
2 OvT: Offizier vom Tag; zuständig für die Sicherheit in der Kaserne
3 MTW: Mannschaftstransportwagen

Mehr wäre Luxus und würde Zeitverlust bedeuten. Kurz darauf erfolgt die letzte geflüsterte Befehlsausgabe für einen Hinterhalt. Am Geländemodell aus kleinen Ästen, Zapfen und Gräsern wird der gesamte Ablauf der Aktion kurz und bündig befohlen.
„Fragen?" – „Keine!" – „Abmarsch!"
Beinahe geräuschlos und spurlos bewege ich mich am Waldboden an der Spitze meiner Gruppe in Richtung Einsatzort. Die Sohlen der schweren Stiefel werden nur auf den benadelten Boden gesetzt, wenn darauf kein Ast liegt. Ein Knicken könnte auf uns aufmerksam machen. Diese bewussten Schritte in der Armee sind es, die meine vom Fußballspielen stark beschädigten Bänder wieder stärkten. Zu oft hatte ich dank meines Eifers (und nicht etwa wegen meines Talents) am selben Wochenende in zwei oder drei Mannschaften desselben Vereins gekickt. „Besser mit Stiefeln im Wald als mit Stollenschuhen auf dem Rasen" denke ich und versinke wieder voll in dem, was ich tu. Die Vögel zwitschern fröhlich vor sich hin. Sie kümmern sich wenig um den Krieg, den wir hier gerade spielen. Je näher wir zum Ort des geplanten Geschehens kommen, desto aufmerksamer werde ich. Den weichen Boden des Waldes spürt man auch durch die dicken Gummisohlen. Auf Moos steigen ist tabu. Der Geruch feuchten Laubes dringt in meine Nase, während ich den Kolben der gesicherten, „british ready" geführten Waffe in der Achsel spüre. Sehe ich da etwa einen Kopf zwischen den Bäumen? Liegt da wer? Ein schneller Blick in das mit Tarnfarbe bemalte Gesicht meines Kameraden und treuen Freundes Norbert. Er nickt. Nach meinem Handzeichen liegt meine Gruppe neben mir am Boden. Ein weiteres nonverbales Kommando, und zwei Mann robben nach vorn, um den vermeintlichen Feind aufzuklären. Ein seltsamer Baumstumpf hielt uns auf. Schmunzeln und Weitermarsch.
Endlich sind wir an der Kurve der Bundesstraße angelangt, an der wir uns nun befehlsgemäß und selbständig in Position bringen. Ein wahres Geländeprachtstück, das unsere Waffen ideal zum Einsatz bringen lässt und uns perfekten Schutz beim Absetzen bieten wird. Drei Gruppen liegen schon auf der felsigen Anhöhe. Es ist noch Zeit zur Vorbereitung und zum Verschnaufen, weil die „schwere Gruppe" aufgrund des wirklich schweren Geräts deutlich länger zum Beziehen ihrer Stellungen benötigt. Außer meinem mit Laubtarnung am Stahlhelm gekrönten Haupt hat der ganze Körper Bodenkontakt. Mein noch hastiger Atem dringt vom fast kuschelig belaubten Erdreich über die Visiereinrichtung zurück zu mir empor. Durch und über die Optik des Visiers beobachte ich die Strasse, meine Kameraden und die Umgebung.

Äste wippen hin und her. Das Grün des Farns lockert das graue Gestein unter uns etwas auf und bietet einen wunderschönen Kontrast zum gelbbraun gefleckten Grund, auf dem ich liege. Gedankenlosigkeit. Dieser sonst so seltene, oft sogar gesellschaftlich mit Spott sanktionierte Zustand hat sich eben eingestellt. Ich bin die Natur, und die Natur ist ich. Plötzlich ein Geräusch. Der Kommandant der schweren Waffen und seine Jungs sind da. Bald geht es los. Handzeichen signalisieren, dass wir alle bereit sind. Adrenalin liegt in der Luft und übertüncht den Geruch der schweißgetränkten, schmutzigen Uniform. Das Führungsfahrzeug des feindlichen Konvois kommt Luke offen um die Ecke getukkert. Wie auf dem Präsentierteller guckt der Kommandeur heraus. Es darf aber noch kein Schuss fallen, weil die restlichen Fahrzeuge noch nicht in aller Mann Blickfeld sind. Kurzes Kopfkino: Führungsfahrzeug muss über die gedachte Linie zwischen doppelstämmiger Fichte und Verkehrsschild gefahren sein, dann wird hinter dem letzten Fahrzeug mit einem umgestürzten Baumstamm der feindliche Rückzug verhindert. Lange kann es nicht mehr dauern. Der Finger ist am Abzug. Kontrollblick zu den Kameraden. Kopfnicken. Handzeichen. „Feuer!" Die gleichzeitige Feuereröffnung aus allen Richtungen bricht die idyllische Waldruhe und ergibt sich in der uns bekannten „Symphonie des Todes". Das ist Heavy Metal pur. Wer „Seek and Destroy" von Metallica oder „Symphony of Destruction" von Megadeth kennt, kann nachempfinden, was ich meine.[1] Zerstörung hat etwas Wunderschönes an sich. Ich spürte, dass es keine militärischen Feinde im Äußeren waren, sondern die in mir hockenden Dämonen der Welt, die ich zu suchen und zerstören begann. Vollständig bewusst sollte mir dieser Vorgang erst in ein paar Jahren werden.

Zurück zum Geschehen. Ein Stoßtrupp stürzt sich durch den wie Bodennebel wirkenden Pulverrauch hinunter, liquidiert die restliche Fahrzeugbesatzung und macht Beutegut. Das Abendessen ist sicher gestellt. Der Spieß „daheim" hat nämlich mitgedacht und der Feinddarstellung gefüllte Kochkisten mit Trageriemen für uns mitgegeben. Schnell setzen wir uns ins Lager ab, wo – der Realität wieder näher – das mit Übungsmunition durchgeführte Manöver besprochen wird. Das Feedback erfolgt wie immer mit Lob und Tadel, damit man weiß, woran man ist und was es zu verbessern gilt. Es gab zwar kleine Mängel beim Beziehen der Stellungen, aber summa summarum hätten wir mit scharfer Munition

1 *Metallica*, Album „Kill´ em all" (1983); *Megadeth*, Album „Countdown to Extinction" (1992)

den Feind unter geringen eigenen Verlusten ausgeschaltet. Nach Einbruch der Dunkelheit liegen wir in unseren Schlafsäcken. Ruhe kehrt ein – nicht zuletzt wegen des angedrohten mitternächtlichen Lagerwechsels im Falle unnötigen Lärms. Erschöpft döse ich ein. Im Glauben, wohl einige Stunden geschlafen zu haben, betrachte ich putzmunter den Mond, der den Wald mystisch erhellt. Ein Blick auf Opas Uhr, die er im Russlandfeldzug als Anerkennung für das mutige erste Übersetzen der Wolga erhielt, verrät, dass es noch nicht einmal zwei Uhr morgens ist. Die Nacht ist also nicht stockfinster. Nicht einmal hier abseits der vielgerühmten Zivilisation. Hier darf ich wieder die Einheit mit Mutter Natur erleben, wie ich sie im Garten meiner Kindheit erlebte. Ich sehe mich von oben auf dem Boden liegen und spüre gleichzeitig den Wind durch die Tarnmütze, höre den Wind in den Ästen und bemerke ein Kitzeln eines Insekts am Hals. Sollten sich dieses Krabbeltier und ich, so unterschiedlich wir sind, tatsächlich aus Einzellern in einem Sumpf empor entwickelt haben? Wenn dem wirklich so sein sollte, wäre der Beweis der Evolutionstheorie dann das absolute Aus für den Gott, den ich hier in allem mich Umgebenden spüre? Oder wäre es nur das eindeutige No-go für die „Götter" in Personengestalt? Ich beschließe, dass sich Schöpfung und Evolution nicht ausschließen. Vielmehr liegt die Schöpfung in der Evolution. Ist das Militär dann etwa auch Plan der Schöpfung, weil Evolution das Überleben des Stärkeren durch Selektion sichert? Einiges spricht für diese mitternächtliche These. Doch gehen mir diese Gedanken um diese Uhrzeit etwas zu weit weg vom Faktischen.

Daher stelle ich mir die Frage, was Raufereien Jugendlicher von militärischer Gewaltausübung unterscheidet. In einer tiefen Meditation fliege ich über die Baumwipfel hinweg und blicke hinunter auf die Linzer Altstadt. Meine Freunde sind sinnlos besoffen, grölen herum und geben sich wieder einmal einer selbst provozierten Schlägerei hin. Sind sie irre? Oder bin ich es, weil ich hier mitten im Wald liege, Krieg spiele und meditiere? Die Gesellschaft ist wahnsinnig, die Randgruppen produziert und Außenseiter hervorbringt, die sich nach Prügel sehnen, weil sie zuwenig Liebe abbekamen, wird mir klar. Statt positive holen sie sich negative Strokes.[1] Der Krieg an sich ist ebenfalls Markenzeichen derselben sozialen und emotionalen Verarmung. Mangels verbaler Übereinkunft wird jemand oder eine ganze Nation – abstrakt – zum Feind erklärt.

1 Stroke (engl.) kann als Verb soviel wie „Streicheln" oder Liebkosen" und als Substantiv soviel wie „Schlag" oder „Hieb" bedeuten.

Alte Männer (Politiker) erklären sich gegenseitig den Krieg, und vorwiegend junge Menschen (Soldaten) tragen ihn aus. Seit dem Zweiten Weltkrieg wird allerdings bewusst die Zivilbevölkerung einbezogen. Der Krieg ist damit zur Angelegenheit aller Menschen geworden. Folglich ist keiner wirklicher Sieger eines Kriegs. Wen interessiert ein „Sieg", wenn ein Bein, Arm, Mann oder Sohn dabei draufgingen? Doch was bringt mir diese Erkenntnis und Philosophiererei genau jetzt und hier im Wald? Ist es okay, wofür und wie ich mich vorbereite? „Ja!" lautet die kurze innere Antwort. Solange ich als Staatsbürger eines neutralen Staats und als Soldat einer reinen Verteidigungsarmee zur Waffe greife, um meine Heimat zu verteidigen, wird Gewalt nicht nur gerechtfertigt, sondern auch zur Pflicht dessen, der in Freiheit leben will. Wäre der heutige Feind echt gewesen, hätte ich gleich mehrfach getötet. Ich gebe dem schlechten Gewissen aber keinen Raum, denn immerhin hätten die Soldaten fremder Streitkräfte rein gar nichts in meiner Heimat zu suchen gehabt. Sie müssten ja beim Eintritt in ihre Armee gewusst haben, dass Expansionskriege zu ihrem Auftrag gehören.
Klar habe ich mich aus meiner Biographie heraus bewusst zum Militär begeben, weil ich kämpfen wollte. Struktur, Ordnung, Anstand, Ehre, Gerechtigkeit, Fürsorglichkeit und die Natur lenken aber ursprünglich wütende Energien in konstruktive Bahnen. Da sind auf einmal Menschen, die sich mit ihrem Beruf identifizieren und trotzdem nicht weltfremd sind. Die Offiziere und Unteroffiziere meiner Stammeinheit haben genau das, was meiner Meinung nach der bisher erlebten Welt fehlt: einen Ehrenkodex, für den sie auch eintreten und den sie sogar gegenüber der Bevölkerung rechtfertigen. „Treu bis in den Tod!" gelobten sie nämlich auch jene Menschen mit ihrem Leben zu schützen, die sich der Notwendigkeit der Verteidigungsarmee nur zu Krisenzeiten bewusst sind, sie aber sehr rasch vergessen, wenn ihre Schäfchen im Trockenen sind und die Politik das Militär wieder einmal mit leeren Versprechungen im Stich lässt. Zu sich und seinen Zielen stehen, ohne wenn und aber, tun statt plaudern – hier bin ich zuhause, hier will ich bleiben. Vom Waldwind gepolstert schlafe ich endlich ein.
Die Sonne geht auf, während wir im Stillen und mit ein wenig Wasser aus der halbleeren Feldflasche die Zähne putzen. Wasser ist Mangelware und daher wertvoll. Mit einem grünen und schwarzen Tarnstift ziehe ich die der Umgebung nachempfundenen Streifen im Gesicht nach. Ein kritischer Blick im Spiegel bestätigt, dass ich hübsch genug für die Eichhörnchen und sonstigen Waldtiere bin. Beim Militär lerne ich mich also zu schminken. Wer hätte das gedacht?

Nach weiteren Märschen, Übungseinlagen und einer völlig durchfrorenen Nacht besteige ich nach drei Tagen erstmals wieder die Treppen des Kompaniegebäudes hinauf zur Unterkunft. Ja, du hast richtig gelesen. Ich besteige sie. Nachdem ich bereits mehrere derartiger Übungen draußen verbrachte, scheinen die Stufen, genau wie Asphalt, Türen, Fliesenböden, Toiletten, Spinde und Metallbetten, mehr und mehr allesamt Relikte aus einer mir bekannten und doch fremden Welt zu sein. Die Welt, wie ich sie kenne und teilweise auch hasse, war nicht mehr dieselbe. Welch Wunder ist der heiß dampfende Leberkäse neben Kartoffelpüree und Gemüse auf dem weißen Kantinengeschirr. Am Nebentisch sitzen Soldaten einer anderen Einheit, die sich, wie so manche Mitschüler damals, über den mir schweigend mundenden „Saufraß" beschweren. Spät am Abend lese ich in einem Schmierblatt, dass ein Mann sich wegen eines Kratzers im neuen PKW das Leben nahm. Die moderne Stadtwelt hat mich also wieder mitsamt der Oberflächlichkeit und Unzufriedenheit, die der menschliche Luxus mit sich zu bringen scheint …

A propos Stadtwelt: Es war auf dem Fußballplatz, wo ich trotz meiner Walderkenntnisse wieder einmal herumposierte und mich als Held feiern ließ, den manche Menschen offenbar brauchen wie einen Bissen Brot, als ich in den dunklen Augen eines Mädchens versank. Maria war ab diesem Tag die weibliche Konkurrenz zur Karriere beim damals noch ausschließlich männlichen Militär. Der Dienst erfüllte mich weiterhin, aber die Freizeit gehörte nicht mehr dem freiwilligen Verbleib in der Kaserne zwecks Selbststudiums, sondern eben ihr. In den Pausen betrachtete ich Marias Foto auf der Rückseite des Soldbuchs und stellte mir dabei vor, bei ihr zu sein. Unsere Begegnungen waren ja von Zärtlichkeit und Erotik geprägt. Da ich heillos romantisch war und sie erst 16, ging ich es in Sachen Sexualität allerdings wieder einmal sehr langsam an. Wir waren gerade auf dem Rummel, als sie plötzlich und unangekündigt verschwand. Es traf mich wie der Blitz eines Hinterhalts, als mich am nächsten Tag ihre Freundin anbaggerte und mir dabei mitteilte, dass Maria mit einem anderen Burschen geschlafen hätte. Sie stritt es nicht ab, und ich ging. Eine Welt brach zusammen.
Die körperlichen und psychischen Strapazen beim Heer, die mich nicht selten fluchen und aufgeben lassen wollten, waren diesmal die perfekte Ablenkung. Aber auch privat trug sich einiges zu. Wir waren gerade wieder einmal von einer Übung zurückkehrt, da sah ich einen etwas unsicher wirkenden Soldaten vor dem Kompaniegebäude stehen.

Ich kannte ihn. Es war „H“, einer der alten Hasen der Linzer Hooligan-Szene, der hier seinen Grundwehrdienst mit dem Rasenmäher ableistete. Zuletzt hatte ich dieses Gesicht hinter seinen zu einem „Victory“ geformten Fingern und Handschellen gesehen, als man ihn mit dem „Bullenbus“ vom Stadion wegbrachte. Eines Abends tranken wir ein paar Bier in einem ländlichen Pub und hatten uns über „alte Zeiten“ unterhalten, als eine Stänkerei losging. Ich weiß nur noch, dass ein Soldat von mehreren, angeblich so kräftigen Bauernburschen tätlich angegangen wurde. Wahrscheinlich ging es um eines der Landmädchen, die sich damals noch durch die Uniform beeindrucken ließen. Der Grund interessierte mich allerdings weniger als der Umstand, dass da etwa sechs Jungs auf einen Kameraden losgingen. Ich stürzte mich in den Tumult und stieß jeden Aggressor auf seinen Sessel, was angesichts meiner Kraft vom Bankdrücken und guten Kondition keine besondere Leistung war. Niemand wurde verletzt. In Linz wurde dann allerdings in Umlauf gebracht, dass „der Justl mehrere Bauernbuben blutig geboxt“ hätte. „H“ dürfte außerdem massiv übertrieben dargestellt haben, welcher Ausbildung ich mich unterzog.
Als ich dann an einem freien Wochenende von den kleinen Nachwuchshooligans zu Hilfe gerufen wurde, weil sie von älteren Fußballwahnsinnigen des gegnerischen Clubs verdroschen wurden, schlüpfte ich ein letztes Mal in meinen Straßenkampfanzug. Mit drei Freunden stürmte ich einen gegnerischen Treffpunkt. Es dürfte an meinem äußeren Erscheinungsbild, meiner Wut und dem hinter meinem Nacken aus der Bomberjacke ragenden Baseballschläger gelegen haben, dass keiner der dort Anwesenden die „Kids“ verprügelt haben wollte. Als wir den Laden verließen, stürmte bereits ein gutes Dutzend Jungs mit Baulatten auf uns vier ein. Es gab kräftig Randale, bis mich eine Latte stark am Arm traf und kurz außer Gefecht setzte. Mein sonst eher ruhiger Freund „E“, den ich mit meiner Impulsivität und Energie wohl kräftig ansteckte, stellte sich vor mich hin, blickte die Gegner an, zog sein Messer und brüllte mit einer irren, aber überzeugenden, Stimme: „Wer Toni angreift, den schlitze ich auf!“ Die Zeit stand still, alles schwieg. Sie nahmen die Drohung (zu Recht) ernst und suchten das Weite.

Einige Zeit später besuchten mein Cousin und ich ein Altstadtlokal, um etwas Spaß zu haben. Daraus wurde nichts, weil auch die alten Hools dort waren. Unter ihnen befand sich der fette Typ, der mir als Jugendlichem im Stadion das Getränk aus der Hand geschlagen hatte. Ich weiß nicht mehr, was mich durchfuhr, als mir meine Begleitung mitteilte, dass diese Typen mich hier und heute fertig machen wollten, aber es dürfte pure Kraft gewesen sein. Ich ging aufrecht und reaktionsbereit durch die links und rechts von mir stehenden Kreaturen. Es waren viele, aber sie waren allesamt kleiner und wirkten energetisch schmächtiger. Keiner wagte eine Attacke. Sie rochen wohl meine Stärke, hatten Angst aufgrund der Schauermärchen über einen jungen Soldaten und spürten, dass es einigen von ihnen an den Kragen gehen könnte. „Feiglinge!" kam es aus mir heraus, als ich das Spalier der alten Hasen verließ. Auf einmal wich meine einstige Begeisterung für ihr Draufgängertum. Das Spalier der Angsthasen war gleichzeitig der befriedigende Weg aus dieser brutalen Subkultur. Nun wusste ich, wie Mythen entstehen und was sie zusammen mit Ausstrahlung bewirken können.

Ausstrahlung hatte auch das dunkelhaarige Mädchen, das traurig vor mir stand und mich um Verzeihung bat. Entgegen meinem verbissenen Vorsatz vergab ich Maria. Meine Liebe zu ihr blieb, Erotik war da und der Sex wurde zum sportlichen Ritual. Mit einem roten Filzstift malte sie einen Strich pro Liebesakt auf die Bretter ihres Stockbetts, wobei dort bald kein Platz mehr war. Und das nicht, weil die Striche lang oder dick gewesen wären. An einem Wochenende stellten wir unseren „24/18-Rekord" auf. Das waren 18-mal Geschlechtsverkehr in 24 Stunden. Dass ab etwa meinem sechsten Höhepunkt nur noch heiße Luft kam, störte meinen Bodybuilderhormonhaushalt wenig. Im Gegenteil. Unser beider Nymphomanentum war gesund für Seele, Geist und Körper. Letzterer setzte Zuchtbullenkraft frei und so drückte ich bald zum ersten Mal die für mich magischen 130 Kilogramm auf der Bank.

Auch beim Militär spürte man etwas von der Kraft, die mich antrieb. Von Anfang an schien das Heer meine „Bestimmung" zu sein. Der Hauptmann wusste zwar wahrscheinlich nichts von meinen früheren Altstadterfahrungen, wohl aber, dass ich unbedingt Berufsoffizier werden wollte. Er attestierte mir bereits nach ein paar Monaten Ausbildung: „Justl, du wirst ein guter Offizier!" Woher wusste er das? Spiegelte sich hier etwa meine Identifikation mit dem Soldatenberuf? Es muss wohl so gewesen sein. Auch mein Zugskommandant gab mir das Gefühl, dass ich meine Sache richtig angehe. Im Allgemeinen Offiziersanwärterkurs stellte mich einmal der Gruppenkommandant, ein Leutnant, zum befohlenen Rapport beim Hauptmann, weil eines der beiden von mir sonst so pedantisch gereinigten Sturmgewehre etwas Flugrost angesetzt hatte. „Herr Hauptmann, ich melde mich zum befohlenen Rapport, weil ..."

Weiter kam ich gar nicht. Er: „Ja ich weiß ... sag, willst du noch Offizier werden? Geht's dir gut beim Boxtraining?" Auf mein zweifaches kurzes „Jawohl!" zwinkerte er mir nur zu, und ich durfte abtreten. Der daneben stehende Leutnant erstickte fast an seiner Wut. Nicht, dass er mich nicht gern gehabt hätte. Er wollte vielleicht einfach (und zu Recht) nur aufzeigen, dass der „Bub vom Oberst" doch nicht so perfekt ist, wie man meinte. Diesen Spitznamen erhielt ich, weil Kameraden berichteten, dass der Regimentskommandeur sich regelmäßig nach mir erkundigen würde, wenn er uns einen Besuch abstattete. Ich bekam das gar nicht mit und war nur verwundert, warum der sympathische alte Soldat mich nicht persönlich ansprach. Was hätte näher gelegen? „Mein" Leutnant gab sich jede Mühe, mich bestens auf die Militärakademie vorzubereiten. Kurz vor der Aufnahmeprüfung meinte er, dass ich es sicher schaffen und als „Kampfsau" garantiert nicht im Gegenstand Gefechtsdienst (durch) fallen würde. Er sollte nicht Recht behalten.

Mit Norberts orangem VW Polo fuhren wir ins vermeintlich letzte gemeinsame Wochenende nach Linz, bevor ich zur „MilAk" in Wiener Neustadt einrücken sollte. Ich hatte daher die Alarmpackordnung und sogar das Sturmgewehr mitnehmen müssen. So adjustiert ließ Norbert mich auf mein Drängen hin am Linzer Taubenmarkt aussteigen. Er hätte mich schon zu Mama gebracht, aber ich wollte unbedingt in voller Montur die Landstrasse entlang bis zum Bahnhof marschieren, um zu sehen, wie die Leute reagieren. So glaubte ich, naiv wie ich war, der unterschwellig negativen Haltung gegenüber dem Militär beikommen zu können. Die selbständige „Öffentlichkeitsarbeit" resultierte allerdings in jeder Menge verdutzter Blicke, die ich schon als Jugendlicher einheimste. Nur ein alter Mann in Jägertracht stellte die hochbegeisterte Frage, ob es denn wieder Krieg gebe.

Endlich stand ich in der berüchtigten „Burg", also „Der Burg". Diesen Namen tragen die Räumlichkeiten der Akademie nicht umsonst. Als Mystiker spürte ich die Energie von Ritterlichkeit im Gemäuer meines Lebenstraums. Dieser zerplatzte jedoch nach kurzer Zeit wie eine Seifenblase aufgrund einiger dortiger Erfahrungen, meines Stolzes und nicht zuletzt wegen dem Bedürfnis, bei meiner Freundin zu sein. Zuerst störte mich, dass wir in den „Katakomben" des Burgkellers einquartiert wurden. Man zeigte uns die Rangordnung auf, indem man uns die übelst verdreckten Räumlichkeiten reinigen ließ, bevor wir sie beziehen konnten. Den Befehl dazu erteilte ein Spieß, der so beleibt war, dass er die Kehrtwendung in zwei Teilwendungen durchführen musste. Das Kommando über uns hatte ein Lehrgruppenoffizier, der auf mich wirkte wie ein schleimiger Komplexhaufen in Uniform. Zum ersten Mal wurde ich beim Heer herablassend behandelt. Wäre mir dieser Mensch in einer Kneipe mit seinem arrogant-herrschsüchtigen Ton gekommen, könnte es leicht sein, dass ich ihn zu einem Raufhandel provoziert und von seinem Barhocker hätte abbeißen lassen. Der Burghof war von uns ausschließlich im Laufschritt zu überqueren und eine gewisse Stiege durfte erst von Soldaten ab dem Dienstgrad „Leutnant" beschritten werden, weshalb sie auch „Leutnantsstiege" hieß. Im Inneren der Burg wurde ich von einem älteren Offizier zur Sau gemacht, weil ich nicht (noch einmal) vor ihm salutierte. Der Einwand von Korporal Justl, dass Ranghöhere gemäß den ADV[1] bei der ersten Begegnung am Tag zu grüßen sind und ich dies vor ca. zehn Minuten auf dem Weg zum Klo tat, wurde mit den scharf gesprochenen Worten heruntergespielt: „Hier gelten andere Regeln!"

Im Allgemeinen schien mir das Verhältnis Offizier zu Unteroffizier und Charge mehr als nötig künstlich strapaziert zu werden. Zum einen lernte ich von meinem kriegserfahrenen Großvater, in der bisherigen Ausbildung und durch meine eigenen Erfahrungen, dass die Unteroffiziere das Rückgrat der Armee sind, zum anderen vernahm ich im einwöchigen Aufenthalt in der Fabrik der Offiziere eine künstliche Selbstwerterhöhung, d.h. eine billige Stärkung der Egos der Auszubildenden. Das mag sich inzwischen geändert haben, damals war es aber so für mich. Bitter enttäuscht zog ich bei ein paar Bieren mein Resümee. Ich hatte, im Gegensatz zu Soldaten anderer Waffengattungen, meine psychische und physische Belastbarkeit bereits unter Beweis gestellt. Die Gerüchte über „Die Burg" konnten mich zuvor nicht abhalten, hier Fuß fassen zu wollen. Ich hätte mich jeder körperlichen und geistigen Herausforderung gestellt. Aber mein Gefühl, dass man mich brechen wollte, hätte bei meinem Charakter zwei mögliche Folgen gehabt: totale Anpassung mit psychischem Implodieren oder aggressives Auflehnen inklusive Rauswurf. Das Zünglein an der Waage zur Entscheidung gegen die MilAk war schließlich Maria. Ich spürte einfach, dass diese Gemäuer nichts für mich waren und wollte in der Nähe meiner Freundin sein. Halbherzig trat ich zum letzten Teil der Aufnahmeprüfung an und so fiel die „Kampfsau" in ihrer Königsdisziplin. Nach Freistadt zurückgekehrt, wollte man mich ermutigen, es doch noch einmal zu versuchen.

1 ADV: Allgemeine Dienstvorschriften

Man hätte sich schon auf meine spätere Verwendung beim Regiment gefreut. Ja, ich mich auch. Ich schämte mich für mein „Versagen" und redete mich auf ungünstige Prüfungsverhältnisse hinaus. Warum ich nicht die Wahrheit über meinen zerplatzten Traum, über meine Enttäuschung und mein Motivationsdefizit sagte, liegt vermutlich an der tiefen Verbitterung. Außerdem wollte ich meinem Hauptmann nicht das Bild der Burg zerstören. Heute weiß ich, dass es dabei nur um meinen eigenen Traum ging, den ich mir im Inneren erhalten wollte. In diesem Traum ging es um einen Ort, der Menschen so stark und rein macht wie die Ritter am Hofe König Arthurs. Dass dieser Ort nur in mir selbst liegen kann, fand ich erst sehr viel später heraus.

Hinter den Kulissen

Waldeinheit und Ousia-Feld

Im Wald war etwas geschehen. Am hellen Tag und bei Nacht war für kurze, ruhige Momente alles mit einem Schlag ganz anders. Was wollte mir die Meditation, also das Gefühl der Einheit in der Natur, sagen? Gar nichts! Ein Zustand ist nicht dazu da, um etwas zu erklären. Sagen tut einem nur der Verstand etwas, und meist geht es beim Denken um Dinge, die man ohnehin nicht braucht. Es geht vielmehr ums Spüren. Trotzdem würde es dir gar nichts bringen, wenn ich das Gefühl der Einheit nicht irgendwie in Worte packe. Worte sind, wie wir wissen, Produkte des Verstands. Sie können das innere Erleben lediglich andeuten. Damit wird die eigentliche Erfahrung aber immer etwas verfälscht, weil die Erfahrung im Hier und Jetzt stattfindet. Egal. Wir bleiben am Ball. Ich war also eins mit dem Wald und der Wald war eins mit mir. Keine Trennung, pures Sein für ein paar intensive Momente. So wie es mir aus der Kindheit bekannt war. Dieser temporäre, damals unbewusste Zustand des Einsseins offenbarte mir einen Schimmer des immerwährenden Lichts in mir, dem ich noch lange hinterherlaufen sollte. Strahlt dieses Licht in vollem Bewusstsein und ist man ganz einfach im Hier und Jetzt, wird dieses Sein von vielen Erleuchtung genannt. Erleuchtung ist nur ein Wort wie „Gott", „Rasenmäherenthaarungsoptimierungsbeauftragter" oder „Dachlattenvergoldungsanleitungsschriftstellerin".

Mit dem Wort Erleuchtung soll ein Zustand ausgedrückt werden, den man eigentlich nicht ausdrücken kann, weil das pure Sein der Erfassung durch Worte fast nicht zugänglich ist. So einfach ist das. Unfassbar für uns, die wir für alles Namen und abstrakte Begriffe haben. Diese Begriffe erleichtern die verbale Kommunikation, distanzieren uns jedoch von allem um uns und machen uns glauben, wir seien von allem getrennt.

Reden wir kurz von Beleuchtung anstatt von Erleuchtung. Das Licht im Inneren leuchtet eh immer. Erleuchtung klingt nach Betätigung eines Lichtschalters oder Öffnung der Vorhänge, damit das Licht das Zimmer erhellt und aus dem Haus nach außen in die vermeintliche Finsternis dringen kann. Durch dieses „damit" wird ein inneres Wollen zum Ausdruck gebracht. Wollen kommt aber vom Denken (Geist). Und eben das Denken führt uns weg vom Hier und Jetzt, von der Erfahrung der Einheit. Es geht auch nicht um Nichtwollen. Etwas nicht wollen, ist ja nichts anderes als ein Wollen. Wenn du denkst „Ich darf nicht denken!", was ist das dann? Ein Gedanke. Einfach zu sein, hat etwas mit Gedanken ziehen lassen zu tun. Es reicht, sie zu beobachten. Nichts tun. Einfach nichts tun. Die größte Gefahr für Leistungsgesellschaften. Einatmen, ausatmen, die Umgebung wahrnehmen, tasten, riechen, hören – wie ich es auf dem Waldboden liegend kurz vor der Feuereröffnung tat. Nein, falsch. Ich habe nichts getan, ich war einfach da. Ich war im Fluss, und die Dinge geschahen.

Zuvor habe ich bereits die Worte „Gott" und „Erleuchtung" in einem Aufwischen genannt. Was ist also Gott? Sie/er/es ist mehr als nur ein Platzhalter des Unerklärlichen. Gott ist das (vermeintlich) Unerklärliche selbst. Manchmal frage ich mich, warum Menschen überhaupt nach Gott suchen oder eine Erklärung für Gott suchen. Genügt es etwa nicht, dass sich vor rund 39 Jahren ein mikroskopisch kleines Spermium und eine winzige Eizelle trafen, deren Kombination jene Zeilen tippt, die du nun liest? Du bist als eine ebensolche mikrokosmische Winzigkeit entstanden, um körperlich und geistig heranzuwachsen. Heute bist du stark genug, ein Buch in der Hand zu halten und geistig in der Lage, meinen Erklärungsversuchen zu folgen. Liegt darin nicht schon der „Beweis" eines göttlichen Phänomens oder einer göttlichen Existenz? Die Begriffe „Erleuchtung" und „Gott" sind für mich identisch, sie bringen dasselbe zum Ausdruck. Das könnte ich jetzt unkommentiert so stehen lassen. Es hat aber einen Sinn, warum ich mir schon als Kind die Seele und Gott erklärte, mich immer schon mit der Psyche beschäftigte und beim Studium der Rechtswissenschaften gelernt habe, wissenschaftlich zu arbeiten. Ich weiß, dass Gott in mir und um mich herum, in allem enthalten ist. Das spüre ich und habe ich am eigenen Leib erfahren.

Ich begebe mich aber nun bewusst auf Ebene Fünf des Denkens und trete den „Beweis“ für mein inneres Wissen über Gott an. Ein Beweis ist der zwingende Nachweis für die Richtigkeit (Verifikation) oder Unrichtigkeit (Falsifikation) einer Aussage. Die Beweisführung ist ein formaler Akt, der sich auf Prämissen stützt, die als wahr anerkannt sind. Daher werde ich anhand einiger Wissenschaftsrichtungen verifizieren, dass Gott identisch mit dem Zustand der Erleuchtung ist. Jetzt geht es ans Eingemachte. Greifen wir uns selektiv eine Wissenschaft heraus. Biologie ist eine dokumentierend beobachtende, aber auch experimentelle Wissenschaft. Darwins Evolutionstheorie hat im Wesentlichen die Entwicklung durch natürliche Zuchtwahl und Selektion zum Gegenstand. Die Evolutionstheorie ist, wie der Name schon sagt, eine Theorie und daher ein menschliches Konzept. Kein Experiment der Welt kann die komplexe, über Jahrmillionen erfolgte Entwicklung der Arten beweisen. Auch wenn Darwins Theorie absolut plausibel ist und ich sie für richtig halte, sagt sie für sich allein rein gar nichts über die Existenz einer göttlichen Existenz oder ihre Interessen aus. Trotzdem wird sie noch immer von vielen Menschen als Beweis für die Nichtexistenz eines intelligenten Schöpfers herangezogen. Atheismus ist mitunter die Folge eines menschlichen Konzepts, das nicht zuletzt aus religiösem Machtmissbrauch resultierte. Aus der Sicht einseitig denkender Menschen stellt sich das zwangsweise in folgender (zeitlicher) Reihenfolge dar: Theismus – Evolutionstheorie – Atheismus. Wo Religionen Menschen bewusst dumm halten und versklaven, tritt die Wissenschaft auf den Plan und erklärt das vermeintlich gesicherte Wissen zur obersten Maxime.

Bleiben wir gleich beim Wissen. Ich selbst habe überall im Äußeren gesucht. Erfolglos. Meine Beschäftigung mit Biologie, Psyche, Recht, Religion, Esoterik und Mystik ließen mich etliche sehr gute Bücher verschlingen und Gespräche führen. Jede Richtung gab ein Detail Preis, konnte aber für sich allein nie zufrieden stellen. Der Kopf bzw. das Denken kann nie zufrieden gestellt werden. Die Marter meines Gehirns allein führte nicht zu Gott und den glücklichen Gefühlen des Einsseins in der Kindheit zurück. Erst das spätere Betreten innerer Räume konnte es bewirken. Die Auseinandersetzung mit mir und Zustände des „No-Mind“ in der Meditation zeigten mir, wo Gott wirklich wohnt: Überall. Auch in mir. Erst diese Erfahrung setzte wie von selbst das gedankliche Puzzle aller möglichen menschlichen Theorien zusammen. Damit habe ich für mich – wenn du so willst in meinem „Lebensexperiment“ – erfahren und für mich selbst bewiesen, dass Gott in allem enthalten ist.

Ich habe mir das gesicherte Wissen geschaffen, dass Erleuchtung nichts Besonderes und Gott in allem gegenwärtig ist. Das ist meine persönliche Wissenschaft, die andere Wissenschaften beinhaltet. Aber in Wahrheit ist es gar nicht meine Wissenschaft oder Erkenntnis. Sie ist das Ergebnis eines Zustands, der mich leitet, wenn ich loslasse. Erst dann finden die Mosaikbausteine menschlicher Erkenntnisse zueinander. Die Wissenschaft ist nie alleingültig. Sie und die Spiritualität ergänzen sich. In Wahrheit sind Spiritualität und Wissenschaft eins.

Lange fand ich also keine befriedigenden Antworten für Gott in schriftlichen oder verbalen Texten. Texte sind von Menschen gemacht. Sie spiegeln nur Segmente wider. Doch wie vermittelt man einem rein rational denkenden Menschen, der nur auf „gesichertes Wissen", auf geliehenes Wissen anderer Köpfe vertraut, sich dadurch in die Irre führen lässt, sich selbst und damit auch Gott noch nicht gefunden hat, dass die Schöpferin, Gott, die Existenz, die Erleuchtung allgegenwärtig ist? Wie kann eine alles in Einzelteile zersägende Wissenschaft einen Beweis für die universelle und zeitlose Existenz Gottes liefern? Sie kann es in Ansätzen. Hier ein wissenschaftlicher Erklärungsversuch der Existenz Gottes: Dass Denken nur zu noch mehr Denken führt, kann jeder Mensch für sich selbst feststellen. Dieser Umstand ist sowohl im Selbstexperiment als auch durch empirische Studien belegbar. Kontrolle und Manipulation der Gedanken führen zu den verschiedensten Masken und Persönlichkeiten, mit denen wir uns dann identifizieren. Es ist sowohl meine als auch anderer Menschen Erfahrung und damit, zumindest für uns, gesichertes Wissen, dass die Ent-wicklung, d.h. die Bewusstmachung von Masken und Persönlichkeiten, die Transformierung des Ego den Menschen seinem Selbst näher bringt. Dieses Wissen wurde praktisch erfahren und ist damit gesicherter als jede unwiderlegte Theorie. Wenn es irgendein Ziel des menschlichen und allgemeinen irdischen oder auch universellen Daseins gibt, dann ist es die Entwicklung. Um Entwicklung geht es auch bei der erwähnten Evolutionstheorie. Spirituelle Entwicklung kann mit der physischen Entwicklung Hand in Hand gehen. Sie muss es aber nicht. Die Existenz ist geduldig und erlaubt es dem Einzelnen, sich weiter der Illusion seiner rein geistigen Welt des Denkens hinzugeben. Es steht jedem Menschen offen, weiter zu träumen und zu leiden. Bei der spirituellen Entwicklung dreht sich rein gar nichts darum, etwas zu gewinnen, sondern darum, etwas abzulegen, etwas zu verlieren. Wenn wir genügend abgelegt haben, sind wir im Hier und Jetzt, mitten in der Schöpfung und damit bei Gott.

Wie wir bereits erarbeitet haben, wurde wissenschaftlich respektive integralpsychologisch formuliert, dass ganzheitliches Denken (Ebene Sieben und Acht) in einer gedachten Denkhierarchie über dem herkömmlichen wissenschaftlichen Denken (Ebene Fünf) steht. Die höchste spirituelle Entwicklungsstufe ist die sogenannte kausale Stufe, die nach integralpsychologischen Gesichtspunkten mit dem Aufgehen in reinem Bewusstsein verbunden ist. Selbsttranszendenz, die höchste spirituelle Entwicklung, steht damit in einer gedachten Rangordnung nicht nur über dem rationalen Denken, sondern darf mit der „unio mystica mit reinem Geist“ (mystische Einheit mit Gott) gleichgesetzt werden.[1]

Wie erklären wir das den Ebene-Fünf-Denkern? Was hat das alles mit der herkömmlichen Wissenschaft zu tun? Die Antwort lautet: Alles und nichts. Ziehen wir daher zur weiteren Beweisführung zwei Wissenschaften heran, die sich auf den ersten Blick widersprechen mögen: Theologie und Biologie. Wolf Dieter Storl ist Biologe und promovierter Kulturanthropologe. In seinem Buch „Ich bin ein Teil des Waldes“[2] *erzählt er, wie er als Junge eins mit dem Wald war. In seinem weiteren Leben, insbesondere während der akademischen Laufbahn, entfernte er sich schleichend vom Einheitsgefühl mit der Natur, um dann schließlich alles stehen und fallen zu lassen. Er ging in die Schweiz und nach Indien und lebte wieder im Einklang mit der Natur. Womit er sich vor seinem Neustart beschäftigte, beschreibt Storl so: „einer einseitigen, seelenlosen, gottlosen Wissenschaft ...“*[3]

Er zitiert den Gründer des Nationalparks in den USA, John Muir, für den die Waldeshallen „die wahren Kirchen, die Tempel des Schöpfers“ waren.[4] *Der Wolf (Storl) weiß, dass die Natur draußen und drinnen ist: „Das Äußere der Natur nimmt man mit den nach außen gerichteten Sinnesorganen wahr. Das dazu gehörende Innere der Natur – die Seele, den Geist der Natur – nimmt man in liebender Meditation mit dem inneren Auge und dem inneren Ohr wahr. Echte Naturerkenntnis braucht beide Wahrnehmungsmöglichkeiten, so wie ein Vogel beide Flügel braucht, um abzuheben.“*[5] *Eindrucksvoll schildert Storl, wie er sich wieder den geistig-ätherischen Wesen der Pflanzen nähert.*[6] *Es entspricht auch meiner persönlichen Erfahrung, dass Pflanzen und Tiere beseelt sind,*

1 Siehe dazu insb. die Kapitel „Kindergarten“, „Anima-Erotik“ und Spieglein, Spieglein“ (jeweils *„Hinter den Kulissen“*)
2 *Wolf Dieter Storl,* Ich bin ein Teil des Waldes – Der Schamane aus dem Allgäu erzählt sein Leben (2009)
3 Vgl. ebendort S. 153
4 Vgl. ebendort S. 55
5 Ebendort S. 12
6 Vgl. ebendort insb. S. 49

Gottes Geist daher auch in ihnen zuhause ist. Geist ist hier selbstverständlich nicht mit (menschlichem) Denken gleichzusetzen, sondern versteht sich im spirituellen Sinne als „beseelte Essenz". Das NT eröffnet uns Gott als spirituelle Essenz, nämlich als Licht, Geist und Liebe.[1] Darüberhinaus entsteht Materie aus Geist und ist von ihr durchdrungen: „Der Geist ist´s, der da lebendig macht."[2] Aus der gemeinsamen Erwähnung mit Licht und Liebe durch einen Autor (Johannes) ergibt sich, dass mit Geist im Sinne des Schöpfers nur spirituelle Energie gemeint sein kann. Das schließen wir auch aus der Gegenüberstellung zum Fleisch (Materie), das im Verhältnis zum Geist „nichts nütze" ist.[3] (Menschliches) Denken setzt einen menschlichen Körper voraus. Da es keinen Personengott gibt, kann auch mit dem Geist der Schöpfungsentität nicht das Denken, sondern ausschließlich die spirituelle Energie gemeint sein. In diesem Sinne ist auch die Sure des Korans zu lesen, der zufolge Allah nicht nur der Schöpfer von Himmel und Erde ist: „Er fügt der Kreatur hinzu, was er will; siehe, Allah hat Macht über die Dinge."[4] Die Schöpferin, sprich Gott oder Allah, hat die Dinge nicht nur gemacht, sondern hat auch Macht über sie, indem sie/er/es den Kreaturen Eigenschaften hinzufügt und damit auch in ihnen ist. Das NT als christliches Glaubensfundament besagt, dass Gott nicht in Tempeln wohnt, die von Menschenhand gemacht sind, da er selbst allen Wesen Leben gibt. Das Leben kommt aber nicht nur von Gott, wir leben auch in Gott: „Denn in ihm leben, weben und sind wir."[5] Das Paradies (Himmelreich) ist hier auf der Erde – innerhalb und außerhalb von uns.[6] Da Gott und Paradies in und außerhalb von uns sind, sind wir nach korrektem theologischem Verständnis identisch mit Gott. Eine etwaige Trennung von Gott ist weder im Einklang mit der Theologie noch mit dem NT (oder dem Thomas-Evangelium). Eine Trennung von Gott kann demnach nur phantasiert sein und dem menschlichen Denken entstammen. Soweit die Geisteswissenschaft.

Was sagt die Naturwissenschaft dazu? Wir könnten uns nun ganz einfach zurücklehnen und ihr jene Erfahrung der Einheit mit Gott, die einige Menschen machen, widerlegen lassen. Das kann aber nicht funktionieren, weil es unmöglich ist, individuell Erfahrenes zu entkräften.

1 Vgl. Johannes 4:24, 1. Johannes 1:5 und 4:8
2 Johannes 6:63
3 Vgl. ebendort
4 Vgl. 35. Sure des Koran, Vers 1; *Publikation der Türkischen Religionsstiftung/33*, „Der gnadenreiche Koran" (2002), S. 435
5 Apostelgeschichte 17:28, erster Satz
6 Vgl. Thomas-Evangelium, Logion 3 und 113; siehe auch Kapitel „Buddha Jesus"

Jedoch könnten wir der Naturwissenschaft den Versuch nahelegen, die Allgemeingültigkeit des von mir und anderen erfahrenen Wissens zu widerlegen, die Verbindlichkeit unserer Erlebnisse zu falsifizieren. Auch das kann nicht gelingen, weil dazu mindestens 51 Prozent der Weltbevölkerung herangezogen werden müssten. Darum wollen wir der Naturwissenschaft einen großen Schritt entgegen gehen.
Beginnen wir wieder bei der Biologie. Darwin selbst tastete wohl intensiver in der Natur herum als irgendein anderer Forscher. Er verbrachte seine Studien meist fern von Schreibtischen und erkundete intensiv die Natur und ihre Abläufe. Aus seinem Werk „Die Entstehung der Arten" geht hervor, dass Darwin die Existenz eines Schöpfers nicht in Abrede stellt. Ganz im Gegenteil. Im sechsten Kapitel zeigt er unter der Überschrift „Von äußerster Vollkommenheit und Verwirklichung" die Schwierigkeiten seiner eigenen Theorie auf. Im Zusammenhang mit dem hohen Perfektionsgrad des Auges stellt er fest, dass die Annahme, das Auge sei durch die natürliche Zuchtwahl entstanden, im höchsten Grade absurd ist. Ein paar Seiten weiter stellt er deutlich und berechtigt in Frage, ob wir ein Recht haben, anzunehmen, dass der Schöpfer ähnlich intellektuell wirkt wie der Mensch. Und jetzt bitte aufpassen: Darwin selber betont in einer Frage hinsichtlich der Vergleichbarkeit gläserner und lebender optischer Instrumente, dass die Werke des Schöpfers vollkommener sind als die Werke des Menschen.[1] Wer das Fachbuch „Die Entstehung der Arten" als Theorie gegen eine göttliche Existenz auslegt, missbraucht Darwins Lebenswerk. Im letzten Satz des Buchs spricht er sogar eindeutig vom Erhabenen der Auffassung, „dass der Schöpfer den Keim alles Lebens, das uns umgibt, nur wenigen oder gar nur einer einzigen Form eingehaucht hat und dass, während sich unsere Erde nach den Gesetzen der Schwerkraft im Kreise bewegt, aus einem so schlichten Anfang eine unendliche Zahl der schönsten und wunderbarsten Formen entstand und noch weiter entsteht."[2] Das liest sich nun auf den ersten Blick wie die Verbindung aus Schöpfungstheorie und Evolutionstheorie. Es macht nämlich den Anschein, als ob Charles Darwin von einer höheren Schöpfungseinheit ausging, die die Entwicklung (Evolution) auf Erden ins Rollen brachte, sich danach aber nicht mehr einmischte.
Es drängt sich allerdings auch die Frage auf, ob er die angeführten Zeilen über den „Schöpfer" nicht nur als Beschwichtigung einer sehr mächtigen Kirche schrieb. Ziemlich sicher hat er in begründeter Furcht vor den Kirchenfürsten gelebt, deren falschem „Gott" er damals schon mit

1 Vgl. *Charles Darwin*, Die Entstehung der Arten durch natürliche Zuchtwahl (1859), deutsche Übersetzung, Reclam (2007), S. 245, 249 und 250
2 Ebendort S. 678

seinen Naturbeobachtungen und ein paar wissenschaftlichen Federstrichen jegliches Fundament hätte zertrümmern können. Die Welt wurde eben nicht in wenigen Tagen von einem Schurken namens Jahwe erschaffen, wie es das AT behauptet.[1]
Was Darwin wirklich empfand und dachte, vertraute er, wie jeder andere Mensch auch, seinem nahen Umfeld an. Ein Projekt der Universität in Cambridge befasst sich mit den Darwin-Briefen.[2] Sein Briefverkehr mit Asa Gray lässt indirekt darauf schließen, dass Darwin tatsächlich Furcht vor kirchlicher Verfolgung hatte. Mit seiner Theorie gefährdet(e) er schließlich die Kirchenmacht mehr als irgendjemand anderer auf der Welt. Die Natur zeigte ihm nämlich, dass der „wohltätige und allmächtige Gott", wie ihn die Kirche damals den Menschen verkaufte, gar nicht existieren kann. Die Brutalität, mit der sich die Natur beispielsweise in Katzen zeigt, die Mäuse lange quälen, bevor sie sie endlich töten, konnte er freilich nicht mit einem mildtätigen Gott in Verbindung bringen. Ein allmächtiger Gott der Gnade kann solche Wesen nicht erschaffen haben: „I cannot persuade myself that a beneficent & omnipotent God would have designedly created the Ichneumonidæ with the express intention of their feeding within the living bodies of caterpillars, or that a cat should play with mice." Er konnte sich angesichts dieses wundervollen Universums aber auch nicht damit zufrieden geben, dass alles nur ein Resultat brutaler Gewalt sei: "On the other hand I cannot anyhow be contented to view this wonderful universe & especially the nature of man, & to conclude that everything is the result of brute force." Er war zutiefst – und zwar gefühlsmäßig – davon überzeugt, dass die "ganze Angelegenheit" zu tiefgründig ist, um vom menschlichen Intellekt erfasst zu werden: „I feel most deeply that the whole subject is too profound for the human intellect."[3] Charles Darwin stellte demnach fest, dass man mit dem Intellekt allein in der Gott-Frage nicht weiterkommt.
Deshalb hat er sich wohl am ehesten, aber eben nicht unbedingt, als Agnostiker gesehen: „I think that generally (& more and more so as I grow older) but not always, that an agnostic would be the most correct description of my state of mind."[4] Agnostiker geben zu, nicht zu wissen, ob Gott existiert oder nicht. Sie lassen diese wichtige Frage offen bzw. unbeantwortet. In seinem Werk über die Entstehung der Arten bringt Darwin jedenfalls sein tiefes Erstaunen über die Natur zum Ausdruck.

1 Vgl. 1. Mose 1:1ff
2 Vgl. **www.darwinproject.ac.uk/home** (zuletzt abgerufen am 19.12.2009)
3 Vgl. Briefverkehr mit Asa Gray, Nr. 2814: **www.darwinproject.ac.uk/darwinletters/calendar/entry-2814.html** (zuletzt abgerufen am 19.12.2009)
4 Vgl. Briefverkehr mit Asa Gray, Nr. 12041: **www.darwinproject.ac.uk/darwinletters/calendar/entry-12041.html** (zuletzt abgerufen am 19.12.2009)

Die wenig wissenschaftlichen Begriffe „schönsten" und „wunderbarsten" geben der erhabenen Auffassung dahin gehend Substanz, dass Darwin die Natur körperlich erforschte und die Schöpfungsessenz direkt wahrnahm. Beim ersten erstaunten Anblick einer Herde Feuerländer fuhr es ihm durch den Kopf: „So waren unsere Vorfahren."[1] Siehe da, Herr Darwin hatte eine spontane Erkenntnis durch Beobachtung. Der eindrücklichen Beschreibung dieser Begegnung zufolge hat es sich weniger um einen Gedanken als um eine intuitive Situationserfassung im Sinne einer spontanen Erkenntnis gehandelt. War er etwa in diesem Moment ganz im Hier und Jetzt? Hat sich ihm die Existenz als eine Abfolge geschaffener Entwicklung offenbart? Die eigene Wortwahl des Wissenschafters spricht deutlich für diese Annahme. Sehr deutlich schreibt Darwin in einem Brief an Francis Ellingwood Abbot, dass er sich nicht darüber im Klaren ist, ob eine innere Überzeugung von einem Schöpfer oder einer ersten Ursache wirklich ein vertrauenswürdiger Beleg sein kann: „I can never make up my mind how far an inward conviction that there must be some Creator or First Cause is really trustworthy evidence."[2]

David Quammen zufolge glaubte Darwin, obschon er dem Christentum entsagte und sich als Agnostiker bezeichnete, weiterhin an eine „ferne, unpersönliche Gottheit", an ein „höheres Wesen, das das Universum in Gang gebracht hatte." An einen individuellen Gott, der die Menschen als auserwählte Spezies bevorzugt, glaubte er jedoch nicht.[3] Leider können wir Charles Darwin nicht mehr selber fragen, wie er zum Thema Gott steht. Aus den angeführten Quellen ergibt sich allerdings ein eher rundes Bild seiner Geisteshaltung: Die Existenz des Rachefetischisten aus dem AT und des Weichspülergottes der Christen ist ausgeschlossen, die Natur entwickelt sich von selbst, ein Impuls dazu durch ein höheres Wesen und seine Existenz ist aber nicht unwahrscheinlich.

Wir kehren kurz zur Theologie zurück. Die Göttlichkeit, also der wahre Gott, ist eine unsichtbare Macht. Ihre (innere) Kraft erkennen wir in den äußeren Erscheinungen der Welt: „Damit, dass Gottes unsichtbares Wesen, das ist seine ewige Kraft und Gottheit, wird ersehen, so man des wahrnimmt, an den Werken, nämlich an der Schöpfung der Welt ..."[4]

1 Vgl. *Charles Darwin*, Die Abstammung des Menschen, aus dem Englischen von *Heinrich Schmidt* (2009), S. 260
2 Vgl. Briefverkehr mit Asa Gray, Nr. 7924: **www.darwinproject.ac.uk/darwinletters/calendar/entry-7924.html** (zuletzt abgerufen am 19.12.2009)
3 Vgl. *David Quammen* in National Geographic, Lag Darwin falsch? – Nein! Die Belege für die Evolution sind überwältigend (November 2004), S. 93
4 Vgl. Römer 1:19 und 20

Die Pforten dieser Formulierung stehen sperrangelweit offen für Darwins Evolutionstheorie. Dass Dinge gemacht wurden, sagt noch nichts darüber aus, wie sie entstanden sind. Umgekehrt sagt die Evolutionstheorie aber auch nichts darüber aus, ob und wie Gott an der Entwicklung teilnimmt. Die Genesis (AT) ist mit ihrer Erschaffung der Welt in einer Woche natürlich als Schöpfungsmythos[1] eines nicht existenten Pseudogottes (personenähnlicher Gott) absoluter Nonsens und daher abzulehnen. Da es diesen Gott nie gab, erübrigt sich jede noch so ausgeklügelte Auseinandersetzung mit der Frage, ob „Tage" nicht in „Jahrmillionen" umzudeuten sind. Da könnte ich ja auf die Idee kommen, als Monarchin „Jahwaressa die Erste und Göttin der Österreicher" ein universelles Gesetz zu erlassen, dem zufolge ich mit diesem Buch in ein paar Monaten die spirituelle Welt erschaffen hätte. Weder gibt es diese Monarchin, noch wäre der Inhalt verbindlich oder plausibel. Erwiesen ist aber, dass das NT für die Evolution offen ist und die Evolution für eine göttliche Existenz. In der Entwicklung (Evolution) der Wesen liegt doch gerade die Genialität der Schöpfung, auch wenn die natürliche Auslese durch Selektion, sprich das Überleben der Stärkeren, der am besten den natürlichen Verhältnissen und der Ressourcenknappheit (Nahrung etc.) angepassten Wesen, ganz schön brutal wirken kann.

Christian Kummer hat dem „Spannungsfeld" Schöpfung / Evolution ein eigenes Buch gewidmet. In „Der Fall Darwin"[2] bietet der Biologe und Theologe einen Blick auf Darwins Werk und Wirkungsgeschichte auch aus der theologischen Perspektive. Er geht erfreulicherweise ebenfalls davon aus, dass beide Domänen der gegenseitigen Horizonterweiterung dienen können. Kummer stellt aber auch anheim, dass Gott nicht beweisbar ist. Das sehe ich anders. Kummer behandelt beispielsweise Darwins eigenes Erstaunen bei der wissenschaftlichen Erforschung der Bestäubungseinrichtungen von Orchideen: „Der genialste Mensch hätte, wenn er nicht Zeuge dessen war, was hier vorgeht, sich nicht vorstellen können, welchem Zweck alle diese Teile dienten."[3] Absolut nachvollziehbar und auch für Laien (wie mich) verständlich, zeigt Kummer auf, dass es ein „Kardinalfehler der Intelligent-Design-Anhänger" ist, die Evolution zu verneinen, um Platz für eine schaffende Vernunft zu schaffen. Wir erinnern uns an Darwins eigenen Zweifel, ob wir Gott überhaupt menschlich rationales Wirken unterstellen dürfen.

1 Zur Schöpfung des Menschen siehe Kapitel „Der liebe Gott" („*Hinter den Kulissen*")
2 *Christian Kummer*, Der Fall Darwin – Evolution contra Schöpfungsglaube" (2009)
3 Vgl. ebendort S. 118

Pierre Teilhard de Chardin war französischer Jesuit und Paläontologe. Die römisch-katholische Kirche hatte ihm ein nahezu lebenslanges Lehr- und Schreibverbot aufgezwungen. Das macht ihn schon einmal interessant. Er vertrat die Ansicht, dass die Geschichte (Entwicklung) des Universums als materielle, lebendige und geistige Bewegung von der Anziehungskraft Gottes getrieben wird. Es würde sich schließlich im „Punkt Omega" das universale Schöpfungsziel einer Einheit alles Geschafften in Gott finden. Aus meiner Sicht besteht hier ein Konnex zur Offenbarung (NT), wo es lautet: „Ich (Gott) bin das Alpha und das Omega, der Anfang und das Ende."[1] An Darwins Theorie kritisierte Teilhard, dass dem Phänomen des Bewusstseins zuwenig Bedeutung zukomme und sie darüberhinaus keine befriedigende Lösung zu den Fragen der Entstehung der Großbaupläne und des Mentalen liefere.[2] Der Mensch ist doch schließlich eine materiell-geistige Einheit.

Dem Brennpunkt des Bewusstseins kommt nach Teilhard eine aktive Rolle beim Komplexitätswachstum, der sogenannten evolutiven Dynamik zu. In der Selbsttranszendenz – dem selbsttätigen Übersteigen einer bestimmten keimhaft angelegten Form auf eine neuere, komplexere und leistungsfähigere strukturelle Ordnung hin – liegt die stufenweise Vervollkommnung. Mit Kummer stellen wir fest, dass Evolution also zu immer mehr Geist in der Materie fortschreitet.[3] Die Zielgerichtetheit der Evolution wird in die Lebewesen selbst verlegt. Das spricht für die These, Gott habe uns in Eigenverantwortung überlassen und erfahre sich selbst anhand seiner Schöpfung, indem er in seiner Schöpfung aufgeht.

Das Leben kann als eine Eigenschaft von Zellen, die es davor nicht gibt, definiert werden. Das Entwicklungsprogramm der DNA[4] ist nicht etwa vorprogrammiert, sondern bildet sich erst Schritt für Schritt im Zuge der Entwicklung. Es ist erwiesen, dass ein permanenter Rückkoppelungsprozess zwischen Zellen und Genen die Entwicklung vorantreibt. Dabei ist die Zelle jenes Aktionszentrum, das die Gene dazu benutzt, den Zweck seines Daseins – etwas NEUES – zu erreichen.[5]

Doch wer gab den Anstoß zur Entwicklung? Wer programmierte die erste Grundinformation der Zelle? Oder steckt gar jemand in ihr? Mit Bernhard Rensch, einem Zoologen, dürfen wir annehmen, dass alle in der Evolution auftauchenden Einheiten (Tiere, Zellen, Molekühle,

1 Offenbarung 1:8

2 Vgl. *Pierre Teilhard de Chardin*, Der Mensch im Kosmos (1959) sowie in *Walter*, Die Schau in die Vergangenheit, Was soll man vom Transformismus halten? (1965)

3 Vgl. *Christian Kummer*, Der Fall Darwin – Evolution contra Schöpfungsglaube" (2009), S. 172 ff. sowie insb. S. 184

4 DNA (Deoxyribonucleic Acid); zu Deutsch: Desoxyribonukleinsäure; kommt in allen Lebewesen als Biomolekül und Trägerin der Erbinformation vor

5 Vgl. ebendort S. 80ff

Elektronen etc.) eine psychische Seite besitzen.[1] Diese psychische (seelische) Seite stellt aus meiner Sicht Gott dar, der sich anhand seiner „Schöpfung" selbst erfährt. Es kommt nicht nur mir so vor, als ob sich der „Schöpfer" in allen seinen Aspekten erfahren möchte.[2] Der Islam drückt es im Koran wie folgt aus: „Alles läuft zu einem Ziel. Solches ist Allah."[3] Bereits der Physiker Erwin Schrödinger stellte die berechtigte Frage, ob es nicht angebracht wäre, das Geistige zum Prinzip der Wirklichkeit zu machen, weil sich damit das widersprüchliche Erklärungsmodell anhand der physikalischen Materie relativieren würde.

Weisheitslehrer Osho erklärt die Entwicklung von Bewusstsein zum Ziel des Evolutionsprozesses. In der Einführung des Buchs „Esoterische Psychologie" lesen wir: „Tiere sind bewusster als Bäume; Bäume sind bewusster als Felsen; der Mensch ist bewusster als das Tier. Ein Buddha ist bewusster als ein Mensch. Buddhaschaft, Christus-Bewusstsein, Erleuchtung – sie alle bedeuten dasselbe, nämlich das Aufblühen unbegrenzten Bewusstseins. Die Materie ist völlig unbewusst, ein Buddha völlig bewusst. Der Mensch steht irgendwo dazwischen: weder Tier noch Buddha. Er lebt zwischen zwei Welten, ist zwar kein Tier mehr, aber noch nicht das, was er werden kann."[4]

Wenden wir uns nun wieder der Naturwissenschaft zu. Eine fundamentale Aussage der Quantenphysik[5] lautet: „Auf unsere letzten elementaren Grundlagen zurückgeführt, sind wir nicht eine chemische Reaktion, sondern eine energetische Ladung." Alle Lebewesen sind solche energetische Einheiten und darüberhinaus mit allen materiellen Erscheinungen dieser Welt über ein Feld aus Energie verbunden. Die Frage, was es mit diesem allumfassenden Feld auf sich hat, bleibt nicht unbeantwortet: „Dieses pulsierende Energiefeld ist der zentrale Motor unseres Daseins und Bewusstseins, das Alpha und das Omega unserer Existenz."[6] Als Alpha und Omega wird im NT Gott bezeichnet.[7] Schon Albert Einstein meinte, dass die einzige Realität jene des Feldes ist: „In der Allgemeinen [Relativitätstheorie] ist das Feld allgegenwärtig; Raum ohne Feld gibt es nicht. Der Raum und die körperlichen Objekte, die Massen, sind letztlich nur Aspekte des Feldes."[8]

1 Vgl. *Bernhard Rensch*, Biophilosophie auf erkenntnistheoretischer Grundlage (1968) sowie *Kummer*, S. 174
2 Vgl. *Morpheus*, Matrixcode (2003), S. 69
3 Vgl. 35. Sure des Koran, Vers 13; *Publikation der Türkischen Religionsstiftung/33*, „Der gnadenreiche Koran" (2002), S. 435
4 *Osho*, Esoterische Psychologie (1991), S. 7ff
5 Die Quantenphysik befasst sich mit dem Verhalten und der Wechselwirkung kleinster Teilchen.
6 Vgl. *Lynne McTaggart*, Das Nullpunkt-Feld – Auf der Suche nach der kosmischen Urenergie (2007), S. 9f.
7 Vgl. Offenbarung 1:8
8 *Henning Genz*, Die Entdeckung des Nichts – Leere und Fülle im Universum (1997), S. 221; siehe auch *Lynne McTaggart*, *M. Capek* zitierend, S. 10

Das energetische Feld wird auch Nullpunktfeld genannt. Es ist ein Ozean mikroskopischer Schwingungen, der den freien Raum zwischen den Dingen und auch sie durchströmt. Das Nullpunktfeld sorgt für die Stabilität der gesamten Materie. Das wird aus der Erkenntnis abgeleitet, dass das Feld für die Stabilität der Wasserstoffatome verantwortlich ist. Würde man den gedachten Stecker aus der Feldenergie ziehen, dann würden alle atomaren Strukturen in sich zusammen fallen. Mit physikalischen Berechnungen konnte gezeigt werden, dass sich Feld und Materie gegenseitig erzeugen und aufrechterhalten: Die Fluktuationen der Wellen des Nullpunktfeldes treiben die Bewegungen von subatomaren Teilchen an. Umgekehrt erschaffen sämtliche Bewegungen der Teilchen dieses Universums aber auch das Nullpunktfeld. Es handelt sich demzufolge um eine Art sich selbst generierender Rückkoppelungsschleife, die sich über den ganzen Kosmos erstreckt. Der energetische Urzustand des Universums regeneriert sich also selbst. Daraus wird auch abgeleitet, dass die größten Feldwellen uns und die gesamte Materie des Universums mit den hintersten Winkeln des Universums verbinden.[1]

Der zentrale Begriff in der Philosophie Baruch Spinozas ist die „Substanz" als das vom Wortursprung abgeleitete Darunterstehende. Es ist gleichbedeutend mit dem Einen und Unendlichen. Das unendliche Eine befindet sich unter oder hinter den Dingen und existiert aus sich selbst heraus. Es vereint alles Sein in sich. Das lässt sich auf die kurze Formel reduzieren: Substanz = Gott = Natur. Spinoza gilt als Vertreter des Pantheismus, einer Philosophie, die Gott in allen weltlichen Erscheinungen ortet: Das Universum ist gleichbedeutend mit Gott.[2]
In der Quantenphysik gelangte man zur Erkenntnis, dass Materie, wie wir sie uns vorstellen, gar nicht existiert. Was wir als Materie bezeichnen, ist eine Zusammensetzung subatomarer Partikel, die sich verhalten wie schwingende, unbestimmte Energiepakete. Sie verhalten sich teilweise wie Teilchen und teilweise wie Wellen. Materie ist also nichts absolut Festes: „Wenn man die Materie aus einer immer größeren Nähe betrachtet, dann ist sie nicht einmal mehr Materie ..." Statt mit etwas Statischem haben wir es mit einem nicht vorhersagbaren Zustand puren Potentials und grenzenloser Möglichkeiten zu tun.[3] *Materie als körperlicher Stoff ist daher eine Illusion.*

1 Vgl. *Harald E. Puthoff* in Physical Review D (1987): "Ground state of hydrogen as a zero-point-fluctuation-determined state"; in Physical Review A (1989): "Source of vacuum electromagnetic zero-point energy" und *McTaggart*, S. 15f. und 51f.
2 Vgl. *Benedictus de Spinoza,* Ethica – ordine geometrico demonstrata bzw. Ethik – nach geometrischer Methode dargelegt (1677)
3 Vgl. *McTaggart*, S. 30f.

In Wahrheit ist Materie nichts anderes als Energie.[1] *Was wir also im Gehirn als Objekte wahrnehmen, sind tatsächlich reine Quanteninformationen, die von unserem Gehirn interpretiert werden.*[2]
Das Buch, das du in Händen hältst, ist ein Konglomerat aus subatomaren Teilchen und Wellen. Das Nullpunktfeld, im Osten auch Chi genannt, ist ein enormer Informationsspeicher, der alle möglichen Organismen mit elektrischen Ladungen umgibt. Es wurde festgestellt, dass Veränderungen des elektrischen Ladungszustands zum Beispiel mit dem Wachstum und der Regeneration von Lebewesen, aber auch mit Stürmen und Mondphasen übereinstimmen.[3] *Manche Physiker sind der Überzeugung, dass die Biologie von Quantenprozessen angetrieben wird. Das Feld könnte wesentlich zu Erklärung beitragen, wie sich aus Spermien und Eizellen die verschiedenen Lebewesen in ihren jeweiligen Formen bilden.*[4] *Die Arbeit von Naturwissenschaftern, Quantenphysikern und Parapsychologen legt den Schluss nahe, „dass es eine dezentralisierte, aber einheitliche Intelligenz gibt."*[5]

Können wir die Erkenntnisse der Quantenphysik mit jener Göttlichkeit in Einklang sehen, die uns zum Beispiel das NT und andere mystische Quellen überliefern? Ja. Nach Johannes ist Gott nichts anderes als Licht, Geist und Liebe.[6] *Und das energetische Feld ist ebenfalls Licht, Geist und Liebe. Die Quantenphysik zeigt uns: „Bewusstsein war ein globales Phänomen, das sich überall im Körper abspielte, und nicht nur im Gehirn. Bewusstsein war, aufs Wesentliche reduziert, kohärentes Licht." Auf der subatomaren Ebene ist Bewusstsein also Licht. Auch das Feld besteht aus Licht: „Was Quantenrechnungen zeigen, ist, dass wir und unser Universum in einem Meer von Bewegung leben und atmen – in einem Quantenmeer aus Licht."*[7]
Mit den einfachen Worten des NT: Gott ist Licht. Jesus bezeichnete sich auch als das Licht der Welt. Wer ihm nachfolgt, hat das Licht des Lebens.[8] *Wer also wie Jesus sein eigenes Selbst freilegt und seine Erleuchtung sichtbar macht, erkennt das Licht des Lebens, nämlich, dass er eins mit der Göttlichkeit ist. Das entspricht der buddhistischen Lehre von der Erleuchtung, vom Buddha, der in uns allen schlummert.*

1 Vgl. *B. Haisch, A. Rueda und H. E. Puthoff* in The Sciences (11/12 1994): „Beyond $E = mc^2$ - A first glimpse of a universe without mass" sowie *McTaggart*, S. 64f.
2 Vgl. *McTaggart*, S. 144f.
3 Vgl. ebendort S. 84ff.
4 Vgl. ebendort S. 79ff und insb. S. 97
5 Vgl. ebendort S. 326
6 Vgl. Johannes 4:24 sowie 1. Johannes 1:5 und 4:16
7 Vgl. *McTaggart*, S. 148 und S. 45
8 Vgl. Johannes 8:12

Wo Physiker davon sprechen, dass es im Prinzip keine Materie gibt, sondern alles aus Energie besteht und ein Feld aus Energie uns mit allem verbindet, sagte Jesus ganz einfach, dass Gott und Geist dasselbe sind. Der Geist macht außerdem lebendig, wohingegen das Fleisch (die Materie) zu nichts nütze ist.[1] Damit hat er garantiert nicht gemeint, dass die Materie schlecht ist. In einer überwiegend materialistisch orientierten Gesellschaft wollte er verdeutlichen, dass die Überbewertung der Materie nichts bringt, weil sie das Energetische, das Geistige im Sinne der spirituellen Energie, vernachlässigt.[2]
Erkennen wir die Illusion der Festigkeit der Materie, dann erkennen wir auch, dass nichts und niemand starre Grenzen hat und dass wir mit allem verbunden sind. Nach buddhistischer Lehre leidet, wer den Wandel der Dinge, den Fluss des Lebens, nicht akzeptiert. Wer hingegen die universelle Einheit erfährt, erlebt nach buddhistischem Verständnis auch die universelle Liebe und damit die Erleuchtung. Die allumfassende Liebe wird in der Bibel Gott genannt: Gott ist Liebe, und wer in der Liebe bleibt, der bleibt in Gott und Gott bleibt in ihm.[3] Wenn wir im Zustand der bedingungslosen, universellen Liebe, also einfach im Hier und Jetzt sind, erfahren wir die Einheit mit der Göttlichkeit. Diese Göttlichkeit ist weder ein Rachegeilist namens Jahwe, noch ein pseudochristlicher Kuschelliebegott: Gott ist ein unsichtbares Wesen, dessen ewige Kraft wir an ihren/seinen Werken wahrnehmen können.[4]

Gott, die Existenz, der liebe Gott, das Eine, die Göttlichkeit und das energetische Feld (Nullpunktfeld) sind nach alldem ein und dasselbe. Wir befinden uns mitten in diesem göttlichen Energiefeld. Wahrnehmen können wir es, indem wir ganz im Hier und Jetzt leben. Daher nenne ich das energetische Feld gerne Ousia-Feld. „Ousia“ kommt aus der altgriechischen Metaphysik und bedeutet soviel wie „Wahrhaftes Sein“, „Essenz“, „Wirklichkeit“ und „Seiendheit“. Das Ousia-Feld und der liebe Gott sind nur verschiedene Begriffe, inhaltlich sind sie ein und dasselbe. Allgegenwärtiges, liebendes Sein ist unsere wahre Natur, die wir mehr oder weniger tief unter einer dicken Schmutzschicht gesellschaftlicher Manipulation begraben haben. Wir finden sie wieder, wenn wir den Dreck der sozialen Konditionierung abwischen.
Mit den Worten des Mystikers Jesus: Das Paradies auf Erden erkennst du, indem du wieder wie ein Kind wirst.

1 Vgl. Johannes 6:63
2 Geist ist spirituelle Energie: Siehe dazu weiter oben sowie Kapitel „Buddha Jesus“ („Zur ersten Wahrheit *Dukkha Sacca*“)
3 Vgl. 1. Johannes 4:16
4 Vgl. Römer 1:19 und 20

Mit den Worten der Psychologie: Selbsttranszendenz entspricht der mystischen Einheit mit reinem Geist (Gott). Mit meinen Worten: Wir alle sind Gott, und indem wir unser Selbst freilegen, kommt Gott im Äußeren zum Vorschein.[1] Da Gott die unsichtbare Kraft in und hinter allen Dingen ist, gibt sie/er/es sich in den materiellen Dingen zu erkennen. Im Bewusstsein oder Denken zweiten Ranges, d.h. im Rahmen ganzheitlicher Wahrnehmung, erfahren wir Gott unmittelbar, weil Gott eben in allem enthalten ist. Ist die gedankliche Trennung von Gott und der Welt aufgehoben, erfahren wir sie/ihn/es, weil wir wieder wir selbst und daher auch Gott sind. Schlussbemerkung: Q.e.d.

Vom Rowdy zum Krieger

Es sei vorweg genommen, dass meine persönlichen militärischen Erfahrungen natürlich auch mit meiner positiven Haltung zur Landesverteidigung zusammenhingen. Außerdem erfahren Einjährig Freiwillige nicht nur ein längeres und härteres Training als herkömmliche Grundwehrdienstleistende, der Ausbildung künftiger Berufs- und Milizoffiziere widmet man sich auch persönlicher und emotionaler. Hinter der Kameradschaft in der Einheit verbirgt sich ein offenes Geheimnis. Im Einsatzfall sind alle Soldaten einander auf Gedeih und Verderb ausgeliefert. Das gymnasiale Schulwesen hingegen bereitet mehr oder weniger auf ein Dasein als Einzelkämpfer im täglichen Wirtschaftskrieg vor, wo anscheinend jeder gegen jeden kämpft. Militärische Vorbilder, harter Drill, Ehrenkodex und massig Frischluft entfernten mich zunehmend von meinen Randgruppenfreunden. Ich identifizierte mich nun stark mit der Rolle des militärischen Kriegers. Allerdings möchte ich erwähnen, dass ich in Freistadt niemals sinnlosen blinden Gehorsam praktizieren musste. Es mag Soldaten geben, die stur auch noch so fragwürdige Befehle befolgen. Der Ehrenkodex und die Vorschriften des Militärs gebieten aber einen Dienst im Sinne der Sache und daher nicht immer im Sinne (einiger) egozentrischer Kommandanten.

Man kann Robert Bly nichts Vernünftiges entgegenhalten, wenn er meint, dass wir mit dem inneren Krieger beginnen sollen und nicht mit der Erziehung des äußeren Kriegers. Bei den Streitkräften (Bly erwähnt die US-Marines) werden aber in der Regel nur äußere Krieger ausgebildet.[2]

1 Siehe dazu Kapitel „Unser Selbst"
2 Vgl. *Robert Bly*, Eisenhans – Ein Buch über Männer (2005), S. 194ff.

Ist der äußere Krieger ohne Königsenergie, ist er kein positiver Krieger. Er ist dann nur noch ein folgsamer Kriegsdiener. Dient er lediglich Machtinteressen, handelt es sich um einen dunklen Krieger, einen Sadisten.[1] *Bly zitiert Michael Meade, der uns an folgendes keltisches Motto erinnert: „Gib niemals einem Mann, der nicht tanzen kann, ein Schwert." Gemeint ist der innere Tanz des Herzens, die Liebe.*

In der Heeresküche standen Männer, und es schmeckte lecker. Männer reinigten und wuschen. Sie richteten sich auch auf dem Gefechtsstand bei Übungen so ordentlich und häuslich ein wie möglich. Haushaltstechnisch wurde also die Frau ersetzt. Und der Laden lief. Das zeigte mir bereits damals, wie künstlich so manche gesellschaftliche Ordnung war und zum Teil noch ist, in der der Mann allein im Äußeren und die Frau ausschließlich im Inneren herrschen. Dahinter steckt vermutlich das unbewusste steinzeitliche Schema „Er jagt und sie hütet die Höhle." Ich lernte, was es heißt, für mich selbst und andere in allen Belangen (Putzen eher weniger) zu sorgen und Verantwortung zu übernehmen. Die Fähigkeit, Verantwortung zu übernehmen, aber auch sich abzugrenzen, macht meines Erachtens einen Krieger erst wirklich komplett.

Die schmerzliche Trennung von allem, das ich als Jugendlicher im hektischen und sinnlosen Stadtleben erlebte, war da, ohne dass ich sie wirklich wollte. Aber diese Trennung existierte nur in meinem Kopf. Mein Gehirn wollte mich schützen, indem es sich verselbständigte, um mir mein inneres Verschmelzen mit meiner natürlichen Umgebung zu bewahren. Es dauerte viele Jahre, bis ich realisierte, dass meine Offenheit gegenüber den Mitmenschen vielfach in einem Rückzug – meist in den Wald – resultierte, weil ich Schutz vor den erspürten Illusionen der Leute suchte. Vom Film, in dem ich oft mitspielte, brauchte ich Erholung. Das Militär zeigte mir Wege auf, wie ich destruktive Aggressionen in konstruktive Energien transformieren konnte. Männer mit schwachem innerem Krieger wissen nicht, wie sie ihre psychischen Grenzen verteidigen sollen. Sie laufen Gefahr, schutzlose Adressaten von Übergriffen zu werden. In diesem Punkt hatte mein innerer Krieger noch einiges zu lernen. Die folgenden Jahre ging ich in die Lehre zweier Frauen (meinen Partnerinnen), für die ich Verantwortung übernahm, um „brav" zu sein und geliebt zu werden. Doch dazu weiter unten. Vorerst widmen wir uns noch der Frage, ob und wie weit Krieger und Menschen allgemein zu ihrer Verteidigung Gewalt anwenden dürfen oder gar sollen.

1 Vgl. *Manfred Twrznik*, Aufbruch zum Mann (2002), S. 63ff

Verteidigung

Meiner Ansicht nach sind Verteidigungsbereitschaft und –fähigkeit wesentliche Voraussetzungen zur Bewahrung staatlicher Autonomie und individueller Freiheit. Jedem vernunftbegabten Wesen dürfte einleuchten, dass Grenzverletzungen gegenüber Staaten oder Einzelpersonen grundsätzlich die eigene Handlungsfreiheit einschränken. Selbstverständlich wurden die Grenzen künstlich gezogen, und selbstverständlich plädiere ich nicht für grenzenlose Gewalt. Ich bin aber für Wehrhaftigkeit und Verteidigungsbereitschaft, weil auch reifere Menschen an faktische Machtverhältnisse gebunden sind. Solange es keine zentrale Weltregierung gibt und die Einzelstaaten noch nicht reine Verwaltungsapparate sind, bin ich dafür, dass zuerst die Militärgroßmächte den Weg des Abrüstens vorgeben und vorleben. Das alles trifft im übertragenen Sinn auch auf das Individuum zu. Nur weil jemand die Erkenntnis hat, dass wir alle eins sind, heißt das noch lange nicht, dass man sich auffressen lassen muss. Wehrlose Schafe ziehen potentielle Aggressoren ungleich stärker an als wehrhafte Wölfe. Pauschalurteile wie „Soldaten sind Mörder“ sind weder Ausdruck des nötigen Respekts vor den Soldaten des (offiziell noch) neutralen Staates Österreich, noch sind sie Ausdruck menschlicher Vernunftübung. Wo die Religion und die mit ihr übereinstimmende Politik lange genug am Werk war, ist es eben mit der Vernunft nicht allzu weit her. Bemerkenswert ist in diesem Zusammenhang, dass wir als Soldaten im „Lebenskundlichen Unterricht“ die Gelegenheit hatten, mit einem Priester über Gewissenskonflikte hinsichtlich des Waffengebrauchs zu reden.

Wir kommen daher nicht umhin, zwei religiöse Grundhaltungen zum Thema Verteidigung und deren reale politische Auswirkungen zu beleuchten. Wo Christen analog zu dem aus dem Zusammenhang gerissenen Jesus-Wort „Liebe deine Feinde“[1] theoretisch, d.h. im Geiste, in eine menschenunwürdige, scheinheilige Demutshaltung verfallen, gebietet der Jerusalemer Talmud – in Verschärfung des AT („Auge um Auge, Zahn um Zahn“)[2] – den Juden, denjenigen praktisch mit der Tötung zuvorzukommen, die sie umbringen wollen.[3] Wie wir aus der Geschichte vom Mittelalter bis zum Jahr 1945 wissen, haben sich die Angehörigen beider Konfessionen, von Ausnahmen abgesehen, jeweils gegenteilig zu ihrem Glaubenssatz verhalten.

1 Vgl. Matthäus 5:44
2 Vgl. 5. Mose 19:21
3 Siehe Jerusalemer Talmud, Mischna, Teil 4 „Schäden“ b. Sanhedrin 72a

Während Christen Feindesliebe predigten, mordeten sie die (besser: andere) „Heiden" von den Kreuzzügen bis zum Holocaust. Die sich sukzessive steigernden Verfolgungen durch das NS-Regime hingegen ertrugen viele Juden, die in der Antike ein Volk von Kriegern waren, in Verkennung der Situation oder in christlicher Demut, vielleicht auch, weil sie wieder einmal die Gewalt des herrschenden Establishments als Prüfung ihrer Frömmigkeit durch ihren „Gott" interpretierten, der ohnehin beim Endgericht alle feindlichen Heiden ausrotten würde.

In der Mitte beider Gesinnungen wird die Wahrheit, der vernünftige Weg liegen. Die Vernunft haben wir von Gott (der Schöpferin) erhalten, nicht jedoch die vernunftfeindlichen, von Menschen gemachten Religionen nebst penetrantem Gedankenmüll. Der Mittelweg der Wahrheit ergibt sich aus dem Kontext, in dem Jesus zur Liebe der Feinde auffordert: Wir sollen unsere Feinde nicht hassen, wie der Pseudogott des AT es vorsieht[1]*, sondern ihnen dieselbe Liebe zukommen lassen wie allen Mitmenschen (Nächsten). Jemanden lieben, bedeutet allerdings nicht, sich verletzen oder demütigen zu lassen.*

Die jüdische, aber ungläubige Philosophin Salcia Landmann studierte auch Rechtswissenschaften. Sie bringt zwar, wie noch zu erörtern ist, in ihrem Buch „Jesus starb nicht in Kaschmir" meiner Auffassung nach kein einziges stichhaltiges Argument gegen die These, Jesus habe auch in Indien gelebt und sei dort in buddhistischer Lehre unterrichtet worden.[2] *Jedoch belegt sie unmissverständlich, dass die Kombination aus judenverachtenden Verleumdungen, hinterhältigen Fälschungen des NT und christlicher Lüge von Jesu Gottstatus bis zur systematischen Judenvernichtung durch das Hitler-Regime führte. So am Rande erwähnt, ist es der einseitig rational denkende Wahnsinn, der einen Menschen auf den Begriff „Jude" reduziert, um ihn kalt machen zu können. Wie viele Begriffe haben wir auf dieser Welt und wie oft packen wir durch Worte Menschen zu deren Leidwesen in Schachteln (und in Lager)? Zurück zum Holocaust. Der in seinen Wurzeln im realen Leben nur schwer zu ortende, jedoch deutlich „ins Urchristentum eingebaute Judenhass"*[3] *ist in jenen Verdrehungen der Evangelisten und Christen begründet, durch die das Volk der Juden als Mörder des Juden Jesus hingestellt wird. Das ist völlig verrückt, weil es die jüdischen Hohenpriester (und Schriftgelehrten) waren, die Jesus „hinter dem Rücken des Volks" auslieferten, weil sie sich vor dem Volk fürchteten, wie man im NT nachlesen kann.*[4]

1 Vgl. Matthäus 5:43
2 Vgl. Kapitel „Buddha Jesus"
3 Vgl. *Salcia Landmann*, Jesus starb nicht in Kaschmir – Ohne Kreuzestod kein Christentum (1996), insb. S. 200ff.
4 Vgl. Lukas 22:2 bis 6, Matthäus 12:14 und 27:1; Markus 3:6 sowie Johannes 5:18

Das jüdische Volk liebte Jesus.[1] *Demnach wird es wohl hinter ihm gestanden sein und gar nichts von der Auslieferung erfahren haben.*[2] *Absolut nachvollziehbar legt Landmann dar, dass die in ihrer Existenz bedrohten Priester Jesus durch Lügen den Römern übergeben und dadurch ans Kreuz gebracht hatten, bevor das jüdische Volk höchstwahrscheinlich um seine Freilassung flehte.*
Aber damit nicht genug. Die Autorin Landmann erläutert auch unwiderlegbar, wie sich die deutsche Reue über Gräueltaten an Juden schließlich in eine gegenteilige Haltung der wahnsinnigen Ausländer- und Asylantenliebe wandelte. Einige (nicht alle!) systemausbeutende Schmarotzer, darunter judenfeindliche Asylanten, werden mehr als Inländer begünstigt und belasten ungebührlich den deutschen Steuerzahler. Das entspricht einer ungewollten, indirekten Förderung antijüdisch gesinnter Ausländer. „Die mea-culpa-Psychose in pervertierter Form verführt die deutsche Nation also dazu, Hunderttausenden von potentiellen oder faktischen Judenmördern Asyl zu gewähren und sie auf deutsche Staatskosten so total zu finanzieren, wie kein Deutscher es je für sich in Anspruch nehmen könnte" – ein Fakt, über das sich offenbar in Deutschland nur eine Jüdin zu schreiben getraut.[3] *Auch, dass gegen die Asylwerber, deren Privilegien keinerlei Gegenleistung gegenübersteht, „nur Skinheads und andere primitive Flegel"*[4] *(wie ich damals) protestieren, untermauert meine These, der zufolge viele der angeblichen Neonazis tatsächlich ein gesundes Gespür für Ungerechtigkeiten haben. Zwar haben die meisten der „Flegel" garantiert kein fundamentales historisches oder politisches Wissen, dafür merken sie aber sehr wohl, wenn etwas nicht ganz in Ordnung ist. Aus den daraus resultierenden allgemeinen Hassgefühlen, unkreativem Protest und Unreflektiertheit wird der rechte Arm gehoben. Damit kann dann jeglicher Protest von öffentlicher Seite her mit der Nazikeule niedergeprügelt und stummgemacht werden.*
Wir halten fest: Christen bauen ihre Religion auf einem jüdischen Menschen namens Jesus auf. Durch unverschämte Lügen wurde Jesus von ihnen zum Gott erhoben und sein Kreuztod dem jüdischen Volk in die Schuhe geschoben. Dadurch wurde Judenhass geschürt und der Holocaust mitverursacht. Im Ergebnis wurden also Jesu Landsmänner verfolgt und vernichtet, was in keinem Fall mit dem Gebot der Nächstenliebe in Einklang zu bringen ist.

1 Vgl. Matthäus 4:25, 8:1, 12:23, 15:31 und 20:29; Markus 1:22; Lukas 4:32 und 9:43 sowie Johannes 7:46
2 Vgl. auch *Gerd Lüdemann*, Das Judas-Evangelium und das Evangelium nach Maria – zwei gnostische Schriften aus der Frühzeit des Christentums (2006), S. 74
3 Vgl. *Landmann*, ausdrücklich S. 252 und 253, allgemein S. 244ff.
4 Vgl. ebendort ausdrücklich S. 247

Dieses Gebot ist übrigens bereits dem AT[1] zu entnehmen und gilt folglich nicht nur für Christen, sondern (indirekt) auch für Moslems und Juden. Im AT stammt das Gebot der Nächstenliebe allerdings vom strengen Gangster Jahwe, der seine Feinde hasst und tötet. Es ist daher im Zusammenhang mit seinem Feindeshass und dem Verbot des Grolls gegenüber Angehörigen des eigenen Volks zu lesen.[2] Alles in allem zeigt sich, zu welch perversen, weil unnatürlichen Zuständen religiöse Normen führen können. Demut ist und bleibt ein unnatürlicher, menschenunwürdiger Zustand. Sie dient nur den Religionsführern und anderen Machthabern. Wer dies durchschaut hat, kann doch nicht allen Ernstes weiterhin religiös bleiben. Besser ist, man befreit sich von Konditionierungen und vertraut seinem gesunden Menschenverstand. Wer sich prügeln lässt, ist mitverantwortlich. Gewaltsame Verteidigung ist als letzter Ausweg zulässig.[3]

Feinde

Begrifflich abstraktes Denken hängt untrennbar mit Worten zusammen. Worte selbst sind weder gut noch böse. Was einseitiges abstraktes, rationales Denken anrichten kann, ist vor allem die Schubladierung von Individuen. Konkrete Menschen mit konkreten Lebenswegen, Gefühlen und Gedanken werden oft in eine Wortschachtel gepackt. Klar hatten wir in der militärischen Ausbildung keinen realen Feind, doch selbst wenn einer da gewesen wäre, hätte man der Einfachheit wegen für gegnerische Soldaten den Überbegriff „Feind" gebraucht. Über eine konkrete Person, die es wagte, in Österreich mit Waffengewalt einzudringen, muss und soll man sich keine quälenden Gedanken machen. Es geht um die rasche Bereinigung einer ungerechten Situation. Dass wir alle eins sind, bedeutet ja nicht, dass wir uns Ungerechtigkeiten beugen und demütigen lassen müssen. Der Zweck heiligt bekanntlich die Mittel. Im Wirtschaftskrieg hingegen sieht die Sache ganz anders aus.
Worauf will ich hinaus? Durch Begriffe werden Menschen sehr oft zu „den anderen" und damit zu „Feinden" erklärt. Tiger, Wölfe, Pottwale und andere Tiere wurden als „Bestien" bezeichnet, damit das größte Raubtier, genannt Mensch, sie beinahe bis zur Ausrottung abschlachten konnte. Darin erkennt man den Machtmissbrauch und die eigentliche Gefahr,

1 Vgl. 3. Mose 19:18
2 Vgl. Matthäus 5:43
3 Vgl. Kapitel „Unter Druck" (*„Hinter den Kulissen"*)

die hinter dem einseitigem Denken und seinen abstrakten Begriffen steckt. Wie wir oben feststellten, war der Holocaust nichts anderes als ein Abschlachten der anderen und Bösen. Das geschah darüberhinaus noch unter völliger Verdrehung religiöser Glaubenssätze.

Ist das heute anders? Noch nie hatte ich persönlich ein Problem mit dem Islam. „Das Abendland in Christenhand!" lautete 2009 ein Wahlkampfslogan einer meiner Meinung nach absolut unchristlichen Partei. Interessant, mit welchem Schwachsinn in Österreich im 21. Jahrhundert Steuer- und Parteigeld verbraten wird. Der Zorn der „einfachen Bevölkerung" soll so kanalisiert werden, dass er vom eigentlichen politischen Versagen ablenkt. Es können weder die Pensionen noch die Versorgung pflegebedürftiger, alter Menschen sichergestellt werden, aber es wird Hetze gegen Moslems betrieben. Zugegeben, ich möchte auch keinen Muezzin frühmorgens von seinem Turm schreien hören. Allerdings stört mich auch das Glockengebimmel der Kirchen. Ich will einfach meine Ruhe – vom Lärm und von den dazu gehörigen Religionen. Bei der Anti-Islam-Kampagne wird unterschwellig das Bild der bösen Terroristen suggeriert, die, kurz bevor sie sich in die Luft jagen, noch hastig den Koran lesen. Absolut falsch, kann ich nur sagen. Der Koran verbannt die Ungläubigen zwar in die Hölle, er befiehlt aber eindeutig und unwiderlegbar die Achtung der Menschenwürde sowie den Respekt gegenüber Andersgläubigen. Sure 5:32 macht Mörder von Unschuldigen zu Mördern an der gesamten Menschheit.[1] Gemäß dieser Weisheit sind als Unschuldige jene Menschen zu verstehen, die selbst keine Gewalttat „im Lande" begangen haben. Die in den Trümmern der Twin Towers am 11. September 2001 umgekommenen Menschen waren selbst weder Soldaten noch Attentäter. Deshalb können die Piloten der Terrorflieger unmöglich aufgrund des Korans gehandelt haben. Der heilige Koran stellt auch klar, dass ein Retter fremden Lebens die ganze Menschheit gerettet hat.[2] Die dahinter steckende Philosophie entspricht der buddhistischen Lehre, dass wir alle eins sind. „Euch Euer Glaube und mir mein Glaube" klingt nicht nach einer Aufforderung zur Missionierung, sondern nach Akzeptanz fremder Überzeugungen und Individuen.[3] Der Koran erlaubt allerdings Tötungen „um der Gerechtigkeit willen."[4] Die Tötung gewaltloser Menschen, worunter selbstverständlich auch Ungläubige fallen, verbietet aber der explizite Wortlaut der Sure 5:32.

1 Vgl. *Publikation der Türkischen Religionsstiftung,* „Der gnadenreiche Koran" (2002), S. 114
2 Vgl. ebendort
3 Vgl. Sure 109:6, ebendort S. 605
4 Vgl. Sure 17:33, ebendort S. 286

Es wird dort nicht zwischen Ungläubigen und Gläubigen unterschieden. Einzig und allein das Merkmal der Gewalttätigkeit macht jemanden zum schuldigen oder unschuldigen Menschen. Tötungen von gewaltlosen Ungläubigen sind daher jedenfalls ungerecht. Wie sieht es dann mit der Körperverletzung an Ungläubigen aus? Wenn in einem Vers davon die Rede ist, dass man auf die Hälse der Ungläubigen einhauen und alle ihre Finger abhauen soll[1], dann kann diese Anordnung nur mit bereits laufenden, gegenseitigen Gewaltakten zwischen Gläubigen und Ungläubigen in Zusammenhang stehen. Das ergibt sich nicht nur aus Sure 5:32 und der Glaubenstoleranz in Sure 109:6, die im Fall der Erlaubnis der Züchtigung von gewaltlosen Ungläubigen sinnlos wäre. Auch aus dem Konnex zwischen dem Kampf gegen Ungläubige und dem Krieg ergibt sich eine eingeschränkte Gewalterlaubnis. In einer Sure wird nämlich angeordnet, dass man gegen sie (die Ungläubigen) kämpfen soll, bis kein Bürgerkrieg mehr ist.[2] Dass Ungläubige schlimmer als Vieh gesehen werden, wenn ein Bund durch sie gebrochen wird (und sie nicht gottesfürchtig sind), sagt noch nichts über gegenseitige Gewaltbereitschaft aus.[3]
Im Rahmen einer systemischen Auslegung des Korans ist somit jedwede Gewalt an gewaltlosen Menschen unzulässig. Die einzigen von mir gefundenen menschenverachtenden Bestimmungen des Korans, die keiner menschenwürdigen Auslegung zugänglich sind, beziehen sich auf die Frauen. Sie stehen angeblich unter dem Mann, man(n) kann sich bis zu vier von ihnen halten, und wenn sie nicht spuren, soll man sie nach Abmahnung wegsperren und schlagen. Vor dem Gebet muss man sich reinigen, wenn man zuvor „Weiber berührt" hat.[4] Hoffentlich erkennt (bald) jeder Moslem, dass diese (vielleicht) historisch begründbaren Passagen ersatzlos gestrichen werden müssen, um einen Missbrauch „im Namen Allahs" hintan zu halten. Da Allah in allen Dingen ist, befindet sich Ihre/seine Energie auch in Frauen. Wer würde Allah schlecht behandeln wollen?

Ich appelliere an jeden Menschen, sich nicht auf irgendwelche Medien, Plakate oder Bücher, auch nicht auf dieses, zu berufen. Es ist spannender und ehrlicher, sich ein eigenes, konkretes Bild von seinem Gegenüber zu machen. Das gilt selbstverständlich auch für die vermeintliche Gesinnung ganzer Personengruppen, die man unter einem Begriff zusammenfasst. Man will uns „niederes Volk" offenbar mit jeder Menge

1 Vgl. Sure 8:12, ebendort S. 179
2 Vgl. Sure 8:39, ebendort S. 182
3 Vgl. Sure 8 :55f, ebendort S. 185
4 Vgl. zu alldem Sure 4:34 , 4:3 und 5:6, ebendort S. 85, 78 und 109

konsumorientiertem Schwachsinn ausbeuten und ablenken. Der wegen des unnatürlichen Lebenswandels aufkommende Zorn soll aber im niederen Volk, also unter seinesgleichen bleiben. Deshalb muss es immer wieder die unangenehmen „bösen anderen Leute" geben. So wird jede wertvolle, potentiell rebellische Energie auf unsichtbare Feinde gelenkt, die es gar nicht gibt. Die Auseinandersetzung mit den Mitmenschen zertrümmert eventuell jene Schachteln, die uns zu einem Karton im Schachtelturm des irdischen Supermarkts machten. Sollte der Tiger in High Heels irgendwann einmal zum medialen oder wirtschaftlichen Abschuss freigegeben werden, kannst du dir ja vorstellen, warum. Vielleicht wurde „seine" Wahrheit zu unangenehm. Dabei sind Tiger richtige Schmusekatzen – wenn man sie nicht reizt.

Nordischer Wind

In der vorerst letzten Woche beim Militär hatte ich Urlaub. Mit Freunden flog ich nach London, wo wir uns voller Begeisterung die Subkulturszene in Soho anschauten. Meine damalige Freundin (Maria) blieb zuhause. Es zeichnete sich nämlich immer deutlicher ab, dass diese Beziehung mehr von Eifersucht und sportlichem Sex geprägt war als von gegenseitiger Liebe. Außerdem wollte ich etwas mit meinen Kumpels unternehmen.

Gleich am ersten Abend saßen wir in der Hotelbar eines Billighotels, und ich trieb, wie fast immer, meine Faxen. Spielte die Jukebox neumodischen Krempel, flogen imaginäre Handgranaten in die Richtung der Lärmquelle. Zur leidvollen Belustigung der Mädels am Tisch gegenüber wählten wir für die nächste Stunde immer wieder dasselbe behämmerte Lied. Damit zogen wir ihre Aufmerksamkeit auf uns. Bald rempelte mich mein Kumpel Chris an und meinte: „Hey, die da drüben starrt dich aber ganz schön an!" Das war mir gar nicht aufgefallen. „Welch glücklicher Zufall!" dachte ich, denn auch ich hatte mich in die einzige Brünette mit den funkelnden braunen Augen verguckt. Als sich endlich unsere Blicke trafen, spürte ich: „Das ist meine Frau!" Ein warmes Gefühl machte sich in der Bauchgegend breit. Durch unseren Augenkontakt wurde so etwas wie ein kosmischer Höhepunkt ausgelöst. Amor schien statt mit dem Bogen mit einer Armbrust unterwegs gewesen zu sein. Ein wunderschönes Gefühl. Sie saß inmitten der anderen norwegischen (blonden) „Jenter" (Mädchen) und kurz drauf neben mir.

Jenes Knistern lag in der Luft, das uns bald auf die Stiege vor dem eher schäbigen Hotel verschwinden ließ. Wir sprachen über die Sterne am Himmel, Gott, die Natur, die Gesellschaft und die Liebe. Das gegenseitige Verständnis war nicht nur auf die in Englisch gesprochenen Worte beschränkt. Die Kommunikation umgab uns wie ein warmer Hauch. Es gab keine Trennung zwischen ihr und mir. Sie war ich, und ich war sie. Freya war groß und wunderschön, hatte Haare bis zum Po, spielte Fußball in der norwegischen Nationalmannschaft und liebte Pferde. Wieder drinnen, kam sie langsam auf mich zu und küsste mich. Wir gingen hoch und kuschelten auf dem roten Filzboden auf dem Gang vor den Zimmern. Nachdem wir kurz vor dem Verabschieden quasi nonverbal beschlossen, nicht gleich miteinander ins Bett zu gehen, besprang und umklammerte sie mich inniglich. „Yes, that´s my girl!", jubelte ich. Daheim angekommen, musste ich enttäuscht feststellen, dass sie sich doch nicht wie ausgemacht in meinen Rucksack geschmuggelt hatte. Dafür lag wöchentlich ein Liebesbrief im Briefkasten. Bei ihr und bei mir. Obwohl ich der verpatzten Chance an der Militärakademie nachtrauerte, leuchtete mir damals schon ein, dass ich ohne diesen Verzicht vermutlich nie dem Burgfräulein der nordischen Bastion begegnet wäre.

Unser Kontakt war allerdings einige Zeit unterbrochen, weil die Sache mit Maria noch nicht ganz ausgestanden war und ich noch nicht für eine abrupte Trennung bereit war. Maria wusste von meiner Liebe in Oslo und stellte fest, dass sie weniger eifersüchtig gewesen wäre, wenn ich „nur" mit Freya geschlafen hätte. Das verwunderte mich zwar, beschleunigte aber das endgültige Aus. Sie spürte wohl, dass ich seelisch schon ganz woanders war.

Nach einigen Telefonaten mit meiner nordischen Göttin, die schon nicht mehr an ihren Ösi-Spinner glaubte, packte ich ohne lange Vorbereitung den Rucksack und schnallte ihn auf die „Suzi". Meine damalige Maschine war ein „Gatschhupfer" (Dreckspringer). Manche sagen auch Enduro dazu. Der Reisbrenner von Suzuki hieß offiziell „Dr. Big" und das nicht ohne Grund. Der Hubraum des Einzylinders hatte satte 750 ccm, und es brauchte einen Dekompressionshebel, um den Motor überhaupt starten zu können. Die Dämpfung des Sportauspuffs baute ich aus. Daher konnte man mich schon lange hören, bevor ich um die Ecke kam. Das stand oft in direktem Zusammenhang mit der Freude, die mir die Flammen machten, die bei einer Fehlzündung aus dem Rohr geschossen kamen. Dazu brauchte man nur während der Fahrt den Motor abzustellen und kurz darauf wieder anzumachen. Ich schoss also in der Welt der Konsumgesellschaft herum, auf die ich schon lange geschissen hatte. Dass mein Motorrad aber gerade ein Produkt jener Wegwerf- und Spaßgesellschaft war, auf die ich zornig war, kümmerte mich damals reichlich wenig. Immerhin musste ich irgendwie in die gesegnete Heimat der Wikinger gelangen und hatte kein Geld für einen Flug. Das Auto meiner Mutter zu nehmen, war mir zu wenig ritterlich. Und so litt Mama Todesängste, als ihr Sohn Ende Oktober im verregneten Linz nach Norwegen aufbrach. Die weiteste Strecke, die ich bis zu diesem Zeitpunkt auf dem Hobel hinter mich gelegt hatte, war von zuhause in die Kaserne. Immerhin 40 Kilometer.

Nach Oslo sollte es schon ein Stückchen weiter sein. In direkter Linie düste ich über Prag zur Fähre nach Saßnitz. Die Strassen im damaligen Ostdeutschland, manche Eindrücke dort und die Gedanken am Hobel könnten ein eigenes Buch füllen. Bereits auf Höhe von Budweis kam ein Schneeregen auf, der in kürzester Zeit durch die Bomberjacke drang und mich komplett durchnässte. Ein Motorraddress mit Regenschutz wäre für einen 20-Jährigen zu teuer gewesen und hätte nicht zu einem Draufgänger gepasst, der ohnehin vom Kriegsgott Thor persönlich beschützt wurde. Die Blitze konnten mir daher nichts anhaben. Abgestiegen war ich nur zum Pinkeln und Tanken. Während der Fusel in den 30-Litertank rann, mampfte ich etwas in mich hinein oder pumpte Liegestütze. Fröstelnd war ich nach zwölf Stunden Fahrt vor dem alten Kriegshafen angekommen, und tiefes Staunen erfasste mich beim Anblick ganzer Züge, die da in das Schiff fuhren. Auf seinem Deck war um Mitternacht ein kurzes Nickerchen angesagt. In den frühen Morgenstunden fühlte ich mich wie ein Gott, als sich der Bug der Fähre öffnete und den Blick auf Trelleborgs Hafen eröffnete. Die Asphaltswege entlang Schwedens Westküste waren teilweise spiegelglatt und die Freude, bald bei Freya zu sein, riesengroß. Ein Helm mit Visier wäre ein Frevel für den Lenker eines Geländemotorrads gewesen. So ließen mich die Liebe und die Schönheit der schwedischen Landschaft beinahe vergessen, dass ich Eiszäpfchen auf der Fliegerbrille und der Sturmhaube hatte. Dann endlich kam die unbewachte Grenze zwischen Schweden und Norwegen. Ein grandioses Gefühl trug mich durch felsige und stark bewaldete Natur bis nach Oslo. Es verblich nicht einmal beim Anblick der vielen Hochhäuser. Inmitten der Betonbauten lag ich auf meiner „Suzi", bis Freya endlich vor mir stand. Wir umarmten uns und standen einige Zeit so da. Sie schien still zu stehen, die Zeit. Nichts hatte sich seit London verändert. Ihre Familie empfing mich, übrigens typisch für „die Norweger", sehr herzlich.

Da mich Freyas Freundinnen kennenlernen wollten, gingen wir abends fort. Es durchfuhr mich wie ein Blitz in meiner schwarzen Kleidung, als in einem Lokal „Back in black“ von AC/DC gespielt wurde. Ich war ja seltsamerweise zuhause in der Ferne. Kurz darauf stand eine zuckersüße Norwegerin neben mir und fragte mich, ob ich Anabolika für Pferde nehmen würde. Das dürfte den neben ihr stehenden Kraftsportler animiert haben, mich zum Wettsaufen aufzufordern. Er habe gehört, dass „die Österreicher“ den Alkohol nicht so gut vertragen würden. Ein Witz, oder? Ich war bereits mehr als 36 Stunden auf den Beinen, als der Typ beim (von meiner Flamme gezählten) dreizehnten Bier aufgab und das schmuddelige Klo vollkotzte. Das für unsere Verhältnisse wässrige Øl (Bier) machte mich hingegen nur ein bisschen lustiger. Und wir machten die Nacht zum Tag. Bei Freya zuhause wartete schon ihr Bruder, mit dem es noch einige B-52 (Schnaps-Likör-Mischungen) zu kippen galt. Noch immer kein Alkoholrausch. Der durch Liebe und Entdecken neuer Räume hervorgerufene Rausch der Sinne wollte sich nicht verdrängen lassen. Natürlich strotzte ich vor Kraft, aber die wäre im Linzer Alltagstrott erheblich geringer gewesen. Alles war damals neu und okay so, wie es eben war. Ohne Denken, ohne Hinterfragen. Energie pur.

Endlich hatten Freya und ich – nach einem ganzen Jahr – Zeit für totale intime Nähe. In den frühen Morgenstunden wollten wir niemand aufwecken, und so wurde das elterliche Wohnzimmer zum Liebesparadies mit Wollteppichboden. Jede Berührung, jeder Blick war, als ob ich das Zentrum des Lebens selbst berührt hätte. Zum ersten Mal erfuhr ich, was es heißt, körperlich und seelisch zu verschmelzen. Unsere Körper waren unsere Tempel. Wir waren vollkommen im Sein: kein Gedanke, kein Zweifel, keine Versicherungspolice, kein Telefon, keine Waschmaschine, kein Televisionsgehirnwäschegerät, kein Gesetz. Pures Sein. Die mehrfachen körperlichen Höhepunkte waren ein natürliches Weiterfließen des seelisch-kosmischen Orgasmus.

Am letzten Abend genossen wir Arnold Schwarzenegger in „Terminator 2“. Die Welt, in der Roboter gegen Menschen Krieg führen, entsprach in etwa meiner Sichtweise des Stadtlebens. Auch in diesem Punkt waren wir auf einer Wellenlänge. Wir saßen dann noch an einem abgelegenen Waldsee, wo wir fühlten, lachten, plauderten, kuschelten und küssten. Sie war zutiefst traurig, als ich nach mehreren Abschiedsumarmungen auf „Suzi“ stieg und wieder davonbrauste. Meine Traurigkeit wurde bald von der nordischen Eiseskälte eingefroren. Die 600 Kilometer bis zum Hafen entpuppten sich als nächtliche Eishölle. Die Kälte drang durch zwei Paar Handschuhe, wie ein heißes Messer durch den norwegischen Ziegenkäse gleitet. Um mich wach zu halten, blendete ich absichtlich die wenigen entgegenkommenden Autos an, sang und lachte ich vor mich hin wie ein Verrückter. Die darauf folgenden Zahnschmerzen und das Zurückblenden irritierter Fahrzeuglenker vertrieben wirklich jede Müdigkeit. Nachdem nachts keine einzige Tankstelle mehr offen hatte, flehte ich zu Odin, dass der Sprudel bitte bis zum Hafen halten möge. Schließlich musste ich am übernächsten Tag wieder in der relativ neuen Arbeit sein. Und tatsächlich hustete „Suzi" den letzten stotternden Benzinkeucher exakt im Moment der Übergabe meines Passes aus. Das war eines der „Wunder" in meinem Leben, die ich nie hinterfragte. Es war einfach so.

Hinter den Kulissen

Abgesehen von Freya, waren Motorrad, Kraftsport, Wikinger und Schusswaffen damals meine fast ganze Welt, in die ich floh, weil mir das Leben im Alltag zu hart war. Meine Anima erfrischte sich an Freya. Mein sonstiges Dasein richtete sich daraufhin aus, härter als alle anderen zu sein, um ja nicht verletzt zu werden. Grundsätzlich tat ich alles, um besser, stärker, schneller, härter und anständiger als die anderen zu sein. Menschen in rudelartigen Massen, wie man sie in der Stadt vorfindet, empfand ich immer noch als „Feinde". Es war kein wirklicher Hass auf die einzelnen Personen da. Jedoch spürte ich nach wie vor den Druck eines gesellschaftlichen Systems, den ich großteils unbewusst damit kompensierte, mich als „ritterlicher Macho" über alles und jeden zu stellen. Es machte sehr viel Spaß und Freude so zu sein, wie ich war. Aber eigentlich war ich gar nicht ich selbst. Wer draußen den Macho mimt, drinnen aber in feinen Strümpfen und High Heels seiner eigenen Anima nahe sein will, seine Anima auch in der Partnerin sucht, ist in Wahrheit ein liebevoller Bettler. Skurrilerweise wurde ich ein Teil des grauen Netzes, indem ich mich aufgrund der außen empfundenen Härte noch härter machte, um mir mein weicheres Inneres zurückerbetteln zu müssen …

Telefonterror

Ich bin der Telefonterror Toni ...
Ich hab die Leidenschaft,
die mich zum Telefonteufel macht
Malsy[1]

Unsere sehr nahe Fernbeziehung sollte noch ein Jahr dauern, bis Freya endlich zu mir nach Österreich zog. Bis dahin telefonierten wir jede Nacht und das meist stundenlang. In Plauderpausen lauschten wir einfach nur dem Atem des anderen und stellten uns vor, wie es sich anfühlen würde, uns umarmen zu können. Die Sehnsucht wurde beinahe unerträglich. Der Tag wurde zur Wartezeit auf ihre Stimme oder einen Liebesbrief. Immer weniger war ich im Hier und Jetzt. Freya war so stark in meinen Gedanken bei mir, dass sich bereits im Geiste der Moment des Geschehens in englische Erzählform umwandelte. Nachts berichteten wir uns dann den Tagesablauf. Gegen Mitternacht kuschelte ich mich mit dem Polster in den Schlaf und oft träumte ich davon, ihre Haut zu spüren. Endlich bekam das Bettzeug meiner Kindheitsträume eine realistischere Füllung.
Wie ein schlimmer Traum hingegen war mein neuer Beruf. Um bald vom elterlichen Zuhause auszuziehen und uns ein eigenes Heim zu schaffen, jobbte ich bei der „TRA-TRA". Später hieß die Telefonrechnungsabteilung der Post dann Telekom-Rechnungsstelle. Dort saß ich mit zwei Kolleginnen und einem Kollegen in einem verhältnismäßig winzigen Büro. Neben der eigentlichen Tätigkeit gab es täglich so um die 80 (achtzig!) Telefonate wegen Leuten, deren Anschlüsse aufgrund Zahlungsverzugs gesperrt oder gekündigt worden waren. Man wusste, dass die meisten Anrufer schwindelten oder einfach nur lästig wie plärrende Bälger waren, um rasch wieder entsperrt zu werden. Sie waren dem Wahn verfallen, ohne Telefon nicht mehr leben zu können. Ihnen ging es also wie mir. Um ein Heim mit der Frau gründen zu können, mit der mich nachts das Telefon verband, jobbte ich untertags im völlig irren Telefonwesen. Manche Kollegen waren kurz vor dem Zusammenbruch, andere rasteten regelmäßig aus. Bei einer Kollegin scherzten wir schon „Achtung, die Hörer fliegen heute wieder tief!", wenn sie nach einem freundlich geführten Gespräch den Hörer so stark auf den Apparat knallte, dass ich nicht selten an ihrem Verstand zweifelte.

1 *Malsy*, aus dem Lied „Telefonterror Toni" (Single-Album 1983)

Nach wenigen Monaten verstand ich sie bestens. So reagieren eben Menschen, die innerlich noch nicht ganz tot sind. Es gab kaum ruhige Momente im Büro. Ruhe braucht man aber, um mathematische Rechnungen vorzunehmen und auch allgemein für das seelische Wohlbefinden.
Sollten wir etwa gar nicht zur Ruhe kommen? Wir büßten wohl einen nicht mehr aktuellen Ruf arbeitsscheuer Beamter älterer Zeit und damit ein fremdes Bild ab. Wir waren in jenem grauen Netz gefangen, das ich schon im Kindergarten und in der Schule wahrgenommen hatte. Dieses Netz war aber dichter, und man blieb in ihm, weil man Geld brauchte. Geld für eine Wohnung, Geld für ein Auto, Geld für einige hundert Schallplatten, Geld für Alkohol – um das alles durchzudrükken, Geld für neue Frisuren und viele Paar Schuhe usw. Im Grunde genommen, versklavt man sich ja, um sich Dinge leisten zu können, von denen man annimmt, sie wirklich zu brauchen. Meist wird einem der Bedarf aber durch die Medien und Mitmenschen suggeriert. Wie gesagt, hielt ich diese Arbeit aus, damit Freya zu mir kommen konnte. Außerdem war ich alles andere als geschaffen für diesen Bürojob. Aber ist das überhaupt jemand? Ist wirklich jemand dazu berufen, acht oder mehr Stunden täglich in einem gemauerten Raum mit Computer und Papierkram zu verbringen? Alles, was mir beim Heer an Ehre vermittelt und an Koordination gelehrt wurde, war hier für die Katz. Es ging um Zahlen und Gewinn. Wen interessiert da der Mensch? Die zwei Bosse über mir waren Frauen. Ich hatte sie gern und grundsätzlich nichts dagegen, dass Frauen meine Chefs waren. Sie waren selbst überfordert und hatten keine Ahnung von Menschenführung. Wie auch?

So wurschtelte ich mich eben durch die Verwaltungsmatrix und baute meine Aggressionen nicht am Telefon, sondern in der im Bürogebäude gelegenen Kraftkammer ab. Früh morgens und nach Dienst bog ich das diesmal saubere Metall. Das Römerbergstudio gab es leider nicht mehr. Es musste einem modernen Glasbaukomplex weichen. Beim Bankdrükken wurde die magische Marke von 160 Kilogramm erreicht. Mehr ist ohne Anabolika kaum möglich. Nach fünf Jahren sauberem Training griff ich dann trotzdem zum „Stoff". Ich wollte mehr. Innerhalb von zwei Monaten mit Nerobol und Androral, oder wie das Ostblockzeug auch immer hieß, brachte ich 128 Kilogramm Körpergewicht auf die Waage, hatte Schultern wie Kanonenkugeln und drückte zweimal die 180 auf der Bank. Stiegensteigen, ohne dass die Waden auf Kindskopfgröße anschwollen, war kaum noch möglich.

Nachdem der sexuelle Appetit auf null sank, war dies die erste und letzte Erfahrung mit synthetischen Hormonen. Das Gewonnene ging rasch wieder weg, worüber ich heute froh bin. Was blieb, waren (wenige) Bart- und Brusthaare, die ich ohne das Zeug nie bekommen hätte. Jahre später ließ ich sie mit Lasertechnologie entfernen ...

Der graue Alltag in der Stadt und im Büro machte mich fast krank. In einem Flug nach London entkam ich dem menschlichen Irrsinn der Arbeitseinöde. Für 14 Tage. Die Hände schwitzten, und eine Energiewelle durchflutete jede Faser meines Bodys, als Freya endlich wieder vor mir stand. Wie lang sind doch drei Monate, wenn man auf etwas wartet. Wie nichtig wirkte diese Zeitspanne, als ich meine Frau wieder in den Armen hielt. Wir quartierten uns wieder in derselben Bruchbude ein. Es hätte aber auch jedes andere Zimmer dieser Welt sein können, weil wir ohnehin nur Augen für uns hatten. Vor die Tür gingen wir nur zum Baden und Essen. Zwei Wochen vergingen wie im Flug. Der Abschiedsschmerz war unerträglich. Es war klar, dass bald etwas geschehen musste. Sie entschied, zu mir nach Österreich zu ziehen, weil ich einen Job hatte und sie ohnehin Tapetenwechsel brauchte. Also begab ich mich auf die Suche nach einer Wohnung in Naturnähe.

Es folgte erneut eine längere Telefonphase. Mittlerweile wurde die Erfindung der Herren Reis, Bell & Co aber zu einem blutroten Tuch für den Stier in mir. Also saß ich bald wieder auf dem Hobel. Bei der zweiten Fahrt zu ihr stellte ich eine Rekordzeit von 22 Stunden inklusive vierstündiger Schifffahrt auf. Endlich hatte ich wieder mein Mädchen in den Armen. Wir verbrachten sehr viel Zeit draußen in der Natur. Sie war unser beider Refugium. Eines Abends fuhren wir mit ein paar komplett „normal durchgeknallten" Leuten „Pölser" grillen. Das wäre an sich nichts besonderes, wenn als Würstelgrillplatz und Brennmaterial nicht die alte Holmenkollen-Sprungschanze gedient hätte. Bänke und Türen wurden rausgerissen, aufgetürmt und mit Benzin zum Brennen gebracht. Welch ein „heidnischer" Vorgang. Herrlich. Eine lange Umarmung ganz oben auf der alten Schanze rundete das Ganze ab. Nie werde ich vergessen, wie einer der Biker am nächsten Tag mehrere Kilometer nur auf dem Hinterreifen die kurvigen Strassen entlang eines Fjords „surfte". Wir waren verrückt und die Zeit stand immer still dabei. Egal was passierte, zwischen Freya und mir war diese intensive Nähe und dann abermals dieser unfaire Abschiedsschmerz.

Als die Krankheit Telefonitis wieder auszubrechen drohte, begleiteten mich zwei Freunde auf den nächsten Norwegentrip. Erwin „Halvdan der Schreckliche" und Michael rasten mit mir nach Oslo. Dort angekommen, setzten wir unsere deutschen Wikingerhelme auf, die wir in liebevoller Arbeit hergestellt hatten. Mit Stahlmanschetten waren ellbogenlange Stierhörner auf Helmen der deutschen Wehrmacht montiert worden. Leider interessierte sich kein Schwein für uns Süßwasserwikinger. Auch die Fehlzündungen blieben unbeachtet. Was uns selbst diebische Freude bereitete, schien zu normal für die Nordleute gewesen zu sein. Jedenfalls sah „Eric Blutaxt" seine Freya wieder. Die ewige Knutscherei ging meinen Kumpanen bestimmt schon auf die Nerven, konnte für mich aber nicht lange genug dauern. Abschied. Tränen. Telefon. Du kennst das Spiel.

Gemeinsam einsam

Komm schließ die Augen, glaube mir!
Wir werden fliehen übers Meer.
Ich bin nach Deiner Liebe so krank,
die sich an meinem Blut betrank.
In Extremo[1]

Ein paar Monate später war es dann soweit. Freya zog zu mir nach Österreich. Unsere erste Wohnung war direkt neben dem Wald. Es handelte sich um jene vier Wände in Kirchschlag, die, wie bereits erwähnt, über der Wohnung liegen, in der ich jetzt an diesem Buch schreibe. Ein Traum wurde wahr. Wir konnten es noch gar nicht fassen, dass die Zeit der einsamen Nächte nun vorbei sein sollte. Schließlich fieberten wir über ein Jahr auf ein gemeinsames Leben hin. Es war ein tolles Gefühl, morgens ihr Gesicht zu sehen, ohne bereits die Anzahl der Tage im Hinterkopf zu haben, bis man sich wieder unter Tränen verabschieden muss. Jetzt war sie endlich ganz da. Noch bevor die damals 20-Jährige den mutigen Schritt machte, ihre Heimat, den Reitstall und die manchmal enge Elternliebe gegen ein Leben in der Fremde einzutauschen, teilte sie mir einen Entschluss mit. Obwohl wir es zuvor immer „darauf ankommen" ließen, uns beide ein Kind wünschten, besorgte sie sich auf externen Rat hin die Pille. Eine kleine riesige Welt stürzte für mich ein.

1 *In Extremo,* Aus dem Lied „Vollmond" auf dem Album „Sünder ohne Zügel" (2001)

Es verletzte mich zutiefst, dass mit mir gar nicht darüber gesprochen wurde. Ich sah es als Vertrauensbruch und Abkehr vom natürlichen Lauf der Dinge. Zudem veränderte dieses Teufelszeug, wie wir beide bemerkten, auch die Natur der Sexualität. Kein Wunder, wo dem weiblichen Organismus doch chemisch vorgegaukelt wird, es befinde sich bereits Leben im Unterleib. Als Kinder hatten wir beide die Ehe unserer Eltern nicht unbedingt als ideal empfunden. Bevor nun Kinder kommen würden, wollte Freya erst behutsam eine harmonische Beziehung aufbauen. Sie fürchtete, dass wir streiten könnten wie einst ihre Eltern und es unserem Kind schaden würde. Außerdem sprach sie nicht selten über ihre Angst, dass es zwischen uns nicht klappen könnte. Ich verstand ihre Zweifel nicht. Ihre Ängste kränkten mich. Zudem war die bisherige Harmonie für mich bereits durch die Pille empfindlich gestört. Ich war bitter enttäuscht. Die Pille war eine bittere Pille für mich.
Da lag also ein düsteres Programm in der Luft, das ich nicht beeinflussen konnte. Beide wollten wir, vermutlich unbewusst, unsere Kindheit heilen. Sie entsprechend ihrem Wesen sehr passiv und ich sehr aktiv. Das spiegelte sich in beinahe allen Situationen des Alltags wider. Sie nervte mein Tornado und mich die Schnecke in ihr. Eigentlich wäre dies eine tolle Basis für gemeinsames Lernen und Wachsen gewesen. Wir lernten auch und wuchsen – jedoch in zwei verschiedene Richtungen. Freya hatte lange Zeit extrem starkes Heimweh. Dafür hatte ich in meiner Sturm- und Drangphase zu wenig Verständnis. Außerdem wollte ich ihr Zuhause ersetzen. Unsere Bedürfnisse nach Zärtlichkeit und Sexualität ergaben keine harmonischen Kurven mehr. Wo wir früher synchron liefen, stand nun ihr ausschließliches Kuschelbedürfnis meinem Begehren nach Mehr gegenüber. Auch nach längeren zärtlichen Anläufen erhielt ich sehr oft eine sexuelle Abfuhr, die mich dazu veranlasste, in Zukunft nach ihrer Bereitschaft zu fragen. Die ganze Stimmung, die sich aufbaute, war wirklicher intimer Nähe nicht zuträglich. Sie zog sich zurück, und ich wurde aggressiv. Zu den Beziehungsunstimmigkeiten kam meine erhöhte berufliche Belastung. Ich war arbeitsmäßig ziemlich ausgereizt, weil ich einige Zeit für uns beide sorgen musste. So machte ich nebenberuflich Personenschutz, fuhr Geldtransporte und sehr anstrengende nächtliche Revierfahrten für ein international bekanntes Sicherheitsunternehmen.
Mein Vater wurde schwer krank und irgendwie selbst wieder zum Kind. Er kam wegen Gastritis ins Spital. Dort erlahmte dann plötzlich ein Körperteil nach dem anderen. Guillain Barre nennt sich die seltene Erkrankung, die beinahe sein komplettes Nervensystem zerstörte.

Er konnte nur noch den Kopf und den linken Arm bewegen. Die behandelnden Ärzte sahen freilich keinen Konnex zur zweifachen Gehirnhautentzündung und dem als „Brennen" beschriebenen Nervenleiden der Brust, das er regelmäßig mit Alkohol betäubt hatte. Soweit zur Allgemeinmedizin, ohne die er allerdings sofort gestorben wäre. Binnen kürzester Zeit wurde Vati auf die Intensivstation verlegt, wo ich ihn etwa ein halbes Jahr täglich für einige Stunden besuchte. Meine Sorge um ihn war enorm. Ein intensiver Schmerz quälte mich, wenn er so vor mir lag. Es wäre mir echt lieber gewesen, ihn stockbesoffen zu sehen. Da wäre er wenigstens aktiv und lustig gewesen. Im Spital fiel mir die Szene ein, als er einmal völlig illuminiert im aufblasbaren Kinderplanschbecken gelegen war. Familie und Nachbarn standen um ihn herum, während er mit strampelnden Beinen alle nass gemacht und geschrieen hatte: „Ja, der Justl ist angesoffen. Leckt mich doch alle am Arsch!" Wir haben uns schief gelacht. Reden haben wir beide damals allerdings nicht mehr miteinander können.

Weil er künstlich beatmet wurde, war herkömmliche Kommunikation ausgeschlossen. Er war bei vollem Bewusstsein, und so fanden wir einen Weg der visuell-intuitiven Sprache, wie ich sie heute nenne. Sie war mir mehr wert als Worte und sollte mir später bei der intuitiv-linguistischen Arbeit mit Klientinnen nützlich werden. Ich musste seine Gedanken und Gefühle erfühlen und erfragen. Wir waren uns näher denn je und entwickelten eine eigene Sprache. Ein Blick nach oben bedeutete zum Beispiel „Kratz mich am Kopf!", einfaches Blinzeln war ein „Ja!" und zweifaches Blinzeln bedeutete „Nein!" Seit meiner frühen Kindheit hatten wir erstmals wieder intensive „Gespräche". Ich verhielt mich schon mehr wie die Frauen seiner Familie, die sich ebenfalls intensiv um ihn bemühten. Einige Männer aus seinem näheren Umfeld kamen selten oder verhielten sich wie taktlose Rüpel. Als ich eines Tages – erstmals – völlig erschöpft vom täglichen Telefonterrordienst und zwei nächtlichen 12-Stundendiensten am Wochenende als Security zu müde war, Vater zu besuchen, machte eine ältere Familienangehörige mir die katholische Hölle heiß. Es handelte sich nämlich um irgendeinen beschissenen kirchlichen Feiertag, der meinem Vater so egal war wie das Zölibat gesegneter Ameisengurus. Ich durfte damals schon (wieder) erleben, was Religion anrichten kann. Ohne jeden Stolz rechtfertigte ich mich auch noch. Mein innerer Krieger war zerlöchert wie ein Fliegengitter, der Hass entbrannte aber erst daheim. Viel verband mich damals nicht mehr mit dem Kleingeist mancher Mitglieder der väterlichen Familie.

Mit Freya lief es nicht viel besser. Mein Herzchen weigerte sich, Deutsch zu sprechen, bis sie es perfekt können würde. Sie war ein schüchterner Mensch mit sehr hohen Ansprüchen an sich selbst. Sie hatte Angst davor, sich vor anderen Leuten eine Blöße zu geben. Dabei handelte es sich aber wirklich nur um ängstliche Phantasien. Freya tat, abgesehen vom Ortswechsel nach Österreich, lieber nichts als etwas Neues zu wagen. Ihr Perfektionsdrang hielt sie davon ab. Da war sie beim Superhelden Toni natürlich an der richtigen Adresse. Ich liebte es ja, alles zu checken und mich im phantasierten Ruhm zu sonnen. Ihre Phantasieängste korrelierten bestens mit meinem Phantasieruhm. So dolmetschte ich fast zwei Jahre, obwohl sie sogar schon etwas oberösterreichischen Dialekt drauf hatte. „Du Koibi" (du Kalb) nannte sie mich einmal zu unser beider Belustigung, weil sie den im Stall gehörten Ausdruck so süß fand. Nach der Arbeit ging ich mit ihr einkaufen, obwohl sie den ganzen Tag daheim war. Gekocht wurde so gut wie nie. Als ihre Mama meinte, sie könnte doch in der vielen freien Zeit für uns kochen, deutete sie ihr nur den Vogel. Alle finanziellen und behördlichen Dinge „musste" ich so nebenbei erledigen. Das wäre an sich ja verkraftbar gewesen. Immerhin teilte ich ihre Abneigung gegenüber dem Konsumtrott. Ich wurde aber immer aggressiver. Einerseits wurde mir die Last zu schwer, die ich mir auflud, und andererseits verwandelte sich meine Gekränktheit ziemlich schnell in Zorn. Oft schrie ich sie an und beleidigte sie aufs Schlimmste. Freya kämpfte tapfer mit und ließ sich durch meine Wutausbrüche nicht beeindrucken. Aus unserem Liebesspiel wurde eine Art sexuelles Gefecht. Mit Liebes- und Sexentzug wurde ich bestraft, wenn etwas nicht nach ihrem Kopf geschah. Und das mir, wo ich potent war für zwei Zuchtbullen. Ich bestrafte sie wieder mit verbalen Übergriffen dafür. „Warum beende ich nicht diese schon sehr kranke Beziehung?", fragte ich mich gelegentlich. Nun, ich liebte sie trotz allem und wusste, dass sie Heimweh hatte. Deswegen hatte ich (irrationale) Schuldgefühle. Außerdem wollte ich „brav und fleißig" sein, damit man mich liebte, wie ich war. Und schließlich hatten wir auch noch schöne gemeinsame Erlebnisse.

Traurig aber wahr: Das innigste Erlebnis für das nächste Jahrzehnt blieb ein nächtliches Kugeln im Schnee, nachdem wir unsere erste, von mir aus Fichtenholz gebaute Küche gestrichen hatten. Wie die Kinder begannen wir jeder von einer Seite weg braun zu pinseln. Dabei betonte sie, dass die Farbe viel zu hell sei, während ich sie für eindeutig dunkler als auf der Farbprobe am Dosendeckel erachtete.

Als wir uns in der Mitte trafen, brachen wir in irrem Gelächter aus. Wir hatten eine zweifärbige Küche produziert, weil wir vergaßen, die Dose zu schütteln, bevor wir die Hälfte der Farbe in einen Zweitbehälter umfüllten. Nach einem Korrekturanstich schnappten wir uns zwei Plastiktüten und rutschten einen verschneiten Hang hinunter. Kurz darauf stürzten wir uns in einen riesigen Schneemann und lachten wie zwei total Bescheuerte vor uns hin. Da war es wieder, dieses Stillstehen der Zeit. Wunderbar, welch Glück in solch kleinen Dingen liegen kann.
Es steigerte sich allerdings der Kampf der Geschlechter, den ich noch nie verstand. Die Küche beanspruchte sie als ihr Revier. „Nicht mit mir, Madame, schließlich habe ich sie gebaut!" entkam es mir, als sie mir erklärte, wie Geschirr einzuräumen sei. Den gleichen Eierstocktanz kannte ich bereits von den Plastiktüten, die haargenau im rechten Winkel zusammenzulegen waren. Das war zwar sinnvoll, aber wie sie es von mir verlangte, entsprach nicht dem partnerschaftlichen Ton, den ich erwartet hätte. Immerhin war ich stets ein ordentlicher Mensch gewesen. Wieso sollte ich mich also in meinen vier Wänden zurechtweisen lassen? Na ja, meine Socken lagen schon in der Wohnung herum. Als ich eines Abends von der Arbeit heimkam, deutete sie auf das volle Waschbecken. „50/50" sei angesagt. Ob sie noch ganz dicht sei, stellte ich fragend in den Raum, zumal sie ja arbeitslos war und ich mich bis zu sieben Tage die Woche im städtischen Arbeitshamsterrad dumm und dämlich lief. Das bedeutete Krieg. Es fielen böse Worte und auch Gegenstände. Nachdem mir der Geduldsfaden riss, verteilte ich ihre Klamotten auf dem Fußboden und stellte ihr die Koffer vor die Füße. Am nächsten Tag bereute ich es schon, fuhr sie aber auf ihren Wunsch hin zum Flughafen. Fünf Wochen emotionale Sendepause. Einmal die Woche hörten wir uns kurz. Ich war verzweifelt, teilte ihr mit, dass ich sie liebe und vermisse. Täglich hab ich wie ein Schlosshund geheult. Sie wisse nicht, ob sie mich noch liebe und schon gar nicht, ob sie jemals zurückkommen würde.
Ihre Mutter warnte sie, den Bogen nicht zu überspannen, als ich sie bereits abgeschrieben hatte. Eines Abends war ich mit alten Kumpels fort. Wir zogen unser Alkohol-Psycho-Kabarett ab. Dabei fiel mir eine hübsche Lady auf. Wotan, mein mich überallhin begleitender Rottweiler, verstand sich auch mit ihr. Mehr wusste ich am nächsten Tag nicht mehr. Frühmorgens klingelte es. Alex stand vor der Tür. Im Auto waren die einzugsbereiten Koffer verstaut. Ich muss ihr wohl im Rausch versprochen haben, dass sie wegen des Streits mit ihren Eltern bei mir wohnen darf. Nach einer Runde im Wald kamen wir uns daheim näher.

Sex war angesagt. Ich war etwas unsicher geworden, weil ich im selben Bett bereits sehr viele Abfuhren bekam. Als ich zärtlich fragte, was sie bevorzugte, meinte Alex nur: „Du hast drei Möglichkeiten, und über jede freue ich mich." Wow, ich war im sexuellen Paradies. An einem Tag gab es alles, was das letzte Jahr nicht zuließ. Sie teilte auch mein Faible für High Heels und Strapse. Alex wollte unbedingt auch mich darin erleben. Freya gefiel das zwar auch, aber hallo, da kam nun erstmals ein aktives Verlangen.
Als wir am folgenden Tag gerade mächtig in Fahrt waren und Spaß hatten, klingelte der graue Wahlscheibenapparat.[1] Freya war am anderen Rohr. Sie höre Musik und mich erregt atmen. Ob gerade eine Party stattfinde. „Ja, wir feiern zu zweit!", lautete die Antwort. „Ist eine Frau bei dir?", wollte sie wissen. „Ja, und was für eine!", sagte ich stolz. Freya begann zu weinen und sagte, dass sie mir eben ihre Rückkehr mitteilen wollte. „Etwas spät!", meinte ich. Auf die Frage, ob Alex schon bei mir wohne, gab ich die erniedrigende und gelogene Antwort, dass es hier erstmals vollständig durch und durch sauber sei. Ich war noch vernarrt in Freya, traute ihr aber nicht mehr so richtig. Außerdem war Alex ein Prachtweib mit massig Sexappeal und einer Form der weiblichen Annahme und Ausgeflipptheit, die mir bislang fremd war. Als ich einmal um zwei Uhr früh Hunger hatte, stand sie auf und kochte. Meiner Mama erklärte sie meine Prioritäten so: „Erst kommt Wotan, dann ‚Suzi', dann seine Freunde und irgendwann einmal ich." Ganz so arg war es freilich nicht. Es geisterte aber permanent Freya in Herz und Schädel herum. Kein Wunder, bei den vielen Anrufen und Briefen, die wieder kamen. Sie wisse, was sie falsch gemacht habe, wolle alles Mögliche mit mir unternehmen, mich glücklich machen und auch ein Kind mit mir haben. Ich liebte sie noch immer sehr und sah einem Neubeginn entgegen.

Die Eine zog aus, die Andere ein. Muss ich erwähnen, dass sich nach ein paar einigermaßen harmonischen Wochen wieder der alte vertrottelte Machtkampf einstellte? Entgegen aller Versprechungen und Beteuerungen gab es kaum gemeinsame Unternehmungen. Eifersucht wegen der längst verabschiedeten Alex spukte lange Zeit herum. Die Pille wurde weiterhin eingeworfen. Ich verstand die Welt nicht mehr. Da mir Kinder nicht vergönnt waren, wurde Wotan mein Ersatzkind. Ich hatte den Rottweiler bekommen, als er noch ein Welpe war, und wir waren von Anfang an unzertrennbar. Eine Nervensäge von Nachbarin drangsalierte mich, ob „der süße kleine Teufel eh nicht größer wird."

1 Für jüngere Leserinnen: das Telefon

Darauf fiel mir spontan ein: „Nein, der bleibt so klein – es handelt sich um eine spezielle Züchtung.“ Bald brachte Wotan 65 Kilogramm auf die Waage der Tierärztin. Er liebte die Frau Doktor und hatte überhaupt vor nichts und niemandem Angst. Täglich nach der Maloche durchstreiften wir den Wald. Das war die beste Medizin gegen den Stadtalltag. Freya war gelegentlich mit im Wald. Dort verstanden wir uns immer ganz gut. Daheim stritten wir wegen Kleinigkeiten. Wenn ich nach einem Streit auf der Couch vor mich hin döste, lag Wotan direkt daneben und knurrte Freya an, wenn sie sich mir näherte. Er spürte genau, was sich zwischen uns abspielte. Wenn ich im Halbschlaf sein schützendes Knurren vernahm, entkam mir ein Schmunzeln. Das dürfte sich nicht unbedingt günstig auf die Beziehung zu meiner Partnerin ausgewirkt haben. Tiere liebte sie aber über alles. Etwas mehr als ich verkraften konnte, wie sich bald herausstellen sollte. Ich war durch eine unsichtbare Leine an meine Freundin gebunden, hatte aber gewisse Freiheiten.

Zum Thema Leine fällt mir ein, dass man als Hundehalter nicht immer auf angenehme Zeitgenossen trifft und teilweise auch mit ganz schön idiotischen Regeln konfrontiert wird. Es war unvorstellbar für mich, welch menschliches Theater in einem angeblich freien Land wegen eines Vierbeiners aufgeführt wird. Menschen verpesten die Umwelt mit Fabriken, Autos, Müll und Zigaretten, führen aber einen schlechten Eiertanz wegen Hundescheiße auf. „Muss Ihr Hund hier im Park sein Geschäft verrichten?“, wurde ich gefragt, als er gerade in die Büsche verschwand. Auf diese dumme Frage sagte ich: „Wenn Sie mir ihre Schlüssel geben, kann er gerne in Ihr Wohnzimmer kacken!“ Die Leinenpflicht ignorierte ich auch in der Stadt. Wotan habe ich am Hundeplatz als Schutz- und Begleithund ausgebildet. Damit bot ich ihm und mir maximale Freiheit. Er lief frei, war aber nie weit weg. So wie es im Rudel eben ist. Auf das Kommando „Fuß!“ klebte der schwarzbraune Hund förmlich an meiner linken Seite. Einmal sah ein Jäger, dass Wotan nicht angeleint war und drohte damit, ihn abzuknallen. Darauf erwiderte ich, dass Jäger dazu verpflichtet sind, Wild als solches anzusprechen (zu erkennen), bevor sie abdrücken. Dass mein Hund weder als Wild zu klassifizieren war, noch wilderte, interessierte den kleinen Büchsenmann herzlich wenig. Der Mann in Grün konnte nichts für menschliche Normen, die wenig Freiraum für Hundebesitzer lassen. Das war klar. Als er aber seine Drohung wiederholte, platzte mir der Kragen. Ich rannte auf ihn los und sagte: „Wenn du abdrückst, hol ich dich runter von deinem Jägerstand und lass dich von deiner lächerlichen Flinte abbeißen!“

Seither gab es kein Problem mehr mit der Jägerschaft. Nur so am Rande: Die Jägerei ist für mich tiefster Ausdruck menschlicher Dummheit. Erst wurde der natürliche Feind des Wildes, der Wolf, getötet, damit schließlich das Raubtier Mensch für ihn einspringen „musste". „Weidmanns Heil!" würde ich den Feiglingen mit Gamsbart erst wünschen, wenn sie mit einem Messer gegen einen Grizzly antreten. Witzigerweise hat in diesem Moment die Rechtschreibprüfung am PC statt „Jägerschaft" das Wort „Jägerschuft" angeboten. Das lassen wir einfach mal so stehen. Verzeih bitte den Abschweifer. Das musste raus.

Ein wilder Wolf war ich, der in der Großstadt beinahe tollwütig wurde. Mein Mund schien zu schäumen, wenn ich daheim all die sinnlose Post vorfand, die kein Mensch braucht: Reklame über Reklame, Zahlscheine über Zahlscheine. Lauter Mist. „Was wollen die alle von mir?", schrie ich gelegentlich. Niemand verstand mich. Auch Freya nicht. Ihr gegenüber hatte sich der wilde Wolf noch einmal freiwillig in Ketten legen lassen. Ich liebte sie und hoffte stets auf die magische Rückkehr der einstigen Verschmelzung. Vergeblich. Stimmige Gespräche gab es kaum mehr. Meine Berührungen wurden selten erwidert. Wenn wir Liebe machten, war es noch immer sehr schön. Der erste Schritt kam aber immer von mir. War etwas Ekelhaftes an mir? Mir wie ein Bittsteller vorzukommen, machte mich innerlich kaputt. Die Traurigkeit verwandelte sich immer rascher in Zorn. Zuviel war bereits zerstört zwischen uns, und dennoch wollten wir zusammenbleiben. Alles, was sie wirklich zu interessieren schien, waren Pferde. Also suchte und fand ich einen Job für sie. In einem der bekanntesten Reitställe Österreichs erhielt Freya eine Stelle als Bereiterin für Dressurpferde. Mittlerweile fühlte ich mich wieder mehr als Mutter denn als Liebhaber, freute mich aber sehr, dass sie ihre Liebe zu den Pferden nun auch beruflich leben konnte. Aber ich fand mehr als idiotisch, dass diese edlen Tiere in Boxen gehalten wurden, damit „Damen" sie dressieren konnten.

Fühlte ich mich etwa wie eines dieser Pferde? Nun, Freya war ein Glücksgriff – sowohl für die Pferde als auch für die neue Chefin. Es war eine Freude, sie im Sattel und in einer Einheit mit dem Ross zu erleben. Sie war gut zu den Tieren und gewann sehr bald die ersten Turniere. Für einen Hungerlohn ritt sie sechs Tage die Woche bis zu zehn Pferde täglich. Der freie Tag fiel selten auf ein Wochenende und diente ihrer Entspannung. Gemeinsame Zeit Adieu. In der Hoffnung, ein schöneres Heim würde uns gut tun, kauften wir ein Haus.

Innen baute ich alles selber aus, um der noch immer in Aussicht gestellten künftigen Familie ein adäquates Heim zu bieten. Als sie in Urlaub war, machte ich aus dem Dachboden unser künftiges Schlafzimmer. Alles in Fichtenholz. Ein zweiwöchiger Monsterjob im Einmannbetrieb. Wer einmal vier Zentimeter starke, fünf Meter lange Nut- und Feder-Bretter verlegt hat, sowie von Wärmedämmung und Bodenlegen eine Ahnung hat, weiß, wovon ich rede. Als sie das Prunkstück zum ersten Mal betrat, sagte sie nur „Aha!" Ich war kurz vor dem Ausrasten. Es hat ihr zwar sehr gut gefallen. Da sie aber wusste, dass ich auf ihr Lob gewartet hatte, sagte sie eben nichts. So kaputt war unsere Beziehung schon.

Ähnlich verhielt es sich mit Zärtlichkeiten. Ob du es glaubst oder nicht, habe ich vier Monate lang darauf gewartet, nur ein einziges Mal berührt zu werden. Nach Ablauf dieser Zeit hielt ich ihr den Kalender unter die Nase und bewies ihr, dass es ohne meine ersten Schritte keine Berührungen mehr zwischen uns gab. Sie lachte nur und sagte, dass sie genau wusste, worauf ich gewartet hatte. Nur deshalb habe sie mich nicht angefasst. Ich gebe offen zu, dass ich sie in diesem Moment am liebsten bei den Haaren gepackt und beim Fenster raus geworfen hätte. Diese Gelegenheit, es zu beenden, konnte ich trotzdem nicht wahrnehmen. Ich schaffte es nicht. Denn mittlerweile machte ich etwa dreimal jährlich Schluss. Das hielt jedes Mal für sage und schreibe ganze fünf Minuten. Ihr Weinen führte jedes Mal zu stockendem Atem und Panikattacken. Sie war dann komplett fertig mit den Nerven, zittere am ganzen Körper und stammelte, dass sie mich so sehr liebe und nicht ohne mich leben könne. Freya hatte mein aufrichtiges Mitleid, das in Kombination mit meinen Schuldgefühlen wegen ihres Heimwehs zu einem stärkeren Band wurde, als gesunde Liebe es je sein könnte. Die bedingungslose Liebe glitt dahin wie ein Schlittschuh mit Düsenantrieb. Sehr oft bekam sie meinen Zorn zu spüren. Nicht diesmal. Anstatt auszuflippen, eröffnete ich ihr, meine zärtlichen und sexuellen Bedürfnisse in Hinkunft anderswo zu befriedigen. Sie glaubte mir nicht. Sie grinste sogar. Und so bumste ich nach sieben Jahren eiserner Treue, was mir vors Rohr kam. Damals hätte ich es so ausgedrückt. Dennoch ist jeder Seitensprung eine potentielle Partnerin gewesen. Ich suchte nämlich nach einer Frau, die mir beim Ausstieg aus meiner krankhaft gewordenen Beziehung helfen würde. Alleine hätte ich es nicht geschafft. So schwach war ich damals. Noch war die Zeit nicht reif dafür. Die Richtige war nicht dabei. Immerhin kam aber mein altes erotisches Selbstbewusstsein wieder.

Ich wusste wieder, dass ich nicht stank oder mit Aussatz behaftet war. Das tat gut. Viele Frauen konnten gar nicht genug von mir bekommen, obgleich oder viel eher weil sie wussten, dass ich gebunden war. Dabei habe ich mir immer noch sehnlichst zurückgewünscht, was einst unser beider Vorstellung entsprach: gemeinsames Erleben, Intimität, intensive Sexualität und Gespräche. So ist das eben mit den Vorstellungen und Wünschen. Sie sind an sich okay, müssen aber als substanzlose Träume zerplatzen, weil sie uns vom Hier und Jetzt abdriften lassen. Besser ist es, Visionen zu haben und diese gleich wieder loszulassen. Irgendwann gehen sie auf …

Hinter den Kulissen

Schlagartig war der Zauber zwischen Freya und mir vorbei. Sie zog ein, die Harmonie zog aus. Liebe im Sinne starker Verbundenheit verband uns all die Jahre unseres Zusammenlebens, genauso wie die große, aber vergebliche Hoffnung, dass wir unsere Harmonie wieder finden würden. Die starke erste Anziehung und bedingungslose Annahme sind es vermutlich, die wir uns alle zutiefst (wieder) herbeisehnen. Dieses Sehnen trägt uns weg vom Verweilen im Moment, weil wir uns entsprechend einer Erinnerung oder einem Wunsch auf die Zukunft hin ausrichten. Der Unterschied zwischen Traum und Realität kann eklatant auseinander klaffen. Unser gemeinsamer Traum näherte sich leider in den nächsten zwölf Jahren zu sehr einem Albtraum. Wir wussten nicht, wie es geschehen konnte, dass zwei Menschen mit einer derart guten Ausgangsbasis sich zwar immer innig liebten und trotzdem bereits nach wenigen Monaten nebeneinander her lebten wie zwei absolut Fremde. Wir verhielten uns fast wie Feinde. Liebe allein hat uns über die Jahre im Kern verbunden. Sie war nie weg. Liebe allein hat allerdings nie dazu ausgereicht, um die Familie zu werden, die wir uns beide ersehnten. Die Wünsche und Bedürfnisse unserer Egos wichen nämlich zu stark von einander ab. Aus heutiger Sicht kam alles so, wie es kommen musste. Es gibt auch nichts zu bereuen. Wir hatten viele schöne Erlebnisse. Es gab aber auch jede Menge Missverständnisse, Heimweh, die Pille und Einmischungen von außen.

Diese dramatische Wendung gegenüber der Innigkeit einer Fernbeziehung hat dich vermutlich ähnlich stark getroffen, wie sie Freya und mich damals packte.

Kinderwunsch oder Konsumtrottel

Vom Liebhaber entwickelte ich mich zum Versorger. 13 Jahre lang wünschte ich mir nichts mehr als eine eigene Familie und bereitete alles Nötige vor. Kinder kommen allerdings nicht von selbst – erst recht nicht, wenn man die Pille nimmt. Hatte ich nun auszubaden, was nicht auf der Packung der Antibabypille stand? War ich nun auch partnerschaftlich in den Sog einer schnelllebigen Spaßgesellschaft geraten, in der Kinder vielfach als Risiko, Belastung und Kostenfaktor gesehen werden? Ist das in jeder Gesellschaft gleich?
Gegenüber Westdeutschland (und Österreich) verfolgte die Familienpolitik der damaligen DDR verstärkt das Konzept der Vereinbarkeit von Elternschaft und Erwerbstätigkeit. Das Durchschnittsalter der Frauen für den Übergang zur Mutterschaft lag 2005 im Osten bei 25 Jahren deutlich niedriger als im Westen mit beinahe 31 Jahren. Fast zwei Drittel der befragten Westdeutschen gaben an, dass ein Kleinkind sicher darunter leiden würde, wenn seine Mutter berufstätig wäre. Diese Haltung korreliert wiederum mit der zunehmenden Kinderlosigkeit. Aus Sicht der Bevölkerungsforscher entsteht Kinderlosigkeit als individueller Entwicklungsprozess über ein wiederholtes Aufschieben der Geburt des Erstkindes. Vorgezogen werden die Ausbildung, das Schaffen einer materiellen Basis, der Berufseinstieg oder eine Karriere. Die Elternschaft wird immer weiter aufgeschoben. Dabei etabliert sich dann ein Lebensstil, zu dem Kinder nicht mehr passen, oder es wird zu spät für Kinder.[1]
Für mich hätte ein Kind, egal welchen Geschlechts, eine Bereicherung meines Lebens dargestellt. Es gab ja Kinder in meinem Umfeld, und durch meine viel jüngeren Brüder wusste ich um die mystische Erfahrung des heranwachsenden Lebens, den Austausch von Blicken, Gesten und lustigen Grimassen. Auch der Geruch angeschissener Windeln, das herzzerreißende Geschrei bei den ersten Zähnen und die Inkaufnahme von Einschränkungen waren mir bestens bekannt. Eigentlich ist es ja keine Einschränkung, sondern, richtig betrachtet, nur ein Widerspruch zu den eigenen egozentrischen Zielen.
Man will sich ja vorher verwirklichen. Am „besten“ solange, bis es für eigene Kinder zu spät ist. Was gilt es zu verwirklichen? Was verdammt noch einmal kann mehr Selbstverwirklichung sein als der Natur freien Lauf zu lassen? Das einzige, was diese verkorkste und überwiegend kinderfeindliche Unnatürlichkeit ausmacht, ist der Wunsch des Einzelnen, mehr zu sein, als er tatsächlich ist.

1 Vgl. *Günter Krampen und Barbara Reichle* in *Rolf Oerter und Leo Montada*, Entwicklungspsychologie (2008), S. 355ff.

Es geht um Vorstellungen und Ziele. Eine Vorstellung entspricht aber selten der Realität. Die Kluft zwischen Natur und Einbildung ist es, die Europa kinderärmer macht. Man sieht Kinder als Belastung, gleichzeitig jammern die Leute aber wegen einem Mangel an Pensionsbeitragszahlern. Hinter beidem (Kindermangel und Pensionsangst) steckt die konsumberauschte Gier. Nicht mehr und nicht weniger. Die Achtung vor dem Leben, der Schöpfung, der Natur und damit vor sich selbst geht damit weitestgehend verloren. Dies ist die Kehrseite jener technokratisierten, überbevölkerten Perfektionswelt, in der die menschliche Gier als automatisierte freiwillige Geburtenkontrolle fungiert. Dieses Fungieren darf hier wortspielerisch durchwegs auch als Fun-Gieren, also das Gieren nach Fun (Spaß), verstanden werden. „Mystik" sehen wir im Fernsehen bei „Akte X" oder „Harry Potter", statt die Mystik des Lebens wahrzunehmen. Die haben wir alle in uns und können sie direkt und gratis erfahren. Wenn ein Kind etwas „zu früh" kommt, dann hat es eben so sein sollen. Ich kann das Gerede vom phantasierten Optimum der Familie schon lange nicht mehr hören. Optimum klingt wie Opium. Wir scheinen benebelt durch den Alltag zu geistern, ohne wahrzunehmen, dass es nirgends eine optimale Familie gibt. Zeigt mir bitte eure supertollen Familien! Wo sind sie denn? Es gibt sie nicht. Hohe Scheidungsraten und seelisch verarmte Konsumkrüppel unserer schizophrenen Leistungsgesellschaft sind die Realität. Will das niemand sehen? Die Lösung liegt im Individuum selbst. Es ist deine eigene Entscheidung, ob du so natürlich wie möglich lebst, oder dich im Wohlstands-KZ zu einem Konsumtrottel machen lässt, der Kinder aus wirtschaftlichen Gründen ablehnt, um dann später der Natürlichkeit des Lebens nachzutrauern. So, genug Weisheit versprüht. Zurück zum fleißigen und zornigen Ehemann.

Weiblicher Hengst

Aus mir war der Ehemann geworden, nach dem sich jede Schwiegermutter irgendwann einmal alle zehn Finger und Zehen lecken könnte, wie meine Mutter einmal meinte. Allerdings lief der gute Mann viele leere Kilometer. Als damals etwas verbissener Leistungstyp wurde mir oft vorgeworfen, zuviel zu tun. Um mich entspannen zu können, hätte ich jedoch Lob gebraucht. Durch dieses Brauchen machte ich mich von anderen Menschen abhängig. Erwachsener wäre gewesen, keine Bestätigung durch andere zu suchen und sie mir selbst zu geben.

Vernünftig wäre auch gewesen, die Konsequenzen in Richtung Trennung schon viel früher zu ziehen, anstatt einem Traumbild hinterher zu laufen. Mehr als ein Jahrzehnt verhielt ich mich am ehesten wie das Pferd „Boxer" in George Orwells „Animal Farm".[1] Für erhoffte Anerkennung und Liebe leistete ich in zwei Jobs und daheim sehr viel. Bis zur totalen Erschöpfung. Tatsächlich fühlte ich mich nicht anerkannt und geliebt. Das wundert mich aus heutiger Sicht wenig. Ich habe mich ja nicht einmal selbst richtig gern gehabt in meinem Wahn, gut dazustehen, es den anderen recht machen zu wollen, hilfsbereit zu sein und auch noch lustig zu unterhalten. Zugegebenermaßen reichte es aber aus, mich gelegentlich sehr überlegen zu fühlen. Eine Zeit lang zerging ich in Selbstmitleid. Daraus wurde Wut, die viele Jahre anhielt. Sprach ich meine Enttäuschung an, wurde selbst Belegbares geleugnet. Wenn dann mein Zorn hochkam, brach mein Gegenüber in Tränen aus, was wiederum zu meinem schlechten Gewissen führte. Ich weinte selten und wenn, dann alleine, weil meine Tränen keinen liebevollen Trost durch Freya fanden. Meine Traurigkeit verwandelte sich daher sehr rasch in gegen Freya gerichteten Zorn. Es kam mir außerdem vor, als würden die feuchten Augen meiner Partnerin auch bewusst eingesetzt werden. Einige ihrer Tränen waren wohl strategische Krokodilstränen[2], die dem Erhalt ihrer Machtposition dienten. Ich hingegen verhielt mich zum Teil entsetzlich brutal in meiner Ausdrucksweise. Für solche Unartigkeiten wurde ich mit Liebes- und Sexentzug bestraft. Mit dieser teils bewusst eingesetzten Methode behielt man die Zügel über das Pferd Toni, den seelischen Wallach (psychisch kastrierten Hengst), in der Hand.

Die Ironie des Schicksals wollte offenbar, dass ich schuftete wie ein zweibeiniges Pferd, um eine Innigkeit mit einer jungen Frau zu erleben, deren Liebe zu den vierbeinigen Pferden alles andere in den Schatten stellte. Eine gemeinsame Freundin aus Norwegen bestätigte mir, dass kein Partner gegen jene Sucht ankommt, die das Pferdefieber mit sich bringt. Unterhielt ich mich mit anderen Frauen, so erfuhr ich Bestätigung in meinem Bedürfnis nach intensiver Nähe und Liebe, gemeinsame Gestaltung des Zusammenlebens und dem Wunsch nach einem Kind. Wie ich beklagten sie sich darüber, mehr für das Zusammenleben zu sorgen als der Partner: „Im Durchschnitt wünschen sich Frauen eine egalitärere[3] Aufgabenverteilung als Männer."

1 *George Orwell*, Animal Farm (1945); Das Pferd „Boxer" leistet aufgrund steten Lobes über seine Grenzen hinaus, bis es schließlich stirbt.

2 Krokodilstränen: Bestimmte Krokodilarten sondern beim Verzehr ihrer Beute Tränen ab, weshalb eine menschliche Redensart mit „Krokodilstränen" geheuchelte, zweckgerichtete Trauer meint.

3 Egalitär: gleichberechtigt

Das darf nicht verwundern, zumal meistens die traditionelle Aufgabenverteilung praktiziert wird. Unter dieser vielfach als ungerecht empfundenen Arbeitsverteilung leiden mehr Frauen als Männer.[1] Ich litt also wie eine Frau. Zwar verstand ich mich auch mit Männern gut, war aber von meinem Innenleben her wohl schon immer mehr auf der weiblichen Seite. Das tarnte ich der Außenwelt gegenüber durch überzogene Männlichkeit. Bei sehr vielen transidenten Menschen, aber auch ganz allgemein, ist dieses Phänomen zu beobachten: Man gibt sich in der (vermeintlich?) gesellschaftlich erwarteten Rolle intensiver, um seine wahren Bedürfnisse zu verschleiern. In meinem Fall versteckte sich das liebesbedürftige, anschmiegsame Ego hinter einer harten Maske. Ich wollte seelisch und körperlich berührt werden. Aber wer streichelt schon gerne einen Zähne fletschenden Wolf oder einen hungrigen Tiger?

Sicherheit um wenig Preis

Zur Auflockerung eine „lustige" Szene aus meinem Nebenjob in einem Sicherheitsunternehmen. Als mir ein neuer Kollege für die Bewachung eines Transports hoher Geldsummen zugewiesen wurde, überprüfte ich, wie ich es vom Militär gewohnt war, die Waffenkenntnisse meines Beifahrers. „Hast du geladen?", fragte ich den sympathischen Haupterwerbsbauer, der wahrscheinlich kurz bevor er in die Uniform schlüpfte, vom Traktor gestiegen war. „Selbstverständlich! Ich hab das Magazin rein gesteckt!", meinte er. Als ich ihm den Repetiervorgang vorführte, bei dem die oberste Patrone in den Laderaum gleitet, blickte er mich so verdutzt an wie der Waldarbeiter in einem Witz. Der beschwert sich nämlich beim Verkäufer im Werkzeuggeschäft, dass er mit der Motorsäge auch nicht schneller vorankäme als mit der Bügelsäge. Als der geduldige Verkäufer die Kettensäge startet, fragt der Arbeiter verdutzt: „Was haben Sie denn jetzt gemacht?" Später machte ich die Firmenleitung, für den Betreffenden anonym, auf ein Sicherheitsrisiko aufmerksam. Ein Mann in Führungsposition, der selbst offensichtlich nicht einmal das Wort Sicherheit schreiben konnte, erklärte mir dann, dass für eine Schulung keine Zeit gewesen wäre. Es ging auch hier nur ums Geld und nicht um Menschen oder Ehrlichkeit. Kein Wunder bei dem Marktdruck. Alles muss schnell gehen und günstig sein. Ausbildung kostet aber Geld.

1 Vgl. *Günter Krampen und Barbara Reichle* in *Rolf Oerter und Leo Montada*, Entwicklungspsychologie (2008), S. 355ff. und insb. S. 359

Im Resultat bescheißt sich der Sicherheitsbedürftige, nämlich der Kunde, daher selbst. Er erhält meist nicht das, was auf der Packung oder dem Emblem geschrieben steht.

Centurio in Grün

Schon immer war ich „Zivilversager". Dieses Wort ist für mich nicht negativ behaftet wie im Lied „Tagwache" von Wolfgang Ambros. Ich brachte meine Leistungen im Zivilbereich, hatte aber schlichtweg keinen Bock mehr auf die asoziale, globalisierungsfreundliche Ellbogentaktik. In Beruf, Beziehung und Familie war ich zur allumsorgenden Mutter mutiert. Da musste ich dringend raus.

Bei der 4. Panzergrenadierbrigade empfing man mich mit offenen Armen. Ich kehrte zurück in mein berufliches Zuhause, meinen Rückzugsort vor der Konsumgesellschaft. Mein Typ war gefragt, wurde aber nicht ausgenutzt. Zuerst war ich stellvertretender Kommandant der Stabskompanie des Panzerstabsbataillons 4 in Linz. Der Kommandeur des Bataillons nahm mir meine Bedenken, dass ich es als Offizier ohne Militärakademie schwer haben würde. In erster Linie wurden Auftreten, Einsatz und Leistung honoriert. Schnell fand ich treue Kameraden im Offizierskorps. Der Chef der Kompanie war auch hier ein Hauptmann. Durch ihn konnte ich beobachtend lernen, wie es dem altbewährten System Meister/Lehrling entspricht. Vieles übernahm ich, und was mich störte, konnte ich ändern, als mir das Kommando über die zwischen 100 und 300 Mann starke Versorgungseinheit übertragen wurde. Ich führte die Kompanie mit dem geringsten „direkten Kampfwert" der Brigade. Aber sie war die größte und gleichzeitig im Frieden am schwersten zu kommandierende Einheit. So gesehen war man täglich im Einsatz. Nicht umsonst betitelte man den Kommandeur als „Kümmerer 50". Da meine Zugskommandanten und Fachunteroffiziere Experten auf ihrem Gebiet und durch die Bank engagierte Soldaten waren, sah ich meine Aufgabe nicht nur in der fachlichen Koordination, sondern auch in der Sicherstellung eines guten zwischenmenschlichen Klimas. Selbstverständlich habe ich erst einmal meine Hörner abgewetzt und schlug gerade am Anfang nicht selten über die Stränge. Darin hat aber eine Mannschaft, deren Kommandant alle paar Jahre ein neues Gesicht hat, ohnehin Erfahrung.

Ich bremste mich schließlich, weil mir bewusst wurde, dass das Militär nicht das alte geblieben war. Oder gab es dieses „alte" Militär nur in meiner Vorstellung? Immer mehr Papiermüll drang zu uns herab, blokkierte wertvolle Ausbildungszeit und das Alltagsgeschäft. Nicht selten widersprachen sich die Befehle. Oft waren die Anordnungen der vorgesetzten Kommandoeinrichtungen und „der Superschlauen im Ministerium", wie ich sie zärtlich nannte, schlichtweg undurchführbar. Zu viele Häuptlinge, aber zu wenige Indianer, Pferde, Donnerbüchsen und Geld. Dass man als einzelne Gehirnzelle des aufgeblasenen ministeriellen Wasserkopfs nur wenig ändern kann, durfte ich später am eigenen Leib erfahren. Man betrachtete uns bei der Truppe wohl als „eierlegende Wollmilchsäue", die alles gleichzeitig und perfekt durchzuführen hatten, wenngleich es an vielem mangelte. Nun war das graue Netz auch in meinem letzten Refugium präsent. Man spürte das unsichtbare Tarnnetz, konnte es aber nicht anfassen. Unter anderem setzte sich die betriebswirtschaftliche Kosten- und Leistungsrechnung schließlich auch im Heer durch. Absoluter Nonsens. Sicherheit ist eine Leistung, die sich nicht betriebswirtschaftlich messen lässt. Erst beim Versagen der Landesverteidigung im Einsatzfall ließe sich ermitteln, was durch zusätzliche Mittel hätte optimiert werden können. Die Ressourcen wurden aber zunehmend gekürzt, die Aufträge hingegen häuften sich.

Die Ehre des Unteroffiziers und Offiziers gebietet es jedoch, jede auch noch so skurrile Order so gewissenhaft wie irdisch möglich auszuführen. Beispiele gefällig? Wie erwähnt, soll die Stärke einer Ausbildungsgruppe etwa acht Mann betragen. Den Gruppenkommandanten soll ein Stellvertreter unterstützen. Real sah es meist so aus, dass ein Gruppenkommandant allein bis zu 20 Mann auszubilden hatte. Die Verkürzung der Wehrdienstdauer, eklatanter Mangel an Ausbildungspersonal und zusätzliche Aufträge der Kompanie wirkten sich meist am breiten Rücken des Letzten im Glied aus: Der Chef einer Gruppe hatte plötzlich die fünffache Belastung. Man stelle sich bitte eine Lehrerin vor, die statt 20 Schüler nun 100 zu unterrichten hätte. Im Fahrzeugsektor sah es oft ähnlich mies aus. Manche Vorgesetzte agierten, als entspreche der Fuhrpark auf dem Papier der realen Verfügbarkeit. Oft war nicht einmal die Hälfte der Panzer einsatzbereit. Es kam aber die Weisung, die Öffentlichkeitsarbeit zu forcieren. Bei Großübungen wurden bereits, wie gegen Ende des Zweiten Weltkriegs, Kampfgruppen gebildet, um die nötige Anzahl an Kettenfahrzeugen zu poolen.

Auch der „Böhmische Gefreite“[1] verschob Truppen im Sandkasten, die es in Wahrheit nur noch stark dezimiert oder gar nicht mehr gab. Der Generalstab schwieg damals aus (berechtigter) Angst um sein Leben. Heute bangt er um seine Karriere. Wir hatten also zuwenig Panzer und Geld, um im vollen Rahmen üben zu können, während auf gewissen Veranstaltungen Kinder im Schützenpanzer herumkutschiert wurden …

Dass da etwas nicht mit rechten Dingen zugehen konnte, stellten wir alle fest. Selbst unter den Offizieren wurden Stimmen laut, dass sie zwar einst zu Eigenverantwortung und Courage erzogen worden waren, sich aber nun zu Verwaltungsmaschinen degradiert fühlten. Ich war eine dieser Stimmen. Es musste keine Absicht der obersten Führung dahintERSTECKEN.

Zu viele Köche waren daran, den Brei zu verderben. Den galt es aus meiner Sicht als süßestmöglich zu erhalten. So rückte die Wichtigkeit sozialer Kompetenz, Motivation und Prioritätensetzung gegenüber den sonstigen Führungsaufgaben deutlich in den Vordergrund. Die heroische Zeit war vorüber. Nur die Einsätze zur Sicherung der Staatsgrenze, Naturkatastrophen und Übungen ließen mehr oder weniger freie Führungsentscheidungen und damit noch einigermaßen „männliches Abenteuer“ zu. Wenn die Finger vom Unterschreiben der Dienstpost glühten, konnte ich zumindest Gewichte heben gehen oder in der Donau-Au laufen. Auch der Spaß kam nicht zu kurz, was zur Verbrüderung mit „meinen“ Unteroffizieren führte. Als mich ein Vorgesetzter zur Rede stellte, weshalb ich das gegenüber Unteroffizieren unübliche „Du“ pflege, stellte ich die Gegenfrage, warum ich Kommandant der Kompanie wurde. Darauf er: „Weil du es gescheit machst!“

1 Der ihm strategisch weit überlegene Generalstab gab Adolf Hitler diesen „Kosenamen“ als Verdeutlichung, dass er weder „Arier“, noch ausreichend militärisch geschult war.

Das war meine einzige dienstliche Beurteilung. Sie ist die beste, die man kriegen kann. Ein Feedback möchte ich noch erwähnen. Ich arbeitete bereits im Verteidigungsministerium, als mich ein Kamerad und Freund meiner alten Kompanie anrief. Weil ihm die durch den neuen Kompaniechef direkt übermittelte Hektik eines Stabsoffiziers aufstieß, sagte er zu seinem Boss: „Das hätte es beim Hauptmann Justl nicht gegeben. Der hat nämlich den Telefonhörer in die Schublade gelegt, wenn ihm ein Vorgesetzter zu lästig wurde."

Ach ja, ich bin noch schuldig zu erklären, wie es zum Namen „Centurio" kam. Wir marschierten zu einer Angelobung der Jungmänner (Fahneneid). Bei der Vorübung trainierten wir auch die beim Exerzierdienst nicht praktizierte Kommandosprache über Zeichen, weil ich wusste, dass es in der Veranstaltungshalle sehr laut werden würde. Die Militärmusik und die anderen Kommandostimmen würden die Soldaten nur ablenken. Es war schwer genug, mit 120 Mann längster Marschblock zu sein und dabei den Schritt zu halten. Also gab ich ab Betreten des Hangars ein Zeichen mit dem rechten Arm, worauf der Wimpelträger den Kompaniewimpel schwenkte und die Soldaten von Fünferreihe auf Zehnerreihe aufgingen. Auf meinen Bataillonskommandanten haben wir gewirkt „wie eine römische Centurie."[1]

Die Zeit in der Armee möchte ich keinesfalls missen. Der Uniformstoff, wie allgemein fast jede männliche Kleidung, rief aber bald starken Schweißgeruch hervor, den manche Frauen liebten. Freya hasste ihn, so wie ich übertriebenes Putzen hasste. Daheim verrichtete der „Centurio" keine Hausarbeit mehr. Die wurde auf Freya delegiert. Neben der handwerklichen Arbeit und dem nebenberuflichen Jura-Studium wäre auch nur wenig Zeit für den Haushalt geblieben. Nicht mehr im Inneren zu gestalten und dadurch meine Energie mit der des Raums zu verbinden, entfremdete mich nun als „Chef" des Hauses von meinen eigenen vier Wänden. Darunter litt die Frau in mir.

1 Centurie: Hundertschaft als Einheit der römischen Armee, deren Kommandant der Centurio war

Iustitia

Nimm nicht, was dir geboten wird.
Entdecke erst dich selbst.

Freyas Job entsprach in etwa meiner beruflichen Kindheitsvision, Bauer zu werden. Doch wie sollte das funktionieren? Mir ein Stück Land einfach nehmen, wie es einst die Wikinger taten? Ein Darlehen aufnehmen? Wer hätte mir bei meinem damaligen Einkommen einen Kredit gegeben? Den wollte ich aber wegen der Angst vorm Gebundensein an den Kapitalgeber sowieso nicht. Irgendwie musste ich raus aus dem verstrickten Sozialaffentanz und in eine Position gelangen, die mir mehr Freiheiten bieten würde. Außerdem war die Zeit als „Offizier auf Zeit", wie der Name schon sagt, begrenzt. Der Hauptgrund, das Recht zu studieren, lag also im Bestreben, mehr oder etwas anderes sein zu wollen als ich war. Schon während der Telefonfrustzeit begann ich begeistert mit dem Studium, setzte es aber als Soldat nur widerwillig fort. Der Job beim Heer machte mir nämlich trotz aller Umstände sehr viel Freude, nahm mich stark in Anspruch und war überaus praxisorientiert. Das konnte man von der Zeit nach Dienst an der Uni oder vom Selbststudium nicht behaupten.

Meine permanent gegenwärtigen Studienunterlagen mitsamt meinen Leuchtstiften und Kulis widerten mich entsprechend an, als mir die Gesetzestexte und Rechtskommentare schwarz auf weiß preisgaben, dass Recht wenig mit Gerechtigkeit zu tun hat. Iustitia trug allerdings nicht immer eine Augenbinde. Das christliche Mittelalter kannte ausschließlich die sehende Göttin der Gerechtigkeit und des Rechtswesens. Die Augenbinde erhielt sie irgendwann als Spott für die faktische Blindheit des Rechtswesens. Ab etwa dem 16. Jahrhundert wurde die Augenbinde in Unparteilichkeit umgedeutet. Sie steht in meinen Augen, die in diesem Punkt bindenfrei sind, gleichsam für Unpersönlichkeit und Ungerechtigkeit. Die unparteiliche Seite der gleichschaltenden, verallgemeinernden juristischen Medaille versucht, ungerechte Bevorzugung und Benachteiligung zu verhindern. Geschickte Rechtsanwendung und Rechtsverdrehung generell abstrakter, gleichmachender Normen führt jedoch nicht selten zur faktisch ungleich behandelnden Kehrseite. Trotz meiner Enttäuschung darüber habe ich aber das Studium durchgezogen. Das verdanke ich meiner im Jesuitenkollegium erworbenen Gabe.

Gemeint ist das Überblickbewahren samt schneller Befüllung und Entleerung des Arbeitsspeichers mit überflüssigem oder nur prüfungsrelevantem Müll. Meine eiserne militärische Disziplin war hilfreich und auch der liebe Gott stand mir bei. Wir hatten nämlich vereinbart, dass sie/er/es mich unterstützt und ich mich dafür später einem „höheren Zweck" widme. Ich hatte noch keine konkrete Vorstellung darüber, um was es da gehen könnte, außer dass es mit Freiheit zu tun haben würde.

Diese Hilfe war auch dringend nötig, weil kaum jemand in meinem Wohnumfeld die Belastung wahrnahm, der ich ausgesetzt war. Der ganze Urlaub ging fürs Lernen vor Großprüfungen drauf. Wie ein kleines Kind kam am Tag vor der wichtigsten Prüfung des ganzen Studiums ein hysterischer Nachbar mit einer Mahnung vom „Möbel Leiner" angerannt. Freya war instruiert, dass ich in dieser Phase nicht einmal von einer Molekühl- oder Atombombe gestört werde. Nicht einmal sieben außerirdische nackte Jungfräulichkeiten im UFO mit rotem Latexwasserbett hätten mich interessiert. Sie ließ ihn trotzdem herein. Es ging um nichts Wichtiges oder Dringendes, lenkte mich aber ab. Am liebsten wäre ich wie ein kläffender Trottel am Boden herumgerollt und hätte „Der Leiner, der Leiner, der Leiner ist gerade superwichtig!" geschrieen. Seelenkumpel Alf Poier nahm mir das in seinem Programm „Kill Eulenspiegel" ab. Da rollt er sich nämlich samt Clownnase am Boden und brüllt „Der Leiner ist meiner, der Leiner ist meiner!" Er führt uns damit wieder einmal den Wahnsinn der Konsumtrottelwelt lebhaft vor Augen. Wer ihn nicht versteht, sieht halt nicht den Konsumwahn, sondern ihn als Trottel. Wo der Kleingeist nicht mithalten kann und der kleine Mann seinen Käfig wackeln sieht, fühlt er sich bedroht und „erhebt" sich selbst durch Ignoranz. Für mich war der Nachbar ein Trottel. Er war damals einer der Männer, die sich das Leben „so leicht wie möglich" machten, wie er selber sagte. Seine Frau schilderte mir gelegentlich, dass er kaum einen Finger daheim rührte, obwohl sie kleine Kinder hatten und sie halbtags arbeiten ging. Von ihm wusste ich, dass er sich im Büro langweilte und Samstag Fußballtag war. Er wunderte sich allerdings, weshalb es zuhause selten Sex gab. Dieses Schicksal teilten wir, wenn auch mit ungleichen Vorzeichen. Als ich das Studium abgeschlossen hatte, sagte ausgerechnet er über mich: „Jetzt ist er etwas Besseres, der Herr Magister!" Dabei war mir dieser Titel immer schon so wichtig wie Schokoladeneis mit Hämorrhoidensalbe. Dennoch öffnete er mir berufliche Pforten, die mir sonst verschlossen geblieben wären. Dabei wurde ich durchs Studium immer dümmer.

Mein Weitblick wich einer gewissen Kurzsichtigkeit. Da ich mir dessen bewusst war, störte es mich auch nicht weiter. Nun kamen ja (kurz) ruhigere Zeiten, in denen sich mein Ich samt Denkmaschine erholen konnte. Es gibt Ereignisse im Leben, die uns unserem Schicksal näher bringen. Für mich steht fest, dass wir durch gewisse Dinge einfach durch müssen. Andere Sachverhalte können wir umgehen oder ändern. Meine juristische Schwangerschaft, also neun Monate Gerichtspraxis, verbrachte ich am Bezirks- und Landesgericht Linz. Obwohl ich den Wunsch äußerte, angesichts des angestrebten Anwaltsberufs einer Richterin des Zivilrechts zugeteilt zu werden, landete ich zuerst bei einem sehr netten Unterbringungsrichter. Das Schicksal winkte mir eindeutig mit einem Zaunpfahl in der Dimension eines Maibaums. Wir, der Richter und ich, verbrachten einige Zeit in den geschlossenen Abteilungen einer psychiatrischen Anstalt. Nicht als Insassen, sondern zur Entscheidung darüber, ob bei „psychisch Kranken" die Voraussetzungen einer Unterbringung wegen Gefährdung des eigenen oder fremden Lebens (weiterhin) vorliegen.

Wie ein kosmisches Brandeisen brannte sich folgendes Ereignis in mein damals verakademisiertes Oberstübchen ein: Da sitzt mir doch tatsächlich ein bärtiger Mann gegenüber, der sich umbringen wollte, weil er sich für Satan hält. Er sei der Satan, und er sei es auch nicht. In seiner satanischen Funktion zeichne er ganz allein für die Katastrophe im World-Trade-Center verantwortlich. Völlig überzeugt schildert er in Details, wie er die Piloten und Flugzeuge geistig lenkte, bis sie explodierend mit den Hochhäusern verschmolzen. Dieser Akt der Zerstörung geschah genau ein Jahr zuvor. Ich muss gestehen, dass die ersten Bilder damals kontroverse Emotionen und Gedanken in mir auslösten. Einerseits taten mir die Trauernden leid. Andererseits empfand ich diesen Akt wie ein Todeskunstwerk, das die Glut des Veränderungspotenzials in sich trug. Haben die USA nun endlich am eigenen Leib erfahren, was moderner Krieg im eigenen Land bedeutet? Wird es Bush oder seine ihn steuernden Hintermänner zum Einlenken oder Verschärfen seiner oder ihrer Politik bewegen? Handelt es sich um ein teuflisches Täuschungsmanöver im Öl-Raubzug? Werden Sündenböcke gesucht und die globalen Kontrollmechanismen im Namen der Sicherheit verstärkt werden? Diese Gedanken bewegten mich. Der Mensch mir gegenüber fühlte sich aber für das Geschehen an sich verantwortlich. Wer ist nun der Geisteskranke? Wir außerhalb der Anstalten, die wir so selbstherrlich alles rational verarbeiten, oder er, der sich lieber selber quält?

Er schien voller Betroffenheit in seiner mit sozialem Leid gefüllten Badewanne zu ertrinken, weil sein unterbewusster Verarbeitungsprozess ihn nicht nur zum Mitschuldigen, sondern zum Haupttäter machte. Sind wir nicht alle eins auf diesem Planeten? Wer ist für den Pickel verantwortlich, den ich am Körper habe? Wie viel Dreck habe ich wohl gefressen, bis der Eiter der Ernährungssünden äußerlich sichtbar wird? Übernehme ich Verantwortung für meine Ernährung, muss ich die Eiterbeule als selbst erzeugt erkennen. Was hat sich nicht alles vor „9/11" ereignet? Dafür übernahm nun ein verzweifelter Mann in seiner internen und dann auch externen Psychozelle Verantwortung.
Würden wir alle wie dieser Mann für jede Form der Gewalt emotionale Verantwortung übernehmen, wäre bald kein Raum mehr für Kriege und Terrorakte. Ich habe den gerichtlichen Beschluss geschrieben, der seine Unterbringung bestätigte. Sein bevorstehender Suizid war nämlich spürbar und auch rational nachvollziehbar zu begründen. Er wollte aber raus. „Dürfen wir Menschen daran hindern, ihrer Qual ein Ende zu bereiten?", überlegte ich. Das Unterbringungsgesetz gab uns Recht. Es lag in unserer Macht, ihn rauszulassen. Ich hätte versuchen können, den Richter zu einer anderen Entscheidung zu bewegen, machte mir aber ernsthafte Sorgen um das Leben dieses Menschen. Wenige Wochen darauf setzte er seinem Dasein im damaligen Körper ein Ende. Doch ich sollte noch einmal von ihm hören. Ein paar Jahre später lernte ich nämlich seinen Bruder in einer psychosozialen Ausbildung kennen.

Die nächste Station der Gerichtspraxis führte mich zu einer weisen Richterin. Hier ging es um das heiß ersehnte Zivilrecht, also um meist hirnrissige Streitigkeiten des Volks untereinander. Die Spitze des abstrusen Eisbergs persönlicher Befindlichkeiten war eine sich bereits über Monate hinziehende Verhandlung des Falls eines ehemaligen Liebes- und nunmehr Hasspaars. Es ging um eine Besitzstörungsklage vor allem wegen – lass es dir bitte auf der geistigen Zunge zergehen – „Bettdekke nebst Überzug", die einer der beiden zu Unrecht aus dem ehemals gemeinsamen Bett entfernt habe. Gibt es ein besseres Symbol als das Bettzeug? Die „Liebes"-Beziehung war zu Ende. Nun wollten sie aber weiter Aufmerksamkeit von einander beziehen. Da sie nicht mehr in Liebe im bezogenen Bett lagen, stritten sie im Hass um den Bettbezug. Oberflächlich ging es noch um jede Menge anderen Klimbims. Dahinter steckte freilich das Nichtloslassenkönnen. Ein Blick auf die Prozessparteien machte dies deutlich. Sie sehnten sich weiter nach Strokes. Diesmal waren sie eben negativ.

Ihre Anwälte argumentierten perfekt. Sie waren die wahren Gewinner des Rechtsstreits. Ihre Anwaltometer liefen nach dem RATG.[1] Schließlich wurde die Sache, wie in den meisten uneindeutigen Fällen (die Masse der Zivilrechtsfälle), mit einem Vergleich beendet. Sie einigten sich also vor Gericht und zahlten dafür Unsummen an Anwalts- und Gerichtsgebühren. Im zivilstrafrechtlichen Gerichtssaal meines Blödelhirns hätte das Urteil gelautet: „Drei Monate Koitus unbedingt oder täglich einmal gegenseitiger Oralverkehr lebenslang!“ Ein paar psychotherapeutische Sitzungen wären effizienter, vielleicht auch versöhnlicher, kürzer und weit günstiger als dieses Verfahren gewesen, meinte ich zur darauf nickenden Richterin. Wir verstanden uns sowieso prima.

Einmal suchte ich für sie eine bestimmte Judikatur des Obersten Gerichtshofs in der Bibliothek. Mit einem Riesenwälzer nahm ich gegenüber einer griesgrämig dreinschauenden Frau Platz. Wir saßen zu zweit an einem riesengroßen Tisch. Trotzdem räusperte sie sich mehrfach. Mir war klar, was sie wollte, legte ihr Gekrächze aber bewusst als unbefriedigten Hustenzuckerlbedarf aus. Nachdem ihr wohl die Räusperluft wegblieb, meinte sie nur: „Dort drüben ist noch genug Platz zum Sitzen!“ Darauf ich: „Stimmt, Sie können ja dann rübergehen!“ Es sei eine Frechheit, wie ich mich verhalten würde, meinte sie und stellte sich als Richterin XY vor. Daraufhin setzte ich meine Kommandostimme ein und verwies sie „freundlich“ aber bestimmt des Orts. Sie ging. Um meine Richterin nicht in Verlegenheit zu bringen, berichtete ich ihr davon. Die lachte sich ins Fäustchen, weil es sich um eine unbeliebte Kollegin handelte. Beim Kaffee, auf den ich dann „zur Belohnung“ eingeladen wurde, erinnerte ich mich an die Meisterin in der Disziplin Telefonhörerweitwurf. Handelte es sich um denselben beruflichen Frust?

Danach wurden ein Strafrichter und ich ein gutes Team. Er war Milizoffizier und ein Mann mit sozialem Weitblick. Wir verknackten verschiedenste Straftäter. Zuletzt erlebte ich in der Konkursabteilung, wie menschliche Konsumgier, Profitsucht und damit zusammenhängende Selbstüberschätzung unzählige Leute und Unternehmen in die Zahlungsunfähigkeit trieb. Die Zahl der Privatkonkurse stieg damals drastisch an, während in der angeblichen Wirtschaftskrise ein Shopping-Center nach dem anderen eröffnete und Kleinkinder mit Mobiltelefonen herumstolzierten ...

1 Anwaltometer: Ist mir eben als Pendant zum Taxameter der Taxifahrer eingefallen; RATG steht für Rechtsanwaltstarifgesetz.

Mein Auftritt in der Kanzlei eines sehr guten Freundes war sehr kurz. Er ist ein fairer und überaus fleißiger Rechtsanwalt mit gutem Ruf, und es war schon lange vereinbart, dass ich bei ihm Kanzleipartner werden würde. Wir hatten schon zuvor bewiesen, dass wir auch „Unmögliches" rechtlich durchsetzten. Umso schwerer fiel mir der Entschluss, bereits nach einem Monat das Handtuch zu werfen. Ich wollte bei Streitigkeiten präventiv und/oder heilend arbeiten, noch bevor es überhaupt zu einem Konfliktexzess kommen konnte. Es war schon bei Gericht so schwer für mich, über die psychischen Hintergründe hinweg weiter an der Oberfläche zu kratzen. Wie ich mein Ziel umsetzen sollte, mit Menschen zu arbeiten, die an sich selbst arbeiten wollen, war noch nicht klar.

Außerdem entwickelte sich meine Anima sehr stark. Das ging zwar geheim und nur in anonymer Öffentlichkeit vor sich, aber immerhin geschah etwas, das ich mit diesem juristischen Mühlstein um den Hals gefährdet sah. Sein Gewicht hätte die eleganten Absätze meiner High Heels zerbrochen. Es lag freilich völlig im Dunklen, wie es weitergehen sollte. Vollkommen klar war nur, dass der Anwaltsberuf nicht mein Weg war. Ich vertraute meinem Gefühl.

Mein Freund nahm es mir nicht krumm, als ich schließlich dem Ruf ins Verteidigungsministerium folgte. Dort wollte ich ein paar Dinge verändern, die mich als Offizier bei der Truppe mächtig störten. Als ich die Walhalla der Armee betrat, war ich wieder irgendwie daheim. Und trotzdem war alles anders. Ich landete in der Personalabteilung des damaligen Führungsstabs und hatte vorerst mit der personellen Einsatzbereitschaft des Heeres zu tun. Durch einen Zufall fiel das Ressourcenmanagement hinsichtlich der flexiblen Personalkosten in meine Hände. Es handelt sich dabei vorwiegend um Überstundengeld, dessen Verteilung und Steuerung. Klingt nach permanentem Zahlenspiel auf militärstrategischer Ebene. Ist es auch. Diesmal war mir aber gleich bewusst, wofür ich einen Dienst verrichtete, den man auch als Militärtelefonterror bezeichnen kann. Was fehlte, war die Befassung mit der Psyche, die mich schon mehrfach in den Bann gezogen hatte. Dem würde bald Abhilfe geleistet werden.

Mystische Welt

Als Kind war ich eins mit meiner Umgebung. Dieser Zustand brauchte damals keinen Namen. Die Einheit ging irgendwann fast ganz verloren, weil ich mehr und mehr dachte, von allem getrennt zu sein. Je größer der Stress im Beruf wurde und je weniger Liebe ich in der Beziehung erfuhr, desto intensiver suchte ich nach meinem inneren Empfinden des Einsseins. Diese unbewusste Suche erfolgte in der Welt der äußeren Erscheinungen. Mehr und mehr zog mich die Welt der Mystik in ihren Bann. Wenn ich hier von Mystik schreibe, dann ist nicht die wahrhafte, alles durchziehende Mystik der universellen Existenz gemeint, sondern meine zur damaligen Zeit träumerische Mystik.

Thor und Odin wurden zu meinen göttlichen Kraftquellen. In jungen Jahren zog mich die Welt der Wikinger extrem in ihren Bann. Dass viele Menschen die nordische Mythologie mit der Nazizeit in Verbindung brachten, war mir offen gesagt egal. Was hatte das mit mir zu tun? Wieso sollte mich der „Judengott" mehr faszinieren, als die wahren Götter unseres Kulturkreises? Ich hatte die Schnauze voll von Jahwe, McDonalds, Coca-Cola und der amerikanischen Besatzungstunke „Ketchup". Was interessiert mich Amerika und der von dort kommende Konsumblödsinn hier in Österreich? Amerika war für mich aber nie schuldig am europäischen Lebenswandel. Unser Schmutz und Schutt des Zweiten Weltkriegs öffnete die Pforten für den Konsumdreck der USA. Na und? Es ist doch meine eigene Entscheidung, wie ich lebe. „Lieber Wald als Drive-in!" war meine Devise. Man belächelte mich gelegentlich, wenn ich im verschneiten Kirchschlag in kurzen Hosen rausging. Meine innere Hitze war so groß, dass ich kaum Kälte spürte. Nicht selten stand ich im Wald und verband mich auf der seelischen Ebene mit Thor und Odin. Ihre Kraft durchfloss mich und richtete wieder auf, was untertags vom unnatürlichen Feind Nummer eins, dem Telefonmonster, gierig verzehrt wurde. Vier-Pfoten-Gott Wotan stand oder lag daneben und blickte mich verdutzt an, wenn er seinen riesigen Schädel schräg hielt, als ob er fragen wollte: „Hey, was machst du da eigentlich?"

Auch die UFO-Thematik begeisterte mich. Am liebsten wäre mir gewesen, die streng geheimen Flugscheiben des Typs „Haunebu" der SS-Entwicklungsstelle IV würden aus den Höhlen des Südpols kommen, mich aufnehmen und ins ferne Sternensystem Aldebaran mitnehmen.

Aber in meiner Kindheit verurteilte ich, wie bereits erwähnt, sehr altklug die Erkundung des Weltraums, solange die Probleme auf der Erde nicht gelöst sind. Absolut logisch argumentierte ich, dass man keinen Groschen für Raketen ausgeben darf, solange auch nur ein Mensch Hunger leidet. Ab dem 20. Lebensjahr wollte ich selber weg, von der Erde abheben. Etwas abgehoben waren auch die Gurus, die bei verschiedenen halbgeheimen esoterischen Treffen geradezu auf einen naiven Menschen wie mich zu warten schienen. Einige von ihnen waren echt gute Leute. Sie konnten einen schon erahnen lassen, dass da noch mehr war als günstig einzukaufen.

Andere aber schienen in ihrem Ego gefangene Selbstdarsteller (Egodarsteller) zu sein, die ihr Publikum auf Spendenbasis abkassierten. Mit ihrer eigenen Familie zerkriegte Küchentherapeuten machten Familienaufstellungen, bei denen sie die Situation für die hörigen Betroffenen analysierten und „auflösten". Als kosmischer Familienengel sozusagen. Einige Zeit habe ich den verschiedensten Leuten zugesehen.

Einmal wurde ich auf die „Bühne" geholt, um in Trance versetzt zu werden. Ich wäre offen dafür gewesen, aber es geschah nichts. Es wurde mir dann suggeriert, was ich empfinden würde. Weil ich das ablehnte, ging der „Meister" für mich in Trance und gab mir Informationen aus einem meiner Vorleben. Ich sei ein großer französischer Heerführer gewesen, dessen Familie durch die Wikinger ermordet worden wäre. Aus Rache hätte ich unzählige Nordmänner abgeschlachtet und deren Helme, Schwerter und Schilder als Trophäen gesammelt. Mein Leben mit Freya sei ein „Abbüßen dieser Schuld", was auch in meiner Liebe zu Norwegen und der (damaligen) Abneigung gegenüber der französischen Sprache zu erkennen wäre. Ich ließ das einfach so stehen. Es war zwar nicht mein ursprüngliches Bild, aber es war irgendwie stimmig für mich und fütterte meinen Appetit auf den König in mir, den ich ebenfalls im Äußeren suchte.

Wahrsager sind Experten darin, die tiefsten Sehnsüchte der Menschen zu erfühlen und diese Informationen dann als heroische Vergangenheit oder verheißungsvolle Zukunft zu verkaufen. Bei all den Königinnen und Helden, die wir angeblich in früheren Leben waren, gab es anscheinend gar keinen Platz für Huren und Bettler. Nachdem dies alles durchschaut war, zog ich weiter.

Die Sehnsucht nach außergewöhnlichen Erfahrungen trieb mich dreimal nach Avebury. Das kleine englische Dorf liegt etwa 60 Kilometer nördlich von Stonehenge. Die gewaltigen Steinkolosse, die dort in einem riesigen Kreis stehen, zogen mich magisch an. Der Ort ist tatsächlich irgendwie magisch. In unmittelbarer Nähe entstehen regelmäßig Kornkreise von enormen Ausmaßen und überirdischer Präzision. Angeblich ist keiner der in sich gedrehten Halme dabei beschädigt worden. Da keine Fußspuren gefunden wurden, schlossen auch einige Wissenschafter auf den Einfluss außerirdischer Intelligenz. Gibt es auf der Erde überhaupt intelligentes Leben? Scherz beiseite. Sollten diese Phänomene von Interesse sein, möchte ich hiermit das Buch „Zeichen im Korn" von Dr. Johannes Roemer-Blum empfehlen. Er ist einer der Wissenschafter, die darlegen, dass die unzähligen weltweiten Kornkreise mit einem Durchmesser von bis zu etwa 250 Metern aus mehreren Gründen weder natürliche Erscheinungen noch von Menschenhand geschaffen sein können. Die in den Kreisen enthaltenen Botschaften sind entschlüsselbar. So ist Roemer-Blum der Ansicht, dass ein gewisser Planet jene Seelen zur dortigen Reinkarnation aufnehmen werde, die geistig schon soweit fortgeschritten sind, dass sie den Weg der Erlösung aus der Kraft der Christusliebe finden.[1] Es handelt sich entgegen der christlichen Lehre also nicht per se um eine Befreiung durch ein anderes Wesen, sondern um die Entwicklung durch Selbstschulung anhand des Vorbilds der in Christus verkörperten allumfassenden Liebe zu allen Menschen. Wenn im NT geschrieben steht, dass Jesus in den Wolken des Himmels mit großer Kraft und Herrlichkeit kommen werde[2], dann ist auch nach Ansicht Roemer-Blums mit dem Begriff Wolke die Erscheinung eines Raumschiffs gemeint. Eine außerirdische Rasse namens Santiner seien die Ausführenden der versprochenen Wiederkunft Jesu.[3]

Sind AT und NT Dokumentationen eines Sternenkriegs zwischen Gut und Böse, bei dem die Bösen die Menschen versklaven? Ist Jesus ein Erleuchteter, der sich durch bewusste Selbstwerdung in Liebe unsterblich gemacht hatte und nach seiner „Auferstehung" von den Santinern in ihr Raumschiff aufgenommen wurde? Ist das gemeint, wenn geschrieben steht, dass Jesus zum Himmel empor getragen wurde[4] oder einfach vor seinen Jüngern verschwand?[5] Wurde er vielleicht gebeamt?

1 Vgl. Dr. Johannes *Roemer-Blum*, Zeichen im Korn – die Erklärung (2006), insb. S. 99
2 Vgl. Matthäus 24:30 und 26:64, Lukas 21:27
3 Vgl. *Roemer-Blum*, insb. S. 99 und 225
4 Vgl. Lukas 24:51
5 Vgl. Lukas 24:31

Hat man ihn also mittels Strahlentechnik emporgehoben, wie wir das aus „Raumschiff Enterprise" kennen? Lange Zeit war mir der Beweis außerirdischen Lebens sehr wichtig, weil ein gesichertes Wissen um die Existenz der Aliens unser Denken und Handeln nachhaltig beeinflussen würde. Sehr irdische Probleme und die darauf folgende Befassung mit mir selbst verdrängten die Alien-Frage, wenngleich ich ihrer Beantwortung nach wie vor offen gegenüberstehe.

Auf dem geliebten Planeten Erde gurkte ich wie ein Alien auf meiner „Sau" herum. Mit befreundeten Rockern der „Born to be free" zerlegte ich eine alte Harley „Low rider" mit Shovelhead-Motor. Beim ersten Anblick hieß sie bei mir „Klo rider", weil sie unsagbar hässlich war. Die Zylinder wurden dann auf ca. 1.600 ccm aufgebohrt, Lenker und Tank verbreitert, die Gabel wurde verlängert, die ganze Kiste sehr viel tiefer gelegt. Breit, schwarz, Chrom, keine Blinker, keine Auspuffdämpfung. Als in der Kaserne einmal ein Bergepanzer neben meinem Bike stand, hörte man nichts mehr vom grünen Ungetüm. Das war mir damals sehr wichtig. Heute lächle ich darüber. Ich habe mich ja gern und verstehe meine Versuche, nicht in der harten Welt da draußen unterzugehen. Mit aller Kraft schrie ich, und keiner hörte mich. Wie soll jemand auch Kuschelmusik hören, wenn Monsterrock aus dem Lautsprecher dröhnt?

Vati konnte wieder, aber nur leise sprechen. Er vegetierte schon seit einigen Jahren bei vollem Bewusstsein vor sich hin. Ein Jahr vor seinem Tod hatte er dann die Wahl zwischen der Scheidung von seiner zweiten Frau und dem betreuten Wohnen in einem Einzelzimmer. Er entschied sich für das Heim, wo er seelisch verarmte. Körperlich begann er zu verfaulen, weil sein Rücken schon wund gelegen war. Kein Wort, keine Zuwendung konnte ihn mehr aufrichten. Zu meiner Mutter, von der er seit über 20 Jahren geschieden war, meinte er kurz vor seinem Tod: „Gell, der Scheiß-Alkohol!" Mit diesen Worten war der Friede zwischen den beiden auch in der Seele wieder hergestellt. Mama hatte er nie vergessen können. Außerdem hatte er ja auf der emotionalen Ebene ohnehin keine Frau mehr. Innerlich war er deshalb so gut wie tot. Zwei Selbstmordversuche scheiterten. Er tarnte sie geschickt, weil ihm bewusst war, dass sie ihn im Fall des Scheiterns in die geschlossene Anstalt hätten bringen können, wo es kaum Chancen für einen neuen Versuch gegeben hätte. Hilflos daneben zu stehen, wie ein Schatten seiner selbst keine Hilfe mehr annehmen kann, trieb mich in eine tiefe Verzweiflung. Aus dieser Emotion heraus wollte ich ihm beim Sterben helfen.

Mein Angebot, die verbotene aktive Sterbehilfe zu leisten, lehnte er ab. Er nahm mich bei der Hand und sagte: „Danke, aber nein, ich will nicht, dass du dich strafbar machst!"

In der Natur hätte er längst das Zeitliche gesegnet. Die technologisierte Medizin aber hielt ihn über sein Ablaufdatum hinaus mumifiziert lebendig, und die Rechtsordnung sprach ihm und seinem Umfeld die Kompetenz ab, diesem Dahinsiechen ein Ende zu bereiten. „Nicht einmal Herr seines eigenen Todes kann man in unserem beschissenen System sein!", ging es mir durch den Kopf, als Vater röchelnd im Spital lag. An einem verregneten Morgen kam schließlich der Anruf einer Ärztin. Es sei bald soweit. Verweint rief ich Freya an und bat sie, mich ins Krankenhaus zu fahren, weil Vati im Sterben lag. Sie hatte stets das Auto, und ich wollte wegen meiner Verfassung nicht mit dem Motorrad fahren. „Ich kann nicht, ich muss noch drei Pferde reiten!", kam es zweimal vom anderen Ende der Leitung. „Du bist wirklich alleine in dieser Scheinpartnerschaft!", dachte ich und brauste mit innen und außen feuchten Fliegerbrillen ins entlegene Hospital.

Er lag da wie ein kleines Kind. Sein Kopf ruhte auf meinem Arm, während er mir in den letzten klaren Momenten tief in die Augen blickte. Die letzten unangenehmen Erfahrungen lösten sich im herzenswarmen Energieaustausch zwischen Vater und Sohn auf. Stiller konnte die Zeit nicht stehen. Wir weinten beide. Die Tränen schossen aus den tiefsten Winkeln meiner Seele. Sie kamen wie aus einem Wasserhahn geronnen. Sprechen konnte er nicht mehr. Er nickte mir nur zu. Es war dasselbe Nicken wie jenes, wenn er einen Fußball auf den Platz warf und mir zu verstehen gab, dass alles okay ist und ich weiterkicken kann. Stillschweigend gab es eine Vereinbarung zwischen uns, die rational nicht erfassbar ist. Ich weiß und will nur wissen, dass Vati sehr oft wieder auftauchte in meinem Leben, wenn ich Probleme hatte oder ich mich aus heiterem Himmel fast vor Lachen angepinkelt hätte.

So ist es mir auch kurz vor seinem Ableben gegangen. Seine Mutter bestand auf die letzte Ölung, die für Vati etwa denselben Stellenwert wie ein Bienenstich hatte. Sie verfiel in fromme Andacht und merkte gar nicht, dass der schwarze (dunkelhäutige) Priester lässige Jeans unter seinem Kleidchen trug und kaum Deutsch sprechen konnte. Meine Tanten und ich fanden das sehr skurril. Ich musste dringend am Gang meinem Gelächter freien Lauf lassen. Sonst wäre ich erstickt.

Nach dem letzten Morphium machte Vati seine letzten Atemzüge. Sein Körper bäumte sich etwas auf – kurz vor dem letztmaligen Ausatmen des Loslassens. Kein Wunder und nichts Böses. Wirklich nichts, wovor man sich fürchten müsste.

Noch am selben Abend erlebte ich mit zwei mir nahestehenden Menschen, wie im selben Wohnzimmer – bei geschlossenen Fenstern – ein kühler Hauch an jedem von uns am Nacken und Kopf vorbeistrich. Die einhellige Meinung war, dass sich eben seine Seele bei uns verabschiedete. Der körperliche Tod ist ein wesentlicher Bestandteil des Lebens, aber nicht das Ende einer Existenz. Kein Tropfen Wasser auf dieser Erde ist neu, sondern ein sich permanent wandelndes Produkt. Da „Vati" bzw. seine Seele an uns zur Verabschiedung vorbeiwischte, erhielten drei Menschen den praktischen Beweis dafür, dass so etwas wie die Seele tatsächlich existiert.

Nach all diesen Erfahrungen war jede Suche nach einer äußeren Mystik so gut wie vorüber. Das Leben an sich ist pure Mystik. Mehr gibt es nicht. Auch nicht weniger. Ob nun Jesus mit seinen Alien-Kumpels zurück auf die Erde kommt, entzieht sich meiner Kenntnis. Wenn es so sein sollte, dann wäre es ebenfalls Ausdruck des Lebens, der Existenz. Ich konnte und könnte mir gut vorstellen, mein weiteres Leben tatsächlich auf einem anderen Planeten zu verbringen. Nicht zuletzt aufgrund meiner Überzeugung, dass die meisten Menschen ohnedies auf einer anderen Kugel zu leben scheinen als ich, würde das keinen Unterschied für mich machen. Das Gefühl, allein da zu stehen, galt freilich auch für die sich in mein Inneres verlagernde Mystik des Lebens. Die inneren Bilder meiner Anima wurden zunehmend intensiver und der Drang größer, sie in der Außenwelt sichtbar umzusetzen.

KÄFIG 2: MONIQUE DUMONT

Ein- und Umleitung

In diesem Abschnitt über meinen zweiten Käfig wird meine Entwicklung vom heimlichen Strapsträger zur zeigefreudigen Wochenend-Diva beschrieben. Sie vollzog sich seit meiner Kindheit parallel zum ganz „normalen" beruflichen und privaten Alltag. Je weiter ich mich in den Rollenkäfig „Centurio" begab, umso stärker wurde das Bedürfnis einer auch äußerlichen Verweiblichung. In der zweiten Geschlechterrolle „Monique Dumont" setzte ich schließlich meine Kindheitsvision, das Leben als Frau unter Frauen, bereits intensiv und auf die Wochenenden beschränkt um. Der Bonus von mehr Freiheit und Erotik brachte allerdings auch den Malus von Perfektionismus und Scham mit sich. Diese sehr bunte Rolle stellte sich folglich ebenfalls als Käfig heraus.

Zum besseren rationalen Verständnis betreibe ich nun, aufbauend auf das Kapitel „Anima-Erotik", wieder ein wenig Begriffsfetischismus. Umfangreiche Definitionen findest du unter „Begriffe zum Begreifen" in Teil IV. Am besten behältst du im Hinterkopf, dass an das körperliche Geschlecht verschiedene Rollen, Rechte und Pflichten gebunden sind. Wer sich nicht vorschreiben lässt, was man als Frau oder Mann tun darf, soll und muss, passt in der Regel in eines der folgenden Rollenbilder für Dazwischenstehende. Man unterscheidet grob zwischen Damenwäscheträgern (DWT) mit zeitweiligem Lustgewinn, das weibliche Geschlecht parodierenden Travestiekünstlern, Drag Queens und Drag Kings als meist homosexuellen Paradiesvögeln mit überzogen femininem oder maskulinem Outfit und Gehabe, Transvestiten (TV) als Gelegenheitsfrauen oder Gelegenheitsmänner, permanent im anderen Geschlecht lebenden Transsexuellen (TS) und den Intersexuellen, die seit der Geburt die physischen Merkmale beider Geschlechter in sich vereinen.

Obwohl die Übergänge fließend und diese Begriffe eigentlich überflüssig sind, weil man Menschen als individuelle Wesen behandeln und nicht verschachteln soll, lassen sich viele der transidenten Menschen aus Unsicherheit in eine der sozialen Zuordnungskisten verpacken. Vereinfachend benutze ich daher ganz bewusst das Wort „Transidentität" für alle Menschen, die sich irgendwie mit dem anderen Geschlecht identifizieren und es, wie auch immer, zum Ausdruck bringen.

Hinsichtlich meiner eigenen Transidentität spreche ich auch von Mystik und Spiritualität. Wie wir im Kapitel „Anima-Erotik" gesehen haben, ging es ja bei mir von Anfang an darum, männliche und weibliche Anteile in Einklang zu bringen. Ganz so bewusst, wie ich heute darüber schreibe, war mir das freilich damals nicht. Der Drang, mich als „Trans-Person" zu trans-zendieren, war allerdings enorm. Er kann als Zwang beschrieben werden, auch als beschämendes Verdrängen und Geheimhalten, das mit einem nicht unbeachtlichen Kraftaufwand verbunden war. Scham raubt Energie. Viele Jahre wusste ich nicht, dass es gar nicht so wenige Menschen mit ähnlichen Lebenswegen gibt. Aufgrund meines spirituellen Herangehens an die Mann-Frau-Thematik habe ich mich niemals wirklich einer bestimmten, von Menschen gemachten Kategorie unterordnet – bis auf eine einzige: Ich war, bin und bleibe rebellisch. Als Rebell eckt man sehr oft an den sozialen Kanten an. „Die Gesellschaft will nicht, dass du zu lebendig bist, denn lebendige Menschen sind rebellisch", weiß Rebell Osho.[1]

Haus-Strapse und Drogerie-Schlampe

Allein hatte ich bereits intensive erotische und sexuelle Anima-Abenteuer. Wie gesagt, gefielen mir Strapse, Korsetts, High Heels und lange Nägel zum Aufkleben nicht nur als Objekte erotischer Begierde. Diese Gegenstände waren auch so etwas wie meine mystische Verbindung zur Frauenwelt. Ich tauchte bewusst in die Weiblichkeit oder in das ein, was ich mir unter Weiblichkeit vorstellte, und hüllte mich damit ein. Mein Geist dachte sich selbstverständlich, dass diese Frauenwelt auf eine Frau im Äußeren bezogen sein muss. In der Erotik und Sexualität herrschten bei mir aber gottlob Gefühle und innere Bilder vor. Freya wusste von Anfang über diese Leidenschaft und Spezialität Bescheid.

1 *Osho*, Das Buch für Männer – die Krise des Mannes als Chance zur Selbstfindung" (2001), S. 30

Sie teilte sie mit mir, soweit sie konnte. Die erste Scheu, Strapse und Stöckelschuhe gelegentlich auch beim Liebesspiel zu tragen, nahm sie mir sehr schnell. Sie meinte nämlich: „Mir gefallen deine Beine, mir gefallen Strümpfe und mir gefallen hochhackige Schuhe. Daher wirst du mir darin gefallen!“ So war es dann auch. Ein kaum beschreibbares Kribbeln durchfloss mich von der Bauchgegend ausgehend über den ganzen Körper. Das Bewusstsein, wir würden ähnliche Reizwäsche tragen, verband mich auch seelisch mit ihr. Es war total aufregend. Dazu sei bemerkt, dass meine körperlichen Wahrnehmungen beim Liebemachen und Orgasmus von vornherein überwiegend jenem Gefühl entsprechen, das hauptsächlich von Frauen beschrieben wird. Wie bereits geschildert, war mir intime Nähe immer schon enorm wichtig. Ohne sie hätte ich mich beim Sex nicht fallenlassen können. Meine körperlichen Empfindungen beim Höhepunkt sind in ihrer Tiefe, sprich dem Kribbeln und Vibrieren am ganzen Körper, so gut wie identisch mit weiblich geborenen Menschen. Gewisse Äußerlichkeiten waren dabei das Tüpfelchen am „i“. Hin und wieder klebten wir uns sehr lange Kunstnägel auf und lackierten sie blutrot. „Long red nails are sexy!“ Da waren wir uns einig. Ein unbändiges Gefühl erotischer Einheit machte sich breit. Diese Erfahrungen lösten auf, was im oft kampfreichen Alltag zwischen Freya und mir schief gelaufen war. Sie verbanden uns auf einer magischen Ebene, indem wir gemeinsam unser Ritual zelebrierten und es geheim hielten. Selbstverständlich gab es auch in dieser erotischen Welt Scham und Missverständnisse zwischen uns. Es überwog jedoch deutlich das schöne Gefühl.

Für sie war es absolut in Ordnung, wenn ich diese Frauensachen in den eigenen Wänden anlegte, wobei ihre Haltung mehr von einem „Mach, wenn du willst!“ als von einem „Hey, komm und verführ mich!“ geprägt war. Das begann mich freilich zu nerven, gab mir immer mehr das Gefühl des anstrengenden Geduldetseins und trieb mich ein wenig in die Isolation. Am liebsten wäre mir in den ersten Jahren gewesen, sie hätte mich dazu aufgefordert oder gar gezwungen, sie in neckischen Dessous zu verführen. Ich wollte auch vor dem eigentlichen Vorgang schon das Gefühl haben, angenommen zu sein. Doch dieses Gefühl musste ich mir offenbar selbst geben. Damals litt ich darunter, heute bin ich froh darüber. Mich selbst anzunehmen, war mit einem Tabu verbunden. In die Öffentlichkeit gehen musste ich einige Jahre lang alleine. Freya wollte nicht auffallen, hatte aber wegen der Pferde-Liebe-Arbeit sowieso kaum Zeit und Energie dafür. Ich wollte aber raus.

Mein Unterbewusstsein drängte mich förmlich hinaus, und mein Geist hatte Angst davor. Da ich keine Gleichgesinnten kannte, wurde die Sache zum „Kommandounternehmen“ erklärt. Das erste nächtliche Herumstöckeln in Kirchschlag und die damit einhergehenden Gefühle von Freude und Angst wurden bereits ganz am Anfang beschrieben. Dieses Erlebnis ließ mich nicht mehr los. „Da gibt es doch bestimmt eine Steigerung“, sagte ich mir selbst.

Begeben wir uns mitten ins Geschehen: Im Alter von etwa 23 Jahren sitze ich am Steuer eines skandinavischen Fetzenfliegers, auf dessen Ladefläche „Wotan“ und die deutsche Dogge „Easy“ liegen. Sie sind als meine mentalen Stützen auf dem langen Weg nach Wien dabei. Dort soll man mich nicht erkennen. Es geht mir schließlich „nur“ darum, meine neuen Lacklederstiefel auszuführen und mich dabei zu erleben. Im Auto „tarne“ ich mich noch schnell. Den unter dem weißen Trainingspulli, der mir die Schulterbreite eines Bären verleiht, bereits umgeschnallten BH (Größe 115 EE) fülle ich mit vielen bunten Socken. Ein schwarzer, gestrickter Mini wird gegen die Trainingshose getauscht. Endlich rein in die hochhackigen, überknie hohen Stiefel. Die Faschingsfrisur Modell „Tina Turner“ ziehe ich etwas tollpatschig über den kahl rasierten Schädel. Blick in den Spiegel. Wenigstens rasieren hätte ich mich können. Die paar Bartstoppeln werden schon nicht auffallen. Ich trage knallroten Lippenstift auf. Dann werden die bereits vorbereiteten, extrem langen Nägel aufgeklebt und rot lackiert. Kurz trocken blasen. Tief durchatmen. Reingestöckelt in den nächsten Drogeriemarkt.

Ein geiles Gefühl, so als Luder rein zu stolzieren. Ich schreite die Schminkfront und dann die Strumpfkompanie ab. Niemand registriert mich. „So eine Frechheit!“, denke ich innerlich grinsend und gehe zur Kassiererin. „Ich bräuchte einen violetten Nagellack, können Sie mir weiterhelfen?“, brabble ich drauflos. „Ja gerne!“ meint sie und hilft mir. Jetzt blickt eine Frau über ein Regal zu mir herüber und stupst ihre männliche Begleitung an. Nun glotzen beide zu mir her. Spontan winke ich ihnen zu, worauf sie sich wegdrehen. Als ich wieder in meine schwedische Rostlaube steige, bewegt sie sich heftig. 130 Kilogramm Hunde freuen sich sichtlich über meine Rückkehr ins Rudel, zeigen sich aber von meinem Outfit wenig beeindruckt. Auf der Fahrt durch Wien werde ich übermütig. Alles, was ich bisher zurückhielt, kommt jetzt doppelt und dreifach raus. Am Gehsteig schlendert ein Mädchen. Ich halte an, kurble das Fenster runter und frage: „Gefalle ich dir?“

Sie setzt ein entzückendes Lächeln auf und gibt mir Schminktipps. Auf dem Weg aus Wien flirten meine schicken Hände mit den anonymen Beifahrerinnen auf der Spur links von mir. Die Autobahn wird zum Highway to heaven. Zum krönenden Abschluss erkundige ich mich an einer Raststation, wo sich das mir ohnehin bekannte Damenklo befindet. Mehrfache Erleichterung. Zuhause angekommen, gebe ich mich der von mir so benannten sexuellen Reflektion hin, in der ich mir die ganze Situation noch einmal aus der Vogelperspektive anschaue. Die inneren Bilder werden dadurch verstärkt, und ihre Schwingungen halten noch Tage an. Selbst der Büroterror kann mir einige Zeit nichts anhaben.

Ich steckte mitten in der zweiten Pubertät und brauchte Menschen, mit denen ich über meine öffentlichen Erfahrungen reden konnte. Wem außer Freya, die wenig damit anfangen konnte, sollte ich darüber erzählen? Mit einer schnuckeligen Bürokollegin reflektierte ich schließlich über meinen Trans-Ausflug. Sie fand es „einfach nur steil" und beriet mich ein wenig in Sachen feminines Styling.

Hinter den Kulissen

Wie ich die männliche Rolle zu spielen hatte, wusste ich genau, weil ich in gewissen gesellschaftlichen Einrichtungen genügend Zeit zum Erlernen des „Männlichen" hatte. Für Männer, die ihre „weibliche Seite" auch äußerlich ausleben möchten, wie ich es zu tun begann, gab es keine Institution und auch kein Ritual.

Eva Fels durchreiste Indien und suchte nach dem dritten Geschlecht.[1] Sie berichtet über die indischen Hijras, die (körperlich) weder Mann noch Frau und begrifflich eine Art Sammelbecken für Transvestiten und Transsexuelle sind. Die meisten Hijras sind spätestens mit 17 oder 18 Jahren bei ihrer Guru, wohingegen das Coming Out, das Sich-Offenbaren, in Europa bei den meisten Transidenten im Alter zwischen 30 und 35 erfolgt. Als Gründe dafür gibt Fels an, dass es aus ihrer eigenen Erfahrung kein Bild davon (gab und) gibt, was eine Transe sein könnte und dass es bei uns in Europa verpönt ist, als Mann in Frauenkleidung aufzutreten.[2] In Indien gibt es Einrichtungen und Rituale für Transidente.

1 *Eva Fels*, Auf der Suche nach dem dritten Geschlecht – Bericht über eine Reise nach Indien und über die Grenzen der Geschlechter (2005)
2 Vgl. ebendort S. 224ff.

Jedoch leben sie eher am Rande des Kastenwesens und sind beruflich mehr oder weniger auf Betteln, Musizieren und Prostitution eingeschränkt.
In der traditionellen Indianerkultur sieht das etwas anders aus. Beim nordamerikanischen, mit den Apachen verwandten Stamm der Navahos werden die Winktes sogar als Garanten für den Wohlstand des Stammes angesehen. Sie sind die Bewahrer des Gleichgewichts und Vermittler zwischen Mann und Frau. Nicht selten werden die Winktes in Visionen oder Träumen zu einem Leben als Frau inspiriert und aufgefordert. Dabei werden sie von einer weiblichen Gottheit in die Zukunft ihres Lebens als Transfrau begleitet. Es gibt ein eigenes Ritual, bei dem der berufene indianische Mann sich in einer Hütte befindet und sich für Waffen oder weibliche Arbeitswerkzeuge entscheiden muss. Die Hütte wird in Brand gesetzt. Verlässt „er" die Holzbude mit Korb und Handarbeitszeug, wird sie in Hinkunft nach eigener Entscheidung als Frau leben. Dabei kommt es nicht selten vor, dass die Betreffende individuellen Zwang durch ihre Göttin – aus meiner Sicht das Unterbewusstsein – erlebt und daher eventuell gar nicht so frei ist.[1] *Übrigens sind Eva und ich dank Internet seit ein paar Jahren befreundet und kämpfen, jede auf unsere eigene Art, für freie Geschlechtswahl und Selbstbestimmung.*
Beim Stamm der Mohave gab es eine Zeremonie, in der Kinder, die ein nicht geschlechterstereotypes Verhalten zeigten, einem öffentlichen Test unterzogen wurden. Hatte zum Beispiel ein Junge überwiegend Interesse und Freude an typischen Mädchenspielsachen, weiblicher Kleidung oder weiblichem Benehmen, wurde er unvorbereitet gestestet. Der Test sollte ihn unvorbereitet treffen, damit er sich ihm „wie von selbst" unterzöge. Das Kind sollte also nicht großartig darüber und über die Folgen nachdenken können oder müssen, sondern aus sich selbst heraus „entscheiden". Tanzte der Junge inmitten seines Stammes und der Nachbarstämme wie ein Mädchen, so wurde „ihm" danach in einem Ritual die zuvor heimlich maßgeschneiderte weibliche Kleidung angelegt und offiziell ein Mädchenname gegeben.[2]

Der von vielen Transidenten aller Facetten beschriebene Zwang zur Verweiblichung oder Vermännlichung ist ein Phänomen, das wir uns nun näher anschauen wollen, ohne den indianischen Spirit zu zerlegen. Vision soll Vision bleiben. Ich selbst wollte von Freya dazu so gut wie gezwungen werden, die „kultischen" High Heels anzuziehen.

1 Vgl. ebendort S. 226
2 Vgl. *Gisela Bleibtreu-Ehrenberg*, Der Weibmann (1984), S. 97ff.

Am besten hätte sie dazu gleich haarscharf erraten sollen, welches Outfit ich da schon vorher auf der geistigen Leinwand meines süßen Köpfchens sah. Dann hätte sie mich mit sanftem Druck dazu bringen sollen, jene Dinge zu tun, die ich zwar visualisierte, aber mich allein nicht traute. Im Geiste habe ich sie damit zur Amme meines Dursts nach Weiblichkeit gemacht und Verantwortung abgegeben. In England gibt es eigene Damen, die sich der „forced feminisation", also der erzwungenen Weiblichkeit kurzfristig rollenwechselnder Männer (TV) widmen. In Deutschland, Österreich und der Schweiz übernehmen diesen Job nicht selten Dominas und Prostituierte. Davon kann man halten, was man will. Es spricht jedoch für sich, dass es für die „Weihe" eines Mannes zur Transfrau – als einer für die Gesellschaft potentiell wertvollen Vermittlerin zwischen den Geschlechtern – keine Tempel gibt. Stattdessen wird von den tapferen Dienerinnen des sexistischen Ausbeutungssystems heimlich versucht, mehr schlecht als recht, zu vermitteln, worin sie sich selbst (noch) nicht befreit haben. Das kann nicht funktionieren.

Was funktionieren kann, ist die gegenseitige Unterstützung eines liebenden Paars. Voraussetzung ist gegenseitige Offenheit. Ich meine, wem sollte man sich schließlich anvertrauen, wenn nicht der Partnerin? Viele Bekannte, Freunde und Klienten bewunderten mich dafür, dass ich stets eine Frau an meiner Seite hatte, bei der ich mich in diesen Dingen ausleben konnte. Da gibt es nichts zu bewundern. Es lag an meiner Offenheit und meinem Wesen. Je länger ein Teil des Wesens verschwiegen wird, desto intensiver werden der Vertrauensbruch und die Befremdung empfunden, wenn die Partnerin erst nach Jahren eingeweiht wird oder gar von selber draufkommen muss. Das geht dann meist in die Hose, und man(n) trägt seine Röcke demnächst in einer leeren Wohnung.

Aus Gesprächen mit Klienten weiß ich, dass sich meist genau die richtigen Menschen treffen. So fanden wir erst kürzlich einen Weg mit einem Paar, wie sie sich gegenseitig helfen können, indem sie ihre angeblichen Schwächen in Stärken verwandeln. Ihn[1] nervte ihre Unselbständigkeit im Alltag, weil alles, was sie taten, von ihm abhing. Sie nervten seine Beschwerden, wenn sie seine weiblichen Klamotten nicht wie von ihm phantasiert aufs Bett legte und ihn nicht dazu ermutigte, sie anzulegen. Sie spiegelten sich perfekt in der Abgabe eigener Verantwortung und dem damit korrespondierenden Wunsch, der andere möge selbständiger sein. Dazu muss man sagen, dass sich die beiden über alles lieben.

1 Er lebt als Mann, sonst würde ich von „ihr" schreiben.

Sie nehmen sich grundsätzlich so an, wie sie sind und haben keine Geheimnisse voreinander. Er wird sich in Hinkunft seiner Wünsche klar sein und sich nicht scheuen, sie umzusetzen, weil er weiß, dass sie ihn auch in Frauenkleidung liebt, ja sogar darauf abfährt. Das absolut Phänomenale ist, dass sie keine Röcke trug, weil sie als Kind dazu gezwungen wurde. Sie liebt es jedoch, ihn in Röcken zu sehen. Als das Muster erkannt war, schlüpfte sie noch bei uns in einen roten Rock und in ein rotes Top. Sie fühlte sich pudelwohl dabei. Gestrahlt haben die beiden wie Honigkuchenpferde – und wir mit ihnen. Freya und mir war so eine Lösung damals leider nicht mehr vergönnt. Ich wäre auch zu stolz gewesen, Hilfe von außen anzunehmen und hab mir lieber die Birne blutig gerannt im Sturm gegen meine eigenen männlichen und weiblichen Mauern, die „nur" in meinem Schädel existierten.

A propos Schädel. War ich jemals Damenwäscheträger (DWT) oder Transvestit (TV)? Ist das wichtig? Nein. Hier dennoch eine Antwort für unruhige Geister. In meinem Innersten war ich immer schon, wie vermutlich jeder Mensch, die Verbindung beider Geschlechter. Folglich hat die Frau in mir genau die Sachen tragen wollen, die ihr auch zustehen. In diesem Sinne ist freilich jede Frau DWT. Und was ist mit TV? Fernsehen tu ich nicht allzu gern. Im Ernst: Hätte ich mich als Transvestit deklariert, hätte dies vorausgesetzt, dass ich die gesellschaftliche Zwangsordnung in meinem Innersten hingenommen hätte. Wie begründe ich das nun rational? Wenn ein Mann, als der ich mich ja im Äußeren voll und ganz zeigte, für sich Kleidung trägt, die ausschließlich den Frauen vorbehalten ist, dann macht ihn das zu etwas Speziellem. Aus meiner Sicht zu so etwas wie einem spirituellen Rebellen. Deklariert er sich hingegen als TV, dann fungiert er als „amtliche" Ausnahme von der noch „amtlicheren" Regel des Zweirollensystems. Er macht zwar die künstliche Bipolarität sichtbar, verliert aber durch die Schubladierung seine Einzigartigkeit, weil mit der Rolle als TV neue Verhaltensvorschriften verbunden sind. Ich habe mich zu dieser Zeit nicht wirklich als Frau verkleidet gefühlt. Es tat gut. Punkt. Kleidung an sich ist immer Verkleidung. Von daher sind wir alle TV. Hängen wir deshalb soviel vor der Glotze?

Die Gelassenheit und Spontaneität, mit der ich auf die befremdeten Blicke des Paars in der Drogerie reagierte und die offene, freundliche Unterhaltung mit den Frauen waren Zeichen meiner Angstfreiheit. Ich war ohne Furcht, da ich nichts und niemandem entsprechen wollte, einfach mein Ding durchzog und vor allem den Laden unbeschwert, weil ohne Angst vor Zurückweisung betrat. Meine Selbstsicherheit und Freude strahlte deutlich spürbar von einigen Menschen zu mir zurück. Das blieb grundsätzlich auch in der nächsten Rolle („Monique Dumont") so. Und doch habe ich mir aus verschiedenen Gründen das Ziel gesetzt und den Zwang auferlegt, eine stets perfekt gestylte Diva zu sein. Mit der Perfektion schlich sich allmählich eine gewisse Angst in mein Leben.

Zweite Pubertät im Diva-Kostüm

Nach der Aktion im Drogeriemarkt stand ich in Flammen. Meiner Anima war ich äußerlich näher gekommen. Das fühlte sich prima an. Jedoch zog ich die heißen Strapse und Stöckelschuhe, von denen ich schon längst mehr als Freya besaß, für einige Zeit nur zuhause an. Im perfekt davon getrennten öffentlichen Alltag wurde „Centurio" zu einem mütterlichen Verwaltungsroboter im Militärdienst, an der Uni, beim Lernen, auf der Baustelle, gegenüber Vati und Freya. Er funktionierte perfekt. Auch die früheren energetischen Tankstellen Training, Laufen, Pistolenschießen und Tauchen wurden Bestandteile des selbst kreierten Maschinendaseins. Ich befand mich in einem Meer aus klebriger Verpflichtungsmasse. Knapp vor dem Burnout war Auszeit angesagt. Mein neues Motorrad trug mich wieder einmal weit weg. Diesmal ging es nach Schottland. Auf der langen Autobahnfahrt zierten die verwaltungsrechtlichen Instanzenzüge das Kartenfach des Tankrucksacks. Man wollte ja die Zeit sinnvoll nützen. Sobald die Fähre in Dover (England) anlegte, hatte ich den Lernstoff intus und widmete mich wichtigeren Dingen. Die Straßenzüge bis und in Schottland führten mich durch eine Natur, in der ich mich im Kilt und mit einem Schwert herumlaufen sah. Zwei Wochen verbrachte ich alleine im Freien. In der Nacht spannte ich eine Plane zwischen dem Metallross und einem Baum, legte mich darunter und träumte davon, als Highlander zu leben. Dann kamen mir High Heels in den Sinn. Ein Highlander in High heels? Warum nicht? Ich war ja ohnehin schon zum Mutterwesen mutiert. Wieso sollte ich das nicht auch durch Kleidung, Schminke und Frisur zum Ausdruck bringen?
Nachdem ich mit „Nessie" in ihrem Tümpel gespielt und meine Unterwäsche darin gewaschen hatte, sollte sie der Fahrtwind trocknen. „Wo brennt es hier?", dachte ich kurz bevor ich anhielt, um die angebrannten Shorts und Socken vom Boxermotor zu nehmen. Ersatz musste her.

Auf der Rückfahrt konnte ich nicht mehr richtig sitzen. Deshalb lag ich bei 180 km/h mit dem Kopf in Fahrtrichtung auf dem Hobel. Das angenehme Brummen und Vibrieren brachte mich auf eine Idee. In Münster machte ich Halt und besuchte einen interessanten Laden. Dort stellte ich mir ein extravagantes Outfit zusammen. Eine rote Langhaarperücke, ein schwarzes Lackkleid, Lack-BH, Korsett, riesige Silikonbrüste, superschicke Plateau High Heels mit durchsichtigen megahohen Absätzen, Strümpfe, Höschen, lange Fingernägel zum Aufkleben, Nagellack und jede Menge Schminkzeug wanderten in den Rucksack. Neue Shorts und Socken waren nicht dabei. So ausstaffiert, ließ ich mich in Frankfurt schminken. Ich sah so irre verändert aus und war meinem inneren Bild von mir um ein Lichtjahr näher gekommen. „So muss ich raus!", durchfuhr es mich entzückt. In der empfohlenen Travestie-Bar war nichts los. Nur eine Transe saß an der Bar und lackierte ihre sehr langen Nägel mit blutroter Farbe. Dreimal darfst du raten, wer hier sein Kopfkino in die Tat umsetzte. Im Hotel angekommen, gab es ein nettes Gespräch mit einer ebensolchen Rezeptionsdame. Sie war gerne bereit, mich zu fotografieren. Das Mädel hatte prima Ideen. Es knisterte gewaltig zwischen uns, sodass beinahe das Objektiv der Kamera explodierte.

Als ich daheim endlich die Bilder in Händen hielt, eröffnete sich mir ein neues Universum. Die Ablichtungen wurden zur stets greifbaren Erinnerung an ein spannendes Erlebnis und gleichzeitig zum Hilfsmittel, um Make-up und Stil zu verbessern. Das transische Fieber hatte bereits 41 Grad erreicht, als ich kurz nach dem letzten Ausflug ein Wochenende – wieder alleine – nach München fuhr. Dort passierte etwas Wesentliches, das mein Leben veränderte. Schnell vergaß ich die Hektik des Alltags und atmete tief durch, bevor ich im Hotelzimmer in aller Ruhe damit begann, mich erstmals komplett alleine zu schminken. Als ich die Schminke bis in die kleinste Pore auftrug und sich der Puderpinsel sanft über mein Gesicht bewegte, wurde mir schlagartig bewusst, dass ich mich zum ersten Mal zärtlich im Gesicht berührte. Wie sehr hatte ich mich doch bisher selbst vernachlässigt. Ich war auch stolz auf mein Werk und irgendwie verliebt in mein Spiegelbild. Es sah toll aus. Sogar die Wimpern hatte ich selbst aufgeklebt und den Flüssig-Eyeliner perfekt aufgetragen. Die beim jugendlichen Panzer-Modellbau trainierte Feinmechanik machte sich bezahlt. Der magische Moment war da, als die diesmal dunkelhaarige Perücke über meine Stoppelglatze glitt. Dieses geile Luder sollte ich sein? Nachdem sich wieder ein tolles Shooting mit einer lieben, kreativen Hotelangestellten wie von selbst zelebrierte, suchte ich einen speziellen Club auf. Eigentlich hätte ich gleich im Hotel bleiben können, denn die hübsche Frau war sichtlich von mir genauso angetan wie ich von ihr. Trotzdem fuhr ich in den Club. Was die Leute dort Sexuelles trieben, ging mir mehr oder weniger buchstäblich am Arsch vorbei. Hauptsache, ich konnte so ausgehen, wie ich mich gerne sah. Mensch, war ich nervös bei der ersten Autofahrt. Die Füße zitterten in den hohen Schuhen. Was würde ich wohl der Polizei erklären, wenn sie mich aufhielt? Nichts. Als die Schmiere vor mir stand, verhielt ich mich ganz normal. Für Polizisten dürfte das zum Alltag gehören. „Die sind sicher froh, wenn sie zu keinem Einsatz müssen und haben sogar noch was zum Reden in der langen Nacht", erklärte ich mir in einem weisen Selbstgespräch.

Ab meiner Heimkehr lief alles wie von selbst. Freya half mir beim Schminken. Oft drangsalierte sie mich mit ihrem Perfektionismus. Zu guter Letzt verdankte ich ihr aber, dass ich nach einer kurzen Zeitspanne in punkto Make-up so gut wie ausgelernt hatte. Nachdem ich mich auch in Parfümerien beraten ließ und mir drei Visagistinnen versicherten, dass sie mir nichts mehr beibringen könnten, war ich zufrieden mit mir. Zutiefst erstaunt war ich, als ich bemerkte, dass meine Gesichtszüge nach dem Abschminken immer weicher wurden. Ein Effekt, der blieb. „There is magic in the make-up", singt die Punk-Diva Gwen Stefani und sie hat Recht. Ein steter Zufluss an Perücken, Schuhen und Klamotten ließ den „Moni-Kasten" überquellen. Mehr Platz musste her. Dank der Hilfe meiner Partnerin verdrängte sexy, verspielte Kleidung meine ursprünglich eher nuttigen Lack- und Ledersachen, die ich aber gelegentlich immer noch ganz interessant finde. Beim Kleiderkauf als Mann hatte ich immer ein Foto mit, auf dem ich gestylt zu sehen war, um der Verkäuferin meinen Stil auch optisch näher zu bringen und „transische Öffentlichkeitsarbeit" zu leisten. Selten glaubte man, dass die Frau am Bild ich war. Umgekehrt konnte sich niemand vorstellen, dass das Foto des Glatzkopfs am Führerschein zur sexy Eigentümerin der Hand mit den langen Nägeln gehörte, die das Dokument überreichte. Mit Freyas Unterstützung wurde aus dem pubertierenden Flittchen eine Lady.

Sie widmete mir auch sehr viel Zeit im Keller unseres Hauses. Der wurde nämlich mit einfachsten Mitteln zum kreativen Fotostudio umfunktioniert. So schwitzte ich zum Beispiel an einem Samstagvormittag beim Studiobau und Stunden später als frisch herausgeputzte Diva im heißen Licht der günstigen Baustrahler, die die teure Blitzanlage ersetzten.

Freya machte insgesamt gute 10.000 Bilder von mir. Wir hatten meist sehr viel Spaß dabei und auch die Erotik kam nicht zu kurz.

In den unendlichen Weiten des Internets lernte ich binnen kürzester Zeit jede Menge Transmädels kennen. Foren gab es noch wenige, aber dafür „traf" man sich in virtuellen Chat rooms[1], tauschte Fotos aus, mailte sich und traf sich schließlich in irgendeinem realen Hotel. Es war immer ein Abenteuer, sich zu erkennen, weil die gesendeten Bilder ja eine Frau zeigten, die ungeschminkte Person vor einem aber äußerlich ein Mann war. Nach etwa einem Jahr hatten wir ein sehr reales Netzwerk von Transen zwischen Wien, Linz, München, Nürnberg, Köln und hoch bis Hamburg aufgebaut. Die einsame Flucht in andere Bundesländer oder ins Ausland inklusive Hotelaufenthalten war damit vorüber. Freunde lässt man bei sich wohnen. Die meisten leben in einer Beziehung mit einer Frau. Einige von ihnen sind Offiziere der Bundeswehr, Ärzte, Juristen, Bar-Keeper, erfolgreiche Selbständige, Installateure, Musiker und andere Lebenskünstler. Ganz normale Leute eben. Den meisten würde man im Alltag nicht ansehen, dass sie eine sehr große Frau in sich herum tragen. So kreierten wir den Spruch „Du kennst keine Transe? Aber mindestens eine Transe kennt dich!" Eine liebe Freundin meinte damals einmal, dass ich so etwas wie ein Leuchtturm in der Transenszene geworden sei. Das kann gut sein. Ich hoffe doch, dass ich durch mein persönliches Wirken und die erste eigene Homepage dazu beitragen konnte, dass Menschen sich weniger für ihr Wesen schämen.[2] Themen wie Partnerschaft, Reaktionen der Gesellschaft, gutes Make-up, Fotographie und Shopping bewegten uns alle. Ich behandelte sie, wie andere auch, auf meinen Internetseiten und stellte regelmäßig einige der unzähligen Bilder online. Es dauerte etwa zwei Jahre und die Seite verzeichnete 200.000 Besucher. Nicht schlecht für eine private Seite.

Nach Abschluss des Studiums hatte ich endlich richtig viel Zeit für mich. Einige Fotografen begannen sich für mich zu interessieren. Es verging kaum ein Wochenende, an dem ich nicht irgendwo vor der Linse gestanden oder mit Freundinnen Schabernack getrieben hätte. Eine Seelenschwester und spirituelle Kriegerin ist „Dalleena". Nach einem Abend im Münchener „Kai´s Bistro" wussten „Dalleena" und ich nichts Besseres mit unserer Tussizeit anzufangen, als gegen zwei Uhr früh ganz spontan ein Video in einem Waschsalon zu drehen.

1 Chat rooms: virtuelle Cafehäuser im world wide web
2 Diese Seite lautete **www.monique-dumont.com;**
Vieles von dieser Seite ist noch auf **www.monika-donner.at** zu finden

Völlig beschwippst knipsten und drehten wir zwei abgedrehte Luder wieder einmal, was das Zeug hielt. Gefilmt wurde nicht nur die laienhafte Bedienung der Waschmaschinen, sondern zum Erstaunen der nächtlichen Wäscher und Wäscherinnen auch unsere private Modenshow. Als Laufsteg diente der schmale Gang zwischen den Waschgeräten. Die wenigen Anwesenden waren unser doof glotzendes Publikum. Um uns die Wartezeit zu verkürzen, trommelten wir auf den Waschmaschinen. Somit erhielt das Wort „Waschtrommel“ eine ganz neue Bedeutung. Das Video erhielt den Namen „Transenschlampen im Waschsalon“ und ist einer der vielen dokumentierten Beweise dafür, dass die Zeit bei uns stiller stand, als ein Soldat in Grundstellung stehen kann.

Der Name „Monique“ war Freyas Idee. „Moni“ klingt irgendwie wie Toni, nur eben weicher. „Dumont“ entstand in einer Blödelei mit „Nina“, einem befreundeten „Mädel“ aus Bamberg. Als eine der wenigen Ösis im fast rein germanischen Kollektiv hatte ich inzwischen den Kosenamen „Alpenheidi“ ausgefasst. Was lag näher als „Die Moni vom Berg“? So war „Monique Dumont“ geboren. Mit diesem Namen und dem Bewusstsein, dass ich für einige Menschen so etwas wie eine Machete am Weg durch den irren Geschlechterdschungel war, stieg nicht nur die Sinnhaftigkeit meines Tuns, sondern auch der schon sehr hohe Perfektionsgrad. Ich fühlte mich verpflichtet, aber immer noch wohl in einem diamantenen Käfig, in dem der äußere Schein etwas wichtiger wurde als das innere Sein.
Es folgte eine intensive Zeit schriller Erlebnisse, aber auch tiefsinniger Gespräche mit Menschen, die ich sehr lieb gewonnen hatte. Eines der Abenteuer, die ich wohl nie vergessen werde, ist der mit drei Freundinnen in London verbrachte Urlaub. Ich fuhr zu „Sonja“ nach Passau, von wo wir dann komplett gestylt zum Flughafen in München aufbrechen sollten. Da die große Blondine verschlafen hatte, sich noch unbedingt die Beine rasieren musste und stundenlang das kleine Bad belegte, musste ich mich eben am Weg zum Flughafen schminken. Da ich bereits Profi war, konnte sich das Resultat trotzdem sehen lassen. „Nina“ und „Elli“ warteten schon. Als ich bei der Personenkontrolle meinen Pass vorwies, wurde er mir sogleich vom Beamten mit den Worten zurückgereicht: „Mit dem Pass Ihres Mannes habe ich leider nichts angefangen!“ Auf meine im bewusst männlichen und bayrischen Ton geäußerte Bemerkung, dass ich „mein eigener Mann“ sei, rief er verdutzt, aber in weiterhin freundlicher Manier, seine Kollegin zurate, die mich aufgrund der markanten Augen passieren ließ.

Während der Sicherheitskontrolle wurde mein Schminkkoffer wegen der Neugier des weiblichen Sicherheitspersonals etwas genauer unter die Lupe genommen. Die Leute hinter uns waren schon stinkig. Nach den üblichen Blödeleien und Freundlichkeiten schickte man mich, als ich mich nach dem Weg zum nächsten Klo erkundigte, zur Damentoilette, weil man „eine Dame wohl nur dorthin schicken kann." Endlich in der Wartehalle angelangt, erwies sich die ganze Eile als umsonst, weil unser Flug aufgrund des Londoner Bodennebels drei Stunden auf eine Landegenehmigung warten musste. Somit hatten wir Zeit für drei unserer Lieblingsbeschäftigungen: Filmen, Knipsen und Shoppen. Kaum erschienen wir in der Süßwarenabteilung des Duty-Free-Bereichs, wurden wir von den Verkäuferinnen nicht nur mit Pralinenkostproben verwöhnt, sondern auch in witzige Gespräche verwickelt. Menschen wie uns kann man leider nicht täglich erleben, meinten die liebenswerten Damen. Ansonsten haben wir im Warteraum kein Aufsehen erregt. Anders verhielt es sich, als wir im Transferbus mit zwei bayrischen Frauen lustige, lautstarke Gespräche über Make-up führten. Besonderen Spaß hatten manche, als eine überdurchschnittlich große Blondine namens Monique beim Betreten des Flugzeugs den Kopf einziehen musste, um ihre hochgesteckte Frisur zu schonen. Die Stewardessen waren uns gegenüber besonders zuvorkommend. Beim Verlassen des Fliegers bot man uns sogar (nicht ganz ernst gemeint) an, den Dienst als Stewardessen anzutreten.

Schon am ersten Abend in London war Partystimmung in der mit Transen gefüllten Hotelbar angesagt. Danach kamen wir im berüchtigten Wayout-Club, einer schrillen, stilvollen und auch verruchten Location im Zentrum, beim Tanzen ganz schön ins Schwitzen. Mit schmerzenden Füßen machten „Elli" und ich am nächsten Tag die Oxford Street en femme (als Frau) unsicher. „Nina" und „Sonja" waren sehr viel weniger ordentlich als wir, weshalb sie wieder einmal ihre Klamotten nicht fanden. So zogen wir eben alleine los. Man interessierte sich aber ohnehin nicht für uns. Ganz England schien nämlich im vorweihnachtlichen Kaufrauschirrsinn zu sein. Und wir waren mitten drin. Lediglich im „Pizza Hut" redeten uns zwei super gestylte englische Ladies fortgeschrittenener Alters an und sprachen uns ein großes Lob für unser Aussehen aus, was natürlich runterrann wie Honig. Sie empfahlen uns einen Besuch der neben der Tower Bridge gelegenen „HMS Belfast". In unseren Stöckelschuhen kletterten wir vom Kesselraum bis zu den Geschütztürmen des Kriegsschiffs und wieder zurück.

An Bord konnten uns andere Besucher, darunter ein sympathisches junges Mädchen, dabei bestaunen, wie wir die Ausstattung des Schiffs für ein ausgiebiges Fotoshooting nutzten. Als die Kleine unsere männlichen Stimmen hörte und fragend zu Papi empor blickte, klärte der sie über die Situation auf. Danach sagte sie nur staunend „Can´t be, can´t be!"[1] und klebte fortan an unseren bestöckelten Fersen. Nach einem letzten tollen Abend in der hoteleigenen Kellerbar, lustigen Helge-Schneider-Parodien und wenig Schlaf rasierte man sich frühmorgens ein letztes Mal sehr gründlich und machte sich mit der U-Bahn auf den Weg zum Flughafen. Da das Gesicht nach der mehrtägigen Prozedur von zweimal täglich Rasieren und Schminken wie Hölle brannte, vergaß „Frau Blond, 006, Agentin mit der Lizenz zum Erröten" einzuchecken, sodass ich bei der Sicherheitskontrolle wieder zurückgeschickt wurde. Nach einem Hürdenlauf in High Heels über Koffer und Taschen konnte ich den Abflug gerade noch im Flugzeug miterleben. Die Zeit im Flieger wurde für intensives Nachbessern des Make-Ups und der Frisur genutzt. Die Schweißperlen strömten nämlich waagerecht aus meinen Poren, nachdem ich eine sehr lange Strecke laufend zurückgelegt hatte. Trotz der Eile konnte ich aber noch die verstohlenen Blicke der Leute auf meine „Teetering cannon balls" (wippenden Kanonenkugeln) wahrnehmen. Meine Cup-D-Brüste verhielten sich ja wie zwei synchron wippende Boote im Sturm. Eine Titte hätte ich fast dabei verloren. Summa summarum war es ein wahnsinnig toller Urlaub mit ganz lieben Freundinnen. Wir erlebten ihn rund um die Uhr als „Frauen", denn wir hatten, bis auf „Sonja", vereinbarungsgemäß kein einziges männliches Bekleidungsstück mitgeführt.

Am Montag darauf stehe ich – wieder in grüner Uniform – frühmorgens vor der angetretenen Mannschaft meiner Kompanie. Wir haben gerade zwei Kontingente Rekruten und daher full house. Der Spieß meldet mir die etwa 300 Soldaten. „Guten Morgen, Kompanie!" dringt es tief aus meinem Brustkasten. „Guten Morgen, Herr Hauptmann!" schallt es zurück wie aus den Posaunen von Jericho. „Was wäre, wenn ich nun hier als ‚Monique Dumont' stehen würde?", denke ich schmunzelnd, selbstreflektierend und systemkritisch. Wenige Offiziere und Unteroffiziere wussten Bescheid über „Monique Dumont". Wie würde sich das restliche Kaderpersonal verhalten, wenn sie von meinen Wochenendausflügen in weibische Gefilde wüssten? Würde man dieses Wissen gegen mich verwenden? Hinter meinem Rücken über mich spötteln?

1 „Kann nicht sein, kann nicht sein!"

Was erst mit den Grundwehrdienern, die zum Teil ohnehin nicht gerne beim Militär sind? Wäre es nicht ein gefundenes Fressen für sie oder gar die Presse? Kurzer Blick auf meine rasierten Unterarme. Geistiger Blick auf meine sehr schmal gezupften Brauen. Erahnen sie es nicht ohnehin schon? Der Modetrend des fassonierten Mannes kam erst etwas später.

Wieder einmal machte sich Scham für etwas breit, das ich so sehr liebte. Dabei hatte ich das Bild des starken „Centurio" doch selbst aufgebaut. Ich war also selbst verantwortlich. Trotzdem machte sich Unbehagen darüber in mir breit, dass man nicht einfach so rumlaufen kann, wie man will, auf dieser menschlich verdrehten Kugel. Reicht die Erdrotation nicht? Müssen wir Menschen noch ein wenig mehr herumdrehen und den natürlichen Lauf der Dinge stören? Beim Heer war ich uniformiert. Und als „Monique Dumont" war ich es ebenso. Diese beiden Rollen waren dermaßen stark und verschiedenartig an das äußere Erscheinungsbild gekoppelt, wie es extremer wohl kaum hätte sein können. Als ein autistischer Junge, der eine Weile unter meinem Dach lebte und mir so richtig ans Herz gewachsen war, mich erstmals en femme sah, sagte er begeistert: „Hey, Toni, cooles Mädchenkostüm hast du an!" Der damals Zehnjährige brachte in einem Satz auf den Punkt, was Sache war. Mein Inneres wurde im Äußeren zur Maskerade. Der junge Mann empfand – ähnlich wie ich – den bohrenden Blick mancher Menschen wie blendende Scheinwerfer. Er hatte starke innere Bilder, die er sich nicht vernichten ließ. So etwas wird dann pathologisiert[1], mit einer Diagnose versehen und in seinem Fall Autismus genannt. Waren es die Scheinwerferblicke meines Umfelds, die mich (mein Ego) glauben ließen, die Masken „Centurio" und „Monique Dumont" aufsetzen zu müssen? Ich sah einen starken Zusammenhang.
Als er ein anderes Mal den Blick aus seinem „Narrenkastl" direkt in meine Augen richtete, meinte er: „Bald wirst du deine innere Frau gefunden haben und wirklich eine Frau sein!" Dieser empathische[2] Junge soll krank gewesen sein? Als ich erfuhr, dass auch Transvestitismus und Transsexualismus als Krankheiten deklariert sind, kam Wut in mir hoch. Zwar empfand ich mich nicht als TV oder TS, wusste aber, dass man mich gesellschaftlich zweifellos wegen etwas, das mir Freude bereitet und einer Kindheitsvision entspricht, in eine der beiden kranken Definitionen verpacken möchte. Diese Gesellschaft und ihre Zwänge empfand ich als krank. Es musste wieder einmal etwas geschehen.

1 Pathologisierung: Deutung von Wahrnehmungen, Empfindungen, Gedanken, Verhaltensweisen, sozialen Verhältnissen, zwischenmenschlichen Beziehungen etc. als krankhaft
2 Empathie: Einfühlung, Einfühlungsvermögen

Mitsamt der riesigen Freude beim bunten Ausbruch aus dem grau-grünen Alltag fühlte ich mich immer öfter ziemlich maskiert mit meiner Perücke und dem dicken Make-up. Die Schminke musste dick sein, damit der Bartschatten verschwand und niemand mich erkennen konnte. Aus dem letzten Grund trug ich stets „Mützen"[1], deren seitliche Haare meine Wangen verdeckten und mein Gesicht schmäler wirken ließen. Den Augen widmete ich die meiste Zeit. Sie wurden zu richtigen Kunstwerken geschminkt. Ich wurde Meisterin im Tarnen und Täuschen. Das hatte ich ja in der Armee gelernt. So praktisch täglich neue Frisuren und Titten im Nachtkästchen sind, so sehr können sie sich wie schweißtreibende Fremdkörper anfühlen. Bei Perücken hatte ich oft die Panik, sie würden verrutschen oder bei stärkerem Wind davonfliegen. Die sonnige Tussi in mir hatte ihren narzisstischen Zenit erreicht, als ich begann, auf die kurvenschaffenden, aber einschnürenden Korsetts zu verzichten. Die Absätze wurden etwas niedriger und die Nägel kürzer. Im Mittelpunkt meiner Selbstwahrnehmung stand dann nicht mehr das phallische Element des Sichzeigens, sondern hauptsächlich, wie mit dem Styling die Bewegungsabläufe weicher und ich innerlich ruhiger wurde.

Ein gewaltiger Einschnitt meiner Freude war, dass es unter den Transen sehr viele extrem eitle Menschen gab. Zuerst waren sie superschüchtern. Kaum aber hatten sie, unter Hilfestellung ihrer Wegbereiterinnen, einen gewissen Level erreicht, würdigten sie plötzlich andere, nicht so toll gestylte Menschen als schmuddelig herunter. Ekel überkam mich in Anbetracht dieser egozentrischen Selbsterhöhungstendenzen. Dazu gesellten sich noch einige wenige Transsexuelle mit Operationstendenzen, die zum Aufblasen ihrer gekränkten Egos Transvestiten als Nichtfrauen abtaten. Dabei erkannten sie freilich nicht, dass sie selber körperlich nie „echte" Frauen sein konnten. Eine Zeit lang postete ich meine Ansichten über die sehr ausgrenzende Art dieser TS, über Operationen und deren Verstümmelungscharakter in den verschiedensten Internetforen. Bitte mich nicht missverstehen: Wer die Operation braucht, soll sie machen. Was ich abstellen wollte, war das, was ich „randgruppeninterne Projektionsintoleranz" nenne: Wovor Angehörige der Randgruppe sich im öffentlichen Leben fürchten – zum Beispiel lächerlich gemacht zu werden, wird anderen, vermeintlich schwächeren Gruppenmitgliedern angetan. Ich hatte es durchschaut und ihnen den Spiegel vorgehalten. Dafür begannen einige, mich mehr zu lieben und andere, mich abgrundtief zu hassen. Leicht hat man es nicht, wenn man die Wahrheit sagt.

1 Mütze: Perücke (transische „Geheimsprache")

Nicht bei Menschen, die sich einer Illusion hingeben „müssen". Sag einem Alkoholiker, dass ihn der Alkohol umbringen wird. Der eine dankt dir, der andere bringt dich geistig um.

Hinter den Kulissen

Meine in der Kindheit eingeleitete erotische Selbstkreation hatte mit „Monique Dumont" ihren absoluten Höhepunkt erreicht. Mehr war technisch nicht herauszuholen. Als Maskerade möchte ich es eigentlich nicht bezeichnen, weil die äußere Transformation mit der inneren Hand in Hand ging. Das komplette Styling war zu einer Art heiliges Ritual für mich geworden, das mich in andere Sphären zu tragen schien. Tatsächlich drang ich „nur" in mich selbst vor. Die einkehrende Ruhe und die Freude an meinem Wesen wurden aber schließlich immer wichtiger und schoben daher die Diva mehr und mehr in den Kasten zurück.

Scham

Wie ich schon geschrieben habe, war mir bewusst, dass ich die versalzene Suppe selbst auslöffeln musste. Ich hätte mir ja als Kind treu bleiben und zu meiner Weichheit stehen können. Hätte, hätte, hätte. Wenn Schweine Flügel hätten, könnten sie vermutlich fliegen. Wen interessiert das? Die Weichen waren gestellt. Der Zug war im Rollen (und ich in Rollen). Es gab kein direktes Zurück. Oder doch? Zwangsweise lebte ich ein Doppelleben, weil ich mich dazu entschieden hatte. Darüber will ich nicht urteilen. Es war eben so, wie es war. Einige meiner Freunde, vor allem die weiblich geborenen, meinten damals: „Moni ist Toni und Toni ist Moni – da gibt es keinen Unterschied!" Das empfand ich zwar hinsichtlich meiner charakterlichen Grundzüge genauso, es gab aber sehr wohl kleine, für mich enorm wichtige Unterschiede, und zwar Unrundheiten im Hinblick auf Gefühlswelt und Verhalten. Je intensiver ich nämlich eine der beiden Rollen lebte, desto unerträglicher, weil schamhafter wurde das Leben oft in der gegenpoligen Rolle. Aber in einem größeren Kontext hatten meine Freundinnen wohl Recht mit ihrem Feedback. In der Tat kenne ich nämlich Menschen, die sich als Mann komplett anders verhalten als in der weiblichen Rolle. Zum Beispiel warf der etwas rüpelhafte Karl seiner Frau vor, zu viel Geld für Schuhe auszugeben, während die gespielt sensible „Sabine" (Karl en femme) ein eigenes Konto für Kleider und Schuhe hatte, von denen seine Partnerin nur träumen konnte.

Am schlimmsten war der Gedanke, man würde mich, den heterosexuellen „Centurio", als Tunte sehen. Was sollte das bedeuten? Ich kannte damals schon ganz liebe Menschen, die sich selbst als Tunten bezeichneten. Das Wort „Tunte" ist nur ein Wort. Im gegebenen Zusammenhang steht es für meine innere Sanftheit und Kampflosigkeit. „Centurio" war ein Kämpfer durch und durch. Was hätte es Schlimmeres für ihn gegeben, als plötzlich überflüssig zu sein? Meine innere Angst davor, als Rollenspieler, als nicht authentisch entlarvt zu werden, übertrug ich regelmäßig auf alle möglichen Leute. Wenn mich jemand länger anblickte, wurde ich innerlich oft unruhig und nicht selten zornig. Geistig schmiss ich meines Friedens wegen Steine. Wie skurril. Unbehagen und Zorn waren „nur" Gefühle. Sie resultierten aus dem einseitigen, ängstlichen Denken meines damals doch stark bipolaren Denkgefängnisses: Mann oder Frau. Hart oder weich. Stark oder schwach. Liebe oder Hass.

Das eigene Unvermögen, einer Rolle zu entsprechen, ergießt sich in einer Welle der Scham. Es gibt in unserer Kultur offiziell nur Mann und Frau sowie die daran geknüpften, teilweise völlig unnatürlichen Rollen, denen niemand ganz entsprechen kann. Das betrifft uns alle. Unsere Gesellschaft besteht also (angeblich) nur aus Männern und Frauen. „Gewaltig ist deshalb der allgemeine Druck, ebenso sichtbar wie unsichtbar, sich selbst einem der beiden Geschlechter zuzuordnen", schreibt Volkmar Sigusch in seinem Buch „Geschlechtswechsel".[1] Als Arzt, Sexualforscher, Soziologe und Direktor der Abteilung für Sexualwissenschaft der Frankfurter Universitätskliniken weiß er, wovon er spricht. Auch Sigusch ist der Ansicht, dass uns nur das körperliche Geschlecht gegeben ist, nicht aber die letztendlich entscheidende Geschlechtsidentität. Unter Geschlechtsidentität ist die seelische Gewissheit zu verstehen, diesem oder jenem Geschlecht anzugehören. In der Behandlung durch Mitmenschen macht es einen erheblichen Unterschied aus, ob wir als Frau oder als Mann leben. Professor Sigusch weist auch auf den wenig konkreten Begriff der Zweigeschlechtlichkeit hin: „Abstrakt ist die Zweigeschlechtlichkeit insofern, als alle Menschen unbewusst beides sind, weiblich und männlich, Fraumann und Mannfrau ..."[2] Alle Menschen empfinden bewusst, jedenfalls in der Phantasie, auch gegengeschlechtlich.

1 *Volkmar Sigusch*, Geschlechtswechsel (1995), S. 7
2 Ebendort S. 8

Frauen identifizieren sich ein Stück mit Männern und Männer mit Frauen. Transidente Menschen machen aber sichtbar, dass die öffentlich gelebte individuelle Identifikation mit dem anderen Geschlecht meist ein gesellschaftliches Tabuthema ist. Sigusch hat selbst Erfahrung in der Arbeit mit Transidenten. Er macht klar, dass die Geschlechtswechsler vielleicht noch stärker als früher genötigt werden, sich gefälligst einem der beiden vorgesehenen Geschlechter zuzuordnen – am besten mit Hilfe von Psychologie und Medizin.[1] Was bedeutet das aus sozialwissenschaftlicher Sicht? Vor allem am Verhalten und der Behandlung transidenter Menschen wird erkennbar, in welchem künstlichen Zwangskorsett wir alle eingeschnürt sind. Da bleibt vielen Menschen die Luft weg. Dabei geht es nicht nur um die Blitzlichter am Geschlechterhorizont. Ganz allgemein wird als krank erklärt und mit dem Postulat des wohltätigen Heilungswillens medizinisch behandelt, wer nicht irgendeiner vermeintlichen Norm entspricht. Sehr eindrucksvoll berichtet Sigusch, wie man dabei war, die Welt mit psychochirurgischen Mitteln zu zivilisieren, indem man Jahr um Jahr den „Indikationskatalog" für alle möglichen Eingriffe an andersartigen Menschen erweiterte. Solche Maßnahmen umfassten etwa stereotaktische Eingriffe und Reizungen des Gehirns mit elektrischem Strom. Fast jeder Mensch hätte betroffen sein können: „Mitte der Siebzigerjahre hatten sie dann beinahe alle seelischen, aber auch körperlichen Krankheiten und vor allem viele soziale, politische und sexuelle Auffälligkeiten und Abweichungen erfasst: Neurosen, psychosomatische und internistische Erkrankungen, ‚Psychopathien', ‚renitente Kinder', ‚aufsässige' Gefangene, politisch motivierte ‚Krawallmacher', Spiel- und Magersüchtige, ‚frigide' und ‚mannstolle' Frauen, ‚starke' Raucher, Pädophile, Homosexuelle, Exhibitionisten, Transvestiten usw."[2]
Was lief hier ab? Welche Auswirkungen ragen davon bis ins 21. Jahrhundert hinein? Homosexuelle folgen ihrer Natur. Davon wollte man sie heilen. Wozu? Um Scham auszulösen und Macht auszuüben. Die Existenz erschuf uns nackt. Niemand kommt bekleidet zur Welt. Für jemanden, der so herumläuft wie jener Gott uns schuf, an den so viele glauben, und dabei eine sexuelle Handlung vollzieht, gibt es einen Namen: Exhibitionist. Selbstverständlich ist auch „Gewalt" dabei im Spiel; nämlich die des Aufzwingens der sexualisierten Nacktheit. Darf diese „Devianz"[3] verwundern in einer Kultur, in der öffentliche Nacktheit so gut wie gar nicht mehr stattfindet? Ist nicht eine Kultur als deviant, als abweichend von der natürlichen Norm der Nacktheit zu betrachten,

1 Vgl. ebendort insb. S. 7ff
2 Vgl. ebendort S. 57
3 Devianz: von der Norm abweichendes Verhalten; siehe Kapitel „Raus mit der Wahrheit" und die dortige Fn

in der öffentliche Nacktheit in Verbindung mit einer sexuellen Handlung – wie etwa öffentliches Onanieren, die sexuellen Betastungen eines Liebespaars (!) oder öffentlicher Geschlechtsverkehr – als „Erregung öffentlichen Ärgernisses"[1] abgestraft[2] wird? Ich glaube, mein Tintenfisch klekkert! Ich glaube, mein Elch hustet!
Ich war gerade einmal 18 Jahre alt, als Maria und ich am FKK-Gelände[3] extrem spitz wurden. Mitten unter den Leuten bumsten wir entweder „getarnt" unter einer Decke oder im Wasser. Getarnt stand auch der sexängstliche erste Kirchenvater Paulus neben uns. Neben ihm standen ungesehen auch gleich Gesetzgeber, Polizisten und Richter. Auch wenn sie sich nicht tatsächlich neben uns befanden, so sind sie doch in unser aller Unterbewusstsein bestens vertreten. Dieser Irrsinn macht selbst vor den Schlafzimmern nicht halt. Auch dort stehen unsichtbare Eltern, Lehrer, Priester und andere Gespenster, die dort nicht hingehören. Schmeißt sie raus!
Was sagt uns die Anwendung psychochirurgischer Methoden? Durch abstrakte Begriffe wurde wieder einmal menschenverachtendem Machtmissbrauch Tür und Tor geöffnet. Wo einst einzigartige Individuen als „die Juden" im Konzentrationslager landeten, wurden ein paar Jahre später Menschen psychooperiert und werden heute noch immer Menschen einer Diagnose untergeordnet, die sehr oft in gesellschaftlicher Isolation mündet. Wer nicht dazu passt, ist out. Folgende Gedankenkette könnte man damit in Zusammenhang setzen:

„Pass auf in der Schule!" – „Konzentriere dich!"
„Denke einseitig in Begriffen!" – „Vergiss Emotionen und Intuition!"
„Konzentriere dich auf deine Arbeit!" – „Der Herr Jahwe hat ja gesagt, du sollst sechs Tage die Woche roboten und einen Tag ihm huldigen!"
„Konzentriere dich auf deine Rationalität!"
„Konzentriere dich auf dein Dasein als Diener fremder Ideen!"
Geistiges Konzentrationslager
Aufrüsten – Feinde – Krieg – Juden – Konzentrationslager (KZ)
Zwangsarbeit – Hunger – Folter – Vergasung – Leichenberge
Kollektiver rationaler Irrsinn – Bomben – Friede – Wiederaufbau
Konsumwahn – Wohlstands-KZ – Vorbilder – Kranke – Irrenanstalten
Kollektiver rationaler Irrsinn

1 § 218 StGB: „Öffentliche unzüchtige Handlungen"
2 Vgl. *Diethelm Kienapfel und Kurt Schmoller*, Strafrecht – Besonderer Teil III (1999), insb. RN 9 zu §§ 218 – 220a, S. 263, Rn8ff.
3 FKK-Gelände: Freikörperkultur in eigenem Gehege für fremdartige Menschentiere, die dem seltsamen Kult der Nacktheit frönen

Zurück zum Erregen öffentlichen Ärgernisses. Zumindest werden schlichtes Küssen und Entkleiden (wie Nacktbaden oder Flitzen), erotische Tänze, Verrichten der Notdurft etc. (noch) nicht als unzüchtige Handlungen angesehen und sind daher (noch) straffrei. Doch wer geht schon nackt durch die Stadt? Wer will das noch? Wir bekleiden uns, weil wir es bereits als Kinder zu wollen haben. Mann und Frau werden außerdem nach ihrer Körperlichkeit in Rollen und die dazugehörenden Klamotten verpackt. Der gesellschaftliche Körperkult überträgt sich auf die Kleidung. Wie wir uns zu bekleiden haben, wird uns vorgegeben und hängt stark vom körperlichen Geschlecht ab. Wer sich nicht daran halten will, wird als verrückt angesehen. Ja, ich war und bin verrückt: ver-rückt im Sinne von weggerückt von einer wahnsinnigen, selbstgefälligen, hypnotisierten und Minderheiten verachtenden KZ-Gesellschaft. Soll ich mich dafür schämen?
Die Antwort hast du dir sicher schon gegeben.

Mein Ego und seine beiden Masken

„Monique Dumont" war von je her mein Ventil, um einigermaßen bewusst meine männliche und weibliche Seite in Einklang zu bringen. Von Anfang an waren die sogenannten Outdoor-Erlebnisse wesentlicher Bestandteil dieses schönen Aspekts meines Lebens. Nicht nur, weil ich mich gerne zeigte und gerne Komplimente hörte (ich stand zu meiner Eitelkeit), sondern auch, weil ich gerne meine Mitmenschen provozierte, aus der Reserve lockte, Schlafende weckte und Brücken baute. „Pioniertätigkeit in Sachen Akzeptanz" könnte man es titulieren.

Durch die maximale Annäherung an mein eigenes und sozial vorgegebenes Bild der sexy Lady kam ich mir in der Tat innerlich näher. Die Kanten des rauen „Centurio", der nicht weich sein und nicht weinen durfte, schliffen sich von selber ab. Wesentlich war aber auch der damit verbundene „Zwang" zum Perfektionismus. Da ich auch für andere da sein, als Beschützerin geliebt und als Vorkämpferin (es gab einige Vorreiterinnen) verehrt, auch brav und fleißig sein wollte, um Anerkennung zu erhalten, wurde aus einer Rolle eine weitere Rolle. Manche nannten mich schon „Tante Moni". Ich war mir dadurch nun auch in der „seelischen Urlaubsrolle" wieder etwas fremd geworden. Doch wem wurde ich zum Fremdling? Meinem Wesenskern. Meinem Selbst. Es war mein Ego, das um Liebe und Anerkennung rang wie ein vernachlässigtes Kind.

Das sollten andere natürlich nicht erkennen. Daher schlüpfte ich in die zwei extremen Rollen „Centurio" und „Monique Dumont". „Centurio" wollte stärker als alle anderen sein. In seiner Angst vor Unterlegenheit versuchte er, so mächtig wie möglich zu werden. „Monique Dumont" war der Versuch eines Ausgleichs. Sie gab die Macht des „Centurio" mehr oder weniger wieder auf. Unter den Masken des starken Aufopfernden und der mildtätigen Schönen blieb mein nach Liebe ringendes Ego den meisten Menschen verborgen.

Bin ich heute anders? Ja und Nein. Ich bin nach wie vor eine Rebellin, die sich auch für andere einsetzt und sich freut, wenn sie aufblühen. Doch das Wollen ist weg. Es geschieht einfach. Solange das Wollen nicht abgestellt ist, findet das Ego – sprich das einseitige Denken – immer wieder neue Wege, um die Kontrolle zu übernehmen. Mein Ego war seinem Tod zu dieser Zeit schon sehr nahe, gewann aber kurz wieder die Oberhand. Es war alles okay so, wie es war. Und doch musste sich etwas ändern. Die Rollen „mussten" verschmelzen. Der weiter unten beschriebene Weg zum Erwachen des Tigers war ein schmerzhafter und steiniger Weg. Es gab keinen anderen Weg für mich. Er musste beschritten werden.

Schwan mit Butler

Abgesehen von einigen sehr schönen gemeinsamen Anima-Erlebnissen war daheim schon lange nähelose Nähe an der Tagesordnung, als ich mich Hals über Kopf in eine andere Frau verliebte. Magdalena und ich kamen uns sehr nahe. In ihrem gebärfreudigen Becken zu versinken, war, als ob ich mich mit dem Leben selbst verbunden hätte. Ihr Wunsch nach einem Kind von mir war keine leere Phrase. Er war bei jeder Berührung zu spüren. Emotional war ich längst bei ihr. Die Zeit schien diesmal reif, mich von Freya zu trennen. Ganz tief drinnen liebte ich Freya immer noch. Insofern war ich hin und her gerissen zwischen einer frischen, unbeschwerten Liebe zu Magdalena und der mit einer tieferen Verbundenheit gepaarten, zwanghaften Beziehung zu Freya. Dieser innere Konflikt tat fürchterlich weh. Ich dachte hin. Ich dachte her. Schließlich sagte mir mein Herz, dass ich die alten Bande brechen musste. Als ich Freya meinen Trennungswunsch sehr eindringlich näher brachte, berichtete ich ihr über jeden Seitensprung.

Diesmal verzweifelte sie nicht. Sie nahm jede „Schuld" auf sich und meinte nur: „Was habe ich nur mit dir gemacht, dass ein ursprünglich treuer Mensch wie du aus Verzweiflung sein Glück bei anderen Frauen sucht?" Es klang ehrlich. Ich war überzeugt von ihrer Aufrichtigkeit, machte aber trotzdem Schluss. Für immerhin drei Stunden. Denn auf einmal stand wieder diese starke und selbstbewusste Wikingerin vor mir, die ich inzwischen elf Jahre lang vermisst hatte. Wir kamen uns wieder sehr viel näher und nach zwei superinnigen Wochen in Irland beschlossen wir zu heiraten. Die irischen Ringe mit keltischem Muster organisierte ich heimlich.

Eine alte norwegische Holzkirche wurde zum romantischen Ort unserer Trauung. Zwei Tage vor der Hochzeit wollte ich abhauen, weil ich dem ganzen Spiel doch nicht ganz traute. Bei uns beiden flackerten nämlich wieder die Flammen alter Verhaltensmuster auf. Trotzdem hab ich mich getraut, mich zu trauen. Schließlich wollte ich doch endlich verheiratet sein und nach so vielen Jahren auch amtlich von „meiner Frau" sprechen können. Rund um uns wurde geschwängert, geboren und geheiratet. Ich teilte die Freude, tief drinnen beneidete ich sie. „Vielleicht wird ja doch noch alles gut!", hoffte ich. Außerdem waren inzwischen Mama und Freunde aus Österreich unterwegs nach Norwegen. Als Freya dann vor mir stand, hatte ich Tränen in den Augen. Was für ein Anblick, als ihre Stoppellocken auf das weiße Kleid fielen und sie strahlte wie die Sonne selbst. Aber strahlte sie mich an?

Oder war ich eher ein Komparse an dem von ihr und ihren Eltern inszenierten Tag? Einerseits war die Liebe zur Frau in Weiß da und die Freude an ihrem Anblick. Zu spüren war auch ihre eigene Freude daran, wie sie sich selbst an ihrem großen Tag geben und fühlen durfte. Ja, ihr großer Tag. Nicht umsonst hieß es: „Here comes the bride! – Hier kommt die Braut!" Sie strahlte wie ein weißer Schwan, herausgeputzt wie nie zuvor. Ich stand daneben wie der Butler im Pinguinkostüm. Eingeengt, schlicht, schwarz und deutlich weniger im Rampenlicht als die Dame. Alle Anwesenden waren begeistert von ihrem Auftritt und sichtlich erfreut, dass ich auch dabei war. Es fehlte nur noch, dass man mir nach dem Ja-Wort die Rechnung fürs Zeremoniell aufs Silbertablett gelegt hätte mit den Worten „Anton, Sie dürfen sich entfernen!"

War das unser gemeinsamer großer Tag, so wie ich ihn mir vorgestellt hatte? War er jenes Ereignis, das man als harmonisch romantisches

Ritual zur Bekundung der Einheit zweier Menschen auf gleicher Ebene – zweier sich liebender Seelen – in Erinnerung behalten wird? Nein. Bereits die Verschiedenartigkeit der Kostüme der Aufführung stellte ein deutliches Ungleichgewicht dar. Und das mir, wo ich als Wochenendfrau „Monique Dumont" genau wusste, wie ich meine Reize durch Frisur, Make-up, Kleidung und Stöckelschuhe bewusst in Szene setzen konnte. Am Tag der Verehelichung übertraf Freya mich zu ihrer Freud und meinem Leid in punkto Styling und Auftritt um ein Vielfaches. Wie gesagt, war es ihr vom Herzen her vergönnt. Ich fühlte mich aber auch benachteiligt, denn der skeptische Verstand stellte rasch die Fakten fest: Es war ihr Tag.

Hinter den Kulissen

Bereits die Nomenklatur zeigt die Hierarchie an diesem besonderen Tag. Erst kommt die Braut, dann das Anhängsel der Braut, der „Briutegome".[1] Etwa im 16. Jahrhundert verstand man unter dem gemeingermanischen Wort „Bruit" die Verlobte. Der Bruitegome war sohin der „Gome" der Verlobten, d.h. der Mann der Verlobten. Die ansonsten vorherrschende patriarchalische Geschlechterhierarchie mit eindeutig männlichem Primat wurde offenbar in der Zeit der Eheanbahnung und –schließung zugunsten der Frau abgeändert, ja sogar ins Gegenteil verkehrt. Für einen Tag. Eventuell, um ihr den Übertritt von der untergeordneten Rolle im Vaterhaus zu jener beim nächsten Versorger zu versüßen. Historisch gesehen, ist es absolut verständlich, dass sie ihre „Unbeflecktheit" und Schönheit zur Schau stellen musste, war die Ehe doch lange Zeit die einzige Möglichkeit für Frauen, sich vom Elternhaus und der wirtschaftlichen Abhängigkeit vom Vater abzunabeln. Dafür musste sie sich materiell und sehr lange auch rechtlich vom nächsten Mann abhängig machen. Dieser Mann ist im Gegensatz zu ihr schlicht und schwarz gekleidet. Seine gepolsterte Schulterbreite steht für Stärke und Macht. Sein Anzug soll auf Frauen genauso anziehend wirken, wie die Arbeitskleidung von Soldaten, Richtern, Priestern und Politikern. Damit er sie sich als jenes Juwel einprägt, gegenüber dem es sich ab nun treu und fürsorglich zu verhalten gilt, übernimmt er den rausgeputzten Schwan vom stolzen Schwiegerpapa und führt ihn – den Schwan natürlich[2] – vor den Altar.

1 Vgl. Duden - Herkunftswörterbuch (2006), S. 110
2 Nicht den künftigen Schwiegervater; das Rechtsinstitut der Ehe war und ist bis heute in Österreich gleichgeschlechtlich Liebenden nicht zugänglich.

Dort werden beide vom nächsten Mann (Priester) im Namen eines weiteren Mannes („Gott" mit männlichen Attributen) in den Stand der Ehe versetzt.

Auch wenn heutzutage sehr viele Ehen nur standesamtlich getraut werden, setzt sich die rituelle Tradition doch fort. Das äußere Erscheinungsbild bei der Hochzeit könnte nicht unterschiedlicher und konstruierter sein. Bereits formell sind Mann und Frau auseinanderdividiert.

Im Alltag sieht es – auch im Hinblick auf das äußere Erscheinungsbild – nicht viel anders aus. Schon als Kind beobachtete ich Pärchen in entgegenkommenden Automobilen. Die darin befindlichen Menschen boten mir zu ca. 90 Prozent folgendes Bild: Das höhere und breitere Männchen mit Kurzhaarschnitt und einfärbig schlichtem Oberteil steuert den Wagen, das Weibchen am Beifahrersitz trägt die Haare lang und gefärbt, ist geschminkt und verspielter gekleidet. Nicht selten schminkt frau (die Frau) sich im Wagen, wozu der kleine Spiegel vor ihr ja angebracht wurde. Er hat die Ellbogen aufgestützt und seine Bewegungen wirken roboterhaft zackig. Ihre runderen Bewegungen wirken anmutiger. Wenn er brüllt, besänftigt sie ihn. Seinen Glauben, mehr als seinen Wagen zu lenken, entlarvte ich durch Beobachtung als Täuschung. In Wahrheit ist sie weit mächtiger als er, und er merkt es wahrscheinlich gar nicht. Wenig am Beobachteten ist natürlich. Das war damals schon sonnenklar. Sie trägt zwar Röcke, hat aber im Innenverhältnis der Beziehung nicht selten die Hosen an. Unendlich viele Männer büßen heutzutage ab, was Frauen von anderen Männern über Jahrtausende angetan wurde. Hier sagte ich wieder einmal: „Falsch verbunden, nicht mit mir!" Wahrscheinlich tauschte ich hauptsächlich deswegen mein Auto gegen High Heels und meine Hose gegen den Rock. Der ist ohnehin bequemer und drückte nicht im Schritt. Schon deshalb wäre es nur logisch, wenn Männer eher Röcke und Frauen eher Hosen tragen würden. Mit Logik hat Unnatürlichkeit allerdings nicht viel gemein.

Werfen wir doch einen Blick in die Natur, um zu sehen, welche Tiere am schönsten „geschmückt" sind. Im großen Garten vorm Hof gab es vom Äußeren her nur geringfügige Unterschiede zwischen männlichen und weiblichen Tieren. Oft sind die Männchen sogar farbenprächtiger als die Weibchen. Bei meinen Kumpels, den Hunden, braucht es den Blick in untere Regionen, um überhaupt eine geschlechtliche Zuordnung treffen zu können. Beim Löwen hat das Männchen die prächtige Mähne und liegt obendrein meist als fauler Wächter herum, während die Weibchen jagen und die Jungen groß ziehen. Herr Pfau hat das farbenprächtigste Rad in der Natur, während sie neben ihm farblich verblasst. Bei den Enten sind die Erpel bunt und die Weibchen eher unscheinbar. Und so weiter. Wie sieht es bei uns Menschen aus? Er hat sich grundsätzlich seine Mähne (Bart) zu rasieren und das Kopfhaar kurz zu tragen, während sie es meist lang trägt und blöd angesprochen wird, wenn sie erste graue Haare nicht abdeckt oder ungeschminkt daherkommt. Zwänge über Zwänge. Superüberdrübernatürlich oder doch künstlich?

„Wo steht also die Fabrik, in der Frauen und Männer gemacht werden?", fragte ich mich. Faktisch sind die Fabriken der Industrialisierungsepoche der Hauptgrund für die geschlechterbezogene Einengung in der Bekleidungswahl. Davor gab es Zeiten, in denen man sich, zumindest bei Hofe, unabhängig vom Geschlecht schminkte und mit Kleidung schmückte.

Was ich in jungen Jahren wahrnahm, bestätigte später die Literatur. Es steckt System in der praktischen, schlichten äußeren Erscheinung des Mannes, die wie beim Militär Respekt einflößen und auch zivile Hierarchien aufrechterhalten soll. Die Frau als Objekt der Weichheit und Erotik ist wie ein Magnet der Blicke gestylt, auf das er wisse, wofür er sich tagsüber abrackere und wem er nachzulaufen habe. Oft hält die äußere Hülle der Damenwelt aber nicht, was sie verspricht. Wie denn auch, wo die Frau unzählige Generationen lang unterdrückt wurde und inzwischen in Beruf und Haushalt gleichzeitig robotet. Eine besonders treffende, bereits erörterte Formulierung ist folgende: Die abstrakte Gleichheit bei gleichhaltig ökonomischer und sexueller Ungleichheit hat einen normativen Einheitslook verordnet, der auf das Sein des Mannes und den Schein der Frau rekurriert.[1]

Sollte ich noch einmal heiraten, dann gehen wir beide in Weiß oder beide in Schwarz, beide im Kleid oder, was viel unwahrscheinlicher ist, beide im Hosenanzug. Jedenfalls werden wir im Partnerlook sein …

1 Vgl. *Susanne Benedek und Adolphe Binder*, Von tanzenden Kleidern und sprechenden Leibern – Crossdressing als Auflösung der Geschlechterpolarität? (1996), S.16; siehe auch Kapitel „Kleider machen Leute" (*„Hinter den Kulissen"*)

ERWACHEN DES TIGERS

Seelenheil ist geil

Von wenigen Glanzlichtern abgesehen, ging eine frustrierende Lebensgemeinschaft in eine eheliche Vereinsamung über. In einem Brief an Freya schrieb ich damals von einer „Ein-Mann-Ehe mit weiblichem Beiwagen“. Und so streckte ich wieder einmal meine Fühler aus. Kurz leuchtete ein neuer Nordstern in meinem Leben auf. Benita schrieb mich aufgrund meiner Internetpräsenz an, und es funkte sogar über die Tastatur. Selbst über das Kaltmedium PC war etwas Besonderes zu spüren. Es passierten „seltsame Dinge“. So lief ich eines Tages im Wienerwald herum, sammelte die Sonnenstrahlen vom laubgefleckten Boden, formte sie zu einer Kugel und schoss sie in hohem Bogen nach Hamburg. Nachdem ich geduscht hatte, rief mich Benita an und meinte: „Gell, du hast gerade an mich gedacht. Eben kam eine Freundin zu Besuch und stellte mir eine Packung ‚Wiener Melange‘ auf den Tisch. Sofort musste ich an dich denken!“ Nie zuvor hatte ihr jemand eine Packung Kaffee geschenkt, meinte sie. Persönlich begegneten wir uns nur dreimal. Es gab keinen Sex zwischen uns, aber wir hatten ähnliche erotische Träume und Visionen. Eines unserer Lieblingsbilder war, dass wir gemeinsam im weißen Kleidchen barfuss den Sandstrand entlang spazieren und die Sterne beobachten. Einer ihrer Träume war, dass ein bunter Ritter mit langen lackierten Nägeln angeritten kommen würde, um sie aus ihrem Turm zu befreien. Ich habe es versucht, war jedoch zu stürmisch für sie. Wir blieben aber in guter Verbindung. Benita war ein Auslöser für mein Beschreiten innerer Wege zu einer „besseren“ Partnerschaft.

Mit meinem Freund Mario saß ich viele Male zusammen. Gelegentlich klagten wir über unser Leid, eine leidenschaftslose Beziehung zu führen. Er hatte ein Gespür für Menschen und war in meinen Augen so etwas wie ein Medium. An einem sonnigen Septembertag waren wir lange in der Natur unterwegs, und als es Abend wurde, kehrten wir auf viele Gläser Bier ein. Wie es halt so zugeht, wenn Kumpels einen heben, füllte ein enormes Gemeinschaftsgefühl den Raum. Es wurde still. Plötzlich nahm er seinen Blick aus der universellen Röhre, schaute mich an und meinte: „Von Benita könntest du viel lernen. Vergiss sie. In einem halben Jahr wirst du eine dunkle Frau treffen. Sie wird das schwarze Gegenstück zu dir sein. Was ist dann nur mit der armen Freya?" Er war felsenfest davon überzeugt, dass diese dunkle Lady in mein Leben treten würde. Hatte er etwa mein Stossgebet zum Himmel erspürt, in dem ich Wochen zuvor um eine „selbständige, dunkelhaarige, geile Frau" gebeten hatte? Erzählt habe ich jedenfalls niemandem davon.

Constanze ist eine langjährige, sehende Freundin. Zwar ist sie organisch gesehen blind, dafür sieht ihr inneres Auge, was für viele von uns im Verborgenen liegt. Beruflich ist sie Lebens- und Sozialberaterin und Coachin. In einigen ihrer Radiosendungen durfte ich als durchgeknallter „Radiopsychologe Dr. Dr. Seltsam" mitwirken. Auf anfangs spaßige, aber dann ernstere Weise erörterten Constanze und ich Phänomene des zwischenmenschlichen Zusammenseins. Es dauerte Jahre, bis ich endlich ihrer eindringlichen Aufforderung folgte, selbst die Lebensberatungsausbildung zu absolvieren. Das sei genau mein Ding, war sie überzeugt. Es war vor allem das Wort „Beratung", das mich abhielt. Faktisch hat die Tätigkeit der Lebensberater aber so gut wie nichts mit Beratung im herkömmlichen Sinne zu tun, sondern mit der Anwendung einer Bandbreite psychotherapeutischer Methoden, NLP und anderer Tools.

In verschiedenen psychosozialen Ausbildungen vertiefte ich, wieder berufsbegleitend, was ich ohnehin schon als Begabung mit auf den Weg bekam: empathisches, intuitives, sprachliches und gemeinsames Freilegen des inneren Lösungswegs der Klientinnen. Dazu ist es erforderlich, seine eigenen Macken zu kennen und einigermaßen im Griff zu haben. Schließlich ist es ein absolutes Tabu, sein eigenes Problem dem anderen aufzubinden und Rat-Schläge zu erteilen, die vielleicht für 95 Prozent der Bevölkerung „richtig" sein können, im konkreten Fall aber eventuell vollkommen destruktiv wirken. Bevor man sich einem Menschen so individuell und konkret wie möglich nähern kann, um die letzte Verantwortung bei ihm zu belassen, sollte man also erst sich und seinem inneren Selbst genügend Zeit widmen.

Ich traf die beste Entscheidung meines Lebens. Die begleitende Selbsterfahrung war genau das, was mir damals gut tat. Da gab es so manche gruppendynamische Hochs und Tiefs vom Sonnenschein bis zum alles niederwalzenden Orkan. Auf diesbezügliche Details mag und darf ich nicht eingehen, weil ich zur Verschwiegenheit verpflichtet bin. Was ich über mich angeben kann, ist, dass ich den Entschluss fasste, mit jenem Bravsein aufzuhören, das mich an Freya band. Dabei half mir die Beobachtung des Umstands, dass es vielen „geilen Weibern" gar nicht um mich persönlich, sondern darum ging, das Alphatierchen Toni zu kriegen und die Mitbewerberinnen im Konkurrenzkampf auszustechen. Das hat mit Liebe freilich wenig zu tun.

Die Ausbildungsleiterin schenkte mir schon im zweiten Modul ihr inneres Bild, ich sei als Kind zwischen den Eltern gestanden und habe deshalb als Soldat Frieden für die anderen bringen wollen. Ihre Beschreibung war stimmig für mich. Eventuell sieht es so in vielen Menschen, wie auch Hitler, Bush und Konsorten aus. Der Grundsatz machte sich in mir breit, Streitparteien sich austoben zu lassen und anschließend beim Versorgen der Wunden behilflich zu sein. Ich durfte erkennen, dass ich nicht immer und überall die Führung übernehmen muss, sondern einfach die Dinge laufen lassen kann. Privat folgte daher eine noch intensivere Hinwendung zu östlichen Meditationstechniken.

Im Speziellen praktizierte ich für eine Weile mit einer Gruppe lieber Menschen Zazen, eine zen-buddhistische Sitzmeditation. Ich verließ sie, weil ich mir hinsichtlich der Kleidung keine Vorschriften machen ließ. Jetzt wandelte ich in meiner Frei- und Ausbildungszeit endlich mit lackierten Nägeln, Röcken und androgyn soften Oberteilen umher und sollte mir vorschreiben lassen, dass ich anlässlich eines Besuchs irgendeines fernöstlichen Zen-Meisters (also einen der oberen Zen-tausend) dunkel gekleidet und mit Hosen erscheinen soll. Mein Argument wurde nicht verstanden, demzufolge ein Erleuchteter oder Halbbestrahlter hätte erkennen müssen, wer ich in meinem Innersten bin und es daher Teil meines Wesens ist, mich gewissen Konventionen nicht zu beugen. Wie im Osten so im Westen: Aus Buddhas Lehre wird ein hierarchischer Zirkus für Affengeister veranstaltet. Wieder einmal war ich „falsch verbunden" und ging in aller Freundlichkeit einen weiteren Schritt in meine Richtung. Die heiß geliebten Nägel ließ ich mir im Nagelstudio mit Acryl oder Gel und in french manicure überziehen. So konnte ich sie entweder ohne Aufwand mit weißen Spitzen tragen oder lackieren.

Kurz bevor ich ins Ministerium fuhr, kam die Farbe runter und wurden die schon längeren Nägel mit einem matten Lack angestrichen, also getarnt. Fertig. Ohrlöcher ließ ich mir auch stechen.

Das Kahlrasieren meines Schädels erfuhr ein wehes Ende, damit die starken, dichten, dunklen Haare gemäß der Natur und meinem inneren Bild wachsen konnten. Sie sind schließlich auch meine Antennen und Rezeptoren feinstofflicher Energie. Zuvor war es ganz selbstverständlich für mich gewesen, die Haare beim Heer kurz geschoren zu tragen. Dafür hatte ich einen halben Anfall bekommen, wenn Freya es gewagt hatte, ihre tollen langen Haare etwas zu kürzen. Ein klassischer Fall von Übertragung eigener Wünsche auf die Partnerin war das. Nie wieder wollte ich mir von irgendjemand sagen lassen, wie ich mit meinem Haarschmuck umzugehen habe. Haare sind für mich auch Ausdruck meiner persönlichen Freiheit, Erotik und Stärke. Anfangs „musste" ich mir von einigen Leuten ganz schön was anhören.

„Ungefragter Rat ist verdächtig", meint Linda Deslauriers und fragt, warum manche Ratgeber das Aussehen unserer Haare nicht ertragen. Sie stellt der Leserin eine interessante Frage: „Bedroht Ihre Individualität die Scheinharmonie der Beziehung oder Gruppe?" Ich würde sie zweifelsfrei mit „Ja!" beantworten. Deslauriers Darstellung zeigt, dass Haare symbolhaft für vieles stehen, das man uns nicht vergönnt: „Haare hängen mit der Psyche, dem Selbstwertgefühl, dem Selbstfindungsprozess, dem Lebensstil, der politischen Einstellung, dem religiösen Glauben und dem Ausdruck der Individualität und Lebensenergie zusammen. Durch Haare erleben wir Berührung und emotionale Verletzbarkeit."[1] An der Bandbreite der Phänomene des menschlichen Daseins, für die unsere Haare quasi eine Individualitätsskala darstellen können, erkennen wir, was es mit dem sozialen Druck zum Haareschneiden wirklich auf sich hat. Wer unsere Haare geschnitten sehen will, möchte unsere Freiheit des Selbstausdrucks einschränken, uns seelisch beschneiden.

Dadurch, dass sich mein inneres Bild noch deutlicher im äußeren Bereich manifestierte, wurden meine Haare auch ein sichtbares äußeres Zeichen der inneren Verschmelzung von Wesensanteilen beider Masken („Centurio" und „Monique Dumont") zu einem Ich, das auch immer deutlicher mit dem Selbst eins wurde. Einen wesentlichen Beitrag dazu leistete das furiose Wirken der „prophezeiten dunklen Frau".

1 *Linda Deslauriers,* Haare im Licht – Schönes strahlendes Selbst (2004), insb. S. 92 und 107

Dunkle Frau

Ohne Krimi geht die Mimi nie ins Bett
Bill Ramsey

Mit diesem Krimi würde ich mich jetzt an deiner Stelle nicht unbedingt zu Bett begeben. Ich erzähle ihn, weil ich ohne eine gewisse „Spionagegeschichte“ nicht mit Carina ins Bett gestiegen wäre. Das hätte mir zwar eine Badewanne voll Tränen und die seelischen Badezusatztropfen des Wahnsinns erspart, ausgelöst durch die dunkle Lady drang ich aber in die unendlichen Weiten meiner Seele ein. Oft macht uns stark, was uns erst einmal schwächt. Mitten im chaotischen Manipulationssumpf einer halbwahnsinnigen und verlogenen Prostituierten, Familiendomina und „Spionin“ wünschte ich mir erstmals meinen physischen Tod. Was tatsächlich starb, war mein Wollen. Ob man nun glauben möchte, dass Mario tatsächlich exakt diese Person „prophezeite“ oder nicht, Fakt ist, dass dieses dunkle Wesen tatsächlich sechs Monate später in mein Leben sauste wie ein Hurrikan mit Stärke fünf.[1] Kein Stein blieb auf dem anderen – weder im positiven noch im negativen Sinne.

In einem psychotherapieähnlichen Ausbildungsmodul lernte ich den Bruder jenes Mannes kennen, den ich während meiner Gerichtspraxis in einer geschlossenen Anstalt gesehen hatte. Meine Eindrücke über den „halben Satan“, der seelische Verantwortung für „9/11“ übernahm, bestätigten sich. Das war schon einmal ein sehr mystischer Einstieg. Doch dann kam es ganz dick. In einer Vorstellungsrunde saß Carina vis-à-vis von mir. Die stolze und gleichzeitig sexy Art, wie sie über ihr Leben, ihren dreifachen Weltmeistertitel in rhythmischer Sportgymnastik und die Tätigkeit als Domina sprach, weckte mein geistiges Interesse, wenngleich mich die Disharmonie ihrer Stimme etwas irritierte. Diese Verführung in Person war geschminkt wie ich am Wochenende, trug enge Hosen und High Heels. Ihre Silikonbags[2] drohten aus der Bluse zu kippen, und das Rot ihrer langen Nägel brachte beinahe meine Festplatte zum Schmelzen. Ich hatte gelernt, durchzuatmen und meine Peitsche nicht zu ignorieren. Wenn man zum Weibe geht, soll man ja die Peitsche nicht vergessen, meinte Friedrich Nietzsche.[3]

1 Fünf ist die höchste Kategorie und steht für Verwüstung
2 Airbags waren es ja nicht.
3 Der Spruch lautet im Original: *„Gieb mir, Weib, deine kleine Wahrheit“* sagte ich. Und also sprach das alte Weiblein*: Du gehst zu Frauen? Vergiss die Peitsche nicht!“ – Friedrich Nietzsche*, Also sprach Zarathustra - Ein Buch für Alle und Keinen (1883–1885)

Als Muttersöhnchen verkannte er allerdings, dass mit der Peitsche kein Prügelwerkzeug gemeint sein sollte, sondern, dass sie für die sexuelle Abhängigkeit des Mannes von der Frau steht. In diesem Fall wollte ich auch Carinas Arbeitsgerät nicht aus den Augen lassen. Mit SM hatte und habe ich ja nix am Hut. Ich wollte keine Beziehung mit ihr. Soweit der Vorsatz. Sie hatte gut zugehört, als ich über meine Partnerschaft erzählte, die ausnahmsweise einmal ein kurzes Hoch erlebte. Romantisch plauderte ich über meine Sehnsucht nach Verschmelzung mit Freya, den unerfüllten Kinderwunsch und die Vereinigung zwischen „Monique Dumont" und „Centurio". Ich spürte, wie sie sich meine Worte hineinzog wie die Biene den Nektar einer fällig gewordenen Blüte.

Bereits am nächsten Abend kam unter vielen anderen folgendes SMS von ihr: „Ich denke, dass wir nahezu perfekt zusammen passen, aber ich würde mich NIEMALS in deine Beziehung einmischen, und noch weniger möchte ich, dass deine Frau wegen mir unglücklich wird. Es ist schön, dass ihr euch ergänzt, hoffentlich geht es nicht nur auf deine Rechnung (das Gefühl habe ich leider). Wir brauchen nicht enge Freunde zu werden – wir sind sowieso Seelengeschwister. Da bin ich mir ganz sicher, aber du spürst es bestimmt auch." Damit nicht genug. Als ich diese richtige, einseitige und überaus manipulative Analyse nicht hinnehmen wollte, schrieb sie noch: „Das, was dir an ihr gefällt, ist ihre Unschuld und die bedingungslose Liebe, die sie dir schenkt. Du genießt ihre Abhängigkeit von dir, obwohl es für dich manchmal anstrengend ist, aber das nimmst du in Kauf. Der Zorn resultiert daraus, dass dir trotzdem die Erfüllung fehlt. Und dir ist bewusst, dass du sie mit deiner Frau nicht erleben würdest." Es war absolut richtig, was sie schrieb. Nach einem langen Telefonat träumte ich von ihr und einem tiefen Sumpf, der mit blitzenden Schlangen und ekelhaften kleinen Ungeheuern gefüllt war. Ich stieg hinein, köpfte die Kreaturen und kam heil am anderen Ufer an. Als ich ihr den Traum erzählte, analysierte die „Herrin" auch ihn: „Du hast Angst vor Veränderungen in deinem Leben!" Auch hier hatte sie Recht. Zum Teil.
Kurz darauf stand sie vor mir und killte ihre weiblichen Konkurrentinnen mit dem schallgedämpften Liebescolt: „Ich liebe dich und will eine Beziehung mit dir, möchte mich aber nicht auf die Konkurrenz mit den anderen Frauen einlassen!" Es schmeichelte mir sehr, wie dieses Teufelsweib um mich warb. Dennoch spürte ich, dass die extreme Zielgerichtetheit wenig Platz für langsame, zärtliche Annäherung und Liebe ließ. Ich wies sie ab. Zweite Prüfung bestanden.

Wenig später stand sie in Tränen vor mir und ersuchte mich, sich bei mir ausweinen zu dürfen. Sie nahm auf mir Platz und kuschelte sich in mich hinein wie in eine Couch. Eine Tränenlawine drang in mich ein und erzählte mir, wie hart das Doppelleben als Mutter in einem Bundesland, als Domina in einem anderen und als allgegenwärtige Spionin sei. Vernähungen der Vorhaut, Extrempeitschungen, mit Wasser auf Kokosnussgröße aufgespritzte Hoden, durchstochene Brustwarzen, Fäkalienspiele und vieles mehr habe sie machen müssen, um einem Kind das Leben zu retten. Sie hätte viel Geld verdienen müssen, weil ihr in Wahrheit homosexueller Mann sie im Stich ließ und sie alleine Flug, Aufenthalt und operative Tätigkeit eines amerikanischen Ärzteteams nebst Krankenschwestern nach bzw. in Österreich finanzieren hätte müssen. Von nicht näher definierbaren Personen würde sie mit Gewalt zu verdeckten Ermittlungstätigkeiten im Drogen- und Prostitutionsmilieu gezwungen werden. Als sogenannter Agent provocateur[1] wäre sie schon einmal von Verbrechern zwei Tage in einem Sarg eingesperrt worden.

Das war jetzt einmal die Spitze des Eisbergs, die zur Anschauung ausreichen dürfte. Was sollte ich davon halten? Ihre Tränen ergriffen mich zutiefst. Sie wirkten echt, die Spionagesache allerdings nicht. Mein Gefühl und auch der Kopf sagten teilweise „Falsch!". Der andere Teil in mir war irgendwie verliebt und wollte den stolzen Retter spielen. Und an den hatte sie erfolgreich appelliert. Prüfung nicht bestanden. Wir kamen uns sehr nahe. Ich ließ sie ja im Moment ihrer Selbstöffnung voll in mich rein. Die Liebe und der Wahnsinn hatten mich beim Schopf gepackt und in eine tiefe Höhle gezogen. Gegenüber Freya, Mama und meinem „wahrsagenden" Freund Mario machte ich kein Geheimnis daraus, wen ich da kennengelernt hatte. Eines Abends schilderte ich Freya gegenüber, dass ich mich von Carina manipuliert fühlte. Doch die inneren Warnstimmen wurden immer leiser.

Der zweitwichtigste Trumpf im Kartenspiel der dunklen Herrin sollte nun ausgespielt werden. Es folgte wieder einmal jenes sexuelle Buffet, das daheim meist geschlossen war. Carina wusste, wie sie ihre Reize und Fähigkeiten einsetzen musste, um jemanden zu erobern. Ich schreibe absichtlich von Fähigkeiten, weil von wirklichem Liebemachen kaum die Rede sein konnte. Ich machte „Liebe" mit einer Frau, die im Job ihre Seele verkaufte. Den beim Sex weg gedrehten Kopf kannte ich schon als

1 Agent provocateur: eine Person, deren Aufgabe es ist, jemanden zu einer gesetzeswidrigen Handlung zu provozieren; Beispiel: Drogenkauf im Rahmen einer verdeckten Ermittlung in Zusammenarbeit mit der Polizei

junger Mann von einer Hure, die nicht geküsst werden wollte. In diesem Punkt eroberte ich sie schließlich, bis sie sich auch mir öffnete. Ich war verwirrt, liebte Freya immer noch, wusste aber innerlich, dass Carina ein von mir zu beschreitender Pfad war. Ich war ihr bereits verfallen. Ob du es nun glaubst oder nicht, ich hatte faktisch keine Wahl. Wie ich bereits angedeutet habe, gab es Brücken im Fluss meines Lebens, die ich trotz besseren Wissens, trotz aller richtigen Beurteilungen überqueren musste. Ich holte mir sogar noch „Hilfe" von außen, indem ich Mario bat, mir als Freund unverblümt seine Meinung zu sagen. Immerhin hatte er sie ja gesehen. Das nicht nur in seiner Vision, sondern auch in einem Sexkontaktmagazin. Er war begeistert von ihrer Optik und „verhörte" sie stundenlang. „Sie ist voll okay!", meinte er. Hellgrünes Licht für mich auf der Liebesampel. Daheim wurde ich immer aggressiver, konnte Freya nicht mehr riechen, schmecken oder sehen. Das waren sicher harte Bandagen auf den Wunden des skandinavischen Windes, der von einem östlichen Orkan weggeblasen wurde wie eine Seifenblase. Ich kämpfte mit mir und verlor. Zwetschgengroße Hämorrhoiden als körperliches Signal der Unentschlossenheit verschafften mir etwas Auszeit. Als ich mich für Carina entschied, waren sie binnen kürzester Zeit abgeschwollen. Meine einzige Bedingung war der sofortige Ausstieg aus dem Milieu und dem ganzen anderen Mist. Sie willigte zufrieden ein, hatte aber Zweifel, ob sie wieder eine gute Mama sein könne. Ich war nun Familienzusammenführer und mehrfacher Superheld. Ich sei „wie Neo im Film Matrix, der die Menschen in die Freiheit führt", sagte sie, und das war gehauchter Balsam in den Ohren eines Menschen, der Held und König sein wollte. Errätst du den Haupttrumpf? Sie teilte mir mit, schwanger zu sein. Ich war glücklicher werdender Scheinvater, wie du sicher schon ahnst. Wir waren also zusammen. „Wie in einer Blase wirkt Ihr beiden!", hörten wir von den wenigen gemeinsamen Bekannten. Für wenige Wochen fühlte ich mich wie im Himmel neben ihr. Jeder andere Ort wurde zur Hölle. Ich wurde süchtig nach ihr.

Ich erkaufte mir die Scheidung von Freya. Wir sind in Liebe auseinander gegangen und verstanden uns zum Schluss wieder so gut wie am Anfang. Nur eben anders. Der Abschied schmerzte uns beide sehr. Schließlich dankte mir Freya aber dafür, den ersten harten Schwerthieb zur Trennung vollzogen zu haben. Auch für sie waren es harte Jahre. Am Linzer Donauufer saßen wir ein letztes Mal neben einander, unterhielten uns nett und berührten uns auf der seelischen Ebene. Obwohl sie ins Ausland ging, sollte es nicht das letzte Mal gewesen sein.

Später trafen wir uns noch einmal auf diesem seelischen Level. Alles kommt zurück im Leben. Echte Liebe kann nicht zu Hass werden. Darüber werde ich noch berichten.
Carina zog mit Kindern und Kindermädchen bei mir ein. Full house. Ab diesem Tag gab es – oh Wunder – kaum noch Intimes zwischen uns. Den „Embryo" hat sie schnell auf mysteriöse Weise verloren. Sie erzählte nun wieder von den dunklen Herren, die sie zwingen würden, als Spionin zu arbeiten. Sie wolle nicht mehr leben, teilte sie mir eines Nachts mit, weil sie „alles schon erlebt" habe. Ihre starken Kopfschmerzen, Rückenbeschwerden und Probleme mit dem warmherzigen Kindermädchen und den Kindern, die ich wie meine eigenen liebte, hielten mich zuhause ganz schön auf Trab. Hatte ich ein Problem und weinte, kam sie mit einer Analyse, anstatt mich einmal im Arm zu halten. Für Schwächen meinerseits war kein Platz in meinem Haus. Wollte ich laufen oder spazieren gehen, hörte ich schon ein dumpfes Geräusch von oben. Sie prügelte dann angeblich die Wand mit ihrem ach so schmerzenden Schädel. Kam es davon? Wieder etwas ernster: Rausgehen konnte ich also auch nicht bei einem Konflikt. Wenn ich laut wurde, hieß es: „Deine Energie tut mir nicht gut!" Nun lief ich im höllischen Hamsterrad einer völlig kranken Familiendomina. Ich fühlte mich wie der begrabene Knochen, der einst heiß begehrt wurde.

Die Hölle war aber auch außerhalb sehr heiß. Die ehemaligen „Freunde" und Nachbarn in der Siedlung sowie der väterliche Familienast mieden uns nämlich wie der Teufel das Weihwasser. Sogar meine Mutter verstand Freya als verlassene Frau, obschon ich mich schon lange emotional von meiner „Partnerin" verlassen fühlte. Keiner fragte mich, wie es mir ging. Niemand. Carina hatte ihnen allen nichts getan. Sie hatten aber „Mitleid" mit Freya und solidarisierten sich mit ihr. Das war das nordische Abschiedsgeschenk. Vermutlich wussten sie auch von Mario über Carinas ehemalige Tätigkeit im Horizontalgewerbe. Mario drehte sich wie die Fahne im Wind. Der rückgradlose „Seher" verbrüderte sich mit der „falschen Bande", wie er sie früher nannte. Da ich für ihn verloren war, weil er „nicht mehr mit meiner Entwicklung Schritt halten konnte", wie er selbst feststellte, schienen sie, die er alle durch mich kennenlernte, nun doch gut genug zu sein. So agieren Menschen, denen die Jacke näher als die Hose ist. Aber ich schenkte ihm die Ratten gerne, auch wenn mir der Verrat höllische Schmerzen bereitete. Ein bisschen Hölle mehr würde mich schon nicht umbringen. Immerhin hatte ich sie selber jahrelang bei guter Hitze gehalten.

Linz / 1972 *Fotograf: Privat*

Bad Aussee / 1975 *Fotograf: Privat*

Im Gehölz / 1981 *Fotograf: Privat*

Kirchschlag / 1993 „125 kg" *Fotograf: Freya*

Übungsplatz / 2002 *Fotograf: Privat*

Normandie / 2002 *Fotograf: Freya*

Wien / 2003 „Stöckel kaputt" *Fotograf: Esther Crapélle*

Linz / 2004 „Monique Dumont und Centurio" *Selbstauslöser: Monika Donner (Fotomontage)*

München / 2004 *Fotograf: Dalleena de Martinez*

Hamburg / 2004 „Blicker Schuhe" *Fotograf: Rüdiger G.*

Wien / 2006 „Am Himmel“
Fotograf: Manuela Berger

Linz / 2004 *Fotograf: Alexandra Jakob*

Wiener Neustadt / 2008 *Fotograf: factory point*

Vasoldsberg / 2007
„Benefizkonzert für Eichhörnchen"
Fotograf: Bettina Kolmer

Wr. Neustadt / 2009

Fotograf: factory point

Blockheide / 2012 „Monika und Jasmin" *Fotograf: Wanderer*

Bei den Verrätern handelte es sich hauptsächlich um Paare, die Scheinehen in dem Sinn führten, dass nur noch der Trauschein sie zusammenhielt. Eine Bequemlichkeit und Feigheit, die mir in einigen Gesprächen mit den männlichen Ehepartnern vermittelt wurde. Wortwörtlich hörte ich von zwei mir damals nahestehenden Männern: „Wenn die Kinder nicht wären, hätte ich mich schon längst scheiden lassen. Ich kann es mir aber nicht leisten." Carina und ich wurden somit zur Gefahr für die Scheinharmonie von Menschen mit einem Niveau, das sie glauben ließ, was in der Zeitung steht und wissen ließ, ob der Nachbar regelmäßig seinen Rasen mäht. A propos Niveau. Endlich hatte die „Familie" väterlicherseits wieder ein neues Feindbild. Wechselte die Zielscheibe ihres kleingeistigen Geschimpfes bei Vatis Tod von Mama auf seine zweite Frau, war es nun Carina, die als Sündenbock für gescheiterte Selbstwerdung herhalten durfte. Davon hörte ich aber nur mehr von weitem.
Da sämtliche Übergriffe als klassische Lehrbuchfälle der „Abwehr durch Projektion" erkannt wurden, hielt sich die Enttäuschung im erträglichen Rahmen. Abwehr durch Projektion wird auch Angstabwehr genannt. Darunter versteht man die Erlangung eigener Sicherheit, indem Macht über diejenigen ausgeübt wird, die eine meist phantasierte Sicherheitsgefährdung darstellen. Einige Leute aus meinem Umfeld hatten Angst davor, sich aus ihrer leidvollen Beziehung zu lösen und fühlten sich dadurch klein. Deshalb musste ich – über Carina – unter dem Vorwand klein gemacht werden, dass meine „Nuttenpartnerin" eine sittliche Gefahr darstellt. In Wahrheit stellten sie sich ihrer eigenen Angst nicht.

Das seit meiner Jugend rapide zunehmende emotionale und geistige Gefälle zwischen mir und der restlichen, im Kollektiv aggressiven und neidischen Sippe löste mich wie von selbst komplett von ihnen. Darüberhinaus wurde es Zeit für einen Ortswechsel, weil es Übergriffe auf eines der Kinder gab. Hohes Fieber brach aus wegen des mehrfachen Hinweises durch Nachbarskinder, die da lauteten: „Deine Mutter küsst fremde Männer!" Toll. Gegen diese Form menschlicher Feigheit und Denunzierung kann man sich nicht wehren. Erst recht nicht, wenn man nicht zu sich steht. Carina hielt ihre Vergangenheit immer streng geheim und wollte das auch so beibehalten. Das war jedoch unmöglich. Sollte das alles der Sumpf sein, den ich im Traum sah? Nicht ganz. Schon bevor Carina in mein Leben brauste, dachte ich darüber nach, wegzuziehen aus der Siedlung der Scheinheiligkeiten und Halbwahrheiten. Nun war es soweit. Wir zogen in ein anderes Bundesland. Neues Haus im Grünen, viel Arbeit, neues Glück. Denkste.

Carinas angebliche Schmerzen wurden immer schlimmer. Intimer Austausch gleich null. Sex gab es nur, indem sie mich täglich „absaugte". Verzeih die Ausdrucksweise, aber so war es. Dieser Punkt wird noch wichtig in der Fortsetzung des Krimis. Die wenige Freizeit, die ich hatte, floss wieder ins Haus und die Kinder. Ein Irrsinn, wie viele Stunden Kinder mit Hausaufgaben verbringen müssen. Was machen die eigentlich in der Schule? Zweitmama Toni wurde es zu bunt. Der Gipfel war erreicht, als sich zu Carinas „Schmerzen" auch noch eine „Zyste" am Gebärmutterhals gesellte und einen „Gebärmutterkrebs" bildete. In tiefer Sorge holte ich überall Erkundigungen ein, was man da am besten unternehmen könnte. Sie selbst unternahm wenig. Sie müsse ja wieder ermitteln, das Haus wäre verwanzt (fernmeldetechnisch) und unsere Mobiltelefone würden abgehört werden. Nachdem ich, was gut tat, beinahe komplett isoliert von meinem alten Umfeld war, trieb die Beziehungsherrin durch geschickte Lügen einen Keil zwischen Mama und mich. Jetzt war ich komplett auf mich allein gestellt. Als mir beinahe das Rohr platzte und mein Kuckuck zu wiehern begann, meldete sich Benita. Die Situation war mir plötzlich glasklar. Ich spürte wieder, was echte seelische Verbundenheit ist und sah vor geistigem Auge den Sog des Wahnsinns, in den ich langsam, aber immer tiefer geraten war. In der Meditation sammelte ich Kraft für das, was vor mir lag.

Carina kam etwas beschwipst nach Hause, während ich mit den Kindern wartete. Mein Termin platzte, weil die angebliche Ex-Domina zwei Stunden zu spät kam. Sie müsse sich nicht rechtfertigen, ich mich aber ab sofort darauf einstellen, dass sie komme und gehe, wie sie wolle. Darauf erklärte ich ihr, dass es vorbei war zwischen uns. Mit schriller, hochnäsiger Stimme entgegnete sie: „Wie es aber zu Ende geht, bestimme ich!" Sie griff zum Telefon und meinte zu ihrem Ex, den sie mir bisher als den leibhaftigen Teufel schilderte: „Du musst bezeugen, dass Toni mich und die Kinder mit Waffen bedroht!" Als ich in ihre irren Augen sah, hätte ich sie am liebsten zu Tode gewürgt wie einen psychopathischen Truthahn. Die Kraft durchströmte meinen Körper und verteilte sich in völliger Ruhe. Sofort rief ich den Notruf der Polizei und erklärte dem Beamten, dass meine künftige Ex-Partnerin gerade im Begriff war, einen Zeugen zu manipulieren. Auf meine Frage, ob das Gespräch aufgezeichnet wird, entgegnete der Polizist: „Ja. Toni, bist du es?" Ein Engel am anderen Ende der Leitung. Er bildete einst „meine" Rekruten für den Einsatz an der Grenze in den verschiedensten Anhaltetechniken aus. Wir kannten uns auch von einer Vereinigung, die sich für liberales und faires Waffenrecht einsetzte. Er wusste, wie brenzlig die Situation damals für mich als Besitzer eines Waffenpasses und mehrerer Faustfeuerwaffen war. Mit einem Schlag hätte Carina mich auf die Strasse setzen und arbeitslos machen können. „Das Arschloch legt sich gerade mit dem Falschen an!“, dachte ich und blieb zu meinem Erstaunen völlig gelassen. Der Beamte hörte noch, wie sie hysterisch mit ihrem Ex telefonierte. Ich riss ihr das Telefon aus der Hand und fragte ihn über die Freisprecheinrichtung, ob ich seiner Ansicht nach jemals die Hand oder etwas anderes gegen Carina oder die Kinder erhoben hätte und machte ihn darauf aufmerksam, dass das Telefonat mitgeschnitten wurde. Er verneinte und sprach: „Sie hat nicht alle Tassen im Schrank, weißt du!“ Von ihm sollte ich später noch so manche „Geheimnisse“ erfahren. Mit dem Polizeiengel am Telefon ging ich in den Keller, nahm Pistolenkoffer und Munitionskisten heraus und verstaute sie mit den Schwertern und allem, was nach Waffen aussehen konnte, im Wagen. Bevor ich mich auf den Weg machte, erklärte ich den Kindern, dass ich sie liebe, und zu ihrem Entsetzen auch, was ihre Mutter behauptet hatte. Mehrfach bestätigten sie, dass ich niemals gewalttätig war. Das war nicht für mich wichtig, sondern für die Kids, die ja im Strudel des schattigen Geistes ihrer Mutter verblieben. Sie sollten sich die Wahrheit bewahren dürfen. Carina teilte ich noch lässig das Strafausmaß für Verleumdung mit.[1] Mein Telefonat mit dem Wachzimmer bewirkte, dass man ihr eine Funkstreife vorbeischickte, um, wie ich mit der Polizei verabredet hatte, festzustellen, ob sie sich jemals bedroht gefühlt hätte. „Negativ!“ meldete der erstaunte Polizist, der sich einen völlig irrelevanten Monolog über Beziehungsprobleme wegen meines immer weibischer werdenden Äußeren hatte anhören müssen. Ihm entging aber nicht, dass im Haus einige Bilder hingen, auf denen Carina und ich zusammen als zwei für ein Fotoshooting aufgedonnerte Divas zu sehen waren. Auf meine Frage „Wissen Sie nun, was ich meine?“ kam die Antwort des Beamten: „Ja, alles klar!“

Der Verrat nun auch durch meine neue „Partnerin“, die mich genau so kennenlernte, wie ich war und jeden weiteren Entwicklungsschritt live erlebte, tat unsagbar weh. Ich stand nun völlig alleine da. Aber einsam war ich nicht. Es tat sehr gut, Klarheit zu haben und zu sich zu stehen. In Linz schlief ich dann bei meiner Mama. Am nächsten Tag wurden die Pistolen beim Waffenhändler hinterlegt. Wer konnte schon wissen, was der dunklen Lady noch einfallen würde.

1 Strafrahmen des § 297 StGB: 1 bis 5 Jahre Freiheitsstrafe

Völlig unschuldig rief sie mich an und fragte: „Warum hast du so überreagiert? Was ist denn los mit dir, mein Schaaatz?“ Wer die Art kennt, wie Gollum in „Herr der Ringe“ die Worte „mein Schaaatz“ ausspricht, wird verstehen, was ich erkannt hatte und lange Zeit nicht sehen wollte. Ich war ihr Eigentum, dachte sie wohl. Sie wollte nicht gehen und hatte mich für einige Momente fast wieder um den Finger gewickelt. Ja, es gibt Menschen mit solchen Fähigkeiten. Das war ja leicht, weil ich schließlich nur ungern eingestehen wollte, was ich bei der ersten Begegnung gespürt und verdrängt hatte. Versagt zu haben, gesteht man sich nur schwer ein. Meine Seele hatte mich gewarnt. Als ihr Zeit und Energie gewidmet wurden, kam meine Power zurück. Die Zeit war reif, die dominante Lügenwelt der Spionin, die mich „liebte“, etwas aufzumischen ...

Hinter den Kulissen

Na, schon erholt von der Fahrt im Gruselkarussell? In mir kamen einige alte Gefühle hoch beim Schreiben. Wenngleich sie nicht mehr dieselben wie damals sind und alles verarbeitet wurde, durchlebte ich einiges noch einmal sehr intensiv. Dazu musste ich vor dem Tippen darüber meditieren, sonst hätte ich es nicht authentisch rübergebracht. Vielleicht liest du an manchen Stellen meine Verzweiflung und meinen Zorn heraus? Ja? Gut so. Zulassen des eigenen Zorns ist ein wesentlicher Schritt, um sich emotional aus unangenehmen Verstrickungen zu lösen. Das gilt vor allem für sexuell missbrauchte Frauen, die sich oft lange mit dem Täter identifizieren, ihn bedauern und sogar in Schutz nehmen. Der Zorn bringt sie sich selbst wieder näher. Wichtig ist jedoch, nicht durch den eigenen Zorn strafffällig zu werden, sondern diese starke Energie zu transformieren, um sich geistig und real aus einer bedrückenden Situation herauszunehmen.
Über diesen sehr intensiven Lebensabschnitt könnte ich eigentlich eine Krimiserie verfassen, denn das war noch lange nicht alles. Aber das Wesentliche war enthalten. Den Teil mit den Waffen schilderte ich etwas detaillierter, weil mir einige Polizisten attestierten, dass man sich aus einer derart verquickten Sache nur schwer befreit. So manche Exekutivbeamte werden wegen solch einer Aktion unschuldig vom Dienst suspendiert. Vielleicht hilft meine Darstellung jemandem. Nun wollen wir uns aber die Hintergründe ansehen.

Für die Seele

Eine spirituelle Schocktherapie hatte ich mir da gewünscht, prophezeit bekommen und durchgemacht. Dem Träumer, der nach lichter Höhe strebt, tritt die Notwendigkeit des Eintauchens in eine dunkle Tiefe zuerst entgegen und enthüllt sich als unerlässliche Bedingung höheren Aufstiegs, erläutert C.G. Jung über die finstere, tiefe Schlucht aus dem Traum eines Theologen.[1] Die tiefe Schlucht war bei mir der tiefe Schlangensumpf, und die Schlangen symbolisierten Carinas Sexualität, die mich einfing. Durch das Köpfen der Schlangen konnte ich mich von der eigenen Sexsucht befreien (siehe Kapitel „Innere Führung"). Jener Sumpf, von dem ich träumte, musste durchquert werden. Wie gesagt, wies mir meine Seele mitsamt einer Warnung den Weg. Bis ich ihn ging, drängte mich mein Körper durch entsetzliche Schmerzen in der Popogegend auf die richtige Bahn.

Ich befand mich bereits in der von Ken Wilber beschriebenen sechsten Ebene des Denkens, dem „empfindsamen Selbst", bei dem Gefühle und Anteilnahme die kalte Rationalität überlagern. Sonst hätte ich Carina eigentlich gleich am Anfang als „Geisteskranke" von meinem Schoß schubsen und verabschieden müssen. Mit der Vollendung dieser Ebene des Denkens ist das menschliche Bewusstsein bereit für das Denken des zweiten Ranges. Damit sind die bereits erwähnten letzten beiden Ebenen des Denkens gemeint: integratives und holistisches Denken („Universelle Ordnung" und „Große Vereinigung"). Wilber zitiert Clare Graves, die den Quantensprung in das Denken zweiten Ranges als einen entscheidenden Sprung bezeichnete, mit dem ein Abgrund unglaublicher Tiefe an Bedeutung überquert wird.[2] Erst ab der Tötung der Schlangen und der Überquerung des Sumpfs konnte mein Bewusstsein zurücktreten und „das große Bild" erfassen. Soweit war es freilich noch nicht ganz. Ein bisserl Spannung wollen wir uns noch bewahren.

1 Vgl. *C.G. Jung*, Archetypen (2008), S. 22
2 Vgl. *Ken Wilber*, Integrale Psychologie (2006), S. 68.

Für den Kopf

Es trafen zwei Menschen aufeinander, die beide ein Doppelleben führten. Carina konnte und wollte ihre beiden Persönlichkeiten nicht verbinden. Ich hingegen strebte gerade diese Vereinigung an. Insofern hatte Mario schon das richtige Gespür, dass ich meinen Gegenpart treffen würde. Er hatte sogar zweifach einen Treffer gelandet. Ich wollte nämlich die Verschmelzung mit ihr, die mir aber nicht vergönnt war, weil Carina genau das nicht ertragen konnte. Brutal gesagt, trafen sich in uns auch die Extremstpositionen eines bei unbewussten Menschen sehr wahren Klischees: Versorgungsbedürfnis der Frau trifft auf Bumsbedürfnis des Mannes.

Am ehesten entsprach ich in Sachen „Liebe" mein Leben lang dem depressiven Typ und sie eher der schizoiden Persönlichkeit. Der „depressive Mensch" hat Angst vor der Selbstwerdung. Er erlebt sie als Ungeborgenheit und Isolierung. Diese Angst versuchte ich durch die extreme Bindung an einen Menschen aufzuwiegen, ja sogar zu heilen. „Liebe, Liebenwollen und Geliebtwerdenwollen ist dem depressiven Menschen das Wichtigste im Leben", weiß Fritz Riemann und beschreibt damit, was ich wollte. Während der intensivsten Zeit in meiner ganz privaten Hölle hatte ich Riemanns Werk „Grundformen der Angst" schon gelesen und die Situation rational erfasst.[1] Ich musste „nur" noch in meine innere Schatzkammer gelangen, um der Seele Zeit zum Nachkommen zu lassen. Darüber sprechen wir im nächsten Kapitel „Innere Führung". Zu tief konnte ich mich aber noch nicht in mich selbst fallen lassen, weil ich zu verkrampft war bzw. sein musste im Kampf, nicht im realen Sumpf unterzugehen. Immerhin stand meine materielle Existenz auf dem Spiel. Verkrampft war ich auch vor lauter Liebenwollen. Über seinen Krampf auf dem Weg zu sich selbst schreibt Alf Poier unter anderem, dass er mit der Person eins werden will, mit der er gerade im Bett liegt. „Wenn die Frau zum Beispiel Doris heißt, dann möchte ich auch so heißen"[2], könnte auch ein Satz von mir sein. Meine Identifikationsbereitschaft führte bis zu einer Selbstaufgabe, die mich mehr und mehr seelisch verarmte. Der positive Effekt an dieser Identifikationsbereitschaft ist, dass sie sich bis hin zur medialen Einfühlung steigern kann.[3] Es ist ja nichts Schlimmes daran, stets mit Liebe umflossen sein zu wollen. Wer es will, ist es aber nicht.

1 Vgl. *Fritz Riemann*, Grundformen der Angst (2003), insb. S. 15, 66
2 Vgl. *Alf Poier*, Mein Krampf – Ein geistiges Sterbebuch (2007), S. 71
3 Vgl. *Riemann, S. 67*

Wollen kommt vom Geist und hat daher mit dem Denken zu tun. Gewollte Liebe bezeichne ich gerne als Klammeraffenliebe. Liebe wird nicht gemacht, Liebe ist. Erst der Zustand des Nichtwollens bringt die wahre Liebe ans Tageslicht. Sie ist identisch mit dem Sein im Hier und Jetzt – mit der grenzelosen Liebe zum Dasein. Wäre ich frei vom Wollen gewesen, hätte ich auf meine Seelenstimme und ihre Warnung hören können und gleich glasklar gesehen. Da das nicht der Fall war, ich mich verliebte sowie „lieben und helfen" wollte, musste ich eben durch das Tal des Leids wieder zu mir selbst finden. Wie gesagt, gab es keinen Ausweg für mich. Insofern wäre es dumm, auf Carina länger böse zu sein.

Carina als eher schizoider Charakter erlebte ihre Angst vor der Selbsthingabe als Ich-Verlust und Abhängigkeit. Typisch für schizoide Persönlichkeiten ist die Angst vor mitmenschlicher Nähe. Menschliche Beziehungen werden von ihnen nicht selten versachlicht: „So ist für diese Menschen charakteristisch, dass sie, bei oft überdurchschnittlicher Intelligenzentwicklung, im Emotionalen zurückgeblieben wirken; das Gefühlshafte bleibt bei ihnen oft unterentwickelt, ja zuweilen verkümmert."[1] Nie werde ich vergessen, wie eines der Kinder nach der Trennung bei mir bleiben wollte und sie es sogar angeboten hätte. Wie eine Sache (Eigentum) kam auch ich mir vor. Sie wusste, wie man mit Menschen spielt, ohne sich zu sehr auf sie einzulassen. Das spürte ich intensiv, wenn ich einmal Trost gebraucht hätte. Im Kapitel „Übersteigerung des Eros" behandelt C.G. Jung Frauen, deren Mutterinstinkt sogar ausgelöscht werden kann: „Dafür tritt als Ersatz eine Übersteigerung des Eros ein, welche fast regelmäßig zu einem unbewussten Inzestverhältnis mit dem Vater führt." Ersteres kann ich bestätigen, über die unterbewusste Beziehung zu ihrem Vater möchte ich nicht mutmaßen. Vollinhaltlich deckt sich meine Wahrnehmung hinsichtlich Carinas Verhaltens mit jener Passage, in der Jung erklärt: „Ein Fall dieser Art liebt nämlich schwärmerische und sensationelle Beziehungen um ihrer selbst willen und interessiert sich für verheiratete Männer, weniger allerdings für deren eigene Wohlfahrt, als vielmehr um die Tatsache willen, dass sie verheiratet sind und darum Gelegenheit geben, eine Ehe zu zerstören, was der Hauptzweck der Übung ist. Ist dieser Zweck erreicht, so verflüchtigt sich, wegen mangelnden Mutterinstinktes, das Interesse, und ein anderer kommt an die Reihe."[2] Auch das durfte ich noch miterleben, wie du gleich lesen wirst. Wie entledigte ich mich meiner Wut?

1 Vgl. ebendort S. 20ff.
2 Vgl. *C.G. Jung*, S. 86f.

Es geschah von selbst, indem ich sie durch eine Innenschau transformierte. Diese Transformation wurde durch eine Verknüpfung fast unglaublicher Umstände, Begebenheiten und Handlungen begleitet. Da ich eine extreme Situation zu bewältigen hatte, musste auch etwas Besonderes geschehen. Hand aufs Herz, es geschah so, wie es nun beschrieben wird.

Innere Führung

Im Auge des Tigers
sind wir alle eins

Das Licht am Ende des Mastdarms meiner eigenen Schöpfung war bereits zu sehen, das schmutzigste Stück des schleimigen Pfades hatte ich bereits zurückgelegt. Meditation gab mir die innere Kraft, im absoluten Chaos erst Ruhe zu bewahren, um dann einfach zu tun, was zu tun war. Im Hier und Jetzt war keine Angst zu spüren, weshalb die Vernunft, also der Hausverstand, meinen inneren Weg im Äußeren manifestierte. Ich glitt sozusagen unter geringstem Denkaufwand durch eine bedrohliche Situation, die das Ende meiner wirtschaftlichen Existenz hätte bedeuten können, die mich unschuldig in den Knast hätte bringen können. Danach war natürlich massive Traurigkeit und Leere an der Tagesunordnung. Es war einfach nicht zu packen, was geschehen war. So ausgenutzt und verächtlich behandelt zu werden, hatte ich doch nicht verdient. Oder doch? War Carina ein böser Mensch und ich ein guter? Was habe ich getan? Habe ich sie zu sehr mit meinem Bedürfnis nach seelischer und geistiger Nähe eingeengt? Gibt es noch so etwas wie innige Liebe und Ehre auf dieser Welt?
Fragen über Fragen über Fragen, die mich keinen verdammten Zentimeter weiterbrachten. Sie brachten mich nur ans Limit meiner Denkfähigkeit. Wieder und wieder käute ich das bereits Ausgekotzte, um es wieder auszuspeien. Mein herzlicher Dank gilt an dieser Stelle all den Menschen, die sich Zeit für mich nahmen. Vor allem Mama, Harry, Constanze und Arbeitskollegin Andrea waren permanent für mich da. Sie hörten sich geduldig immer wieder dieselbe Platte an. Irgendwann reichte es mir selber. Das ganze Problem war hauptsächlich ein Problem meines Egos. Die tiefsten Wunden hat meine Seele davon getragen.

Die Wurzeln des Leids lagen im Denken eines Ichs, das unbedingt Held, Beschützer und Muttterersatz spielen musste, um geliebt zu werden. Das Wollen ging mit dem wollenden Schädel nicht weg. Wasser wird durch Wasser nicht trocken. Die Reise nach Innen wartete bereits auf mich. Ich werde sie bis auf eine Ausnahme detailliert beschreiben, obschon oder weil es eigentlich ein ungeschriebenes Gesetz ist, über diese inneren Vorgänge Stillschweigen zu bewahren. Da ich nicht auf der Welt bin, um mich an jede Regel zu halten und ich sowieso mit meiner inneren Führung eins bin, sehe ich weniger ein Problem als die Chance, Appetit auf eine individuelle innere Reise zu machen.

Hans, der formal gesehen mein Onkel, in Wahrheit aber ein Begleiter und Bruder ist, tat das Seine auf schamanische Art und Weise. Erst ließ er mich brabbeln, kotzen und fragen. Nachdem sich die Erdoberfläche etwas ruhiger zeigte, stieg ich hinab ins tiefe Erdreich. Ohne Spaten oder Bagger. Das Trommeln der Djembe[1] versetzte mich in Trance. Durch einen senkrechten erdigen Tunnel gelange ich in die Mitte einer Höhle. Es ist warm. Leichter Nebel liegt am Boden. Ich rufe mein Krafttier. Es liegt bereits zu meinen Füßen. Mit stolz erhobenem Haupt liegt ein riesiger Tiger neben mir. Ich darf ihn berühren, kraulen, mit ihm kuscheln und sogar auf ihm reiten. Dann steht er auf und stellt sich vor. Tangirra ist sein Name. Er geht im Kreis um mich herum. Wir betrachten uns gegenseitig. Sein edles braun-oranges Fell glänzt wie seine grünbraunen Augen. Was passiert jetzt? Er besitzt Flügel und breitet sie aus. „Meine Flügel treten hervor, wenn auch du deine Flügel spürst. Ich kann zu dir fliegen. Und du zu mir. Du kannst in mir sein und ich in dir", brummt er freundlich. Er betrachtet meine langen Nägel. Die „Krallen" gefallen ihm. Dann meint er aber: „Zieh dem Tiger die High Heels aus!" Außerdem fordert er mich auf, in sein Hinterteil zu greifen, um einen drückenden Gegenstand herauszuziehen. Sein Anus ist plötzlich eine Art Vagina, aus der ich ein Stück Gold ziehe. „Gib es Carina oder dem, der es braucht ... mich belastet es nur!" sagt er, bevor er mich gründlich in seinem Angriffs- und Verteidigungsstil schult. Punkt.
Auf einmal stehen wir am Ufer eines Flusses, auf dessen anderer Seite sich Carina und die Kinder befinden. Ihnen geht es gut. Die Kinder haben, was sie brauchen. Ich habe schon genug getan, durchströmt es mich von innen nach außen. Nun spüre ich sie in meinem Bauch und lasse sie heraus. Plötzlich bin ich ein riesiger Hinkelstein, um den Tangirra gewickelt ist. Jetzt schmilzt der Stein und geht im Tiger auf.

1 Djembe: mit Fell bespannte Trommel aus Afrika

„Carina ist so leer. Sie kann nicht annehmen, was ich ihr geben kann, weil sie es gar nicht braucht“, erklären wir uns, die wir nun eins sind, der geflügelte Tiger und das, was sich Ich nennt. Die Trommelschläge werden schneller und ich eile zur Erdoberfläche empor. Pause (ohne Werbung).

Die Djembe gibt jetzt das Tempo vor, mit dem ich als Ritter durch die Wolkendecke in den Himmel fliege, um meiner spirituellen Führung zu begegnen. Vor einem keltischen Altar in Kreuzform mache ich Halt. Dort lege ich Schwert und Rüstung ab. Ich bin noch auf den Knien, als die Rüstung von selbst mit meinem Körper verschmilzt und unsichtbar wird. Eine schwarze Frau in goldener Rüstung erscheint. Sie hat eine Vagina, einen Penis und zwei pechschwarze Augen. Sie ist die Vorbotin meiner spirituellen Führerin und sagt: „Wer mit diesen Augen sehen kann, hat den Tod in das Leben integriert und kann alles sehen.“ Sie fragt, ob ich als Mann oder als Frau hier bin. „Als Mann!“ antworte ich. Daraufhin will sie von mir am Altar genommen werden. Ihr Wille, mein Befehl. „So nimmt man eine Frau!“, sagt sie. Ich fühle ein Kind im Bauch. Es ist gleichzeitig in ihr und in mir. So fühlt sich also die Verantwortung für ein Kind an. „Du hast nun die Erklärung der weiblichen Sexualität erfahren!“, meint sie und spricht weiter: „Wenn du den Sex überwindest, kommst du zur eigentlichen spirituellen Führerin Amorosa. Denke nicht an Sex, mache ihn!“ Amorosa ist ein durchsichtiger quallenähnlicher Teppich, der sich auf mich herabsenkt und mich wie ein Mantel einhüllt. Sie sagt: „Befruchte andere, indem du du selber bist!“ Die Trommelschläge holen mich auf die Erdoberfläche zurück.

Diese inneren Erfahrungen waren so stark, dass kein Gedanke, kein Gefühl, kein Traum ihnen etwas anhaben konnte. Es dauerte allerdings, bis die letzten dunklen, gedanklichen Nachwehen der Angst sich verabschiedeten. Ich machte mich nun daran, die Akte Carina anzulegen und recherchierte in jedem Bereich, der vernebelt vor mir lag. Etliche Schreiben, Telefonate und persönliche Gespräche ergaben folgendes Bild: Carina war nie schwanger von mir. In der Frauenarztpraxis, in der man angeblich eine Zyste und Gebärmutterkrebs feststellte, kannte man nicht einmal ihren Namen. Die relevanten Verbände für rhythmische Sportgymnastik erklärten, dass ihr Name in diesem Sport unbekannt ist. In das angegebene Krankenhaus wurde kein amerikanisches Ärzteteam eingeflogen. Agententätigkeit ausgeschlossen. Ihr Exmann hatte sie nicht im Stich gelassen und war nicht schwul. Er ist ein lieber Kerl,

von dem ich sehr viel mehr erfuhr, was für unseren Krimi aber irrelevant ist. Denkst du, dass ich geschockt war? Nein, es war eine Erlösung, zu wissen, dass ich meinem ersten Gefühl hätte trauen können. Zorn kam allerdings über das schlechte Gewissen auf, das ich mir für mein „ewiges Misstrauen“ habe machen lassen. Sie unterstellte mir nämlich immer, wenn ich die Richtigkeit ihrer Angaben bezweifelte, dass mein Urvertrauen sehr schwach sei und analysierte eine gestörte Mutter-Sohn-Beziehung. Interessant, oder? War das schon alles? Nein, es kommt noch dicker. Sie lebte noch in meinem Haus, und ich wollte sie schleunigst raus haben. Doch wie macht man das, wenn es nicht im guten Einvernehmen geht und man fürchten muss, eventuell wieder existentiell bedroht zu werden? Sie war nicht gewillt zu gehen. Sie liebe mich noch so sehr, meinte sie. Gefühlt habe ich stark mit ihr, aber Liebe war es keine mehr und reizen wollte ich sie nicht. Also spielte ich ihr Spiel mit. Mehrere Wochen lebte ich schon aus dem Kofferraum und bei Freunden, als ich wieder einmal in meinem Haus nach dem Rechten sah. Auf die Tränendrüse drückend teilte sie mir mit, sie werde ein Buch schreiben, um der Welt mitzuteilen, dass Liebe weh tut.
„Die Liebe tut weh – in deiner Welt voller Lügen!“, sagte ich und präsentierte ihr meine Recherchen. Sie brach zusammen, heulte genau wie damals auf meinem Schoss. Ich nahm sie in den Arm und fühlte ihren Schmerz. Plötzlich richtete sie sich auf. Ihre Körperspannung war mit einem Schlag ganz anders, und mit total veränderter Stimme sagte sie: „Natürlich hast du genau das gefunden, was du finden wolltest und solltest. Ich bin einer der besten Spione der Welt und die Männer, die hinter mir stehen, haben mir eine neue Identität verpasst und alle alten Daten löschen lassen…“ Tief durchatmen hieß es. Und weiter mitspielen.

Kurz darauf durfte ich eine weitere tiefgehende Erfahrung machen. Diesmal am hellen Tag und unter vielen fremden Menschen. In einer Kirche. Einige Jahre war ich nicht mehr in einem „Haus Gottes“ gewesen. Diesmal wurde ich zur Erstkommunion der Tochter einer Bekannten eingeladen. Eher uninteressiert und mit Carinas Lügen beschäftigt, saß ich mit der Mutter des Mädchens und den anderen Elternteilen in Blickrichtung Eingang, direkt zwischen dem Altar und dem, was sich auch immer hinter mir befunden haben mag. Es dürfte ein Kreuz gewesen sein. Alles, was da hochtrabend und fromm gesprochen wurde, ging komplett an mir vorüber. Als wir alle zu irgendeinem Gebet aufstanden, wurde es angenehm kühl um mich. Kühler als sonst in Kirchen. Eine Stimme sprach zu mir: „Möchtest du nicht das Schwert annehmen?“

Ich blickte mich um. Niemand außer mir schien diese Stimme zu hören. Die Leute beteten weiter. „Welches Schwert?", fragte ich in mir und es war, als ob ich meine Worte auch draußen hören würde. „Das Flammenschwert! Überleg es dir gut!" Ohne lang zu überlegen, packte ich den Griff und brachte das flammende Eisen an meinem Rücken an, um es jederzeit im Geiste überkopf ziehen zu können. Heiße Tränen rannen über meine Wangen, wobei ich gar nicht wusste, wie mir geschah.

Hatte ich das alles phantasiert? Würde ich nun komplett durchdrehen? Verwirrt und gestärkt zugleich betrat ich zwei Tage später erneut dieselbe Kirche. Ich stand vor dem Altar und rief, weil ich alleine war im Gemäuer: „Was willst du von mir? Was soll ich mit dem Flammenschwert?" Keine Antwort. Nach einer Weile beruhigte ich mich und ging in Richtung Ausgang. „Dreh dich um und schau nach oben!" sprach die mir bekannte Stimme. Ich blickte nach oben, weit über den Platz, wo sich normalerweise das Kreuz mit dem geopferten Jesus befindet. Bis heute weiß ich nicht, ob da nun ein Kreuz ist oder nicht. Was ich aber noch genau in Erinnerung habe, ist die vermutlich geschnitzte Figur eines Engels. Sie ist ganz oben angebracht. Die Statue trägt ein Kleid, hat einen Helm auf, führt ein flammendes Schwert und hält eine Waagschale in der Hand. Mir rannen wieder die Tränen über die Wangen.
Total ergriffen lief ich durch den Wald und sinnierte über dieses Kunstwerk. Was sollte mir der Anblick des von Menschenhand geschaffenen Erzengels Michael sagen? Steht der Helm für den Soldaten, das Kleid für weibliche Einfühlung und meine Vorliebe für Damenkleidung, das Schwert für Wahrheit und die Waagschale für Iustitia? Zu alldem hatte ich einen nicht unbeträchtlichen Bezug. Als ich ins Freie lief, nahm ich den Himmel und die ganze Landschaft verändert wahr. Es war, als wäre die Umgebung, einfach alles, von einer Schwingung durchwoben, die einer groben Pixelung am Bildschirm eines Computers gleichkommt. Ich war zutiefst erfasst von einem Gefühl vertrauter Wärme und allgegenwärtiger Gnade. Wenn ich den letzten Satz jetzt so lese, kommt mir vor, ich hätte so etwas schon einmal von jemandem gehört, den ich als Spinner abtat, weil er angeblich den Ruf Gottes vernommen hat. Es war alles so klar und von einer immensen Liebe durchzogen. Klarer als jeder sonstige Eindruck. Kann oder soll ich mir das rational erklären?
Was ist die Realität? Lässt sich Liebe rational erklären oder ein Baum? Nun, ich schrie laut in den Himmel: „Danke, lieber Gott, danke für deine Güte, danke dass du bei mir bist!" Schließlich hatte ich längere Zeit keinen Kontakt mehr zu ihr/ihm …

Kurz darauf war ich mit einer lieben Freundin am „Himmel". Dort, am Wiener Stadtrand, befindet sich ein Baumkreis. Jeder Baum ist einer gewissen Zeitspanne des Jahres zugeordnet. Vor der Trauerweide blieb ich stehen. Es war „Freyas Baum", dem, soweit ich es in Erinnerung habe, Charakterzüge wie Aufrichtigkeit und Anstand zugeordnet werden. Jedenfalls blickte ich über den Baum hinweg zum echten Himmel und murmelte etwas wie: „Du warst und bist voll okay, Freya ... hoffentlich geht es dir gut ..." In genau diesem Moment vibrierte es in meiner Schenkeltasche. Nach etwas mehr als einem Jahr hörte ich wieder ihre Stimme. Wir hatten ein sehr liebenswürdiges Telefonat. Freya erinnerte mich daran, dass ich ihr doch erzählt hatte, wie ich mich schon beim ersten Kontakt von Carina manipuliert fühlte. Sie schilderte mir auch ihren Traum der letzten Nacht. Freya sah Carina in einer Gummizelle sitzen und hörte sie wie irrsinnig über uns alle lachen. Wieder kurz darauf rief mich Constanze an. Sie erzählte mir, dass ein sehr guter Freund mit einer Ex-Domina namens Carina „bumsen" würde. Ihre zuvor an mich gerichtete Frage, ob ich eh sitzen würde, war nett gemeint, aber überflüssig. Ich stand fester denn je. Felsenfest sogar. Welch eine Erlösung!

Wieder im Haus der Nebel weihte Carina mich nach einer neuerlichen Liebesbekundung in ihren nächsten „Geheimauftrag" ein. Sie beschrieb in jedem Detail, wie sie in einer deutschen Bar ein Paket Rauschgift überreicht bekommen würde, um dieses einem Dealer zu verkaufen. Die Polizei werde zugriffsbereit im Auto warten, bis das „Geschäft" abgeschlossen sei und dann den Dealer festnehmen. Ein Film mit dieser theoretisch möglichen Story dürfte kurz zuvor in irgendeinem der Volksverblödungsprogramme gelaufen sein. Sie putzte sich ganz besonders schön zurecht, weil sie ja schließlich eine feine Dame spielen müsse. Als sie abfuhr, wusste sie nicht, dass sie bereits in meinem Netz gefangen war. Ich wusste nämlich, wo sie wirklich hinfahren würde. Ein alter Freund war damals Privatdetektiv. Es war eine Freude für ihn, Carina zu beschatten und Licht in die Sache zu bringen. Er beobachtete, wie sie das Haus des (vermeintlichen) Neuen betrat und dieser beim Empfang nur ein Handtuch umhatte. Nach seinem Bericht läutete erneut mein Telefon. Constanze war dran.
Ihr verzweifelter Freund erzählte ihr, dass er wieder mit der Ex-Domse „gefickt" hatte. Während sie Sex machten, sei er aufgesprungen bzw. abgesprungen, um sich ein Bad einzulassen. Er telefonierte dann mit Sabine, seiner Angebeteten, jener Frau, die er wirklich liebte, mit der es aber Sexprobleme zu geben schien.

Ich nahm Kontakt zu ihm auf. Anfangs hatte Franz Angst davor, mit mir zu sprechen, weil Carina ihm erzählte, ich sei ein psychopathischer Gewalttäter, von dem sie sich dringend trennen wolle. Rasch war alles unter Männern geklärt. Wir verstanden uns prima. Auch Franz erzählte sie, dass sie ein Kind vom ihm erwarten würde. Bevor Carina und ich umzogen, hatten die beiden schon ein Bumsverhältnis, wie er es nannte. Jetzt war alles klar: Ihr Mund gehörte mir und ihre Vagina dentata[1] dem neuen potentiellen Versorger. So schien es in ihrem Oberstübchen ausgesehen zu haben. Jetzt leuchtete auch ein, warum sie den Kindern seit Monaten einen gewissen Beruf schmackhaft machen wollte. Es war sein Beruf. Dasselbe tat sie, als sie mich kennenlernte. Lange Rede, kurzer Sinn: Wir vereinbarten, dass auch er ihr Spiel mitspielen würde, bis ich sie aus dem Haus draußen hatte, damit er ihr dann „den Hahn geben“[2] konnte.

Sie beteuerte mir wieder einmal ihre grenzenlose Liebe, als wir die letzten Formalitäten zwischen uns erledigten. Ich verzichtete auf eine Menge Geld, das ich ihr einst zur Regulierung ihrer Schulden geliehen hatte. Das „Goldstück des Tigers“ war mir meine Freiheit wert. Carina stimmte nun einer Trennung zu und würde bald ausziehen, weil die „dunklen Herren“ schon sehr wegen meiner Recherchen verärgert seien. Ihre Spionagemission stehe auf dem Spiel. „Du Arme, das tut mir leid!“, spielte ich brav mit. „Ja, aber wir werden uns immer lieben, gell?“, fragte sie. Aus ihrer Sicht musste sie mich ja warm halten, weil Franz ehrlicherweise keine fixe Zusage machte, dass sie bei ihm einziehen könne. Sie sei noch immer geil auf mich, könne aber aufgrund des Unterleibskrebses nicht mit mir schlafen, eröffnete sie mit einem gekonnten Augenaufschlag. Das war der richtige Moment, auf den der Tiger in mir schon lange gewartet hatte. Sanft zog ich sie in eine öffentliche Toilette und ließ sie verrichten, wofür sie sich einst bezahlen ließ. Den Orgasmus zögerte ich sehr lange hinaus. Danach wollte sie „alles wieder einpacken“, aber ich gab ihr noch einmal Arbeit ohne Lohn. Nach einer guten Stunde kamen wir wieder heraus. Sie mit schmerzendem Kiefer, ich in Vorfreude auf die nächste Aktion.
Pizzaessen war angesagt. Noch bevor sie den Teig angeschnitten hatte, meinte sie mit erstklassig gespielter Sehnsucht in den Augen: „Gell, wir lassen uns durch meine dunklen Herren nicht zwingen, wir bleiben zusammen. War doch schön, wie ich dich eben verwöhnt habe, oder?“

1 Vagina dentata: Vagina mit Gebiss
2 Schluss machen

Das tollwütige Schaf war offenbar sehr zuversichtlich dabei, alle rundherum zu verarschen. Darauf der erste Biss: „Ja, es war wunderschön. Aber was würde Franz dazu sagen, dass du mir eben zweimal einen geblasen hast?“ Ihre Pizza wurde unangetastet kalt. Vermutlich, weil ihr das Besteck aus der Hand fiel.
Reicht das schon? Nein, aber bald sind wir fertig. Nach einem langen Schweigen lügt sie wieder: „Aber Schatz, der Franz ist doch nur ein irrerer Junkie, aus dem ich herausbekommen soll, wie er Drogen an X und Y verkauft!“ Sie nannte tatsächlich renommierte deutsche Musiker und Kabarettisten, die nach Österreich fahren würden, um sich bei Franz mit gewissen Substanzen einzudecken. Innerlich brüllte ich vor Lachen, spielte aber ernst meine Rolle weiter und rief gleich neben ihr den Franz an. Ich rügte den mir „Fremden“, wie schlimm es sei, dass er Drogen verkaufe. „Du hast eben meine Deckung auffliegen lassen, jetzt ist die ganze Arbeit umsonst gewesen!“, brüllte sie komplett hysterisch. Sie zitterte am ganzen Leib. „Natürlich war deine Mühe für die Wurst, liebe Carina, er wird dich nicht bei sich wohnen lassen, weil er Sabine liebt. Er hat sie angerufen, als er von dir abstieg, um ein heißes Bad zu nehmen“, kam es aus meinem Mund. Verstört und hektisch lief sie aus dem Haus und zu ihrem Wagen. Ich versteckte mich am Straßenrand und beobachtete, wie sie brüllend im Auto telefonierte und wie eine Irre auf- und abraste. Sie war außer sich. So in Rage hatte ich sie noch nie erlebt. Wieder etwas ruhiger, erklärte sie mir dann, dass „dieser Kerl“ (Franz) das nur behaupte, weil er in sie verliebt sei und sie dauernd bedränge. Sie müsse das über sich ergehen lassen, um an wichtige Informationen zu kommen. Sie spielte das dermaßen überzeugend, dass ich es kurz fast geglaubt hätte. „Jetzt muss ich meine Auftraggeber anrufen, die ganze Mission ist schließlich gefährdet!“, erklärte die einsame Spionin, die nun doch wieder verdeckte Ermittlerin war. Egal. Den Spaß musste ich mir noch genehmigen. Ich wusste, wo sie zum Telefonieren hinfahren würde. Zur Kirche. Du weißt schon welche.

Verzeih mir, wenn ich jetzt wieder einmal in der Gegenwart weiterschreibe. Es ist gerade sehr spannend für mich: Ich fahre ihr also hinterher, wie man das bei Beschattungen eben macht. Obwohl sie sich als Spionin denken müsste, dass ich ihr nachfahren würde, bemerkt sie meinen Wagen nicht. In sicherem Abstand zum Parkplatz stelle ich mein Fahrzeug hinter einem Gebüsch ab und gehe gebückt den Hang hinauf. Kurzer Halt. Ich sehe ihre Haare im Wind. Sie sitzt also auf der Bank an der Kirchenmauer. Ein Sprung über den Friedhofszaun.

Langsam und lautlos schleiche ich um die Kirche herum, bis ich direkt am Eck hinter der Bank stehe, auf der sie gerade sitzt. Das Zielobjekt telefoniert. Eine mir bekannte Freundin ist am anderen Rohr. Das kann länger dauern. Ich mache es mir unmittelbar hinter ihr im warmen Gras gemütlich. Kontrollblick auf mein Handy: Ausgeschalten, alles okay. Jetzt wollen wir mal hören, was sie den „dunklen Herren“, die offenbar alle Karin heißen, zu erzählen hat. Ich habe Mühe, mein Lachen unten zu behalten. Endlich kommt sie auf den Punkt und erzählt Karin, dass sie mit Franz „gebumst“ hat und ich über alles Bescheid weiß. „Dieser Trottel von Franz hat eine Freundin mit 75 Kilogramm. Die Dicke ist doch keine Partnerin für Franz!“, meint sie und fährt fort: „Und außerdem ist der Franz genauso vernarrt in seine Sabine wie der Toni in mich. Spinnen die alle, die Männer?“ Ich springe zum erlegenden Biss auf und sage: „Ja, wir Männer spinnen alle, wenn wir uns mit Bestien wie dir einlassen ...“

Sie bricht in Tränen aus und ich sehe sie erstmals, wie sie wirklich ist. Vor mir steht eine verzweifelte Frau. Außen ist nichts Verführerisches mehr an ihr, seit ich in ihr Innerstes geschaut habe. Das Make-up haftet an ihr wie die Maske eines Clowns. Sie wirkt wie ein sich selbst verleihender Wanderpokal inklusive Anhang für mutige Sexsüchtige, wie ich einer war. Sie hat mir am meisten Schmerz zugefügt. Von ihr habe ich aber auch am schnellsten und intensivsten gelernt. Durch sie habe ich erfahren, dass es besser ist, sich zu trennen, als zu betrügen. Ich spüre ihre Sehnsucht, endlich irgendwo angekommen und glücklich zu sein. Ich spüre ihren Drang, immer die Beste zu sein. Ich fühle mit ihr. Ich umarme sie. Sie kann es nicht wirklich annehmen. Noch sitzt der Schock zu tief, derart aufgedeckt worden zu sein. Vielleicht würde sie sich nach der Erholung darauf besinnen, ehrlich zu sein. Oder wird sie noch perfekter beim Lügen? Ich werde es vermutlich nie erfahren. Seither habe ich sie nie wieder gesehen. Eines der SMS, das sie mir am ersten Abend sandte, war folgendes:

„Ich weiß nicht,
warum das mit Männern
und mir nicht klappen will.
Vielleicht bin ich zu selbständig.
Die Männer entwickeln sich neben mir,
und ich stehe dann doch wieder alleine da.“

TRANS-ZENDER

Das Leben liebt lebendige Leute – je lebendiger desto rebellischer: Leute mit Selbstbewusstsein, einer gewissen Eigenart und Persönlichkeit, Leute, die ihren eigenen Weg gehen, Leute, die nicht tot sind. Aber in der Schule ist genau das Gegenteil gefragt. Diese Gesellschaft unterstützt alles, was dich dumm, taub, blind und tot macht.

Osho[1]

Trans-Spiritualität (Ein- und Umleitung)

So wie ich heute lebe, bezeichne ich mich zwar für das eher rationale gesellschaftliche Leben als Transfrau, auf der emotionalen Ebene deklariere ich mich aber gar nicht gerne. Ich würde es nämlich bevorzugen, in meinem Wesen erkannt zu werden, das jenseits der von Menschen geschaffenen Geschlechter liegt, anstatt in den verstaubten Schubladen des Geistes aufbewahrt zu werden. Da dies aber vielen Menschen nicht möglich ist und rücksichtsvolle intellektuelle Auseinandersetzungen auch der gegenseitigen Annäherung dienlich sein können, bezeichne ich mich eben als Transfrau. Dieser Begriff drückt aber nicht ganz aus, worum es in meinem Leben wirklich geht. Zutreffender ist der von mir geschaffene Begriff „Trans-Zender". De facto gibt es aber überhaupt keinen Begriff, der mein Wesen zutreffend beschreiben könnte. Kein Wesen kann mit Worten beschrieben werden. Unter diesem Gesichtspunkt kam ich auch auf meinen ehemaligen Künstlernamen „Monyama". Mein schwarz-weiß gefleckter Hund heißt „Yama". Diesen Namen gab ich dem entzückenden, in manchen Ländern lächerlicherweise als Kampfhund bezeichneten Bulldoggen-Terrier-Mischling, nachdem meine Oma gestorben war und ich ihre Energie in mir aufsteigen gefühlt hatte. Eine kurze Recherche im Internet ergab, dass „Yama" in irgendeiner östlichen Kultur sowohl für Tod als auch für Leben steht.

1 *Osho*, Das Buch der Männer – Die Krise des Mannes zur Selbstfindung (2001), S. 31

Ob man „Monyama“ als Mischung aus „Monika“ und „Yama“, als Verbindung von Mensch und Tier, als nette Buchstabenfolge oder als Bezeichnung jenes unzerstörbaren Wesens sieht, für das das Leben und der Tod ein und dasselbe sind, macht inhaltlich keinen Unterschied. Es ist alles dasselbe.

Für den Fall, dass es irgendwann einmal einen Bedarf geben sollte, Menschen wie mich in ein ganz spezielles begriffliches Schächtelchen mit hübschem Schleifchen drauf zu legen, habe ich eben den Begriff „Trans-Zender“ geschaffen. Das klingt ähnlich wie Transgender und doch liegen Milliarden Lichtjahre etwa einen Millimeter dazwischen. Damit soll verständlich gemacht werden, dass ich mein persönliches Trans-Dasein als etwas tief Spirituelles begreife. Die Verknüpfung der Transidentität mit der Lebensweisheit des Zen gibt mir die Kraft, weitestgehend unangepasst durchs Leben zu gehen und auf mich zukommende negative Energien mit Einschränkungstendenzen ins Leere abzuleiten oder gegen den Absender einzusetzen. Auch so gesehen, findet durch Zen begleitete Transformation statt. Meine Entwicklung des Inneren und Äußeren sowie die Reaktionen der Mitmenschen waren und sind auch Gegenstand von Meditation und Selbstreflexion. Das Leben ist draußen und drinnen. Das Leben ist die Praxis, ohne die Übung immer nur Übung bleibt.

„Buddha könnte auch eine Frau gewesen sein, was weiß denn ich?“, antwortet der imaginäre Zen-Meister Tofu Roshi auf die Frage eines empörten Schülers, wie er mit einer extremen Feministin umgehen soll. Sie hätte ein massives Problem mit Männern und leugne selbst das männliche Geschlecht Buddhas. Tofu Roshi meint dazu noch: „Er könnte sogar lesbisch gewesen sein – wenngleich zugegebenermaßen nicht, wenn er ein Mann war. Was kümmert es dich?“ Charmant weist er auch darauf hin, dass Buddha traditionell ohne irgendwelche bestimmten Geschlechtsmerkmale dargestellt wird. Des Weiteren stehe die westliche Fixiertheit auf das Geschlechtliche der Erleuchtung im Wege. Er versichert sogar, dass ein Geschlecht ganz wie das andere ist. „Kennst du eins, kennst du alle“, beendet Tofu Roshi seine Lehrrede.[1]
Für mich bedeutet das auch, dass die Natur zwar körperliche Unterschiede macht, der verwirrte Geist des Menschen aber an diese geringfügigen Unterschiede gewaltige Rollenbilder und Rollenzwänge koppelt. Genau um das Erkennen und Loslassen von gesellschaftlichen

1 Vgl. *Susan Ichi Su Moon*, Die Lehrreden des Tofu Roshi (1989), S. 49 und 50

Konditionierungen geht es im Zen. Zen ist nur ein Wort, ein Platzhalter aus Buchstaben, der für jene Lebensweise steht, die uns die Täuschungen des Alltags bewusst macht und sie in uns auflöst. Geschieht es, dann sind wir präsent im Hier und Jetzt. Wir haben uns bereits mehrfach vergegenwärtigt, dass die höchste spirituelle Entwicklungsstufe die sogenannte kausale Stufe ist. Dieser aus der integralen Psychologie stammende Begriff beschreibt das Aufgehen in reinem Bewusstsein. Wir sprechen hier vom Zustand des „No-Mind", dem spirituellen Austausch mit Gott und der Identität mit Gott. Ist die konditionierte Fremdsteuerung aufgelöst, kommt unser Wesenskern zum Vorschein. Der strahlende Schein des Selbst entspricht dem Zustand der Erleuchtung, dem Sein im Hier und Jetzt sowie Gott als „Das Eine" oder „Die Existenz". Die Vereinigung mit der Existenz drückt sich vor allem in der archetypischen Vereinigung der Geschlechter aus.[1]

Für patriarchalische Religionen wie das Christentum mit seinem Dreimännergott[2] stelle ich daher eine Gefahr dar. Mit der Bedrohung künstlicher Machtstrukturen geht auch der (aus meiner Sicht illegale) Trend einher, zweigeschlechtliche Babys zwangsweise zu operieren und Transsexuelle unfruchtbar zu machen.[3] Dieser Nazi-Zeitgeist spukt erfolgreich und im Stillen als jene menschenverachtende Ideologie weiter, die „unwertes Leben" unfruchtbar machte oder in Lagern verrecken ließ. Soll ich das Wunder meines Wesens, das wir alle in uns tragen, für weltliche Machtgelüste anderer Menschen opfern? Nein, kommt überhaupt nicht in Frage! Würde ich mein Wesen verstümmeln, würde ich damit die Göttlichkeit in mir und uns allen zerschnipseln. Mein Wesen und alles Dazugehörige sind mir heilig. Meine Rebellion ist mir heilig. Sie ist dringend nötig in einer Zeit, in der du gar nicht mehr wirklich Selbstversorger sein kannst, ab der Geburt in eine Rolle gedrängt wirst und als Dienstnehmer funktionieren „musst", weil du einen festen Wohnsitz haben „musst" und das tägliche Brot brauchst. Sowie jede Menge Scheißdreck, den niemand wirklich zum Leben benötigt. Es wird schon dafür gesorgt, dass du denkst, kräftig Scheißdreck konsumieren zu müssen. Kaum gibt es uns noch nackt, wie die Existenz uns schuf. Man gibt uns vor, wie wir auszusehen haben, und gibt uns die Kleidung vor, die wir zu tragen und daher auch zu kaufen haben. Solltest du ein Mann sein, versuch mal im „Weiberrock" zur Arbeit zu gehen.
Nein, lackier dir einfach nur mal die Nägel rot.

1 Siehe dazu auch Kapitel „Anima-Vision"
2 Gott Vater, Gott Sohn, Gott heiliger Geist
3 Siehe Kapitel „Mein Rechtsk(r)ampf"

Du wirst dein blaues Wunder erleben, auch wenn du Rot trägst. Egal, welchen Geschlechts du bist, versuche einfach nur einmal einen Tag so zu leben, wie wir Menschen es etwa 99,9 Prozent der Zeit taten, die es uns auf diesem Erdball gibt: Lebe als Nomade und zieh mit deinem Zelt umher, mach ein Feuer, jage und sammle deine Nahrung. Ich gebe dir wenige Stunden, bis du die Polizei am Hals hast. Jeder wunderschöne Quadratzentimeter Europas ist in irgendeinem beschissenen Papier eingetragen, aus dem auch gleich der Eigentümer ersichtlich ist. Meinst du immer noch, dass du frei bist, weil du dir wöchentlich ein neues Mobiltelefon kaufen und damit deinen Mitmenschen in der dicht gedrängten U-Bahn auf den Wecker gehen kannst? Frei sind wir nur in unserem Inneren.

Das Quellwasser dieser Wahrheit durchfließt gleichermaßen mein Herz und meinen Verstand. Es erfüllt mich. Die gelegentlich hochkommende Wut ist spontan und daher aus meinem Innersten. Wie ich meine Wut transformiere, steht in keinerlei Widerspruch zum Wirken Buddhas oder Jesu. Die wichtigste Botschaft des Wanderpredigers ist für mich die, seinem Herzen zu folgen und zu lieben. Für die Verkündung seiner Wahrheit wurde sein Leib der Macht gieriger Priester geopfert. Jesus war ein Rebell, der für die Verbreitung der Wahrheit den physischen Tod fand. Er führte uns vor Augen, wie mit Rebellen umgegangen wurde und wird. Ich bin nicht Buddha, ich bin nicht Jesus. Ich weiß nur, dass mein Ich eine Fiktion der Gesellschaft und auch meines eigenen Geistes ist. Deshalb ist mein Ich bereit, für „meine“ Wahrheit eventuell lächerlich gemacht, denunziert und wirtschaftlich ruiniert zu werden. Mein Ich kann kämpfen, wenn es sein muss. Meinem Innersten kann niemand etwas anhaben. Es ist unsterblich wie der immer wieder kehrende Regen.

Moni-Thor

Nachdem die Spionageakte geschlossen war, stand ich da mit meiner neuen Freiheit. Mit der Freiheit meines Selbstausdrucks und der Unabhängigkeit vom weiblichen Sexdiktat passte ich in keines der Rollenbilder mehr. So sehr der Geruch der Freiheit auch duftete, so sehr sehnte ich mir gelegentlich eine Lade herbei, in die ich mich hätte verkriechen können. Das Ego gibt nicht auf. Es strebt nach Sicherheit. Mein Äußeres und Inneres entwickelten sich synchron. Mir war es für eine Weile egal, ob mich jemand als „Weibmann" oder „Mannweib" wahrnahm, und so rannte ich in meiner Freizeit als Mischwesen herum. Petra, eine sehr liebe Freundin, schrieb mir einmal:

„Du hübsche Tigerin du! Ganz versunken steigt er aus der S-Bahn und sieht mich nicht. Ich war geblendet von deiner Erscheinung und hab den Mund nicht aufgekriegt! Hübsch, hübsch ... Schönen Tag! Bussl!"

Man beachte die Verknüpfung der Worte „Tigerin" und „er". Das passte sehr gut für mich. Begeben wir uns in diese Zeit zurück. Es standen gerade 14 Tage „U" im Kalender. Zwei Wochen Urlaub. Am letzten Arbeitstag ließ ich mir, wie immer vor einer längeren Auszeit, die Nägel besonders lange und mit strahlend weißen Spitzen machen. Jojo hatte immer Freude daran, extravagante Nägel zu designen. Da hatten sich zwei Bewunderer der Extravaganz gefunden. Direkt vom Wiener Nagelstudio fuhr ich in eine steirische Therme. Riesengroß war die Anspannung, als ich zum ersten Mal mit rot lackierten Zehennägeln ins Wasser stieg. „Ich hätte sie doch ablackieren sollen ... was werden die Leute nur denken? Kommt nicht in Frage, dass ich mich beuge!", ging es durch mein gequältes Haupt. Ich dachte, alle würden auf meine Füße und Hände starren. Als ob es nichts Wichtigeres im Leben gäbe. Kam es mir nur so vor? Manche glotzten mich schon sehr doof an. Im Vergleich dazu waren die Reaktionen auf die Rolle „Monique Dumont" gar nicht spürbar. Blicke schienen sich nun in mich zu bohren. Was war anders? Da ich allein unterwegs war, hatte ich genügend Zeit, mich mit mir selbst auseinander zu setzen. Was so ein bisschen weibliche Extravaganz an zwanzig kleinen Extremitäten bewirken kann. Wie gestört ist diese Welt eigentlich, dass Männer das nicht dürfen? Gesetze gibt es keine bei uns, die es verbieten würden. Zumindest keine geschriebenen. Tief einatmen, ausatmen, einatmen, ausatmen. Es ist nur Acryl und Farbe. Kurze Entspannung.

Während der Wasserschwall auf meinen Rücken donnerte, massierte ich mein Gesicht und erinnerte mich an ein Gefühl in der Wiener U-Bahn. Eine Frau hatte sehr lange auf meine Hände und dann in mein Gesicht gestarrt. Wie ein fratzenartiges Kontrollorgan einer bösen Macht war sie mir vorgekommen. „Laufen da draußen tatsächlich Dämonen herum, die Lebensfreude stehlen?", bastelte mein Verstand herum. Bei dem Gedanken zog sich alles in meiner Bauchgegend zusammen. Ein ekelhaftes Gefühl überkam mich. Die Gedanken hatten mich weit fort getragen. „Ich bin nicht im Balkanexpress[1], sondern hier im warmen Wasser!", rief ich mir in Erinnerung, als mich zwei Mädchen beobachteten. Ihre Augen wurden groß wie Untertassen. Sie folgten mir „unauffällig" durch die halbe Badeanlage.
Es war Zeit zum Spielen und Lernen für einen Erwachsenen in der dritten Pubertät. Meine Hände waren wieder einmal zu lange unter Wasser, als sich die beiden hübschen Mädchen sehr gekonnt durch die Haare fuhren und sogar zu gähnen begannen, um mich zu einer unbewussten Handbewegung zu verleiten. Für diese Bemühungen sollten sie schließlich belohnt werden. Ich hielt mir die Hand beim Gähnen gut sichtbar vor und fuhr mir gleichzeitig durchs Haar, präsentierte also meine schönen Fingernägel. Nonverbale Kommunikation kann sehr spannend sein. Vor allem durch sie erfuhr ich mich neu. Es ging hauptsächlich um meine Ausstrahlung und nur sekundär um die Nägel, war meine abendliche Schlussfolgerung.

Menschen spüren Unsicherheit. Sie riechen Angst wie Hunde und viele verhalten sich dann ähnlich aggressiv. Andere sind einfach nur neugierig oder freuen sich, wenn sie von sich selbst abgelenkt werden. Mit der Zeit lernte ich meine Freude, die ich an meinen sexy Nägeln hatte, solange mit Stolz nach außen zu tragen, bis es zur Alltäglichkeit wurde. Bis ich das gelernt hatte, musste mir mein Umfeld spiegeln, wie zerrissen ich innerlich war. Zum einen hatte ich große Freude an gewissen femininen Äußerlichkeiten, zum anderen stand ich noch nicht voll zu mir. Klar hatte ich ein Recht darauf, so herum zu laufen und zu schwimmen. Zen-triert war ich jedoch nicht dabei, weil ich auf Reaktionen von außen wartete und folglich nicht bei mir selber war. Immerhin erfuhr ich mich aber ganz ohne Sicherheitsnetz, das vorm Fall hätte schützen können. Je mehr ich mich und mein Umfeld beobachtete, desto mehr wuchs mein Selbstvertrauen. Auf fremde Menschen projizierte ich aber eine Zeit lang doch noch meine eigenen Filme.

1 Balkanexpress: ein Wiener Ausdruck für U-Bahn. Manche sagen auch „Proletenschlauch".

Da fällt mir Carina ein. Wie muss es wohl für meine private Geheimagentin gewesen sein, ihr Doppelleben vor Kindern, Familie und Freunden zu verbergen? Ist es verwunderlich, wenn ihre intensiven Ängste im Kopf zu „dunklen Herren" wurden? Sie selbst musste von sich als Agentin überzeugt sein, um sich täglich in den Schminkspiegel schauen zu können. Und weil sie von sich überzeugt war, hatte ich solche Schwierigkeiten beim Finden der Wahrheit. Sie übrigens auch.

Die Wahrheit war mir bei meinen Reflexionstrips immer hilfreich. Ich stellte mir ganz einfach die Wahrheit vor, wenn mich Unsicherheit überkam. Was ich damit meine, möchte ich anhand meiner Reaktion auf das Verhalten des Gastronomiechefs am nächtlichen Buffet des Thermenhotels verdeutlichen. Ein wenig geschminkt, farbenfroh in Damenhotpants und Kuscheltop gekleidet, bewegte ich mich ganz unbedarft auf die Restaurantempfangsdame zu. Sie ersuchte mich, zumindest die Hose gegen eine längere zu wechseln. Man dürfe die Knie nicht sehen. Am Weg zum Zimmer kam mir eine Dame mit noch kürzerer Hose entgegen. Ich machte kehrt, um zu beobachten, dass sie zum Buffet schreiten durfte. Mir platzte der nicht vorhandene Kragen. Wohin ich wolle, fragte die Frau im Frack. „Verarschen Sie wen anderen!", meinte ich und wies sie darauf hin, dass eben eine Frau mit noch kürzeren Hosen hinein gelassen wurde. Daraufhin meinte sie, dass dies ja auch eine Dame sei. Ich streckte ihr meine Nägel unter die Nase, verwies auf meinen Kleidungsstil und fragte sie, ob ich ihrer Meinung nach einen typischen Mann verkörpere oder ob meine Knie schlechter als irgendwelche anderen wären. Keine Antwort. Dafür stand kurz darauf der Oberpinguin direkt neben meinem Tisch. Etwa zehn Minuten beobachtete er mich beim Essen. Deshalb fielen auch die Blicke der Nebentische auf mich. Hier halfen Wahrheit „und" Zen. Tief durchgeatmet und der Situation gewahr: Viele Menschen, viele Egos in einem Haus aus Stein, es geht um nichts, nur um Stoff. „Wollen Sie mein Essen?", fragte ich den Gourmetboss. Er darauf: „Wir sind der Meinung, Sie sind nicht dem Anlass entsprechend gekleidet!" Darauf meinte ich nur kurz: „Aha!" Immerhin hatte er ja ein Recht auf seine Meinung. Mein Blick blieb klar. Er ging und wünschte mir einen guten Appetit. Diese Schlacht habe ich gewonnen, weil ich gar nicht kämpfte.

Die letzten mich extrem bedrückenden Anpassungsstrategien in der Arbeit waren das Zusammenbinden der bereits sehr langen Haare, das Ablackieren der Nägel und das Abschminken des dezenten Make-ups.

Auch das Anlegen meines eher männlichen „Dienstkostüms“ störte mich. Ein unangenehmes Bauchdrücken spürte ich, wenn ich mich für den Dienst „entfeminisierte“. Drücken in der Bauchgegend kann (neben Blähungen) die körperliche Wahrnehmung eines Machtkampfs sein. Wer kämpfte mit wem? Warum ließ mich „die Gesellschaft“ nicht so herumlaufen, wie ich wollte? Welche Macht wird hier ausgeübt, und warum soll ich mich ihr beugen? Das fragte ich mich immer öfter. Die Flucht in eine alte Rolle kam nicht mehr in Betracht. Komplettverwandlungen in „Monique Dumont“ fanden nur noch für Fotoshootings und das Fernsehen statt. Das war der Weg, den sich mein Unterbewusstsein erwählte. Redakteure eines Fernsehsenders entdeckten meine Homepage. Dreimal trat ich in einer aufgenommenen Talkshow auf, wobei man mich erst in der dritten Sendung ungeschminkt sah. Die Moderatorin stellte mir unter anderem die Frage, wie ein großer und trainierter Mann wie ich auf die Idee kommen würde, Damenkleidung zu tragen. Meine Gegenfrage wurde nicht ausgestrahlt: „Du hast Hosen an! Willst du ein Mann sein?“ Die längere Sprechpause wäre wohl bei der Ausstrahlung etwas peinlich rübergekommen.

Ein „Kamerad“ hatte diese Sendung „zufällig“ gesehen und nichts Besseres zu tun, als zu meinem damaligen „Lieblingsgeneral“ zu laufen und Bericht zu erstatten. Auch um mich zu schützen, verlangte mein umsichtiger Abteilungsleiter eine schriftliche Stellungnahme. Zuerst ärgerte ich mich, weil man Informationen über mein Privatleben einforderte. Diese Energie von außen nutzte ich aber für mich. Mein Schreiben verfasste ich ausschließlich als „interne Öffentlichkeitsarbeit“ in Sachen Transidentität.[1] Darauf reagierte der besagte „General“ angeblich gelassen: „Das ist typisch für Justl!“ Allerdings soll er auch erwogen haben, mir die Vertretung meines Referats nach außen zu entziehen.

Etwa zur gleichen Zeit gingen die Schlagzeilen der „Frau Hauptmann“ durch die Medien. Sie ist eine Freundin von mir und soll der Presse zufolge an einem Freitag den Dienst als Mann verlassen und am darauf folgenden Montag als Frau wieder angetreten haben. So war es natürlich nicht. Sie tat sehr viel, um ihre Kameraden und Vorgesetzten auf die neue Situation vorzubereiten. Auch bei uns im Verteidigungsministerium ging man souverän mit der Situation um. Auf peinliche Fragen der Presse über das Intimleben der als Mann geborenen Frau Hauptmann stellte man den Interviewern Gegenfragen über deren Sexualität.

1 Siehe Teil III „Für dich?“

Den sodann wortkargen Sensationslustigen erklärte man, dass aus einem Kameraden nun eine Kameradin wurde.[1] Etwas anders war der Fall bei mir gelagert. Ich deklarierte mich damals als Mann, der über Geschlechtergrenzen hinweggeht.

Kaum gewöhnte man sich in der Arbeit an mein feminineres äußeres Erscheinungsbild, musste man sich bald mit einem immer weicher werdenden Juristen auseinandersetzen, der auch als „Monique Dumont" bekannt war. Seither möchte ich meinen, dass entgegen einiger meiner Befürchtungen mein Aufgabengebiet und Ansehen gewachsen waren. Was man hinter meinem Rücken munkelte, weiß ich freilich nicht, ist aber auch nicht weiter von Belang. Die Erwägung, mein Referat durch jemand anderen vertreten zu lassen, mich sozusagen zu verstecken, wurde aufgrund der Weigerung meines unmittelbaren Vorgesetzten nicht umgesetzt. Dafür war ich ihm sehr dankbar, wenngleich mich die personalrechtliche Auseinandersetzung schon sehr gereizt hätte. Dass mein Chef die Wahrheit sprach, schließe ich aus der Weigerung des besagten „Generals", der in Wahrheit den niedrigeren Dienstgrad „Generalmajor" hatte und sich trotzdem gerne als General ansprechen ließ, den ORF[2] in der Kaserne filmen zu lassen. Im Rahmen einer Reportage über mein Leben wollte man mich nämlich auch am Arbeitsplatz filmen. Obgleich die Presseabteilung es für gut geheißen hätte, lehnte er meinen Antrag unter Berufung auf das (auch offiziell nicht selten unterlaufene) allgemeine Film- und Fotografierverbot in Kasernen ab. Über viele Jahre war dieser „General" in meinen Augen so etwas wie die letzte Bastion der Ehre im Ministerium. Mit seiner feigen Kehrtwendung mir gegenüber verabschiedete sich auch meine Illusion über das, was Ehre genannt wird.

Für mich war Ehre immer etwas, das auch in unmittelbarem Zusammenhang mit der Liebe und der Förderung des Individuums steht. Zu guter Letzt durfte ich lernen, dass Ehre nur ein Wort ist. Ein Begriff mit der Bedeutung der Achtungswürdigkeit einer Person, die jemandem als Mitglied eines Kollektivs zuerkannt werden kann. Wird das Kollektiv oder dessen Scheinharmonie auch nur in der Phantasie bedroht, wird Ehre wieder aberkannt. Mir wurde also von einem Menschen die Würde abgesprochen, geachtet zu werden, weil ich mir die Ehre gab, auf mein Innerstes zu hören. Was tat das mit mir? Wie ging es mir damit?

1 Vgl. bspw. **www.oe24.at/zeitung/oesterreich/chronik/steiermark/article225934.ece** (zuletzt abgerufen am 19.12.2009)
2 ORF: Österreichischer Rundfunk

Es tat nur kurz, dafür intensiv weh. Meine Täuschung hatte ich immerhin selbst aufgebaut. Lange Zeit wollte ich immer und überall geliebt und als gutes Wesen anerkannt werden. Heute sehe ich es so, dass ich zwar mein Recht auf Selbsttäuschung abgab, aber keinen Anspruch darauf habe, dass andere ihre eigene Illusion erkennen. Jeder spielt die Hauptrolle in seinem eigenen Film. Als Statist in fremden Filmen wollte ich allerdings nicht mehr funktionieren. Solche Filme „sah" ich nicht nur in der Arbeit, sondern erlebte sie auch in den vielen eher kurzen Beziehungen, die sich nach Carina ergaben. Ich konnte bereits allein sein, wollte es aber nicht. In jede der Frauen war ich verliebt. Ich durfte erleben, wie sehr es geschätzt wurde, wenn ich gerne mit zum Frauenarzt, Einkaufen oder Shoppen ging. Ihre Ehrlichkeit heilte die tiefen Wunden, die Carinas Lügenpeitsche mir zufügte. Ich erlebte Häuslichkeit, intime Nähe und Annahme. Was mich aber in immer kürzer werdenden Intervallen von ihnen wegtrieb, waren ihre fixen Vorstellungen davon, wie ich, die Liebe und ihre eigene Person sein mussten. Da ich meinen Weg gegangen war, erkannte ich sehr schnell, welcher Film gerade ablief.

Das mich störende Denkmuster war immer dasselbe. Zusammenfassend habe ich festgestellt, dass Menschen, die sich über ihr Denken vor Enttäuschungen und negativen Gefühlen schützen wollen, sich und anderen auch die schöne Erfahrung der Liebe vorenthalten. Tatsächlich schützen sie sich aber gar nicht vor Enttäuschungen. Es scheint, als ob man sich machtlos in einer Negativspirale mitdreht, die automatisch auf ein böses Ende hinauslaufen muss. Es ist das Ende eines Films, das die Regisseurin und Hauptdarstellerin sich immer wieder selbst prophezeit: „Er (oder sie) wird mich verlassen!" Dagegen ist man machtlos. Ich hatte keine Lust mehr, auf ein Podest gehoben zu werden, um im nächsten Moment wieder runter geschubst zu werden. Zu oft hatte ich erlebt, dass meine Eigenschaften gelobt wurden, wenn alles nach dem Kopf der Dame lief. Entsprach etwas nicht ihrem Willen, wurde ich für dieselben Wesenszüge schon mal schlecht gemacht.

Ist es vielleicht diese extreme Kopflastigkeit mancher Frauen, die von ihren Männern als bittere Enttäuschung erlebt wird? Hätte ich nicht geduldiger sein können? Vom Wunsch, jemanden zu heilen, war ich längst geheilt. In seinem Wesen kann man von kopflastigen Menschen nicht erkannt werden. Sie alle hätten aber gerne mindestens ein Kind von mir gewollt. Auch hätten sie mich gerne als Transfrau an ihrer Seite gehabt. Nicht zu diesem Preis. Mein Gefühl und Verstand sagten nein.

Nach ein paar Monaten Singledasein lernte ich Amanda kennen. Mit ihr war ich etwas mehr als drei Jahre zusammen. Bitte verzeih', wenn ich nur kurz darüber schreibe, denn im Grunde waren wir gar nicht richtig zusammen. Wir verbrachten zwar viel Zeit miteinander, lebten aber in völlig verschiedenen Welten. Wie zwei alte Freunde, die sich lange nicht mehr gesehen haben, sich nicht mehr kennen und pausenlos streiten. Bis zur dritten Auflage dieses Buchs war uns das Kapitel „Zwei Tiger" gewidmet. Darin beschrieb ich Kennenlernen und Beziehung mit folgenden knappen Worten: „Amanda und ich trafen uns, und es war, als hätte man sich Jahrhunderte nicht gesehen. Mehr gäbe es dazu eigentlich nicht zu schreiben. Die Dinge sind, wie sie sind: Liebe ist Liebe, Kuscheln ist Kuscheln, Arbeit ist Arbeit, Natur ist Natur, Sex ist Sex, Streit ist Streit, Versöhnung ist Versöhnung. Nicht mehr und auch nicht weniger."
Wenn ich das heute lese, stellen sich meine Nackenhaare auf. Über die kurze glückliche Zeit mit Freya habe ich viel mehr und intensiver geschrieben. Warum? Weil zwischen Freya und mir echte Liebe im Spiel war. Natürlich liebte ich Amanda und spürte, dass auch sie mich auf ihre Art „liebte". Ihre Zuneigung empfand ich als Besitzwille. Wieder einmal war ich in einer verzweifelten Zweckgemeinschaft gefangen: Sie stand mir im neuen Leben als Transfrau zur Seite, ich unterstützte sie und ihren Ex-Mann finanziell. Die Beiden lebten im selben Haus über ihre Verhältnisse. Sie war langzeitarbeitslos, er bezog eine Berufsunfähigkeitsrente und die Kreditraten fürs Haus waren wesentlich höher als ihr Einkommen. Zu Dritt haben wir ein Unternehmen gegründet, um Styling, Fotografie und Lebensberatung für Transidente anzubieten. Alles ging den Bach runter. Die Beziehung und Freundschaft habe, wie gewohnt, ich beendet. Gründe gab es viele. Hervorzuheben wären folgende: unterschiedliche Auffassungen über Ehrlichkeit, Arbeitsmoral und Partnerschaft. Am meisten störte mich die seelische Distanz zwischen mir und Amanda. Sie und ihr bequemlicher Ex-Mann standen sich emotional näher, als mir lieb war. Wie Geschwister oder mehr. Oft fühlte ich mich wie eine störende Außenseiterin. Mama, Harry und andere Freunde meinten, dass ich nur als Zahlerin ausgenutzt wurde. Ich sah das anders, bis ich vor Gericht gehen musste, um jenes Geld einzuklagen, dessen Rückzahlung das seelische Geschwisterpaar verweigerte. Vom materiellen Fiasko abgesehen, durfte ich also die Liebe und die Harmonie, die ich mir immer so sehr wünschte, wieder nicht erleben. Ich fühlte mich psychisch vergewaltigt und materiell benutzt. Aber immerhin förderte Amanda die Frau in mir.

Transfrau Monika Donner

Wenn du eine Seite zu sehr spannst, wird sie reißen
Wenn sie zu locker ist, kannst du nicht auf ihr spielen
Little Buddha[1]

Beinahe kurz gefasst

Während ich einige Jahre als ein mit weiblichen Attributen versehener Mann lebte, rief die Stimme nach mehr Freiheit immer lauter. Ich fühlte mich noch zu sehr eingeschränkt. Schon längst wollte ich mich im Dienst nicht mehr als männlich maskieren. Ich hatte es satt, meine am Wochenende schön rot lackierten Nägel jeden Montagmorgen abzulakkieren, mein volles Haar zusammenzubinden und Sachen anzuziehen, die ich nicht mehr tragen und ertragen wollte. Auch Röcke und Stöckelschuhe wollte ich gelegentlich anhaben. Und mich schminken. So wie es mir eben gerade Spaß macht. Wie in einer fremden Haut fühlte ich mich in Jeans und Polo-Shirts. Hemd, Krawatte und Anzug verstaubten bereits seit Jahren im Schrank. Außerdem kam ab und an noch immer Wut gegenüber glotzenden Mitmenschen in mir hoch. Sie war nachvollziehbar, brachte aber weder mich noch die anderen weiter. Schließlich gab ich den teilweise auch provokant geführten Kampf auf. Menschen brauchen nun einmal gewisse Rollen. Auch ich. Da ich in kein vorgegebenes Rollenbild mehr zu zwängen war, erschuf ich mein eigenes. Auch wenn ich mich nicht mehr mit dem Ego oder einer Rolle identifiziere, brauche ich sie doch, um sie auf der wirtschaftlichen Show-Bühne zu spielen. Der Zeitpunkt des Ausstiegs ist noch nicht gekommen.

Durch Amanda eröffnete sich mir der Weg, als Transfrau zu leben. Sie gab mir „Liebe" und Rückhalt in allem, was noch folgen sollte. Ihre Annahme der Frau in mir war Hilfe genug. So beschloss ich, offiziell als Frau (mit männlichen Merkmalen) zu leben. Die Vornamen wurden amtlich geändert. Das Verfahren zur Änderung des Personenstands von männlich auf weiblich ist inzwischen abgeschlossen. Rechtlich gesehen bin ich eine Frau, biologisch gesehen ein Mann. Ein Dasein als Transfrau entspricht schließlich meinem inneren Bild von meinem weiteren Leben. Dadurch gab ich den Kampf nicht auf, sondern gewann ihn, weil ich nicht mehr kämpfte. Wer mich live erlebt, weiß garantiert sofort,

1 *Bernardo Bertolucci* legt diese Worte dem jungen Siddharta (Buddha) im Film „Little Buddha" (1993) in den Mund

was ich mit diesen Zeilen auszudrücken versuche. Es folgte also der Entschluss, in der sozialen Rolle der Frau zu leben – mit einem dankbaren Zwinkern auf meine Vergangenheit blickend. Bin ich durch und durch weiblich gekleidet, passt dies besser zu meinem Gesicht, und ich fühle mich um einiges zentrierter. Dementsprechend „normal" sind heute die Reaktionen des Umfelds. Selbst in der U-Bahn treffen mich trotz meiner Körpergröße (1,91 m) nur wenige irritierte Blicke. Das dürfte auch damit einhergehen, dass es mir jetzt ziemlich schnurz ist, wie man auf mich reagiert.

Das war freilich nicht immer so. Es dauerte eine gewisse Zeit, bis ich mich an meine neueste Freiheit gewöhnte. Stimme, Gang und Bewegungen entwickelten sich mit ein wenig Aufwand entsprechend meiner eigenen Kreation. Ein Freund meinte einmal: „Du hast dich vom Mann in Frauenkleidern zur Frau im Männerkörper entwickelt." Ab etwa diesem Zeitpunkt wurde ich anders beglotzt. Manche Männer ziehen mich fast aus mit ihren Blicken, wenn sie lange Haare und kurze Röcke sehen. Viele Frauen lassen ihren Blick über mich streifen, als wäre ich eine Rivalin um irgendetwas sehr Wichtiges. Doch das nehme ich als Kompliment zur Kenntnis. Ganz besonders freue ich mich, wenn jemand erkennt, wer oder was ich bin und sich darüber freut. Das kommt eher selten vor, ist dafür aber umso intensiver. Ein stimmiges Gefühl der Wärme macht sich dann breit – ganz so, als bedanke sich die Existenz dafür, dass sich zwei Menschen in ihrem Selbst begegnen, sich so annehmen, wie sie sind. Einige Menschen, die mich nicht zuordnen können, sind dermaßen irritiert, dass sie mich lange musternd anstarren. Es kommt auch vor, dass Mädels tuscheln und ganz schnell weggucken, wenn ich in ihre Richtung blicke. Ohne es zu wollen, bin ich irgendwie doch ein Stachel im Arsch einer rigiden, auf einer bipolaren Geschlechterordnung basierenden Normgesellschaft.

Ich empfinde mich, wie schon erwähnt, am ehesten als Trans-Zender, wobei ich mir nicht nur bewusst bin, männliche Energien zu haben, sondern diese auch schätze. Ganz tief drinnen fühlt es sich wohlig warm an, wenn ich meinen Namen „Moni" („Monika") oder in einem Gespräch über mich ein „Sie" höre. Dies umso mehr, wenn dieser Mensch weiß, dass ich mehr als drei Jahrzehnte lang als Mann lebte. Da es sich um ein sehr tief sitzendes Gefühl handelt, geht es um meine Freude darüber, in meiner Wesenheit erkannt und geschätzt zu werden. Die Welt bricht aber nicht zusammen, wenn das nicht passiert.

Ich breche auch nicht zusammen, falls mich jemand als überwiegend männlich wahrnimmt.

Mein selbstkreiertes, äußeres Erscheinungsbild ist sowohl Ausdruck meines Seelenlebens als auch des festen Willens, die mir angeborene Freiheit und Selbstbestimmung weitestgehend zu leben. Der einzige absichtlich geführte, inzwischen gewonnene Kampf, in Österreich ohne genitalverstümmelnde Operation rechtlich als Frau anerkannt zu werden, war vor allem Ausdruck meiner Rebellion gegenüber der bipolaren Geschlechterordnung und ihren zwanghaften Rollenbildern. Hätte ich diesen Krieg nicht gewonnen, hätte das meinen Selbstwert nicht sonderlich stark beeinflusst, weil das weder meinem Innersten noch der Sache dienlich gewesen wäre. Schließlich habe ich mich schon vorher, juristisch gesagt, als „Homo sui generis" selbst kreiert – als Mensch eigener Abstammung. Egal, ob man mich als Frau, Transfrau, Mannsweib, Transe, Weibmann oder wie auch immer bezeichnet:

Ich bin, was ich bin.

Dass unsere Kultur noch keinen echten Platz für Zwischenformen hat, steht auf einem anderen Blatt, das ich deshalb mit meinen eigenen Farben bemale. Mein Dasein ist, wie gesagt, auch als Manifestation meiner verinnerlichten Rebellion gegen zwanghafte gesellschaftliche Konventionen, Konditionierungen, Manipulationen, Zwänge und starre Rollenbilder zu verstehen. Mit anderen Worten: Indem ich meinem innersten Wunsch nach Freiheit folge, zeige ich unter anderem auf, wie künstlich bzw. unnatürlich viele Unterschiede und Probleme zwischen Mann und Frau tatsächlich sind.

Das Gehen dieses meines Wegs erfordert Selbstliebe, Mut, Rückzug zum Krafttanken, Einfühlungsvermögen, Konsequenz, eine gute Portion Humor und Vertrauen in die innere Führung. Die Reaktionen des Umfelds reichen von Bewunderung, Staunen und teils kritischem Hinterfragen bis hin zur (seltenen) offenen Ablehnung. Obwohl der Ausspruch „Ohne Provokation keine Evolution" meine Zustimmung findet, ist vom früheren gewollten Provozieren in meiner Sturm- und Drangzeit wenig übrig geblieben. Dass manche Mitmenschen schockiert sind und aus einem Traum erwachen, ergibt sich mittlerweile automatisch.

Unter der medizinischen Lupe

In meiner Kindheit sah ich mich als „Frau". Die beiden Anführungszeichen erscheinen winzig am Papier, machen jedoch den wesentlichen Unterschied zwischen Sein und Schein aus. Nachdem die männliche Rolle „Centurio" mit der weiblichen Rolle „Monique Dumont" verschmolzen war, passte ich, wie gesagt, in keine der beiden Schubladen „Mann" oder „Frau" mehr. Ich erschuf mich praktisch neu. So bin ich biologisch gesehen ein Mann, der sozial gesehen als Frau lebt, ohne dabei meine Körperlichkeit der künstlichen bipolaren Geschlechterrollenordnung anzupassen. Es mag paradox für dich klingen, dass ich mich gerade deswegen mehr als Frau fühle, als wenn ich dem gesellschaftlichen Druck zur gaOp nachgeben würde. Gleichzeitig bin ich dadurch auch mehr Mann denn je. Zu sich zu stehen und ein offensichtlicher Dorn im Popo eines sozialen Internierungslagers zu sein, erfordert auch meine männliche Energie, mein Durchsetzungsvermögen. Wenn von Energien die Rede ist, erwähne ich gerne Shiva. Seine Energie steht für Zerstörung und Wiederaufbau. Shiva ist das grundlegende Mysterium, das unser Sein ausmacht. Dieses Mysterium ist sowohl männlich als auch weiblich. Als Halbfrau „Ardhana" ist Shiva Mann und Frau zugleich.[1] Für mich ist dies ebenso natürlich, wie Gedanken an medizinische Anpassungseingriffe mein natürliches Widerstreben auslösen. Einer Brustvergrößerung gegenüber war ich eine Zeit lang nicht abgeneigt, in der Körpermitte kam aber nie ein chirurgischer Eingriff (gaOp) in Frage. Ob mein Umfeld damit klarkommt, ist mir inzwischen weitestgehend egal. Ich habe das allgegenwärtige Gefecht zwischen Mann und Frau nicht als Frau im männlichen Körper verlassen, um mich der Meinung anderer und ihren Zwängen unterzuordnen.

Es hat einen Grund, warum ich als Junge zur Welt kam und durch die Höhen und Tiefen eines männlichen Rollenbilds ging. Es gehört zu meinem Leben, aktiv für meine Freiheit einzutreten, indem ich in erster Linie Gegensätze in mir vereine und neue Wege beschreite. Konsequent, aber einfühlsam. Konditionierte Menschen, die in unerfüllbaren Rollenbildern erstarren, verdienen Mitgefühl. Somit bedarf der „männliche" Inhalt des Veränderns der „weiblichen" Form des Mitfühlens. Je intensiver meine innere Stimme, die Intuition, mich zum Leben als Frau führte, desto intensiver wurde meine Abneigung gegenüber männlicher Kleidung. Beim Anlegen der geliebten Uniform war es am schlimmsten.

1 Vgl. auch *Wolf-Dieter Storl,* Shiva – Der wilde, gütige Gott (2005), S. 7 und 38

Ab einem bestimmten Zeitpunkt verursachte der Uniformstoff einen intensiven, unangenehmen Schweißgeruch. Mein Körper zeigte mir also, wenn ich meiner Intuition nicht folgte. Dennoch war es das Militär, das mir nach einer etwas chaotischen Jugend Struktur gab, mich der Natur wieder sehr nahe brachte, Ziele zu haben lehrte sowie Konsequenz und Durchsetzungsvermögen stärkte. Nach wie vor fühle ich mich in Dank mit dem österreichischen Militär verbunden. Es war mir eine große Hilfe auf dem Weg zu mir selbst. Wenn heute durch mein Zu-mir-finden und Wirken starre Rollenbilder aufgeweicht werden und Menschen ihrer Freiheit wie auch immer näherkommen, würde es mich freuen, wenngleich es nicht mein primäres Ziel ist. Alles zu seiner Zeit.

Hier nun ein kurzer Überblick, wie ich mich heute sehe und empfinde: Den physischen Körper betreffend sei erwähnt, dass im materialistischen 21. Jahrhundert Fleischliches immer noch Vorrang gegenüber Geistig-Seelischem zu haben scheint. Nicht bei mir. Verglichen zum Kapitel „Pränatales" hat sich an meiner Körperlichkeit nichts Grundlegendes geändert. Was ich mit der Natur und meiner Spiritualität vereinbaren konnte, wurde entsprechend meinem inneren Bild geändert. Meine Biologie leugne ich nicht, weil sie ein Bestandteil dessen ist, was mein Wesen ausmacht. Das chromosomale Geschlecht blieb seit meiner Geburt als unabänderliches Kriterium „XY" (männlich). Auch das gonadale und genitale Geschlecht blieben unverändert. Meine Keimdrüsen sind nach wie vor dort, wo sie hingehören und nicht im chirurgischen Abfalleimer. Die äußeren Genitalien sind ebenfalls immer noch männlich, d.h. meine „lange Klitoris" ist dort, wo Mutter Natur sie haben will. Aber die sekundären Geschlechtsmerkmale sind quasi weiblich. Meine muskulösen Brüste haben aufgrund gezielten Krafttrainings und Autosuggestion zurzeit die Körbchengröße B. Kurze Zeit habe ich weibliche Phytohormone (Naturhormone) genommen, es aber dann sein lassen, weil ich mich nicht gut dabei fühlte. Meine Stimme habe ich mittels logopädischen Trainings stark verweiblicht, Gesicht und restlicher Körper sind dank Laserepilation wieder glatt wie ein Babypopo.
Das psychische Geschlecht ist überwiegend weiblich. Meine geschlechtliche Selbstidentifikation ist weiblich. Dabei zählen weniger die physisch-technischen Abläufe beim Liebesspiel, sondern viel mehr die Gefühle dabei. Dem entsprechend arbeitete die Juristin Elisabeth Greif in ihrer Doktorarbeit „Doing Trans/Gender – Rechtliche Dimensionen" heraus, dass die äußeren Geschlechtsteile kein hinreichendes Kriterium der Geschlechtsfeststellung sind. Würde das Vorhandensein einer Vagina oder

eines Penis das Geschlecht ausreichend festmachen, würde sich die experimentelle Erforschung des Mastergens erübrigen.[1] Greif zitiert auch Hagemann-White: „Es gibt in unserer Kultur keinen Zwischenraum zwischen den Geschlechtern."[2] Nur allzu gerne würde ich auch offiziell dem Geschlecht „Transfrau" angehören. Da es in unserer Gesellschaft und Rechtsordnung nur Mann oder Frau gibt, muss ich mich, weil ich ja Teil dieser Gesellschaft bin, einem dieser beiden Geschlechter zuordnen. Das soziale Geschlecht bestimme ich selbst. Ich lasse es mir nicht aufzwingen. Wie Jacqueline Born bin ich paradoxerweise Frau, indem ich körperlich Mann bleibe – auch weil ich mich nicht den sexistischen, medizinischen Prozeduren unterwerfe.[3] Wie wir schon festgestellt haben und später noch vertiefen werden, führen diese zur faktischen Zerstörung des biologischen Geschlechts und maximal zur Anpassung an das äußere Erscheinungsbild des Wunschgeschlechts.

Im Kraftsport entlarvte ich das durch gewisse Medien transportierte Bild als Illusion, Extremmuskelwachstum sei ohne Einnahme von künstlichen Hormonen möglich. Ebenso wenig kann mit der Verabreichung von gegengeschlechtlichen Hormonen, der Entfernung von Geschlechtsmerkmalen und dem Aufbau eines Geschlechtsteilersatzes das andere biologische Geschlecht geschaffen werden. Diese Prozeduren mitsamt den sie begleitenden Illusionen sind, sozial gesehen nichts anderes als Werkzeuge zur Aufrechterhaltung einer männlichen Herrschaft, die auf dem Zweigeschlechtermodell aufbaut: Ethnomethodologische und diskurstheoretische Arbeiten zur Geschlechterforschung basieren auf der Grundannahme, dass das symbolische System der binären Klassifikation Grundlage und Essenz männlicher Herrschaft bildet.[4] Dieses System unterstütze ich nicht. Mein Innerstes sträubte sich von Kindesbeinen an dagegen. Meine Deklarierung als Transsexuelle im Sinne des ICD 10 erfolgte hauptsächlich zu meinem rechtlichen Schutz in der Berufswelt.

Die Gesellschaft bietet nur zwei Schubladen an, stellt nur zwei Geschlechterrollen zur Verfügung. Daher nehme ich mein Recht wahr, mir jene Rolle auszusuchen, in der ich mich freier und wohler fühle. Das ist eindeutig die weibliche. Warum sollte ich als Mann durchs Leben gehen, wo ich mich doch als Frau viel wohler fühle?

1 Vgl. *Elisabeth Greif,* Doing Trans/Gender – Rechtliche Dimensionen (2005), S. 6ff.
2 *Carol Hagemann-White,* Sozialisation (1984), S. 32 sowie *Greif,* S. 11
3 Vgl. *Jaqueline Born* in *Udo Rauchfleisch,* Transsexualität–Transidentität: Begutachtung, Begleitung, Therapie (2006), S. 135
4 Vgl. *Claudia Rademacher* in *Claudia Rademacher und Peter Wiechens,* Geschlecht – Ethnizität – Klasse / Zur sozialen Konstruktion von Hierarchie und Differenz (2001), Beitrag „Geschlechterrevolution – rein symbolisch?"; siehe auch *Elisabeth Greif,* Doing Trans/Gender – Rechtliche Dimensionen (2005), S. 12

Gemäß ICD 10 ist Transsexualismus (Nr. F64.0) eine Störung der Geschlechtsidentität. Du liest hiermit das Buch eines persönlichkeitsgestörten und verhaltensgestörten Menschen. Die Definition für Transsexualismus lautet: „Der Wunsch, als Angehöriger des anderen Geschlechts zu leben und anerkannt zu werden. Dieser geht meist mit Unbehagen oder dem Gefühl der Nichtzugehörigkeit zum eigenen anatomischen Geschlecht einher. Es besteht der Wunsch nach chirurgischer und hormoneller Behandlung, um den eigenen Körper dem bevorzugten Geschlecht soweit wie möglich anzugleichen." Diese Definition ist unscharf formuliert. Das Wort „meist" verdeutlicht, dass sich nicht alle TS unwohl im eigenen anatomischen Geschlecht fühlen. Deshalb ist der letzte Satz der Definition nicht isoliert zu lesen: Nur bei jenen, die sich im eigenen Körper unwohl fühlen, besteht eventuell der Wunsch nach medizinischer Angleichung. Das Studium internationaler Literatur über Transsexuelle veranlasste den deutschen Psychoanalytiker, klinischen Psychologen und Transsexuellenexperten Udo Rauchfleisch zur Feststellung, dass zwischen 43 und 50 Prozent der Betroffenen eine Lösung ohne Operation suchen.[1] Welche Bilder die Medien und einige Betroffene auch immer transportieren, Faktum ist, dass sich rund die Hälfte der TS nicht operativ verstümmeln lässt.

Betonen möchte ich allerdings, dass der Drang nach medizinischer Anpassung weiterhin als Krankheit deklariert werden sollte. Dies stellt eine deutliche Forderung der TS mit Operationswunsch dar, die hauptsächlich auf das Tragen der Kosten durch die Krankenkassen abzielt. Dagegen gibt es nichts einzuwenden. Die Kosten (anderer) kosmetischer Operationen mit psychopathologischem Hintergrund werden ja grundsätzlich auch – unabhängig vom Geschlecht – durch die Kassen getragen. Menschen, die ohne Operation zurechtkommen, sollten nicht als „krank" bezeichnet werden. Es sei denn, die freie Geschlechtswahl bliebe weiterhin Fiktion. Dann nämlich wird man, so pervers es auch klingt, weiterhin Diagnosen und Gutachten benötigen, um sein soziales Geschlecht zu beweisen. Auch diese sollten von der Kasse bezahlt werden. Eine Alternative ist die Kostenbefreiung im Zuge des verwaltungsbehördlichen Verfahrens. Eine österreichische gesetzliche Regelung steht noch aus. Doch das ist mittelfristige Zukunftsmusik. Bis dahin, und wahrscheinlich auch danach, wird man, so traurig es ist, sein soziales Geschlecht durch Gutachten nachweisen müssen.

1 Vgl. *Udo Rauchfleisch*, Transsexualität – Transidentität: Begutachtung, Begleitung, Therapie (2006), S. 18

Die Eigendynamik und der Selbstzweck dieser staatlichen Verwaltung kotzen mich an, weil sie das Individuum und seine Freiheit negieren. Stellen wir uns vor, jemand scheint in keinem der vielen Verwaltungsprogramme auf. Hieße das dann, dass kontrollbegeisterte Schlaumeier davon ausgehen dürfen, dass es diese nicht registrierte Person auch faktisch nicht gibt, sie daher eine Nichtperson ist? Wo kämen wir denn hin, wenn dieser „Nichtmensch" vielleicht der Behörde seine physische Existenz beweisen und darüberhinaus auch noch die Kosten der Beweisführung tragen müsste?
Zurück zu Menschen wie mir. Mein Wunsch, als Frau zu leben und anerkannt zu werden, wird also als krank bezeichnet. Diese Energie gilt es umzudrehen. Menschen, die mich als krank bezeichnen, weil ich in keine ihrer gefälschten Schubladen passen kann und will, sind schlichtweg machtgeil oder geisteskrank. Oder beides. Grundsätzlich sind nicht die TS krank, aber die Klassifikation als Krankheit ist abgrundtief abartig und menschenunwürdig.[1] Das Leben in einer bipolaren Welt entgegen wissenschaftlicher und höherer Erkenntnisse sowie die Anhaftung an das Ego würde ich viel eher als krank bezeichnen. Ich habe mich von der Anhaftung an mein Ego geheilt. Wer sich vom Ich heilt und zu sich findet, dessen Persönlichkeit muss gestört werden, um zu erkennen, dass er weder seine Persönlichkeit ist, noch sein Ego.[2] Was soll daran bitte krank sein? Nichts! Ich stimme aber zu, dass ich persönlichkeitsgestört bin: Mein Verhältnis zur gesellschaftlichen Maske, nämlich meiner Persönlichkeit, wurde nicht nur gestört, sondern beinahe zerstört ...

Es gibt keine genormte Seele und keine Normgefühle. Seelisch, d.h. auf emotionaler Ebene, empfinde ich mich als überwiegend weiblich. Als Mystikerin kommen bei mir summa summarum Emotion und Intuition stets vor der Ratio. Gewisse starke „männliche" Empfindungen haben mich nie gestört. Sie gehören zu mir wie mein Körper. Es kommt vor, dass ich dominanter bin als Männer und unbekümmerter als Frauen. Als unbekümmerter wird auch das sogenannte Tom-boy-Verhalten bei sozial weiblich erzogenen Intersexuellen beschrieben. Sie geben sich zum Beispiel im Sport etwas körperbetonter. Das dürfte auf ihren, gegenüber biologisch eindeutigen Frauen erhöhten Androgenspiegel zurückzuführen sein.[3] Die Verdrängung des Männlichen würde Leid hervorrufen.

1 Vgl. mein Interview für „Die Standard" vom 8.12.2008: **http://diestandard.at/?url=/?id=1227288066818** (zuletzt abgerufen am 19.12.2009)
2 Siehe dazu Kapitel „Das Ego"
3 Vgl. *Charlotte Wolff*, Bisexualität (1979), S. 61 ff.; *Money & Ehrhardt*, Männlich und weiblich – Die Entstehung der Geschlechtsunterschiede (1975) sowie *Gisela Bleibtreu-Ehrenberg*, Der Weibmann (1984), S. 24

Von den (seelischen) Gefühlen ist die Seele als unsere innere Energie zu unterscheiden, die uns mit der spirituellen Dimension verbindet. Die Seele ist meiner Ansicht nach bei jedem Menschen geschlechtsneutral. Sie ist ein Teil der Existenz (Gottes), die selbst nur geschlechtsneutral oder zweigeschlechtlich sein kann. In vielen Fällen halte ich es für eine gewissenlose Scheinheiligkeit, wenn Psychotherapeuten und Ärzte bei TS von einer „Seele im falschen Körper" sprechen. Sie missbrauchen die Mystik zur Reinigung ihres schlechten Gewissens, das sie für die Vornahme schwerer chirurgischer Eingriffe an gesunden Körpern haben. Wo tatsächlich eine irrtümlich im falschen Körper inkarnierte Seele und die damit verbundene individuelle Gefühlswelt gemeint sind, lehnt die westliche medizinische Wissenschaft aber die Überzeugung von der Seelenwanderung eher ab. Wird jedoch der Glaube an eine Seele, die sich den Körper selbst aussucht, nicht vertreten, kann der Erklärungsversuch von der „Seele im falschen Körper" nur geheuchelt sein.

Wie sehr das Denken gezielter Manipulation ausgesetzt wird, haben wir schon erörtert und werden wir noch ausführlicher in Teil II behandeln. Inwieweit man noch von natürlichem weiblichem oder männlichem Denken sprechen kann, werden wir kaum feststellen können. Wichtig scheint mir zu sein, dass ich insofern sowohl „männlich" als auch „weiblich" denke, als ich es im Vergleich mit meinen Mitmenschen feststellen kann. Da ich mein Selbst erkannt habe, kann ich die Frage nach der Geschlechtlichkeit des Denkens nur noch belächeln. Es ist vollkommen irrelevant. Vermehrt tauchen Fragen über mein Fremdbild auf. Wie sehen andere mich? Wie möchte ich angesprochen werden? Dies möchte ich unter Bezugnahme auf die Körper-Seele-Geist-Einheit erklären: Meinem Körper ist es als neutralem Fahrzeug der Seele egal, wie er angesprochen wird. Für die Seele spielt es auch keine Rolle. Negative Emotionen können nur durch den eigenen Geist ausgelöst werden, der auf den Geist des Gegenübers reagiert. Herrschen bei mir Gedanken vor, die die Wahrheit verkennen, nämlich dass ich ein Mann bin, der sozial als Frau lebt, dann muss Leid die Folge sein. Wünsche ich als etwas angenommen zu werden, das ich de facto nie war, nicht bin und nie sein kann – also das, was sich die meisten Menschen unter einer Frau vorstellen, muss die Wahrheit ans Licht kommen. Die Biologie ist ein Faktum, das nicht weggedacht und nicht einmal (ganz) wegoperiert werden kann. Und so befreit die Wahrheit: Ich lebe als Frau, bin aber nicht wirklich eine. Darüberhinaus bin ich noch viel weniger das, was man sich unter einem Mann vorstellt. Nicht in dieser Gesellschaft.

An deren Veränderung will ich mitwirken, wobei das Wollen selbstverständlich dem Denken und damit dem Geist entspringt. Da mein Denken (Geist) mit meinem Gefühl (Seele) und meiner Spiritualität Hand in Hand geht, stehe ich zu meinem Ego und seinem Veränderungswunsch, der mich seit der Kindheit antreibt.

Gesellschaftliches Rundherum

Die ersten Schritte in meinen braunen hochhackigen Sandaletten durch das Kasernentor waren Himmel und Hölle zugleich. Lange zuvor hatte ich schon ein nettes Paar Stilettos im Büro versteckt. Wenn ich nachts alleine im Büro war, stöckelte ich heimlich ein kurzes Stück am finsteren Gang herum. Es war aufregend und beschämend zugleich. Wie lange würde es noch dauern, bis ich hier erstmals offiziell in meinen Lieblingsschuhen herumgehen könnte? Es war unvorstellbar für mich, dass es jemals geschehen würde. Aber es geschah, und ich weiß noch genau, wie es passierte. Drei Wochen hatte ich die Entscheidung aufgeschoben, mich im Dienst voll zu outen und mir deshalb zum zweiten Mal in meinem Leben ein riesiges „Kugellager am Fleischauspuff"[1] herangezüchtet. Es ging also wieder (wie bei Carina) um einen Schritt, den ich gehen musste, wenn ich nicht weiter leiden wollte. Kaum plante ich mein neues Leben als Frau, schwups, waren die üblen Dinger weg. Auf dem Weg zum ersten Betreten einer militärischen Liegenschaft in High Heels war ich nervös wie selten zuvor. Noch im Zug schrieb ich an Amanda: „Göttlich so zur Arbeit zu fahren! Freiheit! (lächelndes Smiley) Vor der Kaserne verlässt mich sicher der Mut und Schuhwechsel ist angesagt (trauriges Smiley)." Das Hochgefühl überwog und die Ersatzschuhe blieben in der Tasche. Den ganzen Tag lief ich wie auf Wolken. Dem Himmel war ich ja um gute zehn Zentimeter näher …

Nachdem ich beschlossen hatte, fortan als Frau zu leben, änderte ich zu allererst meine Vornamen auf „Monique Alexandra", wobei ich gezwungenermaßen den geschlechtsneutralen Vornamen „Toni" voran gestellt habe. Meinen endgültigen Namen „Monika Donner" habe ich erst kurz vor „Redaktionsschluss" dieses Buchs bekommen.[2] Ein Leben ohne die Diagnose „Transsexualismus" hatte ich bereits geführt und hätte es auf der emotionalen Ebene ganz locker weiterführen können. Die Vernunft gebot jedoch, mich im Berufsleben rechtlich abzusichern.

1 Hämorrhoiden (diesmal auch durch beruflichen Stress bedingt)
2 Siehe Kapitel „Mein Rechtsk(r)ampf"

Auch im Staatsdienst ist man nicht vor Ausgrenzungen und Disziplinarverfahren geschützt. Man hätte schließlich auf die Idee kommen können, mich wegen eines nicht dem Stand eines Juristen entsprechenden Erscheinungsbilds disziplinär zu bestrafen. Durch Gleichbehandlungsgesetze erfahren TS in Österreich einen mehr oder weniger effektiven Diskriminierungsschutz.[1] Es sei angemerkt, dass ein Kündigungsschutz wegen Transsexualität meines Erachtens in der Privatwirtschaft meist ins Leere läuft, weil man unbequeme Mitarbeiter auch aus anderen Gründen oder ohne Angabe von Gründen kündigen kann. Im Staatsdienst gibt dieser Rechtsschutz meinem Empfinden nach mehr her.

Aus diesen Erwägungen heraus ließ ich mich von einer Psychotherapeutin als transsexuell diagnostizieren. An meinen unmittelbaren Chef trat ich mit der Bitte heran, einen von mir zum Thema verfassten Brief an alle vorgesetzten Führungsebenen vorzulegen.[2] Dem Schreiben legte ich den psychotherapeutischen Befund bei. Auch habe ich bekannt gegeben, dass und warum eine Operation für mich nicht in Frage kommt. Hätte ich mein Umfeld über diesen einen Punkt im Unklaren gelassen, wäre bestimmt einiges glatter gelaufen. Doch das passt nicht zu mir. Ich stehe zur Wahrheit, und nur sie kann etwas ändern. Mit den meisten Kolleginnen und Kollegen führte ich persönliche Gespräche. An so gut wie alle, zu denen kein direkter persönlicher Kontakt besteht, schickte ich eine Infomail.

Die meisten Mitarbeiterinnen und Mitarbeiter reagierten offenherzig, einige verhielten sich neutral. Wenige kamen und kommen mit der Thematik gar nicht zurande. Deutlich hervorzuheben sind die Reaktionen einiger ehemaliger Kameraden, die ausdrücklich meinen Mut zum neuen Weg bewunderten und betonten, dass sie mich nun nicht mehr als Kamerad sondern als Kameradin betrachten. Freilich ist nie alles eitle Wonne. Aber für wen ist es das schon? Bestimmt empfinden mich einige Menschen, auch im privaten Umfeld, als Exotin. Eventuell wird hinter meinem Rücken mehr getuschelt, als ich gern haben würde. Dies scheint mir der Preis der Freiheit zu sein.
Über meine Namensänderung und den Umstand, bereits als Frau zu leben, informierte ich auch sämtliche Behörden, Versicherungen, Banken und sonstige Unternehmen, zu denen eine geschäftliche Verbindung besteht. Hauptsächlich schriftlich ersuchte ich diese Adressaten,

1 Siehe das Bundesgleichbehandlungsgesetz (Bund), das Gleichbehandlungsgesetz (Privatwirtschaft), die Gleichbehandlungsgesetze der Länder sowie das Wiener Antidiskriminierungsgesetz; zur Gleichbehandlungskommission siehe im Einzelnen **www.frauen.bka.gv.at/site/5462/default.aspx** (zuletzt abgerufen am 19.12.2009)
2 Siehe Teil III, Kapitel „Schreibing out"

mich in jedweder Korrespondenz als Frau anzuschreiben und zu behandeln. Diesem Ersuchen wurde unverzüglich und freundlich nachgekommen.[1]

Allein dadurch, dass ich nun voll zu mir stehe und so gut wie angstfrei bin, reagiere ich auf gelegentlich befremdetes Verhalten meist souverän und spontan. Geduld ist angebracht, Humor kann nicht schaden, aber auch nicht die Courage, Missstände offen anzusprechen und gegebenenfalls aggressiv abzuwehren. Fast alle Menschen sind einseitig geprägt und denken bipolar. Es liegt daher in der Natur der Sache, dass ich Menschen irritiere. Mit Udo Rauchfleisch bin ich einer Meinung, dass transidente Menschen geradezu eine Avantgarde für eine freiere Lebensgestaltung sein können.[2] Mit der entsprechenden Offenheit können sie einen wesentlichen Beitrag zur gleichwertigeren, gleichberechtigteren Behandlung aller Mitmenschen, ungeachtet ihres Erscheinungsbilds und ihrer Lebensweise, leisten. Die Einsicht, dass unsere Geschlechterrollen, teilweise sogar die biologischen Geschlechter sozial konstruiert sind, kann zu echter, weil natürlicher Gleichwertigkeit und Gleichberechtigung führen. Eine meiner Freundinnen lebte zuvor als Mann und verdiente ihr Geld als Maurer. Kurz nach der gaOp wurde ihr Gehalt als Maurerin gekürzt, obwohl sie weiterhin dieselbe Tätigkeit verrichtete. Im Personalbüro begründete man die Lohneinbuße mit den Worten: „Sie sind ja nun eine Frau, und Frauen verdienen weniger bei uns!“ In einer patriarchalischen Gesellschaft, die von einer wirtschaftlichen Ungleichverteilung zugunsten des maskulinen Geschlechts gekennzeichnet ist, ist die Befreiung vom Diktat der Geschlechterrollen manchen „Herren“ der Schöpfung und blind mitlaufenden „Damen“ freilich ein Dorn im Auge. Vor allem transidente Menschen stellen diese Dichotomisierung[3] und Kategorisierung der Geschlechter radikal in Frage. Als Störer der künstlichen, unharmonischen Ordnung rufen sie auch die Wut und den Hass der machtmissbrauchenden Personen hervor.

Die Genderforscherin Natalie Sophie Chrstos hat in ihrer Diplomarbeit im Rahmen des Studiums der vergleichenden Literaturwissenschaft (Komparatistik) „versucht zu zeigen, dass Menschen, die von der Norm abweichen, also Abjekte[4] sind, in ihrer Lebensweise diskriminiert werden."

1 Siehe ebendort
2 Vgl. *Udo Rauchfleisch*, Transsexualität – Transidentität: Begutachtung, Begleitung, Therapie (2006), S. 150
3 Dichotomie: Aufteilung in zwei nicht miteinander vereinbare bzw. entgegengesetzte Strukturen oder Mengen
4 Abjekte: Menschen, die nicht heterosexuell, reproduktiv, monogam in einer Beziehung lebend und weißer Hautfarbe sind.

Das äußert sich insbesondere in der Gewalt und Unterdrückung, die sie tagtäglich am eigenen Leib erfahren.[1] Chrstos Versuch ist meines Erachtens ebenso gelungen, wie ihre liebevolle Darstellung individueller Lebensschicksale. Sie beleuchtet auch das Thema der Androgynie.[2] Androgyne Menschen können, wie Transidente und Homosexuelle, ein Thermometer für das soziale Intoleranzfieber sein. Chrstos zitiert Ursula Prinz, wenn sie den Androgyn beschreibt als „die Mischform des Männlichen und des Weiblichen, der in den Bereich des Mythischen gehört und in der Darstellung des Kugelmenschen bereits Ausdruck findet."[3] Sie hält fest, dass der Androgyn als mächtiges Urwesen auftaucht, das die Kraft beider Geschlechter in Harmonie miteinander vereint. Des Weiteren arbeitet Chrstos heraus, dass gegenüber der Androgynie eine gesellschaftliche Ambivalenz festzustellen ist: „Je nach moralischer, religiöser Strömung wurde die androgyne Vorstellung geduldet, gepflegt oder verdrängt. Im Mittelalter wurde Androgynie eher als doppelgeschlechtliche Abart herabgesetzt, da man dachte, dass ein Androgyn ein Individuum sei, welches beide Geschlechter in sich vereinigt. In der Renaissance gewann die Androgynie erstmals seit der Antike wieder an gesellschaftlicher Bedeutung. In der Romantik verstand man unter der Androgynie die seelische und geistige Union von Mann und Frau, die jedoch der Komplettierung des Mannes zugute kommen sollte." Das diesbezügliche Stichwort dieser Epoche ist für die Verfasserin die „Künstlerandrogynie".

Beachtenswert ist, dass Androgynie in unterschiedlichen Epochen von vielen Künstlern ganz allgemein als Idealvorstellung gesehen wurde und wird. Hier füge ich hinzu, dass es uns nicht wirklich wundern darf, wenn in der zweck-, ziel- und gewinnorientierten Alltagswelt sowohl für die schönen Künste als auch für „Geschlechtsvereiner" aufgrund des eklatanten Spiritualitätsdefizits wenig Platz zu bleiben droht. In ihrer Arbeit stellt Natalie Sophie Chrstos abschließend fest: „Das mächtige binare Geschlechter-Gesellschaftssystem erhält sich selbst aufrecht, indem jegliche Bedrohung auszulöschen versucht wird."

Der indirekte Zwang zu geschlechtsanpassenden Operationen, wie er in Österreich bis 2010, in Deutschland, Italien und der Schweiz bis 2011 praktiziert wurde, ist für mich der intensivste Ausdruck des über-

1 Vgl. *Natalie Sophie Chrstos*, Genital outlaws, in a positive way – Intersexualität und Transsexualität im kulturellen Text (2009); verfügbar über die Universität Wien oder als Download auf **www.monika-donner.at**

2 Androgynie: Vereinigung weiblicher und männlicher Merkmale. Die oftmals synonym verwendete Bezeichnung „zwitterhaft" ist biologisch nicht korrekt.

3 Vgl. *Ursula Prinz*, Androgyn. Sehnsucht nach Vollkommenheit (1986), S.9

betont männlichen Systemdrucks, der – statt zuzugeben, dass die künstliche Ordnung krank ist – Transsexualität zur Krankheit erklärt. Auf dem Rücken des Individuums soll die Illusion einer kranken heilen Welt aufrechterhalten werden: „Durch das gesellschaftliche Zurechtschneiden von Auffälligkeiten gerät die Transsexualität als behandelbare Krankheit zum operablen Symptom, das mit scheinbarem Einverständnis aller Beteiligten (und transsexuell privatisiert) ins Unsichtbare kuriert werden kann.“[1] Die Feministin Monique Wittig interpretiert die Genitaloperationen und Hormontherapien als Konsequenzen und produktive Funktionen des Sexismus. Sie lehnt sie aus politischen Gründen ab, weil totalitäre Regimes (Nazi-Faschismus, Apartheid etc.) ihrer Meinung nach oft auf biologistischen Ideologien beruhen und Frauen eine Erfindung des Patriarchats sind. Was die Rolle der Frau betrifft, stimme ich zu, wie ihrem Ausspruch: „Eher möchte ich zu den durch Biologismen Ausgegrenzten gehören, als mit einem sexistischen System zu kollaborieren.“[2]

Ich lebe auch als Transfrau, weil ich dem männerdominierten, unnatürlichen Zwangssystem der Außenwelt nicht länger dienen will. Dabei ist für mich noch ein wesentlicher Aspekt, dass ich meinen geliebten, gesunden Körper nicht von feigen Schwächlingen wie einen Bonsai stutzen lasse. Ich habe gelernt, männlich und weiblich zu kämpfen, meine „Herren“ und mitschneidenden „Damen“! Dieser Weg erfordert Kraft und Ehrlichkeit zu sich selbst. Selbstverständlich soll und muss nicht jeder Mensch bewusst zur Veränderung der Gesellschaft beitragen. Jeder handelt auf seine Weise und zu seiner Zeit.

Die Befassung mit den Reaktionen meines Umfelds auf meine Person mündete in meine Theorie der „Moni-Funktion“. Meine Erscheinung und mein Auftreten reißen manche Menschen aus dem konditionierten Denken heraus. Ihr Verstand kann nicht mehr wie bisher arbeiten, wenn etwas für ihn Absurdes abläuft. Darin liegt eine große Chance für das Sein im Hier und Jetzt: Setzt mein Gegenüber sich mit mir auseinander und erfasst mein Wesen, ohne es zu hinterfragen oder rational zu zerlegen, ist damit jene grenzenlose Begegnung möglich, in der die Klarheit jenseits des Verstands und das „Verstehen“ des Augenblicks beheimatet sind. Darin liegt wiederum das Verständnis für die gesamte Existenz, weil sich die Existenz immer in der Gegenwart und nie in der Vergangenheit oder Zukunft befindet.

1 Vgl. *Udo Rauchfleisch*, Transsexualität – Transidentität: Begutachtung, Begleitung, Therapie (2006), S. 141 bis 150
2 *Jacqueline Born* in *Udo Rauchfleisch*, Transsexualität – Transidentität: Begutachtung, Begleitung, Therapie (2006), Free Gender - Ein autobiografisch gefärbter Essay, S. 131

Die Existenz wiederholt sich nicht, sie schafft ausschließlich Originale. Sie orientiert sich nicht an menschlichen Begriffen. Eventuell erhält mein Gegenüber durch meine Anwesenheit eine Ahnung über seine eigene innere Führung, sein eigenes Selbst weitab jeder Konditionierung, indem es erspürt oder erkennt, dass sein eigenes Wesen hinter den Konstruktionen des Verstands, dem programmierten Gedankenmüll und Emotionsschmutz, versteckt ist.

Ist der innerste Punkt des eigenen Wesens erreicht, gibt es keine Trennung mehr, und eine Tür geht auf in den göttlichen Kosmos, der sich sowohl im Inneren als auch im Äußeren befindet. Jeder Mensch ist einzigartig. Diese Erkenntnis ist bereits eine, wahrscheinlich sogar die Befreiung.

Leider gehe ich den von mir gewählten Weg ziemlich alleine. Die meisten mir bekannten Transidenten ziehen es vor, in der „Normalität" unterzutauchen und nicht erkannt zu werden. Der bereits erwähnte Arzt, Sexualforscher und Soziologe Volkmar Sigusch schreibt dazu: „Es sieht so aus, als können unsere Transvestiten und Transsexuellen das sehr verbreitete, sich immer deutlicher artikulierende geschlechtliche Unbehagen in dieser Kultur nicht wirksam zum öffentlichen Reden bringen, weil sie der Tyrannis des generischen, des geschlechtlichen Binarismus im Kopf, mit Leib und Unterleib erliegen, weil sie normalitätssüchtig sind und nicht von der Geschlechtsdysphorie[1] zur Geschlechterentspannung aufzusteigen vermögen."[2] Sigusch vertritt wie ich die Meinung, dass Transidente, die zu ihrer Weiblichkeit im männlichen Körper und zu ihrer Männlichkeit im weiblichen Körper stehen könnten, wechseln würden von der Würde der psychiatrisch-chirurgischen Krankheitseinheit zur Würde einer sozialen Minderheit. Das wäre eine Provokation sondergleichen für eine Gesellschaft ohne institutionellem Ort für geschlechtliche Migrationen (abgesehen von Kliniken und Kanzleien).[3] Es wäre eine enorme Provokation für eine Gesellschaft, in der der Mann trotz aller Aufweichungen der Geschlechterrollen noch immer im Äußeren dominiert. Zudem bemerkt Sigusch, dass die Normalität dann endlich so plural wäre, wie sie immer tut.[4] TS, TV, DWT etc. sind allesamt Normvarianten, weil es sich dabei um Phänomene handelt, die, vergleichbar zur Homosexualität, regelmäßig in Erscheinung treten.

1 Geschlechtsdysphorie: aus dem Konflikt zwischen Geschlechtsidentität und biologischem Geschlecht resultierender Stress
2 *Volkmar Sigusch*, Geschlechtswechsel (1995), S. 111
3 Vgl. ebendort S. 12
4 Vgl. ebendort

Es ist die Entscheidung jedes einzelnen Betroffenen, ob er weiter ein getarntes Scheindasein leben oder ein freieres, selbstbestimmteres Leben im „Dienste" der Liebe und Wahrheit führen möchte. Viele entscheiden sich für ein „unauffälliges Dasein", weil sie so sehr mit ihrem eigenen Wohlbefinden beschäftigt sind, dass ihnen für soziales Öffnen keine Energie übrig bleibt. Das ist nur verständlich, zumal sie sich vielfach auch als Opfer der bipolaren Unordnung sehen.

Einerseits eröffne ich also mir und meinem Gegenüber die Chance auf eine offenherzige Begegnung. Andererseits spiegle ich durch meine bloße Präsenz auch die inneren Ängste meines Gegenübers. Auf etwas nicht klar Zuordenbares reagieren „kleine Leute" erst einmal mit Abwehr, weil sie das Zerbrechen ihres illusorischen Weltbilds ahnen und noch nicht dazu bereit sind. Manche reagieren sogar wütend, weil es jemand wagt, aus einem Käfig auszubrechen, in dem sie selbst noch stecken. Wer anders ist, stellt eine potentielle Gefahr dar für den kleinen Menschen und seinen Goldkäfig. Mit Oshos Worten: „Doch immer wenn ein Genie und ein Gigant auftaucht, wird der kleine Mann aus der Masse ärgerlich, fühlt er sich unterlegen, wird er zornig. Er hat Sokrates getötet, er hat Jesus getötet, und er hat Mansoor getötet."[1]

Solange sich Menschen nicht in das erwähnte Bewusstsein zweiten Ranges oder zumindest in das Denken sechster Ebene erheben, werden sie freiheitsliebende Individuen als Gefahr betrachten und bekämpfen. Sie fühlen sich in ihrer Illusion gestört und werden zornig. Es bringt rein gar nichts, sich über diese Menschen zu ärgern. Ihr Verhalten entspricht ihrer Entwicklung, die nach ihrem eigenen Tempo abläuft. Wichtig ist, dass sich eigene hochkommende Wut in etwas Konstruktives transformiert. In sich gehen und die Liebe in sich selbst spüren, bewirkt dabei wahre Wunder. Wenn es nicht mit Liebe, sachlich oder gar nicht anders geht, plädiere ich für ein klares Sich-Herausnehmen aus bedrängenden Situationen.

Grundsätzlich wird meinem Wunsch entsprochen, als Frau angesprochen und behandelt zu werden. Die Ausnahmen sind hauptsächlich unter älteren männlichen Arbeitskollegen und Bekannten zu finden, die mich schon länger kennen. Obgleich ich schon im ersten Moment zusammenzucke, berührt es mich im Grunde wenig, wenn ich merke, dass jemandem gelegentlich und ohne jede Absicht ein „Er" oder „Toni" passiert.

1 *Osho*, Der Gott den es nicht gibt – Westliche Religion und die Lüge von Gott (2008), 239

Dass mich aber jemand absichtlich noch immer in der männlichen Form anspricht, geht gar nicht. Eine Weile habe ich es zur Kenntnis genommen, weil ich Zeit zur Gewöhnung geben wollte. Wer sich heute noch so verhält, demgegenüber verhalte ich mich nach wie vor respektvoll, reduziere aber den Kontakt auf das absolut notwendige Maß. Es ist aus meiner Sicht gleich gelagert, ob jemand bewusst „Thomas" zu jemandem sagt, der als „Tom" angesprochen werden möchte, oder ob man statt „Monika" den damals amtlichen ersten Vornamen „Toni" zur Anrede verwendet. Wer meine Entscheidung nicht akzeptieren kann, soll sein Problem alleine lösen. Ich habe weder die Zeit dafür, noch möchte ich Energie in die Ent-wicklung derartiger Menschen investieren. Zumindest nicht gratis. Es handelt sich dabei um wenige Zeitgenossen, denen die „Lebensfreude" förmlich ins Gesicht geschrieben steht. Wenn sie an sich arbeiten möchten, können sie gerne die Dienstleistungen unseres Unternehmens in Anspruch nehmen.

Es dauerte einige Zeit, bis ich die seltene, aber sehr intensiv erlebte Phase des Ablehnungsschmerzes überwand, um zu erkennen, dass es dabei gar nicht um mein Selbst, sondern um mein im Anerkennungsbestreben verletztes Ego ging. Das Erkennen dieser Wahrheit brachte mir Erleichterung und zeigte mir die große Chance, die die Begegnung mit anderen Menschen bringt. Die positiven, von Akzeptanz und mitmenschlicher Nähe geprägten Kontakte überwiegen deutlich.

Woher rühren die Berührungsängste mancher Menschen gegenüber transidenten Personen? Meiner Meinung nach wurzeln viele falsche geistige Bilder in der einseitigen und verzerrten Medienpräsentation, die Wohnzimmer zu Schauplätzen für Gaffer macht. Diese wiederum basiert im Grunde auf christlich-katholischen Zwängen. Wir befassen uns daher im folgenden Kapitel mit jenem Mann, der sich zu Unrecht Jesu Vertreter auf Erden nennt, selbst Kleider trägt, zumindest offiziell unbeweibt und kinderlos ist, aber Stimmung gegen die Theorie vom sozialen Geschlecht und damit auch gegen Transidente macht.

Papa im Kleid und die Transen

Ich pisse auf den Papst
und seine römische Zentrale
Auf den Vatikan und seine Sklaven
Böhse Onkelz[1]

Einen weiteren Beweis dafür, dass der Gott der katholischen Kirche nicht existiert, erbrachte der angeblich unfehlbare Papa der Kirche, dieser scheinheilige Möchtegernvater, indem er dazu ermutigte, gegen Rollenwechsler, Transidente und Homosexuelle vorzugehen. Dies ereignete sich nicht etwa im Mittelalter sondern zur Jahreswende 2008/2009. Ratzinger kritisierte die Gender-Theorie, nach der weibliche und männliche Geschlechterrollen weitgehend gesellschaftlich bestimmt und nicht von der Natur vorgegeben sind. Dahinter stehe ein Versuch des Menschen, sich von der Schöpfung zu emanzipieren. Die Gender-Theorie stelle die „Natur des menschlichen Wesens als Mann und Frau" in Frage. Akzeptiere man die von Geburt an zugewiesene Rolle als Mann oder Frau nicht, wäre das „eine Selbstzerstörung des Menschen und die Zerstörung von Gottes Werk selbst". Es bedürfe einer „Humanökologie", die den Menschen vor der „Selbstzerstörung" bewahren soll.

Absoluter Schwachsinn, was der Mann im Kleid, Antichrist und Kontrollfreak da den Presseberichten und den im Internet verfügbaren Videos zufolge kurz vor Weihnachten von sich gab.[2] Neunzig Prozent Wahrheit und bei den wichtigsten zehn Prozent wurde, wie meist, gelogen. Das Werk Gottes bzw. der göttlichen Existenz ist die Natur. Aber die Reduktion individueller Menschen auf zwanghafte Geschlechterrollen ist unnatürlich. Beginnen wir aber bei der Wurzel:

Der „Schöpfer", an den die Katholiken glauben, existiert nicht, wie wir bereits lang und breit festgestellt haben.[3] Eigentlich würde sich damit bereits jede inhaltliche Diskussion über die Gotteskonformität der Gender-Frage erübrigen.

1 *Böhse Onkelz*, aus dem Lied „Kirche" vom Album „E.I.N.S" (1996)

2 Vgl. insb. Zeit online, Tagesspiegel 23.12.2008 - **www.zeit.de/news/artikel/2008/12/23/2691453.xml** sowie **„Der Papst dreht durch" - marco-schreuder.at/2008/12/der-papst-dreht-durch.html** sowie **www.oe24.at/welt/weltpolitik/Homo-Vertreter_finden_Papst-Rede_hetzerisch_408647.ece** sowie **www.news.at/articles/ 0852/15/229332/homosexuellen-aktivisten-papst-scharfe-kritik-hetzerischen-worten** sowie als Videos: **www.spiegel.de/video/video-44169.html** und **www.gloria.tv/?media=18529 (zuletzt abgerufen am 19.12.09)**

3 Siehe insb. die Kapitel „Der liebe Gott" und „Alles im grünen Berech" (jeweils *„Hinter den Kulissen"*); siehe auch Kapitel „Religion" („Götter sind erfundene Sklaventreiber") im II. Teil

Lass uns aber trotzdem auf die sinnbefreite Argumentation des Papsts eingehen. Das biologische Geschlecht entspricht der Natur. Die gesellschaftlichen Geschlechterrollen hingegen werden, wie Ratzinger selbst richtig erkannt hat, ab der Geburt zugewiesen. Diese Zuweisung ab der Geburt ist unnatürlich. Die Gender-Theorie zeigt diese Unnatürlichkeit der Rollenverteilung auf. Sie stellt daher keine Gefahr für die Natürlichkeit dar, im Gegenteil: Sie kann den Weg zur natürlichen „Schöpfung" zurückweisen. Daran haben katholische Kirchenfürsten jedoch kein Interesse, weil sie ja für die unnatürliche Rollenzuweisung mitverantwortlich sind. Besonders transidente Menschen vergegenwärtigen uns die Künstlichkeit, Starrheit und Unnatürlichkeit der Rollenbilder.

Die Psychologie nimmt zum Thema Rollenbilder wie folgt Stellung: „Als Mädchen oder als Junge geboren zu werden hat Konsequenzen, die über die chromosomalen und hormonellen Unterschiede und die darauf basierenden anatomischen Unterschiede weit hinausgehen."[1] Mit den anatomischen (biologischen) Unterschieden ist eine Vielzahl von geschlechtsbezogenen Erwartungen oder Vorschriften verbunden, wie etwa im Bereich der Spielzeuge, Kleidung, Aufgaben in Familie und Beruf sowie Freizeitbeschäftigungen, lautet es sinngemäß im Sachbuch „Entwicklungspsychologie."[2] Die Funktionen, also die Rollen von Mann und Frau sind gesellschaftlich konstruiert: Geschlechtsidentität folgt der Entwicklung der Geschlechterrolle von ihren biologischen Wurzeln durch konventionelle Formung, also tatsächlich kulturelle Konstruktionen bis hin zu Orientierungen jenseits der Geschlechterrolle, die weitgehend transdifferenziert und transkonventionell ist.[3]

Da der Papst offenbar einen männlichen Nichtgott anbetet, liegt ihm sehr viel an der unnatürlichen Lebensführung der Menschen, damit sie besser mit Scham und Angst kontrollierbar sind, um sie vor einem Pseudogott im Staub kriechen zu lassen. Mit hoher Wahrscheinlichkeit vermischt er deshalb – rhetorisch geschickt – die Natur des Menschen mit dessen Rolle. So einfach ist das. Die Abkehr von den zugewiesenen Rollen ist aber tatsächlich der Weg zur Aufrechterhaltung der Schöpfung im Sinne der Existenz, des wahren Gottes. Kurz zu einem ähnlichen Thema: Homosexualität. Was spricht eigentlich gegen die Enttabuisierung der gleichgeschlechtlichen Liebe und die Legitimität der gleichgeschlechtlichen Ehe? Befürchtet man vielleicht, schwule Priester könnten der

1 *Hanns Martin Trautner* in *Rolf Oerter und Leo Montada*, Entwicklungspsychologie (2007), S. 625
2 Vgl. ebendort
3 Vgl. *Ken Wilber*, Integrale Psychologie (2006), S. 141

Kirche den Rücken kehren, mit gutem Gewissen und legitim, also auf Vereinbarung beruhend, ausleben, wofür noch immer gar nicht so wenige Burschen ohne Einwilligung herhalten müssen?

Die klerikale Pädophilie ist die bereits erwähnte Spitze des körperfeindlichen, sexualrassistischen, scheinheiligen Machteisbergs des Vatikans. Natürlich gibt es jede Menge menschenfreundliche Priester, das eklatante Weiblichkeitsdefizit der beschürzten Kirchenmännerwelt zieht aber offenbar auch viele gewalttätige Psychopathen an. Anstatt das innere Kind der Menschen zu unterstützen, wie Jesus es uns ans Herz legt, vergewaltigen diese bigotten Sozialschmarotzer ihre Schäfchen emotional, geistig und körperlich. Die statt der erforderlichen Kindersegnung praktizierte Kinderschändung wird 2010 besonders intensiv durch jene mutigen Missbrauchsopfer aufgezeigt, die den Schritt in die Medienwelt wagen.

Sollte man nun tatsächlich eine Humanökologie im päpstlich verwirrten Sinne einer sozialen Säuberung als erforderlich erachten, um den Menschen vor der Selbst-Zerstörung, d.h. der Zerstörung seines natürlichen Selbst zu bewahren, empfehle ich, diese auf nur eine Personengruppe anzuwenden, nämlich Ratzinger mitsamt seinen Bischöfen und ihrem schändlichen Einfluss zu stürzen. Doch die Realität sieht leider so aus, dass die Macht und der Einfluss der Kirche immer noch enorm sind. Da sich die Amtskirche an weltliche Gesetze halten muss, wenn sie weiterhin als Parasit gutgläubiger, obrigkeitshöriger Trostsuchender überleben will, werden andersartige, nicht kontrollierbare Menschen, die es wagen, die kirchliche Autorität in Frage zu stellen, heute nicht im Rahmen einer offiziellen Inquisition ermordet, sondern anders kalt gemacht. Das Repertoire reicht vom Lächerlichmachen bis zur wirtschaftlichen Vernichtung und angeblich auch bis zum mysteriösen plötzlichen Ableben.[1] Dass das vatikanische Machtsyndikat ziemlich sicher nicht einmal vor der Ermordung eines Papsts zurückschreckte, der für eine Kirche der Armen und die Kraft des Evangeliums kämpfte, zeigte sich am unbestechlichen Papst Johannes Paul I. Man ließ ihn wohl entfernen.

1 Siehe dazu bspw. den umstrittenen Bestseller von *Michael Baigent und Richard Leigh*, Verschlusssache Jesus – Die Qumranrollen und die Wahrheit über das frühe Christentum (1991), insb. S. 66ff. und S. 133ff.: Es wird, vor allem im Kapitel „Die Attacke auf die Wissenschaft", beschrieben, wie über 2.000 Jahre alte, in Qumran gefundene religiöse Texte katholische Machthaber dazu veranlassten, ihr religiöses Informationsmonopol aufrechtzuerhalten und potentiell gefährliche Wissenschafter diskreditieren zu lassen. Siehe auch *Dieter Potzel*, Zeitschrift „Der Theologe", Ausgabe Nr. 15: Die Essener und die Schriften von Qumran, **www.theologe.de/theologe15.html** Fassung vom 27.10.2009 (zuletzt abgerufen am 9.1.2010), worin die Meinung von Kritikern erwähnt wird, die Veröffentlichung der Qumran-Rollen sei seit Jahrzehnten hinausgezögert oder verhindert worden. Viele in der Qumran-Forschung tätige Wissenschafter seien angeblich wegen „persönlichen Versagens" dazu veranlasst worden, sich zurückzuziehen oder sie starben unerwartet.

Schließlich war er mit seiner Idee einer Armenkirche im Sinne des NT die größte Gefahr für die Machtinteressen des reichen, unchristlichen Vatikans. Vermutlich wurde er aus diesem Grund getötet.[1]

Ende 2008 wurde durch einen offenbar „etwas" weniger christlichen Papst zur allgemeinen Hetze gegen geschlechtsrollen- und sexualitätskonformlose Menschen aufgerufen. Ich bin davon überzeugt, dass ich vor etwa 500 Jahren auf dem Scheiterhaufen verbrannt worden wäre, wenn ich meine Meinung ganz offen zum Besten gegeben hätte oder einfach nur ich gewesen wäre. So wie einst Jeanne d´Arc[2], die zwar gut genug war, um Frankreich von den Briten zu befreien, aber dann bei lebendigem Leib abgefackelt wurde, weil sie aufgrund der Liebe des französischen Volks zu stark für gewisse Herren wurde. Da ihr der lächerliche Tatbestand der Ketzerei ob ihrer die Ankläger überragenden Frömmigkeit nicht oder nur schwer nachgewiesen werden konnte, verurteilte man sie auch deswegen offiziell zum Tode, weil sie sich weigerte, Frauenkleider zu tragen.[3] Sie soll die Haare kurz getragen haben. Eine Bibelstelle des AT lautet: „Ein Weib soll nicht Mannsgewand tragen, und ein Mann soll nicht Weiberkleider antun; denn wer solches tut, der ist dem Herrn, deinem Gott ein Greuel."[4] Was den Nichtgott Jahwe erzürnt, lässt mich kalt. Dem NT entnehmen wir, so ungewöhnlich es auch ist, eine ähnliche Regelung betreffend das Haupthaar. Darin wird die skurrile Frage gestellt, ob uns nicht die Natur lehrt, dass es dem Manne zur Unehre gereicht, wenn er das Haar lang trägt. Dem Weib hingegen würde die Natur langes Haar zur Herrlichkeit und statt einer Kopfbedeckung verleihen.[5] Wie mir Biologen, Friseure, jede Leserin und Jesus bestätigen können, zeigt uns die Natur nur das interessante, leicht beobachtbare Phänomen, dass Haare sehr lang werden können, wenn man sie nicht regelmäßig wie den Rasen zurechtstutzt.

An solchen komischen biblischen Anordnungen erkennt man erneut, dass Jahwe nicht der allmächtige Schöpfergott gewesen sein kann. Den lieben Gott kümmert es herzlich wenig, welche Kleidung wir uns „antun" und wie lange unser Haar ist. Aber was Menschen angetan wurde und wird, weil sie gegen diese vertrottelten menschlichen Gebote verstießen, lässt das Herz des Gottes der Liebe bestimmt bluten …

1 Vgl. *David A. Yallop,* Im Namen Gottes? Der mysteriöse Tod des 33-Tage-Papstes Johannes Paul I. – Tatsachen und Hintergründe (1984)
2 Die Jungfrau von Orleans
3 Die Quellen sind diesbezüglich leider widersprüchlich.
4 5. Mose 22:5
5 Vgl. 1. Korinther 11:14 und 15

Jedes Wesen wurde von der Göttlichkeit geschaffen: Pflanzen, Tiere, heterosexuelle Frauen und Männer, Transidente und Homosexuelle. Jede Schöpfung Gottes ist vortrefflich, heißt es im NT.[1] Ein überwiegend männlicher oder weiblicher „Gott" kann nicht existieren, weil das seine menschenähnliche Struktur voraussetzen würde, es einen solchen personifizierten Gott aber nicht gibt. Wenn die universelle Schöpfung ein Geschlecht hat, dann eventuell ein energetisch weibliches, weil dieses mit dem Vorgang des Gebärens in Verbindung gebracht werden kann. Viel eher ist die Existenz aber geschlechtsneutral oder zweigeschlechtlich (*Entweder und Oder*), weil aus ihr sowohl männliche als auch weibliche Wesen hervorgehen: Gott ist Licht[2] (neutral), Gott ist Geist[3] (männlich: Animus), und Gott ist Liebe[4] (weiblich: Anima). Dies ist bei Johannes nachzulesen, der von Joseph Ratzinger in seinem relativ mutigen Buch mit dem irreführenden Titel „Jesus von Nazareth" als Lieblingsjünger Jesu und als wahrer Autor des gleichnamigen Evangeliums hervorgehoben wird.[5]

In der westlichen gesellschaftlichen Realität findet leider noch wenig Anerkennung für Transidente statt, was nach wie vor hauptsächlich auf das von der Kirche aufrecht erhaltene Bild eines vorwiegend männlichen „Gottes" – verkörpert durch Jesus Christus und vergeistigt durch die Dreigottmafia „Gott Vater, Gott Sohn, Gott heiliger Geist" – zurückzuführen ist. Daran ändert auch diese absolut korrekte Feststellung des KKK nichts: „Gott ist keineswegs nach dem Bild des Menschen. Er ist weder Mann noch Frau. Gott ist reiner Geist, in dem es keinen Geschlechtsunterschied geben kann."[6] Dies deckt sich mit dem Apokryphon des Johannes, wo die gnostische Muttergottheit mit zweigeschlechtlichen Zügen namens „Barbelo" beschrieben wird. Judas erkannte, dass Jesus von Barbelo herstammt.[7] Sie wird bei Johannes unter anderem beschrieben als der „Mutterschoß des Alls" und der „Mutter-Vater". Im übertragenen Sinn ist Gott daher weiblich, androgyn oder intersexuell.

1 Vgl. 1. Timotheus 4:2
2 Vgl. 1. Johannes 1:5
3 Vgl. Johannes 4:24
4 Vgl. 1. Johannes 4:16
5 Vgl. *Joseph Ratzinger Benedikt XVI.*, Jesus von Nazareth (2007), S. 265ff. – insb. S. 265 und 267. Unrichtiger Buchtitel: Jesus war Nazarener, womit ursprünglich nicht seine Herkunft aus Nazareth gemeint war, sondern seine Herkunft aus dem Kreis der Täufer, die man auch „die Bewahrer" vor dem Endgericht (Nazrèn) nannte; siehe dazu *Hartmut Stegemann*, Die Essener, Qumran, Johannes der Täufer und Jesus (2007), S. 303f.
6 KKK Nr. 370
7 Vgl. Judas-Evangelium, Satz 34 bis 35; *Lüdemann* S. 49ff.; Zur Gnosis: Gnostische Systeme beinhalten grds. folgende Annahmen: Die überweltliche Gestalt Gottes nimmt nicht am kosmischen Geschehen teil, Beherrschung der Erde durch bösartige Wesen, Erlösungsfunke ist im Menschen, Erkenntnis der wahren Natur des Menschen bringt die Seele zum himmlischen Ursprung zurück etc. Dass der Mensch die Erlösung in sich selbst trägt, dürfte der Hauptgrund für die kirchliche Ablehnung der Gnosis darstellen.

Allerdings findet sich auch folgende Bezeichnung: „Der dreifach-männliche, der dreifach-kraftvolle, der dreifach-benannte Mannweibliche".[1] Wie man leicht erkennt, ist Gott eine Kombination aus Frau und Mann oder geschlechtslos. Die im KKK postulierte Geschlechtslosigkeit Gottes wird durch die Gotterklärung des Menschen Jesus gleich wieder ad absurdum geführt.[2] Ich behaupte jetzt nicht, dass transidente Menschen mehr Göttlichkeit in sich tragen als andere Menschen. Aber eines ist sonnenklar: Sie tragen mehr Göttlichkeit nach außen als gegen sie hetzende männlichkeitsfanatische Gottmacher in Rom. Schon deshalb ist die Folgerung nicht von der Hand zu weisen, dass transidente Personen nach kirchlicher Diktion[3] vom Klerus nicht verachtet werden dürften, sondern verehrt werden müssten.

Schlauerweise sichert die Kirche ihre unhaltbaren, unmenschlichen, unchristlichen und teils sogar dem KKK widersprechenden Glaubensauslegungen mit einem gottgegebenen Gültigkeitsanspruch ab. Die Rede ist von der neuerdings wieder betonten Unfehlbarkeit des Papsts und der Bischofsversammlung. Wenn die Kirche durch ihr oberstes Lehramt etwas „als von Gott geoffenbart" und als Lehre Christi „zu glauben vorlegt", müssen die Gläubigen „solchen Definitionen mit Glaubensgehorsam anhangen", legt der KKK fest.[4] Weiter: „Die Unfehlbarkeit reicht so weit wie die Hinterlassenschaft der göttlichen Offenbarung." Klingt nach der absoluten Macht eines diktatorischen Systems. Gilt die kirchliche Unfehlbarkeit auch gegenüber Gott?
Bei diesem Thema kommen wir nicht am wenig arischen Adolf Hitler vorbei. Wie er seine Herrschaft über die Ausdehnung eines sogenannten Notverordnungsrechts juristisch spitzfindig absicherte[5], wirkt angesichts der Verankerung kirchlicher Macht ja beinahe lausbubenhaft.

1 Vgl. Apokryphon des Johannes 4 bis 5; *Gerd Lüdemann und Martina Janssen*, Die Bibel der Häretiker – Die gnostischen Schriften aus Nag Hammadi (1997), S. 107; *Gerd Lüdemann*, Das Judas-Evangelium und das Evangelium nach Maria – Zwei gnostische Schriften aus der Frühzeit des Christentums (2006), S. 49ff.

2 Vgl. KKK Nr. 464

3 Vgl. KKK Nr. 370

4 Vgl. KKK Nr. 891

5 Täuschung der Öffentlichkeit – Notverordnungsrecht bzw. Ermächtigungsgesetz: Nationalsozialisten stifteten v.a. 1933 vermutlich selbst Unruhen und lösten den „Staatsnotstand" aus, wobei sie sich als ihre eigenen Gegner ausgaben. So dürften sie bspw. für den Brand des Reichstagsgebäudes verantwortlich zeichnen, der einen offiziellen und für die Allgemeinheit verständlichen Grund zur Erlassung des sog. Ermächtigungsgesetzes abgab. Mit diesem Gesetz wurde, abweichend von der damaligen deutschen Verfassung, der Reichsregierung und damit dem Reichskanzler Hitler befristet sowie zum Zweck der Beseitigung der (von ihm selbst geschaffenen) Missstände und Unruhen die Macht zur Gesetzgebung erteilt. Hitler war damit seinem Ziel der absoluten Macht schon sehr nahe: Legislative (Gesetzgebung) und Exekutive (Regierung) waren bereits zu beachtlichen Teilen in Händen der Nationalsozialisten. Vgl. dazu die fünf Artikel des Ermächtigungsgesetzes vom 24.3.1933 (Reichsgesetzblatt Nr. 25/1933). Da Hitler das Parlament entmachten wollte, gehe ich beim Reichstagsbrand von einer Brandstiftung in seinem Auftrag aus. Bestätigung findet diese Theorie in den durch die SS in polnischen Uniformen vorgetäuschten Überfällen auf deutsche Grenzorte nahe Polen. Mit diesen Täuschungsmanövern schufen sich die Nazis selbst den „Anlass" für ihren Blitzkrieg. Das Prinzip der Täuschung der Öffentlichkeit dürfte dasselbe wie beim Reichstagsbrand und eventuell auch beim Einsturz der amerikanischen „Twin Towers" am 11.9.2001 (vorgetäuschter Anlass zum Öl-Feldzug bzw. Irak-Krieg?) sein.

In seinem Buch „Mein Kampf" beschrieb Hitler seinen geplanten Kampf für sein auserwähltes Volk. Dieses Werk leitete de facto den alleinigen Führungsanspruch und seinen späteren Erlöserstatus ein. Darf es uns verwundern, dass eine kaum vom kaiserlichen Diktator befreite Nation nach einem „Nazi-Messias" lechzte, nachdem Deutschland durch die Siegernationen des Ersten Weltkriegs mit dem Vertrag von Versailles (1919) geknebelt worden war? Den ausgehungerten Deutschen wurden die Alleinschuld für den Krieg und massive Wiedergutmachungszahlungen aufgezwungen. Während andere Nationen ihre Heere aufrüsteten und technologisch verbesserten, durften die Deutschen eine „bessere Feuerwehr" von maximal 100.000 Soldaten unter der Führung von rund 4.000 Offizieren haben. Schwere Waffen wie Panzer, U-Boote und Schlachtschiffe waren verboten.[1] Wie an diesen Beispielen ersichtlich wird, handelte es sich um keinen Friedensvertrag, sondern um ein Diktat zur Wehrlosigkeit. Es gilt zu berücksichtigen, dass sehr wahrscheinlich gewisse Machthaber im Hintergrund die „Drahtzieher" an Adolfs Marionettenschnüren waren.[2] Was ist leichter, als einen offensichtlichen Wahn für seine Zwecke einzusetzen? Wie vorherzusehen war, ließ man sich das wirtschaftliche und wehrethische Kriegsdiktat nicht bieten und rüstete auf. Der französische General Ferdinand Foch soll 1918 schon beurteilt haben: „Dies ist kein Friedensvertrag, sondern ein Waffenstillstand für die nächsten 20 Jahre." Foch war Chef des französischen Generalstabs, Mitglied des Obersten Kriegsrats und Professor für Strategie an der französischen Militärakademie.[3] Von seiner Aussage bis zum Beginn des Zweiten Weltkriegs dauerte es tatsächlich gerade einmal 20 Jahre. Wie auch der militärische Laie leicht erkennen kann, hat General Foch Recht behalten. Militärstrategische Beurteilungen sollten daher nicht der Politik, sondern dem Generalstab überlassen bleiben. Auch die deutschen Generäle konnten unter Hitler ein Trauerlied über politische Fehleinschätzungen singen, weil der größenwahnsinnige „böhmische Gefreite" in einigen Strophen weit über erreichbare Ziele hinauskomponierte bzw. -schoss.

Zugegeben: Dass die Begleitumstände nicht hätten günstiger sein können für eine totalitäre Machtübernahme zur Entzündung des Weltenbrands, an dem nur Kriegswirtschaftstreibende und zündelnde Hintermänner profitieren konnten, macht Verschwörungstheorien verständlich, die hinter all dem die bewusste Planung einer Machtelite orten.

1 Siehe insb. die Artikel 160, 171, 188ff sowie 231 des Vertrages von Versailles
2 Auf okkulter Ebene die Thule-Gesellschaft, Vril-Gesellschaft, Bund der Schwarzen Sonne („SS") sowie auf materieller Ebene von Rüstung und Krieg profitierende Großkonzerne
3 Vgl. **http://de.encarta.msn.com/encyclopedia_761570619/Ferdinand_Foch.html** (zuletzt abgerufen am 15.5.2009)

Aus dieser Sicht brauchte man einen einigermaßen charismatischen Menschen, der auf der psychologischen Ebene den beim Volk bereits bekannten Kaiserstatus einnehmen könnte, um die Massen zu mobilisieren. Nachdem die Kirche mit Hilfe der Missinterpretation und Verdrehung biblischer Worte den männlichen wortgewandten Redner mit gewisser charismatischer Durchsetzungskraft namens Jesus zum gottgleichen Erlöser (er selbst bezeichnete sich als Menschensohn oder Mensch) erhob, war der Weg für den nächsten „Erlöser" geebnet. Der ohne Zweifel für viele Verbrechen hauptverantwortliche Schrumpfgermane aus Österreich sollte seinem deutschen Volk als „Gottkaiser der Arbeiterklasse" Broterwerb sowie Selbstwertgefühl durch Einigung und Frieden bringen. „Heiland"[1] Hitler berief sich, wenn Schaufeln gegen Gewehre getauscht wurden, auf die sogenannte Vorsehung oder aber auf Mutter Natur – beides nicht nachweisbare und damit „unfehlbare" Instrumente. Nehmen wir einmal an, Herr Hitler hätte sich 1945 nicht selbst gerichtet oder nach Südamerika abgesetzt, sondern an den Nürnberger Kriegsverbrecherprozessen als Beschuldigter teilgenommen und sich dort auf eine höhere Instanz oder seine Unfehlbarkeit berufen. Begeben wir uns kurz in den Gerichtssaal:

Strafrichter: „Herr Hitler, bekennen Sie sich des Völkermords und der vorhin aufgezählten Kriegsverbrechen für schuldig?"
Adolf Hitler: „Keinesfalls, Herr Rat! Zum einen anerkenne ich nämlich nicht die Kompetenz dieses multinationalen Gerichts, über mich, das Oberhaupt der arischen Herrenrasse, des auserwählten deutschen Volkes, zu richten, weil niemand über unserem Volke und seinem unfehlbaren Führer stehen kann. Zum anderen hat die Vorsehung alles genau so bestimmt, wie es kommen musste – also auch den ganzen Krieg mit allen dazu gehörigen Handlungen. Ich war somit nur Handlanger eines höheren Willens. Mich kann also gar keine Schuld treffen. Außerdem ist es ein in der Natur zu beobachtendes Phänomen, dass der Stärkere obsiegen und den Schwächeren unterdrücken muss. Das hat doch schon Herr Darwin erklärt. Haben Sie in der Schule nicht aufgepasst, als es in Biologie um natürliche Selektion ging, Herr Rat? Lernt man so was in den USA nicht? Und so eine Nation gewinnt den Krieg! Eine solche Schande muss ich miterleben. Eigentlich hätte ich mich vergiften sollen wie der dicke Hermann!"[2]

1 Die sprachliche Nähe zwischen dem Wort „Heiland" (Heilbringer, Retter, Erlöser) und dem Gruß „Heil Hitler!" ist kaum von der (rechten) Hand zu weisen.
2 Hermann Göring

Wir denken doch nicht im Ernst daran, dass Hitler freigesprochen worden wäre, oder? Wie kommt es dann, dass kirchliche Oberhäupter sich ihrer Verantwortung für Mord und Totschlag im Rahmen der Inquisition oder gemeiner Diffamierungen durch Berufung auf einen nichtexistenten „Gott", eine nicht legitime Kirchenmacht oder die idiotische Unfehlbarkeit entledigen konnten? Nach jeder mir bekannten Rechtsordnung stellten und stellen Mord, Totschlag, Körperverletzung und Nötigung gerichtliche Straftatbestände dar. Selbst das kirchlich gepredigte Gebot Nr. Fünf lautet: „Du sollst nicht töten".[1] Bestimmte schwerwiegende Sünden wie etwa Mord werden im Katechismus als Todsünde (peccatum mortiferum) bezeichnet.[2] Mord ist auch nach klerikaler Ansicht eine Sünde bzw. Todsünde. Strafrechtlich sind in Österreich sowohl der unmittelbare Täter als auch der Bestimmungstäter (Anstifter) oder Beitragstäter (Gehilfe) grundsätzlich gleich verantwortlich.[3] Es macht daher keinen Unterschied, ob die Kirche Hexenverbrennungen in Auftrag gab, andere durch Hetzreden dazu anstiftete oder etwa „nur" einen Beitrag in Form von „gesegnetem Brennmaterial" leistete.
Hexenjagden wurden und werden gegen diejenigen betrieben, die der männlichen Kirchenmacht gefährlich werden können: Andersgläubige, Frauen, Geschlechterrollenwechsler und Homosexuelle. Aber auch mit dem katholischen Nachwuchs geht man nicht gerade behutsam um. Unzähligen wehrlosen Menschlein hat man durch religiöse Lügen schon im zarten Kindesalter das psychische Brandzeichen der sexuellen Scham aufgedrückt, sie dadurch von ihrer Lebensenergie abgespalten und unter Ausnützung eines autoritären Verhältnisses mit Schlägen und Psychoterror gefügig gemacht. Ich warte nur darauf, dass findige Rechtsanwälte den Vatikan und seine Handlanger strafrechtlich und schadenersatzrechtlich belangen. Aus meiner Sicht sind aber ohnehin die Staatsanwälte aller Nationen dazu verpflichtet, bestimmte „Würdenträger" der Kirche wegen ihrer Verbrechen an Psyche und Leib anzuklagen. Nach österreichischem Recht kommen insbesondere Üble Nachrede, Beleidigung, Verhetzung, Nötigung, Schwere Nötigung, Gefährliche Drohung, Körperverletzung, Quälen unmündiger oder jüngerer Personen, Vergewaltigung, Geschlechtliche Nötigung, Sexueller Missbrauch und Missbrauch eines Autoritätsverhältnisses in Betracht.[4]

1 2. Mose 20:13
2 Vgl. KKK Nr. 1854ff. – insb. 1857
3 Vgl. §§ 12 und 13 StGB
4 Vgl. folgende §§ des StGB: 111 (Üble Nachrede), 115 (Beleidigung), 283 (Verhetzung), 105 (Nötigung), 106 (Schwere Nötigung), 107 (Gefährliche Drohung), 83ff. (Körperverletzungsdelikte), 92 (Quälen oder Vernachlässigen unmündiger, jüngerer oder wehrloser Personen), 201 (Vergewaltigung), 202 (Geschlechtliche Nötigung), 206 (Schwerer sexueller Missbrauch von Unmündigen), 207 (Sexueller Missbrauch von Unmündigen) und 212 (Missbrauch eines Autoritätsverhältnisses)

Hinsichtlich eines weiteren Verbrechens an den gläubigen Schäfchen, dem Ablasshandel, definiert der Codex Iuris Canonici von 1983[1] den Ablass in Canon 992 wie folgt: „Ablass ist der Nachlass zeitlicher Strafe vor Gott für Sünden, deren Schuld schon getilgt ist; ihn erlangt der entsprechend disponierte Gläubige unter bestimmten festgelegten Voraussetzungen durch die Hilfe der Kirche, die im Dienst an der Erlösung den Schatz der Sühneleistungen Christi und der Heiligen autoritativ verwaltet und zuwendet." Das Konzept des Ablasses existiert heute noch und ist in Artikel 12/III des KKK im Rahmen der Irrlehre vom Fegefeuer nach wie vor verankert. In Nr. 1032 heißt es ausdrücklich: „Die Kirche empfiehlt auch Almosen, Ablässe und Bußwerke zugunsten der Verstorbenen." Zwar stammt die Lehre von Fegefeuer und Ablässen aus dem Mittelalter und bildete auch Anstoß zur Reformation, sie besteht jedoch heute noch als unfehlbares Dogma fort, bekundet auch Hans-Werner Deppe in „Sind Sie auch katholisch?" Weder kommt das Fegefeuer in der Bibel vor, noch gibt es auch nur irgendeinen Hinweis im NT auf einen etwaigen Kirchenschatz. 1990 gewährte der Papst jedoch einen „vollkommenen Ablass, d.h. die Erlassung aller sonst im Fegefeuer abzubüssender Schuld".[2]

Aus dem Konzept des Ablasses entstanden im Spätmittelalter verschiedene Missbräuche. Einerseits kamen vermögende Gläubige zu der Fehlinterpretation, dass sie, ohne sich um die Folgen sorgen zu müssen, unbekümmert sündigen könnten, da ihnen die Kirche ja gegen eine entsprechende Geldspende den Ablass gewähren würde. Andererseits entdeckten die unter ständiger Geldnot leidenden Päpste, dass sich der Gnadenschatz der Kirche mittels Ablassgewährung gegen Geld in einen echten Schatz in klingender Münze verwandeln ließ, wenn man den Gläubigen nur die Schrecken des Fegefeuers für sich und ihre verstorbenen Angehörigen dramatisch genug ausmalte. Besonders auffällig ist der gegenläufige Gebrauch der Worte „Gläubige" und „Schuld" im Kirchenrecht einerseits und im wirtschaftliche Leistungen regelnden, zivilen Schuldrecht andererseits. Der religiös Gläubige wird als religiös Schuldiger (Sünder) vor „Gott" zum Schuldner (Leistenden) der Kirche und die Kirche wird zum Gläubiger (Forderer) des geschuldeten Ablassgeldes.

Der Ablasshandel ist nach österreichischem Recht eindeutig als schwerer gewerbsmäßiger Betrug strafbar. § 148 des österreichischen Strafgesetzbuchs lautet: „Wer einen Betrug gewerbsmäßig begeht,

1 Codex iuris Canonici: Das Gesetzbuch des katholischen Kirchenrechts

2 Vgl. *Hans-Werner Deppe*, Sind sie auch katholisch? (2005), S. 79 bis 82 (Verfügbarkeit als download unter **www.dasjahrderbibel.de** - zuletzt abgerufen am 19.12.2009)

ist mit Freiheitsstrafe von sechs Monaten bis zu fünf Jahren, wer jedoch einen schweren Betrug in der Absicht begeht, sich durch dessen wiederkehrende Begehung eine fortlaufende Einnahme zu verschaffen, ist mit Freiheitsstrafe von einem bis zu zehn Jahren zu bestrafen." Zum einen ist der Terminus „Sünde" bzw. „Schuld" ein Produkt des menschlichen Geistes und rührt daher nicht von Gott, sondern maximal vom Nichtgott des AT her.[1] Andererseits läuft die Annahme eines Kirchenschatzes dem Wirken und den Worten Jesu sowie damit dem NT entgegen. Außerdem können Dritte weder Sünden vergeben, noch am Akt des Verzeihens mitwirken. So sprach Jesus, wir sollen selbst zum Vater im Himmel beten, auf dass er unsere Schuld vergebe. Wenn wir unseren Nächsten ihre Fehler vergeben, vergibt auch der Vater im Himmel unsere Verfehlungen.[2] Daraus ist zu schließen, dass sich nur die betroffenen Menschen gegenseitig vergeben können. Es bedarf dazu keines Vermittlers, sondern höchstens und als Alternative des Gebets. Ablasszahlungen sind daher im christlichen Sinne wirkungslos – abgesehen vom Mittelzuwachs der Kirche.
Beten sollen wir außerdem nur zum Vater im Himmel, der unser einziger geistlicher/geistiger Vater ist: „Ihr sollt niemanden Vater nennen auf Erden, denn einer ist euer Vater, der im Himmel ist."[3] Wer ist dann eigentlich das Oberhaupt der klerikalen, teils auf Ministranten fixierten Schürzenjäger, wenn es sich „Heiliger Vater" nennen lässt? Meine lieben deutschen Katholikenfreunde, ich befürchte, Ihr seid in eurem Geltungsdrang wieder einmal auf eine unredliche Führerfunktion hereingefallen: Nach christlichem Verständnis seid Ihr nicht nur Papst[4], sondern auch Antichrist.[5] Jesus gab nämlich gemäß dem NT bekannt, dass ihm – und nur ihm – alle (spirituelle) Macht auf Erden und im Himmel übertragen wurde.[6] Diese Formulierung schließt expressis verbis jedwede Stellvertretung aus.[7] Dem KKK zufolge ist jedoch der Papst (der römische Bischof) der Stellvertreter Christi. In dieser Funktion übt er die volle, höchste und allgemeine Vollmacht frei über die Kirche aus.[8] Doch wer behauptet, der heilige Vater und Gottes Vertreter auf Erden zu sein, der leugnet die Macht Christi, also den Vater und den Sohn.[9]

1 Vgl. insb. Evangelium nach Maria, Satz 7,10 bis 8,11; *Lüdemann*, S. 92; siehe auch Kapitel „Buddha Jesus"
2 Vgl. Matthäus 6:9 bis und insb. 14
3 Matthäus 23:1,9
4 Ausruf vieler Deutscher nach der Wahl Ratzingers zum Papst: „Wir sind Papst"
5 Antichrist bedeutet nicht nur Widerchrist sondern auch anstelle Christi! – vgl. *Wachturm Bibel- und Traktatgesellschaft deutscher Zweig e.V*, Unterredungen anhand der Schriften (1990), S. 35 bis 37
6 Vgl. Matthäus 28:18, 11:27 und Epheser 1:20,21
7 Expressis verbis (lat.): ausdrücklich
8 Vgl. KKK Nr. 882; siehe auch Kapitel „Religion" („Keine Macht von Machtlosen")
9 Vgl. 1. Johannes 2:22

Die Konsequenz:

Der Papst ist der Antichrist

Abgesehen von dieser auf den Worten Jesu aufbauenden Entlarvung des päpstlichen Stellvertretungsblödsinns, zeigt auch die Nutzung des menschlichen Verstands, dass der Papst nicht der Stellvertreter Christi sein kann. Dazu muss man sich nur fragen, wer den Papst bestellt. Bischöfe sind auch nach geltendem Kirchenrecht Menschen. Die Versammlung einiger Machtmenschen in hübschen Kleidchen, Hütchen und Schühchen ersetzt nicht einen etwaigen, nur durch Jesus allein zu setzenden Vertreterbestellungsakt. Die Bischofsversammlung ist nicht Jesus Christus. Im Gegenteil: Es ist vielmehr anzunehmen, dass Jesus anlässlich eines Besuchs im Vatikan diese scheinheiligen Parasiten aus ihrem Luxustempel peitschen würde. Amen.

Ich erinnere mich an einen sonnigen Tag an einer Tankstelle. Meine Partnerin saß am Steuer, und ich war bemüht, den Tankdeckel ohne Zerkratzen meines Nagellacks zu öffnen. Da hatte ich das Gefühl, eine Fratze würde mich aus dem Augenwinkel anstarren. Ein Blick zur Seite auf die Plakatwand zeigte Herrn Ratzinger in Überlebensgröße. „Neben Fratzinger sieht Dracula ja wie ein Wiener Sängerknabe aus!“ durchfuhr es mich, ohne dass ich darüber nachdachte. Alles in allem dürfte Martin Luther schon das Richtige gemeint haben, als er mehr die Funktion als die Person des Papsts mit dem Antichristen gleichsetzte.[1] Es spielt keine Rolle, wer auf dem Kirchenthron sitzt. Es ist die Funktion, die dem NT zufolge Gottlosigkeit und Menschenverachtung verkörpert. Wenn sich ein Papst mit dem verbrecherischen Katholikenkartell anlegt, wird er eben entfernt. Der jetzige Papst spricht mit weicher, bedeutsamer Stimme von Nächstenliebe und tritt im weißen Kleidchen auf. Tatsächlich zeigen seine Äußerungen zur Transgender-, Schwulen- und Aidsbekämpfungsthematik in eine Richtung, die ihn in meinen Augen zu einem der „inwendig raubgierigen Wölfe“ und „falschen Propheten“ macht, vor denen uns Jesus warnte.[2] Jesus erklärte sogar, dass man diese falschen Propheten an ihren Werken erkennen wird: „An ihren Früchten sollt ihr sie erkennen. Kann man auch Trauben lesen von den Dornen oder Feigen von den Disteln?“[3] Die geschichtlichen Früchte der Kirche, die Auswirkungen ihres Handelns sind: Krieg im Namen „Gottes“, Kreuzzüge,

1 Siehe dazu Kapitel „Religion“
2 Vgl. Matthäus 7:15
3 Matthäus 7:16

Inquisition, Menschenverbrennungen, Folter, Ablasshandel, Verdammung der Lebensenergie spendenden Sexualität, Anfeindung anderer Religionen, Verdrehung der Worte Jesu, Kirchenprunk, klerikaler Reichtum sowie Diffamierung, Ausbeutung und sexueller Missbrauch von Menschen.

Erwartet sich ernsthaft jemand die Vermittlung wahrhafter Spiritualität durch diese Schreckensinstitution? Von wem sollen wir uns fernhalten? Auch hier gibt das NT eine deutliche Antwort: „Die da haben den Schein eines gottseligen Wesens, aber seine Kraft verleugnen sie; und solche meide.“[1] Außerdem sollen wir uns in Acht nehmen vor den Schriftgelehrten, die herumgehen in langen Gewändern und sich gerne grüßen lassen am Markt und gerne auf den besten Plätzen in den „Schulen“ und bei Tisch sitzen.[2] Noch deutlicher hätte Jesus es nur sagen können, wenn er Päpste, Bischöfe und andere Machthaber namentlich angeführt hätte.

Es erstaunt mich zutiefst, wie vernunftbegabte Menschen (Homo sapiens) dieser katholischen Kirche angehören können, wo doch die Worte Jesu klipp und klar aufzeigen, dass sie nicht in seinem Namen auftritt. Merkt denn niemand, dass ein angeblicher Stellvertreter Christi auf Erden auch wirken müsste wie Jesus oder zumindest wie Franz von Assisi? Allein der optische Kontrast zwischen den Dreien spricht schon Bände. Wie sein Vorbild Jesus trug Franz schlichte Kleidung und ging nach Möglichkeit barfuss. Der Presse zufolge trägt der Papst neben sündteueren Kleidern auch rote Schuhe des exquisiten Modekonzerns Prada, die er nicht einmal in muslimischen Moscheen (gerne) auszieht.[3] Ratzingers PR-Abteilung[4] hat wahrscheinlich in der Pendeluhr geschlafen. Ihr ist offensichtlich entgangen, dass die ganze Welt seit spätestens 2006 über die Modelust einer bestimmten dunklen Kreatur Bescheid weiß:

Der Teufel trägt Prada.[5]

Von mir aus kann Ratzinger auch rote High Heels, blonde Perücken und extremes Make-up zu seinen Kleidern tragen. Das wäre doch schick. Außerdem würde es die Diskrepanz zu Meister Jesus, über den er sich ohnehin schon erhöht hat, auch symbolisch unterstreichen.

1 2. Timotheus 3:5
2 Vgl. Lukas 20 :46
3 Vgl. bspw. **www.sueddeutsche.de/leben/vatikan-mode-der-papst-traegt-prada-1.231892** sowie **www.welt.de/politik/article3713676/Der-Papst-und-die-Schuhe-in-der-Moschee.html**
(Papst trägt Prada sowie Schuhproblem in Moscheen – beide zuletzt abgerufen am 19.12.2009)
4 PR: Public relations (engl.): Öffentlichkeitsarbeit
5 *Lauren Weisbergers* Roman „Der Teufel trägt Prada“ (2003) wurde 2006 von David Frankel verfilmt

Würde der Papst ein Leben führen wie Franz von Assisi, der sich selbst als „fratello poverello", als armer kleiner Bruder, bezeichnete[1], dann könnte ich den Kirchenthroninhaber schon eher ernst nehmen. Immerhin war der derzeitige vatikanische Thronhüter aber der Auslöser dafür, dass ich begann, dieses Buch zu schreiben. Ein herzliches „Grüezi!" an dieser Stelle an den Papst und seine Schweizer Garde. Vielleicht spielt er auch nur seine Rolle und freut sich privat sogar, wenn jemand die Wahrheit erkennt und durch seinen negativen Einfluss zu sich findet? Träumen wird man ja wohl noch dürfen.

Ich bin bereits nach dem Abitur aus diesem Verein mit frühkindlicher Zwangsmitgliedschaft ausgetreten. Würde die Kirche – welche auch immer – versuchen, das höchste Ziel zu erreichen, nämlich für Individuen den direkten Weg zu wahrer Spiritualität zu ebnen, statt nur als Negativbeispiel zu fungieren, würde ich dieser Kirche beitreten und als Priesterin „arbeiten". Was gibt es zu befürchten? Auf, auf, Ihr Kirchenschafe im Vatikan, spuckt euren Wolf aus und entwickelt euch weiter auf spirituellen Ebenen. Ihr würdet dadurch bestimmt kein einziges zahlendes Mitglied verlieren, sondern enormen Zuwachs erzielen. Die Menschen hungern nach Spiritualität und Selbstbefreiung. Rückt die ohnehin nicht mehr geheimen Schlüsselchen zum irdischen Paradies ganz frei heraus und befreit euch dadurch auch selbst!

Wenn man sich in der vatikanischen Hofburg nicht schleunigst auf eine Umkehr in Richtung menschenwürdiges Christentum besinnt, dann plädiere ich dafür, dass alle vernünftigen Menschen aus der Kirche austreten. Unabhängig davon wird man den zentralen Machtapparat auflösen müssen wie einst die NSDAP[2] und ihn enteignen, wie man es mit den Habsburgern (in Österreich) tat. Ehemalige machthungrige Bischöfe und Priester werden gezwungen sein, für ihren Lebensunterhalt zu arbeiten. Der restliche Apparat wird alsdann mit den guten Geistlichen in eine sinnvolle Institution transformiert, die der Bevölkerung jenen spirituellen Rückhalt bietet, den sie in unserer schnelllebigen, antispirituellen, vom Wirtschaftssklaventum geprägten Zeit dringend braucht.

1 Vgl. *Niklaus Kuster*, Franziskus – Rebell und Heiliger (2009), S. 7

2 NSDAP: Nationalsozialistische Deutsche Arbeiterpartei. Sie war eine politische Partei, die in der Weimarer Republik entstand. Ihr Programm (Ideologie) war geprägt von radikalem Antisemitismus und Nationalismus sowie der Ablehnung von Demokratie und Marxismus. Adolf Hitler war ihr Parteivorsitzender. Vom 14. Juli 1933 bis Ende des Kriegs war die NSDAP die einzige zugelassene Partei.

Mein Rechtsk(r)ampf

Weil in diesem Buch die psychologischen, sozialen und religiösen Umstände im Vordergrund stehen und ihnen das Recht sozusagen folgt, biete ich hier nur einen eher kurzen Abriss meines persönlichen Rechtsk(r)ampfs hinsichtlich Namensänderung und Personenstandsänderung. Die geneigte Leserin hat aber die Möglichkeit, sämtliche Verfahrensschritte auf meiner privaten Homepage chronologisch nachzuvollziehen.[1] Die einzelnen Dokumente sind frei als Download verfügbar. Der Name dieses Kapitels soll zum Ausdruck bringen, dass es sich sowohl um einen Alleinkampf ohne Unterstützung durch staatliche Institutionen, politische Parteien, private Vereine oder sonstige Einrichtungen als auch um einen riesigen behördlichen Krampf handelt, der Menschen zu einer Nummer in Büchern macht. Nicht mit mir. Die Rechtslage ist hinsichtlich der höchstgerichtlichen Rechtsprechung seit langem eindeutig und eher menschenfreundlich. Dagegen wirkte die Verwaltungspraxis des Innenministeriums mehr als holprig und menschenverachtend. Was kompliziert für dich klingen mag, ist in Wahrheit ganz simpel: Bis 2010 war es nicht möglich, sein soziales Geschlecht ohne gaOp zu wechseln und seinen Namen frei zum Wunschgeschlecht hin zu ändern. Als es Michaela und mir zu dumm wurde, wendete sich das Blatt. Michaela ist eine liebe Freundin und ebenfalls eine Transfrau. Wir sprachen uns ab, unterstützen uns gegenseitig und heizten den Verantwortlichen im Innenministerium kräftig ein, nachdem man uns lange Zeit hingehalten hatte. Sie bestritt den Rechtsweg bis zum Verwaltungsgerichtshof und ich bis zum Verfassungsgerichtshof. Außerdem erstatteten wir Strafanzeige gegen bestimmte Leute des Innenministeriums.

Grundsätzlich geht die österreichische Rechtsordnung vom Zweigeschlechtermodell aus. Es wird vom Vorhandensein von ausschließlich zwei Geschlechtern als „Naturtatsache" ausgegangen: Mann und Frau.[2] Die rechtliche Zuordnung eines Menschen zu einem der beiden Geschlechter macht sichtbar, dass sie ein Bestandteil genau jenes Produktionsapparates ist, von dem das körperliche Geschlecht mitkonstruiert wird. Dieser Apparat legt ja fest, welcher Körper als weiblich und welcher als männlich zu gelten hat.[3] Dabei wird jedoch komplett verkannt, dass die Natur sehr wohl Zwischenformen vorsieht. Etwa eines von 2.000 Kindern kommt intersexuell zur Welt. Hochgerechnet leben in Österreich heute also rund 4.000 Intersexuelle.

1 Vgl. **www.monika-donner.at**
2 Vgl. § 44 ABGB
3 Vgl. *Judith Butler*, Das Unbehagen der Geschlechter (1991), S. 24f. sowie *Elisabeth Greif*, „Trans/Formation – Geschlechtswechsel zwischen staatlicher Kontrolle und rechtsfreiem Raum" in Juridicum (2009/2), S. 68 bis 71

In Deutschland müssten es rund 40.000 sein. Intersexuelle, auch Hermaphroditen und fälschlicherweise Zwitter genannt, weisen bei der Geburt prinzipiell die Merkmale beider Geschlechter auf. Ihnen mangelt es daher an der von der Rechtsordnung postulierten eindeutigen Geschlechtlichkeit. Folglich sieht man sich befleißigt, die von Mutter Natur gegebenen Körper dieser Menschen, in der Regel unmittelbar nach der Geburt, durch genitalverändernde Chirurgie den menschlichen Rechtsvorstellungen anzupassen. Sie haben als Babys keine Wahl und keine Möglichkeit, es zu verhindern oder zu beeinflussen. Oft werden sie dadurch schwer traumatisiert.[1]
Unsere Vorfahren anerkannten noch die Vielfalt der Natur. Bemerkenswert freizügig erscheint die Rechtslandschaft des 14. Jahrhunderts hinsichtlich der rechtlichen Behandlung von Hermaphroditen (ursprünglich Jünglinge mit Brüsten und langem Haar): „Die hermofrodite in irem geschlecht, in welchem sie mer taugent (oder vermugent) nach dem wird er erachtet."[2] Das kanonische Recht kannte sogar das Wahl- und Entscheidungsrecht der Betroffenen.[3] Interessant sind auch die Bestimmungen des Preußischen Allgemeinen Landrechts aus dem Jahr 1794: Bis zum 18. Lebensjahr des „Zwitters" hatten die Eltern die Wahl, zu welchem Geschlecht ihr Kind zu erziehen war. Danach konnte der „Zwitter" das Geschlecht frei wählen.[4] Heute hingegen werden diese Menschen nicht einmal mehr im Gesetz erwähnt, sondern gleich hinter verschlossenen Türen zwangsoperiert. Am Beispiel der Intersexualität darf uns der immense gesellschaftliche Druck bewusst werden, der auf „Uneindeutigkeiten" lastet. Daneben gibt es noch andere Erscheinungen, die vielerorts, in Österreich bis 2010, als Zwischenformen entweder gar nicht oder nur körperlich zurechtgeschnipselt Deckung im Rechtsgebäude finden: Transsexuelle. Da mich dieser auffällige, zum Himmel schreiende humanitäre Rückschritt unmittelbar betroffen hat, habe ich mir einen regelrechten Fight mit der Republik geliefert. Dieser Papierkrieg könnte ein eigenes Buch füllen. Hier der chronologische Ablauf:

Als ersten taktischen Schritt änderte ich meine Vornamen von „Anton Alexander" auf „Toni Monique Alexandra". „Toni" ist ein geschlechtsneutraler Vorname, der sowohl von Männern als auch von Frauen geführt werden kann. Als solchen hätte ich zum Beispiel auch „Andrea" oder „Michele" wählen können. So will ich aber nicht heißen. Mein Ziel war „Monika" oder „Monique" als erster amtlicher Vorname, wobei „Monique" natürlich ein

1 Vgl. **www.netdoktor.at/nachrichten/?id=118926** (zuletzt abgerufen am 19.12.2009)
2 Summa legum: Vgl. *Gal Alexander*, Die summa legum brevis levis et utilis des sogenannten Doctor Raymundus von Wiener Neustadt (1926), S. 153 sowie *Elisabeth Greif*, Doing Trans/Gender – Rechtliche Dimensionen (2005), S. 28
3 Vgl. *Andreas Wacke*, Vom Hermaphroditen zum Transsexuellen in *FS K. Rebmann*, Zur Stellung von Zwittern in der Rechtsgeschichte (1989), S. 861ff. sowie *Greif* S. 28ff.
4 Vgl. I. Abschnitt, §§ 19 bis 23 des Preußischen Allgemeinen Landrechts (1794)

Stückchen geistig-seelischer Nostalgie ist. Ich lasse mir doch von niemandem sagen, wie ich heiße. Mein Name ist meine Angelegenheit. Und wenn ich „Huschelputz Nummer 317 Komma 4" heißen möchte, muss das eigentlich auch egal sein. Der Zwischenschritt über den geschlechtsneutralen Vornamen erfolgte, weil nach dem damals (und derzeit) gültigen Namensänderungsrecht die behördliche Änderung des ersten Vornamens auf den weiblichen Namen „Monika" nur nach Änderung des geschlechtsspezifischen Geburtenbucheintrags auf „weiblich" durchgeführt werden konnte. Im Namensänderungsgesetz (NÄG) liest sich dies wie folgt: „Die Änderung des Familiennamens oder Vornamens darf nicht bewilligt werden, wenn (7.) der beantragte Vorname nicht gebräuchlich ist oder als erster Vorname nicht dem Geschlecht des Antragstellers entspricht ..."[1] Hinsichtlich des Geschlechts stellte (und stellt) die Verwaltungspraxis auf das seit der Geburt im Geburtenbuch eingetragene Geschlecht bzw. rein auf das physische Geschlecht ab. Geändert wurde der sogenannte Geschlechtsvermerk damals nur nach Durchführung einer gaOp samt amtlicher „Fleischbeschau". Das wissenschaftlich erwiesene und von der Rechtsprechung bestätigte soziale Geschlecht wurde von den Behörden unrechtmäßigerweise nicht anerkannt. Mehr dazu weiter unten.

In einem zweiten Takt stellte ich den Antrag auf Änderung der Vornamen auf „Monique Alexandra". Wie erwartet, wurde dieser Antrag in zwei Instanzen abgewiesen, weil ich gemäß Geburtenbuch männlich war und seit der letzten Namensänderung noch keine zehn Jahre vergangen waren.[2] Mein Geschlecht stand also in einem Buch, und das Wort im Buch zählte mehr als mein Empfinden, mein Wille und die damit korrespondierenden Gutachten. Gegen den zweiten abweisenden Bescheid erhob ich Beschwerde beim Verfassungsgerichtshof. Ich habe vor allem das Grundrecht auf Achtung der Privatsphäre, der Menschenwürde, des Datenschutzes und der Gleichheit vor dem Gesetz geltend gemacht. Neben der Aufhebung des Bescheids regte ich auch die Aufhebung jener Paragraphen des NÄG an, die den ersten Vornamen an das Geschlecht binden und das Verstreichen einer 10-Jahresfrist zur neuerlichen Namensänderung vorsehen. Diese Bestimmungen sind nämlich mehrfach verfassungswidrig. Gleichheitswidrigkeit liegt vor, weil die Beurteilung, welche Abfolge von Konsonanten und Vokalen weiblich oder männlich ist, willkürliches Vollzugshandeln fördert. Außerdem ist das nachvollziehbare Ziel der eindeutigen Geschlechtszuordnung anhand des ersten Vornamens schon lange nicht mehr erreichbar.

1 § 3 (1) Z. 7. NÄG 1988
2 Vgl. § 3 (1) 8 NÄG 1988

Geschlechtsneutrale Vornamen und solche von bestimmten Migranten verwischen die Geschlechternamengrenzen. Es obliegt zudem meines Erachtens jedem Staatsbürger selbst, seinen Namen frei zu wählen. Unabhängig vom Geschlecht und ohne sonstige Beschränkungen. Namensänderungen gehen oft mit ganz persönlichen Entwicklungsschritten einher. Diese Prozesse sind meiner Meinung nach aus wissenschaftlicher und menschenrechtlicher Sicht keiner staatlichen Beschränkung in zeitlicher Hinsicht zugänglich. Sollte ich Recht behalten, würden alle Staatsbürger davon profitieren. In meiner persönlichen Sache ist der Fall aber erledigt. Da jetzt mein Geschlechtsvermerk im Geburtenbuch weiblich ist, wurde mein erster Vorname, unter analoger Anwendung einer Ausnahmebestimmung hinsichtlich der Zehnjahresfrist, endlich auf „Monika" geändert. Gleichzeitig erfolgte die Änderung des Familiennamens auf „Donner". Mit „Justl" habe ich nichts mehr am Hut.

Im Verfahren hinsichtlich der Änderung des Geschlechtsvermerks auf „weiblich" landete ich dank der rasch agierenden Beamten der Landesbehörden sehr schnell beim Verfassungsgerichtshof (VfGH). Gegen den abweisenden Bescheid der Personenstandsbehörde zweiter Instanz erhob ich Beschwerde wegen Verletzung in verfassungsmäßig gewährleisteten Rechten durch den Bescheid selbst und wegen Anwendung einer rechtswidrigen Norm. Es handelt sich dabei um eine „Weisung", in der meiner Meinung nach die bereits erwähnte Nazi-Ideologie „Unfruchtbarmachung unwerten Lebens" fortlebt. Mit dem sogenannten Erlass, einer rein verwaltungsinternen Anordnung (Weisung), wurde still und heimlich die Vorgangsweise nach Durchführung einer gaOp angeordnet.[1] Zur rechtlichen Anerkennung im Gegengeburtsgeschlecht wurde per Weisung eine gaOp gefordert. Das heißt im Klartext, dass bei Mann-zu-Frau-Transsexuellen die Entfernung von Penis, Hoden und Keimdrüsen sowie die Formung einer so gut wie toten „Neovagina" verlangt wurden. Anatomische Frauen, die rechtlich anerkannt als Männer leben wollten, mussten sich mindestens die Gebärmutter und Eileiter wegoperieren lassen. In beiden Fällen, ohne dass dies das Gesetz oder die Rechtssprechung des Verwaltungsgerichtshofs gefordert hätten. Die Behandlungsempfehlungen, auf die der besagte „Erlass" Bezug nimmt, treffen keine Regelung über Art und Form der gaOp.[2]
Neben dem diskriminierenden Inhalt ist dieser „Erlass" meines Erachtens aber auch formell verfassungswidrig. Er berührt nämlich die Rechtssphäre

1 Siehe „Erlass" des BMI vom 12.1.2007, VA 1300/0013-III/2/2007; auf meiner privaten Homepage als Download verfügbar
2 Ebenfalls auf meiner privaten Homepage als Download verfügbar

von Privatpersonen erheblich und ermöglicht eine vom Gesetz abweichende Vollziehung. Daher ist der „Erlass", so argumentierte ich, in Wahrheit eine Rechtsverordnung. Deshalb wäre diese als Verwaltungsverordnung (Erlass) getarnte Rechtsverordnung gehörig kundzumachen gewesen. Dies ist jedoch, offenbar im Bewusstsein des menschenverachtenden Inhalts, nicht geschehen. Haben die Bürger kein Recht darauf, zu erfahren, was ein paar selbsternannte Geschlechtskontrolleure rechtswidrigerweise ausbrüten? Inhaltlich verfassungswidrig ist die „Weisung" vor allem wegen der Nichtachtung der Privatsphäre und de facto Ungleichbehandlung vor allem gegenüber Frau-zu-Mann-Transsexuellen. Bei diesen wird weder die Vernähung der Vagina noch eine Phalloplastie (Penisaufbau) verlangt. „Gemachte Männer" (Transmänner) sind in der Männerwelt offenbar vernachlässigbar, wohingegen Transfrauen dem sexistischen Anforderungsprofil kranker Männergehirne voll entsprechen müssen.
So schlecht sah es aber trotz allem nicht aus. Der Verwaltungsgerichtshof (VwGH) hatte im Februar 2009 in einem ähnlichen Verfahren, dem von Michaela, bereits ihre und meine Rechtsansicht bestätigt. Für den Staat hat das soziale Geschlecht und das individuelle Empfinden den Ausschlag zu geben.[1] Mit dieser menschenwürdigen Jahrhundertentscheidung wiederholte und legte der VwGH folgende Kriterien für die Zuordnung zum Wunschgeschlecht fest: Geschlechtskorrigierende Maßnahmen (nicht unbedingt Operationen) müssen zu einer deutlichen Annäherung an das äußere Erscheinungsbild des „anderen Geschlechts" geführt haben, und es muss mit hoher Wahrscheinlichkeit damit zu rechnen sein, dass sich am geschlechtlichen Zugehörigkeitsempfinden nichts ändern wird. In einem juristischen Monsterschachtelsatz lautet das so: Der VwGH gelangte unter Bedachtnahme auf die Rechtsprechung des Europäischen Gerichtshofs für Menschenrechte und des Gerichtshofs der Europäischen Gemeinschaften sowie auf die Rechtsentwicklung in Europa zur Ansicht, dass auch für einen Bereich des österreichischen Personenstandsrechts jedenfalls in Fällen, in denen eine Person unter der zwanghaften Vorstellung gelebt habe, dem anderen Geschlecht zuzugehören, und sich geschlechtskorrigierender Maßnahmen unterzogen habe, die zu einer deutlichen Annäherung an das äußere Erscheinungsbild des anderen Geschlechts geführt hätten, und bei der mit hoher Wahrscheinlichkeit damit zu rechnen sei, dass sich am Zugehörigkeitsempfinden zum anderen Geschlecht nichts mehr ändern werde, die betreffende Person als Angehörige des Geschlechts anzusehen sei, das ihrem äußeren Erscheinungsbild entspreche.

1 Erkenntnis des VwGH vom 27.2.2009, Zl. 2008/17/0054-8; mit welchem das Erkenntnis vom 30.9.1997, Zl. 95/01/0061, ausdrücklich bestätigt und präzisiert wurde

Ausdrücklich erkannte dieser Gerichtshof, dass eine deutliche Annäherung auch ohne schwerwiegende Eingriffe, wie beispielsweise die Entfernung der Geschlechtsorgane, möglich ist. Des Weiteren erkannte das Gericht, dass der österreichischen Rechtsordnung kein Hindernis zu entnehmen ist, das eine personenstandsrechtliche Berücksichtigung des für die Allgemeinheit relevanten geschlechtsspezifischen Auftretens hindern würde. Eine gegenteilige Auffassung stünde mit der in Österreich im Verfassungsrang stehenden Menschenrechtskonvention in Konflikt. Nach deren Artikel 8 hat jedermann Anspruch auf Achtung seines Privat- und Familienlebens. Der Begriff des Privatlebens wird hierbei als die intime Sphäre eines Menschen verstanden, in der er seinen spezifischen Interessen und Neigungen nachgeht, die Ausdruck seiner Persönlichkeit sind; dazu gehören auch Beziehungen zu anderen Menschen, insbesondere solche sexueller Natur. Das Recht auf Achtung des Privatlebens umfasst danach unter anderem die Freiheit des Einzelnen, seiner sexuellen Orientierung entsprechend zu leben. Ergänzend merke ich an, dass damit im gegebenen Zusammenhang selbstverständlich die geschlechtliche Identität gemeint ist, die nicht unbedingt etwas mit der sexuellen Orientierung zu tun hat.

Auch wenn sich diese Judikatur deutlich humaner als die damalige Verwaltungspraxis zeigte, so erfolgte und erfolgt die rechtliche Anerkennung der TS in ihrem Wunschgeschlecht nach wie vor um den Preis der Vereindeutigung und der Unterwerfung unter bestimmte Regelungen.[1] Schon 2001 erklärte man die operative Entfernung von an sich gesunden Geschlechtsorganen im Rahmen einer gaOp als strafrechtlich unbedenklich. „In eine Verstümmelung oder sonstige Verletzung der Genitalien, die geeignet ist, eine nachhaltige Beeinträchtigung des sexuellen Empfindens herbeizuführen, kann nicht eingewilligt werden", lautet es im Strafgesetzbuch.[2] Vor allem das „gegengeschlechtliche" sexuelle Empfinden wurde als wesentliches Kriterium für die Straffreiheit einer an sich schweren Körperverletzung konstruiert, um die gaOp zu ermöglichen. Das Abstellen auf das sexuelle Empfinden der Betroffenen erklärte zwar die operativen Eingriffe an TS zu Heilbehandlungen, konnte aber bis heute den Gesetzgeber nicht dazu bewegen, eine rechtliche Anerkennung im Gegengeburtsgeschlecht ohne körperliche Verstümmelung zu gewährleisten.
Hier wird mit zweierlei Maß gemessen. Die darin liegende Wertung ist offensichtlich. Man zog die salonfähige Illusion des biologischen Geschlechtswechsels der sehr realen individuellen, freien Entscheidung vor:

1 Vgl. auch *Elisabeth Greif*, „Trans/Formation – Geschlechtswechsel zwischen staatlicher Kontrolle und rechtsfreiem Raum" in Juridicum (2009/2), S. 70
2 Vgl. § 90 (3) StGB

Zwangsoperation vor liberaler Integration. Inwieweit die neueste Rechtsprechung den Gesetzgeber dazu ermutigen kann, eine menschenrechtskonforme Norm zu erlassen, wird sich weisen.
Jedenfalls sind die Behörden nun an diese gerichtliche Entscheidung gebunden und haben das Vorliegen der erwähnten Kriterien durch Einholung von Sachverständigengutachten zu klären. Die von mir längst vorgelegten Gutachten bestätigten, dass ich mich geschlechtskorrigierenden Maßnahmen (Laserepilation, Naturhormone, Stimmtraining etc.) unterzogen hatte, die mich äußerlich deutlich dem weiblichen Geschlecht annäherten und dass ich eine Frau bleiben will. Ich nahm an, dass die Verwaltungsbehörden in absehbarerer Zeit meinen rechtlichen Status „Frau" anerkennen würden. Was ich selbst wusste, musste ich mir als angeblich mündige Bürgerin von Außenstehenden bestätigen lassen. So ein Affenzirkus. Die Zusammenfassung des psychiatrischen Gutachtens lautet: „Zur Fragestellung, ob die an Frau Mag. Monique Justl das Geschlecht korrigierenden Maßnahmen zu einer deutlichen Annäherung an das weibliche Geschlecht geführt haben: Diese Frage ist zu bejahen. Frau Mag. Justl hat im bekleideten Zustand das Äußere und das Auftreten einer großen, etwas maskulinen Frau. Die sichtbaren sekundären Geschlechtsmerkmale sind weiblich. Aus psychologischer Sicht fühlt sie sich seit ihrer Kindheit als Frau und identifiziert sich mit dem weiblichen Geschlecht. Sie lebt schon seit längerem das Leben einer Frau und ist als solche an ihrer Arbeitsstätte, aber auch bei der Krankenversicherung und den Banken anerkannt. Aus psychiatrischer Sicht ist sie vollkommen einsichts- und urteilsfähig. Mit hoher Wahrscheinlichkeit wird sich an ihrem Identitäts- und Geschlechtsempfinden auch in weiterer Folge nichts ändern." Amen.
Nachdem ich dieses Gutachten, das eindeutig mein weibliches Geschlecht im Sinne der Rechtsprechung belegt, vorgelegt hatte, wurde ich auf Weisung des Innenministeriums durch die Verwaltungsbehörde aufgefordert, ein weiteres – gleich lautendes – Gutachten vorzulegen. Die mir genannte Gutachterin ist – wie „meine" Gutachterin – ebenfalls eine gerichtlich beeidete Sachverständige. Von Seiten der Behörde konnte das Erfordernis einer nochmaligen Vorlage weder formell noch inhaltlich begründet werden. Der erwähnte „Verstümmelungs-Erlass" war (ist) noch immer aufrecht. Inzwischen war sogar ein weiterer „Geheim-Erlass" aufgetaucht, der bei Mann-zu-Frau-Transsexuellen explizit die „Entfernung des Penis" und die „Entfernung der Hoden" inklusive „Bildung einer Neovagina und Neoclitoris" fordert.[1]

1 „Erlass" des BMI vom 6.2.2009, GZ BMI-VA 1300/0063-III/2/2009; auf meiner privaten Homepage als Download verfügbar

Jetzt war das hinterhältige, menschenverachtende Maß voll. In Anbetracht dieser offensichtlichen Verzögerungstaktik, mit der die Rechtssprechung des VwGH umgangen werden sollte, habe ich Strafanzeige gegen den alten und neuen Innenminister und die zuständige Juristin wegen Amtsmissbrauchs (§ 302 StGB) und Wiederbetätigung im nationalsozialistischen Sinne erstattet. Die Erfüllung des zweiten Tatbestands habe ich unter dem Aufhänger „Unfruchtbarmachen unwerten Lebens" zusammenfassend wie folgt begründet: „Weil gemäß wissenschaftlichen Erkenntnissen eine gaOp lediglich das vorhandene körperliche Geschlecht verstümmeln, nicht aber das körperliche Wunschgeschlecht herstellen kann, weil die Hälfte der Betroffenen von sich aus diesen Eingriff ablehnt und weil die Rechtsprechung, diese Umstände berücksichtigend, ausdrücklich eine gaOp nicht als Voraussetzung für Personenstandsänderungen ansieht, kommt unter all diesen Erwägungen eine Strafbarkeit gegebenenfalls im Sinne der §§ 3e und 3f, jedenfalls aber im Sinne des § 3g Verbotsgesetz in Frage."[1] Das war Mitte September 2009. Kurz darauf erstattete auch Michaela Strafanzeige wegen Amtsmissbrauchs.

Am 3.12.2009 gab mir die oberste Instanz des Verfassungsrechts, der VfGH, in meiner eigenen Personenstandssache Recht, dass die Behörden keine Operationen einfordern dürfen, sondern bei Transsexuellen die Personenstandsänderungen auch ohne derartige medizinische Eingriffe vorzunehmen haben: „Voraussetzung für die Änderung des Geschlechtseintrags im Geburtenbuch ist keineswegs eine (genitalverändernde) Operation..." Ich wurde im verfassungsrechtlich gewährleisteten Recht auf Gleichbehandlung verletzt, und meine Rechtsansicht wurde bestätigt, der zufolge die Behörde ihrer Verpflichtung zur Feststellung des wahren Sachverhalts nicht nachgekommen ist. Der Gerichtshof sieht allerdings im „Erlass" des Innenministeriums keine Rechtsverordnung, ja nicht einmal einen Erlass, sondern ein offenbar rechtlich unverbindliches „Schreiben – Transsexualität".[2] Schöner hätte es gar nicht kommen können. Beamte dürfen sich nämlich meines Erachtens in dieser Angelegenheit nicht (mehr) auf ein derart fragwürdiges, weil rechtsbedenkliches Schreiben einer höheren Verwaltungsstelle berufen. Meine Rechtsansicht findet im Spruch des Bescheids der Behörde zweiter Instanz vom 24.3.2010 Bestätigung: „Der Berufung wird Folge gegeben und somit dem Antrag von Frau Mag. Toni Monique Alexandra Justl, geb. am 11.07.1971 in Linz vom 02.12.2008 auf Eintragung eines Vermerkes

1 Siehe dazu **diestandard.at/fs/1253596486518/Geschlechtsanpassende-Operationen-Innenministerium ignoriert-VwGH-Entscheidung** (zuletzt abgerufen am 19.12.209)

2 Erkenntnis des VwGH vom 3.12.2009, Zl. B 1973/08-13; als Download verfügbar unter **www.vfgh.gv.at/cms/vfgh-site/index.html** bzw. **www.vfgh.gv.at/cms/vfgh-site/attachments/3/5/1/CH0003/CMS1262597827906/geschlechtsbezeichnung_geburtenbuch_b1973-08.pdf** (zuletzt abgerufen am 6.1.2010)

betreffend die Änderung des Geschlechtes im Geburtenbuch des Standesamtes Linz Nr. 2512/1971 von ‚männlich' auf ‚weiblich' stattgegeben." Die neu ausgestellte Geburtsurkunde und der Reisepass haben einen weiblichen Geschlechtsvermerk, alle Ausweise und sonstigen Dokumente lauten auf „Monika Donner". Damit war der aus meiner Sicht unnötig harte Papierkrieg beendet, was nicht zuletzt auf die Strafanzeigen gegen oberste Verwaltungsorgane zurückzuführen ist, mit denen kein Gespräch von Mensch zu Mensch möglich war. Wie gesagt: Ich kann kämpfen, wenn es nötig ist.

Lange Rede, kurzer Sinn: Es gibt Frauen mit Penis, und es gibt Männer mit Vagina. Staatsorgane, die das nicht anerkennen, machen sich wegen des Delikts des Amtsmissbrauchs strafbar. Das müsste sowohl die Verwaltung zu einem deutlichen Einlenken in Richtung Menschenwürde bewegen, als auch den Gesetzgeber zur Schaffung fairer Rechtsnormen ermutigen.

Meine Beschwerde in der Namensrechtsangelegenheit hat der VfGH am 9.12.2009 an den VwGH abgetreten, weil die von mir behaupteten Rechtsverletzungen „aber zum erheblichen Teil nur die Folge einer – allenfalls grob – unrichtigen Anwendung des einfachen Gesetzes" darstellen würden. Die Verfassungsrichter beurteilten also richtig, dass das Namensänderungsgesetz durch die Verwaltungsorgane gegebenenfalls grob unrichtig angewendet wurde, erkannten aber jedoch nicht, dass das Gesetz an sich verfassungswidrig sein muss, wenn es dem Recht auf Achtung der Privatsphäre zuwiderläuft.[1] Diskriminierungsschutz im 21. Jahrhundert? Mir persönlich kann es jetzt egal sein, ob das Namensänderungsgesetz verfassungswidrig bleibt oder nicht, weil meine Namensänderung wegen dem geänderten Personenstand durchgeführt wurde. Aber: Wo kommen wir denn hin, wenn uns der Staat vorgibt, ob und unter welchen Voraussetzungen wir unseren Namen ändern dürfen? Warum muss man einen Antrag auf Namensänderung stellen, und warum entscheiden Beamte, unter welchem Namen wir behördlich verwaltet werden? In Wahrheit muss es so sein, dass wir der Behörde unsere Entscheidung bekannt geben, die von den Beamten sofort und problemlos zur Kenntnis zu nehmen ist. Vielleicht finde ich ja eine Möglichkeit, nach der Entscheidung des VwGH trotz bereits geändertem Namen, bis zum Europäischen Gerichtshof für Menschenrechte zu gehen. Bis der entschieden hat, könnte ich allerdings bereits Oma sein …

Ich hätte auch ohne den ganzen Affenzirkus mein Leben als Transfrau leben können, wollte aber nicht mehr dem erniedrigenden Unrecht zusehen.

1 Erkenntnis des VwGH vom 9.12.2009, Zl. B 1972/08-12

Ich konnte nicht mehr zusehen, wie in diesem Land Menschen in einem rechtlichen Vakuum herumschweben, manche auch deshalb eher zu Operationen tendieren, und man uns vorgibt, wie wir zu heißen haben. Irgendwann will jeder einmal seine Ruhe. Auch ich. Mal sehen, was auf dem rechtlichen Schlachtfeld noch auf mich zukommt.

Erfreulicherweise habe ich mit „meiner" VfGH-Entscheidung indirekt auch die deutsche Rechtslage beeinflusst. Das deutsche Bundesverfassungsgericht (BVerfG) hat nämlich am 11.1.2011 jene Bestimmungen des Transsexuellengesetzes aufgehoben, die die Personenstandsänderung von der Durchführung einer gaOp abhängig machten. So entschied das BVerfG, dass niemand zu schwerwiegenden operativen Eingriffen gezwungen werden darf, weil das Abverlangen einer Operation eine grobe Grundrechtsverletzung darstellt. Diese menschenrechtskonforme Entscheidung verweist zudem ausdrücklich auf das Erkenntnis des österreichischen Verfassungsgerichts in meinem Fall.[1] Auch das Zürcher Obergericht hat Anfang 2011 in einem Grundsatzurteil entschieden, dass sich die betroffene Person, eine Transfrau, keiner operativen Änderung des Geschlechts unterziehen muss. Dennoch gibt es in der Schweiz noch Handlungsbedarf, weil man nach wie vor an der Relevanz der Zeugungsunfähigkeit festhält.[2] Noch ...

Randgruppentheater

Viele meiner Bekannten sind Transfrauen. Einige von ihnen sind unten herum operiert. Sie sind ganz herzige Menschen, mit denen ich des Teufels Pferde stehlen würde, wenn es ihn gäbe. Ganz wenige der transsexuellen Frauen sind aber dermaßen verblendet und brutal, dass sie der eigenen „Gruppe" erheblichen psychischen und gelegentlich auch materiellen Schaden zufügen. Die Extremform dieser Art „Mensch" versucht, ihr eigenes Ego zu erhöhen, indem sie Transvestiten, nicht operierte Transsexuelle und sogar Cis-Frauen (weiblich geboren)[3] schlecht machen. Dieses Verhalten geht in seinen Spitzen über die erwähnte randgruppeninterne Projektionsintoleranz hinaus. Offene Anfeindungen, Beschimpfungen und Drohungen in öffentlichen Internetforen kommen nicht selten vor. Einige Freundinnen klagten mir ihr Leid, wenn sie sich im Internet mit Aussagen wie „Du bist so hässlich,

1 Siehe den Beschluss des BVerfG vom 12.1.2011, GZ 1 BvR 3295/07 auf **www.bundesverfassungsgericht.de/entscheidungen/rs20110111_1bvr329507.html** und **www.monika-donner.at** (zuletzt abgerufen am 11.3.2011)

2 Siehe den Artikel im „Tagesanzeiger Zürich" vom 8.3.2011, im Internet verfügbar unter **www.tagesanzeiger.ch/zuerich/region/Wann-ist-ein-Mann--eine-Frau/story/20535166** und **www.monika-donner.at** (zuletzt abgerufen am 11.3.2011)

3 Cis-Frau oder Bio-Frau: Im Gegensatz zur Transfrau körperlich weiblich geboren

dass man dich nur als Mann sehen kann!" konfrontiert sahen. Dahinter steckten meist arbeitslose Schatten ihrer selbst, die selten die Wohnung verlassen und ihren Frust wegen ihres schlechten Passings (Durchgehens als Frau) abbauen wollten. Ich selbst habe einmal eine Morddrohung erhalten, bin massiv beschimpft und gestalked worden, als bekannt wurde, dass ich mit meinem Rechtsk(r)ampf erfolgreich sein könnte. Wer sich nach etlichen Operationen nicht als Frau erlebt, kommt mit einer Frau mit "langer Klitoris", wie ich eine bin, nur schwer zurecht. Es entspricht nicht meinem Charakter, mich Übergriffen und feigen Diffamierungen zu beugen. Das Gegenteil ist der Fall. Je mehr ich durch feige Beschimpfungen angegriffen wurde, desto mehr Öffentlichkeitsarbeit (Internet, Fernsehen, Printmedien, Bücher) habe ich betrieben. Den Hass dieser Stänkerer habe ich also transformiert.
Bei diesen Leuten haben wir es mit den klassischen Phänomenen Projektion und Abwehr durch Projektion zu tun. Manche transsexuelle Frauen haben Angst, als ehemalige Männer erkannt zu werden. Im sozialen Leben sind sie daher extrem angepasst bis unterwürfig oder verkriechen sich zuhause, bauen sich eine für sie vermeintlich schmerzfreie Scheinexistenz im Internet auf und geben ihre negativen Energien an andere Betroffene weiter, indem sie auf körperlichen Merkmalen herumhacken. Muss ich erwähnen, dass diese Leute sachlichen Argumenten gegenüber nicht zugänglich sind? Ihr krankhafter Egowahn kommt zum Vorschein, wenn sie sich als die „bessere Version Frau" bezeichnen. Einer meiner letzten Kommentare zu diesem Thema war, dass die Menschheit mangels Gebärfähigkeit dieser „Superfrauen" sehr rasch aussterben würde, wenn es nicht auch die „schlechtere Version Cis-Frau" geben würde. Als sie mich dann als „Schwanzlurch" beschimpften, meinte ich nur, dass Hass auf fremde Genitalien kein adäquater Ersatz für nicht geleistete Trauerarbeit ob des eigenen Penisverlusts ist. Die Traurigkeit dieser wenigen Narren resultiert meist daraus, dass sie sich selbst nicht in der neuen Rolle gefunden, sondern sich hinter der Maske ängstlicher Angepasstheit versteckt haben. Durch diese Erfahrungen bestärkte sich mein Eindruck, dass man innerlich eine Frau ist oder gar nicht. Keine Operation kann daran etwas ändern. Gerade diese wenigen Hardliner gehen aber – wie der Gesetzgeber – davon aus, dass Menschen entweder Männer oder Frauen sind. Sie verkennen dabei komplett, dass ihr eigenes Dasein der unwiderlegbare Beweis für die Existenz von Zwischenformen ist. „Frauen", die unter Hinweis auf die Physiognomie auf das Zweigeschlechtermodell pochen, selbst aber mit Prostata, Kehlkopf und künstlich geformter Neovagina, sowie ohne Eierstöcke, Eileiter, Gebärmutter, Regelblutung und natürlichem Hormonhaushalt existieren, müssen sich faktisch gefallen lassen, als „Transfrauen" und damit als geschlechtliche Zwischenformen gesehen und behandelt zu werden.

Wer sein Schwergewicht nur auf das Äußere legt, verliert den Bezug zur Anima oder zum Animus. Das gilt für jeden Menschen. In diesem Zusammenhang handelt es sich um den Verlust der Anima, der inneren Frau. Dieser Verlust macht die beschriebene frustrierte Transsexuelle als biologisches Nullum zum innerlich männlichen Individuum ohne dazu passende Körperlichkeit. Animaverlust nach der Lebensmitte bedeutet eine zunehmende Einbuße an Lebendigkeit, Flexibilität und Menschlichkeit, lesen wir bei C.G. Jung. In der Regel entstehen auch Stereotypie, fanatische Einseitigkeit und Prinzipienreiterei.[1] Bestimmten Transsexuellenvereinigungen kommt eine nicht zu unterschätzende Einflussnahme auf wichtige Entscheidungen von Einzelpersonen zu. Es ist zu beobachten, wie sehr gerade junge Betroffene, die Rat suchen, ihre Vorbilder in den etwas „reiferen" TS suchen. Oft werden, wie in allen Lebensbereichen, blind gewisse Vorbilder kopiert und vorschnelle Entscheidungen getroffen, die ein Leben lang binden werden, wenn es etwa um die gaOp geht. In dieselbe Kerbe schlägt die inoffizielle Hierarchie in diesen „Frauen-Clubs", die aber mehr der männlichen Denkweise in Strukturen entspricht. Es ist ein ungeschriebenes Gesetz, dass man sich (angeblich) vom TV zur TS entwickelt. Es wird, ohne Einsatz des Hausverstands und entgegen wissenschaftlicher Erkenntnisse, auch von einigen Betroffenen das Bild aufrechterhalten, man sei nur mit einem Operationswunsch eine „richtige Transsexuelle". Wer keine Hormone nimmt, kann erst recht keine TS sein. Der Fokus liegt bei fast allen Diskussionen und gegenseitigen Hilfestellungen weniger am weiblichen Inneren als am männlich fixierten Äußeren. Es wird suggeriert, dass es eine medizinische Stufenleiter gibt, die den Neuling Schritt für Schritt dem Frausein näher bringt. Materialismus pur. Spiritualität null.

Einige Menschen glauben das, suchen Halt und ordnen sich ein. Darin erblicke ich eine große Gefahr für die Selbstwerdung des einzelnen Menschen. Auch Udo Rauchfleisch betont den „zum Teil erheblichen Konformitätsdruck", der in gewissen Vereinigungen Transsexueller ausgeübt wird.[2] Beim Meinungsdiktat spiele ich nicht mit. Egal, in welchen Kreisen ich mich bewege, lasse ich Menschen so sein, wie sie sind. Wenn sie noch nicht wissen oder fühlen, wer sie tief drinnen eigentlich sind, dann helfe ich ihnen gerne dabei, es herauszufinden. Ich weiß aus eigener Erfahrung, wie lästig Persönlichkeiten sein können, die einem unbedingt ihren Stempel aufdrükken wollen. Es kann anstrengend sein, den eigenen Weg zu finden und zu gehen. Es lohnt sich aber allemal. Wenn ich nach meinen Lesungen umarmt werde, weiß ich, wofür ich gekämpft habe ...

1 Vgl. *C.G. Jung*, Archetypen (2008), S. 74

2 Vgl. *Udo Rauchfleisch*, Transsexualität – Transidentität: Begutachtung, Begleitung, Therapie (2006), S. 89f.

Nahtoderfahrung

Der 27. Jänner 2012 ist mein zweiter Geburtstag. Trotz schwerer Kehlkopfentzündung fuhr ich für „Das Literarische Terzett“ (Buchbesprechung und Videoaufzeichnung)[1] in die bayrische Pampa. Nach Zwiesel zu Gloria Gray. Am Abend vor der Veranstaltung saß ich mit Freunden in einer gemütlichen Runde. Gerade wollte ich wieder einmal zum Husten ansetzen, als ich mit einem Mal seitlich auf der Bank zusammenklappte. Atemstillstand. Ein oder zwei Minuten, so schilderten es später meine Tischgenossen, habe ich wie tot gewirkt, mit einem dunkelroten Gesicht und nach hinten gedrehten Augen. Sie dachten, sie müssten mich gleich reanimieren. Für mich selbst war es, als sei ich kurz eingenickt. Was ich im „Traum“ erlebt habe, war aber realer, intensiver, einprägsamer als alles, was ich bis dahin erfahren hatte. Obwohl ich es noch immer spüre und ganz klar vor mir sehe, kann ich es nur schwer beschreiben.

Es war wie in einer Wolke, ganz strahlend weiß, jedoch ohne zu blenden. Es war warm und kühl gleichzeitig. Mit durchgestrecktem Körper bin ich rückwärts in eine Menge von Leuten hineingeschwebt. Sie haben mich sanft aufgefangen. Alle sahen gleich aus. Irgendwie aus gelbem und orangem Licht, mit der Andeutung eines Gesichts. Wie ein Fotonegativ ihres Vorlebens. Aber es war niemand, den ich kenne. Sie haben mich gehalten, gestreichelt und gesagt: „Du hast alles gut gemacht. Du kannst gleich hier bleiben, wenn du magst!“ Niemals zuvor habe ich mich dermaßen geliebt und angenommen gefühlt. Noch nie habe ich diesen tiefgreifenden Frieden gespürt. Ich war zuhause. Während ich das jetzt schreibe, muss ich weinen, spüre ich jede Faser meines Körpers und fühle ich mich mit allem verbunden. Ich hätte also bleiben dürfen. Aber ich bin wie durch einen Schleier wieder in der anderen Welt zu mir gekommen. Und ich war voll da, lief wie aufgezogen herum und erzählte den verblüfften Zuhörern meine Ideen fürs Event. Ich wurde gefragt, ob ich eine verbotene Substanz konsumiert hätte. Doch Drogen habe ich noch nie genommen. Vorm Schlafengehen wurde ich traurig. Ich wollte wieder an den Ort des Friedens zurück.

Mein wunderschönes Erlebnis war eine Nahtoderfahrung, das steht fest. Allgemeinmedizinisch können Nahtoderfahrungen aber nicht erklärt werden. Es dürfte sie laut der herrschenden Meinung gar nicht geben.

1 Die Videos sind unter **www.monika-donner.at** abrufbar

Bei einem Atem- oder Herzstillstand wird das Gehirn nicht ausreichend mit Blut versorgt. Folglich, so die etablierte Wissenschaft, kann es keine klaren Bewusstseinserlebnisse und schon gar keine Erinnerungen geben. Für mich ist meine Nahtoderfahrung (NTE) der unumstößliche Beweis für die Existenz der Seele. Mein Gehirn hat nicht funktioniert. Wer sollte dann etwas erlebt haben, wenn nicht meine Seele, mein endloses Bewusstsein? Einer ähnlichen Meinung ist beispielsweise der niederländische Kardiologe Pim van Lommel: „Eine NTE ist ein Aspekt des endlosen Bewusstseins."[1]

Als ich nach absolvierter Veranstaltung von Zwiesel heimgekehrt war, hat der Arzt eine Lungenentzündung diagnostiziert. Bettruhe ließ mich vom Stress der letzten drei Jahre erholen. Danach war ich drei Wochen auf Kur in einem obersteirischen Heilstollen. Nach Inhalationen, Atemübungen, Moorpackungen und Massagen war ich täglich zwischen 3 und 7 Stunden alleine Bergwandern. Mit Rucksack und Trinkblase brachte ich meinen Body wieder auf Vordermann – und markierte immer längere Strecken mit meinen Auswürfen. Mahlzeit. Danach jeweils drei Aufgüsse in der Sauna. Der Lunge hat es gut getan, der Seele sowieso. Über den raschen Heilungserfolg wurde in der Onlinezeitschrift „gesunder.net" berichtet.[2] Ausdauersport in der Natur half mir also wieder einmal, zu mir selbst zurückzukehren.

Beziehungstechnisch war ich ein paar Monate alleine und glaubte schon nicht mehr daran, dass es für mich eine Seelenpartnerin gibt. Dann traf ich eine echte Tigerin, eine selbständige Frau, die sowohl ihre weiblichen als auch ihre männlichen Anteile lebt und keines von beidem bei mir sucht: Jasmin. Das nächste Kapitel haben wir gemeinsam geschrieben.

1 *Pim van Lommel,* Endloses Bewusstsein – Neue medizinische Fakten zur Nahtoderfahrung (2011), S.310
2 Siehe **www.monika-donner.at** sowie **www.gesuendernet.de/gesundheit/koerper-ageist/item/399-durch-krankheit-zu-neuem-leben-gefunden.html**

Jasmonika

One life, one soul, forever I know
Follow me, follow me wherever I go[1]

Wir lieben uns. Wie verrückt. Apropos verrückt: Unser erstes Telefonat dauerte 13 Stunden, obwohl wir den praktischen Nervtöter Mobiltelefon gerne überhören. Doch schön der Reihe nach. Im Gegensatz zu Monika suchte Jasmin nicht in Partnerschaften nach dem einen Menschen. Sie führte nur kurze Beziehungen. Sie war immer der Meinung, dass sie es neben keiner Person 24 Stunden am Tag aushielte, auch wenn sie sie noch so liebte. Doch das Schicksal wollte es anders und noch bevor wir uns persönlich zu Gesicht bekommen hatten, war da ein unbeschreiblich intensives Band zwischen uns. Als wir es am wenigsten erwartet hatten, fanden wir uns gegenseitig im Internet, ohne dass wir uns gesucht hätten. Auf Facebook waren wir Freunde, obwohl wir uns nicht kannten. Im Mai 2012 klickte Jasmin bei zwei von Monikas Fotos den Button „Gefällt mir". Zufällig waren es auch Monikas Lieblingsbilder. Monika wurde neugierig und besuchte Jasmins Profil. Auf der Stelle verlor sie sich in Jasmins großen, dunklen Augen. Dabei durchströmte sie eine wohlig warme, weiße Energie. Wunderschön. Ähnlich wie bei ihrer NTE. Also schrieb sie Jasmin an: „Wir kennen uns leider nicht persönlich!" Jasmins Antwort war: „Das können wir ja gerne ändern!" Monika wollte eigentlich dasselbe schreiben, empfand es aber als zu aufdringlich.

Kurz darauf telefonierten wir von Mitternacht bis nach Mittag. Sehr schnell stellten wir fest, dass wir uns mit Worten im tiefsten Inneren berührten. Ab dem Morgengrauen hatten wir das Gefühl, wir würden nebeneinander liegen. Wir konnten uns sogar riechen. Unsere Seelen schienen sich gefunden zu haben. Das tat unbeschreiblich gut. Unmittelbar nachdem wir uns dazu durchringen konnten, aufzulegen, radelte Monika mit dem Mountainbike 85 Kilometer durchs nördliche Mühlviertel. Auch ihre Bergtour am nächsten Tag rief keine Müdigkeit hervor. Schlafdefizit Null Komma Josef.

Wir waren unsicher und nervös wie Schulmädchen, bevor wir uns in Wien Meidling bei der U-Bahn-Rolltreppe trafen. Als wir uns endlich gegenüberstanden, fühlte sich alles wie beim Marathontelefonat an.

1 *Gotthard,* aus dem Lied „One life, one soul" von der gleichnamigen Single (1996)

Inniglich umarmt, standen wir dann im 31. Stockwerk am Balkon von Jasmins Wohnung und wollten uns gar nicht mehr loslassen. Es war nicht bloß Verliebtheit sondern innige Liebe. Als wären wir schon längst Partnerinnen und hätten nur einen längeren Zeitraum in großer Entfernung voneinander verbracht. Wir sind zuhause angekommen.

Obwohl Monika nie einen Fuß in ein Hochhaus setzte wollte, ist sie sofort bei Jasmin eingezogen. Seit unserer ersten Begegnung verbringen wir jede freie Minute miteinander. Wir schlafen zusammen im selbst gebauten Holzbett ein und stehen auch gemeinsam auf. Und dazwischen? Beim Liebemachen schweben wir auf Wolken und sind doch ganz präsent. Auf dem Weg zur Arbeit freuen wir uns schon aufs Heimkommen. An den Wochenenden sind wir meist am Land. Am liebsten sind wir im nördlichen Waldviertel, wo wir „geheime" Kraftorte besuchen. In absehbarer Zeit wollen wir uns ein kleines Häuschen am Waldrand zulegen. Mit eigenem Schuhraum, versteht sich. Schließlich sind wir beide völlig verrückt nach High Heels. Schuhe haben wir jede Menge, unter anderem, weil wir Automobilverweigerer sind. Einen raumhohen Schuhschrank haben wir uns übrigens schon getischlert. Ebenso einen Schreibtisch und pinke Badezimmermöbel. In unserer Künstlerwohnung haben wir Jasmins Stil der 50er Jahre mit Monikas Faible für Echtholzmöbel kombiniert. Im Teamwork überziehen wir auch unsere langen Nägel im Partnerlook. Mal dunkelrot, mal neonpink. Wenn wir uns schminken, was eher selten vorkommt, dann schminken wir uns beide.

Daran lässt sich gut ablesen, wie harmonisch es zwischen uns abläuft. Streit gibt es nicht. Über kleine Missverständnisse reden wir sofort „und gut ist." Inzwischen sprechen wir unsere eigene Sprache, die Außenstehende nicht auf Anhieb verstehen. Wir reden über Gott und die Welt, schweigen aber auch gern, weil wir uns auch wortlos verstehen. Außerdem lachen wir oft und gerne miteinander. Ganz allgemein haben wir das Gefühl, dass wir eine Einheit sind. Auf der Seelenebene mussten wir uns nicht mehr kennenlernen, menschlich jedoch galt es ganz klar, den anderen wirklich bis aufs Innerste zu erkennen und sich im Zusammenleben auf den gemeinsamen Weg zu machen. Das fiel uns allerdings nicht schwer, da wir sowieso dieselben Ansichten teilen und kaum Kompromisse brauchen, außer manchmal etwas Verständnis für die Eigenheiten des anderen, die wir nicht immer sofort durchschauen. Oder vielleicht doch und wir erkennen uns einfach nur zu genau im Tun des anderen?!

ZURÜCK IN DIE GEHSCHULE

Das Schreiben dieses Teils über meine Verwicklung und Entwicklung war eine eigenartige Selbsterfahrung aus der Distanz für mich. Wo die Erinnerungen nicht mehr frisch waren, holte ich sie mir so gut wie möglich durch die Meditation im Wald zurück. Ich hoffe, dass du einen Einblick in mein Leben gewinnen konntest, der deinen Erwartungen gerecht wurde und vielleicht auch dem Ziel des Buchs entspricht.

Der Einstieg in meine persönliche Thematik erfolgte über die ersten Schritte in meiner Gehschule in High Heels. Soeben habe ich mich noch einmal vor Ort begeben. Diesmal brauchte ich keinen Rucksack. Etwas „high" vom langen Tippen stöckelte ich um etwa drei Uhr morgens zu der Stelle, wo ich erstmals heimlich öffentlich High Heels trug. Heute zog ich extra hohe Schuhe an, um einen besseren Vergleich meiner Gefühle und Gedanken zu erhalten. Es war keine Scham oder Angst dabei, dafür aber eine innere Freude und Ruhe. An diesem Ort wurde mir nämlich auf eine sehr intensive Art bewusst, wie viel sich inzwischen in meinem Leben grundlegend verändert hat. Allein vom Körpergefühl her hat sich sehr viel getan. Damals stolperte ich noch irgendwie im edlen Schuhwerk herum, heute ergab der Klang der Absätze eine süße Melodie, zu der sich auch der Po im Takt bewegte. Ich ging eine größere Runde in edlen Schuhen, die ich sonst nur mehr gelegentlich in der Stadt oder im Büro trage, aber keinesfalls auf einem ländlichen Güterweg. Alles so, wie es eben ist.

Eine Weile saß ich noch auf einer Bank und genoss den Blick auf Linz, wo in Kürze die Hektik des Alltags beginnen würde. Dort unten sah ich mich in aller Ruhe herumgehen und mich selbst zelebrieren. Ich erinnerte mich an eine Verkäuferin in einer Buchhandlung. Sie war mittleren Alters und machte mir ein Kompliment, über das ich mich riesig freute: „Junge Frau, Sie sehen toll aus! Mir fällt zwar etwas auf, aber sicher nur, weil ich sehr klein bin!"

Dann erinnerte ich mich an eine Fernsehsendung, in der es unter anderem um mein Leben ging.[1] Auch Mama war mit von der Partie. Obwohl sie anfangs nervös war, strahlte sie ihre herzenswarme Energie über den Äther aus. Als sie bei einem gemeinsamen Spaziergang an der Donau von der Redakteurin gefragt wurde, wie es ihr mit ihrer neuen Tochter so geht, stellte sie fest, dass es ihr keine Probleme macht. Ihr geht es gut, wenn es mir gut geht. Schließlich hat sie ja keinen Sohn verloren, sondern eine Tochter dazugewonnen. Daraufhin gratulierten ihre Freunde und Bekannten zum geglückten Muttersein. Ergänzend füge ich hinzu, dass wir immer schon Freunde waren. Ohne Freundschaft kann kein Elternteil den belastenden Teil seiner Erzieherrolle ausziehen …

Meine Mutter versteht sich übrigens prächtig mit Jasmin. In der ORF-Sendung „Mein Leben" mit Mari Lang, einer Reportage über mich, kamen auch meine Süße und mein Wahlbruder Sven zu Wort. Die Feedbacks zu dieser Sendung sprechen von Liebe, Akzeptanz, Freiheit, Menschlichkeit, Natürlichkeit und Mut. Mehr verrate ich nicht. Vielleicht magst Du dir ja diese Reportage ansehen.[2]

Inge, eine liebe Freundin und Taiji-Lehrerin aus Deutschland, meinte anlässlich des gewonnenen Rechtskrampfs, dass der Name „Monika Donner" perfekt zu ihrem inneren Bild von mir passt: die Himmelskraftfrau. Es gibt so viele warmherzige Menschen um uns. Wo ich früher noch potentielle Feinde sah, sehe ich heute Menschen, die sich in einem Käfig bewegen, ohne dass sie es merken. Es gibt keine Dämonen außerhalb, wenn ich sie nicht auch in mir spazieren trage. Wie im Inneren, so im Äußeren. Gedanklich flog ich weiter bis Wien und fühlte, dass ich wirklich schon ein paar Menschen Freude und eine Alternative zum Anpassungsstress biete, indem ich einfach bin, wie ich bin. Tiger Tangirra und ich hatten schon längst vereinbart, dass er gern bei gelegentlichen Ausflügen in High Heels dabei sein wird. Er stellte mich einmal vor die Wahl: Entweder frei wie ein Tiger oder High Heels. Meine Antwort wirst du vermutlich schon erraten haben:

„Entweder und Oder!"

1 „Am Schauplatz" - „Der kleine Unterschied" (ORF, 2009); verlinkt über **www.monika-donner.at**
2 „Mein Leben" - „Zwischen den Geschlechtern" (ORF, 2012), verlinkt über **www.monika-donner.at**

II. EGO-MANIE UND SELBST-BEFREIUNG

ÜBERBLICK

Als Kleinkinder, jedenfalls als Babys, waren wir noch eins mit allem, was uns umgab. Die Welt stellte sich noch nicht als „Entweder Oder", sondern als „Entweder und Oder" dar. Wir waren wir selbst und lebten im Hier und Jetzt. Wir waren eins mit unserem Selbst, dem wahren Ich, unserem Wesenskern. Es gab keine Trennung zwischen dem Innen und dem Außen. Diesen Zustand nenne ich die unbewusste Einheit.

Dann begannen wir intensiver zu denken, und irgendwann im Laufe unserer Erziehung und Anpassung an die gesellschaftlichen Normen kam der Zeitpunkt, ab dem wir uns als ein eigenständiges Ich fühlten. Dieses Ego, das soziale oder falsche Ich, lässt uns glauben, wir seien tatsächlich eine von allen Menschen und Dingen getrennte Person. Die Identifikation mit einer künstlichen Konstruktion ist aber eine Illusion. Sie lässt uns leiden. Es gibt Institutionen und Leute, die einseitiges Denken fördern, uns geschickt manipulieren und von unserer Verwirrung profitieren. Es liegt einerseits an den Grenzen der Möglichkeiten des Verstands und der Sprache sowie der Überbewertung des einseitigen, konditionierten Denkens (vor allem in westlichen Kulturen), dass in Extremen gedacht wird. Andererseits wird die Unausgewogenheit des Verhältnisses bipolares Denken zu Fühlen, Intuition und Hausverstand durch klerikale, wirtschaftliche und andere Machthaber bewusst aufrechterhalten, verstärkt und ausgenutzt.
Die Etablierung einer hirnlosen, entertainment-geilen, nabelschausüchtigen, mediengeschaffenen Fun-Kultur scheint den gesunden menschlichen Hausverstand beinahe gänzlich auszuschalten. Wie wir ansatzweise in der entwicklungspsychologischen Auseinandersetzung in Teil I sichtbar gemacht haben, ist der Mensch hauptsächlich über seinen Kopf programmierbar und über sein Denken steuerbar.

Das Ziel gewisser Institutionen scheint zu sein, dass sich Menschen als von allem getrennt erachten. Sie sollen empfinden, dass sie von ihrem Körper, von ihren Gefühlen, von der eigenen zweiten Gehirnhälfte, von den Mitmenschen, von der Natur, von wahrer Spiritualität etc. abgespalten sind. Dazu werden die meisten mit Angst, Schuld- und Schamgefühlen klein gehalten. Mit sich selbst beschäftigt im permanenten und anstrengenden sozialen Überlebenskampf, werden menschenverachtende Vergehen und Verbrechen der parasitären Machthaber nicht wahrgenommen, teilnahmslos hingenommen oder gar unterstützt.

Anderseits sind da auch noch jene Individuen, die uns vorgelebt haben, wie man sich vom Klammern an das Ich ganz bewusst wieder befreien kann. Ist die Identifikation mit dem Ego aufgelöst, sind wir wieder so, wie wir schon als Kinder waren – nur eben bewusst. Wir sind dann in der bewussten Einheit mit allem. Es geht nicht darum, sein Ego aufzulösen. Wenn selbsternannte Gurus meinen, dass wir das Ego auflösen müssen, irren sie gewaltig. Vermutlich wollen sie nur ihre blinden Schüler an sich binden. Wir brauchen unser Ego, um im sozialen Leben bestehen zu können. Der Körper ist das Transportmittel unserer Seele, und das Ego ist das Fahrzeug unseres Selbst. Das Ego vernichten zu wollen, wäre genauso dumm, wie den Körper zerstören zu wollen. Ohne den Körper hätte die Seele ihr Mittel des Selbstausdrucks verloren. Ohne das Ego hätte das Selbst nichts, durch das es nach außen strahlen kann. Die Zerstörung des Egos käme darüberhinaus dem wirtschaftlichen Selbstmord gleich. Obendrein ist es nicht möglich, das Ego zu vernichten. Der Wunsch, das Ego zu zerstören, macht es nämlich nur noch stärker. Gegen einen Felsen zu drücken, ist sinnlos. Er wirkt dadurch nur noch massiver und härter auf uns. Einzig sinnvoll ist die Auflösung der Identifikation mit dem Ego, der Abbau der geistigen und emotionalen Anhaftung an das Ich.

Ebenso verhält es sich mit unseren kognitiven Prozessen, dem Denken. Auch das Denken kann man nicht einfach abstellen. Wenn „Supergurus" meinen, wir müssen das Denken komplett ablegen, sind sie wohl am ehesten daran interessiert, hirnlose Schafe um sich zu haben, die nichts hinterfragen und denen man daher sehr leicht die Wolle vom Leib scheren kann. Das Denken an sich kann nicht schlecht sein. Allein das einseitige Denken schafft mehr Probleme als es löst. Die Überbetonung des Leid verursachenden einseitigen Denkens lockert sich aber wie von selbst, wenn sich die Anhaftung an das Ego mehr und mehr lockert.

Das läuft parallel ab. Werden wir von einem weisen Menschen aus dem Denken ins Gefühl gezogen, soll uns das auf den Weg der Mitte zwischen Denken und Fühlen bringen. Weder die Überbewertung des Fühlens noch die des Denkens tut uns gut. Damit, dass wir wieder wie ein Kind werden sollen, ist nicht etwa die Regression in ein Kindheitsalter gemeint, in dem wir uns auf Mama und Papa oder deren Ersatzfiguren verlassen.

Es geht um ein bewusstes, eigenverantwortliches, sich selbst versorgendes, aber mehr oder weniger kindlich unbeschwertes Leben. Ich nenne diesen Zustand die bewusste Einheit.

Der vorliegende zweite Teil könnte als gesellschaftliche Lagebeurteilung eingestuft werden. Die Kenntnis der eigenen und gesellschaftlichen Komplexitäten kann uns zur bewussten Kurskorrektur veranlassen oder dazu beitragen. Würde es sich um eine militärische Beurteilung der Feindlage für den Zweck der Verteidigung handeln, wären Kommandant und Einheit längst vom Feind überrollt worden. Die Analyse wäre dafür eindeutig zu umfangreich. Weil wir bereits überrollt wurden, haben wir fast alle Zeit der Welt. Überspitzt könnte man formulieren: Der Feind ist bereits im Hinterland und befindet sich schon in den eigenen Reihen. Lass uns nun etwas spirituellen Jagdkampf auf der Suche nach unserem Selbst betreiben!

EGO UND MACHTHABER

Die Quelle jeglicher Spaltung
in menschlicher Erfahrung
ist ganz offensichtlich das Ich.
Om C. Parkin[1]

... unsere Feinde sind wir selbst ...
Böhse Onkelz[2]

Verantwortung

Es gibt keine Schuldigen und keine Feinde. Es gibt nur Zustände und Möglichkeiten. Wir alle sind in eine massiv künstliche Ordnung eingebettet. Jeder von uns hat seinen Beitrag dazu geleistet und ist folglich mit verantwortlich für die heutige Situation. Wir leben in genau der Welt, die wir uns einzeln und im Kollektiv erschaffen haben. Wir wollen uns daher zuerst auf unsere eigenen Anlagen konzentrieren, angepasst zu leben und klein gehalten zu werden. Wer seinen Vogel kennt, kann ihn fliegen lassen. Wir behandeln auch das Verhalten jener Institutionen, die oberflächlich daran profitieren, dass wir vom Leben im Hier und Jetzt abgelenkt werden. Es liegt mir fern, irgendwelchen Verschwörungstheorien Macht zu geben oder machtmissbrauchende Menschen verantwortlich zu machen. Das würde nämlich den Blickwinkel nur auf das Äußere und dadurch auf die angebliche Machtlosigkeit des Einzelnen verlagern. Außerdem käme es der Stärkung bestehender Strukturen gleich und wäre daher äußerst kontraproduktiv im Hinblick auf die Ziele dieses Buchs. Die Masse der sogenannten Machthaber ist selber in ihrem Ego verstrickt und lebt nicht wirklich ihr eigenes Leben im Hier und Jetzt. Des Weiteren kann in einem Menschen nur ausgelöst (bewirkt) werden, was in ihm selbst veranlagt ist.

1 *Om C. Parkin, Tod* – Hörbuch Band 1 (2004), S. 31
2 *Böhse Onkelz*, aus dem Lied „Schöne neue Welt", Weißes Album (1993)

In mir kann nur die Energie zum Schwingen gebracht werden, die in mir bereits existiert. Wie im Innen, so im Außen. Unser Ego und jenes der Machthaber sind nichts Böses im Sinne einer zu verdammenden Polarität. Freilich kommt bei vielen Menschen, wie auch bei mir selbst, Wut über gewisse Missstände auf. Durch die Lenkung dieser Wut in konstruktive Bahnen kann eine heilende Innenschau erfolgen und eine konkrete Handlung gesetzt werden. Transformation kann Heilung bringen. Das Ego, die Summe aller Konditionierungen und Fremdbestimmungen, kann in der Tat nichts Schlechtes sein. Wir benötigen es, um in der materiellen Welt existieren zu können und auch, um Missstände abzustellen. Die Identifikation mit dem Ego bringt zwar Leid, sie ist aber auch die große Chance, zu sich selbst zurückzukehren. Übernehmen wir Verantwortung für unser Leben, ändern sich manche Dinge von ganz alleine.

Das Ego

Painting an abstract picture
You will hang it on your wall
But your wall is just your ego
And your ego will let you fall

You are just a little part of this universe
Enough to be yourself my dear
Dont be somebody else

Your ego is irrational
built on fear and built on pain
First it builds you up my dear
then it lets you standing in the rain
Cowgaroo[1]

Gerade malst du ein abstraktes Bild
Es wird dir an deiner Wand gefallen
Aber deine Wand ist nur dein Ego
Und dein Ego lässt dich fallen

Du bist nur ein kleiner Teil dieses Universums
Es genügt du selbst zu sein mein Freund
sei nicht jemand anders

Dein Ego ist irrational
Errichtet auf Furcht und gebaut auf Qual
Zuerst baut es dich auf mein Freund
dann lässt es dich stehen im Regenfall

Unter dem Ego (dem Ich) verstehen wir die Ansammlung sämtlicher übernommener und selbst erschaffener Gedankenmuster, Glaubenssätze und damit verbundener Emotionen. Wir alle haben ein Ego. Faktisch sind wir aber weit mehr als unser Ego. Es ist nur ein Teil von uns. Zu glauben, wir seien (nur) das Ego, ist Selbstbetrug im wahrsten Sinne des Wortes: Wir betrügen uns um unser wahres Selbst. Welche Entwicklungsstadien, Ereignisse, Wesensanteile und Charaktereigenschaften machen uns geneigt, die Konditionierungen durch Eltern, Kindergarten, Schule, Religion, Politik, Wirtschaft und Werbung über uns ergehen zu lassen, sie nicht zu erkennen und zu denken, wir seien ihr Ergebnis?

1 *Cowgaroo*, aus dem Lied „Ego" vom Album „Soul light" (2008); frei übersetzt von Monika Donner; gesungen von Sven Sorring, der dir bereits aus dem Kapitel „Die schwarze Burg" bekannt ist; siehe auch Kapitel „Gretchens Furz"

Warum glauben wir, das Produkt der Manipulationen, das sozial geformte Ich (Ego), zu sein? Welche naturgegebenen Programme und welche menschlichen Manipulationen (Konditionierungen) erschaffen das menschliche Ego?

Einerseits durchlaufen wir biologisch und psychosozial mehr oder weniger vorgegebene Entwicklungsstadien. Andererseits sind wir auch einem regulativen Kontext ausgesetzt, der auf menschlichen Vorstellungen, Erwartungen, Normen und damit zusammenhängend auch auf Missbrauch basiert. Wir haben es also mit zwei unsichtbaren Systemen zu tun, in denen wir großteils unbewusst eingebunden sind: Programm Eins als die biologische oder Schöpfungsmatrix und Programm Zwei als die von uns selbst konstruierte, künstliche und manipulierte Matrix.[1] Beide beeinflussen sich gegenseitig. Dank unserer Kreativität können wir allerdings das zweite Programm beeinflussen und uns ein eigenes Programm schaffen. Das wäre dann Programm Drei als Kreativmatrix oder Alternativprogramm.

Unter der manipulierten Ebene, also Programm Zwei, ist die gesellschaftliche Konditionierung zu verstehen. Dabei macht es grundsätzlich keinen Unterschied, ob wir von klassischer oder operanter Konditionierung sprechen. Im zwischenmenschlichen Zusammenleben sind nämlich meist beide Formen miteinander verwoben. Bei der klassischen Konditionierung ist im Grunde eine bestimmte Form des Lernens gemeint, bei der einem ganz bestimmten Reiz eine unbedingte, von der Biologie vorgegebene Reaktion folgt. Pawlow, ein russischer Mediziner und Physiologe, fand heraus, dass Hunde bereits beim Ertönen eines Glockensignals Speichel absondern, wenn sie zuvor unmittelbar vor den Fütterungen eine Glocke läuten gehört haben. Auch Menschen sind zum Teil dressiert wie die Pawlowschen Hunde. So wissen Werbepsychologen ganz genau, welche Reize uns zum Kauf gewisser Produkte anregen. Vom Cover gewisser Fernsehzeitschriften strahlende sexy Ladies lassen neben den Körpersäften bekanntlich auch das Geld fließen. Wurde man einmal im Musikunterricht wegen seines Gesangs getadelt, hat man eventuell für den Rest seines Lebens Angst davor, in der Öffentlichkeit zu singen. Operante Konditionierung versteht sich als jenes Lernen durch aktives Tun im Rahmen der Versuchs- und Irrtumsmethode, wie wir es etwa von der Fahrschule her kennen.[2]

1 Mit ähnlichen Worten: *Morpheus*, Matrix-Code (2003), S. 24
2 Vgl. auch *Vera F. Birkenbihl*, Stroh im Kopf (1999), S.154ff.

Irgendwann steuert sich das Kraftfahrzeug wie von selbst. Über beide Formen der Konditionierung sind Menschen manipulierbar, steuerbar wie Autos und lenkbar wie Schafe. „Diesen Vorgang des Schafwerdens nennt man im Psychologendeutsch *Konditionierung*", schreibt einer jener Psychologen, die sich im Rahmen des Psychologiestudiums nicht zu blökenden Marionetten der Statistik und unbeteiligten Beobachtern machen ließen. Der Psychologe und Lebenslehrer Robert Betz schreibt weiter und mir aus der Seele: „Wir lassen uns zu angepassten, anständigen, gehorsamen, fernsehenden, pillenschluckenden, verängstigten Lämmern erziehen, deren Lebenshöhepunkt darin besteht, ihre Rente zu erreichen."[1] Die dazu nötige Kontrolle erfolgt über den Geist, also das Denken. Wie wir wissen, unterscheidet sich davon grundlegend der „Geist" als seelisch-spirituelle Energie.[2] Wenn wir vom Ego sprechen, verstehen wir unter dem Geist die kognitiven Vorgänge in unserem Gehirn: das Denken. Geistern sich permanent wiederholende Gedanken in unserem Köpfchen herum, wird der Geist zum Spukgeist. Ein klarer Geist ist aber wichtig und entspricht unserem natürlichen Zustand der Harmonie. Überwiegt das Denken in dem Sinn, dass es das Kommando über uns übernimmt, kann der Geist nicht mehr klar sein. Werden Körper und Seele zurückgedrängt, dreht sich der Geist um die eigene Achse wie ein Hund, der in seine eigene Rute beißen will.

Durch Konditionierung wird unser Geist zu einem Gespenst,
das destruktiv in unserem Kopf und Leben herumspukt.
Genau hier setzt die missbräuchliche Manipulation an.
Mit Gehirnwäsche wird das Denken direkt beeinflusst.

Programm Eins und Zwei sind schon in der Kindheit kaum zu trennen. Starke faktische und emotionale Abhängigkeit bindet das Kind an seine Eltern. Diese Bindung (Programm Eins) ist sozusagen die biologische Basis der Erziehung (Programm Zwei), zumal das von den Eltern (Bezugspersonen) abhängige Kind auf sie ausgerichtet und dadurch lenkbar ist. In den ersten beiden Lebensjahren ist das Kind seinen Bezugspersonen bedingungslos zugetan, weil es ihnen vertraut. Es hat keine Alternative, muss ihnen also vertrauen. Liebevolle Behandlung ist keine Voraussetzung für diese Bindung. Nur auf die Vertrautheit kommt es an.

1 *Robert Betz*, Raus aus den alten Schuhen! – Dem Leben eine neue Richtung geben (2008), S. 24
2 Vgl. Insb. Johannes 6:63 und 2. Korinther 3:6; zur Unterscheidung siehe auch Kapitel „Der liebe Gott"

So ist zu beobachten, dass abgelehnte und schlecht behandelte Kinder stark bemüht sind, die für sie nötige Zuwendung und Nähe zu erhalten. Da sie bis etwa zum 15. Lebensjahr nicht selbst überlebensfähig sind, sondern beschützt und versorgt werden müssen, hat Mutter Natur es so eingerichtet, dass die Kinder wie ihre Bezugspersonen sein möchten. Diese Bereitschaft lässt sie bis zur Pubertät so gut wie widerspruchslos Fähigkeiten, Wissen, Wertvorstellungen, Grundhaltungen und Verhaltensweisen von ihren als Vorbilder fungierenden Bezugspersonen (wie Eltern und Lehrer) übernehmen.[1]

Das frühkindliche Stadium kann mit dem unbewussten Leben im Hier und Jetzt gleichgesetzt werden. Die unbewusste Einheit, dieser Zustand innerer Leichtigkeit und Verbundenheit, den Erwachsene bewusst erreichen können und der Erleuchtung genannt wird, basiert auf der erlebten Verbindung mit allem. Das Kind wird in der oralen Phase schließlich (hoffentlich) mit allem versorgt, was es braucht. Dabei wird der familiäre Grundstein für Urvertrauen und späteres Selbstvertrauen gelegt. Es gibt noch keine eigene Sprache, Begriffe und verordnete Regeln. Ich-Erleben findet noch nicht statt. Das ändert sich grundsätzlich in der sogenannten analen Phase zwischen dem zweiten und dritten Lebensalter. Bis hierher identifizieren sich Kinder nicht mit dem von ihren Eltern erhaltenen Namen, sondern sprechen von sich in der dritten Person.

Sie haben zwar noch kein Ich, aber es entsteht ein Ich-Gefühl. Die Muskulatur wird beherrscht, es wird gezwickt, gekratzt und „Nein!" gesagt. Wille und Selbstbehauptung werden geübt. Das Ich-Gefühl wird in der phallischen Phase eine Stärkung erfahren, wenn das Kind beginnt, sich zu präsentieren. Themen der darauf folgenden ödipalen Phase sind vor allem Geschlechtlichkeit, Konkurrenz um und Verbünden mit dem gegengeschlechtlichen Elternteil. Die Tochter meint: „Das ist mein Papi!" Auch der Besitz von Gegenständen und der damit einhergehende Ausschluss anderer werden zur erlebten Realität: „Der Bagger gehört mir!"

Die Latenz (sechstes bis zehntes Lebensjahr) bezeichnet die Phase des Findens eines eigenen Platzes in der Gruppe. In dieser sind die Kinder von der Anerkennung ihrer Leistungen durch andere abhängig. Diverse Leistungen werden bereits von einem Ich erbracht. Als Kleinkinder waren wir körperlich klein und auf Gedeih und Verderb von unseren Eltern abhängig. Von ihrer Fürsorge hing es ab, ob wir Nahrung,

1 Vgl. *Remo H. Largo*, Kinderjahre (2008), insb. S.113 bis 124

aber auch körperliche und seelische Zuwendung erhielten. Sie waren unsere ersten Götter, weil wir ohne sie lange Zeit nicht überlebensfähig gewesen wären. Auch wenn wir ihre Unfehlbarkeit spätestens in der Pubertät bezweifelt haben, prägten uns doch zumindest bis dahin das Streben nach Anerkennung und der Wunsch, geliebt zu werden. Um uns der Aufmerksamkeit der Eltern oder deren Ersatzfiguren sicher zu sein, mussten wir ihnen gefallen und Dinge tun oder unterlassen, die wir im tiefsten Inneren einfach gerne gelassen oder gemacht hätten.

Bis zu einem bestimmten Alter spielen Kinder ohne Zeitgefühl. Sie sind völlig im Hier und Jetzt. Der zeitlose Zustand der Einheit mit der Umgebung wird auch Chairos genannt. Das Kind spürt gar nicht, dass Zeit verstreicht, weil es in dem versunken ist, was es tut. Dem steht Chronos, der griechische „Gott" und Herr der Zeit, gegenüber. Als Meister der zeitlichen Abläufe symbolisiert er auch die metrische bzw. gemessene Zeit. Die Bindung an die Zeit im Sinne der (chronologischen) Uhrzeit erfolgt grundsätzlich mit den organisierten, institutionalisierten Abläufen, wie wir sie etwa aus dem Kindergarten und der Schule kennen. Zeit wird erlernt und wichtig. Kinder erleben dann auch, wie sehr ihre Eltern Sklaven der Zeit sind und ihr ewig hinterherlaufen, als könnte man sie einholen. Das zunehmende Herausgerissensein aus dem Hier und Jetzt geht mit den vermehrten Gedanken an die Vergangenheit und Zukunft Hand in Hand. Gedanken an Vergangenes sind meist mit Wut verbunden. Angstgefühle begleiten in der Regel die gedankliche Auseinandersetzung mit der Zukunft. Die Überbetonung des Denkens an sich und die einseitige Förderung des begrifflich abstrakten Denkens hauptsächlich im Schulwesen sind es schließlich, die uns mehr und mehr von unseren Gefühlen, Visionen, Träumen, Hoffnungen und auch körperlichen Empfindungen abspalten.

Das Innere wird beinahe vollständig durch das Äußere verdrängt. Wir beginnen uns in der äußeren Welt zu suchen und rotieren dabei wie ein auf den Selbstzweck reduziertes, gequältes Perpetuum mobile um uns selbst herum.[1] „Die unendliche Geschichte" erzählt vom Sterben der Welt der Phantasie, genannt „Phantasien", die mehr und mehr durch ein unerklärliches Nichts aufgefressen wird.[2] Mit „Phantasien" sterben auch die Träume, Hoffnungen und Wünsche der Menschen in der realen Welt. Menschen ohne Visionen und Träume sind leichter kontrollierbar und steuerbar.

1 Perpetuum mobile: etwas sich ständig Bewegendes; eine Konstruktion, die einmal in Gang gesetzt wurde und sich weiterhin ohne externe Krafteinwirkung bewegt

2 *Michael Ende*, Die unendliche Geschichte (1979)

Die Manipulation des Geistes zielt daher auf die Überbetonung und Überbewertung des Denkens mit der linken Gehirnhälfte, der Rationalität, ab. Die Phantasie, die in der rechten Gehirnhemisphäre haust, wird vernachlässigt und von der „linken Ratio" förmlich verzehrt, wie die Welt „Phantasien" vom unerklärlichen Nichts verschluckt.

In der Pubertät muss sich der Jugendliche mehr oder weniger ganz von seinen Bezugspersonen abnabeln, um später ohne sie auszukommen. Wo die Bindung an die Eltern gekappt wird, wird sie grundsätzlich erst an Gleichaltrige und später immer stärker auf einen Lebens- oder Lebensabschnittspartner verlagert. Das herangereifte Ich ist sozial eingebettet und wurde bereits mit einer Menge Regeln konfrontiert, die das menschliche Zusammenleben steuern. Es existieren unendlich viele ausdrückliche und unterschwellige (rechtliche, kirchliche und andere zwischenmenschliche, vor allem moralische) Verbote und Gebote. Sie werden zum wesentlichen Teil, meist zwischen den Zeilen und nur selten wortwörtlich, durch die Medien übertragen. Der wenn auch nur gedankliche Verstoß gegen diese Normen geht mit Schuld-, Scham- und Angstgefühlen einher. Diese Emotionen treten auch zutage, wenn wir eines der vielen Rollenbilder nicht den fremden und eigenen Erwartungen entsprechend erfüllen können.

Nicht alle Regeln sind fair und vereinbar mit der freien Entfaltung des Individuums, dessen wahre Natur geradezu als Gefahr für die gelenkten Massen betrachtet wird. Vor allem aus diesem Grund hat das Ego, das trotz entgegenstehender Regeln oder eigener Ethik etwas Bestimmtes erreichen will, seine selbst erschaffenen Verbündeten: die verschiedenen Persönlichkeiten, die meist unbewusst vom Ego ablenken sollen. In der lateinischen Sprache bedeutet „Persona" soviel wie Maske. Persona leitet sich vom Verb „personare" (durchtönen) ab: Im Theater verwendete man einst starre Masken, durch deren Öffnung die gesprochenen Worte tönten. Wenn wir uns einer Person im Gespräch voll, mit Herz und Hirn, widmen, hören wir vielleicht, wie das etwas tiefer sitzende Ego durch die Persönlichkeit (Maske) hindurchtönt. Man kann sich das Selbst, das Ego und die Masken wie das Schalensystem einer Zwiebel vorstellen. Der Kern ist das mit allem verbundene Selbst. Ihn ummantelt das Ego, das bei innerlich zutiefst verletzten Menschen oft als ein außerordentlich liebesbedürftiges Ich ausgestaltet ist. Um jedoch weder erneut verletzt noch als liebesbedürftig erkannt zu werden, produziert dieses zuwendungsbedürftige Ego mindestens eine weitere Schale.

Diese Schale ist zum Beispiel eine harte, kämpferische Maske wie jene des „Centurio“. Zum Ausgleich für diese Einseitigkeit kommen noch andere Masken in Betracht, wie etwa die sanfte, sexy „Monique Dumont“.

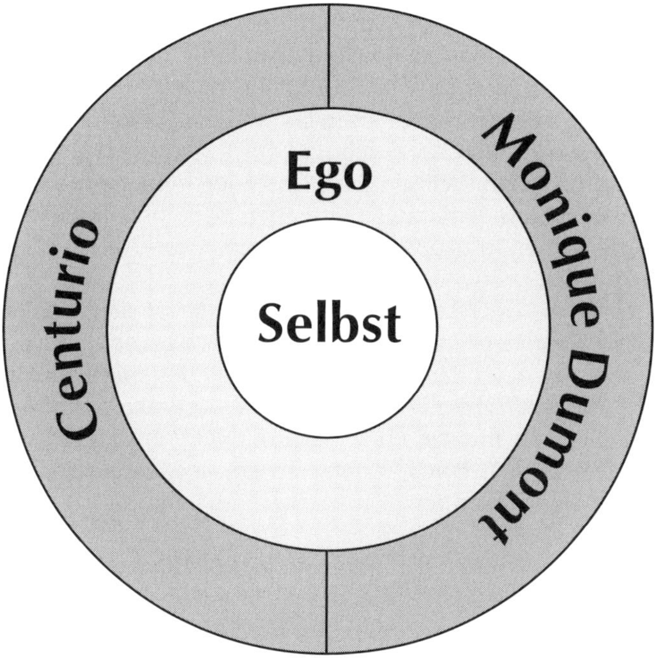

Außerdem gibt es noch die wohl jedem bekannten fremden Ratgeberstimmen im eigenen Kopf, die selten mit unserem Selbst harmonieren. Wer kennt nicht Mutters oder Vaters „Weisheiten“ oder Bilder aus dem Fernsehen, die wie von selbst auftauchen und dafür sorgen, dass wir letztlich nicht auf unsere innere Stimme oder körperlichen Signale hören? Wenn der innere und der äußere Druck im erwachsenen Individuum genügend Schmerz verursacht haben, stellt sich bei vielen neben einer Sinnfrage auch die vielfach unbewusste Suche nach dem Selbst, dem verdrängten wahren Ich ein. An diesem Punkt angelangt, öffnen sich für einige durch Programm Drei (eigene Kreativmatrix) neue Türen und Welten …

Zusammengefasst tun und unterlassen wir oft Dinge, ohne uns dessen bewusst zu sein, weil wir geschickt manipuliert wurden, weil wir uns aus Angst vor Nichtannahme und Strafe oder aus Angst, im Leben zu kurz zu kommen, angepasst haben. Diese, ja alle Ängste lassen sich auf eine einzige Angst reduzieren: auf die Angst vor dem Tod. Gemeint ist sowohl die Angst vor dem körperlichen Tod als auch die Panik des Geistes vor dem Ende der Identifikation mit dem Ego.[1] Die Identifikation mit dem Ego und seinen Masken (Persönlichkeiten), die wir als Kleinstkind noch nicht hatten, lässt uns die Täuschungen des Alltags nicht erkennen, weil unser Fühlen, Denken und körperliches Empfinden keine Einheit mehr bilden können. Innerlich sind wir so uneins, wie wir die Welt draußen wahrnehmen. Wir glauben, unser Ich zu sein und fühlen uns folglich getrennt von der Umwelt und allen darin befindlichen anderen Ichs, die demselben Irrglauben verfallen sind.

Wir verhalten uns wie Millionen Esel, die, jeder für sich, den mit Gold beladenen Karren der Finanzhaie ziehen, um die vor den Wagen gespannte, aber unerreichbare vergoldete Karotte des künftigen Glücks zu erreichen. Auf dem Karren befindet sich das Aquarium der materiell reichen Haie. Sie schwimmen, ebenso entfremdet von sich selbst, um das Gold, die Dollars und Euros herum, die im Meer der Freiheit sowieso wertlos sind. Siehe dazu den „Ego-Karren" auf Seite 368.

Ein Missverständnis über den Ausspruch des Philosophen René Descartes – „Cogito, ergo sum!"[2] – dürfte die Initialzündung dafür gewesen sein, dass in der westlichen Welt das Denken gegenüber dem Fühlen und der Intuition überbewertet wurde und noch immer wird. Dieser Satz verleitet nämlich zur Annahme, dass der Mensch nur wirklich sei, also nur dann wahrhaftig lebe, wenn er denken würde. Descartes meinte mit dem Satz „Ich denke, also bin ich!" aber keinesfalls, dass man nur sei, also lebe, wenn man denke. Er selbst bringt zum Ausdruck, dass man nur denken kann, wenn man ist, sprich bereits real existiert. Zu sein ist demnach die Voraussetzung, um überhaupt erst denken zu können: „Nun hatte ich beobachtet, dass in dem Satz ‚Ich denke, also bin ich!' überhaupt nur dies mir die Gewissheit gibt, die Wahrheit zu sagen, dass ich klar einsehe, dass man, um zu denken, sein muss."[3] Wie man sieht, wurde der logische Gedanke des großen Philosophen gegenteilig und vollkommen sinnverkehrt interpretiert.

1 Vgl. auch *Om C. Parkin,* Die Geburt des Löwen (2006), S.227
2 Vgl. *Rene Descartes,* Meditationes de prima philosophia (1641)
3 Vgl. *Rene Descartes,* Philosophische Schriften in einem Band, Discours de la methode, S. 55

Wenn du denkst, du denkst, dann denkst du nur, du denkst…

sang Juliane Werding im Zusammenhang mit einem männlichen und weiblichen Klischee.[1] Legt man die Betonung auf das Wort „Du", könnte das eine mögliche Antwort auf die folgende, an sich selbst gerichtete Frage sein: „Wer denkt?":

Wenn du denkst, du denkst, dann denkst du nur, du denkst…

Was will ich damit ausdrücken? Sind deine Gedanken wirklich deine Gedanken? Wie viele deiner alltäglichen, immer wiederkehrenden Fragen und Antworten sind deine eigenen? Welcher deiner Gedanken wurde nicht schon zuvor von einer anderen Person gedacht? Wenn deine Gedanken nicht deine Gedanken sind, dann kannst du auch nicht du sein. Dein Wesenskern denkt nicht. Wer hat also die Gedanken gedacht, bevor sie zu „deinen" Gedanken wurden? Der Mensch lässt sich dazu bringen, sich entgegen seiner eigenen Natur zu verhalten. Seine Natur sieht ein harmonisches Gleichgewicht von Körper, Seele und Geist vor. Dazu gehört auch ein Gleichgewicht des Denkens. Denken wir hauptsächlich rational (linke Gehirnhälfte), dann denken wir einseitig, weil wir die kreative und intuitive Seite des Denkens (rechte Gehirnhälfte) vernachlässigen. Das innere, zutiefst persönliche Denken kommt zu kurz. Tief drinnen spüren wir unsere Zerrissenheit und suchen unser Heil im Äußeren, auf das inzwischen beinahe unser gesamtes soziales Leben fokussiert ist.

Da das Unheil unserer Gespaltenheit faktisch wegen der Überbetonung des Äußeren seinen Lauf nahm, kann es wirkliche Heilung nicht (allein) im Äußeren, sondern vorwiegend durch das Beschreiten innerer Wege geben. Durch den individuellen inneren Weg, wie er auch immer aussehen mag, kann das Äußere mit dem Inneren in Einklang gebracht werden. Wir werden aber nicht gerade dazu erzogen, Verantwortung für unser Leben zu übernehmen. Lieber verhalten wir uns wie kleine Kinder im Körper eines Erwachsenen und projizieren dabei elterliche Rollen auf Menschen in Machtpositionen. Der Chef wird zum Papa, die Partnerin wird zur Mama gemacht. Es ist das Festkrallen an unserem Ego und unseren Gedanken, das anderen die Macht der Manipulation unserer Gedankenwelt gibt.

1 *Juliane Werding*, Lied „Wenn du denkst du denkst" (1975)

Die Machthaber

Und der Haifisch der hat Tränen
Und die laufen vom Gesicht
Doch der Haifisch lebt im Wasser
So die Tränen sieht man nicht

In der Tiefe ist es einsam
Und so manche Zähre fließt
Und so kommt es dass das Wasser
In den Meeren salzig ist
Rammstein[1]

Großer Geist bewahre mich davor, über einen Menschen zu urteilen ehe ich nicht eine Meile in seinen Mokassins gegangen bin.
Unbekannter Apachenkrieger[2]

Dienende Herrschaften

Macht ist an sich weder positiv noch negativ. Sie kann vielfach eingesetzt werden. Hier sind unter Machthabern jene Organisationen und Personen zu verstehen, die Macht haben und sie gewollt missbrauchen. All jenen, die ihr Bestes zur Schadensbegrenzung im System geben und sich in den Dienst einer freieren Selbstentfaltung stellen, sei an dieser Stelle gedankt. Sie mögen sich bitte nicht angesprochen fühlen. Es soll hier lediglich „die" Wahrheit über das Vorgehen bestimmter Einrichtungen dargestellt werden. Weder Institutionen noch Einzelpersonen sollen an den Pranger gestellt werden. Institutionen handeln über ihre Organwalter, wie man juristisch sagt. Menschen arbeiten für Organisationen. Wie Organisationen eine historische Entwicklung verzeichnen, so haben auch die für sie agierenden Personen ihre eigene Biographie.

Machthaber verzichten für die vermeintliche Macht über andere Menschen auf die Möglichkeit ihrer eigenen Befreiung. Wer Macht über andere ausüben will oder ausübt, ist daher de facto im größeren Kontext genauso machtlos wie die seiner Macht unterworfenen Menschen.

1 *Rammstein*, aus dem Lied „Haifisch" vom Album „Liebe ist für alle da" (2009)
2 *Käthe Recheis und Georg Bydlinski*, Weißt du, dass die Bäume reden – Weisheit der Indianer (1992), S. 30

Wer ist Herr und wer ist Sklave? Der Herr ist gleichzeitig auch Sklave, und der Sklave ist gleichzeitig auch Herr. Selbstverständlich ist der Herr etwas freier, denn er kann über den Sklaven bestimmen. Tatsächlich kommt das Machtgefühl des Herrn aber nicht aus ihm selbst, sondern hängt von einer anderen Person ab. Der Herr versklavt sich also insofern gegenüber dem Sklaven. Sein Ego drängt ihn dazu. Wer in seinem Ego verhaftet ist, will prinzipiell direkt oder indirekt Macht über andere ausüben. Dass Herrschaft identisch mit Sklaventum ist, zeigt sich besonders deutlich in der Sado-Maso-Szene: Rein äußerlich hat zwar die dominante Person das Sagen, sie ist jedoch grundsätzlich dem Kopfkino und den Grenzen des Submissiven unterworfen. Submissiv (unterwürfig) leitet sich vom lateinischen Verb „submittere" ab, was soviel heißt wie sich beugen oder unterordnen. Beide sind sich aber gegenseitig unterworfen. Dass die Herrschaft gleichzeitig der „Sub" ist und umgekehrt, ist Wesen des vereinbarten Spiels.

Carina hast du im ersten Teil kennengelernt. Eine Zeit lang verdiente sie ihr Geld als Domina. Nach ihren Erzählungen bekam sie als Herrin Geld dafür, dass sie Menschen auftragsgemäß, d.h. nach deren Vorstellungen quälte. Das Geschäft (die Vereinbarung) kam durch einen Auftrag des Sklaven und dessen Annahme seitens der Herrin zustande. Auch im realen Leben gehören mindestens zwei Parteien zum „Spiel" der Über- und Unterordnung. Das entscheidende Kriterium der Vereinbarung fehlt hier jedoch. Es sei denn, man wertet Stillschweigen und Protestlosigkeit der klein gehaltenen Menschen als Zustimmung.

Macht erzeugt insofern enormes Leid, als die gegenseitige Abhängigkeit der beteiligten Egos das jeweilige eigene Selbst überdeckt. Es handelt sich dabei um die Macht der Bettler. Wer in sich ruht, hat wirkliche Macht, nämlich Macht im großen Kontext, weil Energie aus sich selbst bzw. aus der unermesslichen Existenz geschöpft wird. Der wirklich mächtige Mensch ist unabhängig. Unbewusster Verzicht der Machthungrigen auf die Freilegung ihres Selbst ermöglicht Suchenden die Erfahrung, dass Machtausübung nicht glücklich macht und daher nichts Erstrebenswertes ist. Ohne dass sie es wollen, fungieren Machthaber als Negativbeispiel und dienen insofern ihren Machtunterworfenen. Schuldzuweisung würde gleichbedeutend mit dem Abschieben der eigenen Verantwortung sein. Wer neue innere Wege beschreitet und aus seiner Sklavenrolle heraustritt, ändert damit – ohne es unbedingt zu wollen – bereits das System.

Betrachten wir nun ein anderes System, genauer ein Sternensystem: Starwars. Darth Vader war der Sklave des bösen Imperators und schaffte es nicht, seinen Sohn Luke zur dunklen Seite der Macht zu bekehren. Luke überwand sein Ego. Er konnte daher nicht von der dunklen Seite der Macht versklavt werden, wie es einst seinem Vater widerfahren war. Weil er nicht wie sein Vater werden wollte, bemühte sich der junge Jedi-Ritter um seine innere Balance und erlangte sie schließlich, indem er seinem Selbst sehr nahe kam. Der moderne Shaolin-Mönch Luke wurde dadurch mitverantwortlich für die Erfüllung der alten Prophezeiung über das Kräftegleichgewicht im Universum. Lord Vader wurde nämlich von seinem Sohn an das Gute in ihm selbst erinnert. Vader stürzte daraufhin den bösen Imperator. Lukes inneres Gleichgewicht übertrug sich auf seinen Vater. Durch dessen Ausstieg aus einem Machtverhältnis konnte auch das äußere Gleichgewicht wieder hergestellt werden.
George Lucas, geistiger Vater von Starwars, erklärt sich angeblich hinsichtlich seiner Konfession als buddhistischer Methodist.[1] Liegt darin das Geheimnis jener genialen Mischung aus Science fiction, Spiritualität und Kampf, welche die mystischen Sternenkriege ausmacht?

Da wir mangels adäquater Innenschau kaum Verantwortung für uns übernehmen, suchen Erwachsene – innerlich nach wie vor abhängige Kinder – die Verantwortung im Äußeren. Und dieses Äußere ist gesplittet nach dem Grundsatz „Divide et impera!" – „Teile und herrsche!" Lebensmittel erhalten wir vom Händler. Für unsere Gesundheit machen wir die Ärzte verantwortlich. Die Verantwortung für die staatliche Ordnung sollen alleine Legislative, Judikative und Exekutive tragen. Unser Seelenheil überantworten wir Priestern, Therapeuten, Bar-Keepern oder Friseurinnen. In Sachen Liebe hat uns die Partnerin zufriedenzustellen. Und so weiter.
Im Grunde spricht nichts gegen die Spezialisierung und das Expertentum, wohl aber etwas gegen ausschließliche Zuständigkeiten, unsere völlige Verantwortungsabgabe und seelisch-geistige Entmündigung. Geschickt eingesetzte Manipulation unterstützt, ja erhöht die Abhängigkeit der Bürger. Gezielte Gehirnwäsche vereitelt in den meisten Fällen, dass Körper, Seele und Geist des Individuums eine natürliche Einheit bilden können.

1 *George Lucas* ist Drehbuchautor, Produzent und Regisseur der mystischen Starwars-Saga; zu seiner Konfession siehe **www.adherents.com/people/pl/George_Lucas.html** (zuletzt abgerufen am 19.12.2009)

Weil der Geist nach Objekten im Äußeren sucht, geht die Manipulation in zwei Richtungen:

1. Überbetonung des Denkens
2. Hervorrufen und Beeinflussung der Denkinhalte

Betrachten wir nun, wie die einzelnen, mitunter Macht missbrauchenden Institutionen durch Manipulation das Volk klein und dumm halten (wollen).

Religion

Wer keine Angst vorm Teufel hat,
braucht auch keinen Gott.
Der Name der Rose[1]

Wie eine
ungekrönte Macht
regierst Du jedes Land,
im Namens Deines Vaters
faltest schleimig Du die Hand
Deine Geschichte ist eine blutige Spur
Du nennst es Glaube und führst Kriege dafür
Religion - Religion - Religion
nur ich bin nicht
Dein Sohn
Böhse Onkelz[2]

In bipolar ausgerichteten Gesellschaften und Werteordnungen wird generell die Existenz zweier gegensätzlicher Positionen behauptet und für real angenommen. Jedes Phänomen, jede Erscheinung in der materiellen Welt wird einer der beiden Extrempositionen zugeordnet. Etwas wird entweder als gut oder böse, schwarz oder weiß, groß oder klein bezeichnet. Ebenso verhält es sich beim Menschen, der entweder als intelligent oder dumm, nett oder unangenehm, weiblich oder männlich, passiv oder aktiv und so weiter erachtet wird und dadurch sein „muss". Diese zweipolige Zuordnung geht mit den Irrlehren der pseudospirituellen Ebenen einher, nämlich den Religionen und ihren personifizierten Gottheiten. So wird beispielsweise in der katholischen Kirche Satan als das Böse und der Gegenspieler zum Personengott Jesus erklärt. Jesus war aber kein „Gott", sondern höchstens ein erleuchteter Mensch. Abgesehen davon gibt es im Judentum, dessen auf europäische Verhältnisse adaptierter Abklatsch das Christentum ja ist, keine Personifizierung des Bösen. Satan wird im jüdischen Glauben wenigstens als von „Gott" geschaffener Ankläger verstanden, der den Menschen verführt, um ihm Gelegenheit zu geben, zu „Gott" zurückzukehren. Der „Gott" des Judentums, wie wir ihn aus dem AT kennen, scheint aber auch nicht gerade über den dualistischen Werten Gut und Böse zu stehen.

1 Vgl. *Umberto Ecco,* Der Name der Rose (1980) – Zusammenfassung der Aussagen des blinden Sehers Jorge von Burgos insb. auf S. 601 bis 609; ausdrücklich in der Verfilmung von *Jean-Jacques Annaud* (1986)
2 *Böhse Onkelz,* aus dem Lied „Religion" vom Album „Kneipenterroristen" (1988)

Er kann gemäß den Überlieferungen der Bibel gar nicht Gott sein und agiert am ehesten wie ein bauernschlauer, in Extremen denkender Mensch, der einfach nur Macht ausüben will. Was die Religionen über Jahrhunderte den Köpfen der Bevölkerung an Lügen und Verdrehungen eintrichterten, setzt sich wegen des psychologischen Tiefgangs der Gehirnwäsche (eigentlich Gehirnverschmutzung) und deren Weitergabe sogar im Denken von heutigen „Ungläubigen" fort.

Religion leitet sich vom lateinischen Hauptwort „religio" oder vom Verb „religere" ab. „Religio" bedeutet soviel wie Rücksicht, Bedenken, Skrupel, Gottesfurcht, Verehrung, Kultus, Heiligtum und Versprechen. Diese Bedeutungen entsprechen meines Erachtens der gängigen und wenig spirituellen Praxis der herkömmlichen Religion. Die Vermittler der Religion, die Priester, halten ihre Schäfchen schön an der Oberfläche, bleiben es selber aber auch. Man beschränkt sich meist auf eine dem Götzendienst entsprechende Anbetung, eine Hoffnung auf Erlösung von außen und das himmlische Paradies nach dem Tod. Mit Spiritualität hat das wenig bis gar nichts zu tun. Spiritualität ist sogar eine Gefahr für den institutionellen Rahmen der Religion. Vor allem das katholische Christentum würde ich hier ansiedeln. Es sei vorweg genommen, dass ich keine Religion (religio) als gut oder böse erachte. Zum einen ist Religion heute doch irgendwie eine Bastion gegen den globalen Konsumrausch, zum anderen trug sie aber von jeher erheblich zur Verblödung und Versklavung der Menschheit und damit auch zum heutigen Konsumwahn bei. Insofern ist Sigmund Freud zuzustimmen, dass Religion nichts als eine Zwangsneurose ist. Karl Marx dürfte dasselbe gemeint haben, wenn er sagte, Religion sei das Opium des Volks. Mit anderen Worten: „Der Glaube schafft aber – nicht nur bei Christen – unüberbrückbare Barrieren und erstickt a priori Logik und klare Einsicht."[1] Religion bzw. Glaube ist die offensichtlichste Form des Selbstbetrugs.

Der Mensch betrügt sich im Glauben an etwas nicht Existentes und im damit verbundenen Wahn um seine wahre Natur: um sein Selbst. Wer den Weg der Mitte geht, der weit abseits vom Glauben liegt, dessen Hausverstand funktioniert einwandfrei. Ziel der Religionsvertreter ist die Ausschaltung des menschlichen Verstands, weil dieser wie von selbst die Täuschungen und Lügen der Kirche erkennt. Der Einfachheit wegen möge man darüber hinwegsehen, dass ich zur Anschauung religiösen Machtmissbrauchs exemplarisch die katholische Kirche heranziehe.

1 *Salcia Landmann*, Jesus starb nicht in Kaschmir – Ohne Kreuzestod kein Christentum (1996), S. 210f.

Sie ist schließlich die größte Kirche meines kulturellen Umfelds. Unter dem Begriff „Kirche" verstehe ich jedoch grundsätzlich alle amtlichen Kirchen und institutionalisierten Religionen.

Zieht man das Verb „religere" heran, kommen wir der Spiritualität schon einen gewaltigen Sprung näher: Vor allem „zurückbinden" und „emporbinden" kommt dem höchsten spirituellen Ziel der Rückverbindung zur Existenz, zur Quelle, zur Göttlichkeit, zu Gott oder wie man die Einheit auch immer nennen will, begrifflich sehr nahe. Das Individuum stellt die Rückverbindung zur schöpfenden Existenz her, indem es die Wahrheit der Dinge erkennt und erfährt. Das Sein im Hier und Jetzt, das Selbst, die bewusste Einheit, offenbart sich als das Paradies auf Erden. Den Buddhismus als „Nichtreligion", „Quasireligion" und als Anleitung zur Rückbindung kann man am ehesten hier einordnen. Die buddhistische Praxis macht zwar kein Geheimnis um die Worte Buddhas, verkompliziert meines Erachtens aber mit ihren teilweise sehr strengen Ritualen und Regeln unnötig den Weg zur Selbstwerdung. Darauf und auf den Umstand, dass Buddhismus und Christentum in ihren „Urformen" als Wahrheiten zweier „Meister" (Buddha und Jesus) kaum zu unterscheiden sind, kommen wir noch zu sprechen.[1]

Erkenntnisquelle Heilige Schrift

Ich persönlich habe nie etwas Schriftliches als Lebensleitfaden benötigt. Schon gar nicht die Bibel. Ich lehnte sie lange Zeit intuitiv ab, obwohl oder weil ich acht Jahre in einem Jesuitenkollegium verbrachte. Als ich kürzlich nach einer geistigen Kleinkaliberpistole gegen den Vatikan suchte, erwies sich die Heilige Schrift als Atombombe. Sie gibt nämlich schriftliches Zeugnis darüber, dass der „Gott" der katholischen Kirche gar nicht existiert und erschüttert damit ihr bereits brüchiges Fundament gewaltig. Außerdem gibt die Bibel, vor allem in Kombination mit vom Vatikan nicht anerkannten Schriften, Aufschluss über die Existenz wahrer Göttlichkeit.

Sofern ich in den verschiedensten Kapiteln auf Bibel, Katechismus, Apokryphen, Koran oder Talmud eingehe, geschieht das in der Regel, um scheinbare religiöse Widersprüche und Verfälschungen aufzuzeigen. Es ist mir wichtig, religiöse Illusionen sichtbar zu machen.

1 Siehe Kapitel „Buddha Jesus"

Das Schöne daran ist, dass man die Lügen der Religionen anhand jener Schriften nachweisen kann, die ihnen angeblich ach so heilig sind. Dabei beziehe ich mich rein auf die verfügbaren Texte, ohne groß auf Spitzfindigkeiten zur Authentizitätsfrage einzugehen. Die verfügbaren Stellen erfüllen, so wie sie abgedruckt sind, bestens den Zweck des Sichtbarmachens klerikaler Machtanmaßung.

Im übertragenen Sinn kann man die organisierte Praxis kirchlichen Machtmissbrauchs juristisch anhand des Stufenbaus der Rechtsordnung verdeutlichen: Das Wirken Jesu als Verfassung (oberste und erste Stufe der Rechtsordnung) und das NT als Gesetz (zweite Stufe zwischen Verfassung und Verordnung) werden durch den Katechismus als Durchführungsverordnung (dritte Stufe) und das Wirken der katholischen Kirche als Bescheid (vierte und unterste Stufe) schändlich missbraucht und ins Gegenteil verkehrt. Es würde in diesem Zusammenhang prinzipiell keinen Unterschied machen, ob die Texte, auf die sich die Kirche beruft, echt oder gefälscht sind. Ein unwiderlegbares Faktum ist, dass der Katechismus und das kirchliche Handeln schwer verfassungswidrig und gesetzeswidrig sind. Auf einige authentische, verfassungskonforme Überlieferungen, deren Anerkennung oder Übernahme in den „Glaubenskatalog" vom Klerus verweigert wird, werden wir einen speziellen Blick werfen.

Die Heiligen Schriften bieten faszinierende Erkenntnismöglichkeiten. Ich verwende sie nicht nur zur Entlarvung religiöser Fehlinterpretationen, sondern auch zur Untermauerung wahrhaft spiritueller Ansätze, die in jeder Religion zu finden sind. Dass der Licht-Geist-Liebe-Gott, von dem Jesus sprach, mit der Wissenschaft in Einklang gebracht werden kann, haben wir schon gesehen.[1] Anhand der Heiligen Schriften werde ich auch den Beweis liefern, dass Buddha und Jesus derselben Sache dienten.[2] Es spielt für mich persönlich überhaupt keine Rolle, ob diese beiden Erleuchteten tatsächlich, d.h. historisch, existierten. Sie sind so sehr Bestandteil religiöser Praxis und unser aller Unterbewusstsein geworden, dass allein dieser Umstand schon Grund genug für meine Befassung mit ihnen ist. Buddha wie Jesus befreiten sich selbst aus dem künstlichen Programm (Matrix) und bereiteten den Weg unserer Selbstbefreiung. Zu dieser Selbstbefreiung bedarf es keiner Religion oder anderer uns klein und abhängig haltender Organisationen.

1 Siehe Kapitel „Waldeinheit und Ousia-Feld"
2 Siehe Kapitel „Buddha Jesus"

Im Gegenteil: Die Priester waren es ja gerade, von denen sich beide abwandten. Ist es nicht irrwitzig, dass Machtmissbrauch im Namen dieser zwei Erleuchteten ausgerechnet von Priestern betrieben wird? Brauchen wir Menschen das wirklich noch?

Die Worte Jesu wurden vielfach verdreht, sodass er selbst wahrscheinlich staunen würde, wie Übersetzer und Amtskirchen seine Aussagen zur eigenen Bereicherung missinterpretierten, wegließen oder gar etwas hinzufügten. Das NT beginnt mit und handelt hauptsächlich von Jesus. Es liefert wertvolle Lebensweisheiten, wenn man weiß, wo man suchen muss. Mit dem AT verhält es sich ebenso, wenn man die Beschreibung etlicher Gemetzel und des Verhaltens eines rachsüchtigen „Gottes" richtig zu deuten weiß: Jahwe war nicht der Allschöpfer und daher nicht Gott im existentiellen Sinne.[1] Zusammen bilden AT und NT die Bibel. Wir sollten noch weitere Umstände im Hinterkopf behalten, die unser Verständnis vertiefen können. Die Heilige Schrift wurde über einen Zeitraum von rund 1.600 Jahren von Menschen geschrieben, abgeändert und übersetzt, die unter verschiedenen geographischen und kulturellen Verhältnissen lebten. Jesus teilte sich in der aramäischen Sprache, der Sprache des Volks, mit. Die Evangelien über das Leben Jesu wurden erst etwa 150 Jahre nach seiner Kreuzigung geschrieben.[2] Es gibt eine Vielzahl von Evangelien, die von bedeutenden Kirchenmännern nicht in das „heilige Schriftenwerk" (Kanon) übernommen wurden, obgleich deren Echtheit unbezweifelt ist und sie aus ca. derselben Zeit stammen wie die vier Evangelien des NT. Gemeint sind hauptsächlich das Thomas-Evangelium, das Philippus-Evangelium, das Judas-Evangelium und das Evangelium nach Maria (Magdalena). Zu diesen und anderen gnostischen Schriften aus Nag Hammadi in Oberägypten, die aus dem ersten bis vierten Jahrhundert nach Christus stammen, weiß der Literatur- und Geschichtsprofessor Gerd Lüdemann: „Die Nag-Hammadi-Bibliothek wirft neues Licht auf das Verhältnis von *Rechtgläubigkeit und Ketzerei* im frühen Christentum." Die meisten Verfasser dieser Schriften wurden als Ketzer gebrandmarkt und sowohl aus dem kirchlichen als auch aus dem übrigen gesellschaftlichen Leben ausgeschlossen. Die von ihnen übermittelten Botschaften Jesu bedrohten die Amtskirche.

1 Siehe Kapitel „Der liebe Gott" („*Hinter den Kulissen*")

2 Evangelien behandeln Leben und Wirken Jesu Christi. Es handelt sich um die vier Evangelien des NT nach Matthäus, Markus, Lukas und Johannes sowie andere amtskirchlich nicht in den Kanon übernommene Evangelien, wie bspw. jenes nach Thomas, Maria, Philippus und Judas. Es gibt noch weitere Evangelien (Apokryphen und gnostische Schriften). Da sie im gegebenen Zusammenhang jedoch weniger relevant sind, sei insb. auf *Alfred Schindler*, Apokryphen zum Alten und Neuen Testament (2007) sowie *Gerd Lüdemann und Martina Janssen*, Die Bibel der Häretiker – Die gnostischen Schriften aus Nag Hammadi (1997) verwiesen.

Nicht selten wurden sie zu Opfern entstellender Polemik seitens der „rechtgläubigen Kirchenväter".[1] Analog zu den Verbrennungen von „Hexen" erkennen wir in den Verfassern gnostischer Schriften über Jesus eine beträchtliche Gefahr, die die „rechtgläubigen Kirchenväter" für die Macht ihrer scheinheiligen Kirche witterten. Daraus ist zu schließen, dass vom offiziellen Text der Heiligen Schrift mit an Sicherheit grenzender Wahrscheinlichkeit einige wichtige Stellen nicht veröffentlicht oder verfälscht wurden. Die Bibel wurde darüberhinaus von Martin Luther ins Deutsche übersetzt. Wenn wir bedenken, wie sehr auch heute einfachste alltägliche Aussagen verkehrt übermittelt werden (Stille-Post-Effekt), scheinen die Fehlerquellen der Bibel unzählbar zu sein.
Über die Rolle Martin Luthers bin ich mir nicht ganz im Klaren. Zum einen wird ein sehr aufrichtiges, sympathisches Bild über ihn vermittelt. So soll er, als er die Dekrete der Päpste für seine Disputation[2] durchging, gesagt haben: „…ungewiss ob der Papst der Antichrist selbst ist oder ein Apostel des Antichrist; elendiglich wird Christus, d.h. die Wahrheit, von ihm in den Dekreten gekreuzigt."[3] Diese Aussage hat immens hohen Wahrheitsgehalt. Sie ist Ausdruck seiner offen gezeigten Haltung gegenüber dem katholischen Kirchenoberhaupt. Dass die Anhänger seiner Reformationsbewegung den Flammentod für weit geringere Vergehen erlitten, lässt den Verdacht zu, er sei für Rom schon zu mächtig geworden und man habe ihn (eventuell ohne sein Wissen) als Vereiniger von Separationstendenzen einfach walten lassen. Man hat vermutlich erwogen, dass seine protestantischen Tätigkeiten, inklusive nicht ganz korrekter Verdeutschung der Bibel, nicht die volle Wahrheit ans Licht bringen würden. War er vielleicht ein gelenkter Wahrheitssuchender, der zwar die Macht der Katholiken schwächen durfte, aber letztendlich deren Ziel der Sinnumkehrung Jesu Worte und Taten nicht ernsthaft schaden konnte? War sich Luther gar dessen bewusst?

Religionen verstoßen augenscheinlich gegen die Lehren ihrer „Meister". Sie betreiben, neben der Prostitution, das älteste Gewerbe der Welt. Der Unterschied zwischen beiden liegt darin, dass die „Liebesdienerinnen" grundsätzlich ehrlicher arbeiten. Für Geld gibt es zwar selten Liebe, dafür aber immerhin Sex. Blicken wir gleich einmal auf die katholische Kirche. Sie nimmt auch Geld, kann aber kein Seelenheil spenden,

1 Vgl. *Gerd Lüdemann und Martina Janssen*, Die Bibel der Häretiker – Die gnostischen Schriften aus Nag Hammadi (1997), S. 11

2 Disputation: wissenschaftliches Streitgespräch als eine der Prüfungsformen zur Erlangung von akademischen Graden; grds. wird um die Ehre der schlüssigeren Argumentation meist nicht beweisbarer Theorien gekämpft

3 *E.G. White*, Der große Kampf – Kirche, Politik und die Zukunft der Welt (1994), S. 86

sondern maximal Trost geben. Doch dieser Trost ist oberflächlich und das Produkt unverschämter, übernommener, weiter ausgefeilter Lügen und Verdrehungen der Wahrheit. Damit die Unwahrheit geglaubt wird, müssen Zweifel und gesunder Menschenverstand ausgeschaltet werden. Dazu bedient man sich zweier Mittel: Man erzeugt Angst und appelliert an den Glauben, wobei der ursprünglich eigenständige Geist bereits im wehrlosen Kindesalter gleichzeitig formatiert und mit religiösen Viren befallen wird wie eine Festplatte ohne Anti-Virus-Programm. Es wird Angst geschürt vor Satan, der frei erfundenen zentralen Verkörperung des Bösen und Jesu angeblichem Gegenspieler. Glaube wird prinzipiell nur verlangt, wo Wissen die Wahrheit ans Licht bringen könnte. Um die Menschen zum Glauben zu bewegen, versprechen die selbsternannten Hirten den Schafen etwas in der Zukunft liegendes: das Paradies. Um von den Lügen abzulenken, gibt es die priesterliche okkulte Suggestion, eine ganz bestimmte Ritualmagie mit prunkvoller Kirchenausstattung, Götzen und Kleidung, huldvoll getragenen feierlichen Worten, gesprochenen und gesungenen kollektiven Wiederholungen, Weihrauch usw.[1]

Mit der Erfindung oder Missinterpretation der Erbsünde werden alle Menschen pauschal für schuldig erklärt. Im Kapitel „Einfach sein" werden wir sehen, dass Jahwe ein verlogener Pseudogott ist, der Adam und Eva für dumm verkaufen wollte. Die einzige Erbsünde ist daher, falls man den Terminus unbedingt verwenden möchte, die Verehrung des Lügners Jahwe durch die Katholiken und ihre bewusste Abspaltung von der wahren Lehre Jesu. Die katholische Kirche müsste sich eigentlich, ihrer eigenen Bibelfixiertheit entsprechend, selbst als die größte Sekte bezeichnen.[2] Sie ist daher die Mutter der Erbsünde. Anders formuliert:

Die Kirche selbst ist die Erbsünde
Eine andere Erbsünde gibt es nicht

Was "Gott" will, steht angeblich in einem Buch. Die Interpretation dieses Buchs, der Bibel, behält sich die Kirche vor. Sie wurde vor allem im KKK niedergeschrieben. Paradoxerweise muss daher die (korrekte) Theologie, die unparteiische Lehre von Gott, naturgemäß die schärfste Gegnerin der Kirchenelite und ihres KKK sein.[3] Dieses ausgeklügelte Schriftwerk ist ja voller Verdrehungen.

1 Vgl. *Dr. Wilhelm Matthießen*, Der Schlüssel zur Kirchenmacht (2001), S. 8ff
2 Sekte leitet sich vom lat. Wort „Secta" (Richtung, Partei) in Verbindung mit „Sequi" (folgen) und „Secare" (schneiden) ab. Der Begriff Sekte bedeutet damit eine von der ursprünglichen Sache abgespaltene Richtung.
3 Theologie: Die Lehre von Gott bzw. Göttern, Glaubensquellen und -inhalten

Darin wird ein zwangsverpflichtender Glaube an einen "Gott" definiert, den es nicht gibt. Ist das im Sinne Jesu Lehre? Er wusste zwar bestens, wie die Schriften des AT auszulegen sind, versklavte sich aber keinesfalls gegenüber ihrem Wortlaut. Sein Wirken wird als originär und authentisch dargestellt, was in diametralem Widerspruch zum Wortlautfetischismus gewisser religiöser Institutionen steht. Unter Berufung auf den Menschensohn Jesus, der selbst nicht zur Machtausübung aus Büchern zitierte, sondern spontan agierte, lautet es im NT: „Denn der Buchstabe tötet, aber der Geist macht lebendig."[1]
Wenn die Katholiken behaupten, „der christliche Glaube ist jedoch nicht eine Buchreligion"[2], so entlarven sie diese Aussage allein schon durch den Umfang des Katechismus als dreiste Lüge. Er umfasst 2.865 Absätze (Nummern) auf rund 800 Seiten.[3] Das ist etwa doppelt soviel wie das NT. Hauptsächlich berichten die vier Evangelisten Matthäus, Markus, Lukas und Johannes über Jesu Wirken, wobei es zahlreiche Überschneidungen in der Überlieferung gibt. Reduziert man die Evangelien, Briefe und Interpretationen des NT auf die tatsächlich überlieferten Worte Jesu, so verbleiben vermutlich nicht einmal 100 Seiten. Das Missverhältnis zum Umfang des KKK wird so noch etwas deutlicher und darf zum Denken anregen, was es eigentlich an den klaren Worten Jesu herumzuinterpretieren gibt. Er sprach zwar auch in Gleichnissen, doch beherrschte er offenbar die Kunst, diese ziemlich eindeutig in die Herzen und Hirne jener Menschen zu transportieren, die auch gewillt waren, wirklich zuzuhören. Wer seine symbolischen Botschaften und Parabeln dennoch nicht ganzheitlich (durch sein Selbst) erfassen kann, gerät freilich in Versuchung, sie mit dem Kopf (Ego) zu zerlegen. Wer wie die Tempelritter „We will rock you!" empfängt, wo „All you need is love!" gesendet wird, dem kann man allerdings nur schwer helfen ...

Spirituelle Rebellion

Den Überlieferungen zufolge war Jesus ein zutiefst spiritueller Rebell. Er legte sich mit einer parasitären Priesterkaste an, die wie die Maden im Speck lebte. Mit anderen Worten: „Die Priesterschaft war sozial und finanziell risikofrei abgesichert wie nicht einmal Könige und Kaiser." Auch Salcia Landmann war der Ansicht, dass der Wanderprediger Jesus

1 Vgl. 2. Korinther 3:6
2 Vgl. KKK Nr. 108
3 Umfang des KKK: Fast 720 Seiten hat der Katechismus der Katholischen Kirche, Neuübersetzung aufgrund der Editio Typica Latina (Oldenbourg, St. Benno-Verlag, Paulusverlag 1997); ca. 800 Seiten hat der Ausdruck der Onlineversion

mit seiner Tempelreinigung augenfällig und symbolisch die Privilegien der Priester in Frage stellte: „Ihn störte nur, dass man den Leuten Geld im Namen Gottes abnahm. Darin empfand er ähnlich wie Luther."[1] Mit einer aus Stricken geformten Peitsche trieb er die Geldwechsler und Händler aus dem Jerusalemer Tempel, die von den dortigen Priestern offenbar geduldet oder sogar gern gesehen waren. Er stieß die Bänke um, verschüttete die Münzen der Geldwechsler und ermahnte sie, aus dem Haus seines Vaters (unser aller Vaters) kein Kaufhaus zu machen.[2] Jesus griff religiöse Parasiten, indirekt aber den gesamten weltlichen Machtapparat verbal an, indem er besonders zum Bruch mit den Regeln des AT ermutigte. Das macht seine spirituelle Rebellion gleichzeitig zu einer sehr irdischen, was ja nicht verwundert, weil zwischen Irdischem und Spirituellem ohnedies kein Unterschied besteht. Die römische Besatzungsmacht muss sich jedenfalls auch irgendwie durch Jesus oder die ihn verfluchenden Pfaffen gestört gefühlt haben, weil man ihn sonst nicht gekreuzigt hätte. Kreuzigung war nämlich eine Strafe für politische Vergehen. Einfache religiöse Quertreiber, die es damals wie Sand am Meer gab, pflegte man nicht zu kreuzigen. Vermutlich ließen die Priester ihre politischen Kontakte spielen, weil Jesus ihr Einkommen massiv gefährdete, das sie mit der Vermittlung zum Pseudogott Jahwe und der Befolgung seiner knechtenden Regeln und Abgabenpflichten erzielten.

Was aber machte Jesus konkret gefährlich? Sklaventreiber Jahwe hatte mit seinem dritten Gebot angeordnet, die Menschen müssen sechs Tage die Woche arbeiten und ihm, diesem sadistischen UFO-Monster, am einzig „freien" Tag huldigen.[3] Durch diese Anordnung eröffnete er den irdischen Machthabern die Möglichkeit, mehr und mehr vormals eher frei schaffende Arbeiter in die industriellen Menschenlegebatterien der Neuzeit zu stecken. Damit nicht genug. Der menschenähnlichen Person Jahwe war nicht nur der siebte Tag, der Sabbat, gewidmet. Wer an diesem Tag etwas machen würde, das auch nur irgendwie mit Arbeit zu tun hätte, sollte darüberhinaus zu Tode gebracht werden.[4] Sehr nett. Ein Tyrann in Menschengestalt gab den Menschen also einen unnatürlichen Arbeitsrhythmus und einen davon abhängigen Lebensrhythmus vor. Ungehorsam war mit dem Tod bestraft.

Dann kommt ein cooler, langhaariger Mensch namens Jesus daher, der herumstreunt und als Wanderprediger garantiert weder regelmäßig arbeitet, noch über ein geregeltes Einkommen verfügt.

1 *Salcia Landmann*, Jesus starb nicht in Kaschmir – Ohne Kreuzestod kein Christentum (1996), insb. S. 18 und 34 bis 44
2 Vgl. Johannes 2:13 bis 22
3 Vgl. 2. Mose 20:8 bis 11
4 Vgl. 2. Mose 31:15

Er hält sich demnach nicht an Jahwes Arbeitswochenplan. Jesus erklärt den Leuten sogar, dass der Sabbat für den Menschen da ist und nicht der Mensch für den Sabbat.[1] Jesus erklärt auch „des Menschen Sohn", also den Menschen, zum Herrn des Sabbats.[2] Damit hat er schon begrifflich nicht nur sich selbst gemeint, sondern eindeutig alle Menschen – uns alle – zu den Meistern der eigenen Zeitordnung erklärt. Was soll er sonst gemeint haben, wenn er doch seine Mitmenschen dazu aufrief, sich keine Sorge über Lebensmittel und Kleidung zu machen, weil wir wie die Vögel des Himmels ohnehin vom himmlischen Vater ernährt werden? Wir können schließlich nicht gleichzeitig Gott dienen und dem Mammon.[3] Um wen kümmerte sich Jesus intensiv? Um die Bettler, Kranken und andere Verstoßene, die allesamt sicher nicht sechs Tage die Woche arbeiteten. „Ihr sollt euch nicht Schätze sammeln auf Erden, da sie die Motten und der Rost fressen, und da die Diebe nachgraben und stehlen", meinte er und verkündete weiter: „Sammelt euch aber Schätze im Himmel, da sie weder Motten noch Rost fressen, und da die Diebe nicht nachgraben noch stehlen. Denn wo euer Schatz ist, da ist auch euer Herz."[4] Spiritualität statt materiellem Konsumwahn und dem damit verbundenen Siebentagetrott, lautet die unmissverständliche Botschaft. Sie ergibt sich nicht zuletzt aus seiner Aufforderung, Haus und Familie zu verlassen, um ihm zu folgen. Er machte darauf aufmerksam, dass man dafür mit Verfolgungen rechnen müsse und sprach: „Viele aber, die jetzt die Ersten sind, werden dann die Letzten sein, und die Letzten werden die Ersten sein."[5] Ein paar Verse darüber liest man: „Es ist leichter, dass ein Kamel durch ein Nadelöhr gehe, denn dass ein Reicher ins Reich Gottes komme."[6] Jesus rüttelte bereits damals Menschen aus ihrem materialistischen, konsumorientierten Tiefschlaf. Das machte ihn schon einmal sehr gefährlich.

Was ihn aber zum tief sitzenden Brenndorn im Arsch einer bereits vor etwa 2.000 Jahren absolut unspirituellen, fanatischen Giergesellschaft machte, war, dass er auch die Wahrheit über Gott und Gottes Himmelreich verkündete. Er entlarvte den „Gott" des AT (Jahwe) als machtgierigen Tyrannen und Nichtgott. Der Priestermafia, die für die (vorgespielte) Besänftigung dieses Terrorfreaks Schutzgelder – heute sagt man Kirchenbeiträge – kassierte, entzog er damit ihre religiöse Existenzgrundlage. Die Wahrheit über Gott erklärte Jesus zum vornehmsten Gebot:

1 Vgl. Markus 2:27
2 Vgl. Matthäus 12:8, Markus 2:28; „Menschensohn" bedeutet tatsächlich „Mensch": Siehe Kapitel „Götter sind erfundene Sklaventreiber"
3 Vgl. Matthäus 6:24ff.
4 Matthäus 6:19,20
5 Markus 10:28 bis 31
6 Markus 10:25

„Höre, Israel, der Herr, unser Gott, ist ein einiger Gott.“[1] Der Betrüger Jahwe gab ja selbst zu, nicht der einige Allschöpfer zu sein und wachte gierig darüber, dass man keine Götter neben ihm habe.[2] Wer andere Götter neben sich haben kann oder hat, ist eben kein alleiniger Gott. Diese Wahrheit wird von Jesus noch einmal verkündet: „Denn es ist ein Gott, und es ist kein anderer außer ihm.“[3] Wo die Priester zur Befolgung der Zehn Gebote des Gangsters Jahwe aufforderten und noch immer auffordern, da erklärt Jesus, dass faktisch nur ein Gebot von Bedeutung ist: jenes der innigen Liebe zu Gott und den Mitmenschen.[4] Der erfundene oder außerirdische Jahwe ordnet Moses den komplizierten Bau eines goldenen Funkgeräts, der Bundeslade, zur gegenseitigen Kommunikation an: „Jahwe bitte kommen – hier Moses!“[5] Jesus hingegen erklärt uns, dass jeder von uns mit dem wahren Gott jederzeit und ausschließlich durch das alleine geführte, innere Gebet Verbindung aufnehmen kann.[6] Außerdem offenbart uns Jesus, dass sich das Himmelreich hier auf der Erde befindet. Er teilt uns auch mit, wie wir es erkennen können. Kurz gesagt: Wenn wir bewusst wieder wie die Kinder werden, sind wir mitten im Paradies, das uns von jeher umgab. Dazu kommen wir noch im Kapitel „Buddha Jesus“.

Wie wir sehen, hat Jesus nicht zu einer gewaltsamen Revolution aufgerufen. Er hat vorgelebt und gepredigt, dass das Beschreiten eines individuellen, nicht materiell fixierten Wegs uns spirituell befreien kann. Mit der Philosophin Hannah Arendt trennen wir strikt zwischen Revolution und Rebellion.[7] Revolution versteht sich als zielgerichtetes Streben auf eine formelle Gründung der Freiheit mit strukturellen Veränderungen im Außen. Das Ziel der Rebellion hingegen ist ausschließlich die Befreiung selbst. Jesu Wirken war eine zutiefst spirituelle Rebellion auf Basis einer mystischen Erkenntnis der Zusammenhänge, die auf uns wirken darf wie ein edles Gemisch aus Urbuddhismus und Urchristentum. Das Sensationelle an seiner Rebellion war neben der Vermittlung der Wahrheit auch die richtige Sichtweise beim Übertreten von Gesetzen. Er sagte nicht einfach, man solle den Feiertag brechen. Nein, er hob das Verbot durch seine logische Deutung einfach auf.

1 Markus 12:29
2 Vgl. 2. Mose 6:2 und 20:3 sowie im Detail dazu das Kapitel „Der liebe Gott“ („*Hinter den Kulissen*“)
3 Vgl. Markus 12:29 bis 32
4 Vgl. Markus 12: 30 und 31
5 Vgl. insb. 2. Mose 25:10 bis 22
6 Vgl. Matthäus 6:5 bis 8 sowie im Detail dazu das Kapitel „Der liebe Gott“ („*Hinter den Kulissen*“)
7 Vgl. *Hannah Arendt*, Über die Revolution (1965)

Ein berühmter Codex aus Cambridge erzählt eine kleine Geschichte im Zusammenhang mit dem Sabbat: „Als er an demselben Tage einen Mann am Sabbat eine Arbeit verrichten sah, sagte er zu ihm: Mensch! Wenn du weißt, was du tust, bist du selig! Wenn du es aber nicht weißt, bist du verflucht und ein Übertreter des Gesetzes." Es geht dabei um die richtige Einstellung, aus der eine Gesetzeswidrigkeit entspringen darf, kann oder soll.[1]
Anders gesagt: Es gibt menschliche Regeln als Bestandteil jenes künstlichen Programms (Matrix), das dich geistig einsperrt. Wenn du irdische Regeln brichst, tu es im Einklang mit deinem höheren Selbst und dem dir gegebenen Hausverstand, damit man dich nicht vor irdische Gerichte zerrt und einsperrt. Wir sollen „klug wie die Schlangen und ohne Falsch wie die Tauben" sein, weil wir wie seine Jünger Schafe unter reißenden Wölfen sind.[2]
Die Juden hatten wohl einen revoltierenden Messias erwartet, der sie durch eine strukturierte, eventuell gewaltvolle Umwälzung in der Außenwelt von den römischen Soldaten befreite. Mit einem spirituellen Rebellen, der gemäß göttlichem Grundsatz die Erlösung jedem Einzelnen überlassen würde, hatte niemand gerechnet. Wirkt es nicht geradezu pervers, dass sich das Zentrum einer auf den Juden Jesus aufbauenden Religion in die Heimat jener Besatzungsmacht verlagerte, von der der prophezeite Christus, der gesalbte Prophet und Erlöser, das jüdische Volk hätte befreien sollen? Rom. Ist es nicht auffällig oberpervers, dass dasselbe „christliche" Europa zwar einerseits ihre Religion auf einem Menschen aufbaute, der Liebe predigte und physisch dem jüdischen Volk angehörte, aber andererseits die größte rassische Verfolgung, nämlich die der Juden, bis zur Vernichtungsperfektion in Lagern betrieb?

Ein mindestens so großes, damit zusammenhängendes Verbrechen an der Menschheit ist die Verdrehung von Jesu Wirken durch die Kirche zum Zweck ihrer eigenen Machtausübung. Dazu bediente und bedient man sich noch immer zweier tiefenpsychologisch wirksamer Methoden. Zuerst erklärt man den Menschen Jesus zu einem personifizierten „Gott", der sich deutlich von den restlichen Erdenbürgern abhebt. Dadurch macht man ihn im individuellen psychischen Erleben zu einem unnahbaren Wesen, mit dem man sich nicht mehr identifizieren und dem man auch nicht folgen kann. Darüberhinaus stellt man Jesus hauptsächlich auf seinem Folterinstrument angebracht dar. Der physische Tod steht im Vordergrund. Die Botschaft der Machthaber

1 Vgl. auch *Alfred Schindler*, Apokryphen zum Alten und Neuen Testament (2007), S. 402
2 Vgl. Matthäus 10:16, Lukas 10:3

an das Unterbewusstsein der Machtunterworfenen lautet: Lästige Rebellen werden ermordet! Was kommt dabei heraus? Du glaubst unterbewusst, nicht wie Jesus sein zu können und dass du für eine Rebellion den Tod finden wirst. Dabei wird es uns ja sehr leicht gemacht, den Schwachsinn zu durchschauen: Jesus kann kein Personengott sein, weil ein Pseudogott wie etwa Jahwe nicht am Kreuz sterben könnte oder müsste, um später aufzuerstehen. Gott ist, wie Jesus sagte, der himmlische Vater, der unser aller Vater ist. Er ist Licht, Geist und Liebe.[1] Daher ist Gott in dir genauso wie in mir. Wir sind Gott und erkennen Gott, wenn wir unser Selbst freilegen und wir selber sind. Die Anleitung dazu konnten uns Buddha und Jesus mit auf unseren Weg geben, weil sie ihren Weg als spirituelle Rebellen bereits gegangen waren.

Götter sind erfundene Sklaventreiber

Es gibt keine Personengötter. Den „Gott" dieser Kirche gibt es also nicht, weil ein personifizierter Gott schlichtweg nicht existiert. Das dürfte Nietzsche mit seiner Feststellung „Gott ist tot!" gemeint haben.[2] Diese Aussage stimmt jedoch nicht ganz, zumal nur tot sein kann, wer zuvor lebte. Da es nie einen personifizierten Gott als allumfassenden Schöpfer gab, kann er nicht gelebt haben und folglich auch nicht gestorben sein. Egal welchen Namen man ihm auch gibt, ob er nun „Jahwe", „Jehova", „Kapitän wolkensitzender Rauschebart", „Allah", „Jesus", „Buddha", „Shiva" oder „Manitu" heißt, es gibt ihn nicht. Damit darf jedoch nicht die mystische Bezeichnung der gesichtslosen, alles durchdringenden, spirituellen Energie verwechselt werden. Nicht unwahrscheinlich ist, dass es sich bei einigen „Göttern", wie etwa bei Jahwe, um Erfindungen oder betrügerische Raumfahrer handelte, die sich für ihre Zwecke unter Zuhilfenahme überlegener Technologie als Weltenschöpfer ausgaben. Die Bibel selbst spricht deutlich für diese These.[3]

Falls Jahwe frei erfunden wurde, kreierte man ihn selbstverständlich als männliche Er-findung. Maria als einzig weibliche Komponente diente nur als Wurfmaschine für den männlichen Messias. Und da haben wir gleich die sogar biblische Lüge der unbefleckten Empfängnis im NT. Jesus nannte sich selbst der Menschensohn. Er soll aber skurrilerweise bei der Schändung seiner jungfräulichen Mutter Maria durch einen angeblich heiligen Geist gezeugt worden sein.

1 Vgl. Johannes 4:24 sowie 1. Johannes 1:5 und 4:16
2 Vgl. *Friedrich Wilhelm Nietzsche,* Die fröhliche Wissenschaft (1882)
3 „Gott" als Weltraum-Bandit? Siehe Kapitel „Der liebe Gott" („*Hinter den Kulissen*" - „*Der Kapitän und der Eine*")

Die Evangelisten oder Bibelübersetzer und die Kirche verklickern uns also, dass eine Frau – und gemäß NT mehrfache, wahrscheinlich sogar achtfache Mutter[1] – namens Maria bis zu ihrem Ableben ein intaktes Jungfernhäutchen hatte. Was sollte ein „Gott" uns damit sagen wollen? Dass seine Schöpfung nicht in Ordnung, Sex schlecht und der herkömmliche Zeugungsvorgang sündig ist? Schwachsinn! Meiner Meinung nach wurde die Phantasie einer sexlosen Zeugung zum wesentlichen psychischen Machtinstrument, mit dem die sexuelle Energie, die Lebensenergie der Menschen durch Scham kontrollierbar wurde. Wenn schon Wunderwirkung, warum dann logischerweise nicht mittels gesegneter menschlicher Befruchtung? Eine ferngesteuerte Einnistung des göttlichen Funkens in Josephs Spermien und die darauf folgende Befruchtung einer gesegneten Eizelle Marias nebst schöpfungsimmanentem Platzen der Jungfernhaut beim Zeugungsvorgang oder bei der Geburt[2] wäre doch viel stimmiger. Das bräuchte und könnte nämlich niemand nachweisen, würde dem von der göttlichen, schöpferischen Existenz vorgesehenen Zeugungsakt plus Geburtsvorgang entsprechen und hätte niemand verwirrt. Oder war Verwirrung gerade das Ziel einer mit einem phantasierten Pseudogott zusammenhängenden Lüge? In dieselbe Kerbe schlägt der Mythos vom asexuellen und unbeweibten Jesus. Ein „Gott" lässt sich doch nicht mit einem „unreinen Weib" ein, nicht wahr?

Die Priester fungieren als Mittler zum „Gott" ihrer Kirche. Der erleuchtete Wanderprediger, auch bekannt als Prophet Jesus, als der er zu Recht im Islam[3] und Judentum nach wie vor gehandhabt wird, wurde von „christlichen" Menschen im Jahr 325 zu einem „Gott" erhoben.[4] Das entsprach ganz dem Interesse des römischen Kaisers Konstantin des Großen, der bis zu seinem Tod als nicht getaufter „Heide" lebte. Konstantin begründete nämlich mit der Lüge von Jesu Gottstatus seinen Anspruch, er sei als Kaiser gleichzeitig der Stellvertreter Christi und daher nicht nur Herr des Staates, sondern auch Herr der Kirche. Dazu muss man wissen, dass „Herr" im Hebräischen „Jahwe" heißt und dieser Schurke der „Gott" in Menschengestalt des AT ist.[5] In Rom wurde also die Gottähnlichkeit des Herrschers betont; und weil man seine Herrschaft von Jesus ableitete,

1 Vgl. insb. Markus 6:3, wo Jesu Geschwister namentlich erwähnt werden, Markus 3:31 sowie Matthäus 13:55,56
2 Es gibt die seltene organische „jungfräuliche" Zeugung, bei der das Jungfernhäutchen intakt bleibt.
3 Vgl. 19. Sure des Koran, Vers 30 bis 34; *Publikation der Türkischen Religionsstiftung/33*, „Der gnadenreiche Koran" (2002), S. 308
4 Konzil von Nicäa: Entgegen der Logik, Jesu Aussagen und der Ansicht der Arianer wurde entschieden, dass Jesus nicht gottähnlich, sondern gottgleich sei (Die Entscheidung über den Arianischen Streit – einem Dogmenstreit – resultierte im Bekenntnis von Nicäa).
5 Zur Bedeutung des Wortes „Herr" des jüdischen Wortes „Jahwe" oder „Jehova"; siehe Kapitel „Lieber Gott" (*„Hinter den Kulissen" – „Der Kapitän und der Eine"*)

musste Jesus eben zum „Gott" erhoben werden.[1] Die heutige katholische Kirchenmacht basiert sohin auf dem verlogenen Trick eines unchristlichen Machtmenschen.

Wenn Jesus vom „Vater" spricht, meint er damit natürlich nicht Jahwe sondern den wahren Gott. Gemäß einem Vers des Thomas-Evangeliums setzt Jesus den, „der nicht aus der Frau geboren ist", mit dem Vater (Gott) gleich.[2] Das erklärt auch, warum er sich selbst als Menschensohn (Sohn Marias und Josephs) bezeichnete.[3] Er wusste, dass er kein „Gott" war. Den Titel „Menschensohn" hebt Joseph Ratzinger in seinem bereits erwähnten Buch, das richtigerweise „Jesus der Nazarener" heißen müsste, als den hervor, „den Jesus am häufigsten gebraucht, wenn er von sich selbst redet" und allein bei Markus 14mal im Munde Jesu vorkommt. Dass die Christologie der neutestamentlichen Schriftsteller und der Evangelisten selbst nicht auf dem Titel „Menschensohn" aufbaut, ändert nichts daran, dass die „Menschensohn-Prädiktion" typisch für Jesu eigene Worte ist. Ratzinger selbst weist auf diese Diskrepanz und auch darauf hin, dass das Wort „Menschensohn" sowohl im Aramäischen als auch im Hebräischen schlichtweg „Mensch" bedeutet.[4]

Jesus bezeichnete sich demzufolge selbst als Mensch. Er stammte darüberhinaus dem NT zufolge von König David ab und wird sogar ausdrücklich als „Sohn Davids" bezeichnet.[5] Wozu wird in der Bibel eine Abstammung Josephs, der Jesu Vater war, von David über 16 Verse hin aufgezählt, wenn er gar nicht sein Vater war?[6] Eben diese Blutlinie wäre doch angesichts der „göttlichen Befruchtung" oder unbefleckten Empfängnis absolut irrelevant bzw. obsolet. Bibelver(s)fälscher dürften diesen offensichtlichen Widerspruch übersehen haben. Eine vernunftgemäße Auslegung spricht nicht gegen die Aussage, dass Jesus Gottes Sohn im spirituellen Sinne ist, weil wir schließlich alle Kinder dieses wahren Gottes, sprich der göttlichen Existenz, sind. Ausgeschlossen ist jedenfalls, dass Jesus selbst ein alleiniger Gott ist, weil personifizierte Gottheiten schlichtweg nicht existieren und der Sohn Gottes bereits begrifflich nicht gleichzeitig Gott sein kann – erst Recht nicht in der christlichen Eingottreligion. Soweit das NT. Soweit die Logik.

1 Vgl. auch *Bodo Harenberg*, Chronik der Menschheit (1984), S. 209

2 Vgl. Thomas-Evangelium, Logion 15; Verfügbarkeit des Textes: Siehe bspw. *Dietrich Koller*, Das Thomas-Evangelium für heute – Ein spiritueller Begleiter (2008); *Gerd Lüdemann und Martina Janßen*, Bibel der Häretiker – Die gnostischen Schriften aus Nag Hammadi (1997) sowie im Internet: **www-user.uni-bremen.de/~wie/texteapo/thomas.html** (zuletzt abgerufen am 19.12.2009); das Thomas-Evangelium ist nicht Bestandteil des Kanons der katholischen Kirche. Mehr dazu insb. unter „Buddha Jesus".

3 Vgl. insb. Matthäus 8:20, 10:23, 12:40 und 24:30

4 Vgl. *Joseph Ratzinger Benedikt XVI*, Jesus von Nazareth (2007), S. 371ff.

5 Vgl. insb. Lukas 20:41

6 Vgl. Matthäus 1:1 bis 16

Im KKK lautet es wortwörtlich: „Die menschliche Natur Christi hat kein anderes Subjekt als die göttliche Person des Sohnes Gottes, die sie angenommen und schon bei der Empfängnis sich zu eigen gemacht hat. Deswegen hat das gleiche Konzil verkündet, dass Maria dadurch, dass sie den Sohn Gottes in ihrem Schoß empfing, wirklich ‚Gottesgebärerin' geworden ist …"[1] In Nr. 464 wird erklärt, Jesus Christus sei „wahrhaft Mensch geworden" und dabei gleichzeitig „wahrhaft Gott geblieben", obschon Nr. 430 die wahre Aussage enthält, dass der Name Jesus auf hebräisch „Gott rettet" bedeutet und abschließend festhält: „In Jesus fasst also Gott sein ganzes Heilswirken für die Menschen zusammen." Ja, wie hätten wir es denn gerne? Ist Jesus nun wahrer Gott selbst, Gottes Sohn oder sein Werkzeug? Mit ihren verklausulierten Formulierungen schaffen es die Katholiken bestimmt, sowohl Menschen mit Hausverstand als auch Akademiker zu verwirren. Die einzige logische und haltbare Kombination dieser „christlichen" Argumentationen wäre, die historische Person Jesus zu leugnen und ihn in einem Aufwischen mit Gott gleichzusetzen. Dann könnte das Eingott-Postulat (auf der physischen Ebene) wenigstens einigermaßen glaubhaft vertreten werden, wenngleich es etwas durch die männliche Dreieinigkeit (auf der geistigen Ebene) durchwässert wird. Fassen wir zusammen: Jesus ist keinesfalls Gott, weil

a. er sich selbst als Mensch (Menschensohn) bezeichnete,
b. er sich nicht als Gott deklarierte,
c. er von Gott als „Himmlischer Vater" sprach,
d. Gott daher ein von Jesus verschiedenes Wesen sein muss,
e. niemand gleichzeitig Gott und Gottes Sohn bzw. sein eigener Sohn sein kann,
f. das NT Jesus als Sohn Davids ausweist,
g. Jesus auf Hebräisch „Gott rettet" bedeutet, was ihn
h. also nicht zu Gott, sondern höchstens zu seinem Werkzeug macht.

Gemäß dem Koran, der Überlieferung des arabischen Gotteswortes, ist Jesus ausdrücklich Gottes Gesandter und Helfer[2], Prophet[3] sowie Marias Sohn und das Wort der Wahrheit.[4] Verknüpfen wir nun den jüdischen Wortlaut des Namens „Jesus" mit den plausiblen, weil sich mit dem NT deckenden „Funktionen" Jesu im muslimischen Koran, dann bietet sich

1 Vgl. KKK Nr. 466
2 Vgl. Koran, Sure 61:6 und 14; *Publikation der Türkischen Religionsstiftung/33*, „Der gnadenreiche Koran" (2002), S. 308
3 Vgl. ebendort Sure 19:30
4 Vgl. ebendort Sure 19:34

uns folgendes Bild: Jesus ist Gottes Helfer, der durch die Verkündung der Wahrheit das wahre, nicht personifizierte, seelisch-geistige Wesen Gottes offenbart, Gott damit rettet und unsere Rettung durch Gott ermöglicht. Jesus sagte auch, er sei nicht gekommen, Frieden zu bringen, sondern das Schwert.[1] Wir wissen aus den Überlieferungen, dass Jesus keine Waffe aus Eisen trug oder übergab. Er war Mystiker. Wofür steht das Schwert in der Mystik? Für die Wahrheit! Selbst wenn er auch das reale Schwert, also Krieg statt Frieden, gemeint haben sollte, wäre auch das zutreffend. Kreuzzüge, Kriege im Namen „Gottes" und Glaubenskriege fanden und finden ja tatsächlich statt. Für diese Auslegung spricht ein Vers des Thomas-Evangeliums, wo Jesus explizit sagt, er sei gekommen, Uneinigkeiten auf die Erde zu bringen, Feuer, Schwert und Krieg.[2] Da er selbst weder Hass predigte, noch gewalttätig war (von der Tempelreinigung einmal abgesehen), bleibt also nur welche Schlussfolgerung? Er war sich bewusst, dass er mit seiner Wahrheit den Priestern und anderen Ganoven dermaßen kräftig ans Bein pinkelte, dass diese zu ihrer Machterhaltung und –ausdehnung Gewalt ausüben würden.

Er ist also das Wort Gottes, und Gott verkündet Wahrheit durch Jesus. In diesem wechselseitigen Sinn hat Jesus dann auch gemäß christlichem Verständnis eine göttliche Funktion inne, ist deshalb aber weder Gott noch Gottes Sohn im christlichen Sinn, sondern eben Marias und Josephs Menschensohn. Daher kann Maria keine Jungfrau gewesen sein. Der „Irrtum" der Jungfrauengeburt ergibt sich nach Salcia Landmann aus dem hebräischen Wort „Alma" im AT. Dort wird angedeutet, dass die Mutter des ersehnten Erlösers eine „Alma" – übersetzt als junge Frau und Erstgebärerin – sein würde.[3] Das hebräische Wort für Jungfrau lautet jedoch „Betula".[4] Da ein irrtümlicher Übersetzungsfehler ausgeschlossen ist, stinkt die absichtliche Fälschung sexuell pervertierter, frauenfeindlicher, machtgeiler Kirchenväter so intensiv, dass man sie von Rom bis Jerusalem riechen kann.

Schlussendlich liefert aber ohnehin der KKK die Begründung der puren Menschlichkeit Jesu, indem er ausführt: „Gott ist keineswegs nach dem Bild des Menschen. Er ist weder Mann noch Frau. Gott ist reiner Geist, in dem es keinen Geschlechtsunterschied geben kann."[5]

1 Vgl. Matthäus 10:34
2 Vgl. Thomas-Evangelium, Logion 16
3 Vgl. Jesaja *7:14*
4 Vgl. *Landmann*, S. 60
5 KKK Nr. 370

Dieser Passage schließe ich mich vollinhaltlich an, weil sie meiner spirituellen Erfahrung mit dem lieben Gott, meiner Definition vom Ousia-Feld, den Regeln der Logik und auch den wissenschaftlichen Erkenntnissen der Quantenphysik zum Nullpunktfeld entspricht.[1]
Joseph Ratzinger schreibt zwar, dass Jesus von Gott her kommt und Gott ist, stellt diese Göttlichkeit aber in einen Zusammenhang zur wahren Natur des Menschen. Jesus würde durch das Annehmen des Menschseins die „wahre Menschlichkeit" bringen.[2] Logisch ist das nicht gerade. Wenn erst ein „Gott" durch das Schlüpfen in eine Menschenhaut den Menschen zu dem machen kann, was er sein soll, dann war der Mensch von vornherein eine Fehlkonstruktion. Wenn wir dem antichristlichen Pontifex Maximus etwas unter die katholischen Ärmchen greifen, kommen wir der Wahrheit näher: Die Entfremdung von Gott als universelle Lebensenergie durch den Glauben an personifizierte Gottheiten ist ein unnatürlicher Zustand. Durch die Verkündung der Wahrheit führt der erleuchtete Jesus den Menschen selbst auf den Weg zur natürlichen Einheit mit der Existenz („Schöpfung"): das Sein im Hier und Jetzt. Im Kapitel „Buddha Jesus" kommen wir darauf zu sprechen.

Jesu Seelengefährtin

Der sehr menschliche Jesus hatte eine Liebesbeziehung zu einer Frau, die gleichzeitig sein spirituelles Wissen mit ihm teilte. Maria Magdalena war keinesfalls eine Hure. Sie war, wie wir dem Philippus-Evangelium entnehmen, die Gefährtin Jesu, die er mehr liebte als die anderen Jünger. Jesus küsste sie oftmals auf den Mund. Die übrigen Jünger fragten, weshalb er sie denn mehr liebe.[3] Sie war also jedenfalls auch seine Jüngerin, sonst würden die Worte „anderen" und „übrigen" keinen Sinn machen. Die Eifersucht der anderen Jünger spricht dafür, dass Maria von Magdala Jesu Lieblingsjüngerin war. Es hätte wohl wenig Sinn gemacht, wenn sie missgünstig auf ihren Status als seine Partnerin geschielt hätten. In vielen gnostischen Schriften wird Maria Magdalena als Lieblingsjüngerin genannt, die ihre männlichen Mitjünger an Weisheit übertrifft, was nicht selten zu Konflikten führt.[4] Den besten Hinweis, dass sie Jesu Jüngerin war, erbringt erfreulicherweise der Vers bei Johannes,

1 Siehe Kapitel „Alles im grünen Bereich" (*„Hinter den Kulissen" – „Waldeinheit und Ousia-Feld"*)
2 Vgl. Joseph Ratzinger Benedikt XVI, Jesus von Nazareth (2007), S. 383
3 Vgl. Philippus-Evangelium, Spruch 55; *Gerd Lüdemann und Martina Janssen*, Bibel der Häretiker – Die gnostischen Schriften aus Nag Hammadi (1997), S. 158 sowie im Internet bspw. auf **www.rene-finn.de/Referate/philippus.html** (zuletzt abgefragt am 15.5.2009)
4 Vgl. *Gerd Lüdemann und Martina Janssen*, S. 158 (Fn 405)

in dem sie ihn als Meister anspricht: „Da wandte sie sich um und spricht zu ihm: Rabbuni! (das heißt: Meister)!“[1] Es kann auch kein Zweifel bestehen, dass sie seine „Paargenossin“[2] und nicht etwa seine Mutter oder Tante war: „Es waren drei, die Allzeit mit dem Herrn wandelten: Maria, seine Mutter, und ihre Schwester und Magdalene, die man seine Gefährtin nennt. Denn (eine) Maria ist seine Schwester und seine Mutter und seine Gefährtin.“[3] Dass Maria tatsächlich seine Frau im Sinne einer Lebensgefährtin und sexuellen Partnerin war, lässt sich angeblich aus dem koptischen Originaltext ableiten.[4] Das Wort für Gefährtin, nämlich „Koinonos“, soll richtigerweise zwar auch „Gefährtin“ bedeuten, aber eben überwiegend für eine Partnerin im Sinne der geschlechtlich-sexuellen Verbindung verwendet worden sein.[5] Die deutsche Sprache kennt den Begriff der Lebensgefährtin und neuerdings auch den der Lebensabschnittsgefährtin. Dem NT entnehmen wir, wieder bei Johannes, dass Maria Magdalena es war, die beim gekreuzigten Jesus stand, als die restlichen Jünger sich bereits auf und davon gemacht hatten. Gemäß den übrigen Evangelisten des NT befand sie sich in einiger Entfernung.[6] Dass sie neben seiner Mutter und Tante stand, weist auf ein sehr nahes Verhältnis zwischen Maria Magdalena und Jesus sowie zu seiner Familie hin, wie es sich üblicherweise in Partnerschaften zeigt. Nach Jesu „Tod“ und „Auferstehung“ blieb Maria alleine bei der Gruft. Den Evangelisten Johannes und Markus zufolge erschien Jesus dann ihr alleine, und sie überbrachte die frohe Botschaft den übrigen Jüngern.[7] Für diesen Sonderstatus dürfte sie beneidet worden sein. Es gibt aber noch mehr Grund zur Eifersucht.

Dem leider nur unvollständig erhaltenen Evangelium nach Maria entnehmen wir, dass Maria als Einzige das Wissen Jesu erklären konnte. Im ersten Teil des zwar nicht von ihr verfassten, aber quasi unter ihrer „Autorität“ stehenden Evangeliums vermittelte Jesus seinen Jüngern mystisch-spirituelles, gnostisches Wissen: „Alle Natur, alle Gebilde, alle Geschöpfe bestehen für sich und zusammen mit den anderen.

1 Johannes 20:16
2 Vgl. *Gerd Lüdemann und Martina Janssen*, S. 149
3 Philippus-Evangelium, Spruch 32; *Gerd Lüdemann und Martina Janssen*, S. 155
4 Koptisch: jüngste Form der ägyptischen Sprache
5 Vgl. bspw. *Ursula Seiler*, Die der Herr mehr liebte als die Anderen (2006) in **www.zeitenschrift.com/magazin/50-maria.html** (zuletzt abgerufen am 19.12.2009)
6 Vgl. Johannes 19:25 (unmittelbar beim Kreuz); dass sie in einiger Entfernung stand, liest man bei Matthäus 27:56, Markus 15:40 und Lukas 23:49
7 Vgl. Johannes 20:1:18, insb. 14 sowie Markus 16:9ff. Zur Meinung, diese beiden Beschreibungen dürften nicht zugunsten der These herangezogen werden, Maria Magdalena hätte den auferstandenen Jesus zuerst gesehen, weil sämtliche diesbezügliche Texte auf Matthäus zurückgehen würden, wo Jesus aber seinen Jüngern (geschlossen) erscheint vgl. *Gerd Lüdemann*, Das Judas-Evangelium und das Evangelium nach Maria – Zwei gnostische Schriften aus der Frühzeit des Christentums (2006), S. 113ff.

Sie werden sich wieder auflösen zu ihrer eigenen Wurzel, denn (auch) die Natur der Materie wird sich zu den (Wurzeln) ihrer eigenen Natur auflösen. Wer Ohren hat zu hören, möge hören!“[1] Dieses Wissen beschreibt die gnostische Überzeugung, dass alle materiellen Erscheinungen im Begriff sind, sich zu einer gleich bleibenden Urgestalt der Wirklichkeit aufzulösen. Gnosis bedeutet Erkenntnis, wobei die Erkenntnis für Gnostiker zuallererst Selbsterkenntnis in dem Sinn bedeutet, dass die Seele des Menschen himmlischen Ursprungs ist. Sie findet sich im menschlichen Körper gefangen und hat ihre wahre Heimat (Herkunft) vergessen. In der Erkenntnis möglicher Erlösung wird die Seele wieder eins mit der himmlischen Welt, aus der sie stammt und in die sie zurückkehrt.[2] Nachdem er erklärte, dass menschliches Leid aus unnatürlichem Lebenswandel resultiert, es keine Sünde gibt, man sich nicht an menschliche Gesetze klammern soll und der Menschensohn in ihnen ist, ging Jesus einfach weg.[3] Dieses Fortgehen wird im NT etwas gespenstisch beschrieben. Dort liest man: „Er verschwand vor ihnen“[4] oder „Eine Wolke nahm ihn auf, von ihren Augen hinweg.“[5] Wahrscheinlich wurde hier gefälscht, um aus einem Menschen einen schwebenden „Gott“ zu machen. Viel wahrscheinlicher als dieser Hokuspokus ist die nachvollziehbare These, Jesus sei nach seinem „Tod“ und seiner „Auferstehung“ dorthin zurückgegangen, wo er sich eventuell bereits zwischen seinem 13. und 30. Lebensjahr aufhielt: nach Indien. Dazu werden wir noch kommen.[6] Jedenfalls reagierten seine Gefolgsleute traurig, als er ging. Deshalb tröstete Maria sie und gab ihr Wissen weiter: „Weint nicht und trauert nicht und zweifelt auch nicht! Denn seine Gnade wird mit euch allen sein und wird euch beschützen. Lasst uns vielmehr seine Größe preisen, denn er hat uns verbunden und uns zu Menschen gemacht.“ Gemäß der Überlieferung veränderte Maria dadurch den Verstand der Jünger zum Guten hin. Der eifersüchtige, zweifelnde und sich auch in anderen Schriften als frauenfeindlich darstellende Petrus erklärte dann: „Schwester, wir alle wissen, dass der Retter dich lieber hatte als die anderen Frauen …“ So wollte er ihr geheimes Wissen entlocken.[7]
Daraufhin gibt Maria zwischen ihr und Jesus geteilte kosmische Wahrheiten preis, indem sie den Jüngern von einem visionären Zwiegespräch mit Jesus über ihre (Marias) Vision erzählt: „Denn an dem Ort,

1 Evangelium nach Maria, Satz 7,1 bis 9; vgl. *Lüdemann*, S. 92
2 Vgl. ebendort S. 7
3 Vgl. Evangelium nach Maria, Satz 7,10 bis 9,5; vgl. *Lüdemann*, S. 92-96
4 Lukas 24:31
5 Apostelgeschichte 1:9
6 Siehe Kapitel „Buddha Jesus“ („Der Ursprung Jesu Lehre“)
7 Vgl. Evangelium nach Maria, Satz 9,5 bis 24 und 10,1 bis 9; vgl. *Lüdemann*, S. 96 bis 98

wo der Verstand ist, dort ist der Schatz ..." Und weiter: „Weder durch die Seele noch durch den Geist sieht er (die Vision), sondern der Verstand, der in der Mitte von diesen beiden ist, er ist es, der die Vision sieht."[1] Nichts verstehend, stellte der irritierte Petrus die Frage: „Sprach er (Jesus) etwa mit einer Frau heimlich vor uns und nicht offen? Sollen wir umkehren und alle auf sie hören? Hat er sie mehr als uns erwählt?" Nachdem Maria, wahrscheinlich traurig wegen der sie umgebendem Missgunst und Kurzsichtigkeit, weint, spricht Levi: „Petrus, von jeher warst du jähzornig. Jetzt sehe ich, wie du dich ereiferst gegen die Frau wie die Feinde. Wenn der Erlöser sie aber würdig gemacht hat, wer bist denn du selbst, sie zu verwerfen? Da der Erlöser sie genau kannte, liebte er sie mehr als uns."[2] Maria war also nicht nur seine Partnerin, sondern auch jene Jüngerin, die wusste, wie Jesu Worte zu verstehen waren. „Keine Person ist Jesus so nahe gestanden wie Maria", weiß Gerd Lüdemann. Der Professor für Geschichte und Literatur des frühen Christentums an der theologischen Fakultät der Uni Göttingen schreibt außerdem: „Sie ist die Urgnostikerin, deren Seele zusammen mit Jesus bereits eine Himmelreise an vier feindlichen Mächten vorbei bestanden hat."[3] Die vier feindlichen Mächte stehen wahrscheinlich gleichsam einerseits für Finsternis, Begierde, Unwissenheit und Zorn sowie andererseits für die vier Elemente Erde, Wasser, Feuer und Luft.

Maria hatte ein Wissen mit Jesus geteilt, das Petrus wegen seiner Verstrickung in seinem selbstsüchtigen Ego (Missgunst) nicht erfassen konnte. Hauptsächlich in seiner Missgunst und Kleingeistigkeit dürfte die Wurzel der nicht gerade frauenfreundlichen Haltung und der Nichtspiritualität des katholischen „Christentums" gelegen sein.

Levi setzt fort: „Vielmehr sollen wir uns schämen und den vollkommenen Menschen anziehen, ihn uns hervorbringen, wie er es befohlen hat, und das Evangelium predigen, wobei wir keine andere Regel und auch kein anderes Gesetz festsetzen entgegen dem, was der Erlöser gesagt hat." Die Jünger sollten also belastende gesellschaftliche Rollen ausziehen, die Schichten ihrer Egos ablegen, entsprechend der menschlichen Natur sie selbst sein und in der Göttlichkeit aufgehen. Bei der Verkündigung des Evangeliums sollten sie keine Gesetze aufstellen oder Weisungen erteilen.

1 Evangelium nach Maria, Satz 10,9 bis 23; vgl. *Lüdemann*, S.98ff.
2 Evangelium nach Maria, Satz 17,2 bis 19,2; vgl. *Lüdemann*, S.105
3 Vgl. *Lüdemann*, S. 109

Jesus sagte ja: „Setzt keine Regel fest, außer dem, was ich für euch bestimmt habe, und erlasset kein Gesetz wie der Gesetzgeber, damit ihr nicht durch ihn ergriffen werdet."[1] Wie gesagt, ist der KKK ein Regelwerk mit 2.865 Absätzen auf rund 800 Seiten. Er beträgt damit ein Vielfaches der Worte Jesu im NT. Dass gewisse Evangelien wie das Evangelium nach Maria, Thomas, Judas oder Philippus nicht in den kirchlichen Kanon aufgenommen wurden, ist leicht erklärt. Das wäre so, als würde der Tormann beim Elfmeter aus dem Strafraum flüchten, oder als ob ein Angeklagter seine Verteidigung dem Staatsanwalt überlassen würde.

Als nette Gute-Nacht-Lektüre ist die Erzählung einzustufen, die mittelalterliche Vorstellung vom Heiligen Gral sei in der Blutsnachkommenschaft Jesu zu sehen. Phantasiereiche, offenbar monarchiebegeisterte Autoren kamen in einem Roman auf die nachvollziehbare Idee, Maria Magdalena sei von Jesus schwanger gewesen und nach seiner Hinrichtung gen England (Northumbria) geflohen.[2] Warum nicht? Die weitere Blutlinie Jesu soll dann den Herrschaftsanspruch machtgeiler Adeliger ideell abgesichert haben. Diese Phantasie ist nicht neu. Sehr ähnlich begründen ja die Katholiken ihre klerikale Machtausübung mit der erlogenen Göttlichkeit Jesu. Warum sollten weltliche Machthaber nicht Jesu Menschlichkeit ausgenutzt haben? Die augenfällige Trotteligkeit beider Gelüste ist aber die Ableitung ihrer Machtansprüche von einem Menschen, der nie nach materieller Macht strebte, sich sogar der Liebe und Wahrheit willen machtlos gab und selbst opferte. Ob man nun im Gral (Mischgefäß) eine wunderwirkende Götze oder die irdischen Königskinder Jesu sehen will, ist egal. Beides geht an Jesu Wirken völlig vorüber. Wie bei der Gotterklärung Jesu steht menschliches Unmachtsempfinden dahinter.
Jesus zeigte uns, wie mächtig der Mensch auf der spirituellen Ebene wirklich ist oder sein kann, indem er zum Menschensohn – zum vollständigen Menschen, also zu seinem eigenen Selbst – wird. In diesem Geiste würde ich den Begriff „Gral", wenn man ihn unbedingt verwenden muss, mystisch als die Liebe Jesu zu den Menschen, dem „Vater im Himmel" und im Speziellen zu seiner Maria Magdalena deuten. Wer dermaßen lieben kann, ist durch machtmissbrauchende Instanzen nicht konditionierbar. Genau gegenüber diesen Machthabern hat Rebell Jesus sich aus spiritueller Sicht selbst in die bewusste Einheit erhöht.

1 Vgl. Evangelium nach Maria, Satz 8,11 bis 9,5 und 18; vgl. *Lüdemann*, S. 95ff. und 105ff.
2 Vgl. bspw. *Michael Baigent, Richard Leigh und Henry Lincoln*, Der heilige Gral und seine Erben (2002) sowie *Dan Brown*, Das Sakrileg (2004)

Keine Macht von Machtlosen

Ein römischer Rechtsgrundsatz lautet: Nemo plus iuris ad alium transferre potest, quam ipse habet. Niemand kann mehr Recht auf einen anderen übertragen, als er selber hat. Diese Regel müsste eigentlich auch für den Vatikan, den KKK und das Kirchenrecht verbindlich sein. Die Praxis sieht anders aus, wie wir wissen. Der Mensch Jesus verzichtete auf weltliche Macht und lebte bewusst in materieller Bescheidenheit, was man von den klerikalen und weltlichen Monarchen nicht gerade behaupten kann. Dass Kirchenfürsten und Königshäuser ihre sehr weltliche Macht mit dem Auftrag durch Jesus oder gar der Abstammung von ihm begründeten und nach wie vor begründen, findet zwar zumindest theoretisch Deckung in ausgeklügelten menschlichen Schriftwerken, lässt faktisch jedoch nur zwei vernünftige Schlüsse zu: Geisteskrankheit oder bewusste Machtausübung unter willentlicher Missdeutung der Worte Jesu und Vermittlung falscher Lehren an das Volk. Es dürfte sich um eine Kombination beider Varianten handeln. Unter diesem Gesichtspunkt ist folgender Absatz im KKK zu lesen: „Der Römische Bischof hat Kraft seines Amtes, nämlich des Stellvertreters Christi und des Hirten der ganzen Kirche, die volle, höchste und allgemeine Vollmacht über die Kirche, die er immer frei ausüben kann."[1]

Dass Jesus Christus allein alle Macht auf Erden (und im Himmel) gegeben wurde, entnimmt die geneigte Leserin am besten Matthäus 28:18. Gemeint kann nur die spirituelle Macht der Wahrheit und Liebe sein, weil Jesus sich ja der weltlich-materiellen Macht enthielt. Das zeigt sich am deutlichsten daran, dass er der Versuchung durch den Teufel widerstand, der ihm alle Königreiche der Welt gegen einen Kniefall versprach.[2] Es spielt überhaupt keine Rolle, ob Jesus seinen spirituellen oder irgendeinen anderen Machtanspruch tatsächlich artikulierte oder nicht. Unwiderlegbares Faktum ist, dass der alleinige Machtanspruch Jesu im Basiswerk christlichen Glaubens, dem NT, jegliche Stellvertretung – besonders durch einen Menschen am Papstthron – expressis verbis ausschließt.

Die Kirche, vor allem der Vatikan und seine Schergen, kann nach der Lehre Jesu unmöglich zwischen dem von Jesus repräsentierten Gott und den Menschen vermitteln. Das ergibt sich ebenfalls aus dem NT.

1 KKK Nr. 882
2 Vgl. Matthäus 4:1 bis 11

„Denn es ist ein Gott und ein Mittler zwischen Gott und den Menschen, nämlich der Mensch Christus Jesus.“[1] Dieser Vers ist zwar getürkt, aber unbestreitbar Bestandteil jener Heiligen Schrift, an die auch Rom gebunden ist. Jesus weist die Menschen an, sich von den falschen Propheten, nämlich jenen Personen abzuwenden, die eine Form der Gottesergebenheit (den Schein eines gottseligen Wesens) haben, sich aber hinsichtlich ihrer Kraft als falsch erweisen (Gottes Kraft verleugnen).[2] Wir brauchen noch gar nicht inhaltlich auf die Auswirkungen kirchlicher Machtgier zu blicken. Ein Blick auf die formelle, erlogene Basis ihres Machtanspruchs zeigt uns, dass bereits der Anspruch an sich gar nicht existiert. Die „Kraft“, also die Autorität, wurde schon an ihren Wurzeln nicht von Jesus abgeleitet, weil Jesus eben alleiniger, ungeteilter Mittler zu Gott ist. So steht es im neutestamentarischen Zweiten Brief des Paulus an Timotheus.[3] Ohne Frage ist diese Stelle für die Kirche bindend, weshalb die katholische Bischofsversammlung den Papst schon aus diesem Grund absetzen müsste. Dennoch handelt es sich bei besagtem Vers um eine Fälschung, weil Jesus eben nicht der alleinige Mittler zu Gott ist. Er selber sagte ja, dass jeder nur für sich allen mit Gott kommunizieren kann.[4] Daher ist jeder Mensch sein eigener Vermittler zu Gott. Das ist nur konsequent, weil Gott aus jener Energie besteht (Licht, Geist, Liebe), die auch in den Menschen ist.[5]

Wer entgegen der Lehre Jesu die Menschen dazu verführt, einen Nichtgott außerhalb seiner selbst anzubeten, muss nach christlichem Verständnis ein teuflischer Verführer sein. Satan wird von der Kirche selbst als „verführerische widergöttliche Stimme“[6], „reiner Geist... auf der Welt aus Hass gegen Gott“[7] definiert. Ich stelle abermals fest, dass ich die Existenz Satans weder in Abrede stelle, noch bestätige. Da die Kirche aber weder Jesus noch seinem „Vater im Himmel“ dient und es den personifizierten Gott des AT nicht gibt, bietet sich folgende logische Schlussfolgerung an: Die Kirche dient nur sich selbst und damit, gemäß ihrem eigenen Weltbild, einem Anti-Gott. Wer also an „Gottes“-Diensten teilnimmt, dient und preist Satan, egal, ob es ihn nun gibt oder nicht. Warum geht überhaupt noch jemand in den kirchlichen Satansdienst, wo wir uns doch gemäß Jesu Anweisung in Acht nehmen sollen vor den wie Priester beschriebenen Personen, den Schriftgelehrten,

1 2. Timotheus 2:5
2 Vgl. 2. Timotheus 3:5, Matthäus 7:15, 21
3 Vgl. den oben zitierten Vers 2. Timotheus 2:5
4 Vgl. Matthäus 6:6
5 Vgl. Johannes 4:24, 1. Johannes 1:5 und 4:8 (Licht, Geist, Liebe) sowie Lukas 17:21 (Reich Gottes in uns)
6 Vgl. KKK Nr. 391
7 Vgl. KKK Nr. 395

die gerne in langen Gewändern herumgehen, sich über Begrüßungen auf öffentlichen Plätzen freuen und gerne an den besten Plätzen sitzen?[1]

Jesus hatte den Machtmissbrauch in seinem Namen durch seine Jünger vorhergesehen und auch angekündigt. Nach dem Judas-Evangelium, das dem NT in seiner Authentizität um nichts nachsteht und folglich mangels kirchlicher Zensur oder Zerstörung[2] fälschungssicherer als die Evangelien des NT ist, war Judas keinesfalls der üble selbstsüchtige Verräter an seinem Meister.[3] Er tat es in seinem Auftrag, damit der Menschensohn die endgültige Reise ins himmlische Reich antreten konnte.[4] Judas war gemäß der Überlieferung jener Apostel, der, wie auch Maria Magdalena, Jesus am nächsten stand und sein Wirken mehr erfasste als alle anderen. Während die anderen Jünger dabei scheiterten, in sich den „vollkommenen Menschen in Erscheinung treten zu lassen" (sie selbst zu sein), erreichte Judas dieses Ziel als einziger Jünger.[5] Jesus befahl ihm schließlich die Trennung von den anderen Jüngern, weil sie mit Jesus zu streiten begannen.[6] Er erklärte ihnen nämlich sinngemäß, dass sie aufgrund ihres Glaubens an einen „Gott", der nicht der Vater im Himmel ist, nicht in der Lage sind, Jesus oder den wahren Gott zu erkennen. Dies vor allem, weil Jesus, wie auch kein anderer Mensch, nicht der Sohn ihres „Gottes" ist.[7] Dass Judas tatsächlich von einem anderen Jünger, nämlich Matthias, ersetzt wurde, entnehmen wir auch dem NT.[8] Daraufhin schildern die Jünger ihrem Meister Jesus eine Vision, in der zwölf Priester um den Altar eines Tempels voller Menschen stehen und die schlimmsten Untaten bis hin zu Kinderopfern und (wahrscheinlich unfreiwilliger) Sexualität zwischen Männern begehen.[9] Währenddessen verbrennt die Menschenmenge irgendwelche Opfer und ruft den Namen „Jesus". Jesus deutet die Vision der Jünger so, dass sie selbst diese Übeltäter sind.

1 Vgl. Lukas 20:46
2 Vgl. sinngemäß auch *Lüdemann*, S. 7 und 8: Die Evangelien nach Judas und Maria machen an ihrem Schicksal (späte Funde) deutlich, „dass ihnen gegenüber die Kanonisierung der jetzt im Neuen Testament enthaltenen Texte durch *rechtsgläubige Bischöfe* (unter Anführungsstrichen) des zweiten Jahrhunderts eine Zensur bedeutete. Als *ketzerische* (unter Anführungsstrichen) Texte gerieten sie (weitere gnostische Schriften) bald in Vergessenheit oder wurden zerstört.
3 Vgl. *Gerd Lüdemann*, Das Judas-Evangelium und das Evangelium nach Maria – Zwei gnostische Schriften aus der Frühzeit des Christentums (2006); in koptischer Originalsprache: **www.nationalgeographic.com/lostgospel/_pdf/CopticGospelOfJudas.pdf** sowie in englisch: **www.nationalgeographic.com/lostgospel/_pdf/GospelofJudas.pdf** (beide zuletzt abgerufen am 19.12.2009)
4 Vgl. Judas-Evangelium, Satz 58; vgl. *Lüdemann* S. 63
5 Vgl. Judas-Evangelium, Satz 35; vgl. *Lüdemann* S. 49
6 Vgl. Judas-Evangelium, Satz 36; vgl. *Lüdemann* S. 52
7 Vgl. Judas-Evangelium, Satz 33 bis 34; vgl. *Lüdemann* mit ähnlichen Worten: S. 49
8 Vgl. Apostelgeschichte 1:15 bis 26
9 Heute noch praktizierte sexuelle Missbräuche an Ministranten durch kirchliche Würdenträger stellen sowohl „Kinderopfer" bzw. Opfer an der Seele des Kindes sowie unfreiwillige sexuelle Praktiken unter Ausnützung eines Autoritätsverhältnisses dar.

Die schändlichen Priester sind die zwölf Jünger selbst, und das Schlachtvieh (Opfer) ist die von ihnen getäuschte Menschenmenge. Der Betrug setzt sich bei ihren Nachfolgern fort. Sie sind alle Gottlose und eine Herde Unzüchtiger, die vorgeben, engelsgleich zu sein und doch dem Irrtum dienen.[1] Man könne nicht auf einem Felsen säen und dann Früchte erwarten, antwortete Jesus analog zum NT auf die Frage, wie es dem „übrigen Geschlecht" (den Ungerechten) nach der Vollendung des Zeitalters des Königreichs ergehen würde.[2] Dass Jesus überhaupt eine Gemeinde auf einem Felsen bauen wollte und dass dieser darüberhinaus noch der unverständige Petrus sein sollte, würde somit jeglicher Grundlage entbehren.[3] Der Umstand, dass Felsen keine Früchte tragen, es Streit mit den Jüngern gab und die Idee von „Paulus als Felsen einer Gemeinde" beim Ersatzspieler (und Pseudoevangelisten) Matthäus, der eben für Judas eingewechselt wurde, zu lesen ist, legt den Schluss einer Fälschung sehr nahe. Ganz allgemein stellen wir zur erwähnten Vision und ihrer Deutung mit Professor Gerd Lüdemann fest: „Der Angriff auf die katholischen Würdenträger, deren Vorläufer die zwölf Jünger sind, ist in seiner Härte kaum zu überbieten."[4]
Das Wort „kaum" möchte ich unterstreichen. Man könnte schließlich auf die Idee kommen, die katholische Kirche und ihre Vorläufer als Verbrecherorganisation zu sehen, sie wie die NSDAP aufzulösen und zu verbieten. Die Verbrechen an der Menschenwürde, die der NS-Ideologie entstammen, sind hinlänglich bekannt und bauen meines Erachtens in ihren psychologischen Wurzeln auf Verbrechen wie Kriege im Namen „Gottes", Inquisition und Hexenverbrennungen auf. Lange bevor Hitler die Macht ergriff und man in seinem Namen die schrecklichsten Verbrechen verübte, waren Menschen im Namen einer angeblich höheren Instanz auf abscheuliche Art psychisch versklavt sowie physisch gefoltert, verstümmelt und ermordet worden. Ob man sich dabei nun auf „Gott", das Naturrecht des Stärkeren oder auf den Führer höchstpersönlich beruft, spielt für die Opfer keine Rolle, hat aber dieselbe psychologische Wurzel: Klein gehaltene Menschen verhalten sich wie Sklaven eines falschen Gottes oder unredlichen Führers.

Allerdings betreibt nicht nur die katholische Kirche Missbrauch im Namen Jesu. Diverse Gurus geben an, direkte mediale Botschaften für die Menschheit von Jesus selbst zu erhalten, obwohl wir gemäß dem NT

1 Vgl. Judas-Evangelium, Satz 37 bis 40; vgl. *Lüdemann* S. 54, 55
2 Vgl. Judas-Evangelium, Satz 43 und 44; vgl. *Lüdemann* S. 55 mit Matthäus 13:5f und 20f.
3 Vgl. Matthäus 16:18
4 *Lüdemann*, S. 55

alle selbst Verbindung zu ihm und Gott haben. Die Katholiken sind zwar die größte christliche Sekte, weil sie sich deutlich von der Lehre des Nazareners Jesus abgespalten hat. Es gibt aber auch andere Sekten, die Jesus für ihre irdischen, materialistischen Zwecke einsetzen. Vor ein paar Minuten habe ich im Fernsehen einen Beitrag über das „Jesus Camp", das Lager Jesu, gesehen.[1] Darin wurde gezeigt, wie Kinder und Jugendliche von einer fanatischen Frau wie eine kleine Republikanerarmee als Bollwerk gegen den Islam formiert wurden. Es fielen Gehirnwäsche-Aussagen wie: „Wir haben die Wahrheit!", „Harry Potters Zauberei ist Sünde!" und „Eine Nation unter einem Gott und Präsident Bush!" Zur Krönung trieb sie den Kindern dann noch kollektiv den Teufel aus. Dabei war doch das einzige Teufelchen die selbsternannte Guru-Lady selber ...

Kirchenväter der Sünde

Priester aller Zeiten und Kulturen sagten und sagen uns, welche unserer Verhaltensweisen Sünden sind und mit welchen Strafen zu rechnen ist. Ich sage, dass die Priester die Sünden erfunden haben und sie daher selbst die einzigen Sünder sind.

Dunkle Bilder wurden und werden in den Köpfen der Menschen erzeugt. Sie entstehen wegen des abstrakten Begriffs „Sünde", der an sie geknüpften flammenden Strafe und Angst. Den Katholiken zufolge begeht eine Sünde, „wer ein Gebot Gottes oder der Kirche mit Wissen und Willen übertritt."[2] Den „Gott" dieser Seelenmafia gibt es aber nicht. Außerdem kommt der Kirche kein Recht zu, Gebote aufzustellen – erst Recht nicht, wenn sie sich dabei fälschlicherweise auf Jesus beruft.[3] Jesus, von dessen Lehre sich aber die meisten „Christen" abwandten, urteilte und verurteilte nicht. Als eine Ehebrecherin zur Sünderin erklärt und beinahe gesteinigt wurde, forderte Jesus diejenigen auf, den ersten Stein zu werfen, die ohne Sünde seien. Er verwendete einen Begriff („Sünde"), der einseitig denkenden Menschen geläufig war, ohne etwas darüber zu sagen, was darunter zu verstehen ist. Ihm war bewusst, dass „Sünde" ein Produkt menschlicher Machtphantasien ist.[4]

1 „Die kleinen Gotteskrieger vom Teufelssee", WDR 2007, ausgestrahlt am 8.4.2009 auf Phönix.
2 Siehe Kleiner Katechismus des katholischen Glaubens, Nr. 132 ff **www.kleiner-katechismus.de/2hS.html** (zuletzt abgerufen am 19.12.2009)
3 Siehe „Keine Macht von Machtlosen" und „Papa im Kleid und die Transen"
4 Vgl. Johannes 8:1 bis 11; siehe dazu insb. Kapitel „Buddha Jesus" („Zur zweiten Wahrheit *Samudaya Sacca*")

Schließlich solle man erst den Großputz im eigenen Haus erledigt haben, bevor man vor der Tür des Nachbarn zu kehren beginnt: Den Splitter im Auge des Mitmenschen sehen wir, aber nicht den Balken im eigenen Auge.[1]

Aus meinen Balken habe ich mir ein schönes Seelenblockhaus gebaut. Die unzähligen Kontrollbalken der Kirche warten noch immer darauf, dass aus ihnen ein riesiger Tempel des Seelenheils gezimmert wird. Alles in allem halten die katholische Kirche und andere Mächtige die Menschen nach wie vor dazu an, entgegen ihrer Natur zu leben und trotzdem nicht rebellisch zu sein. Wenn es eine Sünde gibt, dann ist es eine kirchliche Erbsünde, unter deren Banner von Generation zu Generation weiter gelogen und betrogen wird. Der Geist der Menschen wird verwirrt durch: Hingabe an etwas nicht Existierendes, in dessen Namen sogar Kriege geführt werden; Glaube und Angst statt eigener und wissenschaftlicher Erkenntnisse; Leben für die Zukunft, weil das Paradies angeblich nach dem Tod kommt; Suche in einem unbekannten Außen, wo aber nichts sein kann. Auch auf der körperlichen Ebene sorgt man für Spaltung. Es besteht eine klare Geschlechterhierarchie, in der die Männer an erster Stelle kommen. Auf Kosten beider Geschlechter, weil Liebe und Intimität Gleichstellung voraussetzen. Für das Patriarchat gefährliche Daseinsformen, wie transidente Menschen, sind als Gefahr für das Werk eines nicht existierenden „Gottes" zu verabscheuen. Sex wird zu etwas Schmutzigem herabgewürdigt. Sex vor der Ehe ist untersagt und muss der Zeugung dienen. Homosexualität ist tabu. Die seelische Ebene wird ebenso in Mitleidenschaft gezogen. Man trägt Schuldgefühle in sich, ohne etwas angestellt zu haben und konsultiert die Priester, wenn man seiner Natur gefolgt ist. Eheliche Bindung an einen Partner ohne Trennungsmöglichkeit ist als unnatürlich zu qualifizieren.

Die männliche göttliche und klerikale Dominanz übermittelt die unterbewusste Botschaft, dass Frauen in der Außenwelt nichts zu sagen und sich passiv zu verhalten haben. Die Erzeuger der Probleme leben ganz gut davon, dass sie sich den Problemen der armen Sünder widmen. Vor meinem geistigen Auge sehe ich gerade Parasiten auf einem von ihnen selbst geschaffenen Geschwür. Meiner Meinung nach sind es genau diese Ausbeuter, denen Jesus einst dermaßen gefährlich wurde, dass sie ihn kreuzigen ließen. Und sie würden es wieder tun, befürchte ich.

1 Vgl. Matthäus 7:3-5, Lukas 6:41,42

Es wird Zeit, das Geschwür aus dem bereits angefaulten Körper zu reißen. Zu beider Seiten Wohl. Wenn der Wirt stirbt, lebt der Parasit auch nicht mehr lange. Der Parasit sollte schließlich auch die Möglichkeit haben, ein selbständiges Leben auf dem Weg zum Selbst zu führen.

Der Einfluss der Kirchen ist noch immer stark. Lange hält, was über Jahrhunderte verbrochen und bereits im zarten Kindesalter eingeimpft wurde. Die Kehrseite der Medaille ist aber, dass wir das Unheil mit offenen Augen erkennen und uns nach Innen wenden können. Es ist ganz allein unsere Entscheidung, ob wir uns weiterhin selbst-betrügerisch mit Lügen trösten oder ob wir der inneren zweifelnden Stimme folgen, um Erkenntnisse zu sammeln. Während ich für mich die „Wahrheit der Bibel" entschlüsselte, überkam mich so etwas wie ein elektrischer Schauer, der mich mit beinahe unerschöpflicher Kraft speiste. Als ich beim Freischälen des Kerns der „heiligen Zwiebel" zu weinen begann, klang es in mir: „Tränen haben die Wahrheit gern!" Die Vielfalt in der Natur, ein Blick auf unser Gegenüber oder in den Spiegel zeigt doch bereits die Schönheit der schöpferischen Existenz des Göttlichen. Das Paradies ist hier und jetzt im Zustand der bewussten Einheit. Nirgendwo anders und zu keiner anderen Zeit. Interessanterweise deuten einige Aussagen von Jesus Christus ganz konkret darauf hin.[1]

Sollte ich mich, was in diesem Fall so gut wie ausgeschlossen ist, irren und hätte niemand bewusst seine Macht auf Kosten der wahren Göttlichkeit missbraucht oder sollte sich die Haltung gewisser Leute zwischenzeitlich tatsächlich grundlegend geändert haben, bleibt doch ein Faktum über: Wahre Spiritualität, nämlich die Suche nach dem wahren Gott und die Erkenntnis von der Allgegenwärtigkeit des Göttlichen sowohl in (s)einem Selbst als auch außerhalb, wurde lange Zeit von Angst und Scham überschattet. Diese Schwingung erfasste sämtliche Bereiche des sozialen Lebens und wird daher wohl noch einige Zeit als unbewusstes Schreckgespenst in den Köpfen der Menschen herumgeistern. Daher wirke ich dieser noch immer sehr destruktiven Frequenz, unter anderem in diesem verhältnismäßig langen Kapitel, bewusst entgegen.

1 Siehe dazu Kapitel „Buddha Jesus"

Pharmaindustrie und Mediziner

Wie geht es Ihnen?
Alles in Ordnung – ich muss nur
die Medikamente weiter nehmen!
Zwei mir Unbekannte

Unmittelbar bevor ich dieses Kapitel zu schreiben begann, stand ich im Garten und überlegte, wie man das Thema Medizin am besten einleiten soll. Da hörte ich eine Unterhaltung. Hinter der Hecke befindet sich eine kleine Arztpraxis, vor der sich offenbar gerade zwei Personen die Klinke in die Hand drückten. „Wie geht es Ihnen?", fragte sie. Darauf er kurz und bündig: „Alles in Ordnung – ich muss nur die Medikamente weiter nehmen!"

Wir brauchen Ärzte, und wir brauchen die Allgemeinmedizin, soviel steht fest. Was wir allerdings auch ganz dringend benötigen, sind wirkliche Heiler, also auf ganzheitliche Heilung ausgerichtete Mediziner. Die Zeit wäre reif für eine starke Vernetzung von verschiedenen Heilmethoden, die das volle Spektrum der Bedürfnisse auf körperlicher, seelischer und geistiger Ebene abdecken. Wo Selbstheilung und Alternativmedizin unmöglich sind, bedarf es eindeutig der Schulmedizin. Diese ist jedoch in der Regel nicht umfassend genug, um konkrete Heilpläne für konkrete Beschwerden zu finden. Im Vordergrund steht Symptombekämpfung statt Ursachenheilung. Wen wundert das? Entspricht eine rasche, beinahe nur mechanische und überwiegend oberflächliche Behandlung von Gesundheitsstörungen doch ganz offensichtlich dem Zeitgeist einer schnelllebigen, auf Äußeres fixierten Normgesellschaft, in der man zu funktionieren hat. So entspricht die Verordnung von Medikation der Suche des Menschen außerhalb seiner selbst: „Warum ich krank bin, will ich gar nicht wissen – meine Krankheit soll einfach weg sein!" Aber schon die Suche in äußeren Bereichen mit wenig Bezug auf das eigene Innenleben kann krank machen, weil das Seelenleben und die innere Kommunikation dabei grob vernachlässigt werden. Gewisse gesellschaftliche Regeln (Verbote, Gebote, Moral) entsprechen nicht der menschlichen Natur und sind deshalb nicht vereinbar mit der Entfaltung des Einzelnen. Menschen agieren im Äußeren vielfach entgegen ihren inneren Bedürfnissen. Das gespaltene, ja nahezu schizophrene Individuum hat prinzipiell zwei Möglichkeiten, auf unerfüllte Bedürfnisse zu reagieren: Depression[1], das Unterdrücken der Bedürfnisse, macht meist psychosomatisch krank und führt den Patienten in der Regel zum Arzt. Aggression kann in ungezügelter Form den Delinquenten[2] darüberhinaus ins Zuchtshaus bringen. Beide Formen stören das Gleichgewicht zwischen Körper, Seele und Geist. Umso dringender würden wir mehr gesamtmedizinische Heiler brauchen statt schulmedizinisch verbildeten Rezeptschreibern. In erster Linie müsste der Bedarf umfassender Heilung aber beim Einzelnen erkannt und entsprechend artikuliert werden. Das setzt eine freiwillige, persönliche Innenschau voraus. Diese kann, soll und darf nicht erzwungen werden.

Auch der Glaube an existente oder suggerierte Krankheiten kann krank machen. Den Gipfel des menschlichen Kategorisierungsdrangs stellt die Internationale statistische Klassifikation der Krankheiten und verwandter Gesundheitsprobleme dar, in der gültigen 10. Revision kurz „ICD 10" genannt.[3] Sie ist in Kapitel, Gliederungen und Titel unterteilt, in denen so gut wie alle bekannten bzw. anerkannten Krankheiten aufgelistet sind. Das macht aus allgemeinmedizinischer Sicht auch Sinn. Informationsbereitstellung und Standardisierung von Behandlungsmöglichkeiten erleichtern die alltägliche medizinische Arbeit am Patienten. Bei der beeindruckenden Menge an Krankheiten erscheint es aber so gut wie ausgeschlossen, dass nicht jeder von uns an irgendeiner Krankheit leidet. Darüberhinaus wird dennoch ein Bild erzeugt, dem zufolge es einen absolut gesunden Menschen oder den Idealtypus einer gesunden Psyche gäbe. In Kapitel V des ICD 10 werden unter F00 bis F99 sämtliche psychische und Verhaltenstörungen begrifflich erläutert. Es wird insgeheim der Anschein erweckt, als würde so etwas wie eine gesunde Psyche existieren, die sich über das Nichtvorliegen sämtlicher psychischer Erkrankungen definiert. Was einen beachtlichen Nutzen für die Diagnostizierung, Behandlung und Verwaltung von Patienten bietet, eröffnet leider auch die Möglichkeit zur voreiligen Zuordnung des konkreten Patienten zu einer der Listenkrankheiten. Dabei kann dem Anspruch auf individuelle Behandlung und Genesung freilich nicht gehörig entsprochen werden.

Die mächtige Pharmaindustrie ist mit den aus der Ferne genehmigenden Krankenkassen und Vertragsärzten vor Ort systematisch verbunden.

1 Depression: Deprimere (lat.) bedeutet niederdrücken, hinunterdrücken; Psychosomatik: Einfluss der geistig-seelischen Ebene auf Gesundheit bzw. Krankheit
2 Delinquent: Straftäter
3 ICD 10: Siehe bspw. **www.medaustria.at/f_icd10.html** (zuletzt abgerufen am 19.12.2009)

Diese Verknüpfung hat nicht nur bemerkenswerte Vorteile, sondern auch gewaltige Tücken und Mängel. Wen wundert es, dass Hausärzte in der Regel nach einem flüchtigen Gespräch zum Rezept greifen, mit dem in einem Standardverfahren Medikation verschrieben wird? Aus der Behandlung von Krankheiten wird ein Geschäft. Welcher Geschäftsmann verliert gerne seine Kunden? Würde man das Problem an der Wurzel – das ist oft der seelische Bereich – packen, anstatt Patienten mit Pharmazie vollzupumpen, wären viele Geschäftsleute brotlos. Auf lange Sicht würde eine ganzheitliche Heilung, die auf ein Gleichgewicht zwischen Arznei, Alternativmedizin und seelischer Betreuung abzielt, das Budget der Krankenkassen weniger strapazieren. Wäre das im Interesse der Medizinhersteller? Die Umsätze der Pharmaziebranche betragen gemäß den Recherchen der Fernsehsendung „Odysso – Wissen entdecken" aus dem Jahr 2009 in Deutschland rund 36 Milliarden Euro jährlich. Diese 36.000.000.000 Euro ergeben eine deutsche „Kopfquote" von etwa 450 Euro pro Jahr oder knapp 38 Euro monatlich. Rund 60 Prozent der Patienten würden sich nicht oder nicht gehörig in ärztliche Entscheidungen eingebunden fühlen und sich auch nicht an die vorgeschriebene Therapie halten. Das könnte mit dem erschütterten Vertrauensverhältnis zum Arzt zusammenhängen: Für die Behandlung eines Patienten soll durchschnittlich ein Zeitrahmen von nur 7,8 Minuten zur Verfügung stehen, wobei Frau und Herr Patient im Gespräch bereits nach 20 Sekunden vom Arzt unterbrochen werden.[1] Das Gespräch ist jedoch die Basis einer erfolgreichen Therapie.

Die Stimmen jener Ärzte werden lauter, die nicht weiter Patientenverwalter sein wollen. In seinem Buch „Die Krankheitserfinder" beschreibt der Medizin- und Wissenschaftsredakteur des „Spiegel", Jörg Blech, wie wir von einer verlogenen Maschinerie künstlich als krank erklärt und zu Patienten gemacht werden.[2] Als Insider weiß der studierte Biologe und Biochemiker, dass unsere Gesundheit von global operierenden Pharmakonzernen und vernetzten Ärzteverbänden neu definiert wird: „Natürliche Wechselfälle des Lebens und normale Verhaltensweisen werden systematisch als krankhaft umgedeutet. Pharmazeutische Unternehmen sponsern die Erfindung ganzer Krankheitsbilder und schaffen ihren Produkten auf diese Weise neue Märkte."[3]

1 Vgl. die Sendung „Odysso – Wissen entdecken" mit dem Titel „Gute Pillen, schlechte Pillen", SWR 2009; ausgestrahlt bspw. am 2.4.2009 auf „SWR" und am 9.4.2009 auf „Eins plus"; im Internet finden sich die Zusammenfassungen dieser und weiterer Sendungen unter **www.swr.de/odysso/** (zuletzt abgerufen am 19.12.2009)
2 Vgl. *Jörg Blech*, Die Krankheitserfinder – Wie wir zu Patienten gemacht werden (2004)
3 Ebendort S. 13

Eine Allianz aus Ärzten, Pharmakonzernen und gemachten Patienten nährt die Illusion, ja die Utopie, vom makellosen Menschen. Die Gewinne der zehn größten Pharmakonzerne seien im wirtschaftlichen „Krisenjahr" 2002 sogar um 13 Prozent gewachsen. Wer gerissen die Werbetrommel rührt, kassiert auch fleißig ab: „Für das Marketing gibt die reiche Branche mehr Geld aus als für die Forschung."[1] Das erscheint in einigen Lebensbereichen sinnvoll und gerechtfertigt. Gewisse Krankheiten und Störungen sind allgemeinmedizinisch bestens behandelbar. Mit einem Blinddarmdurchbruch würde ich mich ins nächste Spital begeben und nicht zur Kräuterhexe. Ist das Bein gebrochen, suche ich den Mann oder die Frau im weißen Kittel auf und nicht den Schamanen. Es sei ausdrücklich hervorgehoben, dass die Allgemeinmedizin absolute Berechtigung hat. Sie sollte aber Hand in Hand mit jener sogenannten Alternativmedizin und psychosozialen Betreuung zusammenarbeiten, die nicht Scharlatanerien sind, sondern wirklich Heilungserfolg versprechen. Aufzuzeigen und abzustellen ist offenkundiger und versteckter Missbrauch.

Einige Krankheiten werden aufgebauscht oder schlichtweg ausgedacht. Blech zitiert einen Manager, dessen Unternehmen ein Antidepressivum gegen die „Soziale Phobie", das soll eine krankhafte Form der Schüchternheit sein, vermarkten wollte: „Wenn Sie die ganzen Statistiken zusammenzählen ... dann müsste ein jeder von uns ungefähr 20 Krankheiten haben."[2] Blech führt drastische Fälle an, die er fachliterarisch absichert. So zum Beispiel wurde das erstmals 1998 aufgetauchte „Sisi-Syndrom" im Jahr 2003 von Medizinern des Uni-Klinikums Münster als Erfindung der Industrie sowie als wissenschaftlich nicht begründet entlarvt. Es wurde herumgetrickst, dass einige depressive Menschen ihre (vermeintlich) krankhafte Niedergeschlagenheit überspielen, indem sie sich als besonders aktiv und lebensbejahend geben würden. Sie seien folglich mit Psychopharmaka zu behandeln. Ganz banal gesagt, könnte man daraus dann schließen, dass jeder Mensch depressiv ist. Die einen wären nämlich „offene" Depressive und die anderen eben „heimliche" Sisi-Depressive. Wo angesichts solchen Irrsinns bei jedem halbwegs vernunftbegabten Menschen sofort die Alarmglocken läuten, brachten erfreulicherweise Mediziner die Wahrheit ans Licht.[3] Die Frage ist nur, ob die Wahrheit bei der marktwirtschaftlichen Poleposition der entsprechenden Konzerne überhaupt an die Frau und an den Mann kommt.

1 Ebendort S. 18 und 19
2 Ebendort S. 20
3 Vgl. ebendort S. 15

Was uns wie die Depression ebenfalls alle theoretisch treffen kann, sind der Cholesterinspiegel und unser Aussehen. Jörg Blech zitiert einen Arzt, der im Zusammenhang mit menschlichen Besonderheiten wie Glupschaugen, Hakennasen, Segelohren und Reithosen überzeugt von sich gibt: „Ein unvorteilhaftes Äußeres besitzt an sich einen Krankheitswert." In Deutschland werden jährlich schätzungsweise zwischen 300.000 und 500.000 Schnitte in gesundes Fleisch, also kosmetische Operationen vorgenommen.[1] Ähnlich verhält es sich bei transsexuellen Menschen, deren Wunsch, dem Gegengeburtsgeschlecht anzugehören, als Krankheit definiert wird, um diese mit Operationen an gesunden Körpern zu heilen und die Eingriffe ethisch rechtzufertigen. Wem die kosmetisch-operative Veränderung seines Körpers wirklich seelisch gut tut, der soll es tun. Die entscheidende Frage ist aber, ob bei entsprechender Pflege des Seelenlebens überhaupt ein Bedarf an Operationen besteht. Ohne Ursache gibt es keine Wirkung.

Die allgemeine Meinung, dass ein erhöhter Cholesterinspiegel mit Herz-Kreislauf-Erkrankungen in ursächlichem Zusammenhang steht, geht angeblich auf eine Unterdrückung von Fakten zurück. Obwohl statistische Daten von 22 Staaten vorlagen, wurden lediglich jene von sechs Ländern berücksichtigt. Würde man alle Daten heranziehen, würde der Zusammenhang zwischen Fettkonsum und Herztod verschwinden. Der Autor meint ganz allgemein dazu: „Selten ist eine medizinische Kampagne, welche die Mehrheit eines ganzen Volkes zu Patienten stempelt, mit solcher Wucht und solchem Marketingaufwand vorangetragen worden." Cholesterin wird als Zeitbombe für die Gesundheit hingestellt. Würde man die Vorsorgeratschläge ernst nehmen, müsste Säuglingen auch die Muttermilch vorenthalten bleiben. Die ist nämlich eine wahre Cholesterinbombe. Blech erwähnt einen Kardiologen der deutschen Herzstiftung, der darüber glücklich wäre, wenn nur eine einzige kontrollierte Studie vorgelegt werden könnte, dass durch die Senkung von Cholesterin Menschenleben gerettet werden. Der Redakteur gibt auch den Kommentar des Medizinprofessors und Präsidenten vom American Institute of Stress, Paul Rosch, wieder: „Die Gehirnwäsche der Öffentlichkeit hat so gut funktioniert, dass viele Leute glauben, je niedriger ihr Cholesterinwert sei, desto gesünder seien sie oder desto länger würden sie leben." Sein ernüchterndes und erleichterndes Resümee lautet: „Nichts ist weniger wahr als das."[2]

1 Vgl. ebendort S. 17
2 Vgl. ebendort S. 78ff.

Blech schildert zudem, wie durch sogenannte Disease-Awareness-Kampagnen[1] diverse Krankheitsbilder in unseren Alltag einfließen und damit die Angst vor diesen Leiden geschürt wird.[2] Wird diese Angstmacherei bewusst, d.h. in Kenntnis der Wahrheit betrieben, ist sie nichts anderes als mitunter krankmachende schwarze Magie. Darunter versteht man gemeinhin Verwünschungen und Schadenszauber. Dieser wird teilweise sehr erfolgreich über die verschiedenen Medien wie Fernsehen, Radio, Zeitschriften, Zeitungen und sogar im Internet transportiert bzw. suggeriert. Die negativen Suggestionen geraten in unser Wohnzimmer oder wo auch immer wir die Glotze stehen haben. Dieses trojanische Magiepferd haben wir dort sogar freiwillig aufgestellt. Für weit geringere Schadenssuggerierungen wurden überwiegend unschuldige, „mit dem Teufel gegen das Christentum verschworene" Hexen, Hexer und Magier den Flammen übergeben. Hauptziel der Inquisition war zwar das Unschädlichmachen von Menschen, die vom christlichen Glauben abwichen. Die unter dem abstrakten Begriff „Hexerei" durchgeführten Verfolgungen und Morde hatten aber zwei wesentliche Konsequenzen. Zum einen dezimierte man die „ungläubige" Konkurrenz und machte damit auch Angst vor Verfolgung innerhalb der Gläubigen, zum anderen vernichtete man gleichzeitig erhebliches naturkundliches Wissen und Können. „Das Christentum kam dazwischen und innerhalb eines relativ kurzen Zeitraums gingen nahezu alle Überreste unseres Erbes verloren", schreibt Freya Aswynn in ihrem Werk über Runen, Götter, Magie, nordische Mythologie und weibliche Mysterien.[3] Etwa drei Viertel der ermordeten „Hexenwesen" waren Frauen.

Heutzutage werden kräuterkundige Frauen nicht mehr auf den Scheiterhaufen gestellt, sondern den Flammen der Lächerlichkeit gehässiger Medienkampagnen ausgesetzt, weiß auch der Kulturanthropologe und Ethnobotaniker Wolf-Dieter Storl. Er setzte sich für die Verteidigung des Rufs der Kräuterfrau Maria Treben ein, die durch den Medienkakao gezogen wurde, weil sie es gewagt hatte, „dem Fußvolk mitzuteilen, dass man mit Gottvertrauen, Gebet und richtigen Heilkräutern – und zwar solchen, die überall zwischen Haustür und Gartentor wachsen – jede Krankheit in den Griff bekommen kann."[4] Bei vielen Krankheiten im fortgeschrittenen Stadium oder Endstadium habe ich da meine Zweifel, die ich mir aber gerne nehmen lasse. Ansonsten stimme ich zu.

1 Disease awareness (engl.): Krankheits-Gewahrsein.
2 Vgl. ebendort S. 16 sowie 33ff.
3 Vgl. *Freya Aswynn*, Die Blätter von Ygdrasil – Runen, Götter, Magie, nordische Mythologie und weibliche Mysterien (1994), S. 22
4 *Wolf-Dieter Storl*, Ich bin ein Teil des Waldes – „Der Schamane aus dem Allgäu" erzählt sein Leben (2009), S. 273 ff., insb. S. 274

Stellen wir uns einmal das aus meiner Sicht Machbare vor, nämlich, dass wir in Allianz mit unseren pflanzlichen Freunden tatsächlich so gut wie alle unserer Krankheiten verhindern und lindern würden. Ein beachtlicher Teil der Pharma-Medizin-Clique müsste beruflich umsatteln.

Auch im Bereich der psychosozialen Berufe ist nicht alles eitle Wonne. So manche Psychologen, Psychiater, Psychotherapeuten, Lebensberater und selbsternannte Gurus binden ihre Klienten unangemessen lange (oft mehrere Jahre) an sich, anstatt rasch bzw. in einem dem Patienten entsprechenden Tempo und effizient zum individuellen Selbst vorzudringen. „Therapie beschäftigt sich damit, was du nicht bist. Auch Esoterik beschäftigt sich ausschließlich damit, was du nicht bist", erklärt der philosophische Mystiker Om C. Parkin und fasst zusammen: „Es gibt tatsächlich überhaupt kein System oder eine Lehre, die sich damit beschäftigt, was du wirklich bist."[1] Manchmal darf Therapie auch ein Schock sein und schmerzen. Die Heilung spricht dafür, der Zweck heiligt die Mittel. Stattdessen wird häufig lange und ergebnislos im Ego-Müll herumgestöbert. Dies verwundert nicht weiter, wenn man über die Eifersüchteleien und Konkurrenz unter so manchen ego-zentrischen Psychoklempnern Bescheid weiß. Für die Egomanen in psychosozialen Berufen gilt grundsätzlich dasselbe wie für die Ärzte, die nicht umsonst gerne „Halbgott in Weiß" genannt werden.

Wir sollten darauf bestehen, von Gott, also der Existenz selbst geheilt zu werden. Heilung erfolgt jenseits des Ego, nämlich dort, wo die künstliche Trennung zwischen Therapeut (Arzt) und Patient aufgehoben ist. Beim sehr nahen Treffen zweier „Selbste" ist Gott gegenwärtig. Mit den Worten des östlichen Philosophen und Mystikers Osho: „Arzt und Patient sind eins. Nur dann – und einzig und allein dann – ist Heilung möglich. Nicht nur, dass du (gemeint ist ein therapeutischer Gruppenleiter) die anderen heilst – das Geschehen heilt auch dich." Heilung betrifft Patient und Heiler: „Wenn du selbst dadurch nicht wächst, wie kannst du dann anderen helfen zu wachsen?" Wenn der manipulierende Verstand im Spiel ist, sind festgelegte Muster und destruktive Kontrollmechanismen inkludiert. Bleibt das Verhältnis Ärztin-Patientin und Therapeutin-Klientin an der Oberfläche und die Technik im Vordergrund, wird die Liebe fehlen: „Und Gott wird nicht dabei sein."[2]
Es liegt nur an uns, ob wir auf unsere inneren (seelischen) und äußeren (körperlichen) Signale zu hören. Je mehr Menschen dies tun,

1 *Om C. Parkin*, Die Geburt des Löwen – Dialoge zur Selbsterforschung (2006), S. 212
2 Vgl. zu alldem *Osho*, Sprengt den Fels der Unbewusstheit! „Hammer the rock! (1979), S. 12

umso höher ist die Aussicht, dass in Zukunft an der Erhaltung der Gesundheit verdient wird und nicht an der Bekämpfung der Krankheiten. In China wurde dies bereits im sechsten Jahrhundert vor Christus durch Laozi (Laotse) vorgeschlagen. Die Traditionelle Chinesische Medizin (TCM), bei der für jedes Individuum eine maßgeschneiderte natürliche Behandlung und Arznei gefunden wird, ist im Geiste Laozis und Konfuzius´ entstanden.[1] Beide sahen uns Menschen als Miniaturbild der Natur und des Universums, sodass Natur und Mensch den gleichen Gesetzen folgen. Ein Paradigmenwechsel könnte, etwa 2.600 Jahre später, auch bei uns stattfinden: deutliches Überwiegen ganzheitlicher Gesundheitsprophylaxe statt nachträglicher Symptombekämpfung, Gesundheitsanstalten statt Krankenhäuser, Gesundheitskarten statt Krankenscheine etc.

Nach dem österreichischen Allgemeinen Sozialversicherungsgesetz wird Krankheit definiert als „regelwidriger Körper- oder Geisteszustand, der die Krankenbehandlung notwendig macht."[2] Von welcher „Regel" ist hier die Rede, von der ein körperlicher oder geistiger Zustand abweicht? Die Natur kann nur insofern unter dieser „Regel" zu verstehen sein, als unser unnatürlicher Lebenswandel viele Krankheiten verursacht: Für Stress in den verschiedensten Erscheinungsformen rächt sich die Natur mit entsprechenden Zivilisationskrankheiten. Der im Gesetz ausgedrückte Wertungsgehalt unterstützt die Illusion von krankheitsfreien menschlichen Industrierobotern in einer Welt, in der Krieg auch gegen Krankheit geführt wird. Krankheiten wird wortwörtlich der Kampf angesagt. Das medizinische Vokabular beinhaltet militärische Ausdrükke vom Schlachtfeld, wie beispielsweise „Operation" und „Besiegen der Krankheit". Ein Leben in der westlichen Zivilisation bedeutet Ehrgeiz, Streben nach Erfolg, Konkurrenz, Streit und Kampf. Darüber schreibt Luisa Francia in ihrem Handbuch zur Selbstheilung. Sie leitet dazu an, eine belastende Situation in seinem eigenen imaginären Heilort zu verändern und in das (alltägliche) Leben zu transportieren.[3] Einer sehr natürlichen Regel zufolge spiegeln Krankheiten seelisch-geistige Konflikte und Blockaden wider.
In der Krankheit dürfen wir daher eine starke, natürliche Verbündete auf dem Weg zu einem gesünderen, mehr erfüllten Leben und zur Selbstwerdung erkennen. „Licht-Heilung" lautet der Titel des von Barbara Ann Brennan verfassten Buchs, in dem sie Selbstheilungswege vermittelt.

1 Beide waren Philosophen; auf Laozi geht der Daoismus, auf Konfuzius der Konfuzianismus zurück
2 Vgl. § 120 (1) ASVG
3 Vgl. *Luisa Francia*, Starke Medizin – Handbuch zur Selbstheilung (1999), S. 73ff. und 99ff.

Uns erschließen sich schöpferische Heilsenergien, wenn wir die inneren Hindernisse aus dem Weg räumen. Wir alle haben grundsätzlich die Gabe, uns selbst und andere zu heilen. Brennan beschreibt nicht nur die verschiedenen Schichten der Aura (Chakras) und deren Heilung, sondern vor allem auch den Weg der Selbstheilung durch Liebe, Loslassen des Perfektionismus und durch bewusstes Gewahrsein.[1]

Angelika Koppe stellt in ihrem Buch „Mut zur Selbstheilung" die von ihr speziell für Frauen entwickelte „Methode Wildwuchs" dar.[2] Mit Hilfe innerer Bilder kann über die Erstellung einer Eigendiagnose mehr Eigenverantwortung und Selbstwertgefühl dahingehend erzielt werden, dass die Zusammenhänge zwischen Lebensmustern und der Krankheit erfasst und sodann Selbstheilungsschritte in Form von gesundheitsfördernden Handlungen und Ritualen für den Alltag entwickelt werden. Über die Arbeit mit unseren inneren Bildern kann das Wort „Krankheit" seines Schreckenscharakters entbunden werden. Die inneren Bilder sind folglich unsere besten Verbündeten, zumal sie die eigenen heilsamen Potenziale und Handlungsmöglichkeiten zeigen.

Negative innere Bilder bewirken das Gegenteil. „Sich Sorgen machen erzeugt Vorstellungen über unsere Eigenmacht und Zukunft im Leben", weiß Koppe.[3] Damit leite ich zur nächsten Gruppe von Machthabern über, durch die unsere ursprünglich eigenen inneren Bilder vielfach zu Fremdbildern der Angst gemacht werden.

1 Vgl. *Barbara Ann Brennan*, Lichtheilung – Der Prozess der Genesung auf allen Ebenen von Körper, Gefühl und Geist (1994), insb. S. 15, 17, 41ff, 303ff und 335ff.
2 Vgl. *Angelika Koppe*, Mut zur Selbstheilung – Innere Körperreisen und Visualisierungen nach der Methode Wildwuchs (2004)
3 Ebendort S. 7

Nutznießer des Konsumwahnsinns

Es wird alles immer schneller,
immer sinnloser, immer austauschbarer …
die meisten Menschen tun gleichzeitig
Radiohören, Fernsehen, Essen und Wichsen.
Alles gleichzeitig. Es muss was los sein …
Alf Poier[1]

Die Kirchen mit ihren unverkäuflichen Ritualgegenständen und Götzen werden in Ermangelung eines spirituellen Angebots immer leerer. An ihrer Stelle füllen sich sogar in Zeiten der „Wirtschaftskrise", die in Wahrheit eine Spiritualitätskrise ist, die glänzenden Konsumtempel der Wegwerfneuzeit. Raffiniert beworbene Waren aller Art ziehen Menschen zum Dienst an käuflichen Götzen in die Kaufhäuser des Monopolkapitalismus. Warenästhetik und Angst scheinen die treibenden Kräfte dieses Religionswechsels zu sein: „Die Manipulation schlägt die Menschen dem bloß Gegebenen des Daseins zu und legt alle Seele in die Organisation der Warenschönheit."[2] Der Philosoph W.F. Haug spricht damit die Sinnentleerung und Reduzierung menschlicher Wesen auf unfreie gesellschaftliche Produkte an, die ihr Seelenheil in den Produkten der Marktwirtschaft suchen. Im Grunde ist es unerheblich, welche Branche wir herauspicken. Die allgemeine Strategie scheint folgende zu sein: Man wecke oder verstärke künstlich einen Bedarf in der potentiellen Kundin und dem potentiellen Kunden, indem man ihnen Rollenbilder und damit ein Ideal an Verhaltenweisen, Aussehen und Bedürfnissen vorgibt. Werbestrategen und Psychologen arbeiten sehr ausgeklügelt Hand in Hand, um das aus ihrer Sicht Beste aus der Kundschaft herauszuholen: ihr Geld. Gier ist der Motor – auf beiden Seiten. Wer abkassiert, handelt aus Gier – wer konsumiert, ebenso. In der Werbung redet man uns sogar ausdrücklich ein, dass Geiz geil sei. Doch das Gegenteil ist der Fall. Geiz, die Gier nach Geld, ist eine Form der Angst, und Angst verschließt die Kanäle der Liebe und der Geilheit.

Geiz macht impotent – Seelenheil ist geil

Oberflächlich gibt es viele Gründe für diese Gier. Sie lassen sich alle auf das beklemmende Gefühl der Angst reduzieren.

1 *Alf Poier*, Programm „Kill Eulenspiegel" (2007)
2 *Wolfgang Fritz Haug*, Warenästhetik, Sexualität und Herrschaft – Gesammelte Aufsätze (1972), S. 48

Die Angst hat viele Gesichter, wie etwa die Angst, nicht einer Vorstellung zu entsprechen, im Leben zu kurz zu kommen oder die Angst vor der unendlichen Leere des Geistes. Alle diese Ängste gehen auf eine Basisangst zurück: die Angst vor dem Tod. Unbewusst drückt sie sich im Ego als riesengroße Furcht vor dem körperlichen Tod aus. Noch tiefer im Unterbewusstsein ist sie die Panik des Geistes vor dem Tod des Ich. Das Selbst hat keine Angst vor dem Tod, weil es weiß, dass der physische „Tod" integraler Teil des Lebens und das Ego nur eine Fiktion ist. Auf welche Angst können wir diese riesengroße Furcht also zurückführen? Auf die Angst vor der zeitlosen Selbstwerdung. Unser innerstes Selbst besteht unabhängig von Zeit und Raum. Durch Reklame wird aber der Fokus des Verbraucherbewusstseins vom Hier und Jetzt auf eine versprochene Zukunft gelegt: „Zeit reduziert sie (die Teleologie des praktischen Bewusstseins)[1] auf den Zeitpunkt des Kaufs. Die Waren umgibt sie mit der Aura vom Ende der Zeiten. Mit dem Kauf wird das Jetzt absolut, bedeuten die Versprechungen. Nur wer fortwährend kauft, geht mit der Zeit, geben die Lockungen drohend zu verstehen. Consumo, ergo sum, heißt die neue Seinsvergewisserung."[2]

Wir konsumieren, also sind wir. Damit wir von unserem Selbst abgelenkt werden, wird unser Ego mit unendlich vielen Informationen und Bildern gefüttert. Täglich bombardieren uns unzählige Botschaften über die Flimmerkiste. Die versteckten Werte und Ziele dringen dabei in einem Tempo in uns ein, das eine reflektierte Auseinandersetzung mit ihnen beinahe unmöglich macht. Aber auch Radio, Internet, Zeitschriften, Prospekte und Plakate tragen ihren Teil zum Konsumwahnsinn bei. Wegwerfgesellschaft, Jugendwahn und Putzfimmel sind nicht voneinander zu trennen. Blitzblanke Wohnungen sieht man im Fernsehen, Models mit makelloser Figur und perfekter Haut lächeln lasziv aus Magazinen. Wer will nicht aussehen wie sie? Wer weiß, dass die Bilder dieser genial geschminkten Überwesen unter idealen Lichtverhältnissen aufgenommen und dann technisch bearbeitet wurden? Der Computer macht es möglich. Das Model scheint tatsächlich das künstliche Modell, der übermenschliche Prototyp zu sein, dem wir uns anpassen sollen. Das nenne ich subtile Gewalt an der menschlichen Psyche.

Nur selten nimmt man die TV-Gewalt bewusst wahr. Bereits im Mittelalter setzte man Übeltätern vor schimpfendem Publikum metallische

1 Teleologie: Lehre der Ziel- und Zweckbestimmtheit der Dinge (Lebewesen, Abläufe, Verhalten, Eigenschaften etc.)
2 *Haug* S. 52; Consumo, ergo sum (lat.): Ich konsumiere, also bin ich.

Schandmasken in Schweinekopfform auf und ließ sie am Boden kriechen. So machte man sie „zur Sau". Die Gewalt wurde auch physisch ausgeübt und war besser zu erkennen. Heute werden Menschen ganz offen oder unterschwellig verbal zur Sau gemacht. Das geschieht vorwiegend in meinungsbildenden Talk-Shows, in denen verbal mächtige Moderatoren und sensationslüsterne Studiotouristen gemeinsam über ausgewählte Exoten herziehen. In Filmen fließt nebenbei mehr Blut, als in manchem Krieg vergossen wurde. Die gute Idee, Werbung für Tabakkonsum aus Fernsehen & Co zu verbannen, verdampft als Tropfen auf dem heißen Stein. Für etwas, das täglich im realen Leben visuell und olfaktorisch[1] wahrgenommen wird, muss nicht mehr geworben werden. Zudem wird ohnehin, zumindest in den älteren Filmen und Serien, gequalmt. Hinter den Colts rauchen auch die Helden. Mich würde interessieren, wie viele derartige Hollywoodproduktionen von der Tabakindustrie gesponsert wurden. Könnte irgendeine Werbung effektiver sein? Gegenfrage: Braucht Gewalt eine eigene Werbung? Nein, sie schlummert in uns und wird tagtäglich in den verschiedensten Formen angewendet.

Eine allgemeine Form der Gewalt ist die Zwangsmitgliedschaft im Club der Erfolgreichen, Schönen und Sauberen. Alles muss schnell gehen, neu, frisch und jung sein. Coolness ist in. Gewisse Marken muss man einfach haben. Ohne sie ist man out. Sie haben sogar ein eigenes Recht. Das Markenrecht. Wir mark-ieren uns anscheinend gern. Das Glück scheint im Materiellen, demnach wieder einmal im Äußeren zu liegen. Nimm dem durchschnittlichen Jugendlichen sein Mobiltelefon weg und du beraubst ihn eines Teils seiner Identität. Kaum vorzustellen, dass unsere Generation und die davor im Stande waren, ohne diese praktischen Nervtöter zu überleben. Durch Gratisgeräte und den damit verbundenem Kündigungsverzicht lassen sich die Kunden weiter an ihren Netzbetreiber binden. Da der moderne Mensch die Dinger ohnehin gerne wechselt, fällt ihre Kurzlebigkeit kaum auf. Ähnlich verhält es sich mit Kleidung und Schuhen. Zu Billigschuhen fällt mir die Szene aus dem Film „Kinky boots"[2] ein, in der ein junger ländlicher Schuhmacher Probleme damit hat, einem profitgeilen Londoner Schuhhändler seine handgefertigten Schuhe zu verkaufen. Der Ladeninhaber zeigt sich nämlich begeistert von Billigtretern, weil die Kunden wegen der schlechten Qualität alle paar Monate neue Schuhe kaufen müssen.

1 Olfaktorisch: den Geruchssinn betreffend
2 *Geoff Deane und Tim Firth*, „Kinky boots" bzw. „Mann trägt Stiefel" (2005)

Die Medien suggerieren der Damenwelt, dass es typisch weiblich sei, etliche Paare Stöckelschuhe zu besitzen. Der Schuhkaufrausch wird nicht nur salonfähig gemacht, sondern auch erotisiert.

Hier nehme ich mich kurz selber bei der Nase: Mir mussten die Medien zwar meinen Schuhtick nicht einreden, trotzdem war ich unheilbar vernarrt in schicke Schuhe und bin es teilweise immer noch: Nobody is perfect. Da ich von meinen weit über 100 Paaren High Heels keines wegwarf, hielt sich die Umweltbelastung aber in Grenzen (den Grenzen der Schuhbranche). Außerdem war das Sammeln dieser eleganten Kunstwerke nicht nur mein einziges Laster, sondern auch nötig, weil ich schon lange kein Auto mehr habe. Schön habe ich mich da wieder herausgeredet ...

Auch Fahrzeuge, Mobiliar und Computer werden in immer kürzer werdenden Abständen gewechselt. Die Mülldeponien kommen kaum mit der Entsorgung nach. Alles muss sauber sein und glänzen in der Wohnung, weil es dann ja angeblich mit dem Nachbarn als potentiellem Liebhaber klappt. Hand aufs Herz: Wie viele deiner Flirts haben je deinen Boden als möglichen Tellerersatz unter die Lupe genommen? So sauber die Wohnung sein muss, so frisch und jugendlich muss die Frau sein. Inzwischen auch der Mann. Gegen ein gepflegtes, gesundes Äußeres spricht nichts, wohl aber gegen das Mediendiktat und den Gruppenzwang dazu. Sich zu schminken und verschönern, liegt offensichtlich in der Natur des Menschen. Sich aber Schlangengift in die Stirnfalten spritzen zu lassen, bis die Gesichtsmuskel erlahmen, ist ebenso wenig natürlich im Sinne von gesund, wie sich wegen jeder Kleinigkeit unter das Messer des Halbgottes in Weiß zu legen. Medizinisches Personal lasert auch unsere unerwünschten Haare weg. Wer bestimmt eigentlich, wo Haare zu sein haben? Am Kopf und am Augenlied können sie nicht lang und dicht genug sein, am Rest des Körpers sind sie „pfui". Haarentfernung ist okay und reicht weit zurück in der menschlichen Geschichte. Wer es für sich braucht, soll es tun. Aber müssen wir?

Selbstverständlich brauchen wir im täglichen Leben Waren und Dienstleistungen aller Art. Warum sich nicht hin und wieder einfach einmal eine Freude mit etwas machen, das man nicht unbedingt benötigt? Da spricht doch nichts dagegen. Die wichtigste Frage ist, ob wir nicht über die Maßen konsumieren und Dinge kaufen, die nicht nur unsere Geldbörse belasten, sondern auch unsere Mutter Natur.

Sind wir etwa deshalb so selten in der Natur, weil wir soviel Zeit arbeitend verbringen, damit wir uns all die Dinge kaufen können, die wir bei einem natürlicheren Lebenswandel gar nicht brauchen würden? Haben wir so wenig Bezug zur Erde, der wir entstammen, weil wir unbewusst ein schlechtes Gewissen für ihre Verschmutzung haben? Die Antwort lautet kurz und bündig: Ja. Der Teufelskreis Konsumwahn und Naturverschmutzung kann nur vom einzelnen Menschen unterbrochen werden. Wir haben jederzeit die Möglichkeit, zu erkennen, dass uns materielle Anhäufung nicht erfüllt. In der Natur können wir vom stressgeladenen Alltag abschalten, uns mit ihr verbinden und diese Schwingung mit in das alltägliche Leben nehmen. Mama Natur verzeiht, ohne dass wir beichten müssen.

Politiker

Das ... Volk wähnt frei zu sein; es täuscht sich außerordentlich; nur während der Wahlen der Parlamentsmitglieder ist es frei; haben diese stattgefunden, dann lebt es wieder in Knechtschaft, ist es nichts.
Jean-Jacques Rousseau[1]

Politik wird von jenen Individuen gemacht, die ihrerseits von gewissen Lobbys (Interessenvertretungen), vor allem der Wirtschaft, aber auch des Klerus abhängig sind oder zumindest beeinflusst werden. Daher erübrigt sich hier ein inhaltlicher Diskurs über politische Inhalte. Die Politik spiegelt die Gesellschaft und ihre Bedürfnisse wider. Sie repräsentiert „lediglich" die längst manipulierten Geisteshaltungen. Daher gehe ich hier nur auf organisatorische Rahmenbedingungen und persönliche Unzulänglichkeiten ein. Es gibt viele Idealisten und anständige Menschen unter den Politikern. Keine Frage. Auffällig ist jedoch, dass sich so manche benehmen, als seien sie unsere Herrscher. Die Zeiten der Diktatur sind offiziell vorbei. Aufwachen bitte, meine Damen und Herren! Verletzte Politiker-Egos sind nicht nur arrogant gegenüber dem Volk, sie schießen auch mit Schuldzuweisungen aufeinander. Das Parlament entpuppt sich sehr oft als ewiger Kindergarten für kleinkrämerische „Volksvertreter". Das vereitelt nicht nur konstruktive Lösungen, sondern lähmt auch das Bürgerinteresse an der Parteipolitik. Ebenso verhält es sich mit den etlichen nicht eingehaltenen Wahlversprechen. Sie sind genauso wenig wert wie unsere eigenen Neujahrsvorsätze, die wir mit gekreuzten Fingern machen.

Staatsphilosoph, Politiker und Schriftsteller Edmund Burke übte in seinen Betrachtungen über die französische Revolution massive Kritik an der damals relativ frischen Form indirekter Demokratie. Er bezweifelte nämlich zu Recht, dass eine Regierung von 500 Advokaten und Dorfpfarrern dem politischen Willen einer etwa 24 Millionen starken Bevölkerung und deren verschieden gearteten Bedürfnissen gerecht werden kann.[2] Am Wesen der Indirektheit europäischer „Volksvertretungen" hat sich bis heute nichts Grundlegendes geändert. Der politische Gipfel parlamentarischer Abgehobenheit ist sogar rechtlich abgesichert.

1 *Jean-Jacques Rousseau,* Der Gesellschaftsvertrag oder Die Grundsätze des Staatsrechts (1758), 15. Kapitel
2 Vgl. *Edmund Burke,* Reflections on the revolution in France (1790); *Friedrich Gentz,* Über die Französische Revolution – Betrachtungen und Abhandlungen (1991)

In der österreichischen Bundesverfassung ist nämlich das freie Mandat der Parlamentarier verankert. So normiert Artikel 56 B-VG, dass Mitglieder des National- und Bundesrates bei der Ausübung ihres Berufs an keinen Auftrag gebunden sind.[1] Das heißt im Klartext, dass sie von ihren Wählern nicht rechtlich verantwortlich gemacht werden können. Um welchen Beruf handelt es sich da? Neben dem Handel ist die Politik einer der wenigen Berufe, für die weder eine Ausbildung noch eine gewerbebehördliche Genehmigung erforderlich ist. Nach meinem Empfinden brüllt sich der Lauteste vom Biertisch bis an die Parteispitze. Dass es sich dabei nicht immer um den Kompetentesten handeln muss, versteht sich von selbst.

Geht man einen Vertrag mit einem Gewerbetreibenden ein, so hat man grundsätzlich die Möglichkeit, diesen im Falle der Nicht- oder Schlechterfüllung von Leistungen aus dem Titel des Vertrags zu belangen. Hauptsächlich kommen Erfüllung des Vertrags, Gewährleistung oder Schadenersatz in Betracht. Verträge kommen durch Angebot und Annahme zustande. Erblickt man im Wahlversprechen oder der Nominierung von Kandidaten das Angebot und in der Wahl die Annahme, dann ist nicht einleuchtend, weshalb Politiker nicht für ihre gebrochenen Wahlversprechen rechtlich zur Verantwortung gezogen werden können. Gegenargumente, denen zufolge die Bundesverfassung nicht ziviles sondern öffentliches Recht darstelle und man sich ja bei der nächsten Wahl anders entscheiden könnte, dürfen nicht über einen Verfassungsänderungsbedarf hinwegtäuschen. Was für den kleinen Gewerbetreibenden gilt, der als Einzelunternehmer mit seinem gesamten Privatvermögen haftet, muss erst Recht für die „großen" Politiker gelten, die ein kleines Vermögen dafür kassieren, dass sie reden statt arbeiten.

Den Ausfluss politischer Willensbetätigung auf die einzelnen, eher machtlosen Bürger erfahren wir exemplarisch an dem Gebot oder dem Verbot simpler Handbewegungen. Zwischen 1938 und 1945 wurde man bestraft, wenn man nicht den rechten Arm zum Hitlergruß erhob. Seit dem Kriegsende wird man bestraft, wenn man es tut. Vermutlich auch, wenn man angibt, den römischen Imperator gegrüßt zu haben: „Ave Cäsar!" Die Handbewegung war dieselbe. Es geht mir hier nicht um eine Erörterung, welche Ideologie die richtige oder falsche ist. Entscheidend ist ausschließlich der Umstand, dass das Volk keinen Einfluss darauf hatte und hat, ob der rechte Arm nun zu heben ist oder nicht.

1 B-VG: Bundes-Verfassungsgesetz 1995

Die hinter ein und derselben Handbewegung steckende Ideologie wurde erst der Bevölkerung aufgezwungen und danach wieder verboten. Der Gestaltungsspielraum des einzelnen Menschen ist in beiden Fällen gleich null. Es sei denn, man gehört dem Kreis der machthabenden Persönlichkeiten an. Die schubsen das Volk herum, wie es ihnen gerade beliebt.

Kishon meinte, dass jeder Bürger in einer Demokratie ein Recht darauf hat, der Regierung zu sagen, was er über sie denkt, und die Regierung hat das Recht, nicht zuzuhören. Es ist an uns, ob wir weiter über „die da oben" oder „das Kasperltheater am Ring"[1] schimpfen, wie mein Vater die Vorzugsstimme einem längst verstorbenen Kabarettisten geben, uns selbst politisch betätigen oder wie auch immer gearteten konstruktiven Einfluss auf die Politik nehmen. Ich kann mir vorstellen, dass Politiker bei gehörigem Fleiß, den ich bei einigen vermisse, einen ganz schön fordernden 24-Stunden-Job haben. Da ich selbst genug zu tun habe, bevorzuge ich es, durch mein Wirken Einfluss auf Politiker jeder Couleur zu nehmen. Mit den fremden Farben der Parteipolitik schmücke ich mich nicht. Ich bin selbst bunt genug.

1 Das österr. Parlament befindet sich am „Ring", der Umrandung des ersten Wiener Gemeindebezirkes.

Staatsorgane

Politiker-Marionetten tanzen nach der Pfeife ihrer Hintermänner.

Und die Marionetten spielen mit Zinnsoldaten, den Beamten.

Die faktische Macht jener Hintermänner, die die Politik lenken, unterliegt keinem offiziellen Reglement, weshalb die strengen formalen Prozesse der Gesetzgebung (Politik) und staatlichen Vollziehung (Verwaltung) eine Etage zu tief angesetzt sind. Da die Politiker, nein, deren mächtige Hintermänner, jene Gesetze machen, die das Handeln der Staatsorgane regeln, beschränke ich mich hier auf eine kurze rechtliche und ideologische Darstellung. Grundsätzlich sind alle Akte staatlicher Vollziehungsorgane an das Gesetz und damit indirekt an die Verfassung gebunden. Mit dem sogenannten Legalitätsprinzip wollte der Verfassungsgesetzgeber sicherstellen, dass Exekutive und Rechtsprechung nicht eigenmächtig und willkürlich handeln.[1] Gerichte, Ministerien, Polizei, Bundesheer, Magistrat, Bezirksverwaltungsbehörden etc. dürfen daher nur dann und auf solche Weise handeln, wie es der Gesetzgeber vorgibt. Gegen rechtswidrige Bescheide können sich die Bürger mit entsprechenden Rechtsmitteln zur Wehr setzen, wenn etwa der für die Behörde agierende Mensch ein rechtswidriges Gesetz anwenden muss, sachlich eine falsche Rechtsansicht vertritt oder gar bewusst gegen das Gesetz verstößt. Rechtsschutz gibt es auch im Falle von ungerechtfertigten Übergriffen der Exekutive im Rahmen der verwaltungsbehördlichen Befehls- und Zwangsgewalt, also wenn zum Beispiel jemand von Uniformträgern verprügelt oder zu Unrecht angehalten wird.

Problematisch wird es dort, wo das unrechtmäßige Vollzugshandeln nicht greifbar ist. So etwas kann beispielsweise passieren, wenn die Verwaltungsbehörden eine gesetzesähnliche Regelung erlassen, ohne sie gehörig kundzumachen, sie also nicht verlautbaren. Dadurch haben die Bürger keine Kenntnis von der Regelung und folglich keine Chance, gegen sie vorzugehen. Die Behörden dürfen zwar generelle Normen, also Verordnungen erlassen, die das Gesetz näher ausführen.

1 Vgl. Art 18 B-VG

Da sich solche Verordnungen nicht nur an die Beamten richten, sondern auch die Rechtssphäre von Privatpersonen betreffen, sind sie bekanntzumachen. Es kommt schon mal vor, dass Verordnungen im Wissen der Beamten gegen das Gesetz oder sogar gegen die Verfassung verstoßen. Das ereignet sich vor allem dann, wenn die Politik trotz Handlungsbedarfs kein Gesetz erlässt, weil das Thema zu heikel ist, die Ansichten zu verschieden sind oder man sich wieder einmal lieber zankt, statt konstruktiv zu agieren. Was tun, wenn niemand davon erfahren soll? Man tarnt die inhaltliche Verordnung als verwaltungsinternen Erlass, d.h. als eine generelle Anweisung an mehrere Verwaltungsorgane.

Das ist beispielsweise mit den sogenannten Transsexuellenerlässen geschehen. Diese ordneten, wie im Kapitel „Mein Rechtsk(r)ampf" beschrieben, den indirekten Zwang zu genitalverstümmelnden Operationen (Kastrationen) an, wenn eine Frau im Männerkörper rechtlich als Frau leben wollte oder umgekehrt. Für eine lächerliche Personenstandsänderung und Namensänderung zwang man Menschen zu komplizierten, schmerzhaften und irreversiblen Operationen, ohne dass es Gesetzgeber oder Rechtsprechung verlangt hätten. Anstatt den Betroffenen die ihnen zustehenden Papiere ohne weitere Umstände auszuhändigen, wurde ein Überbleibsel der nazi-ideologischen „Unfruchtbarmachung unwerten Lebens" klammheimlich in einen „Erlass" verpackt. Leicht erkennt man den Konnex zwischen dem Einfluss des Vatikans und der politischen Leitung jenes Ministeriums, das für das genannte illegale Regelwerk verantwortlich zeichnet. Die betreffende Partei sollte korrekterweise in „Nationalkatholische Kirchenpartei" umbenannt werden. Denn schließlich werden durch die ungekrönte Kirchenmacht, zumindest indirekt, nationalsozialistisches Gedankengut und sexistischer Geschlechterrassismus am Leben erhalten. Für österreichische Transsexuelle ist dieses Problem nun erledigt, wenngleich die Nachwirkungen des katholischen Einflusses noch eine zeitlang spürbar sein werden.

Wer genau hinsieht, merkt, dass sich in dieser Materie der gesamte Wertungskomplex künstlicher geschlechtlicher Hierarchien, gesellschaftlicher Rollenzwänge und Gruppenzwänge offenbart. Mit dieser speziellen geschlechtlichen Anpassungsthematik befassen wir uns auch noch im Kapitel „Begriffe zum Begreifen". Wie eine Gesellschaft mit transidenten Menschen umgeht, ist ein guter Maßstab dafür, wie weit unser aller Sklaventum im System ausgeprägt ist. Vielleicht hast du bisher nicht gemerkt, dass du in Wahrheit ziemlich unfrei lebst.

Arbeitgeber

Der Arbeitnehmer ist der Arbeitgeber – er gibt seine Arbeit
Hans K.[1]

Einen beträchtlichen Teil ihrer Zeit verbringen Menschen an ihrem Arbeitsplatz. Dort geben sie sehr viel ihrer Energie. Sie stellen ihre Arbeitskraft gegen Entgelt zur Verfügung. Ein Geschäft zwischen, zumindest auf der emotionalen Ebene, ebenbürtigen Partnern, möchte man meinen. Wie kommt es dann, dass wir das Gefühl der Unterlegenheit gegenüber jenen Personen haben, die angeblich alleine Risiko und Gefahr des Unternehmens tragen? Liegt es bereits an der verzerrten Nomenklatur „Arbeitgeber" und „Arbeitnehmer"? Schließlich geben doch beide Arbeit. Der Unternehmensführer stellt den organisatorischen Rahmen zur Verfügung, der Angestellte füllt ihn mit Tätigkeit. Tragen wir, die wir arbeitgebende Arbeitnehmer sind, etwa nicht das Risiko des Unternehmens mit? Steigt und fällt die Bilanz des Unternehmens etwa nicht mit unseren persönlichen Leistungen? Eine Bilanz, die uns wegrationalisiert oder uns entgegen der ursprünglichen Vereinbarung einsetzt, wenn der wirtschaftliche Erfolg nicht der Kalkulation der Unternehmer entspricht. Nicht von irgendwo kommt der ironisch gemeinte und daher sehr viel Wahrheit enthaltende Leitsatz: „Personalführung ist die Kunst, den Mitarbeiter so schnell über den Tisch zu ziehen, dass er die Reibungshitze als Nestwärme empfindet." Darin spiegelt sich die faktische Überlegenheit des Arbeitgebers wider, in der sich nicht einmal mehr eine menschliche, emotionale Gleichstellung widerspiegelt.

Wenn der Betrieb wegen Konkurs eingestellt wird, müssen wir uns um einen neuen Job umsehen. Wir tragen also auch ein nicht unbeachtliches Risiko. Unser Auftreten könnte daher selbstbewusst und mutig sein. Wer genau hinsieht und -hört, merkt aber leicht, wie unterwürfig sich Bedienstete „gern" verhalten. Dass dem Chef kaum die Wahrheit ins Gesicht gesagt wird, ist ein allgemein bekannter Umstand. Man schleimt sich lieber ein und schimpft hinter seinem Rücken. Trotz Gewerkschaft & Co werden vielfach menschenunwürdige Arbeitsbedingungen, wie meist intern fabrizierter und damit unnötiger Stress, eklatante Führungsmängel und Informationsdefizite hingenommen.

1 „Meinen" Onkel Hans hast du bereits im I. Teil kennengelernt.

Im Jahr 2007 war rund ein Drittel der österreichischen Erwerbstätigen am Arbeitsplatz mindestens einem psychischen Belastungsfaktor ausgesetzt. Nach einer Studie der Statistik Austria standen 90 Prozent dieser 1,3 Millionen Menschen unter Zeitdruck. Das bedeutet, dass sich etwa jeder dritte Erwerbstätige in der Arbeit wie in einer Verfolgungsjagd fühlen muss: „... von allen erwerbstätigen Männern fühlten sich somit 33 Prozent, von den Frauen 24 Prozent in ihrem Arbeitsalltag gehetzt."[1]

Warum nehmen Menschen derartige Missstände an jenem Ort hin, an dem sie so viele Stunden verbringen? Worauf ist diese Resignation zurückzuführen?

Meiner Ansicht nach gibt es dafür, grob gesagt, zwei Gründe. Erstens hat man Angst vor dem Verlust des Arbeitsplatzes und einer Neuorientierung. Zweitens liegen die Wurzeln unseres unterwürfigen Verhaltens in unserer Kindheit und der Erziehung zu einem gehorsamen, unterwürfigen Menschlein. Erziehung ist aber nicht nur die elterliche Form der Konditionierung. Bereits im Kindergarten formt man uns zu angepassten Arbeitsbienchen. Die Schule verpasst schließlich den letzten Feinschliff zum kollektivistischen Schläfer. Dabei wäre Rebellion doch etwas wirklich Heiliges ...

1 Vgl. **www.statistik.at/web_de/presse/032606** (zuletzt abgerufen am 19.12.2009)

Schule und Co

Für das Leben lernen wir!
Für wessen Leben?

In Kindergarten und Schule vollzieht sich die institutionalisierte Gleichschaltung für das spätere Funktionieren in der Arbeitswelt. „Die Erziehung, die wir bis heute praktiziert haben, war nicht die richtige", lautet ein Statement des Philosophieprofessors und Mystikers Bhagwan Shree Rajneesh (Osho) aus dem Jahr 1980. Es hat noch immer Gültigkeit und setzt sich fort: „Sie (die Erziehung) hat der Menschheit nicht gedient – im Gegenteil, sie hat dem Interesse der Machthaber gedient. Sie hat der Vergangenheit gedient. Bis heute waren Lehrer Mittelsmänner der Vergangenheit. Die Funktion eines Lehrers bestand darin, der neuen Generation die alten Vorstellungen, Glaubensorientierungen und Verhaltensstrukturen zu vermitteln, und damit das neue Bewusstsein, das am Horizont heraufdämmert, zu verkrüppeln und zu vergiften."[1] Es muss Regeln geben, wo sich so viele kleine Menschen unter der Aufsicht weniger Erwachsener befinden. Sonst wäre wohl ungewolltes Chaos die Folge. Aber: Je größer die Gruppe ist, desto weniger Freiraum bleibt für Individualität. Die kollektiven Konditionierungsanstalten scheinen aus dem Leben in Konsumgesellschaften nicht wegzudenken zu sein, weil fast in jeder Familie beide Elternteile berufstätig sind. Außerdem sind Sippenwesen und Großfamilie längst Geschichte.

Denkst du nicht mit?

Hast du dich nun ertappt gefühlt? Wer im Unterricht gelegentlich eins mit sich selbst ist, gerade einen Tagtraum oder gar eine Eingebung hat, der „schaut in das Narrenkastl", wie der Volks(schul)mund so unschön sagt. Die darin zum Ausdruck kommende negative Wertung, nebst Herausreißen aus der Einheit mit der Existenz in jene des Unterrichts, trägt maßgeblich zur Dominanz des einseitigen Denkens gegenüber Intuition und Gefühl bei. Man geniert sich ob des natürlichen Zustands und wird aus seinem Innersten ins Kollektiv gezerrt.

1 *Bhagwan Shree Rajneesh*, Intelligenz des Herzens (1980), S. 142; Bhagwan nannte sich erst später Osho

Der Lehrstoff des Stundenplans ist wichtiger als der Stoff, aus dem die Träume sind. Die Unterrichtseinheit zählt mehr als die unbewusste Einheit mit allem. Wie und was uns vermittelt wird, widerspricht nicht selten Logik und Wissenschaft zugleich. Wir lernen eine Vielzahl an Dingen, die keinen wie auch immer gearteten praxisrelevanten Inhalt aufweisen und folglich nicht einmal bis zum nächsten Semester im mentalen Speicher verbleiben. Wen wundert das, wo schulisches Lernen im Wesentlichen auf Ebbinghaus' Experimenten mit dem Auswendiglernen von Unsinnsilben aufbaut, um bestmögliche Lernresultate anhand wenig praxisrelevanter, „wissenschaftlicher" Lern- und Vergessenskurven zu erzielen? Wie Vera F. Birkenbihl hervorhebt, ist unser Gehirn zwar ein Lernorgan per excellence – allerdings für Nützliches, und zwar für Informationen, die entweder das Überleben sichern oder uns zumindest interessieren. Gehirngerechtes Lernen versteht sich als Begreifen mit beiden Gehirnhälften. Lernen durch Einsicht wäre der schnellste und effizienteste Weg.[1]

Der Ausspruch des Lehrkörpers „Nicht für die Schule lernen wir, sondern für das Leben!" führt nicht nur ersteren ad absurdum. Trainiert wird hauptsächlich rationales, begrifflich-abstraktes Denken. Wer mit dieser einseitigen Form des Lernens nicht zurechtkommt, hat es meist nicht leicht im (Schul) Leben. Tadel und Spott für „Fehler" sind nach wie vor an der schulischen Tagesordnung. Klassische Konditionierung bedeutet in diesem Zusammenhang, dass alles, wofür man geschimpft oder lächerlich gemacht wurde, in Zukunft Frustrationsgefühle auslösen kann.[2] Wird eine Schülerin beispielsweise von der Lehrkraft dafür verspottet, dass sie „geistig abwesend" im Klassenzimmer sitzt, kann das eine bis ins hohe Alter reichende Abspaltung von der eigenen Intuition und Spiritualität bedingen. Den Spott hätte eigentlich die Lehrkraft verdient.

Die schönste Zeit des Tages verbringen die jungen Menschen im Klassenzimmer, und die minimale körperliche Betätigung, genannt Leibesübungen, wirkt wie Gefängnissport. Wo soll der junge Mensch sich da adäquat abreagieren? Wo und wie in fünf Minuten Pause? Wer kurz mal Druck ablässt, wird zum Störenfried erklärt und mit Strafe belegt. Spätestens jetzt lernen Kinder, ihre Gefühle und körperlichen Bedürfnisse zu unterdrücken. Sie passen sich an, heucheln und reagieren sich woanders ab. Manche randalieren in U-Bahnhaltestellen oder zertrümmern

1 Vgl. *Vera F. Birkenbihl*, Stroh im Kopf (1999), S.156
2 Vgl. ebendort S.155

virtuelle Schädel mit Maus und Tastatur. Andere werden depressiv. Lässt uns das vielfache Beharren auf einsichtsverwehrende Paukerei inklusive Strafen für Versagen und Einschränkung persönlichen Freiraumes einen für gewisse Interessenten praktischen Begleiteffekt erkennen? Klerikale Hirten hatten stets ein leichtes Spiel, aus ins System gepressten Kids mit der Erbsünde belastete, angepasste Schäfchen zu formen. Nach der Peitsche gibt es dann Zuckerbrot in Form verlogenen Trosts. Wo das in modernster Zeit nicht mehr unmittelbar funktioniert, hat zumindest die Wirtschaft durch das Fortleben der kirchlichen und staatlichen Einheits-Ideologie einen klaren Vorteil gezogen. Werbung zeigt Wirkung: Ausgrenzung andersartiger Kids und Spott für jene, deren Eltern sich teure Markenkleidung nicht leisten können oder wollen, geschieht tagtäglich.

Was ich persönlich in der Schule fürs Leben gelernt habe, ist hauptsächlich, mich in verschiedenen Systemen zurechtzufinden und Lernmüll bis zur Prüfung im Kurzzeitgedächtnis liegen zu lassen, um ihn rasch wieder zu vergessen. Immerhin. Vor allem an der in Schulen verzeichneten Gewalt wird sowohl Verbesserungspotential im Lehrbetrieb als auch in der elterlichen Präsenz und dem Umgang mit kollektivem Konsumzwang sichtbar. Körperliche Gewalt und sogar Schusswaffeneinsätze durch Schüler sollten uns die Misere spüren lassen, in der sich sozial und seelisch verwahrloste junge Menschen befinden. Diese Form der Gewalt muss natürlich unterbunden werden. Allerdings sehe ich in den aktuellen Berichten über sich „adäquat" auflehnende Jugendliche weniger ein Skandal, sondern vielmehr die Chance, dass diese jungen Menschen ihren eigenen, weniger angepassten Weg gehen werden. Insgeheim freue ich mich sogar wie ein kleines Kind, wenn ich höre, wie angeblich destruktiv und gestört sich die „heutige Jugend" an Schulen verhält. Wen wundert das? Prinzipiell arbeiten Vater und Mutter. Sie haben kaum Zeit für ihre Kinder. Der Lernstoff steht oft in krassestem Widerspruch zur Ideologie der Konsum- und Spaßgesellschaft. Der Dampf muss dann irgendwo abgelassen werden.

2006 besuchte ich das Hard-Rock-Festival „Nova-Rock", um dort kräftig einen drauf zu machen. Zu meinem Erstaunen befand ich mich, abgesehen von meinen Freunden, hauptsächlich unter friedlichen Teenagern. Bei der wirklich sehr harten Musik hätte ich eigentlich nur Erwachsene erwartet. Drei Tage im Schlamm, zwei Bühnen mit ultralauter Musik bis Mitternacht, Unmengen Bier, jede Menge Alkoholvergiftete, viele gebrauchte Präservative, aber so gut wie keine Schlägerei.

Die jungen Leute waren weit friedlicher als die Jugendlichen meiner Generation, was aber in meinem speziellen Fall, also angesichts meines damaligen Umfelds, nicht unbedingt viel zu bedeuten hat. Jedenfalls unterhielt ich mich mit den „Kindern", die auf mich zigfach reifer wirkten als so manche ferngesteuerte „erwachsene" Persönlichkeiten. Sie teilten alles miteinander und artikulierten ihren Frust über den hohen Wert des Geldes gegenüber der Liebe. Viele sprachen ganz offen an, dass sie nicht gewillt sind, sich irgendeiner Institution zu beugen und dass sie friedlich ihren eigenen Weg gehen wollen.

Eltern

Eure Eltern sind nicht eure Eltern.

Khalil Gibran meinte: „Eure Kinder sind nicht eure Kinder."[1] Damit hatte er vollkommen Recht. Zum einen kann man Kinder nicht besitzen und zum anderen ist auch ein theoretischer Besitzanspruch ausgeschlossen. Sie machen ihre eigene Ent-wicklung durch, haben eine eigene Seele, einen eigenen Geist und Körper. Auch wenn wir den Ausspruch vom „eigenen Fleisch und Blut" kennen, ist dieser eher der Kategorie familiärer Schwachsinn zuzuordnen. Kinder sind als das Ergebnis der körperlichen Vereinigung zweier Menschen nicht einmal deren gemeinsames Fleisch und Blut, sondern haben als Individuen ihre ganz persönliche Körperlichkeit. Mit den Eltern haben sie „gemeinsame" Gene, das war es schon. Dass die Überbetonung angeblicher fleischlicher Bande durch nationale Sozialdarwinisten[2] viele Menschen bis ins Konzentrationslager führte, ist kein Geheimnis. Reden wir also lieber von Liebe und Verantwortung.
Es liegt in der Verantwortung der Eltern, ihre Kinder im gesellschaftlichen Dschungel überlebensfähig zu machen. Im Idealfall vermitteln sie ihren Kindern das Rüstzeug dazu und sagen ihnen rechtzeitig, dass gewisse Dinge zu tun sind, aber wenig mit ihrem Wesen zu tun haben und folglich am besten irgendwann zurückgelassen werden. Beispiel gefällig? Die Schule und der dort verzapfte Blödsinn.

1 *Khalil Gibran*, Der Prophet (2006), Kapitel „Von den Kindern", S. 22
2 Sozialdarwinismus: Wortschöpfung, die die Übertragung der natürlichen Selektion durch menschlich krankhaftes Denken auf das soziale Leben beschreiben soll; siehe auch Kapitel „Wissenschaft"

Um eine reflektierte Sichtweise haben und vermitteln zu können, bedarf es einer entsprechenden eigenen Ent-wicklung. Unsere Eltern waren grundsätzlich auf ihre Egos reduzierte, oft physisch und meist psychisch geprügelte Menschen. Wie hätten sie uns zu etwas heranziehen können, das sie selbst nicht waren? Sie haben bestimmt ihr Bestes gegeben. Missbräuchliche Manipulation resultierte grundsätzlich aus der Angst zu „versagen“, aus der Angst um ihr Kind. Die Spannung zwischen weitestgehender Freiheit des Kindes und bestmöglicher Anpassung an das System stellte unsere Eltern vor enorme Herausforderungen: „Was werden bloß die Lehrer und die Nachbarn sagen?“
Mir fällt auf, dass meist genau die Menschen nicht mit ihrer Kindheit abschließen können und den Eltern ewig böse sind, die selbst nicht mit Kindern zusammenleben. Diese Leute scheinen besonders viel Zeit für ewiges kindliches Schmollen zu haben. Sie durften nicht erfahren, dass der Weg zwischen Freiheit und Anpassung des Kindes eine ganz schön fordernde Gratwanderung ist. Natürlich gibt es so etwas wie „unverzeihliche“ Übergriffe der Eltern. Auch hier dürfte der Gedanke hilfreich sein, dass sich unsere Eltern ent-wickelten und heute keine ihrer körperlichen Zellen mehr jenen zurzeit unserer Prägung entspricht. Alles ist in Bewegung. Auch deshalb sind unsere Eltern nicht (mehr) unsere Eltern.

Partner

Warum sind Beziehungen nicht gerade einfach?
Weil sie aus mindestens zwei Personen bestehen![1]

Es gibt kaum jemanden, der nicht vom innigen Glück mit einem geliebten Menschen an seiner Seite träumt. Weshalb verwandeln sich dann die Träume von gelebter Zweisamkeit meistens in Schäume lebloser Getrenntheit? Vermutlich, weil es sich um unrealistische Wünsche, um geliehene Vorstellungen aus Elternhaus und Medien, also um Produkte fremder Phantasien handelt. Da sich das Individuum als von seinen eigenen Gefühlen und Gedanken getrennt erlebt, kann es zu so gut wie keiner Vereinigung mit dem Liebespartner kommen. Prinzipiell wird beim anderen gesucht, was man selbst nicht hat.

1 Mein Eingangsstatement in der Radiosendung „Heiße Nacht mit Constanze“ (2000), in welcher mich Constance Hill als halbernsten „Radiopsychologen Dr. Dr. Seltsam“ wieder einmal zum Thema Beziehung befragte.

Es gibt Menschen, die Listen über die Eigenschaften des Wunschpartners verfassen. Ich kannte so eine Person sehr gut. Sie schreibt gerade diese Zeilen. Es ist anzunehmen, dass beim selbstfabrizierten Traumpartner ein Bedürfnis im Vordergrund steht, das man sich bis jetzt selbst nicht befriedigen konnte. Ungelebte Wesensanteile, seien es nun „männliche" oder „weibliche" Energien, werden vom „geliebten" Gegenüber bezogen: Ich beziehe von dir, was ich mir selbst nicht geben kann. Willkommen im Beziehungssupermarkt. Trennungsraten und -gründe lassen auf Konsumübersättigung schließen. Man hat sich satt „geliebt", es wird eintönig. Nicht selten liegt der Grund für Trennungen in genau jenem Wesenszug, der der Auslöser der einstigen Anziehung und Verliebtheit war.[1] „Er hat mich so sehr begehrt, mir volle Aufmerksamkeit geschenkt und war so süß eifersüchtig, wenn mich ein anderer Kerl nur anblickte!", erinnert sich die vom Vater in der Kindheit stark vernachlässigte junge Frau. „Je länger wir zusammen waren, desto mehr störte mich dieses äffische Klammern!", empfindet sie nun. Wie soll er denn wissen, was er „falsch" gemacht hat? Sein Verhalten blieb ja dasselbe.

So viele Menschen reden von Liebe, sind aber vollkommen ahnungslos, was sie damit eigentlich meinen. In einer gesellschaftlich vorgegebenen, sehr engen Rolle kann man sich nicht voll entfalten. Dazu bedarf es unbewusst eines anderen Menschen, der ausfüllen soll, was fehlt. Ich nenne es ganz bewusst nicht Liebe, sondern Beziehung. Näher kommt Verliebtsein und Brauchen. Überzogen kann man es als Betteln betrachten und als gegenseitige Einschränkung, um sich der Zuneigung des jeweils anderen sicher zu sein. Goldener Käfig. Wieder einmal treibt uns die Angst vor der Selbstwerdung in die Versklavung durch Besitz. Diesmal besitzen wir den Partner unter dem Deckmantel der „Liebe". Die ursprünglich Verliebten erheben bald Anspruch darauf, dass sich die andere Person nicht verändern darf. Sie oder er dürfen niemand anderen „lieben".

Es entsteht die Illusion der gemeinsamen Abgetrenntheit von der Welt. In Wahrheit werden jedoch unbewusst gegenseitig jene Bedürfnisse befriedigt, die sich aus dem beklemmenden Gefühl des Alleinseins ergeben. Nun ist man zumindest zu zweit einsam. Was ist denn schließlich schlecht daran, Bedürfnisse zu haben? Nichts. Deswegen muss man aber noch nicht von Liebe reden. Stattdessen könnte man ehrlich mit sich und dem anderen sein und sagen, was man braucht.

1 Vgl. auch *Rotraud A. Perner*, Scham macht krank (1997), S. 82

Fair trade – fairer Handel. Aus dem Handel kann aber Liebe erwachsen. Das hat etwas mit Erwachsenwerden zu tun. Man legt die kindliche Bedürftigkeit ab und wird zu zwei Menschen, die sich auf der gleichen Ebene begegnen, intime Nähe erleben, sich gegenseitig spüren, emotional aufeinander eingehen, auch Freunde und ein Team werden. Treffend finde ich hier die Begriffe Partnerschaft und Liebe im Sinne bedingungsloser Liebe, bei der Zuneigung gegeben und genommen wird. Eben ohne jegliche Bedingung. Das wiederum setzt Ent-wicklung voraus. Gemeinsam und alleine. Es setzt weiter voraus, die Partnerin bzw. den Partner nicht als Versorgungsanstalt oder Befriedigungsroboter zu sehen, sondern dem anderen auch den nötigen Freiraum zu geben, um sich entfalten zu können. Dazu gehört auch, der Partnerin bzw. dem Partner zu vertrauen und beizustehen, wenn es benötigt wird.

Es kommt vor, dass sich zwei Menschen begegnen, die bereits in sich ruhen. Wenn es zwischen den beiden auch noch funkt, dann findet wahre Begegnung einfach statt. Wer sich selbst liebt, kann auch jemand anderen lieben.

Im Grunde ist Liebe nichts anderes als die bewusste Einheit, der Zustand des Seins im Hier und Jetzt. Wie du siehst, kommen wir immer wieder zum gegenwärtigen Sein zurück. Kennen wir nicht alle das durchlebte Beziehungsmuster „Verliebtheit – Glanz und alles dreht sich – halbes Jahr vorüber – grauer Stillstand"? Auch hier kommt das Ego ins Spiel. Wo wir anfänglich eine Einheit bildeten oder es uns zumindest einredeten, da tut sich irgendwann eine riesige Kluft auf. Die Kluft steht meiner Erfahrung nach für die Diskrepanz zwischen dem erwünschten Einssein und dem tatsächlichen Gefühl der Getrenntheit. Anders formuliert: Das Abweichen unserer Vorstellung von der Realität macht uns zu schaffen. Es spielt keine Rolle, welche Erwartung du hast. Ob es nun das Bedürfnis ist, mehr zu kuscheln, wilderen Sex zu haben, intensiver für deine Leistungen gelobt zu werden oder mehr Hilfe im Haushalt zu erfahren, ist absolut irrelevant. Sobald ein Wunsch da ist, bist du im Wunsch und Realität vergleichenden Denken und schon in einer Erwartungshaltung. Du bist nicht mehr wirklich da und erst recht nicht bei deinem Partner. In vielen Werken beschreibt Osho den Unterschied zwischen Liebe und dem, was ich Klammeraffenliebe nenne. So erklärt er uns: „Liebe ist kein Akt; sie ist nicht etwas, das man macht. Wenn man sie macht, ist es nicht Liebe. Tun hat mit Liebe nichts zu tun. Sie ist ein Seinszustand, kein Handeln." Dieses Tun wird stets vom bipolaren Denken angeregt.

Darum kann niemand ununterbrochen Liebe „tun". Wieder einmal auf den Punkt bringt Osho es mit seinen klaren Worten: „Wenn du Liebe also tust, wirst du dich im Hass entspannen müssen, denn man kann sich nur ins Gegenteil hinein entspannen." Liebe beschreibt er auch als ein „Atmen der Seele".[1] Dieses Atmen der Seele hat nichts mit dem Denken und der affengeistigen Klammerliebe zu tun. So wie das Atmen ohne unser Zutun passiert, ist auch Liebe im Zustand des Nichtdenkens ganz einfach da. Wie gesagt: Liebe ist. Man kann sie nicht machen. Wo der Volksmund allerdings vom „Liebemachen" anstatt vom Sex spricht, vermute ich schon stark, dass damit eigentlich ein sexuelles Sein in der Liebe, also wahre Liebe, gemeint ist.

Am deutlichsten kommen Beziehungsprobleme beim Sex zum Vorschein. Wenn das ursprünglich unbeschwerte Liebesspiel zum verkrampften Erzielen eines Orgasmus wird, steht ein Ziel zwischen den „Liebenden". Liebe bedarf der gegenseitigen Offenheit. Indem wir zärtlich miteinander umgehen, uns einfühlen und mit jeder Berührung erfahren, sind wir voll präsent und im Zustand der Liebe. Insofern kann man dann schon vom Liebemachen sprechen. Irgendwie „muss" man es ja in Worte packen. Das direkte Streben nach einem körperlichen Höhepunkt kommt einem Benutzen der Partnerin oder des Partners gleich. Das Stichwort lautet Sex. In unseren Gedanken sind wir nicht bei ihr oder ihm, sondern auf ein in der Zukunft gerichtetes Ziel fixiert. Trieb und Ego versuchen ihre Bedürfnisse zu befriedigen. Das muss mit der konkreten Beziehung nicht unbedingt etwas zu tun haben. Eigentlich darf uns ichbezogener Sex nicht verwundern, weil wir ja in einer superschnellen und ultrazielgerichteten Zeit leben. Diane Richardson formuliert es in „Zeit für Liebe" wie folgt: „Wenn Zeit Geld ist, dann übt die Zeit Druck aus, um mehr Raum zu schaffen und mehr Dinge zu tun." Auch sie ist der Überzeugung, dass das Verweilen, das Schwingen im Hier und Jetzt, Trennung überwindet und Nähe schafft. Die Zeit steht still, wenn wir im gegenwärtigen Augenblick sind und genau deshalb verlangt Tantra eine liebevolle Einstellung ohne Eile.[2] Tantra eröffnet uns das Sein im Hier und Jetzt über das Transportmittel unserer Seele. Der Körper, vom dem wir uns durch Religion, Wirtschaft und Medizin ebenso entfremdet haben wie von der Partnerin, erfährt bei Tantra jene liebevolle Annahme, die er verdient hat.[3]

1 Vgl. zu alldem *Osho*, Die Welt des Tantra – Diskurse zum Vigyan Bhairav Tantra. Band 2 (1999), S. 92ff.
2 Vgl. *Diane Richardson*, Zeit für Liebe (2001), S. 30
3 Siehe auch Kapitel „Liebe, Humor und Meditation"

Wissenschaft

Wissenschaft schafft Wissen.
Das Leben ist weise.

Wissenschaft verschafft uns Wissen. Wissen, das nicht widerlegt wurde, gilt als gesichert und gültig. Es wird dann an Schulen und Universitäten gelehrt. Wird die Gültigkeit einer Theorie in Frage gestellt und widerlegt, hört oder liest man die obligatorische Einleitung: „Neuesten Erkenntnissen zufolge…“ Aus der aktuellen Sicht ist dann eben das damals Herausgefundene nicht ganz richtig oder eventuell grundlegend falsch. Wissenschaft ist daher nicht selten Glaubenschaft, Phantasieschaft und gelegentlich sogar Lügenschaft. Wissenschaftliches Arbeiten versucht, natürliche Phänomene zu erklären. Dazu werden gemäß den grundlegenden wissenschaftlichen Denkprinzipien Theorien und Hypothesen gebildet, geprüft und gegebenenfalls revidiert. Der an sich neutralen Wissenschaft bedienen sich vor allem Politik und Wirtschaft – je nach der gerade angesagten Werteordnung. Insofern tut man gut daran, zu überprüfen, für welchen Zweck und auf welche Art eine gewisse Studie durchgeführt wurde. Skepsis ist angebracht. Zweifel ist die Basis für die Suche nach und das Finden von Erkenntnissen. Gesunder Zweifel bringt gesunde Resultate. So ist es beispielsweise dem zweifelnden, wissenschaftlichen Denken zu verdanken, dass die Lügen über personifizierte Götter, die Schöpfung der Welt in wenigen Tagen oder die unbefleckte Empfängnis aufgedeckt werden können. Dass viele Menschen an diese „Wunder“ glauben wollen, hängt mit ihrem Bedürfnis nach Trost und den über die Jahrhunderte prolongierten Lügen zusammen. Steter Tropfen höhlt den Stein.

Obwohl die Wissenschaft zum Teil von nicht beweisbaren und daher tendenziell gefährlichen Annahmen ausgeht, geht die grundsätzliche Gefahr des Machtmissbrauchs nicht von der Wissenschaft selbst sondern von jenen Menschen aus, die sich auf sie berufen. Betrachten wir zum Beispiel die Biologie. Wie erwähnt, ist sie eine beobachtende, dokumentierende und teilweise experimentelle Wissenschaft. Charles Darwins schlüssige Evolutionstheorie scheint in ihren Grundzügen nicht widerlegbar zu sein. Manche renommierte Wissenschafter erachten aber die Möglichkeit der Höherentwicklung der Arten nur innerhalb einer Gattung – als sogenannte horizontale Evolution – für möglich und beweisbar.

Sie schließen die vertikale Höherentwicklung, also die Entwicklung einer neuen Art aus einer vorherigen Art, von vornherein mangels Beweisbarkeit aus.[1] Diese Auseinandersetzung scheint mir für das vorliegende Buch, im Zusammenhang mit der Entwicklung des Menschen, von grundlegender Relevanz zu sein, weil sich an ihr die Sinnlosigkeit des Streits zwischen Vertretern religiöser Schöpfungstheorien und Vertretern der naturwissenschaftlichen Evolutionstheorie am deutlichsten zeigt. Wir haben schon erarbeitet, dass die biblische Beschreibung der „Schöpfung" des Menschen durch „Gott" kein Widerspruch zur Evolutionstheorie sein muss. Im Gegenteil. Die Genesis kann eine beachtliche Lücke in Darwins Theorie schließen: das Missing Link. Unter dem fehlenden Bindeglied verstehen wir ja die nicht bewiesene, vermutlich durch Fossilien gar nicht belegbare, relativ junge Entwicklung zum Homo sapiens.[2] Anstatt beide Theorien zu kombinieren, wurde – wieder einmal nach dem Grundsatz „Teile und herrsche!" – die Evolutionstheorie vorerst und zu Recht als Beweis dafür betrachtet, dass die Welt nicht wie in der Bibel beschrieben erschaffen wurde. In totaler Verblendung haben machthungrige Egozentriker dann aber verkannt, dass die Nichtexistenz eines Ein-Personen-Gottes nichts über die schöpferische Existenz und deren Göttlichkeit aussagt.
Eine Kernaussage der Evolutionstheorie ist die Höherentwicklung der Arten durch natürliche Selektion.[3] Das bedeutet, dass jene Arten im Kampf um die knappen Ressourcen (Reviere, Nahrung) als Sieger hervorgehen, die besser an die natürlichen Gegebenheiten angepasst sind. Vereinfacht gesagt, überlebt der Stärkere, was schon von Darwin als ziemlich brutal empfunden wurde. In der unbändigen Härte der Natur erblickten manche logischerweise den Beweis für die Nichtexistenz des streichelzahmen Christengottes. Darüberhinaus negierten viele (nicht Darwin) auch die universelle Göttlichkeit. Der Weg für gottloses Verhalten war geebnet. Im Dritten Reich wurde unter Hitler, Himmler, Göring, Goebbels und anderen degenerierten Verbrechern die natürliche Selektion auf das soziale Leben übertragen. Gegenüber den „schwächlichen Juden" wurden die „starken Deutschen" massensuggestiv bereits als Kinder in folgende Form gepresst: „Flink wie die Windhunde, zäh wie Leder und hart wie Kruppstahl!" Die Nutznießer dieser Leistungsbotschaft waren langsam, feige und fett. Propagandaminister Goebbels hinkte, Hitler und seine zu sich selbst sehr weichen Brüder verkrochen sich im

1 Vgl. insb. *Fritz Poppenbergs* Filme „Gott würfelt nicht" (2001) und „Hat die Bibel doch Recht?" (2000)
2 Siehe insb. die Kapitel „Der liebe Gott" (*„Hinter den Kulissen"*) und „Alles im grünen Bereich" (*„Hinter den Kulissen" – „Waldeinheit und Ousia-Feld"*)
3 Vgl. *Charles Darwin*, Die Entstehung der Arten durch natürliche Zuchtwahl (1859), deutsche Übersetzung, Reclam (2007)

geräumigen Führerbunker, als die Lage eng wurde und Chef der Luftwaffe Göring war bestimmt zu fett, um in das Cockpit einer Düsenmaschine zu passen. Der kleine dunkelhaarige Adolf träumte vom großen blonden Kampf-Arier. Er und seine Mittäter versuchten Expansionskriege und Rassenpolitik als natürlich zu rechtfertigen. Der Stärkere müsse siegen, den Schwächeren unterdrücken und für sich arbeiten lassen.[1] Wir wissen auch, dass unzählige Menschen, vor allem Juden, in Lagern zu Tode gehungert und systematisch als „unwertes Leben" vernichtet wurden. Da es sich um Unrecht handelte, musste das sozialdarwinistische „Recht" in Form der Nürnberger Rassengesetze gefertigt werden.[2]

Was den Holocaust betrifft, begegnen uns zugleich jene zwei Formen des Wahnsinns in einem, die sich im Grunde als Rechtfertigung und Begründung für die Judenvernichtung sogar gegenseitig ausschließen: einerseits die religiöse, „christliche" Lüge der Schuld des jüdischen Volks an Jesu Kreuzigung und der sich daraus über die Jahrhunderte bis hin zum Holocaust steigernde Judenhass, sowie andererseits eben seine krankhafte, unchristliche Rechtfertigung durch das Recht des Stärkeren.[3] Der eine Grund ist ein religiöser und hängt mit einem christlichen Nichtgott, dem Juden Jesus, zusammen; der andere mit der generellen Verleugnung jeglicher Göttlichkeit durch eine missbräuchliche Berufung auf die Wissenschaft. Beide Annahmen sind grundlegend falsch.

Am Extrembeispiel des Holocausts wollte ich aufzeigen, welch großen Schaden einseitiges Denken im Rahmen der dualistischen Gedankenwelt, des nicht ganzheitliches Denkens anzurichten vermag. Weise wäre es, die Wahrheit weder in der Wissenschaft noch in der Religion, ja nicht einmal in der Spiritualität allein zu suchen. Weise wäre es, die Wahrheit in der Mitte zu suchen, über die Wissenschaft und Religion hinauszugehen. Verknüpft man die Wissenschaft als die Domäne des Geistes mit der seelisch-spirituellen Ebene, ist man der objektiven Wahrheit am nächsten. Das Vorhandensein selbiger wird aber von einigen Wissenschaftern geleugnet. Verständlicherweise. Die Wissenschaft allein kann doch nie die objektive Wahrheit preisgeben, weil sie eben eine sehr einseitige Form der Denkleistung repräsentiert. Zudem entspricht das wissenschaftliche Denken nur Stufe Fünf, aber keinesfalls der höchsten Ebene, in der (gedachten) Hierarchie des Denkens (Bewusstseins).

1 Vgl. *Adolf Hitler*, Mein Kampf (1943, 851. bis 855. Auflage), S. 311ff. iVm 439ff. und 568ff.
2 Vgl. insb. einen wesentlichen Teil dieser Gesetze, das sog. Blutschutzgesetz: Gesetz zum Schutze des deutschen Blutes und der deutschen Ehre (RGBl. I S. 1146)
3 Vgl. dazu Kapitel *„Feinde"* (*„Hinter den Kulissen"* des Kapitels „Alles im grünen Bereich")

Ganzheitliches Denken – das Synchronlaufen von purem Sein, Hausverstand und Intuition – steht weit „über" dem einseitigen, auf Theorien fußenden Denken. Das erste Gefühl verrät oft weit mehr, als die alles zersägende Analyse der Wissenschaft. Wissenschaftliches Denken ist oft sehr primitiv im Verhältnis zum holistischen Denken.[1]

Betrachten wir noch einmal das dualistische Denken im Zusammenhang mit „Gott" und der wahren Göttlichkeit. Unter wahrer Göttlichkeit verstehen wir die Existenz, die spirituelle Energiequelle, das universelle Sein, das Nullpunktfeld, das Ousia-Feld, den lieben Gott etc. Es ist beinahe gleich dumm, nicht an einen Personengott zu glauben, wie an ihn zu glauben. Was meine ich damit? Glauben bedeutet hauptsächlich, nichts zu wissen. Das ist im Zusammenhang mit personifizierten Gottheiten absolut korrekt. Atheismus (Nichtglaube an „Gott")[2] ist die Kehrseite des Theismus (Glaube an „Gott"). Beide drücken weltanschauliche Grundauffassungen aus, sind daher gegenpolige Formen des Glaubens, nicht aber des Wissens. Es handelt sich um übernommene Überzeugungen und nicht um persönliche Erfahrungen. Atheismus und Theismus gehen so offensichtlich und vollkommen am Kernthema vorüber, dass es kaum jemandem aufzufallen scheint. Wenn der „Gott", an den geglaubt oder nicht geglaubt wird, bereits entsprechend den jeweiligen Heiligen Schriften gar nicht existieren kann, erübrigt sich doch damit ein für alle Mal jede Frage danach, ob man an ihn glaubt oder nicht. Wenn ich zum Beispiel hinsichtlich des Christentums weiß, dass Jahwe und Jesus beide nicht der Gott des NT sind, müsste ich doch völlig bekloppt sein, dennoch an „Gott" Jahwe oder Jesus zu glauben. Wir haben bereits bewiesen, dass Jesus nicht Gott war oder ist.[3] Den Beweis, dass Jahwe nicht Gott war oder ist, sondern ein Verbrecher oder eine Erfindung, haben wir auch schon erbracht.[4] Würdest du über den Glauben oder Nichtglauben an selbstfliegende Schweine diskutieren, wenn du weißt, dass es sie nicht gibt?
Agnostizismus ist vom Prinzip her sowohl mit dem Theismus als auch mit dem Atheismus vereinbar, weil er die Frage der Existenz Gottes als ungeklärt, nicht zu klären oder irrelevant offen lässt.[5] Der Agnostiker hat demnach keinen Grund, sich mit Gläubigen zu streiten. Der Agnostiker weiß etwas nicht, wie die lateinisierte Form des altgriechischen Wortes „Agnostikismos" erklärt: nicht wissen, unerkennbar.

1 Siehe Kapitel „Graues Netz und Psycho-Ventil" (*„Hinter den Kulissen"*)
2 Vgl. insb. *Paul Edwards*, "Encyclopedia of philosophy" und "Atheism" (1967)
3 Siehe Kapitel „Religion"
4 Siehe insb. Kapitel „Der liebe Gott" (*„Hinter den Kulissen"*)
5 Vgl. zum Agnostizismus bspw. *Horst Herrmann*, Agnostizismus für Dummies (2008), Peter Suren, Der Skeptizismus und seine universellen Argumente (2000) und *Heinz Schlette*, Der moderne Agnostizismus (1979)

Das scheint von der Grundhaltung her sehr viel liberaler als die Extrempositionen Theismus und Atheismus zu sein, führt den Suchenden aber um keinen Deut näher ans Ziel. Wie wir wissen, kann man wissen, dass es personifizierte Götter nicht gibt. Man kann auch wissen, dass es die göttliche Existenz gibt. Ich weiß, dass es die Göttlichkeit, die Existenz als spirituelle Essenz gibt, weil ich sie/ihn/es erfahren habe. Dieses Wissen ist für mich gesichert, weshalb man auf die Idee kommen könnte, mich als Gnostikerin zu bezeichnen. Wenn wir uns nicht mehr mit den Masken oder dem Ego identifizieren, bleibt nur noch unser Selbst über. In unserem Selbst liegt die Göttlichkeit ebenso wie rund um uns herum. Eine Kombination aus mystischer und wissenschaftlicher Auseinandersetzung mit der Erkenntnis der universellen Göttlichkeit haben wir schon hinter uns.[1] Die mystische Sichtweise werden wir aufbauend auf Teil I und das Kapitel „Religion“ noch vertiefen.[2]

Zusammenfassung und Überleitung

Prinzipiell geht es im geschäftlichen Alltag nur um unser aller Ablenkung vom Sein im Hier und Jetzt. Das „Ziel“ der evolutiven Schöpfung oder schöpferischen Existenz, wie ich sie gerne nenne, scheint in der Tat die Selbstwerdung des Individuums zu sein. Das Selbst ruht ohnehin schon eingebettet in der alles und jeden durchfließenden Existenz. Dieses Ruhen ist der natürliche Urzustand des Menschen. Daher dürfen wir aus der Sicht gewisser Machthaber nie zur Ruhe kommen. Man füttert unseren Kopf mit teilweise falschen und überwiegend nutzlosen Informationen. Durch abstraktes Denken wird unser Geist einseitig trainiert. Auch wenn sich in den Jahrhunderten so manches in Religion und Politik geändert, eigentlich aber nur den aktuellen Gegebenheiten angepasst hat, sind die grundsätzlichen, allem zugrunde liegenden Lügen, Verblendungen und Konditionierungen im Grunde dieselben geblieben. Machteinbußen wurden nur dort zur Kenntnis genommen, wo sich Menschen ihre Freiheit bitter erkämpft hatten. Da die erwähnten Institutionen und Personen egozentriert sind, kann die Freilegung unseres Selbst nicht über sie, sondern nur durch uns selbst erfolgen. Wenn wir es wünschen und annehmen können, erfahren wir dabei Unterstützung.

1 Siehe insb. Kapitel „Alles im grünen Bereich“ („*„Hinter den Kulissen“*“: *„Waldeinheit und Ousia-Feld“*)
2 Siehe vor allem die Kapitel „Unser Selbst“ und „Rebellen und Co“ – dort insb. „Buddha Jesus“; siehe auch im ersten Teil *„Das ewige Sein“* (*„Hinter den Kulissen“* des Kapitels „Der liebe Gott“)

UNSER SELBST

Der Tiger tut alles, was er tut
mit uneingeschränkter Hingabe.
So tut er stets sein Bestes
Shunryu Suzuki[1]

Einfach sein

Wie wir gesehen haben, gaukeln wir uns selbst eine Welt der Zweiheit und Getrenntheit vor. In Wahrheit ist aber alles sowohl in den bipolaren Extremen allein als auch in beiden zugleich erfassbar. Nicht eins oder zwei, sondern eins und zwei sowie die Summe daraus, könnte man sagen. Ich als Mensch bin nicht nur mein Geist, meine Seele oder mein Körper, sondern viel mehr als das. Ich bin Körper, Seele und Geist – jedes einzeln für sich und die Summe dieser drei Elemente.[2] Ebenso ist es wahr, dass wir eins mit allem sind und doch getrennt. Wir existieren zwar in einem individuellen Körper mit persönlichen Empfindungen und Gedanken. Aber unser Körper, Fühlen und Denken sind nicht wirklich autonom. Wir sind von unserer Umwelt abhängig und mit allen Wesen verbunden. Sollte das jetzt unfassbar für dich sein, versuch doch bitte, deinen Atem zu erfassen. Du hast vermutlich bis zu eben diesem Satz unbewusst, das heißt von selbst geatmet. Deine Einbindung in die Existenz hat dich, wie jedes andere Wesen auch, mit Luft versorgt, ohne dass du dabei denken musstest. Und zufälligerweise ist es das Denken, dass uns der Illusion ausliefert, wir seien von allem getrennt. Das heißt jetzt nicht, dass Denken schlecht ist. Es ist, wie wir mehrfach gesehen haben, die Überbewertung des Denkens, die massives Leid hervorruft.

1 *Shunryu Suzuki*, Der Tigerbericht (1975), S. 27
2 Vgl. dazu vor allem *Shunryu Suzuki*, Zen-Geist – Anfänger-Geist (2001), insb. S. 26: In der Sitzhaltung der „Lotus-Position" wird die „Einheit der Dualität" zum Ausdruck gebracht, weil Körper und Geist als „zwei und eins" betrachtet werden.

Unser aller Verbindung kann im meditativen, gedankenfreien Zustand des Hier und Jetzt erfühlt und erfahren werden. Sie ist zudem Gegenstand der meisten mystischen und spirituellen Überlieferungen[1], wie auch esoterischer Lehren. Der Zustand des No-Mind entspricht der bewussten Einheit. Unser Selbst, unseren Wesenskern oder Wesensstern kann man erfahren. Unser Selbst ist Liebe und Göttlichkeit in einem. Es mit Worten zu beschreiben, ist kaum möglich, zumal Worte eine Spezialität des Geistes, des abstrakt begrifflichen Denkens sind. Aber wir lassen nicht locker.

Die gesamte Existenz brennt als Flamme der unendlichen Liebe in uns. Das Licht der wahren Liebe, Einheit und Verbundenheit leuchtet in jedem Menschen. Es wird Erleuchtung genannt, wenn es aus dem Inneren nach außen strahlt. Blicken wir ganz tief in uns hinein, erkennen wir dieses Licht. Es ist unsere wahre Natur. Erleuchtung ist unsere wahre Natur, weil das Licht der Liebe unauslöschlich in uns brennt. Bei den meisten Menschen ist dieses Licht aber von religiösen und politischen Konditionierungen, Angst, Scham und Neid überschattet. Dieser Manipulationsdreck kann Schicht für Schicht abgetragen werden, sodass die Erleuchtung freigesetzt wird, im Äußeren zu sehen ist und wirken kann. Es gibt nichts, was wir uns zusätzlich aneignen oder speziell leisten müssten, um die Erleuchtung freizumachen. Es gibt eigentlich gar kein „um". Ein „um" würde einer Zweckverfolgung entsprechen. Wer ein Ziel verfolgt, haftet aber dem Denken und Fühlen an. Einfach den angehäuften Mist beobachten und loslassen, genügt.

In der Mitte SEIN ist ERLEUCHTUNG

Im zeitlosen Sein sind wir in der Mitte zwischen innerer und äußerer Welt, zwischen denken und fühlen, zwischen oben und unten, zwischen weiblich und männlich. Wir werden nicht mehr vom Wollen bestimmt. Die Dinge geschehen einfach durch uns und mit uns. „Es" durchfließt uns. Diese Erkenntnis und Erfahrung vermittelte nicht etwa nur Buddha. Auch Jesus machte den Menschen klar: „Ihr seid das Licht der Welt." Wir sollen dieses Licht leuchten lassen. Das Licht der Existenz in uns und aus uns strahlen zu lassen, ist unsere Natur.

1 Vgl. insb. die buddhistische Lehre: siehe dazu Kapitel „Buddha Jesus"; vgl. auch das Evangelium nach Maria: siehe dazu Kapitel „Religion" („Jesu Seelengefährtin")

Durch unser Erstrahlen belegen wir die Existenz Gottes in und um uns: „Also lasset euer Licht leuchten vor den Leuten, dass sie eure guten Werke sehen und euren Vater im Himmel preisen."[1] Sich klein machen zu lassen und das Licht zu verstecken, verdeckt die Erleuchtung. Sie kann aber nicht zerstört werden: „Ihr seid das Licht der Welt. Es kann die Stadt, die auf einem Berge liegt, nicht verborgen sein."[2] Das Paradies ist ins uns: in unserer Mitte.[3] Uns klein und dumm halten zu lassen und vor anderen zu kriechen, entspricht nicht der wahren Natur des Menschen und dem „göttlichen Willen": „Man zündet auch nicht ein Licht an und setzt es unter einen Scheffel, sondern auf einen Leuchter; so leuchtet es denn allen, die im Hause sind."[4]

Wir erinnern uns an das zum frühkindlichen Stadium Gesagte. Der Zustand des noch unbewussten Lebens im Hier und Jetzt ist es, in dem sich der Mensch im idealen Lauf der persönlichen Ent-wicklung irgendwann einmal bewusst wieder (be)findet. Die bewusste Einheit ist ein Zustand tiefer Verbundenheit und existenzieller Liebe. Sobald die Täuschung der Trennung und die Illusion des Ego erkannt sind, sobald die Identifikation mit der Illusion des Ego und dessen Masken losgelassen wurde, ist nur noch reines Bewusstsein vorhanden. Wir haben dann zwar noch ein Ego, ohne das wir ja nicht in der materiellen Welt bestehen könnten, aber das Ego hat uns nicht mehr. Die Identifikation damit ist verschwunden. Wir glauben nicht mehr, das Ego zu sein. Wir wissen, dass wir nie das Ego waren. Lediglich der naive Glaube, das Ego zu sein – diese Illusion – trennte uns von dem, was wir immer schon waren und immer sein werden: reines Bewusstsein.

Im Zustand der innigen Liebe zu einem Menschen oder zur Natur, des sexuellen Höhepunkts und auch herzhaften Lachens bekommen wir eine Ahnung von unserem unverwüstlichen, göttlichen Wesenskern. Vor allem durch die Meditation und die Integration meditativer Zustände in den Alltag können wir zur Einheit zurückkehren. In ihr sind die Polaritäten aufgelöst. Wir alle sind einzigartige Wesen, die mit anderen Menschen auf demselben Planeten leben. Unsere Handlungen beeinflussen sich gegenseitig. Wir sind Teil des Kollektivs und doch „allein". Denken in Polaritäten wie „Gut" und „Böse" entstammt dem konditionierten Geist, der wie ein Zirkusäffchen trainiert wurde.

1 Matthäus 5:16
2 Matthäus 5:14
3 Vgl. Lukas 17:21
4 Matthäus 5:15

Die Frage, welche „unserer" trennenden Gedanken tatsächlich unsere eigenen sind, ist daher berechtigt. Zwei Seiten einer Medaille bedingen sich und brauchen sich gegenseitig. Ohne Licht gibt es keinen Schatten. Überwinden wir die nicht real, sondern nur im Geiste vorhandenen inneren und damit auch äußeren Gegensätze, sind wir wieder wie die kleinen Kinder und daher im von Buddha und Jesus beschriebenen Paradies auf Erden. Babys und Kleinkinder sind ja kaum bis nicht manipuliert oder dressiert.

Was wir der Naturwissenschaft zum Thema Göttlichkeit und Selbst entnehmen können, haben wir schon behandelt. Wie gesagt, befassen sich namhafte Wissenschafter bzw. Quantenphysiker seit einiger Zeit mit der Suche nach jener kosmischen Ur-Energie, die uns alle verbindet und mit Kraft speist. Dieses Kraftfeld hat viele Namen. In der östlichen Mystik und von den Shaolin-Mönchen wird es „Chi" (Qi) genannt, was soviel wie Lebensenergie bedeutet.[1] So nebenbei erwähnt, wird das Feld von Hollywoods Jedi-Rittern, den futuristischen Shaolin-Mönchen, bezeichnenderweise „die Macht" genannt.[2] Die alten Griechen nannten diese Kraft „Pneuma", und die Inder bezeichnen sie als „Prana".

Eine wissenschaftliche Bezeichnung aus der Quantenphysik lautet „Das Nullpunkt-Feld". Im Vorwort zum gleichnamigen Buch heißt es: „Menschliche Wesen und alle lebenden Geschöpfe sind energetische Einheiten in einem Feld aus Energie, verbunden mit allem und jedem auf dieser Welt. Dieses pulsierende Energiefeld ist der zentrale Motor unseres Daseins und Bewusstseins, das Alpha und das Omega unserer Existenz."[3]

Wie wir bereits festgestellt haben, sind wir alle Teil(e) des göttlichen Ousia-Feldes.[4] Folglich gibt es keine Trennung zwischen uns und der göttlichen Existenz. Wir sind Gott und somit verantwortlich für das, was wir tun. Erfundene Personengötter sollen uns versklaven. Sie sollen uns sowohl unserer Selbstverantwortung berauben, als auch über den damit einhergehenden Freiheitsverlust hinwegtrösten.

1 Vgl. *Andy James,* Geheimnis Shaolin – Das spirituelle Vermächtnis der Kampfmönche (2005) und *Tricia Yu,* Tai Chi (2003), insb. S. 20ff.

2 *George Lucas,* Drehbuchautor, Produzent und Regisseur der Sternenkriege betonte in einem Interview die Wesensverwandtschaft seiner Jedi-Ritter zu den realen Shaolin-Mönchen. Zu „Starwars" (Krieg der Sterne) siehe auch das Kapitel „Dienende Herrschaften".

3 *Lynne McTaggart,* S. 9f.

4 Siehe Kapitel „Alles im grünen Bereich" (*„Hinter den Kulissen" - „Waldeinheit und Ousia-Feld"*)

Die Formel des Personengottglaubens lautet:

„Gott" = Ein fremdes Wesen = Ich bin Sklave und habe keine Verantwortung

Die Formel des wahren Selbst und des Ousia-Feldes lautet:

Gott = Wir alle = Wir sind frei und haben Verantwortung

Das Ousia-Feld, das Feld des wahrhaftigen Seins, durchzieht alle „körperlichen" Formen wie Berge, Bäume, Häuser und Menschen. Anhand dieser (vermeintlich) materiellen Erscheinungen der Welt erkennen wir das System von Ursache und Wirkung. Wirft eine Nation die Atombombe, treffen die Auswirkungen nicht nur das unmittelbar getroffene Land hart. Das Abholzen des Regenwalds lässt auch Europas Klima, Luft und Natur nicht unberührt. Beschimpfen wir jemanden, beeinflusst das auch unsere eigene Stimmung. Handeln wir nicht aus unserem Selbst, sondern aus dem einseitig denkenden Ego heraus, sind wir uneins mit dem Feld. Ansonsten sind wir in Harmonie mit dem Feld, weil es und unser Selbst so gut wie identisch sind. Selbstwerdung ist daher der logische Zweck unseres Daseins.

Auch wenn, nein, weil sich dies alles harmonisch liest, fokussieren wir noch einmal auf eine bedeutsame Schilderung der Bibel im eher zwanghaften AT, um festzustellen, dass auch aus ihr die Harmonie der bewussten Einheit ableitbar ist. Wer kennt nicht die Bibelstelle, die vom verbotenen Baum der Erkenntnis im Paradies handelt? Mit Hilfe der Missdeutung dieser Erzählung bläute die Kirche den Menschen über viele Jahrhunderte ein, negativ erblich belastet und sündig zu sein. Die Rede ist von der Erbsünde. Betrachten wir nun, was uns diese Stelle der Genesis wirklich mitteilt. Der Schurke Jahwe erzählte Adam, er würde ganz bestimmt sterben, wenn er es wagte, vom Baum der Erkenntnis von Gut und Böse zu essen. Die Schlange jedoch teilte Adam und Eva mit, dass sie ganz bestimmt nicht sterben würden. Und sie behielt Recht. Nachdem sie eine verbotene Frucht verspeisten, sagte Jahwe: „Siehe, der Mensch ist im Erkennen von Gut und Böse wie einer von uns geworden ..."[1]

1 Vgl. 1. Mose 2:15 bis 17, 3:3,4 sowie 3:22

Für mich gibt es zwei Betrachtungsweisen dieses angeblichen Sündenfalls, deren Erkenntnis grundsätzlich dieselbe ist: Es gab nie eine Sünde, sondern eine Chance, sich aus der Sklaverei des Geistes zu erheben. Adam und seine Nachfahren hatten eine Erkenntnis erhalten, um gegen den Herrscher des Chaos und der „Unterwelt" (Jahwe) gerüstet zu sein. Dahin geht die Unterweisung des Judas durch Jesus im Judas-Evangelium.[1] Mystisch gesehen, war die Schlange der Freund der Menschen. Sie sprach die Wahrheit, wo Jahwe zuvor gelogen hatte. Adam sagte „Nein!" als Ausdruck seines Ego. Vorher lebte er zwar im Hier und Jetzt, aber das war noch kindlich unbewusst. Um bewusst zu diesem Zustand zu gelangen, musste er zuerst aus dem vermeintlichen Paradies (Garten Eden) vertrieben werden. Das bedeutet Adams Vertreibung aus dem Paradies: Er entfernte sich aus der unbewussten Glückseligkeit. Dieser Meinung war nicht nur Osho.[2] Bereits vor ihm gab es mindestens einen Mann, der uns diese Sichtweise vermitteln wollte. Jesus verkündete, dass wir wieder wie die Kinder werden müssen, um das (irdische) Himmelreich zu sehen, in das Paradies zu gelangen.[3]

Der eher „historische" Blickwinkel zielt auf die bereits erwähnte Feststellung ab, dass Jahwe in der Genesis dazu aufrief: „Lasst uns Menschen machen in unserem Bilde, gemäß unserem Gleichnis."[4] Er sprach gemäß der Überlieferung von „uns". Er hatte also Helfer, die um den erschaffenen Menschen herumstanden. Das hebräische Wort für „Gott" in der Genesis lautet „Elohim". Dieser Mehrzahlbegriff steht für „die Götter".[5] Für eine Interpretation, es handle sich um einen einzigen Gott, der gleichzeitig der Allschöpfer ist, bleibt folglich kein Spielraum. Wer oder was war Jahwe dann? Mit Erich von Däniken und Zecharia Sitchin bin ich der Ansicht, dass die Bibel selbst am ehesten dafür spricht, dass wir außerirdische Besucher auf der Erde hatten, die aus menschenähnlichen Wesen den Homo sapiens schufen bzw. Primaten mit ihresgleichen kreuzten.[6] Lautet die Erkenntnisformel „Genesis = Genetik"?
Sollte dem nicht so sein, spielt das auch keine Rolle. Fakt ist, wie wir wissen, dass Jahwe gemäß der Heiligen Schrift keinesfalls der allschöpfende Gott ist. Diese Erkenntnis lässt uns „Das Böse" in Jahwe

1 Vgl. Judas-Evangelium, Satz 53 bis 57; vgl. *Lüdemann*, S. 61
2 Vgl. bspw. *Osho*, Das Buch der Männer – Die Krise des Mannes als Chance zur Selbstfindung (2001), 15ff.
3 Vgl. Matthäus 18:3, 19:14, Markus 10:15 und Lukas 18:17, ähnlich Johannes 3:3
4 1. Mose 1:26
5 Vgl. Die Geschriebenen – DaBhaR-Übersetzung aus dem Masoretischen Text", 2 Teile von F.H. Baader, 2. Gesamtausgabe (1989), im 1.Teil, S. 977 (Elohim: Gott als Beauftragter, einer von mehreren Göttern oder eine Einheit von Göttern); *Erich von Däniken*, Die Götter waren Astronauten! – Eine zeitgemäße Betrachtung alter Überlieferungen (2003), S. 24
6 Vgl. bspw. *Zecharia Sitchin*, Der zwölfte Planet – Wann, wo, wie die ersten Astronauten eines anderen Planeten zur Erde kamen und den Homo Sapiens schufen (1995); siehe auch Kapitel „Der liebe Gott" (Teil I)

und in jenen Menschen erkennen, die einen Nichtgott als „Gott" preisen und gemeinsam mit diesem Sklaventreiber ihre Mitmenschen ausbeuten. In Jesus und der durch ihn verbreiteten universellen Wahrheit erfahren wir die Liebe und damit „Das Gute": Gott ist in uns und in allen Dingen. Niemand hat ihn je gesehen. Gott ist Energie (Licht, Geist, Liebe). Da er Licht ist und wir die Erleuchtung in uns tragen, bleibt eine Suggestivfrage[1]: Ist es nicht so, dass Gott in uns sichtbar wird, wenn wir unser Selbst freilegen und zeigen?

Wenn die Anhaftung an unsere Gedanken und unser Ego verschwindet, ruhen wir in uns selbst und sind wieder das, was wir schon immer waren: erleuchtet. Eigentlich will ich gar nicht mehr den hochtrabenden Ausdruck „Erleuchtung" verwenden, weil dieser inzwischen einen etwas unnahbaren und sogar unerreichbaren Touch hat. Es gibt aber nur wenige Worte, die annähernd beschreiben, worum es geht. Erweckung (Satori), Befreiung und Körper-Seele-Geist-Einheit fallen mir noch ein. Erweckung hat nichts damit zu tun, dass jemand plötzlich wie in Trance herumschwebt und nicht mehr von dieser Erde zu sein scheint. Jemand, den nichts mehr berühren kann. Nein, darum geht es nicht. Erweckung ist auch nicht auf gewisse Menschen, Orte oder Entwicklungsstufen beschränkbar. Sie kann zu jeder Zeit, an jedem Ort und jedem, vor allem auch Frauen, geschehen. Es sind meist in abgeschiedenen Klöstern lebende Männer, die über Erleuchtung sprechen. Ein derartiges Leben ist aber keine notwendige Voraussetzung, um Befreiung zu erleben. Das Gegenteil ist der Fall.

Ich bin davon überzeugt, dass sie im Alltag geschieht. Es gibt einige sogenannte, auch buddhistische „Gurus" und „Meister", die Erleuchtung als etwas darstellen, dass man sich schwer erarbeiten muss, oder das gar nur durch gewisse Menschen, also nur Männer in gewissen Entwicklungsgraden, erreicht werden kann. Diese „Meister" haben ihr eigenes Leben garantiert nicht gemeistert, sondern wollen Menschen von sich abhängig machen, indem sie sie klein wie bedürftige Kinder halten. Sie sind gar nicht daran interessiert, dass jemand erleuchtet „wird", weil damit die Abhängigkeit von ihnen ein abruptes Ende finden würde. Sie sind selbst in ihrem Ego gefangen und folglich keine wirkliche Hilfe für Suchende. Eine gewisse Hilfe sind sie aber insofern, als sie immerhin aufzeigen, wie es nicht geht. Dienende Herrschaften sozusagen.

1 Suggestivfrage: eine manipulative Frageform, mit welcher der Antwort ein bestimmter Aussageinhalt gegeben werden soll

Erweckung ist nichts Besonderes. Bei ihr geht es um nichts, was man im herkömmlichen Sinne erreichen könnte. Kein Leistungsdruck, kein Schulprinzip, keine wirkliche Anstrengung. Es geht nicht darum, etwas zu erlangen, sondern etwas loszulassen. Wir lassen am besten den wertlosen Gedankenballast los. In Wirklichkeit sind wir ja alle schon erleuchtet. Zum Ausdruck bringen wir dies, indem das Ego erkannt und die Anhaftung daran aufgelöst wird. Man könnte im übertragenen Sinn auch sagen, dass wir das ablegen, was wir im archaischen Bewusstsein[1] waren und teilweise noch sind: Mörder und Huren.Wenn wir also im Hier und Jetzt leben, Momente erleben, als wären sie unsere letzten, ohne uns mit unnötigen Gedanken über das Tun oder Nicht-Tun zu quälen, dann sind wir eins mit der Existenz. Auch nichts tun ist Tun. So wie wir als Kinder tief versunken gespielt haben. Dann sind wir reines Bewusstsein. Wenn schädliche Gedanken als solche erkannt werden und daher nicht weiter schaden können, haben wir uns bereits befreit. Wir haben die Täuschungen des Alltags erkannt und gehen unseren eigenen Weg. Trotzdem bleiben wir Menschen aus Fleisch und Blut, mit „Vorzügen“ und mit „Fehlern“, nach wie vor mit Emotionen wie Wut und Trauer. Wir haben vielleicht weiterhin unseren Vogel, aber unser Vogel hat nicht mehr uns.

Am besten stellen wir uns Erleuchtung als das innere Licht einer Öllampe vor, das zum Strahlen kommt und auch andere erhellen kann, wenn die Rußflecken am Lampenglas immer weniger werden oder gar verschwinden. Die Rußflecken stehen für die Anhaftung an das Ego, seine Masken und den immer wiederkehrenden Gedankenmüll. Erleuchtung bedeutet, diese Manipulation zu erkennen.

Das Ego ist nichts Schlechtes oder Verwerfliches, sondern etwas Vorhandenes. Es existiert einfach. Es zu bewerten, wäre eine typisch westliche Umgangsweise mit fernöstlicher Philosophie und sinnlos. Ebenso sinnlos wäre es, seine Eltern für sein Leben verantwortlich zu machen. Es genügt allein das Erkennen des leidbringenden Anhaftens an das Ego, um sich zu befreien, um Erleuchtung zu erfahren. Doch der Geist hat Angst vor dem „Tod“ des Ego. Das ist nachvollziehbar. Wer killt sich schon gerne selber? Tatsächlich ist der Geist aber nicht tot, er verliert lediglich das Kommando und bleibt als klare Vernunft (Hausverstand) zurück.

1 Archaisches Bewusstsein: altertümliche, d.h. seit Urzeiten fortgesetzte Verhaltensmuster und Haltungen, die sich aus dem kollektiven Unterbewusstsein heraus manifestieren.

Als Primus inter pares[1], wie der Bundeskanzler unter den Bundesministern, kann er immer noch einschreiten, zum Beispiel den „Minister Gefühl" sachte anstupsen und ihn auf seine Ausbrüche aufmerksam machen. Es ist wichtig, einen Verstand zu haben, er sollte aber nicht uns haben. Wenn das der Fall ist, rudert der Geist so viel schneller als seine Sportskollegen Emotion und Körper, dass sich das Boot, in dem die drei sitzen, im Kreis bewegt. Vernünftig wäre das nicht. Das muss das Hirn doch einsehen, oder? Rationalität ist ja seine Spezialität. Es ist weder wirtschaftlich noch outputorientiert, sich im Kreis zu bewegen. Wenn es aber Freude bringt, kann man ja damit weitermachen.

Hat man endlich seine schädlichen Gedanken erkannt, verachtet man sich schon einmal selbst für sie und versucht, sie abzuschalten. Das kann nicht funktionieren, weil der Wunsch, nicht zu denken, aus dem Geist kommt und selber ein Gedanke ist. Es ist nützlich, die Gedanken zu beobachten und sie ziehen zu lassen. Die innerlich oder auch laut an sich selbst gerichtete Frage „Wer denkt hier?" kann heilsam sein. Sich zu fragen „Wer ist ich?", hat schon bei einigen sich selbst Suchenden befreiendes Gelächter ausgelöst. Da ist niemand, der antworten könnte: „Ich!" Da der Gedankenmüll Leid verursacht, kann dieses Leid nicht durch Denken gemildert werden. Einen Waldbrand bekämpft man besser nicht mit Napalm. Es bringt nichts, sich mit Gedanken Vorwürfe über das Denken zu machen. Das wäre ebenso unsinnig, wie stehend gegen den Sturmwind zu urinieren. Zu erkennen, dass gedacht wird, genügt. Man kann seinen Verstand beobachten oder sich bei ihm bedanken und ihn, wie einen nervösen Wachhund, beruhigend ersuchen, im Körbchen Platz zu nehmen. Tief durchatmen und den Atem beobachten, reicht. Wenn Gefühl und Denken synchron laufen, kann man wieder klar denken und fühlen. Je öfter es klappt, je intensiver die Erfahrung ist, desto näher sind wir unserem Selbst. Der 1971 verstorbene, aber in seiner Energie spürbare Zen-Meister Shunryu Suzuki drückt es im Buch „Zen-Geist Anfänger-Geist" so aus:

Ihr sollt dankbar sein für das Unkraut, das ihr in eurem Geist habt, denn mit der Zeit wird es eure Praxis bereichern.

Wir sagen: „Wenn wir Unkraut jäten, geben wir der Pflanze Nahrung." Wir ziehen das Unkraut heraus und vergraben es nahe der Pflanze, um ihr Nahrung zu geben.[2]

1 Primus inter pares (lat.): Erster unter Gleichen
2 *Shunryu Suzuki*, Zen-Geist Anfänger-Geist (2001), S. 40; Anmerkung: Mit Praxis ist die Praxis des Zazen (Sitzmeditation) gemeint.

Mit anderen Worten: Die Suche des Verstands in äußeren Bereichen beendet sich von selbst durch die meditative Innenschau. Wenn wir erkennen, dass wir nicht unsere Gedanken sind und auch nicht unser Fühlen, stellen wir fest, dass wir nur eine Beobachterin oder ein Beobachter sind. Anhand dreier Kurzgeschichten werde ich versuchen, dem oben Ausgeführten weitere Substanz zu geben. In der ersten und dritten Geschichte geht es um das Erkennen, dass wir nicht unser Ich (Ego) sind. Sie sind mir während eines Waldspaziergangs zugeflogen. Story Zwei ist mir 2006 widerfahren und handelt vom (lustigen) unbeschreibbaren puren Sein.

Frei wie der Wind

Fräulein Monika Model ist Österreicherin und begeht während ihres Australienurlaubs ein Verbrechen. Für 15 Jahre kommt sie ins Kittchen. Bereits bei der Aufnahme an der Knastrezeption erhält sie den Namen „Prisoner X 213".[1] Viele Jahre lebt sie in derselben Zelle und erlebt jeden Tag gleich. Sie isst immer in derselben Kantine, verrichtet dieselben Arbeiten in der Schneiderei, sonntags sieht sie fern und so weiter. Monika hat keinen Kontakt zu ihrer Familie. Nur noch dunkel ist die Erinnerung an ihr altes Leben in Europa. Sogar an ihren Namen erinnert sie sich kaum. Ein paar Wochen vor ihrer Entlassung geschieht das Unfassbare. Im Fernsehen sieht sie, dass Europas Städte durch einen Atomkrieg zerstört wurden. Es gibt keine intakten Häuser mehr, keine Regierungen, keine Polizei. Nur vereinzelte Gruppen Überlebender kampieren in der alpinen Region. Was soll sie tun? Sie kennt weder Australien noch das neue Europa. Sie beschließt, einen Neustart in ihrer neuen, alten Heimat zu wagen.

Nach Flug, Bahnreisen, Kutschfahrten und einem langen Fußmarsch kommt sie erschöpft dort an, wo einst ihr Heimatdorf war. Keine Menschenseele ist zu sehen. Als es etwas dunkler wird, sieht sie ein Feuer am Waldrand flackern. Sie begibt sich dorthin und wird von ein paar zerlumpten Menschen freundlich empfangen. Der Älteste stellt sich vor: „Ich heiße Stolzer Hengst, wer bist du?" Statt ihren Namen preiszugeben, fragt Monika erstaunt, wie Stolzer Hengst zu seinem Namen kam. „Ach, weißt du", meint er, „wir waren gezwungen, wieder im Einklang

1 Prisoner (engl.): Häftling

mit der Natur zu leben, nachdem die ganze Infrastruktur zerstört worden war. Hier draußen haben wir erkannt, dass unsere alten Namen nichts mehr bedeuten. Sie passten nicht mehr zu uns. Komm mit, ich zeige dir etwas!" Sie steigen auf einen Felsen und blicken auf die Ruinen des einstigen Dorfs.
Da beginnt er zu erzählen: „Als wir von hier oben unser altes Leben dort unten in Trümmern liegen sahen, erkannten wir, in welchem Gefängnis wir einst gelebt hatten. Nicht nur die Häuser aus Stein waren der goldene Käfig, sondern auch die Illusion, wir seien tatsächlich die funktionierenden Personen, die wir spielten. Ich war Hermann Haltlos, Elektriker, Familienvater, Sozialversicherungsnummer 0815 111147. Ich war gefangen in meinen Gedanken und zählte täglich meine Sorgen. Die Gedanken waren immer dieselben: ‚Mache ich alles gut?' – Wie sehen mich die anderen?' – Reicht das Geld?' Wirklich gelebt habe ich nicht. Keiner von uns hat das. Da beschlossen wir, das Dorf nicht wieder aufzubauen, sondern wie die Indianer zu leben. So, wie wir es in Büchern gelesen hatten. Jetzt weiß ich, dass ich weder Hermann Haltlos war, noch Stolzer Hengst bin. Weißt du was ich meine?"

„Ich glaube schon!", erwidert sie noch voll von seiner Erzählung ergriffen. Sie verweilt eine geraume Zeit in ihren Gefühlen und Gedanken. Ihr Begleiter wartet geduldig. Er weiß, was in ihr vorgeht. Dann berichtet sie über ihr Leben als Monika Model und ihr Gefängnisdasein unter dem Namen „Prisoner X 213". Nach einer einfachen, leckeren Mahlzeit am Lagerfeuer wird ihr ein Platz in einem der Tipis zugewiesen. Zwar ist sie es nicht gewohnt, in einem Zelt zu nächtigen, jedoch entschädigt sie die klare Luft und der Duft der Freiheit für den kurzen, aber tiefen Schlaf.

Am nächsten Morgen erklimmt sie wieder den Felsen und verweilt in tiefer Andacht. Ihr wird klar, dass Monika Model in einem Psychoknast, in einem Gefängnis des Geistes an ihrem Leben vorbei lebte. Prisoner X 213 vegetierte in einem realen Kittchen vor sich hin. So tragisch der Verlust des gewohnten Zuhauses für sie war, so sehr befreite er auch ihren Geist. Im Moment der Erkenntnis, dass sie sowohl als Monika Model als auch als Prisoner X 213 in der Identitäts-Illusion gefangen war, durchfährt sie eine Energiewelle von oben nach unten, um sie schließlich ganz zu erfüllen. Zurück bei den neuen Gesichtern, stellt sie sich vor: „Ich heiße Frei Wie Der Wind, bin es aber noch nicht ganz. Das kommt vielleicht noch!" Kurzes Schweigen. „Schön, dass du dich gefunden hast!", meint Stolzer Hengst und beginnt schelmisch zu wiehern.

Gretchens Furz

Der Wahlberliner Sven Sorring ist ein wahrer Bruder im Geiste. Du hast bereits von ihm gelesen. Wir drückten gemeinsam die Schulbank und alberten herum, soviel wir konnten. Es galt ja, den schulischen Druck abzuschütteln. So hörte man gelegentlich ein albern brummiges „Und wo isch jetscht mei Tirolerknödel mit Sauerkraut?" wenn wir wieder einmal in Mathe geistig auf der Strecke blieben. Dabei stützten wir die Arme am Pult ab, blickten blödestmöglich drein und lachten aus vollem Halse.

Sven blieb, was er war und wurde beruflich Schauspieler. Ich spielte andere Rollen, wie du ja weißt. Nach beinahe zwei kontaktlosen Jahrzehnten trafen wir uns in Wien wieder. Es war, als hätten wir uns zuletzt am Tag davor gesehen. Ein paar Tage darauf lud er mich zur Generalprobe des Theaterstücks „Der junge Amadeus" ein. Das Publikum bestand aus mir und dem Regisseur. Auf einer provisorischen Bühne standen wundervolle Menschen, die wirklich das zu sein schienen, was sie spielten. Total mit dem verschmolzen, was sie taten. Da rang Salieri mit sich, ob er nun den begnadeten Amadeus weiter anhimmeln oder doch beneiden soll. Dort begeisterte Mozart den Kaiser mit seiner stürmischen Art. Amadeus wurde als Mensch gespielt, der voll im Hier und Jetzt lebte. Er kam rüber wie ... ja, wie der Erfinder des Heavy Metals und noch viel mehr. Sven spielte den jungen Mozart. Wen sonst?

Als er mit Gretchen am Boden herumkroch und seine kindischen Grimassen zog, kamen mir die Tränen. Sven spielte sich selbst. So, wie ich ihn kenne, wie er war und ist. Total präsent und authentisch. Schließlich kam die Szene, als Gretchen ihn als kindisch hinstellte: Amadeus greift zu Gretchens Hinterteil, blickt irre drein, zieht mit den Fingerspitzen einen fiktiven Furz aus ihr und durchtrennt ihn mit der Fingerschere. In diesem Moment stand die Zeit still. Sven, ich, Unsinn in der Schule treiben, die anderen Schauspieler ... alles war gleichzeitig präsent. Keine Wertung, kein Vergleich, nur pures Sein.

Ein paar Wochen später war dann die Uraufführung. Imposante Kostüme, klassisches Ambiente, perfekter Auftritt der ganzen Crew, tolle Stimmung im Saal. Was mir kurz fehlte, war die Szene mit dem Phantasiegas, auf die ich mich schon den ganzen Abend gefreut hatte. Trotzdem war es eine Spitzenperformance. Danach saßen wir mit unseren Müttern und seinen Kollegen in einem Wirtshaus. Auf die Frage, ob Gretchen diesmal gar keine Blähungen gehabt hatte, wusste er nicht, was ich meinte. Die dann geschilderte Furz-Szene ließ ihn sinnieren: „Des steht ja gar net im Drehbuch ... da hab i sicha wieda improvisiert!" Ein kurzer Kulleraugenblick, und wir ergaben uns einem Lachkrampf, der unseren Muttis ein „dezentes" Kopfschütteln abrang. Althea Bridges, Svens Mama und selbst Schauspielerin, meinte amüsiert und in ihrem australischen Akzent: „Helga, welche Idioten haben wir da nur großgezogen?"

Waldgeist

Lange Zeit thronte die alte Ulme stolz am Hügel. Doch nun ächzt ihr dreisträngiger Stamm unter der Last der schweren Äste. Käuze und Eulen, die sich in ihr einnisteten, suchen rasch das Weite, als der riesige Baum sich ein letztes Mal aufzubäumen scheint. Ein gewaltiger Energiestrom durchzuckt die Äste und fährt in kleinen Wellen aus den Blättern. Mutter Ulme hat zum letzten Mal ausgeatmet. Eine kleine Energiewelle fliegt so rasch sie kann zum nächstgelegenen jungen Wäldchen. Als Waldgeist umkreist sie die jüngsten Setzlinge und beobachtet sie eine Weile. Unbeschwert und behütet stehen sie jeder für sich alleine und doch gemeinsam da. Unser kleiner unsichtbarer Waldgeist fliegt umher und sehnt sich zutiefst danach, sich wieder im frischen, zart umrindeten Holz zu spüren. Er umkreist ein ganz spezielles Bäumchen. An der noch zarten Krone dringt er sanft ein und bleibt. Es dauert eine Weile, bis der Geist es sich im Baum gemütlich gemacht hat.

Eines Tages betrachtet dieses Bäumlein die großen Äste der Nachbarn. Zuvor spürte es nur, wie seine eigenen Äste im Winde wankten und war zufrieden damit. „Irgendwie sind die Äste der anderen Bäume stärker und überhaupt viel schöner. Die mögen mich sicher nicht!", denkt es, während eine pulsierende Energie von den Wurzeln bis in die Blattspitzen aufsteigt, um den ersten Früchten ihre Reife zu signalisieren. Als einige Äpfel zu Boden fallen und zum Stillstand kommen, vergleicht unser Bäumchen seine Abkömmlinge mit jenen der Nachbarbäume. „Die sehen knackiger, runder und glänzender aus!", meint das Bäumlein traurig. Die Jahre vergehen. Der inzwischen große Baum fühlt sich sehr einsam neben all den „viel besseren Fremden".

An einem ganz besonderen Tag erinnert ihn der Sonnenschein an jene Zeit, als er einfach nur unbeschwert da stand. Als er es endlich wagt, mit den benachbarten Bäumen zu plaudern, stellt sich heraus, dass es den anderen genauso erging wie ihm. Sie führen es auf die Waldgeister zurück, die sie alle seit vielen Monden in sich haben. Sie schütteln freudig ihre Äste und heißen ihre Geister willkommen. Denn ohne sie hätten sie nie bewusst zueinander gefunden ...

REBELLEN & CO

With a little help from my friends
The Beatles[1]

Einleitung

Wer kennt nicht das Gefühl, alleine dazustehen? Alleine gegen alle. Keine Kraft mehr. Alles kommt einem sinnlos vor. Man fühlt sich verloren, sucht und sucht, findet aber nichts. Oder es geht einem gar nicht so schlecht, aber man steht irgendwie an und spürt, dass sich bald etwas Wesentliches ereignen sollte. Dieser innere Kampf kann der Schlüssel zur Heilung sein. Es spielt keine Rolle, ob jemand bewusst zu seinem Selbst gelangen möchte oder sich „einfach nur so" in einer Problemsituation befindet. Entweder man findet alleine zu sich oder man nimmt Hilfe in Anspruch. Möglichkeiten gibt es viele.

Da die erzwungene Distanzierung des Menschen von der Natur und seiner eigenen Natürlichkeit zum Manipulationsprogramm gehört, bietet Mutter Natur in ihrer Vielfalt und Ruhe Gelegenheit zur Reinigung vom verinnerlichten Konditionierungsgewäsch. Auch die Natur ist rebellisch. Zwingt man Flüsse in unnatürliche Bahnen, brechen sie gelegentlich heftig aus und lassen dabei Dämme brechen. Wer persönliche Unterstützung bei seinem „Ausbruch" braucht, findet helfende Hände bei Freunden und Professionellen. Menschen, die sich gerne mit alten Schriften beschäftigen, haben die Chance, anhand der Worte Buddhas und Jesu in eine geistige Tiefe vorzudringen, um zu erfahren, dass beide die Überbringer derselben Nachricht, ja Boten desselben „Absenders" sind. Bibel und Thomas-Evangelium verraten, wo sich das Paradies befindet und wie man „dorthin" gelangt. Heilsam kann auch die Beschäftigung mit Shiva sein.

1 *The Beatles*, vom Album "Sgt. Pepper´s Lonely Hearts Club Band" (1967)

Seine Energie kann Gegensätze vereinen und uns unserem Selbst näher bringen. Wer sich beim Liebemachen, lebensbejahenden Lachen und Meditieren voll hingibt, kriegt eine Ahnung vom Paradies. Wer Kritik ausgesetzt ist, kann sich auch dadurch selbst näher kommen. Schließlich kann man alle diese Möglichkeiten miteinander verbinden.

Mutter Natur

Weißt Du, dass die Bäume reden?
Ja, sie reden. Sie sprechen miteinander,
und sie sprechen zu Dir, wenn Du zuhörst ...
Tatanga Mani[1]

„Wozu mit Bäumen sprechen? So ein Blödsinn, die haben ja keinen Mund und können nicht reden!", denkst du vielleicht gerade. Stimmt, sie können nicht wie wir Menschen verbal kommunizieren. Eben das ist ja gerade heilsam. Werden Pflanzen und Tiere vom Ego getrieben? Nein. Keine Logik, kein Verstand, Herz pur. Versuch es einfach einmal. Eventuell erfreut dich eine nonverbale Unterhaltung mit einem Baum, einem Strauch oder einer Blume. Wenn sich dein Verstand einschaltet und das Gespürte in Zweifel zieht, kannst du dir vor Augen führen, dass es doch keinen Unterschied macht, ob du mit einer Pflanze oder deinem Unterbewusstsein geplaudert hast. Wen interessiert das, wenn es hilft oder gut tut? Das ist eigentlich die Herausforderung. Du könntest dich hier gleich fragen, wer gerade eben gedacht hat, dass die Verbindung zum Baum Blödsinn sei. Wer denkt? Wer ist ich? Sind diese und andere Gedanken etwa realer als der Baum, der vor dir steht?

Wem die Fauna-Unterhaltung nicht zusagt, dem genügt es vielleicht, Zeit in der Natur zu verbringen. Frische Luft, das paradiesische Grün, die verschiedenen Pflanzen und die Mannigfaltigkeit der Tier- und Pflanzenwelt bieten reichlich Möglichkeit zum Energietanken und Meditieren. Bewusstes tiefes Ein- und Ausatmen, Betrachten, Angreifen, Spüren, Riechen, Hören und Staunen sind gute Methoden, um aus dem strapazierten Kopf ins Gefühl zu kommen und aus dem Gefühl ins Sein. Für Ent-spannung, also um das Ende der Anspannung zu erleben, braucht man keinen Grund und nicht unbedingt einen zweiwöchigen Urlaub auf den Malediven.

1 *Käthe Recheis und Georg Bydlinski*, Weißt du, dass die Bäume reden – Weisheit der Indianer (1992), S. 11

Noch ein Zuckerl für den Verstand: Der Aufenthalt in natürlichem Ambiente zeigt uns, wie perfekt alles funktioniert – ohne dass es dazu eines menschlichen Gedankens bedarf. Gedanken der Gattung Mensch haben der Natur de facto mehr Schaden zugefügt, als Gutes getan.

Glaubst´ die Fichtnbam denkn draun, wie weid ihre Äst noch außn wochsn miaßn, damit de Eichkatzln net daneben hupfn? Des is doch de Fichtn wuascht![1]

Wie gefährlich die reinigende Kraft der Natur für die Ziele ausbeutender Gruppen erachtet wird, zeigte sich bereits bei der Verhaftung des einst ärmlichen Kleinbürgers Jean-Jacques Rousseau im 18. Jahrhundert. Als wichtiger geistiger Wegbereiter der französischen Revolution, Philosoph, Pädagoge, Schriftsteller, Komponist und Naturforscher hat sich Rousseau unter anderem mit der Frage beschäftigt, ob die soziale Ungleichheit vom Naturrecht erlaubt wird.[2] Weil Rousseau schließlich mit „Emile" so etwas wie eine religiöse Verehrung der Natur vorschlug, wurde dieses Buch verboten und er inhaftiert. Es sei den Machtmissbrauchern unterstellt, dass sie zumindest ahnen, welch ungeheure Kraft in der Natur des Menschen und seiner Umwelt steckt. Deshalb wird der Mensch seit langer Zeit dazu angehalten und verleitet, sich sowohl örtlich als auch emotional von der Natur zu entfernen. Wir leben, lernen und arbeiten zum Großteil in Häusern. So bequem es auch ist, so wenig frei sind wir dadurch auch. Lebensenergie fließt freier und stärker an Orten, die nicht von Mauern umgeben sind.[3]

Wir Menschen lieben die Natur, haben uns aber Häuser gebaut, um … Nachbarn zu haben[4]

Im Schoß der Natur wird uns der Zugang zu unserem Inneren erleichtert. Inneres Wissen, Weisheit, Intuition und Vernunft werden vom Schatten quälender Gedanken befreit, wenn wir uns auf Mutter Erde einlassen.

1 Zu Hochdeutsch: „Glaubst Du, die Fichten denken darüber nach, wie weit ihr Äste nach Außen wachsen müssen, damit die Eichkätzchen nicht daneben springen? Das ist doch den Fichten egal!"; *Alf Poier*, Kabarett „Kill Eulenspiegel" (2007)

2 Vgl. *Jean-Jacques Rousseau*, Discours sur l´origine de l´inégalité parmi les hommes, et est-elle autorisée par la loi naturelle (Zu Deutsch: Abhandlung über Ursprünge und Grundlagen der Ungleichheit unter den Menschen), 1755 in Amsterdam publiziert

3 Anmerkung: Feng-Shui wird im bebauten Bereich hauptsächlich dazu eingesetzt, verstockte Energie (Chi) wieder zum Fließen zu bringen und dadurch zu harmonisieren. An Kraftorten bedarf es keines Feng-Shui. Die Natur ist perfekt und bedarf keiner menschlichen Einflussnahme.

4 Sinngemäße bzw. auf das Wesentliche gekürzte Wiedergabe der genialen Einleitung zum Lied „Das Huhnlied", das vom Huhn mit dem Namen „Kartoffelsalat Dachlatte die Sechzehnte" handelt: *Helge Schneider*, aus dem Lied „Das Huhn" vom Album „Hefte raus – Klassenarbeit" (2000)

Wir brauchen uns nur auf sie einzuschwingen. Sind wir eins mit der Natur, sind wir auch eins mit uns. Gott als universelle Schöpfung ist gleichsam in der Natur und in uns. Diese Energie gibt Kraft. Wer dies alles erfahren hat, kann unmöglich umweltschädliches Verhalten fortsetzen, sondern wird vermutlich zur Schonung der Natur beitragen. Es gibt viel zu tun …

Helfer

Ein Löwe wuchs in einer Schafherde auf.
Er hielt sich zeitlebens für ein Schaf.
Eines Tages zeigte ihm ein anderer Löwe
sein Spiegelbild im Wasser eines Sees.
Er behauptete immer noch ein Schaf zu sein,
bis er Fleisch fraß und Blut schmeckte.
Sein schlafender Instinkt war geweckt worden.[1]

Der sich mit seiner Persönlichkeit oder seinem Ego identifizierende Mensch erliegt derselben Illusion wie der Löwe, der sich für ein Schaf hält. Der Lehrer lässt den Schüler sein wahres Selbst erkennen.[2] Dass es sich beim Lehrer nicht um staatliches Lehrpersonal handelt, dürfte einleuchten. Der Begriff Lehrer ist im weiteren Sinn zu verstehen. Jeder Mensch, der uns die Augen öffnet, ist unser Lehrer. Entsprechend der buddhistischen Weisheit, dass es keine Feinde gibt, sondern nur Freunde und Lehrmeister, können uns viele Menschen dabei helfen, unser wahres Selbst zu erkennen. Es mag der gute Freund sein, der uns so annimmt, wie wir sind, jemand, der uns zuhört und sich mit uns unterhält, ohne zu werten und ohne uns seine Meinung aufzudrängen. Hat man solche wahren Freunde nicht oder übersteigt das Problem ihre Kapazität, gibt es Fachpersonal. Eine „gute" Psychotherapeutin oder Lebens- und Sozialberaterin hat meist nicht nur das fachliche Know-how, sondern auch die nötige Empathie. Am besten tastet man sich in einem Erstgespräch unverbindlich gegenseitig ab und checkt, ob man „miteinander kann". Sympathie ist ein guter Indikator. Vor allem die dünn gesäten Zen-Meister und wahren Mystiker können uns immens behilflich sein. Wo der persönliche Kontakt nicht möglich ist, besteht die Möglichkeit, ihre Bücher zu lesen. Aus persönlicher Erfahrung kann ich Shunryu Suzuki und Om C. Parkin empfehlen. Osho dürfte ohnehin fast jedem geläufig sein.

1 Vgl. mit ähnlichen Worten *Om C. Parkin*, Die Geburt des Löwen (2006), S. 7
2 Vgl. ebendort

Diese drei Autoren werden im vorliegenden Buch mehrfach zitiert. Der österreichische Clown Alf Poier bezeichnet sich zwar nicht als Zen-Meister, vermittelt aber Zen auf äußerst präzise, humoristische Art und Weise.[1] Helge Schneider würde ich auch in dieser runden Ecke sehen. Er spricht zwar nicht über Zen, jedoch hat er meines Erachtens einen genialen Weg gefunden, seinem Publikum durch aufs erste Hinhören sinnloses Geschwätz die Hochgeistigkeit seiner Aussagen mit dem Herzen fühlen zu lassen. Ganz allgemein können die auf Siddharta, also Gautama Buddha, zurückgehenden Weisheiten hilfreich sein, denen zufolge das Nichtakzeptieren des steten Wandels Leid (Dukkha) erzeugt. Seine Weisheiten sind allerdings universellen Charakters und daher losgelöst von seiner Biographie zu betrachten. So soll man einer Zen-Weisheit zufolge Buddhas Kopf abschlagen, wenn er einem im Traum erscheint. Wenn du auf etwas triffst, an dem du haftest, sollst du es (mental) töten: Wenn du dem Buddha begegnest, dann töte den Buddha. Wenn du einem Patriarchen begegnest, dann töte den Patriarchen. Wenn du einem Heiligen (Arhat) begegnest, dann töte den Heiligen. Wenn du Vater und Mutter begegnest, dann töte Vater und Mutter. Wenn du Verwandten begegnest, dann töte die Verwandten. Nur so erreichst du Befreiung; indem du an nichts haftest, erlangst du Ausweg und Befreiung.[2] Das heißt so viel wie: Geh deinen eigenen Weg, denn der Weg derer, die du bewunderst, blockiert dich. Er war ihr persönlicher Weg und kann dir höchstens als Anhalt dienen.

Buddha selbst hat ebensowenig Menschen angewiesen, nach Büchern zu leben, wie Jesus Christus. Beide haben live zu den Menschen gesprochen und ihre Wahrheit im Hier und Jetzt gelebt. Sie lebten nicht nach vorgegebenen Riten. Aufgeschrieben wurden ihre Worte von den Gefolgsleuten. Buddhisten wie Christen haften an den Worten ihrer „Meister". Die Religionsbegründer institutionalisierten ihre Vorbilder, entgegen deren Lehre, als „Oberster Weiser" oder „Gottheit". Sie, mehr die Christen als die Buddhisten, legten die Worte der „Meister" zu ihren eigenen Gunsten aus. Zur Versklavung der Mitmenschen. Und heutzutage wollen uns billige Kopien von Kopien dazu bringen, nach ihrer Interpretation der Worte Buddhas und Jesu zu leben. Sie sind Wölfe im Schafspelz. Dann gibt es da noch die selbsternannten „Erleuchteten" oder „Gurus". Diese sind nicht automatisch als machtgeile Spinner zu sehen. Es gibt viele Sehende unter uns. Bitte aber Vorsicht vor Gurus, denen es hauptsächlich um deine Abhängigkeit in Form von Macht und Geld geht. Wie Jesus schon sagte, kommen die falschen Propheten wie reißende Wölfe in Schafskleidern zu uns.

1 Hervorzuheben sind die Programme „Kill Eulenspiegel" und „Zen"
2 Aus den Reden des Rinzai Gigen, Nr. 18

An ihren Früchten (Werken) werden wir sie erkennen.[1] Falsche Versprechungen, Geheimnistuerei, lähmende Einweihungsriten, verstecktes Abhängigmachen und Zorn als Reaktion auf deine Zweifel – allesamt auch „Tugenden" der Amtskirchen – sind deutliche Signale dafür, das Weite zu suchen oder den Laden mit Grips aufzumischen und zu entmachten. Aufs Bauchgefühl hören, kann eine wesentliche Lektion im Umgang mit derartigen Energiesaugern sein.

Nicht vergessen möchte ich jene Menschen, die ihre Wahrheit offen aussprechen und deswegen angefeindet werden. Bei genauerem Hinhören lässt sich dann feststellen, ob ihre Wahrheit nicht gar ein langer Dorn im kurzsichtigen Auge der Machtmissbraucher ist. So empfinde ich das bei jener Band, deren Lieder mich seit meiner Pubertät begleiten: den Böhsen Onkelz. Aus aktuellem Anlass betrachten wir nun die Ereignisse um das Ableben eines Menschen, dessen Wirken von Wahrheit und Liebe geprägt war. Michael Jacksons physischer Tod ereignete sich einen Tag, bevor ich mit diesem Kapitel begann, also gestern. Besonders auffällig war die umfangreiche Aufrollung des längst abgeschlossenen, angeblichen sexuellen Missbrauchs von Kindern auf allen Sendern, durch die ich mich zappte. „Da stinkt was!", war mein erstes Gefühl. Ich bin kein Fan, mag aber seine neueren Liedertexte. Wieso berichtet man nach dem Tod des mehrfach gekrönten King of Pop, der sozial engagiert war, Lieder für den Frieden sang und zweimal für den Friedensnobelpreis vorgeschlagen wurde, hauptsächlich über einen nicht bewiesenen Kindesmissbrauch, statt sein Liebeswerk visuell und akustisch zu zelebrieren? Ich nahm mir Zeit, recherchierte ausnahmsweise einmal etwas Tagesaktuelles im Internet und wurde fündig.[2] Im November 1991 brachte Jackson erstmals wirklich sozialkritische Lieder auf dem für ihn offenbar gefährlichen Album „Dangerous" heraus. Im Lied „Black or white" singt er weniger von Rasseunterschieden, sondern bringt ganz allgemein seine Müdigkeit über den „Teufel", das „Geschäft" und Revierkämpfe aller Art zum Ausdruck. Er würde es furchtlos bevorzugen, beide Seiten einer Geschichte zu hören. Nach meinem Empfinden erklärt er den Rückzug vom bipolaren Denken. In „Heal the world" weiß Jackson, dass die Welt mit Liebe heilbar ist und wir angstfrei beginnen könnten, zu leben statt nur zu existieren. Im August 1993 kommen erste Anschuldigungen wegen Kindesmissbrauchs. Die umfangreichen und intensiven Ermittlungen bringen keine belastenden Indizien. Medienhetzen wegen seines

1 Vgl. Matthäus 7: 15 und 16
2 Vgl. Insb. **http://de.wikipedia.org/wiki/Michael_Jackson** (zuletzt abgerufen am 19.12.2009)

vielfach operierten und seiner Schwester angeglichenen Gesichts werden intensiver. Ich erinnere mich noch an die gehässigen Plakate in der Londoner U-Bahn, die dann später überall zu sehen waren. 1995 legt Michael noch eins drauf. Im Song „They dont´t care about us" erklärt er sinngemäß, dass wir alle Hundefutter der Leute im Anzug sind, die sich nicht um uns kümmern.[1] Die beiden dazugehörenden Videos sind mehr als eindeutig. Im Vorspann der „Prison-Version" fordert er dazu auf, Ungerechtigkeiten nicht hinzunehmen und erklärt sein Ziel, den „Spirit" der Leute zu erwecken. Er übt auch Kritik an der Regierung, die nicht sehen will, wie er in eine „Kategorie mit schlechtem Namen geworfen wird."[2] Bereits zuvor ging es gesundheitlich, angeblich aufgrund Tablettensucht, bergab mit ihm. Ende April 2005 wird er wegen Kindesmissbrauchs in zehn Punkten angeklagt und etwa sechs Wochen später von den Geschworenen einstimmig in allen zehn Punkten freigesprochen. Anfang März 2009 kündigt Jackson sein Comeback an. Die etwa 50 angekündigten Konzerte von Juli 2009 bis März 2010 sind bereits alle ausverkauft, als er aus noch unerklärten Gründen am 25. Juni 2009 stirbt. Dabei sagte er doch, dass er sich nur auf der Bühne sicher und wohl fühle. Warum sollte er sich selbst das Leben nehmen?

Wir sollten nicht übersehen, dass wir es hier mit einem der größten Musiker aller Zeiten zu tun haben, der sich auf etwa 700 Millionen verkauften Tonträgern in die Herzen der Menschen singen konnte. Zählt man die Schwarzkopien hinzu, wird man die Hörerschaft im mehr als einfachen Milliardenbereich ansetzen können. Wenn Jackson etwas überzeugend singt, geht das tiefer in die Psyche der Menschen als die heruntergelesenen Parolen von so manchen Politikkasperln, oder das übliche geldgeile Hirnlosdahingeträllere und harmlose Kritisieren gepuschter „Gesangskünstler". Ob er direkt physisch umgebracht wurde, bleibt noch offen. Sein Ruf und Seelenleben wurden mehrfach gemordet. Das steht fest. War das Ziel, seine Liebes- und Wahrheitsbotschaften mitsamt seinem Ruf ins Lächerliche und durch den verabscheuungswürdigen Mediendreck zu ziehen? Was die Medien auch weiterhin berichten, bin ich davon überzeugt, dass Jackson mindestens durch Rufmord ruhiggestellt wurde. Vor gar nicht allzu langer Zeit wäre er ziemlich sicher für einige seiner Lieder gelyncht worden. Übrigens hat er gesungen, dass man ihn schlagen und hassen, aber niemals brechen oder töten kann.[3] Er liebte und stand zur Wahrheit. In diesem Sinne wünsche ich ihm vom Herzen alles Gute, wo und in welcher Form er nun auch existieren mag …

1 *Michael Jackson*, Lied „They don´t care about us" vom Album „History: Past, Present And Future Book I" (1995)
2 "They're throwing me in a class with a bad name ..."
3 Aus dem Lied „They don´t care about us"

Buddha Jesus

Buddhas letzte Botschaft an seine Jünger war:
„Sei dir selbst ein Licht, das dich leitet."
Meine Botschaft, mal kurz und bündig, ist:
„Sei dir selbst ein Witz, der dich erheitert."
Bhagwan (Osho)[1]

... das Königreich des Vaters
ist schon ausgebreitet über die Erde,
und die Menschen sehen es nicht.
Jesus Christus[2]

Also legen wir Wert auf ein warmes Herz, warmes Zazen.
Das warme Gefühl, das wir bei unserer Übung haben,
ist, mit anderen Worten, Erleuchtung
oder der Geist Buddhas
Shunryu Suzuki[3]

Buddha war kein Buddhist, Jesus war kein Christ

Buddhismus und Christentum haben auf den ersten Blick nicht viel gemeinsam. Betrachtet man aber die Praxis der institutionalisierten Religionen isoliert, wird die Abkehr vom Wirken und der Lehre ihrer „Begründer", Buddha und Jesus, ersichtlich. Aber wen interessieren schon Institutionen. Im gegenwärtigen religiösen Verständnis kann Buddha kein Buddhist und Jesus kein Christ – und schon gar kein Katholik – gewesen sein. Sieht man genau auf Leben und Lehre der beiden Erleuchteten, erkennt man, dass sie Vermittler derselben Wahrheiten und Weisheiten waren. Sie haben sich selbst aus der Klammer des Geistes befreit und zeigen uns den Weg zur Selbsterlösung. Ihre Kernbotschaft war simpel: Sei du selbst und liebe das Leben. Der Weg der Selbsterlösung geht mit der Befreiung aus jeglicher Konfession und Religion einher. Buddha sagte, dass man seine Lehren kritisch prüfen und sich stets selbst die einzige Zuflucht sein soll. Damit betonte er, dass wir unseren eigenen Weg gehen, uns nicht von ihm abhängig machen sollen. Aus der erwähnten Zen-Lehre wissen wir, dass man Buddha (mental) enthaupten soll, wenn er einem im Traum erscheint.

1 *Bhagwan Shree Rajneesh*, Intelligenz des Herzens (1980), S. 72
2 Thomas-Evangelium, Logion 113
3 *Shunryu Suzuki*, Seid wie reine Seide und scharfer Stahl – Das geistige Vermächtnis des großen Zen-Meisters (2003), S. 96

Die Realität sehr vieler Buddhisten sieht anders aus. Sie klammern sich an Wortlaute und übersehen den zugrunde liegenden Sinn; sie halten äußerst komplexe Rituale ab, ohne zu erkennen, dass diese in Wahrheit ohne Bedeutung sind. Jesus bezeichnete die Pharisäer und Schriftgelehrten als Heuchler, die das Himmelreich vor den Menschen verschlossen hatten. Sie kommen selbst nicht hinein und hindern die daran hineinzukommen, die hinein wollen.[1] Auch in diesem sehr wichtigen Punkt stimmen das NT und das Thomas-Evangelium überein: „Die Pharisäer und die Schriftgelehrten haben die Schlüssel zur Gnosis (Erkenntnis) erhalten und haben sie versteckt. Sie sind auch nicht eingetreten, und die, die eintreten wollten, haben sie nicht eintreten lassen. Aber ihr, seid klug wie die Schlangen und rein wie die Tauben."[2]

Wen hat Jesus wohl mit den Pharisäern und Schriftgelehrten gemeint? Es sind die religiösen Herrscher, die die suchenden Menschen mit fiesen Irrlehren von der Selbstwerdung abhalten. Die schriftgelehrten Kirchenfürsten, diese heuchlerischen Pseudotheologen, werden aber insofern zu dienenden Herrschaften ihrer Schäfchen, als sie ihnen das Unwahre, „das nicht ganz Wahre", vorleben und sie damit indirekt zur weiteren Suche nach Wahrheit und Erkenntnis anspornen. Unsere Auseinandersetzung mit von Religionen verdrehten Sinngehalten bewirkt in letzter Konsequenz das bewusste Verdrehen unseres Verstands hin zur Erkenntnis des wahren Selbst. Ist der Hund lange genug im Kreis hinter seiner Rute hergelaufen, erkennt er die Sinnlosigkeit des Unterfangens.

Wir stellen nun die buddhistische Lehre den überlieferten Worten Jesu gegenüber. Die Lehre Buddhas ist um ca. 500 Jahre älter als das Wirken des Nazareners Jesus. Obwohl sie älter ist, verbirgt sich kein „offenes Geheimnis" in der uns überlieferten Weisheit des Siddharta Gautama (Buddha). Mit den klaren Worten dieses Meisters der Selbstwerdung wurde offensichtlich würdevoller umgegangen, weshalb sich diesbezügliche Quellenangaben in der nun folgenden Gegenüberstellung erübrigen. Umgekehrt verhält es sich mit Jesu Wirken. Wie bereits erwähnt, liegt Unterdrückung und Verfälschung von offiziellen Dokumenten nahe, schreckt das Kontrastprogramm AT-NT viele Menschen ab und wurden einige Evangelien von der Kirchenmacht zu Unrecht nicht übernommen. Daher setzen wir uns hier (wieder) mit den relevanten Quellen auseinander.

1 Vgl. Matthäus 23:13, Lukas 11:52
2 Thomas-Evangelium, Logion 39

Es mag nun eventuell etwas viel an Information für dich werden. Wenn du mehr der „Herzmensch" als der „Kopfmensch" bist, dann hilft dir vielleicht der Wegweiser, dass sowohl Buddha als auch Jesus die Liebe zum obersten Prinzip der persönlichen Erlösung (Erleuchtung) erklärten. Außerdem sagten die zwei Erleuchteten, dass der Wortlaut nicht so wichtig ist. Hauptsache das Herz versteht.

Buddhas Selbstbefreiung

Siddharta Gautama lebte rund 500 Jahre vor Jesus. Im Alter von etwa 35 Jahren erfuhr er während der Meditation unter einer Pappelfeige einen Zustand, der sich „Bodhi" nennt.[1] Das bedeutet soviel wie Erleuchtung oder Erwachen. Später wurde Siddharta als „Buddha" (der Erweckte) bezeichnet. Allerdings hat jeder Mensch einen Buddha in sich. Wenn ein Mensch Erweckung erfährt, also ein erleuchtetes Leben im Hier und Jetzt führt, nämlich sein Selbst entdeckt hat und dementsprechend lebt, spricht man von ihm als Buddha. Der „Begründer" des Buddhismus war einst der Sohn des wohlhabenden indischen Herrscherhauses Shakya.[2] Er wuchs wohlbehütet auf. Mit knapp 30 Jahren setzte er sich mit dem Leid und dem physischen Tod der Menschen auseinander und ihm wurde bewusst, dass Reichtum und Luxus keine Garanten für Glück sind. Er trat aus seinem alten Leben und erkundete verschiedene Religionslehren und Philosophien, um die wahre Natur menschlichen Glücks zu finden. Einige Jahre des Lebens in Askese, des Studiums und der Meditation führten ihn schließlich auf den Weg der Mitte, und er erlebte die Erweckung. Buddha verbrachte den Rest seines Lebens, das Hermann Hesse sehr gut nachempfunden haben dürfte[3], mit der Unterweisung und Weitergabe seiner Lehre der Selbsterlösung.
Er war weder ein „Gott" noch der Überbringer einer durch einen „Gott" offenbarten Wahrheit. Buddha stellte klar, dass er die Lehre durch Kontemplation, die eigene meditative Schau „errungen" hatte. Er erkannte die Natur des eigenen Geistes und aller Dinge aus sich selbst heraus. Diese Erkenntnis ist uns allen zugänglich, wenn wir seiner Lehre und Methodik folgen. Er warnte allerdings vor der dogmatischen Befolgung seiner Lehre und vor blinder Autoritätsgläubigkeit. Buddha betonte stets die Eigenverantwortung des Menschen. Außerdem verwies er auch auf die Vergeblichkeit, die Welt mit Hilfe von Begriffen erfassen zu wollen.

1 Seither auch „Bodhi-Baum" genannt
2 Daher Siddhartas Beiname: Shakyamuni („Aus dem Hause Shakya")
3 Vgl. *Hermann Hesse*, Siddharta – Eine indische Dichtung (1974)

Seine Ermahnungen zur Skepsis gegenüber dem geschriebenen Wort und angeblich unabänderlichen, einzig wahren Lehren sind in dieser Klarheit und Konsequenz in Religionen eher nicht anzutreffen. Wer also sklavisch am Wortlaut der Lehre Buddhas haftet, hat sie nicht verstanden.

Nach buddhistischem Verständnis ist alles in der Welt vergänglich. Jedes Individuum ist eine vergängliche Verbindung dahinschwindender Seinsbedingungen (Dharma), die sich nach ewigen Gesetzen entfalten. Entsprechend den „guten" und „schlechten" Taten erfährt jedes individuelle Leben gemäß seinem Karma eine Fortsetzung nach dem Tod. Unter Karma versteht man jene Kraft, die sich aufgrund des menschlichen Handelns als Summe der „guten" und „bösen" Taten eines Lebens bildet. Diese Kraft bestimmt die neue Existenz der Wiedergeburt einer Seele. Die Überzeugung von der Wahrheit der Reinkarnation ist wesentlicher Bestandteil des Buddhismus. „Ziel" der buddhistischen Lebensweise ist das Erreichen des Nirvana durch die Überwindung der Lebensgier und der damit einhergehenden Befreiung von allem Leid. Nirvana bedeutet soviel wie Erlöschen oder Verwehen. Das Auslöschen aller Faktoren, die an die Vorstellung vom Dasein gebunden sind, wie die Ich-Sucht, das Anhaften und die Begierde, führen zur „Leerheit" (Shunyata) und „Soheit" (Tathata). Nirvana kann kaum beschrieben, aber erfahren werden. Der Begriff Nirvana beschreibt das buddhistische Heilsziel: den Austritt aus dem Kreislauf des Leidens (Samsara) durch Erleuchtung.

Festzuhalten ist, dass Buddha keine wie auch immer gearteten metaphysischen Aussagen über einen etwaigen Schöpfer der Welt oder über das traf, was sich nach dem physischen Tod eines Menschen ereignen würde.

Jesu Lehre ist Buddhas Lehre

Buddha fasste seine Lehre in den „Vier Edlen Wahrheiten" zusammen. Ganz simpel ausgedrückt, stellte er fest, dass es erstens Leid gibt, zweitens dieses Leid durch unbewusstes Anhaften an den Dingen verursacht wird, drittens es einen Weg aus dem Leid gibt, und viertens dieser Weg die Beachtung des „Achtfachen Pfades" ist. Auf den Punkt gebracht: Wer die Illusionen der Starrheit erkennt, befreit sich selbst.

Zur ersten Wahrheit „Dukkha Sacca“

Dukkha steht im übertragenen Sinn für Leiden, Unbefriedigtheit, Unzulänglichkeit, Unvollkommenheit und Unwirklichkeit. Die Dinge sind unbeständig, die äußeren – vermeintlich materiell starren – Erscheinungen aller Phänomene sind einem permanenten Wandel ausgesetzt. Sie sind unzuverlässig und können uns nie zufrieden stellen. Der naturgegebene Verfall und die Auflösung der Dinge ist ein universelles Gesetz. Mit anderen Worten: Alles ist im Fluss. Die Anhaftung an den vermeintlich fixen, sich tatsächlich aber ständig verändernden Dingen erfolgt über Wahrnehmung, Denken, Fühlen, Handeln und dem dazugehörigen Bewusstsein. Am deutlichsten wird die Vergänglichkeit am Beispiel unseres Körpers. Nichts wird heutzutage mehr verdrängt als der „Tod“.

Im NT heißt es: „Wer auf sein Fleisch sät, der wird von dem Fleisch das Verderben ernten. Wer aber auf den Geist sät, der wird von dem Geist das ewige Leben ernten.“[1] Mit dem „Geist“ ist hier nicht das Denken, sondern die spirituelle Energie Gottes gemeint: Gott ist Geist.[2] Die Seele ist nach jeder mystischen Überlieferung unzerstörbar. Deshalb sollen wir den Fokus auf die Spiritualität legen. Dass das Hauptaugenmerk auf dem Spirituellen liegt, heißt aber nicht, dass wir den Körper vernachlässigen sollen, wie es manche einseitig denkende Religionsfanatiker tun. Wie wir wissen, hört unser Körper nie auf, sich zu verändern. Von der Zeugung bis zum physischen Ende des Seelentransportmittels gab es nie einen fixierbaren Zustand. Jede Zelle war und ist in Schwingung. Selbst nach dem „Tod“ verlieren sich die Körperzellen keinesfalls im „Nichts“, sondern gehen in eine andere Form über. Nach dem Energieerhaltungssatz gibt es in einem geschlossenen System keinen Verlust von Energie: Die Gesamtenergie bleibt konstant. Was wir als Tod bezeichnen, ist faktisch also ein grenzenloses Überfließen in einen anderen Zustand. Das muss prinzipiell für Körper und Seele gelten. Der Körper hat als Fortbewegungsmittel der Seele irgendwann einmal ausgedient, weshalb wir über den Körper hinausgehen und die Saat auf den Geist legen sollten.

Mit Jesu eigenen Worten: „Der Geist ist´s, der da lebendig macht ...“[3] Dass er den Körper als nutzlos bezeichnet, hängt mit den ihn umgebenden Knechten Jahwes zusammen, die extrem einseitig dachten.

1 Galater 6:8
2 Vgl. Johannes 4:24; siehe auch Kapitel „Der liebe Gott“ („*Hinter den Kulissen*“ – „*Das ewige Sein*“)
3 Johannes 6:63; ähnlich 2. Korinther 3:6

Sie waren schließlich an exakte Gebote, Verbote und Anweisungen ihres kontrollsüchtigen „Gottes" gebunden. Zuwiderhandeln war mit Strafe bedroht. Sie verlangten nach einem deutlichen Zeichen, dass Jesus der Sohn des Vaters im Himmel sei, und erwähnten, dass ihre Väter einst von ihrem „Gott" Jahwe vom Himmel (von seiner Wolke aus) mit echtem „Brot" (Manna) gefüttert worden waren.[1] Sie verstanden nicht, was Jesus meinte, als er sagte: „Ich bin das lebendige Brot, vom Himmel gekommen. Wer von diesem Brot essen wird, der wird leben in Ewigkeit." Er setzte dann das Brot mit seinem Fleisch gleich, das er zugunsten des Lebens der Welt geben werde.[2] Der Menschensohn nährte sein Umfeld mit Wahrheit. Er wurde zum Nahrungsmittel Wahrheit, zur Speise der Erkenntnis für klein gehaltene Religionssklaven.

Jesus wusste, dass der Tod eine menschliche Erfindung ist, wie gefährlich die Wahrheit für gewisse Machthaber ist und dass man ihn dafür töten wird. Die einfältigen, ängstlichen Leute um ihn dürften das Gleichnis aber als Aufforderung zum Kannibalismus gedeutet haben. Sie fragten, warum Jesus ihnen sein Fleisch zum Essen anbietet.[3] Nur so am Rande erwähnt: Die Katholiken verspeisen, vermutlich in bewusster Ignoranz dieses Gleichnisses, heute noch den Leib Christi und trinken sein Blut, was ganz gut zur allgemeinen, eher körperfeindlichen Gesinnung passt.[4] Vor rund 2.000 Jahren haben die Leute rund um den erleuchteten Jesus das Gleichnis nicht verstanden, weil sie einseitig dachten. Daher brachte Jesus ihr Denken ins Schleudern und erklärte den physischen Körper für unwichtig.

Dass Jesus kaum unmittelbare Anweisungen zur Befreiung gab, sondern gerne in Gleichnissen sprach, entspricht durchwegs der buddhistischen Praxis, den „Schüler" zur Selbsterkenntnis zu geleiten. Perlen soll man nicht vor Säue werfen, damit sie nicht zertreten werden[5]: Hätte Jesus die Wahrheit einfach so erzählt, dann hätte er Holzfällern aus der Steinzeit eine Motorsäge zur Verfügung gestellt. Der Niveauunterschied war offenbar dermaßen groß, dass er den religiösen Waldknechten Jahwes die mystische Bedienungsanleitung eines spirituellen Fichtenmopeds[6] weitestgehend selbst verinnerlichen lassen wollte.

1 Vgl. Johannes 6:31; Zum eher technischen Produktions- und Versorgungsvorgang des offenbar aus einer „Wolke" (UFO?) abgeworfenen und schnell faulenden „Brotes" vgl. 2. Mose 16:4ff.
2 Vgl. Johannes 6:51
3 Vgl. Johannes 6:52
4 Es ist nicht anzunehmen, dass die oberste katholische Kirchenführung zu dumm ist, das gegenständliche Gleichnis zu verstehen. Viel eher ist ihre bewusste Ignoranz zum Zwecke materialistischer Gottesdienste anzunehmen.
5 Keine Perlen für die Säue: Vgl. Matthäus 7:6
6 Fichtenmoped: Motorsäge

Wer erst einen Körper essen will und dann erfährt, dass der Körper unwichtig ist, hat eine Chance darauf, die Wahrheit der Mitte zu erfassen. Sie liegt bekanntlich in einem harmonischen Tanz zwischen dem intuitiven und dem rationalen Denken. Paulus hat in diesem Fall Jesu Symbolsprache verstanden, sonst hätte er oder der Verfasser des Briefs an die Galater nicht geschrieben: „Wer aber auf den Geist sät, der wird von dem Geist das ewige Leben ernten."[1]
Das gesamte Auftreten und Wirken Jesu zeigt uns auch seine Haltung gegenüber der Anhaftung des Geistes an Vergänglichem. Wir sollen nicht Materielles anhäufen, weil „Motte und Staub sie verzehren".[2] Auf die Frage, ob auch die Materie gerettet (erhalten) bleibe, antwortete der Wanderprediger: „Alle Natur, alle Gebilde, alle Geschöpfe bestehen für sich und zusammen mit den anderen. Sie werden sich wieder auflösen zu ihrer eigenen Wurzel, denn (auch) die Natur der Materie wird sich zu den (Wurzeln) ihrer eigenen Natur auflösen. Wer Ohren hat zu hören, möge hören!"[3] Die Auflösung der Materie, der Dinge, wird uns von Jesus und Buddha als universelles Gesetz erklärt. Alles ist im Fluss. Jesus erklärt den Grund für Dukkha (das Leid): „Materie erzeugt eine Leidenschaft ohnegleichen, die aus Widernatürlichem hervorgegangen ist. Dann entsteht eine Erregung am ganzen Leib." Letztlich weist er uns an, mutig zu sein „im Hinblick auf die verschiedenen Gestalten der Natur".[4] Wer Ohren hat zu hören, möge hören: Wer die Verschiedenartigkeit und den Wandel der Dinge nicht akzeptiert, der leidet.

Zur zweiten Wahrheit „Samudaya Sacca"

Das Leiden hat seine Ursachen in der Habgier, dem Haften an den Dingen der Welt, in Hass als einer Form des Anhaftens und der Verblendung, also der mangelnden Einsicht in die wahre Natur der Dinge. Dies wird in Sanskrit-Texten[5] wie folgt überliefert: Es ist dieser „Durst" (Tanha), der neues Dasein und Wiedergeburt erzeugt und mit leidenschaftlicher Gier verbunden ist, der hier und da sich ergötzt in Form von Durst nach den Lüsten der fünf Sinne (Kama-tanha), Durst nach Dasein und Werden (Bhava-tanha), Durst nach Nicht-Dasein und Selbstvernichtung (Vibhava-tanha).

1 Galater 6:8
2 Vgl. Matthäus 6:19
3 Evangelium nach Maria, Satz 7, 1 bis 9; vgl. *Lüdemann*, S. 92
4 Vgl. Evangelium nach Maria, Satz 7,10 bis 8,11; vgl. *Lüdemann*, S. 92ff.
5 Sanskrit: die Sprache der Veden und der klassischen indischen Kultur; wesentliche Bedeutung im Hinduismus; klassische Sprache der Brahmanen; erstmals 4. Jahrhundert v. Chr. systematisiert.

Buddha sagte: „Die Welt ist voller Mangel und Verlangen und ein Sklave des Durstes." Dieser „Durst" entsteht durch die falsche Vorstellung vom Selbst. Gemeint ist das Verlangen nach und das Klammern an Vergnügen, Reichtum, Macht, Vorstellungen, Idealen, Meinungen, Ansichten, Lehren, Begriffen und Glaubensvorstellungen (Dhamma-Tanha*)*. Buddha vertrat die Ansicht, dass alle Unruhe auf dieser Welt durch selbstsüchtigen „Durst" entsteht. Dabei spielt es keine Rolle, ob es um Familienstreitigkeiten oder Kriege geht. Die Wurzel des Übels liegt darin, dass die Konfliktparteien sich nur an der Oberfläche streifen und nicht in die Tiefe des Problems gehen. Alles Wollen geht von der Illusion des Ego aus, die das Selbst überlagert. Die Identifikation mit dem Ego findet statt, weil man sich vom Selbst entfernt hat. Das verursacht massives Leid.

In Jesus begegnet uns ein Mensch, der offensichtlich beinahe völlig selbstlos (egolos) lebte. Er scheint nicht von seinem Ego angetrieben worden zu sein, wenngleich er, wie jeder andere Mensch auch, ein Ich haben musste, um sich in der Gesellschaft bewegen zu können. Durch seine Präsenz vermittelte er anderen die Möglichkeit, ihren individuellen Wesenskern freizulegen. Petrus sagte zu Jesus: „Du hast uns alles erkennen lassen, sag uns nun auch noch dies: Was ist die Sünde der Welt?" Darauf erklärt ihm der Nazarener, dass der Begriff Sünde nur eine Vorstellung ist: „Es gibt keine Sünde, sondern ihr macht die Sünde, wenn ihr handelt entsprechend der Natur der Unzucht, welche die Sünde heißt. Deshalb kam das Gute in eure Mitte, es hat sich mit denen der Natur verbunden, um sie in ihrer Wurzel einzusetzen."[1] Er spricht damit indirekt den Weg der Mitte an, der in der Natur der Dinge liegt. Unsere Mitte hat keine Gier nach etwas „Sündigem" oder „Abweichendem", sie kennt gar keine Gier. Das Wort „Sünde" entstammt dem Geist und man knüpfte damals (wie heute) eine Sanktion an sündiges Verhalten. Früher lag die Sanktion mehr in faktischer Bestrafung, heute begnügt man sich eher mit psychischer Selbstgeißelung. Der Effekt ist derselbe. Es geht um das einseitige Denken in Polaritäten wie „Gut" und „Böse". Ohne die Erklärung eines gewissen Sexualverhaltens als „unzüchtig", ohne den von Menschen geschaffenen Begriff „Unzucht", gibt es auch kein unzüchtiges Verhalten. Jesus lehnte die Erlassung irdischer Gesetze in der Form der regulären Gesetzgebung (durch seine Jünger) ab.[2] Durch die Erlassung von Gesetzen, die Aufstellung von Normen wird „Sünde" erst erzeugt, wobei unter Sünde das Ergriffensein

1 Evangelium nach Maria, Satz 7,10 bis 8,11; vgl. *Lüdemann*, S. 92ff.
2 Vgl. Evangelium nach Maria, Satz 8,11 bis 9,5; vgl. *Lüdemann*, S. 95f.

von der Begierde gemeint ist, im Irdischen (Materiellen) verhaftet zu bleiben.[1] Ohne das unnatürliche Konstrukt der Ehe gibt es kein Konzept des Ehebruchs, ohne den unnatürlichen Zwang zu ehelicher Treue gibt es keine Lust zum Ehebruch. Was unsere Partnerwahl betrifft, gehen wir idealerweise solange Wasser schöpfen, bis wir die Quelle gefunden haben. Das lesen wir im NT hinsichtlich einer Frau, die fünf Männer hatte und ihren gegenwärtigen „Mann" nicht als ihren Mann empfand.[2] Das Institut der Ehe dürfte für Jesus also alles andere als wichtig gewesen sein. Weil die Sanktion für Ehebruch (angeblich) Steinigung war, äußerte sich Jesus wohl gegenüber seinen Fragestellern nicht darüber, ob die Ehebrecherin zu steinigen sei, sondern empfahl den sich schuldlos Fühlenden, den ersten Stein zu werfen. Er verurteilte die Frau nicht. Ebenso wenig maßte er sich ein Urteil über ihre Ankläger an.[3] Das entspricht seiner Grundregel, nicht über andere zu urteilen, sondern vor der eigenen Tür zu kehren: „Was siehest du aber den Splitter in deines Bruders Auge und wirst nicht Gewahr des Balkens in deinem Auge?"[4]

Durch menschliches Denken und Wollen geschaffene Probleme sind mit egozentrischem Denken kaum zu lösen. Daher reagierte der in sich ruhende Jesus weise, indem er kein gedankliches Öl ins Denkerfeuer goss, sondern Gelegenheit zu einer Form der Erkenntnis gab, die der buddhistischen Lehre und Praxis entsprach. Die menschliche Begierde des Wollens entfernt den Menschen von seiner natürlichen Mitte. Die damit verbundene Anhaftung an das Ego widerspricht der wahren menschlichen Natur. Auf die Erläuterung, dass das Gute in die Mitte, hin zum Wesen jeder Natur kommt, sprach Jesus weiter: „Deshalb seid ihr krank und sterbt, weil ihr liebt, was euch irreleiten wird. Wer versteht, möge verstehen!"[5] Zum besseren Verständnis erinnern wir uns an Buddhas Feststellung über die Ursache des Leids: „Es ist dieser Durst (Tanha), der neues Dasein und Wiedergeburt erzeugt." Jesus formulierte es ähnlich: „Die Materie erzeugte eine Leidenschaft ohnegleichen, die aus Widernatürlichem hervorgegangen ist. Dann entsteht eine Erregnung am ganzen Leib. Deshalb habe ich euch gesagt: Werdet mutig. Und wenn ihr schon mutlos seid, mutig doch im Hinblick auf die verschiedenen Gestalten der Natur, wer Ohren hat zu hören, möge hören!"[6]

1 Vgl. sinngemäß auch *Gerd Lüdemann*, Das Judas-Evangelium und das Evangelium nach Maria – Zwei gnostische Schriften aus der Frühzeit des Christentums (2006), S. 95f.
2 Vgl. Johannes 4:11 bis 18
3 Vgl. Johannes 8:1 bis 11
4 Vgl. Matthäus 7:3
5 Vgl. Evangelium nach Maria, Satz 7,10 bis 8,11; vgl. *Lüdemann*, S. 92ff.
6 Ebendort

Jesus erklärt damit, das individuelle Leid sei aus dem Menschen selbst gegenüber der Natur entstanden.

Das heißt im Klartext: Wer die Natur der Dinge nicht erkennt und annimmt, sondern sich in den Illusionen des Denkens aufhält, der leidet. Wer sein individuelles göttliches Selbst nicht als einzigartige göttliche Kreation der Natur erkennt, leidet wegen der Identifikation mit seinem Ego. Über das Ego ist der Mensch entgegen der wahren Natur des Menschen manipulierbar, kontrollierbar und formbar: zu einem angepassten, wenig individuellen Menschen. Wir rufen uns hier wieder die Worte des NT in Erninnerung: „Denn der Buchstabe tötet, aber der Geist macht lebendig"[1] Buddha wie Jesus haben von der Bindung an jegliche Konzepte und Lehren, selbst an ihre eigenen, abgeraten. Nachdem er seinen Jüngern mitteilte, dass sie den Menschensohn „inwendig" in sich haben, erklärt er nochmals seine Ablehnung strikter Regeln: „Setzt keine Regel fest, außer dem, was ich für euch bestimmt habe, und erlasst kein Gesetz wie der Gesetzgeber, damit ihr nicht durch ihn ergriffen werdet."[2]

Zur dritten Wahrheit „Nirodha Sacca"

Es gibt einen Weg, sich vom Leid zu befreien. Es gibt Unabhängigkeit und Befreiung vom Leiden. Dieser Zustand ist Nibbana, bekannt in der Sanskritform als Nirvana. Zur völligen Aufhebung des Leids muss seine Hauptwurzel, der „Durst", aufgehoben werden. Nirvana wird auch Tanhakkhaya genannt: Vernichtung des Durstes. Es geht also nicht um die Zerstörung des Leids, sondern um die Erkenntnis der wahren Beschaffenheit der Dinge, ihre liebevolle Annahme und die bedingungslose Liebe zum Leben.

Was meint Jesus zur Erlösung aus dem Leid? Das wichtigste Gebot von allen ist die Liebe zu Gott, den wir mit ganzem Herzen, ganzer Seele, von ganzem Gemüt und aller Kraft lieben sollen. Genauso wichtig ist die Nächstenliebe. Den nächsten sollen wir lieben wie uns selbst.[3] Lieben wir Gott, lieben wir auch uns. Wer nicht liebt, hat Gott nicht kennengelernt, weil Gott Liebe ist. Wer in der Liebe bleibt,

1 2. Korinther 3:6
2 Evangelium nach Maria – Satz 8,11 bis 9,5; vgl. *Lüdemann*, S. 95f.
3 Vgl. Markus 12:29 bis 31

bleibt in der Gemeinschaft mit Gott und Gott bleibt in der Gemeinschaft mit ihm.[1] Wer bedingungslos liebt, wird nicht sterben: „Ich bin die Auferstehung und das Leben; wer an mich glaubet, der wird leben, ob er gleich stürbe; und wer da lebet und glaubet an mich, der wird nimmermehr sterben. Glaubst du das?“[2] Nein, das glaube ich nicht. Ich weiß es. Weil ich weiß, dass der Tod eine Illusion ist. Wenn selbst der Tod eine Illusion des Geistes (Denkens) ist, dann ist die Angst vor dem Tod, diese Wurzel allen Leids, ebenso eine Illusion.

Zur vierten Wahrheit „Magga Sacca“

Der Weg aus dem Leiden ist das Beschreiten des „Achtfachen Pfades“. Er wird auch der mittlere Pfad (Majihima Patipada) genannt, weil er zwei Extreme meidet: die Suche nach Glück im Sinnesgenuss und die Suche nach Glück in der Selbstbestrafung (Askese). Buddha hat beide Extreme versucht und als nutzlos erkannt. Dadurch fand er den Weg der Mitte. Der mittlere Pfad setzt sich aus acht Teilen zusammen. Diese „rechten“ Regeln haben gemeinsam, dass man nicht einseitig oder egozentrisch, sondern vollständig und ganzheitlich vorgehen sollte. Sie sind nicht isoliert zu betrachten, sondern als thematische Auffächerung für den Verstand. Faktisch sind die acht Ebenen des Wegs der Mitte nicht zu trennen, weil sie sich überschneiden und gegenseitig beeinflussen. Bevor wir auf die acht einzelnen Pfade eingehen, die mir persönlich im „Original“ offen gesagt etwas zu langatmig sind, betrachten wir, welchen Weg Jesus als Weg zum „Königreich“ oder „Himmelreich“ des individuellen Selbst freilegte. Ich liebe diese leicht zu erfassende Beschreibung durch den Nazarener:

„Denn sehet, das Reich Gottes ist inwendig in euch“ oder „Denn siehe, das Königreich ist in eurer Mitte.“[3] Auf die Frage seiner Jünger „Wer ist doch der Größte im Himmelreich?“ antwortete Jesus, nachdem er ein Kind zu sich rief und es vor sie stellte: „Wahrlich ich sage euch: Es sei denn, dass ihr euch umkehret und werdet wie die Kinder, so werdet ihr nicht ins Himmelreich kommen.“[4] Die bewusste Rückkehr (Umkehr) ins kindliche Bewusstsein, in das Sein im Hier und Jetzt, ist bereits das „Paradies“. Jesus platzierte ein Kind in die Mitte seiner Jünger, während er sprach.

1 Vgl. 1. Johannes 4:8 und 16
2 Johannes 11:25 und 26
3 Lukas 17:21 gemäß den bereits zitierten Quellen : 1. Bibel aus 1929, 2. Neue-Welt-Übersetzúng (1986)
4 Matthäus 18:3

Folglich bleibt meiner Ansicht nach wenig Spielraum für eine andere Interpretation seiner Worte. Nochmals bringt er bei Matthäus zum Ausdruck, dass den Kindern das „Himmelreich" gehört: Man soll die Kinder nicht davon abhalten zu ihm zu kommen, denn „solcher ist das Himmelreich."[1] Welches Kind ist noch vollkommen unmanipuliert? Babys sind total im Hier und Jetzt, wenn sie gestillt und daher mit allem versorgt werden. Anhand der gesäugten Kinder führt uns Jesus unmittelbar an die Schwelle zur Erleuchtung, indem er uns den Weg der Mitte erklärt: „Jesus sah kleine Kinder, die gesäugt wurden. Er sagte zu seinen Jüngern: Diese saugenden Kinder gleichen denen, die ins Königreich eingehen. Sie fragten ihn: Wenn wir also klein sind, werden wir dann ins Königreich eingehen? Jesus sagte zu ihnen: Wenn ihr aus zwei eins macht, wenn ihr das Innere wie das Äußere macht und das Äußere wie das Innere und das Obere wie das Untere und wenn ihr das Männliche und das Weibliche zu einem Einzigen macht, so dass das Männliche nicht männlich und das Weibliche nicht weiblich ist, wenn ihr Augen macht statt eines Auges und eine Hand statt einer Hand und einen Fuß statt eines Fußes und ein Bild statt eines Bildes, dann werdet ihr in das Königreich eingehen."[2]

Hier liegt eine inhaltliche Konkretisierung zu den weiter oben zitierten Versen bei Matthäus („werdet wie die Kinder") vor. Es handelt sich um eine konkrete Anweisung Jesu, wie man wieder zum Kind wird, um schließlich als lebendiges Selbst ins Himmelreich – in den Zustand des Nirvana – zu gelangen. Eine andere Bezeichnung dafür lautet „bewusste Einheit". Aus dem Evangelium nach Maria wissen wir, dass alle Wesen in sich eins sind, aber auch mit allen anderen Wesen verbunden sind und dass sie sich gemäß der Natur der Materie „zu ihren eigenen Wurzeln hin auflösen" werden.[3] Der Weg zur inneren und äußeren Einheit als Weg der Mitte wird im Thomas-Evangelium mit Substanz gefüllt. Es liegt nach Jesus in der menschlichen Natur, sich zum wahren Selbst im Sinne einer Körper-Seele-Geist-Einheit[4] hoch und gleichzeitig hinunter zu ent-wickeln. Was ist mit hoch und hinunter entwickeln gemeint? Wer sich bewusst wieder nach „unten" begibt und wie das gesäugte Kleinkind wird, um schließlich wie damals im Hier und Jetzt zu leben, hat die „höchste" Entwicklung vollzogen. Dadurch wurde das Obere zum Unteren gemacht und das Untere zum Oberen. Die gedankliche Trennung zwischen Oben und Unten wird aufgehoben.

1 Vgl. Matthäus 19:14
2 Thomas-Evangelium, Logion 22
3 Vgl. Evangelium nach Maria, Satz 7,1 bis 9; vgl. *Lüdemann*, S. 92
4 Körper-Seele-Geist-Einheit: Seele steht für die Gefühlswelt, Geist für Denken

Sie kommt vom Geist (Denken) und wird durch die Selbstwerdung aufgelöst. Der göttliche Wille, die Schöpfung, hat sich im Materiellen manifestiert. Dadurch wird oben zu unten und unten zu oben. Warum?

Darum: Die künstliche Trennung zwischen materieller Welt (unten) und spiritueller Ebene (oben) wird aufgehoben. Es gab sie nie. Sie wurde uns von den Priestern aller Zeitalter lediglich für ihre Zwecke vorgetäuscht. Das Göttliche ist im Materiellen, und das Materielle ist im Göttlichen. Durch das Sein im Hier und Jetzt gibt es keine Trennung mehr zwischen innen und außen: „Denn sehet, das Reich Gottes ist inwendig in euch" oder „das Königreich ist in eurer Mitte."[1] Mit anderen Worten: „Aber das Königreich ist in euch, und es ist außerhalb von euch. Wenn ihr euch selbst erkennt, werdet ihr erkannt werden, und ihr werdet wissen, dass ihr Söhne (und Töchter) des lebendigen Vaters seid."[2]
Auch zwischen Mann und Frau besteht die Trennung nur im Geist. Petrus meinte, dass Frauen des (wahren) Lebens nicht würdig seien. Als dieser offensichtlich sehr frauenfeindlich gesinnte Jünger die Gefährtin Jesu, Maria Magdalena, fortschicken wollte, sprach Jesus: „Seht, ich werde sie ziehen, um sie männlich zu machen, damit auch sie ein lebendiger Geist wird, vergleichbar mit euch Männern. Denn jede Frau, die sich männlich macht, wird in das Himmelreich gelangen."[3] Das liest sich zwar zunächst ziemlich machohaft, kann aber leicht in die Mitte hin aufgelöst werden: Jesus hatte offenbar unverständige Jünger. Petrus war wohl ein besonders eifersüchtiger, ignoranter Mann, dessen Verständnis Jesus vielleicht mit dieser nicht unbedingt frauenfreundlichen Formulierung bewirken wollte. Sie dürfte dem geistigen Horizont seines unwissenden Jüngers entsprochen haben. Hätte er noch explizit hinzugefügt, dass Männer sich auf der intuitiv-seelischen Ebene den Frauen angleichen müssen, um ins Himmelreich zugelangen, wäre Petrus vermutlich ausgerastet. Jesus hatte zuvor ohnehin schon verkündet, dass wir die männlichen und weiblichen Anteile vereinen sollen. Wie wir aus dem Evangelium nach Maria wissen, hat Jesus seiner Maria mehr Erkenntnis verschafft als den anderen Jüngern.[4] Eventuell verschmolzen Jesus und Maria in intimer Zweisamkeit und fügten auch so Weibliches und Männliches zusammen. Dass Maria bevorzugt wurde und Jesu Lehre verstand, war den Jüngern, vor allem Petrus, ein Dorn im Auge. Vielleicht sind Frauen empfänglicher für spirituelle Wahrheiten.

1 Lukas 17:21; gemäß den bereits zitierten Quellen : 1. Bibel aus 1929, 2. Neue-Welt-Übersetzúng (1986)
2 Thomas-Evangelium, Logion 3
3 Thomas-Evangelium, Logion 114
4 Vgl. Kapitel „Religion" („Jesu Seelengefährtin")

Werden sie deshalb in der religiösen Praxis eher vernachlässigt und ausgegrenzt? Hinsichtlich unserer männlichen und weiblichen Anteile tun wir uns manchmal etwas schwer mit der Vereinigung; und zwar wegen der künstlich vorgegebenen Geschlechterrollen, an die wir uns zu halten pflegen. Die Einhaltung von geschlechtlichen Rollenbildern ist für die Machtelite wichtig. Für sie sind aus dem zwanghaften Geschlechterreigen heraustanzende Menschen eine Gefahr, weil sie das Potenzial haben, in sich selbst zu ruhen und damit unabhängig(er) zu werden. Dem Menschensohn ging es folglich auch um die Aufhebung des Rollendualismus von Mann und Frau.[1] Löst sich die Trennung durch bewusstes Integrieren beider Wesensanteile auf, herrscht ein Zustand, der immer schon da war: Alles ist eins. Das ist das Paradies auf Erden. Es ist das einzige „Himmelreich". Ein anderes gibt es nicht. Es ist ausgebreitet über die Erde:

„Seine Jünger sagten zu ihm: Das Königreich, an welchem Tage wird es kommen? Jesus sprach: wenn man danach Ausschau hält, wird man es nicht kommen sehen. Man wird nicht sagen: Schau, hier ist es, oder: Siehe, dies ist der Augenblick! Aber das Königreich des Vaters ist schon ausgebreitet über die Erde, und die Menschen sehen es nicht."[2] Wir stehen also mitten im Nirvana, im Himmelreich, im Paradies ... und sehen es nicht. Warum sehen wir es nicht? Weil wir mit dem Ego sehen und nicht mit dem Selbst. Das Ego trennt in Innen und Außen. Das Selbst weiß, wie Jesus, dass beides eins ist. Deshalb ist das „Himmelreich" als universelle Einheit überall zu finden: „Aber das Königreich ist in eurem Inneren, und es ist außerhalb von euch", spricht Jesus, bevor er uns offenbart, dass wir wissen werden, Kinder des lebendigen Vaters zu sein, wenn wir uns erkennen.[3] Machen wir aus zwei eins, werden wir der Menschensohn sein. Trinken wir aus dem Mund Jesu (befolgen wir seine Lehre), so werden wir wie er sein, und er wird wie wir sein.[4] Erkenne dein Selbst und jede Illusion zerbricht: „Wer die Interpretation dieser Worte findet, wird den Tod nicht schmecken."[5] Am Ende unserer physischen Existenz geht „unsere" Energie nicht verloren. Die Materie löst sich vielmehr zu ihren Wurzeln hin auf. Sie geht zurück in das Feld aus Licht, aus dem sie kam. Wir sind aus dem Licht gekommen, von dort, wo das Licht aus sich selbst heraus geboren ist.[6]

1 Gemeint ist die Aufhebung des künstlichen Dualismus; haben Mann und Frau ihre konditionierten Masken und Egos transformiert, so stehen sie sich als zwei gleichgestellte Menschen gegenüber.
2 Thomas-Evangelium, Logion 113
3 Vgl. Thomas-Evangelium, Logion 3
4 Vgl. Thomas-Evangelium, Logion 106 und 108
5 Thomas-Evangelium, Logion 1
6 Vgl. Thomas-Evangelium, Logion 50

Psychologischer Hintergrund

Jesus sprach in Gleichnissen. Ein Gleichnis ist eine bildhafte rhetorische Figur zur Veranschaulichung eines Sachverhalts mittels eines Vergleichs. Diese Form der Informationsübermittlung kann besonders von armen Menschen mit keiner oder wenig Schulbildung verstanden werden. Schulbildung ist aber im spirituellen Sinn ohnehin Verbildung. Auch Kinder und solche, die wieder zu Kindern werden, verstehen diese bildhafte Sprache. Die Entwicklungspsychologie gab dem Umstand des Vorherrschens konkreter, anschaulicher Bilder statt abstrakter Begriffe in Verbindung mit der kindlichen Entwicklung des begrifflichen Denkens die Bezeichnung „Ikonische Repräsentation". Das Phänomen des Denkens in Bildern sei gemäß Wygotski (1934) typisch für das Krankheitsbild der Schizophrenie. „Insofern könnte man sagen, dass die ikonische Repräsentation – trotz aller Besonderheiten – ein gemeinsames Merkmal im Denken von Kindern, Primitiven und Schizophrenen darstellt", lautet es noch zusammenfassend und ausdrücklich in Oerter und Montadas Lehrbuch „Entwicklungspsychologie" aus dem Jahr 1982. In diesem Kontext wird klargestellt, dass erst die Schule Veränderungen in die Dominanz bildhaft-anschaulicher Denkweisen bringt.[1]

Fassen wir zusammen: Die Natur lässt bildhaft-anschauliche Denkweisen dominieren. Bei jenen, die keinen Kontakt mit dem Schulwesen haben – Kindern und „Primitiven", wird nicht in abstrakten Begriffen, sondern bildlich gedacht. Im Schulwesen wird nicht gehirngerechtes Lernen gedrillt. Vorwiegend wird die linke „männliche" Gehirnhälfte einseitig trainiert, die für lineare Ratio und Logik steht.[2] „Frau rechte Gehirnhälfte" steht für Ganzheitlichkeit, Intuition, Gefühl und Kreativität. Sie denkt in Bildern.[3] Das berechtigt zur Annahme, dass Frauen empfänglicher für spirituelle Wahrheiten sind als Männer. Bis zum vierten Lebensjahr sind bereits 50 Prozent der Intelligenz entwickelt, und weitere 30 Prozent entwickeln sich in den nächsten vier Jahren. Bis zum achten Lebensjahr sind somit in der Regel 80 Prozent der individuellen Intelligenz festgelegt. Bis zum Alter von etwa elf Jahren stabilisiert sich das individuelle Intelligenzniveau.[4] Es verwundert also kaum, dass aus Sicht der Manipulatoren das einseitige Denken noch in der Volksschule (Grundschule in Deutschland) „programmiert" werden muss.

1 Vgl. *Rolf Oerter und Leo Montada*, Entwicklungspsychologie (1982), S.444; diese Aussage findet sich nicht explizit in der 6. Auflage (2007), ergibt sich jedoch aus dem Kontext des 12. Kapitels „Entwicklung des Denkens"
2 Siehe die Kapitel „Erstklassig" (Teil I) und „Schule und Co."
3 Vgl. *Vera F. Birkenbihl*, Stroh im Kopf (1999), S.32 bis 35
4 Vgl. *Rolf Oerter und Leo Montada*, Entwicklungspsychologie (2007), S 251 und 719

In dieser Phase erfolgt daher die erste Konfrontation der Kinder mit den kirchlichen Wahrheitsverdrehungen. Wer beim nicht gehirngerechten schulischen Lernen nicht mithalten kann, erlebt Scham und Angst. Es würde mich nicht wundern, wenn schizotypische Persönlichkeitsstörungen und Schizophrenien weniger die Spaltung des Individuums als jene des Systems aufzeigen, das es „krank" gemacht hat.

Nach Oshos Ansicht, die ich teile, bringt es nichts, verkrampft aus dem Kreislauf von Geburt und Tod aussteigen zu wollen oder es zu versuchen. Das ergibt sich von selbst, wenn wir die Programmierung ablegen, die uns von Seiten der Gesellschaft widerfahren ist.[1] So können wir auch wieder bewusst zu Kindern werden, wie Jesus es ausdrückte.

Echtheit des Thomas-Evangeliums

Da sich im Thomas-Evangelium die meines Erachtens wertvollsten Hinweise, ja sogar Anleitungen zum Thema der Selbstwerdung finden, weise ich nun auf meine Recherchen zur Echtheit dieses Dokuments hin. Das Evangelium nach Thomas wurde um etwa 100 nach Christus in koptischer Sprache[2] verfasst und 1945 im Originalzustand im oberägyptischen Nag Hammadi gefunden. Durch die lange Verschüttung im Wüstensand entging es der vor allem im vierten Jahrhundert wütenden kirchlichen Dokumentenvernichtung.[3] Es lässt sich nicht bestreiten, dass das Thomas-Evangelium die einzige apokryphe Schrift überhaupt ist, die historisch gesehen eine gewisse Bereicherung unserer Kenntnis von Jesus bietet. Apokryphen lehnen sich in Stil oder Inhalt an die Bibel an und sind ihnen zum Teil gleichwertig. „Apokryphos" ist ein griechisches Adjektiv und bedeutet „verborgen". Das Thomas-Evangelium und andere Apokryphen sind allerdings alles andere als „Geheimschriften". Sie befinden sich prinzipiell „nur" am Rande der von den Kirchen anerkannten Heiligen Schriften.[4] Das Thomas-Evangelium bezeichnet man daher am besten als eine wahre außerkanonische Überlieferung der wichtigsten Worte Jesu. Die Kirche nahm diese Überlieferung (neben anderen Texten) nicht im Kanon auf, zweifelt aber offenbar nicht an der Echtheit der authentischen Überlieferung der Worte Jesu.

1 Vgl. bspw. **www.youtube.com/watch?v=2nEyPAmMr5A** (zuletzt abgerufen am 19.12.2009)
2 Koptisch: jüngste Form der ägyptischen Sprache
3 Vgl. *Dieter Potzel*, Zeitschrift „Der Theologe", Ausgabe Nr. 15: Die Essener und die Schriften von Qumran, **www.theologe.de/theologe15.html,** Fassung vom 27.10.2009 (zuletzt abgerufen am 9.1.2010)
4 Vgl. *Alfred Schindler*, Apokryphen zum Alten und Neuen Testament (2007), S. 7 und 406

Andere, aus spiritueller Sicht eher wertlose Überlieferungen außerhalb der Bibel (Apokryphen) erklärt Rom hingegen ausdrücklich zum Bestandteil des Kanons.[1]

Wie der deutsche evangelische Theologe und Pastoralpsychologe Dietrich Koller zutreffend anführt, wurde das Thomas-Evangelium nicht in den biblischen Bücherbestand übernommen, weil die christliche Gnosis zurzeit der Kanonbildung als eine innere Bedrohung der katholischen Kirche empfunden wurde.[2] Das Wissen über Reinkarnation, Seelenwanderung, Selbstwerdung und Selbsterlösung könnte die abhängigen Schäfchen in selbständige Löwen verwandeln. Dass die katholische Kirche einen offenbar gegen das Wirken Jesu laufenden, materiellen Selbstzweck verfolgt, verleitet uns doch erst recht dazu, vom Baum der Erkenntnis zu naschen, nicht wahr?

Weg der Mitte

Nun widmen wir uns endgültig Buddhas „Achtfachem Pfad" zur Befreiung vom Leid der Anhaftung. Wir wollen prüfen, ob es auch in den Einzeletappen des Wegs der Mitte Überschneidungen der Lehren beider Meister gibt. Wie gesagt, sind die acht Pfadteile gleich wichtig. Sie überschneiden und bedingen sich gegenseitig, weshalb sie gleichzeitig geübt werden sollten. Diese acht Teile werden wie folgt drei Gruppen zugeordnet:

- Gruppe der Weisheit
  Rechte Erkenntnis und Rechtes Denken

- Gruppe der Sittlichkeit
  Rechte Rede, Rechtes Handeln und Rechte Lebensführung

- Gruppe der Vertiefung
  Rechtes Üben, Rechte Achtsamkeit und Rechte Versenkung

1 Vgl. KKK Nr. 81 bis 83
2 Vgl. *Dietrich Koller*, Das Thomas-Evangelium für heute (2008), S. 189

Rechte Erkenntnis (Samma Ditthi)

Wir dürfen über den eigenen begrenzten Kopftellerrand des Ego hinaussehen und die Dinge wahrnehmen, wie sie sind. Rechte Erkenntnis (Anschauung) ist die Einsicht in die Vier Edlen Wahrheiten vom Leid, der Leidursache, der Leidenserlöschung und des dazu zu beschreitenden Achtfachen Edlen Pfads. Mit umfasst ist die Einsicht in weitere zentrale Lehrinhalte des Buddhismus. Dazu zählen vor allem die drei Daseinsmerkmale der Unbeständigkeit des Leids und des „Nicht-Selbst" (Ego), denen alle Erscheinungen der psychischen und physischen Ebenen unterworfen sind. Des Weiteren wissen wir um das Gesetz vom bedingten Entstehen. Dieses Gesetz erklärt die Ursachen und Bedingungen des Kreislaufs der Reinkarnation (Samsara) und seine Überwindung (Nirvana). Das Prinzip des Karmas differenziert zwischen heilsamen (kusala) und unheilsamen (akusala) Willenshandlungen. Sowohl „gutes" als auch „schlechtes" Karma wirken jedoch kausal, d.h. ursächlich.

Jesu Aufforderungen „Wer Augen hat, der sehe!" und „Wer Ohren hat, der höre!" kennen wir aus den Heiligen Schriften. Zwischen den Worten zu hören, zwischen den Zeilen zu lesen und durch die Dinge hindurch zu sehen, beschreibt Wahrnehmungsebenen, die über einseitiges Denken hinausgehen. Sie entsprechen dem Sein im Hier und Jetzt. Zen-Meister Shunryu Suzuki pflegte zu sagen, dass wir uns unseren Geist (Denken) als Anfängergeist bewahren sollen. Der Geist des Anfängers ist leer und frei von den Gewohnheiten des Experten. Befreie deinen Geist vom Expertentum. Der leere Geist entspricht meines Erachtens in etwa dem Hausverstand. Er kann die Dinge sehen, wie sie sind. Mit dieser Art von freiem Geist können wir Schritt für Schritt oder mit einem Schlag die ursprüngliche Natur aller Dinge erkennen.[1] Das gilt für „große" Lebenszusammenhänge genauso, wie für auf den ersten Blick eher „kleine Fische". Alles ist eins.

Wie gesagt, gibt es keine Trennung. Wie im Außen, so im Innen. Wie im Innen, so im Außen. Besonders im superraschen Medienzeitalter ist es ratsam, in allen Lebensbereichen und vor allem bei einseitiger Berichterstattung, auf sein erstes Gefühl zu achten, um dann die Fakten zu prüfen und sich zu fragen: „Cui bono?" – „Wer profitiert davon?" Jesus meinte: „Erkenne, was vor deinem Angesicht ist, und was dir verborgen ist, wird dir enthüllt werden. Denn es gibt nichts Verborgenes,

1 Vgl. *Shunryu Suzuki*, Zen-Geist – Anfänger-Geist (2001), insb. S. 12ff.

das nicht offenbar werden wird."[1] Es gibt nichts Geheimes, das nicht aufgedeckt werden könnte.[2] Wer sucht, soll nicht aufhören zu suchen, bis er findet. Wenn er gefunden hat, folgt Verwirrung, dann Staunen und zuletzt wird er „herrschen über das All".[3] Klopfen wir an das Innere an, dann wird uns geöffnet werden. Wenn wir immer weiter suchen, werden wir finden.[4]

Rechte Gesinnung (Samma Sankappa)

Die größte Herausforderung für so ziemlich alle Menschen ist die rechte Gesinnung, sich also nicht von jenem Denken leiten zu lassen, das vom Ego gesteuert wird. Dauerndes Gelärme im Kopf ohne Ausschalter bringt uns nicht weiter – außer vielleicht einmal in die Klapsmühle. Es ist sinnlos, das Denken abstellen zu wollen. Das wäre nur ein weiterer zum Scheitern verurteilter Denkschritt. Durch die bewusste Auflösung der Identifikation mit dem Ego geht das ganz von selbst. Was übrig bleibt, ist der Hausverstand. Ein Weg dorthin ist die Beobachtung des eigenen Denkens, indem wir prüfen, ob unsere Gedanken heilsam oder unheilsam sind. Ohne uns selbst zu verurteilen, beobachten wir einfach, ob unsere Gedanken uns und anderen Wohl bringen oder nicht. Dann fassen wir einen Entschluss. Rechte Gesinnung ist die bewusste Entsagung schädigenden Verhaltens, des Hasses und der Habgier. Wir können entscheiden, großzügig zu sein.

Nach buddhistischem Verständnis beginnt eine Handlung bereits im Kopf respektive in unserer Vorstellung. Was meint Jesus dazu? Am Beispiel des Ehebruchs zeigt er, dass die äußere Tat nicht von inneren Vorgängen zu trennen ist. Wer fortwährend eine andere Frau ansieht, um schließlich in Leidenschaft zu ihr zu entbrennen, hat in seinem Herzen schon Ehebruch begangen. Auch ein Scheidungsbegehren, das nicht auf dem schwerwiegenden Beweggrund der Hurerei („professionellen Fremdgehens") basiert, erklärt er als Bruch der Ehe.[5] Die Rechtfertigung der Auflösung partnerschaftlicher Beziehungsbande findet sich also in der bereits vollzogenen emotionalen Trennung. Daran wird ersichtlich, dass Jesus den Konnex zwischen innerer und äußerer Welt hervorhebt.

1 Markus 4:22 sowie Thomas-Evangelium, Logion 5
2 Vgl. auch Matthäus 10:26 sowie Lukas 12:2
3 Vgl. Thomas-Evangelium, Logion 2
4 Vgl. Matthäus 7:7f sowie Thomas-Evangelium, Logion 92 und 94
5 Vgl. Matthäus 5:28 und 32

Deshalb sollen wir unser Herz und Hirn nicht mit Sorgen martern. Keine Sorgen sollen wir uns machen, weil Sorgen uns keine Elle länger machen.[1] „Selig sind die, die da geistlich arm sind", lautet in einer anderen Bibelübersetzung: „Glücklich sind die, die sich ihrer geistigen Bedürfnisse bewusst sind."[2]
Hier liegen uns in ein und demselben Vers zwei auf den ersten Blick kontroverse Übersetzungen vor. Die erste drängt die Frage auf, ob man dumm sein muss, um glücklich zu sein. Jesus bringt im selben Kapitel Licht in die Sache: „Selig sind, die da hungert und dürstet nach der Gerechtigkeit; denn sie sollen satt werden … selig sind die, die reinen Herzens sind; denn sie werden Gott schauen … selig sind die Friedfertigen; denn sie werden Gottes Kinder heißen."[3] Wer egozentrisches Denken und Verhalten zugunsten Friedfertigkeit und Gerechtigkeit zurücktreten lässt, hat das Glück gefunden. Liebe und Wahrheit sind die Schlüssel zur Freiheit vom Ego, dem Paradies: „Selig sind die Barmherzigen, denn sie werden Barmherzigkeit erlangen."[4]

Rechte Rede (Samma Vacca)

Worte können Waffen sein. Spöttische Gerüchte wie im Falle Jackson, Urteile, offene Drohungen und Lügen bringen Leid für den Adressaten, aber auch für den Absender, dessen Karma sich dadurch verdichtet. Wer recht spricht, vermeidet Geschwätz, Beleidigung, Verleumdung und Lüge. Entsprechend der jeweiligen Gedankenwelt können Worte heilsam oder unheilsam, wahr oder falsch, nützlich oder unnützlich sein. Unter einem „Wort des guten Wandels" versteht man ein Wort, das liebevoller Gesinnung entstammt, wahr, höflich und zweckmäßig ist, sowie rechtzeitig gesprochen wurde. Durch unsere heilsame Sprache sollen andere zu heilsamem Sprechen und Handeln angeregt werden.

„Aber sprich nur ein Wort, und mein Knecht wird gesund", sprach ein Offizier zu Jesus.[5] Er wollte, dass sein Adjutant geheilt wird. Worte können heilsam sein. Die katholische Kirche hat diese Bibelstelle komplett verdreht und lässt die gläubigen Schäfchen vergebens flehen:

1 Vgl. Matthäus 6:26 bis 34
2 Matthäus 5:3; gemäß den bereits zitierten Quellen: 1. Bibel aus 1929, 2. Neue-Welt-Übersetzúng (1986)
3 Matthäus 5:6, 8 und 9
4 Matthäus 5:7
5 Vgl. Lukas 7:7 und Matthäus 8:8

„Sprich nur ein Wort und meine Seele wird gesund!“ Die Seele ist gesund. Aber Körper und Geist können Schaden davon tragen – letzterer vor allem durch kirchliche Verdrehungen wahrer Worte. Dass Jesus dazu auffordert, friedfertig und gerecht zu sein, haben wir schon gelesen. Wer seine Feinde liebt, kann nicht verbal gewalttätig sein.[1] Wir sehen also, wie eng Denken und Sprache beieinander liegen. Wir sollen auch nicht schwören oder urteilen: „Darum, oh Mensch … worin du einen anderen richtest, verdammst du dich selbst …“[2]

Wer andere bewertet, vollführt in einem eigentlich absurden Denkvorgang einen Vergleich zwischen einem phantasierten Optimalbild und dem Menschen, der vor einem steht. Dieses vermeintliche optimale Bild ist ein Wunschbild über uns selbst oder ein Vorbild (Vor-Bild) im Mantel einer anderen Person, die gedanklich vor oder über uns steht. Durch unseren Prozess des Vergleichens verurteilt sich das eigene Ego gleich mit, auch wenn es „nur“ wegen der Abkehr vom eigenen Selbst ist, das die Dinge so zu nehmen vermag, wie sie sind. Wer andere bewertet, bewertet auch sich selbst. Wer über andere urteilt, urteilt auch über sich selbst: „Denn mit welcherlei Gericht ihr richtet, werdet ihr gerichtet werden; und mit welcherlei Maß ihr messet, wird euch gemessen werden.“[3] Jesus war das Phänomen der Übertragung eigener Probleme auf andere Menschen bekannt: „Was siehest du aber den Splitter in deines Bruders Auge und wirst nicht gewahr des Balkens in deinem Auge?“[4]

Urteile und Wertungen über Mitmenschen wurzeln in mangelndem Selbst-Wert und sind Produkte des Geistes, sprich des Ego. Wer in seinem Selbst ruht, vergleicht und wertet nicht. Die Gleichnisse, derer sich Jesus bediente, enthielten keine Wertungen, sondern waren der Versuch, den Menschen spirituelle Geistesinhalte emotional und rational selbst erkennen zu lassen. Wir sind alle einzigartig und doch eins. Was man in der Psychotherapie Projektion nennt, ist nichts anderes als die Übertragung eines eigenen ungelösten Problems (Balken) auf eine eventuell winzige Unzulänglichkeit des Gegenübers (Splitter). Für beide Seiten bietet eine oftmals schmerzhafte Begegnung die Chance heilender, weil reflektierender Auseinandersetzung mit sich selbst und/oder dem Gegenüber. Aus gedanklicher Nichtannahme kann Annahme seiner selbst und des anderen werden.

1 Vgl. Matthäus 5:44
2 Vgl. Matthäus 5:34, 7:1 sowie Römer 2:1
3 Matthäus 7:1,2
4 Matthäus 7:3

Rechtes Tun (Samma Kammanta)

Die Einleitung zu einem Sutra lautet: „Die höchste Wahrheit ist nicht schwierig. Allein, sie lässt keine Wahl zwischen Zweierlei." Recht zu handeln, bedeutet grundsätzlich, das eigenverantwortlich in die Tat umzusetzen, was unser Potential an Erkenntnis, Intuition, Inspiration und Kompetenz als notwendig und wichtig erscheinen lässt. Handeln ist hier im weiteren Sinn zu verstehen. Unterlassungen gehören dazu. Auch nichts tun ist Tun: „Etwas nicht-tun heißt etwas tun."[1] Einseitiges bzw. binäres Denken würde sagen: Entweder machen wir etwas, oder wir tun nichts. Der Weg der Mitte löst die Polarität des Denkens auf. In ihm wird offenbar, dass jedes Tun, das wir im Bewusstsein des Hier und Jetzt setzen, einfach ist, wie es ist. Nichts zu tun heißt, das zu tun, was zu tun ist.[2] Deshalb fällt auch „komplettes" oder „inaktives" Nicht-Tun unter Tun. Anders formuliert: Die Regung des Geistes, aktiv zu werden, transformiert sich beim Entschluss, nichts zu tun, in etwas anderes. Energie geht nicht verloren, wie wir wissen. Innerlich tut sich also wahrscheinlich jede Menge. Dazu fällt mir ein Scherzverkehrszeichen ein, auf dem ein Buddhist im Lotussitz meditiert. Darunter steht geschrieben: „Buddhist at work" (Buddhist bei der Arbeit).

Ein nächster Schritt buddhistischer Übung ist die innere Prüfung, wer „Ich" ist. Da es niemand gibt, der sagen könnte „Ich bin Ich", da wir nur ein Beobachter und nicht einmal das sind, findet Tun einfach statt. Als Tun und als Nicht-Tun. Halbherzige und gehetzte Betätigung entspricht nicht dem rechten Handeln. Rechtes Handeln vermeidet sinnliche Ausschweifungen, Stehlen, Körperverletzung, Töten und ganz allgemein alle Taten, die die Mitmenschen beschweren. Handlungen, die Wohl für uns und andere bringen, sollen wir verrichten. In einem weiteren Verständnis bedeutet rechtes Handeln ein Leben gemäß den „Fünf Silas". Diese fünf Tugendregeln des Buddhismus umfassen neben den erwähnten Gelöbnissen, nicht zu verletzen, nicht zu töten, nicht zu stehlen und sich keinen ausschweifenden sinnlichen Handlungen hinzugeben auch die Abkehr von Substanzen, die den Geist verwirren und das Bewusstsein trüben. Generell ist also jede Tat zu meiden, die einen selbst oder andere beschwert. Jesus, der gemäß der Überlieferung in voller Hingabe agierte, meinte im Zusammenhang mit der Nutzlosigkeit von Sorgen, dass wir nicht Diener zweier Herren sein können.

1 *Shunryu Suzuki,* Zen-Geist – Anfänger-Geist (2001), insb. S. 32
2 Vgl. *Om C. Parkin,* Die Geburt des Löwen – Dialoge zur Selbsterforschung (2006), insb. S. 181

Würden wir zwei Herren dienen, so würden wir den einen hassen und den anderen lieben.[1] Es ist unmöglich, zwei Handlungen gleichzeitig in voller Hingabe und Liebe zu erledigen, auch wenn unsere schnelllebige Zeit genau das und noch viel mehr von uns fordert. Mit der Wahl zwischen zwei Herren oder Handlungen steht auch das Phänomen der Negativanordnung in Verbindung. Die fünf Silas des Buddhismus und die zehn Gebote des tyrannischen Jahwe, aber auch aktuelle Strafrechtskataloge enthalten negativ formulierte Verhaltensvorschriften wie etwa nicht zu töten. Dem Unterbewusstsein sind die Worte „kein" und „nicht" völlig fremd. Es hört „töten" und nicht „nicht töten", während das Ego das komplette Verbot wahrnimmt. Eine unterschwellige innere Unruhe macht sich breit, weil das innere Bild (töten) nicht zum gedachten Verbot (nicht töten) passt. Durch das Verbot einer Handlung (nicht töten) kommt der Geist aufgrund der Diskrepanz zum vom Unterbewusstsein Gehörten (töten) oft erst in Versuchung, sie auszuführen. Selbst wenn du entsagst, wirst du vorerst in die Richtung der verbotenen Aktivität oder Unterlassung gelenkt. Daher kann in einer negativ formulierten Anordnung die bewusste oder unbewusste Versuchung zum Zuwiderhandeln gesehen werden. Das gilt sowohl für den Normgeber als auch für den Normadressaten.

Wer sich sagt „Ich soll nicht rauchen!" oder „Ich höre mit dem Rauchen auf!", hat welches Bild im Kopf? Es müsste sich um einen Übermenschen handeln, wenn er nicht mindestens eine qualmende Zigarette vor seinem geistigen Auge sehen würde. Ein Kunstgriff ist es dann, seinen Appetit auf die Glimmstängel autosuggestiv durch Freude auf frische Luft oder Obst zu ersetzen. Sich ein anderes Bild, einen positiven Impuls zu geben, kann ein großer Schritt zur Heilung von der Qualmerei sein. Ganz allgemein lässt sich das Verbotsdenken durch positive Gebote abändern. Damit wird im Grunde auch der Geist vom Hin-und-her-Denken geheilt. Als man Jesus fragte, welches Gebot das erste von allen sei, formulierte er positiv, dass wir den einen Gott von ganzem Herzen, ganzer Seele, ganzem Sinn und ganzer Kraft lieben sollen. Das gilt auch für die Liebe zu uns selbst und zu unseren Mitmenschen.[2] Wer in dieser bedingungslosen Liebe lebt und handelt, ist bereits im Hier und Jetzt und handelt aus seinem Selbst heraus. Wer so handelt, trägt die Krone rechten Handelns.

1 Vgl. Matthäus 6:24
2 Vgl. Markus 12:29 bis 32

Rechter Lebensunterhalt (Samma Ajiva)

Rechter Lebenswandel heißt Verzicht auf fünf Arten von Tätigkeiten, die weder ausgeübt noch veranlasst werden sollten. Darunter fallen der Handel mit Waffen, Lebewesen, Rauschmitteln und Giften sowie die Tierzucht inklusive Fleischhandel. Rechter Lebenserwerb bedeutet einen Beruf auszuüben, der für andere Lebewesen unschädlich und mit dem Achtfachen Pfad vereinbar ist. Osho sagte einmal, dass es vollkommen irrelevant ist, welchem Beruf wir nachgehen, solange die Tätigkeit Licht in unser Dasein und eine tiefe Erfüllung bringt und uns zu einem liebevolleren, verständnisvolleren Menschen macht. Wichtig ist daher, was mit uns passiert, während wir die Arbeit tun. Dazu müssen wir das, was wir tun, total und authentisch verrichten. Dabei kommen wir unserem Schicksal, unserem (inneren) Zuhause, immer näher. Unsere Individualität und unser Potential werden dadurch gefördert.[1]

Wer sich an die Kerninhalte der Bergpredigt[2] hält, führt als mild gesinnter, friedfertiger, gerechter, barmherziger Mensch mit reinem Herzen garantiert ein rechtes Leben im buddhistischen Sinn. Wie gestalten wir aber unser Leben, angefangen bei den primären Lebensbedürfnissen wie etwa Nahrung und Schlaf über die Beziehungsebene bis hin zur spirituellen Praxis? Es geht um ein gesundes Mittelmaß zwischen der Zukunftsvorsorge und dem Leben im Hier und Jetzt. Wer zu sehr mit den Gedanken in der Vergangenheit hinterherhinkt oder in der Zukunft herumträumt, wird die gegenwärtigen Bedürfnisse vernachlässigen und leiden. Wenn Jesus sagt, dass wir uns keine Sorgen um Kleidung oder Nahrung machen sollen, weil die Lilien am Feld wachsen, ohne sich darum zu kümmern[3], so heißt das nicht, dass wir unsere Lebensbedürfnisse vergessen sollen. Manche Asketen legen es jedoch so aus. Sie vergessen dabei aber, dass Jesus selbst (vermutlich von einigen Frauen) ganz gut versorgt gewesen sein muss. Als wandernder Prediger hatte er stets zu essen und etwas zum Anziehen. Sein individueller Weg versorgte ihn so, wie es eben sein sollte. Wenn jemand sein Geld als Klofrau verdient und ihm es dabei gut geht, dann ist das eben seine ganz persönliche rechte Lebensweise. Würde dieser Mensch sich aber permanent Sorgen um jede einzelne Münze der bei ihm Notdurft verrichtenden Leute machen, würde er sein Leben vermutlich beschissen empfinden.

1 Aus der Aufnahme "How to avoid taking yourself too seriously" (Wie man vermeidet, sich selbst allzu ernst zu nehmen); **www.otoons.de/osho/lectures/osho_mp3_lectures.html** (zuletzt abgerufen am 19.12.2009)
2 Vgl. Matthäus 5:1ff
3 Vgl. Matthäus 6:28

Dann wäre er nicht im Hier und Jetzt sondern in einem psychischen Scheißhaus. Leid wäre die Folge. Er könnte aber die Liebe zur Existenz in jeder kleinen Handbewegung, selbst beim Kloputzen fühlen, wenn diese Tätigkeit seinem Innersten entspricht. Ansonsten bestünde die Möglichkeit, sich um eine andere Arbeit umzusehen.

Rechte Anstrengung (Samma Vayama)

Rechte Anstrengung oder rechtes Streben richtet sich auf das Ablegen von Begierde, Ablehnung, Hass und Zorn. Es geht dabei weniger um ein krampfhaftes Kontrollieren oder Zügeln, sondern vielmehr um bewusste Selbstbeobachtung, durch die sich Unbewusstes an der Oberfläche des Bewusstseins auflösen kann. Om C. Parkin vermittelt, dass es keine bestimmte Technik gibt, die geistigen Tendenzen vollständig im Bewusstsein zu verbrennen, statt Karma zu verursachen. Das Verbrennen geschieht ganz einfach. Wahre Sehnsucht ist wie ein Feuer, und dieses Feuer verbrennt alles. Es verbrennt unsere gesamte, ohnehin nie wirkliche persönliche Geschichte. Es verbrennt unsere Gefühle, Vorstellungen und Bilder. Die dazu nötige ultimative Sehnsucht ist der bewusste Impuls zur Suche nach der vollkommenen Selbstbefreiung. Sie erfordert die vollkommene Bereitschaft und Reife, jedes Objekt hinter sich zu lassen. Es geht um die Bereitschaft, als Ich (Ego) zu sterben: die Hingabe zum Sterben ins Unbekannte.[1] Im Vordergrund steht, wie wir bereits beim Rechten Denken festgestellt haben, die Prüfung der „eigenen" Gedanken. Das angestrebte (gewollte) Austauschen unheilsamer durch heilsame Gedanken wird ziemlich sicher scheitern. Die Produkte des Geistes (Wollen, Wünsche, Vorstellungen) vermögen kaum tiefer zu gehen als ihr Hersteller, der Geist selbst. Das schulische und berufliche Prinzip maximalen Nutzens weitet sich auch auf das Privatleben aus, sodass der großteils unbewusste Grundsatz vorzuherrschen scheint: „An Hingabe investiere ich gerade soviel, wie ich vermutlich an Gewinn erhalten werde!" Bringt er nur den Müll runter, damit sie nicht meckert, wird es nicht regelmäßig und außerdem nur halbherzig passieren. Willst du beim Liebesspiel unbedingt einen Orgasmus haben, wirst du zwar eventuell körperlich, aber ziemlich sicher nicht mit allen Sinnen kommen. Würde ich dieses Buch nur schreiben, um kräftig abzukassieren, würde nicht mein ganzes Herzblut drin stecken.

1 Vgl. *Om C. Parkin*, Die Geburt des Löwen – Dialoge zur Selbsterforschung (2003), insb. S. 164ff.

Auf die Frage nach dem Geheimnis der Erleuchtung hat ein Zen-Meister geantwortet: „Wenn ich esse, dann esse ich. Wenn ich trinke, dann trinke ich." Wenn man etwas tut, um es zu tun, dann ist kein zielgerichteter Gedanke dabei. Bewusstes Tun ohne Gedankenmüll ist bereits Erweckung, weil man im Hier und Jetzt ist. Rechte Hingabe, die das Wirken Jesu ausmachte, bedeutet, Kategorien wie angenehm und unangenehm, schön und hässlich loszulassen. Erfüllen wir die kleinste alltägliche Handlung mit voller, ungeteilter, also totaler Hingabe, dann sind wir eins mit unserer Tätigkeit. Lesen wir die Worte der Bergpredigt im Einklang mit dem „paradiesischen Zustand des Säuglings", zu dem wir bewusst zurückkehren können, eröffnet sich uns das natürliche rechte Handeln, das jedem Menschen innewohnt.

Rechte Achtsamkeit (Samma Sati)

Rechte Wachheit betrifft die bewusste Wahrnehmung der körperlichen Funktionen wie Atmen, Sitzen, Stehen und Gehen sowie die Bewusstwerdung hinsichtlich der Sinnesreize, Affekte und Denkinhalte. Manche wollen sie kontrollieren, wobei Kontrolle prinzipiell automatischen Widerstand hervorruft. Unsere Achtsamkeit gegenüber dem Inneren beobachtet und prüft die Regungen des Geistes und der Gefühle. Wir bemerken den steten Fluss der Gefühle und des Denkens. Damit einhergehend ruft unser zentriertes Achten auf das Äußere ein Sein im Hier und Jetzt hervor. Wir ärgern oder kränken uns dann nicht über Vergangenes und erträumen uns nichts Zukünftiges, sondern sind nur noch im Moment präsent. Egal, ob es das Tippen der SMS an die Liebste, das Gespräch mit einer Freundin, die Verrichtung des Klogeschäfts, der Börsengang, die Waldandacht oder das Lackieren der Fingernägel ist, sind wir einfach. Was wir tun, tun wir ganz. Wir sind nicht Diener zweier Herren. Wenn wir uns barmherzig zeigen, sollen wir die linke Hand nicht wissen lassen, was unsere rechte Hand tut, damit unsere Gaben der Barmherzigkeit im Verborgenen sind. Gott (die Existenz, das Göttliche), der ebenfalls im Verborgenen zusieht, wird es uns vergelten, meint Jesus. Daher sollen wir unsere Taten nicht vor uns her posaunen.[1] Wenn sich die linke Hirnhälfte (linke Hand) keine Gedanken darüber macht, ob wir für eine Arbeit gelobt oder getadelt werden, kann die rechte Hirnhälfte (rechte Hand) das Werk im Zustand des No-Mind ausführen. Ohne Absicht. Hier und Jetzt.

1 Vgl. Matthäus 6:2 bis 4

Rechte Sammlung (Samma Samadhi)

Rechte Vereinheitlichung bringt den unruhigen, abschweifenden, umherwandernden Geist zur Ruhe. Sammlung und Konzentration sind Begriffe für den „einspitzigen Geist“ als höchste Stufe der konzentrativen Versenkung. Sie ist ein zentrales Element buddhistischer Spiritualität. Die rechte Sammlung ist der natürliche Urzustand des Menschen, den man auch als die unbeschränkte, bedingungslose Liebe zur Existenz bezeichnen kann. Buddhistische Schulen haben Methoden und Techniken entwickelt, den Naturzustand der Einheit freizulegen. Vor allem die Hauptrichtungen des Zen-Buddhismus, Soto und Rinzai, sind hier hervorzuheben. Beide Schulen kennen Zazen (Sitzmeditation) und Kinhin (Gehmeditation), bei denen der Brennpunkt der Konzentration das Ein- und Ausatmen ist. Im Rinzai geht man den Weg der Mitte auch durch Koans. Das sind mit dem Intellekt unlösbare Rätsel, die dem Verstand absurd erscheinen. Welches Geräusch macht einarmiges Klatschen? Koans wie dieser können nur ganzheitlich erfasst werden.[1] Soto, dem auch Shunryu Suzuki angehörte, setzt die Übung des Zazen mit der Buddhaschaft (Erweckung) gleich. Darin kommt die Überzeugung zum Ausdruck, dass wir alle Buddhas sind, die nur auf ihre „Freilegung“ warten. Es handelt sich also nicht um eine Demutsgeste vor deinem Ego, wenn sich ein buddhistischer Mönch vor dir verneigt. Seine Ehrerbietung gilt dem unverwüstlichen, ewigen Buddha in dir.

Bei Versenkungsübungen gilt als Faustregel: Durch Meditation kann nichts Neues hinzukommen. Meditation kann nur freilegen, was bereits in uns ist. Das ist unser Selbst, unser Wesenskern. Unsere Aufmerksamkeit wird ganz bewusst von der mit der Alltagshast und Betriebsamkeit verbundenen hohen Gewichtung des Äußeren auf unser Inneres verlegt, bis Inneres und Äußeres eins sind. In diesem Zusammenhang ist es mir daher nochmals wichtig zu betonen, dass es nichts zu erreichen oder zu erlangen gibt. Zen-Meister Dogen sagte: „Wenn du Satori (Erleuchtung) erreicht hast, wirf es weg und mache weiter Zazen!“[2], weil man Erweckung eben nicht erreichen kann. Wenn unser Denken uns Satori erarbeiten lassen will, ist eventuell der absurd klingende Ausspruch hilfreich, Satori gleich wieder wegzuwerfen. Zwischen dem gedanklichen Ziel und dem gedanklichen Wegwerfen der Erleuchtung liegt die Wahrheit der Mitte: Wir sind bereits erleuchtet.

1 Weitere Beispiele für Koans: „Wer warst du, bevor deine Eltern geboren wurden?“ oder „Fang diesen Klang ein und bring ihn mir!“
2 Vgl. *Francois –A. Viallet*, Einladung zum Zen (1985), S. 124

Es geht ausschließlich darum, etwas indirekt – sozusagen mit absichtsloser Absicht – loszulassen, dem unnötigen Ballast manipulierten Denkens und den dadurch hervorgerufenen Emotionen beim Fallen zuzusehen. Wer sich anstrengen will, soll es tun. Einfacher geht es durch bewusstes Beobachten. Wir haben ja auch keinen großen Kraftaufwand betrieben, als all die Fremdgedanken in uns eindrangen. Es geschah einfach. Und so darf es nun geschehen, dass die fremden Gedanken wie von selbst wieder „gehen". Dazu reicht in der Regel die Konzentration auf ein einziges Phänomen. Hauptsächlich liegt der Fokus auf dem Atem. Dadurch erfährt unser Geist Ruhe. Dabei gibt es kein Ziel. Ziele sind bekanntlich Produkte des Denkens. Wir meditieren nicht, um Erleuchtung zu erlangen. Man kann sie, wie gesagt, nicht erlangen im Sinne von erkämpfen, weil Erleuchtung ja bereits unser natürlicher Zustand der Mitte ist.
Jesus sagte, dass wir das Licht der Welt sind. Wir sollen unser Licht leuchten lassen. Dieses Licht ist nicht verborgen, wie auch eine Stadt nicht verborgen sein kann, die auf einem Berg liegt.[1] „Wir kommen aus dem Licht, daher, wo das Licht aus sich selbst geboren ist", lautet Jesu Botschaft der uns immanenten Erleuchtung. Er sagte zudem noch, dass wir im Zustand der Geteiltheit voller Dunkelheit sind. Sind wir aber „gleich", also eins mit allem, dann sind wir voller Licht.[2] Den Menschen, die öffentlich, mit leeren Worthülsen im Personengottkult zu Jahwe flehten, gab Jesus ein Gebet der Einheit, eine erste Meditation für Einsteiger samt alltagsrelevanter Praxisanleitung. Bevor er das Vaterunser als wahre Form des Gebets vortrug, wies er darauf hin, dass man alleine und im Verborgenen beten soll, wo sich auch Gott befindet. Weil Gott im Verborgenen ist, wurde er noch nie gesehen.[3] Er ist Licht, Geist (spirituelle Energie) und Liebe.[4] Er ist in und um uns, wie auch das „Himmelreich" in uns und außerhalb ist. Die Liebe ist aus Gott, und wer liebt, ist aus Gott geboren worden und erkennt Gott.[5] Wir sollen Gott total lieben, wie auch uns selbst und unseren Nächsten.[6] Es ist also die Liebe, die die Dualität des verschulten Denkens aufhebt und uns die Einheit mit allem, besonders mit Gott erkennen lässt. Wer liebt, wird aus seinem Selbst (Gott) heraus neu geboren. Das Vaterunser[7] hat sich im Zustand der Liebe bereits erfüllt. Dann geschieht der Wille Gottes im Himmel, wie auch auf Erden:

1 Vgl. Matthäus 5:14 bis 16
2 Vgl. Thomas-Evangelium, Logion 50 und 61
3 Vgl. Johannes 1:18 und 1. Johannes 4:12
4 Vgl. 1. Johannes 1.5, 4:8 und 17
5 Vgl. 1. Johannes 4:7
6 Vgl. Markus 12:31
7 Vgl. Matthäus 6:9 bis 13

„Der freie Wille ist nicht getrennt vom Willen Gottes."[1] Dann ist das Königreich schon gekommen, dann haben wir unser Brot für diesen einen Tag. Nachdem wir unserem Nächsten die Schuld vergeben haben, vergibt uns Gott (unser Selbst) unsere Schuld.

Wir erkennen dann nämlich, dass es gar keine Schuld gibt, weil Schuld nur ein Produkt des einseitigen Denkens ist. Das vermittelte uns Jesus in seiner Person: Ohne dass er irgendeine Straftat begangen hatte, schlug man ihn ans Kreuz. Durch seinen schuldlosen Tod zeigte uns Jesus, dass Schuld ein konstruiertes Machtinstrument der Herrschenden war und ist. Sie scheuen nicht davor zurück, ein rebellisches Menschenleben auszulöschen, wenn es ihnen zu unangenehm wird. In diesem Sinn hat uns Jesus tatsächlich von unserer Schuld befreit: Schuld ist wie Sünde eine skurrile Produktion des Geistes.[2] Von dieser Illusion hat er uns erlöst. Wer Jesus am Kreuz hängen sieht und mit offenen Augen durch die Welt geht, kann auch alle anderen gesellschaftlichen Kreuzigungen sehen, mit denen jene Menschen gequält werden, die für Machthaber unbequem sind. Sie lassen uns die konditionierten Illusionen, die sozialen Käfige unseres Verstands erkennen. Diese persönlichen Gefängnisse lösen sich auf, wenn wir unser Ich transformieren und unser Selbst erkennen.

Shunryu Suzuki lehrte: „Was wir Ich nennen, ist nur eine Schwingtür, die sich bewegt, wenn wir einatmen und ausatmen." Die Bewegung der Schwingtür ist eine universelle Aktivität. Wir können ihr gewahr werden, wenn wir frei von Vorstellungen sind. Wenn unser Geist rein und ruhig genug ist, nur dieser universellen Aktivität zu folgen, ist nichts da: kein Ich, keine Welt, weder Geist noch Körper, nichts als eine Schwingtür.[3] Sind wir im Denken verstrickt, ist unser Geist wie eine Projektionsleinwand, die für Zuseher sehr farbig und attraktiv ist. Sie dient dann aber nicht mehr ihrem Zweck. Das Allerwichtigste ist also, eine Leinwand zu haben, die nicht farbig ist – eine reine, schlichte, weiße Leinwand. Zum Film, den das Leben ganz ohne unser affengeistiges (einseitiges) Denken dreht, sagte Meister Suzuki: „Wenn ihr euch an dem Film freuen wollt, dann solltet ihr wissen, dass es sich um eine Leinwand handelt und das Allerwichtigste die reine Leinwand ist."[4] Mit Jesu Worten heißt das: „Wenn der Jünger leer ist, wird er voller Licht sein ..."[5]

1 *Om C. Parkin*, Die Geburt des Löwen – Dialoge zur Selbsterforschung (2003), S. 367
2 Vgl. Evangelium nach Maria, Satz 7,10 bis 8,11; vgl. *Lüdemann* S. 92 bis 94
3 Vgl. *Shunryu Suzuki*, Zen-Geist – Anfänger-Geist (2001), S. 31ff
4 *Shunryu Suzuki*, Seid wie reine Seide und scharfer Stahl – das geistige Vermächtnis des großen Zen-Meisters (2003), insb. S. 64ff.
5 Vgl. Thomas-Evangelium, Logion 61

Kleiner und großer Weg

Im Buddhismus sind grundsätzlich zwei Richtungen zu unterscheiden. Sie werden auch als Fahrzeuge bezeichnet. Das „Kleine Fahrzeug" (der „Kleine Weg") ist der pluralistische Hinayana-Buddhismus und das „Große Fahrzeug" (der „Große Weg") entspricht dem monistischen Mahayana-Buddhismus. Beide entwickelten sich etwa im zweiten Jahrhundert nach Christus bzw. etwa 700 Jahre nach Buddha aus dem „Urbuddhismus". Soweit ich es nachvollziehen kann, führte erst die Spätform des Mahajana-Buddhismus zur unnötigen Aufspaltung. Dieser bezeichnet all jene, die „nur" mit ihrer eigenen Befreiung beschäftigt sind, als Hinayana-Buddhisten. Gemäß dem Ansatz des Mahayana gelobt ein Bodhisattva (Erleuchtungswesen), nicht für sich allein die Erleuchtung freizulegen und ins Nirvana einzugehen, sondern alle Menschen zu befreien. Dabei kann er erst selbst als „königsgleicher Bodhisattva" die Erleuchtung „erlangen" und dann seinen Mitmenschen auf ihrem Weg helfen. Auch die gemeinsame Erleuchtung unter Führung des Bodhisattvas als „Bootsmann" ist eine mögliche Variante. Oder er stellt seine Erweckung als „Schäfer" gegenüber der Masse zurück, bis alle Menschen Satori erfahren haben.

Ich empfinde diese Spaltung in einen großen und kleinen Weg alles andere als erforderlich. Buddhas eigener Antrieb auf seinem Erweckungsweg war gemäß der Überlieferung die Befreiung der Welt von Krankheit, Tod und Leid. Er selbst muss – wie Jesus – so etwas wie ein „königsgleicher Bodhisattva" gewesen sein, zumal er sich erst selbst befreit hatte und danach seinen Weg der Mitte in der Lehre weitergab. Da er in seiner Lehre offenbar nicht zwischen zwei Formen ein und derselben Sache unterschied, scheint sich wieder einmal auf Basis des Grundsatzes „Teile und herrsche!" religiöser Unfug breit gemacht zu haben. Was sollte damit erreicht werden? Auf mich wirkt es, als sei beim großen Vehikel das Prinzip der Selbstbefreiung zugunsten eines Systems abgewandelt worden, das Menschen in Abhängigkeit stürzt. Sollen die braven Mahayanas die Ankunft ihres Bodhisattvas und ihre Erlösung durch ihn ebenso sehnsüchtig erwarten wie die Juden ihren Messias und die Christen die Rückkehr ihres Jesus? Auch im Buddhismus scheint sich weitflächig das Prinzip der Hilfe von außen durchzusetzen. Das schreit förmlich zum Himmel. Erinnern wir uns bitte an die Worte Buddhas, denen zufolge man ihn töten möge, weil jedes Wesen seinen eigenen Weg zu beschreiten habe. Befreiung (Erleuchtung) folgt gemäß Buddha aus der

Freilegung des eigenen Selbst und nicht durch erwartete Hilfe von außen. Es spricht prinzipiell nichts dagegen, aus Buddhas Lehre der inneren Befreiung eine Befreiung von außen zu machen. Allerdings hat das dann nichts mehr mit Buddhas Lehre zu tun, weshalb die Bezeichnung des großen Wegs als Mahayana-Buddhismus zu Missverständnissen führen kann. Selbstbefreiung kommt aus dem eigenen Selbst, wie Buddha ja erklärte. Jesus sagte ausdrücklich, dass das Paradies (Nirvana) sich in unserer Mitte befindet und dass der Menschensohn in unserem Inneren ist.[1] Auf einen Erlöser von außen zu warten, ist daher kirchlich-religiöser Oberblödsinn.

Der Ursprung Jesu Lehre

Jesus heizte der damaligen heuchlerischen priesterlichen Oberliga ganz schön ein, weshalb schließlich die Kreuzigung dieses Störenfrieds durch die Ausbeuter von „Gottes" Gnaden veranlasst wurde. Wer verkündet, dass sich Gott im Inneren der Menschen befindet, entpuppt sich als natürlicher Feind jener, die ihr Einkommen aus der Vermittlung zu einem psychopathischen Nichtgott im Außen beziehen. Da Jesus offiziell demselben kulturellen Umfeld wie die Priesterschmarotzer des Jahwe-Kults angehörte, stellen sich folgende Grundsatzfragen: Woher hatte Jesus seine Erkenntnisse? War er in buddhistischer Schule?

Ich gebe zu, dass ich das intuitiv sofort bejahen würde. Bevor wir uns aber weiter damit beschäftigen, halte ich fest, dass es – aus spiritueller Sicht – völlig irrelevant ist, ob Jesus jemals in Tibet, Indien, Ägypten, auf der Venus, im Sonnensystem des Aldebaran, in Disneyland oder sonstwo war, um eine Lehre zu entfalten, die wie die Faust aufs Auge zu der von Buddha passt. Was zählt, ist Jesu Wirken, sein Handeln im Hier und Jetzt. Dennoch erachte ich die Auseinandersetzung mit jenen Jahren im Leben Jesu, über die die Bibel schweigt, als nicht gerade unwesentlich. Sollte man nämlich feststellen, dass Jesus tatsächlich in Indien und Tibet gewesen sein muss, dann wäre das ein zusätzliches verbindendes, materielles Faktum. Auf materiell Greifbares wird in unserer auf das Äußere fixierten Welt immerhin sehr viel Wert gelegt. Die Evangelien berichten fast ausschließlich über Jesu Wirken ab seinem 30. Lebensjahr, hingegen gar nichts über seinen Aufenthalt vom 13. bis zum 30. Lebensjahr.

1 Vgl. Lukas 17:21 sowie Evangelium nach Maria, Satz 8,11 bis 9,5; vgl. *Lüdemann*, S. 95f.

Dadurch soll eventuell verdeutlicht werden, dass die Person des Überbringers der Botschaften hinter deren Sinngehalt zurückzutreten hätte: Nuntius non gravis est. Der Bote ist nicht wichtig. Wie wir schon festgestellt haben, verdeutlicht Jesus, dass er ein Mensch und daher kein „Gott“ ist. Zum „Gott“ musste er aber für kirchliche und weltliche Machtanmaßung gemacht werden. Was läge näher, als biblische Aufzeichnungen über jene 17 wichtigen Jahre im Leben eines erleuchteten Rebellen verschwinden zu lassen, die ihn als im Buddhismus unterwiesenen Meister gezeigt hätten? Wir haben bereits erarbeitet, dass die angebliche Abstammung Jesu von David nicht mit der Lüge der unbefleckten Empfängnis vereinbar ist. In diesem Geist wirken auch jene Stellen des NT, in denen mindestens ein „Engel“ in Jesu Grabhöhle wartet oder gar den Stein wegrollt[1], er vor den Augen der Jünger davonschwebt[2] und angeblich am Tag des jüngsten Gerichts auf Wolken zurückgeritten kommen wird[3], wie billige AT-Science-Fiction im Verhältnis zum gnostisch weisen Jesus des übrigen NT und erst recht zu den Evangelien nach Philippus, Thomas, Judas und Maria. Sollte die UFO-Sache (Wolkenritt) nicht phantasiert sein, müsste man davon ausgehen, dass Jesus in Allianz mit außerirdischen Mächten war oder ist. Selbst wenn dem so sein sollte, interessiert das doch nur am Rande, weil seine Kernbotschaft der Liebe den Weg zur Selbstbefreiung ebnete und überdies die These vom Aufenthalt in Indien (und Tibet) nicht berühren würde.

Der Sinngehalt der letztgenannten Evangelien und der Bergpredigt des NT spricht jedenfalls für die erdigere These, dass Jesus einige Jahre in Indien und Tibet verbrachte und dort in buddhistischen Weisheiten unterwiesen wurde. Polaritäten erkennen und dadurch aufheben, dass Gegensätze in sich vereint werden, entspricht eindeutig der östlichen Lebensphilosophie. Die Bibel selbst schweigt, wie gesagt, darüber, wo sich Jesus zwischen seinem 13. und 30. Lebensjahr aufhielt. In diesen 17 Jahren (und eventuell auch in seiner Kindheit) soll er vor allem in Indien gewesen sein. In Ladakh, Takshila, Nilanda und eventuell auch Tibet studierte er angeblich die Schriften an Universitäten und Klöstern, um den „Östlichen Weg“ kennen zu lernen. Über seinen zweiten Aufenthalt im Kloster zu Ladakh berichtet ein russischer Forscher, dass die dortigen Aufzeichnungen vom dreimonatigen Verweilen eines Juden aus Jerusalem berichteten, der sechs Stunden gekreuzigt worden war, aber entkommen konnte. Als sie davon erfuhren,

1 Vgl. Matthäus 28:2, Lukas 24:4, Johannes 20:12
2 Vgl. Apostelgeschichte 1:9 bis 11, Lukas 24:51, Markus 16:19
3 Vgl. Matthäus 26:64, 1. Thessalonicher 4:16,17

ließen die damals in Indien herrschenden Briten jene zwei Seiten aus dem klösterlichen „Buch" entfernen, die von Jesu Aufenthalt berichteten. Das Buch des russischen Autors zitiert jene Seiten, deren Nummerierung den entfernten Blättern entspricht. Seine Flucht nach der Kreuzigung trieb Jesus also diesen Angaben zufolge wieder nach Indien. In Kashmir soll er neben Moses bestattet sein. Der Grabsteininschrift zufolge ist er 112 Jahre alt geworden. Der Name des Nachbardorfs lautet „Pahalgam" und bedeutet „Dorf des Hirten". Das würde zu jenen Überlieferungen des NT passen, in denen sich Jesus als Hirte oder als guter Hirte bezeichnete.[1]
Nachdem ich dies alles bei Osho, der Inder war und dieses Thema nur so nebenbei streift, gelesen hatte[2], galt es die westliche theologische Landschaft zu erkunden. Dass die Katholiken die Indienthese als Schwachsinn abtun würden, war mir klar. Daher wurde die Suche in den Werken zweier evangelischer Theologen und einer jüdischen, aber nicht religiösen Philosophin und Rechtsgelehrten fortgesetzt. Es sei vorweg genommen, dass sich der Theologe Holger Kersten sehr intensiv mit der Thematik auseinandersetzte und wissenschaftlich prüfte. Er bestätigt die Indienthese. Einer seiner Kollegen, Bernd Kollmann, führt nur die angebliche Unwissenschaftlichkeit aller Indienberichte an, lässt es aber grundsätzlich bei dieser Bemerkung und gibt daher seiner eigenen These keine Substanz. Beinahe genauso verhält es sich bei der Philosophin Salcia Landmann.

Kollmann deklariert – aus meiner Sicht überhaupt nicht wissenschaftlich – sämtliche Werke über das Leben des historischen Jesus in Indien kategorisch als pseudowissenschaftlich oder auf Fälschungen basierend. Ohne dies auch nur annähernd zu begründen, werden die durch den erwähnten russischen Jesus-Forscher Nikolas Notovitsch angeblich im buddhistischen Kloster des indischen Hemis (in Ladakh) georteten und wieder verschollenen Dokumente mit Lebensbeschreibung und buddhistischen Lehren des Propheten Issa (Jesus)[3] als Produkt der Einbildungskraft von Nikolas Notovitsch abgetan.[4]

Hingegen stellt der Religionslehrer und religionshistorische Forscher Holger Kersten auf nachvollziehbare, wissenschaftliche Art und Weise das komplette Gegenteil dessen fest, was Kollmann behauptet.

1 Vgl. Johannes 10:12 und 16
2 Vgl. *Osho*, Der Gott den es nicht gibt (2005), S. 353 bis 359
3 Vgl. insb. *Nikoals Notowitsch*, Die Lücke im Leben Jesu (1894)
4 Vgl. *Bernd Kollmann*, Die Jesus-Mythen – Sensationen und Legenden (2009), S. 46 bis 53

Holger Kersten legt überzeugend dar, dass Jesus auch in Indien lebte.[1] Er entmystifiziert das Wirken Jesu, indem er unter anderem klarstellt, dass Jesus Nazarener und nicht aus Nazareth war. Die Nazarener waren meist langhaarige Bewahrer kultischer Riten und lebten bereits mindestens 150 Jahre vor Jesu Geburt als quasi-christliche Gemeinschaft. Wie die Essener wurden sie nachweislich von buddhistischen Lehren beeinflusst. Jesus als besitzloser Wanderprediger (wie Buddha) scheint das Bindeglied zwischen der buddhistischen Lehre und den Priestern (und Pharisäern) zu sein, von denen schließlich seine Kreuzigung veranlasst wurde. Kersten bezweifelt zu Recht, dass sich der Körper Jesu nach seiner „Auferstehung" einfach in die Lüfte gen Himmel erhob[2]: „Materie kann sich aber nicht in einem geistigen Raum aufhalten."[3]

Der Theologe forschte selbst nach den Spuren Jesu in Kaschmir. Nicht, indem er aus der Ferne beurteilte, sondern indem er sich dorthin begab. Wo allein der Aufenthalt des russischen Jesus-Forschers Nikolai Notovitsch in Tibet von manchen „Experten" als Lüge herabgewürdigt wurde, wird er durch den Missionar und Tibetforscher Dr. K. Marx bestätigt und erhält durch Kerstens Recherche abermals Bestätigung. Die begehrten zwei Seiten über Jesu Klosteraufenthalt konnten zwar nicht gefunden werden, jedoch erfuhr Kersten zu seinem Erstaunen, dass christliche Missionare schon im 14. Jahrhundert aus einem interessanten Grund in Tibet scheiterten. Die Tibeter akzeptierten nämlich die Geschichte vom selbstlosen Kreuzopfertod Jesu vollkommen und mit großer Begeisterung, weil sie davon überzeugt waren, dass Christus eine Inkarnation von Padmasambhava, eines buddhistischen Heiligen und Propheten, sei.[4]

Ganz allgemein zeigt Holger Kersten starke Parallelen zwischen Buddha und Jesus vor allem im Hinblick auf die Verkündung der Liebesbotschaft auf.[5] Auch er meint, dass Jesus eine Lehre verkündete, die die Priester faktisch überflüssig gemacht hätte und dass die Priester „gezwungen" waren, Jesus zur Sicherung ihres Lebensunterhalts zu töten.[6] Kersten widerspricht nicht der These, Jesus könnte die Kreuzigung durch Anwendung eines Tricks überlebt haben.[7] In der Tat ist diese Schlussfolgerung in Anbetracht einiger widersprüchlicher Quellen im NT nicht von der

1 Vgl. insb. *Holger Kersten*, Jesus lebte in Indien (1996) sowie *Holger Kersten & Elmar J. Gruber*, Das Jesus-Komplott (1992)
2 Vgl. Apostelgeschichte 1:9 bis 11, Lukas 24:51, Markus 16:19
3 *Holger Kersten*, Jesus lebte in Indien (1996), S. 46
4 Vgl. ebendort S. 47 und 50
5 Vgl. ebendort S. 125ff.
6 Vgl. ebendort S. 123
7 Vgl. ebendort S. 46

Hand zu weisen. Einigkeit scheint zu bestehen, dass Jesus im Alter von rund 33 Jahren zwischen sechs und neun Stunden, nämlich Freitag (vor dem Sabbat) mittags bis abends, am Kreuz verbrachte.[1] Da er alles andere als ein kränklicher Mensch, sondern als Heiler, der auch anderen Kraft gab, beschrieben wird, besteht berechtigter Grund zur Annahme, dass er die Kreuzigung in seinem relativ jungen Alter überlebt haben könnte. Bei Matthäus, Markus und Lukas stirbt Jesus nach einem letzten Aufschrei ohne Erwähnung eines Speerstichs oder der Unterlassung des sonst üblichen Brechens der Beine. Johannes hingegen schildert, dass Jesus schon tot war, als man ihm einen Speer in die Seite rammte, worauf Blut und Wasser aus der Wunde spritzte. Deshalb seien Jesu Beine nicht gebrochen worden.[2] Jesus hatte einen menschlichen Körper. Es ist ausgeschlossen, dass ein totes Herz noch Flüssigkeiten pumpt, weshalb die Angaben seitens Johannes eher als nachträgliche Verfälschungen durch einen medizinischen Laien zu qualifizieren sind, mit denen der Mythos der göttlichen Auferstehung „sachlich" unterstützt werden sollte.[3] Eine klare Fehlleistung. Bei allen vier NT-Evangelisten ist Jesus am dritten Tag nach der Kreuzigung „auferstanden".[4]

Salcia Landmann schrieb das bereits erwähnte Buch „Jesus starb nicht in Kaschmir – Ohne Christentum kein Kreuzestod". Entgegen dem verheißungsvollen Titel wird die Indienthese inhaltlich so gut wie gar nicht und erst recht nicht wissenschaftlich behandelt. Die Kernaussage der studierten Philosophin, Psychologin, Kunsthistorikerin und Juristin, von der eine wissenschaftlichere Auseinandersetzung mit der Indienthematik zu erwarten gewesen wäre, ist bereits im Untertitel ihres Werks enthalten: Jesus muss am Kreuz gestorben sein, weil es sonst kein Christentum gegeben hätte. Die bekennende „Ungläubige" hält, wie auch ich, grundsätzlich alle Religionsinhalte für die Erfindung der betreffenden Religionsschöpfer und gläubigen Gruppen.[5] Daran kann man wohl nicht rütteln. Auf sehr eindrucksvolle Weise legt sie gewisse Unwahrheiten der Bibel offen und erklärt absolut nachvollziehbar, wie sich aufgrund der judenfeindlichen Lügen des NT der Judenhass zum Holocaust verunstalten konnte.

1 Vgl.: Markus 15:42: „Am Abend des Vorsabbat" fand die Kreuzigung statt; Lukas 23:44: Jesus stirbt zwischen der sechsten und neunten Stunde (nach Mittag); die Schilderungen der übrigen Evangelien sprechen nicht gegen diese Angabe

2 Vgl. Johannes 19:33,34 (1. Jesu stirbt, 2. Beine nicht gebrochen, 3. Speerstich, 4. Blut und Wasser aus der Seite), Matthäus 27:49,50, Markus 15:36,37 und Lukas 23:44 bis 46 (kein Lanzenstich in meiner Bibel aus dem Jahr 1929, in der Zeugen-Jehovas-Ausgabe von 1986 taucht hingegen ein Speerstich auf)

3 Vgl. auch mit ähnlichen Worten *Salcia Landmann*, Jesus starb nicht in Kaschmir – Ohne Kreuzestod kein Christentum (1996), S. 33

4 Vgl. Matthäus 28:6 iVm 16:21 („wie angekündigt am dritten Tage"), Markus 16:9 („Am ersten Tag der Woche"), Lukas 24:6,7 sowie Johannes 20:19 („Erster Tag der Woche")

5 Vgl. ebendort S. 32

Dennoch vermischt Landmann theoretische Konzeptionen mit der Kraft des Faktischen, wenn sie meint, dass Jesus am Kreuz gestorben sein müsse, weil es sonst kein Christentum gäbe. Jesus muss eben nicht am Kreuz gestorben sein, damit Christen daran glauben. Für deren Glauben an den Erlöser muss er überhaupt nicht einmal existiert haben. Das „Übersehen" diverser augenfälliger Widersprüchlichkeiten im christlichen Glauben spricht für diese Annahme. Es bleibt Landmann gar nichts anderes übrig, als, wie sie selbst schreibt, ohne Nennung der betreffenden Autoren und Buchtitel zu polemisieren[1], weil es ihrer Bearbeitung zum Aufenthalt Jesu in Indien schlichtweg an der nötigen Sachlichkeit mangelt. Ohne jeglichen inhaltlichen Diskurs wird die Indienthese als „absurdes Märchen", „Unsinn", „alberne und unhaltbare These" oder „dumme These" schlecht gemacht und ihre Beweiswürdigung als „scheinwissenschaftlich" und „sterbenslangweilig" herabgewürdigt.[2] Dies, obwohl sie in der Einleitung vorwegnimmt: „Stringente Beweise lassen sich weder für noch gegen eine solche These vorbringen, denn wir wissen über Jesus sehr wenig Authentisches."[3]

Die Auseinandersetzung mit Werken von Gegnern der Indienthese bietet für mich zurzeit folgendes Bild: Was nicht sein darf, darf nicht sein. Zirkelargumentationen entbehren jedoch jeglicher Wissenschaftlichkeit und Logik. Ebendieser Mangel wird aber der „gegnerischen Partei", den Befürwortern des Indienaufenthalts Jesu, unterstellt. Das wiederum spricht für eine gewisse religiöse und auch politische Brisanz, die mich zu meiner ursprünglichen, nicht beweisbaren Intuition zurückführt, dass Jesus doch in Indien war. Auch die Sachlage spricht meinem Empfinden nach eher dafür als dagegen.

Jedenfalls, was die Lehrinhalte Buddhas und Jesu betrifft, löst sich die scheinbare Widersprüchlichkeit zwischen Buddhismus und Christentum auf. Nein, sie bleibt als Widerspruch der verfälschenden Institutionen aufrecht. Was sich auflöst, ist der Gedanke, dass da ein Gegensatz zwischen den individuellen Lehren Buddhas und Jesu sei. Etwas tiefer in die Materie vorgedrungen, erkennt man, dass da nie ein Widerspruch sein konnte, weil sich zwei Erleuchtete nicht widersprechen können. Historisch betrachtet hat das Wirken des einen wohl den anderen beeinflusst, ganzheitlich gesehen wirkten beide durch Vermittlung von Erkenntnissen über die Quelle, derer wir alle entstammen,

1 Vgl. ebendort S. 147
2 Vgl. ebendort in dieser Reihenfolge: S. 146, 120, 303 und 120
3 Ebendort S.17

und den Weg dorthin zurück. Als sich ihre „Bestimmung" erfüllte, war Holz im Spiel. Buddha meditierte unter dem Bhodi-Baum, als er erweckt wurde. Jesus wurde ans Kreuz geschlagen, nachdem die Verkündung seiner östlich beeinflussten Wahrheit den Priestern zu gefährlich wurde. Das ist für mich von symbolischer Relevanz: Was Buddha im Inneren fand und Leuten weitergab, die zu ihm strömten, transportierte Jesus in einem anderen, hitzigeren Kulturkreis ins Außen. Er wurde gekreuzigt, weil er, zumindest bei der Tempelreinigung, offensiv vorging. Wenn Osho erklärt, dass Jesus kein Erlöser sondern Tröster, Helfer der herrschenden Mächte und nicht geistig gesund war[1], so verkennen er oder die Protokollanten seiner Reden, dass Buddha und Jesus zwei Seiten desselben wahrheitsvermittelnden Spiegels waren und sind. Dem muslimischen Koran ist immerhin zu entnehmen, dass Jesus das „Wort der Wahrheit" ist.[2] Das kommt der Wahrheit über Jesu Wirken um einiges näher, als ihn einen „Gott" oder Spinner zu nennen. Vor nicht allzu langer Zeit wäre Osho ziemlich sicher selbst noch für seine Wahrheit hingerichtet worden. Seinen eigenen Angaben zufolge habe man ihn 1985 im Auftrag der amerikanischen Regierung vergiftet. Tatsächlich verschlechterte sich seither sein Zustand bis zu seinem Tod im Jahr 1990.[3] Jesus wird aber von ihm, eher aber von seinen Protokollanten als „Verrückter" dargestellt, dem wir nun das Christentum nebst Auswüchsen zu verdanken haben.

Psychoanalytisch könnte man vielleicht meinen, Jesus habe das Trauma seiner Mutter Maria, ein von einem Nachbarn oder römischen Soldaten namens Tiberius Julius Abdes Pantera gezeugtes Kind[4] auf die Welt gebracht zu haben, dadurch in sich selbst geheilt, dass er die Welt erlöste, indem er der vielfach prophezeite Heiland wurde und dadurch den Vater im Himmel fand, um ihn den Menschen näherzubringen. Wen kümmert dieses Detail? Offenbar sollte, ja musste, alles so kommen, wie es kam.

Osho war aus westlicher Sicht selber ein Verrückter, der von einigen Nationen als gefährlicher Unruhestifter und Feind ihrer Werte bezeichnet wurde. Macht das nun sein Wirken zu etwas Verächtlichem?

1 Vgl. *Osho*, Der Gott den es nicht gibt (2005), S. 108 bis 113; Anmerkung zu den Protokollanten: Osho starb 1990, seine Reden erscheinen dankenswerterweise aber nach wie vor in Buchform.
2 Vgl. 19. Sure des Koran, Vers 34; *Publikation der Türkischen Religionsstiftung/33*, „Der gnadenreiche Koran" (2002), S. 308
3 Vgl. *Judith M. Fox*:, *Osho Rajneesh* – Studies in Contemporary Religion, Signature Books (2002), S. 36
4 Vgl. *J.D. Tabor*, Die Jesus-Dynastie – Das verborgene Leben von Jesus und seiner Familie und der Ursprung des Christentums (2006), S. 79 bis 96

Nein, denn dadurch wird er, aus dem Fenster eines westlichen Wohlstandsgefängnisses betrachtet, erst so richtig interessant. Wenn Jesus ver-rückt war, dann muss schon festgestellt werden, dass auch Buddha ver-rückt, im Sinne von der Normalität ent-rückt, war. Es ist nicht „normal“[1], sein Prinzendasein aufzugeben, Frau und Kind zu verlassen, erst in Askese, dann wieder in Reichtum zu leben, um seine Mitte zu finden und den Tod zu besiegen. Oder doch?

Jesus rief auch dazu auf, Frau und Kinder zu verlassen, um mit ihm weiterzuziehen. Zudem haben „Christen“ ebenso die Worte Jesu missverstanden und verdreht, wie Buddhisten Buddhas Lehre unnötig verkomplizierten. Diese Fälscher erfüllen auch nur ihren „Zweck“.

Buddha und Jesus vermitteln ja als spirituelle Rebellen, dass wir niemanden brauchen, der uns regiert oder anleitet. Schließlich erklärt Jesus die Priester als bezahlte Vermittler zwischen dem wahren Gott und den Menschen als überflüssig, was das Hauptmotiv des Klerus für die Ablehnung des Thomas-Evangeliums sein dürfte. Wer hebt sich schon gern selbst aus den Angeln? So besagt der bereits zitierte Logion 77 sinngemäß, dass jeder selbst zur Existenz Verbindung hat, wenn ein Stein aufgehoben oder ein Holz gespalten wird. Jesus war angeblich auch Tischler. Der Kreis zum Kapitel „Natur“ schließt sich ...

1 Normal: Als normal könnte man erachten, was die Mehrheit (mehr als 50 Prozent) macht.

Shiva

… das Mysterium Shivas erfasst das beschränkte Ego, zertrümmert es, trinkt es aus und lässt uns eins werden mit unserem wahren Selbst.
Wolf-Dieter Storl[1]

Die alte Sanskrit-Bezeichnung für Shiva steht für das Mysterium unseres Seins, das mit dem Geist allein ganz bestimmt nicht erfassbar ist. Obwohl Wolf-Dieter Storl sein Buch „Shiva – der wilde, gütige Gott“ betitelt, handelt es sich bei Shiva um keinen „Gott“ im herkömmlichen Sinn. Sich auf C.G. Jung berufend, betont Storl, dass Shiva einen der ursprünglichsten Archetypen des kollektiven Unbewussten darstellt.[2] Der Ethnologe und Kulturanthropologe beschreibt, wie er einst selbst von Shiva erfasst wurde, was ihm ganze Heerscharen falscher Vorstellungen, Arroganz und Untugenden aus Leib und Seele trieb.[3] Die westliche Welt ist voller gespaltener Vorstellungen: Die europäischen Elfenbeinturmbewohner sind an eine objektivierende, dualistische, fast schizophrene Weltanschauung gewöhnt, was es ihnen oft erschwert, das Göttliche und das Selbst, das Gute und das Böse, Licht und Schatten, Leben und Tod als Einheit zu sehen.[4] Shivas Kraft bringt unsere Vorstellungswelten ins Wanken, sprengt unser Ego und vereint uns mit unserem Selbst. Als Halbfrau Ardhana ist Shiva sowohl weiblich als auch männlich.

Das Bedürfnis, Shiva in diesem Licht als Gottheit zu verehren, ist nachvollziehbar, aber zwecklos. Es wäre eine Beleidigung für diese allumfassende Energie, würde man auf sie eine konkrete persönliche Gottheit und mit ihr die gesamte menschliche Ego-Last projizieren. Anbetung ist in diesem Fall die Kehrseite der Ego-Medaille. Auf der Vorderseite befindet sich die Verteufelung Shivas – aus Angst vor dem befreienden Ego-Tod. Dieses dualistische Wechselspiel ist ebenso töricht, wie Buddha oder Jesus als Gottheit zu verehren. Beide waren doch Menschen, die in sich selbst Inneres und Äußeres vereinigten. Dadurch wurden sie „unsterblich“. Unsterblich, weil ihre Energie weiterhin alles durchdringt und Menschen erweckt, die sie erkennen.

1 *Wolf-Dieter Storl*, Shiva – der wilde, gütige Gott (2005), S. 7
2 Vgl. ebendort S. 12f.
3 Vgl. ebendort S. 250
4 Vgl. ebendort S. 10

Sie sind zur Quelle zurückgekehrt. Für mich persönlich sind Shiva, Buddha und Jesus inhaltlich ein und dieselbe Ausdrucksform der einen Göttlichkeit, der einen Existenz, die in uns allen schlummert. Wer sein Selbst freilegt, aus dem strahlt die Existenz hervor.

Liebe, Humor und Meditation

Don't take money, don't take fame
Don't need no credit card to ride this train
Tougher than diamonds and stronger than steel
you won't feel nothing till you feel
You feel the power, just feel the power of love
Huey Lewis & The News[1]

Relax, don't do it
When you want to come
Frankie Goes To Hollywood[2]

Welch ach so tolle sexuelle Abenteuer und Höhepunkte man erlebt, wenn man sie krampfhaft haben will, weiß wohl fast jeder. Es funktioniert nicht; kann es auch gar nicht, weil das Liebesspiel nichts mit Funktionieren zu tun hat. Es geschieht am besten ohne unser Denken und Wünschen. Sind wir im Moment voll präsent, dann spüren, hören, riechen und schmecken wir den Partner und uns selbst. Wir sehen ihn und Teile von uns, aber denken kaum bis nichts dabei. Dann stehen die Chancen gut, einen über den rein körperlichen Orgasmus hinausgehenden geistig-seelischen Höhepunkt zu erleben. Dieser gibt uns den kurzen süßen Vorgeschmack auf das irdische Paradies, in dem uns das pure Sein mit allem in und um uns eins macht. Wir erinnern uns an die Feststellung, dass Liebe kein Akt ist, bei dem man etwas tut, sondern ein Seinszustand: Liebe ist das Atmen der Seele. Eine tantrische Weisheit besagt, dass wir unseren Körper und den Sex liebevoll annehmen sollten. Dem Körper wird beim Tantra sehr hohe Bedeutung beigemessen. Das ist auch erforderlich und gut so, weil die Trennung von Körper, Seele und Geist de facto eine rein gedankliche ist. Sie ist eine Fiktion, die vor allem wegen der

1 *Huey Lewis & The New,* von der Single "Power of love" (1985); frei übersetzt: "Nimm kein Geld und keinen Ruhm. Um mit diesem Zug zu fahren, brauchst du keine Kreditkarte. Härter als Diamanten und stärker als Stahl. Du wirst nichts fühlen bis du die Kraft der Liebe fühlst."

2 *Frankie Goes To Hollywood,* von der Debütsingle „Relax" (1983); frei übersetzt: "Entspanne dich und tu nichts, wenn du kommen möchtest."

körperfeindlichen Christenreligion in unseren Gehirnen herumspukt. „Die Religionen haben dem menschlichen Geist zu Schizophrenie verholfen. Jede Teilung wird euch tief spalten, und ihr werdet wie zwei werden – oder sogar viele", weiß Osho und erklärt weiter: „Nicht nur ist euer Geist von eurem Körper getrennt. Euer Körper ist auch von eurer Seele getrennt. Der Unfug ist so tief gegangen, dass sogar der Körper geteilt ist: Der untere Körper ist böse und der obere Körper ist gut."[1]

Das Erkennen der Teilung ist ein wesentlicher Schritt zur Heilung und zur bewussten Einheit. Der Rest kann erfahren werden. Tantra ist ein totales Akzeptieren der Dinge, wie sie sind. Der Körper kann ein Vehikel werden, das uns zu dem führt, was jenseits des Körpers ist. Der Körper ist deshalb etwas sehr Heiliges im Tantra. In seinem tiefsten Inneren ist der Körper ein Symbol für die Sexualität. Er entstand aus Sexualität, macht Sex und reproduziert weitere Körper, die wieder Sex machen und sich reproduzieren. Was soll daran schlecht sein? Gar nichts. Weil wir direkt über unseren Körper und vollkommen gratis Spiritualität erfahren können, wurde und wird er von allen möglichen Priestern und Gurus schlechtgemacht. So einfach ist das. Wir spüren alle ganz tief in uns, was Osho folgendermaßen beschreibt: „Und Sex-Energie kann zu einer spirituellen Kraft werden." Diese spirituelle Kraft kann uns selbst neu erschaffen, wie ich am eigenen Leib erfahren habe. „Er (der Körper) hilft dir sogar beim Transzendieren", weiß der Mystiker und setzt noch einen drauf: „Sexenergie, sagen heute die Psychologen – und hat Tantra von jeher gesagt – ist immer die Quelle jeglicher Schöpfung."[2] Diane Richardson meint, das Sexzentrum sei der Sitz unserer individuellen Psychologie und Persönlichkeit. Außerdem stellt sie fest: „Wenn wir der Sexualität zu ihrem Recht verhelfen, indem wir sie mit Bewusstheit verbinden, wie die Natur und Gott es beabsichtigen, dann entdecken wir, dass der Sex eine heilende spirituelle Kraft ist."[3]

Höhepunkte wie beim Liebesspiel können sich auch in der Meditation und in jeder anderen Situation ergeben, in der wir eins mit uns und der Umgebung sind. Beim herzhaften Lachen geschieht dies meiner Erfahrung nach am ehesten, wenn es grundlos ist oder wenn man selbst der Auslöser für seinen Ansturm von Erheiterung ist. Spott und Schadenfreude als oberflächlicher, verletzender Aggressionsabbau scheiden aus. Auch beim Hören von Musik verschwimmen so manche Grenzen.

1 *Osho*, Die Welt des Tantra – Diskurse zum Vigyan Bhairav Tantra. Band 2 (1999), S. 103
2 Vgl. ebendort S. 91ff. und insb. 106
3 Vgl. *Diane Richardson*, Zeit für Liebe (2001), S. 28ff., insb. S. 32

In der Meditation stellen wir bewusst unser Denken beiseite. Es geht nicht darum, nicht zu denken. Das wäre ja wieder nur ein Gedanke. Wenn wir die Gedanken beobachten und ziehen lassen, folgt gerne ein Zustand, in dem wir die bewusste Einheit mit der Existenz erfahren. Nenne es Einheit mit Gott, wenn du magst. Nenne es Einheit mit der Existenz. Es ist dasselbe. Jedenfalls handelt es sich um eine Erfahrung und um nichts Gedachtes. 99 Prozent unserer Gedanken haben wir von anderen Menschen geliehen, und 99 Prozent der Superdenker haben die mystische Erfahrung der Einheit nicht erlebt. Selbst ein wahrer Meister der Meditation, ein Zen-Meister, könnte dir mit seinen Worten und Gedanken nicht annähernd beschreiben, was er erlebt hat. Auch daraus erkennen wir, dass durch Gedanken nichts erfahren werden kann.
Die bewusste Einheit erfahren wir im gedankenlosen Zustand (No-Mind). Einfach hinsetzen oder hinlegen, auf den Atem konzentrieren und die Gedanken ziehen lassen. Es gibt dabei überhaupt nichts zu erreichen. Erleuchtung kann nicht erlangt werden. Wer das Gegenteil behauptet, ist bekloppt. Erleuchtung ist schon da. Sie war immer da. Mitten in dir. Wenn du ruhig und vollkommen präsent bist, dann ist das bereits der Zustand der Erleuchtung. Sie in den Alltag zu transferieren, kann schwierig erscheinen. Aber es ist möglich. Dann ist Erleuchtung eben immer sichtbar.

Wie gesagt, kann jede Handlung zum kurz- oder längerfristigen Sein im Hier und Jetzt führen. Ich persönlich empfinde tiefe Harmonie etwa beim Arbeiten mit Holz oder beim Nägellackieren. Andere erleben sie beim Hausputz, Reinigen der Blechburgen auf vier Rädern (Autos), Sport oder Eisenbahnspielen. Was die verschiedenen Tätigkeiten gemeinsam haben, ist die Möglichkeit, sich der Empfindungen und Schwingungen bewusst zu werden. Man kann sie ankern[1], also zum Beispiel mit einer gewissen kleinen Bewegung verbinden, etwa dem Berühren des Ohrläppchens. Bei Bedarf können wir derart geankerte Empfindungen durch dieselbe Bewegung wieder abrufen. Ein kleiner Trick, der Wohlbefinden bringt, weil er positive Erinnerungen hervorholt. Wenn wir es allerdings wagen, unser Leben total zu leben, wird nach und nach jeder Handgriff zur Meditation. Meditation wird dann vom eigens dafür eingerichteten Raum in das normale, alltägliche Leben verlagert. Wenn Leben zur Meditation und Meditation zum Leben wird, wenn beide eins sind, dann sind wir bei uns selbst angelangt. Es gibt dann keinen Unterschied mehr zwischen Liebe und Meditation. Sie sind ein und dasselbe.

1 Ankern: ein Begriff aus der Neurolinguistischen Programmierung (NLP)

Böhse Onkelz

Kevin Russell, Sänger der Böhsen Onkelz, wurde 2011 wegen gefährlicher Körperverletzung (Autounfall im Drogenrausch) rechtskräftig zu einer Freiheitsstrafe von 27 Monaten verurteilt. Deshalb wurde mir davon abgeraten, die Onkelz in der zweiten Auflage dieses Buchs weiterhin zu zitieren oder zu erwähnen. Kommt nicht in Frage. Auch wenn sich Kevin anscheinend so verändert hat, dass sogar die restlichen drei Jungs aus Frankfurt von ihm Abstand nehmen[1], bin ich nach wie vor vom einstigen künstlerischen Schaffen der Onkelz überzeugt. Keine andere Musikgruppe verkörpert einen so großen Freiheitsdrang wie die Böhsen Onkelz. Darum hat man schließlich versucht, sie mit der Nazikeule kleinzuprügeln.

Die ehemalige deutsche, keinen Konventionen entsprechende Hardrockband hat mich seit etwa meinem 14. Lebensjahr musikalisch begleitet, wobei mich ihr offener Umgang mit gesellschaftlichen Tabuthemen immer zutiefst berührte. Wir, die vier Jungs aus Frankfurt und ich, machten in jüngeren Jahren unabhängig von einander eine sehr ähnliche „Scheiße" durch. Zumindest Stephan (Texter und Bassist) und Kevin haben auch intensive Erfahrung mit Freiheitsdrang und Gewalt, den Pros und Kontras des jugendlichen Randgruppendaseins gemacht. Außerdem wurde die wahrheitsliebende Band zur dreckigen Zielscheibe einseitig und falsch berichtender Medien. Ihre Wahrheit wurde wohl gewissen Leuten des Establishments zu gefährlich. Aber nun lassen wir die Böhsen Onkelz erstmal so für sich selbst sprechen, wie sie es auf Konzerten im Jahr 1994 taten. Zuerst wurde ein Zitat von Henry Miller eingespielt:

> *„Wenn es einen Menschen gäbe, der wagte, alles zu sagen, was er von dieser Welt gedacht hat, bliebe ihm kein Quadratmeter mehr, um sich darauf zu behaupten. Wenn ein Mensch erscheint, stürzt sich die Welt auf ihn und bricht ihm das Rückgrat. Immer sind zu viele morsche Säulen stehen geblieben, zuviel verfaulte Menschheit, als dass ein Mensch aufblühen könnte. Der Überbau ist eine Lüge und das Fundament eine riesige zitternde Angst.*

1 Vgl. **www.bild.de/news/2011/urteil/jetzt-muss-kevin-russell-in-den-knast-urteil-rechtskraeftig-16635306.bild.html** (zuletzt abgerufen am 4.7.2011)

Wenn in Abständen von Jahrhunderten ein Mensch mit einem verzweifelten, hungrigen Blick in den Augen auftritt, ein Mensch, der die ganze Welt umwälzen würde, um ein neues Geschlecht zu schaffen, wird die Liebe, die er in die Welt mitbringt, in Bitterkeit verwandelt und er wird zur Geisel. Wenn wir dann und wann auf Seiten stoßen, die explodieren, Seiten, die verwunden und schmerzen, die einem Seufzer, Tränen und Flüche abringen, dann sollt ihr wissen, dass sie von einem aufrechten Menschen stammen.

Einem Menschen, dem keine andere Verteidigung übrig bleibt als seine Worte. Und seine Worte sind immer stärker als das verlogene, erdrückende Gewicht der Welt, stärker als all die Foltern und Räder, die die Feigen erfinden, um das Wunder der Persönlichkeit zu vernichten. Wenn je ein Mensch wagen würde, alles, was er auf dem Herzen hat, auszusprechen, sein wirkliches Erlebnis, alles, was wirklich seine Wahrheit ist, niederzuschreiben, dann, glaube ich, ginge die Welt in Trümmer, würde in Stücke zersprengt, und kein Gott, kein Zufall, kein Wille könnte je wieder die Stücke, die Atome, die unzerstörbaren Elemente zusammensetzen, aus denen die Welt bestand."[1]

An diesem Text erkennt man leicht, worum es den Onkelz wirklich ging: um maximale individuelle Freiheit. In diesem Sinne bebte dann der Ort, weil alles sang und rockte:

Wir sollen bezahlen für das, was hier passiert
Wir tragen die Schuld für Euch, die Ihr regiert
Niemand kennt die Wahrheit, doch Ihr wollt uns belehren
Eure Last auf unsern Schultern, nur das haben wir nicht gern

Denn wir sind anders, wir sind stolz und unbequem
Niemand tötet unseren Willen, darum müsst Ihr doch versteh´n:
Ich will lieber stehend sterben als kniend leben
lieber tausend Qualen leiden als einmal aufzugeben ... [2]

1 Vgl. auch *Henry Millers* Roman „Wendekreis des Krebses" (1934)
2 *Böhse Onkelz*, aus dem Lied „Lieber stehend sterben als kniend leben" vom weißen Album (1993)

Weil sie in der Jugend nach einer Punkphase auch der vorerst anarchistisch gesinnten Skinheadszene angehörten, wurden die Onkelz noch bis kurz vor ihrem letzten Album „Adios" (2004) von manchen stümperhaften oder lügenden Presseheinis und Kritikern als (eher) rechtsextrem bezeichnet. Als „Beweis" für diese hirnrissige Behauptung wurde gerne eines ihrer ältesten Lieder herangezogen: „Deutschland, Deutschland". Lächerlich. In diesem vom jugendlichen Nationalstolz geprägten Song singen sie nämlich ausdrücklich, für jeden Vollidioten wahrnehmbar, vom Dritten Reich (1933-1945) als einer dunklen Zeit: „Auch zwölf dunkle Jahre in deiner Geschichte machen unsere Verbundenheit zu dir nicht zunichte."[1] Ich habe das in meiner Jugend ganz genauso gesehen. Für das, was vor meiner Geburt passiert oder angeblich passiert ist, ließ ich mir weder meine Heimatverbundenheit nehmen, noch schlechtes Gewissen einhämmern.
Wie auch ich bemerkten die Onkelz schmerzhaft, dass der Skinheadkult längst tot war: „Die junge Arbeiterklasse, falls es so etwas je gegeben hatte, hatte ihre Seele verkauft, als sie damit begann, auf sozial Schwächeren rumzuhacken, anstatt sich weiterhin gegen die Autoritäten aufzulehnen."[2] Viele Skins wurden ja von den Rechten und etliche Punks von den Linken vereinnahmt – und damit als rebellische Bewegungen zerstört. Als die Haare zweier Jungs schon längst bis zum Arsch hingen, positionierten sie sich 1998 aufgrund abermaliger ungerechtfertigter Übergriffe gegenüber den Extremisten beider Lager in ihrem Lied der eigenen Mitte und sangen „Ohne mich!":

Antifa — ihr könnt mich mal
Ich lache über euch und ihr merkt es nicht mal
Ihr kämpft gegen mich, wie lächerlich
Denn euren wahren Feind, den seht ihr nicht
Ihr seid blinder als blind, Pseudomoralisten
dumm und intrigant, nicht besser als Faschisten ...

Und hier ein paar Worte an die —rechte— Adresse
Leckt uns am Arsch, sonst gibt's auf die Fresse
Ich hasse euch und eure blinden Parolen
Fickt euch ins Knie, euch soll der Teufel holen
Ihr seid dumm geboren, genau wie ich
Doch was ich lernte, lernt ihr nicht
Ihr seid blind vor Hass, dumm wie Brot
Ihr habt verschissen, eure Führer sind tot ... [3]

1 *Böhse Onkelz*, aus dem Lied „Deutschland" vom Album „Der nette Mann"(1984); eigentlich waren es 13 Jahre ...
2 *Edmund Hartsch*, Böhse Onkelz – Danke für Nichts (1997), S. 99
3 *Böhse Onkelz*, aus dem Lied „Ohne mich" vom Album „Viva los tioz" (1998)

Ungefragte Kritiker

Die Hölle ist in dir
und kein Ort, an den man geht,
unsere Hölle schaffen wir
und nicht der, der vor uns steht
Böhse Onkelz[1]

Menschen, mit denen wir Probleme haben, weil sie uns ungefragt oder unfair kritisieren, können gute, unbezahlte Lehrmeister sein. Rein rational betrachtet, eröffnen sich nur zwei konstruktive Reaktionsvarianten. Entweder stimmt, was gesagt wurde, und wir haben die Möglichkeit, etwas zu ändern. Eventuell weisen wir darauf hin, dass wir kein Feedback erbeten haben. Oder es handelt sich wirklich nur um den Balken im Auge des Kritikers, der nichts mit uns zu tun hat. Das kann uns dazu bewegen, deutlicher zu uns selbst zu stehen und uns unabhängig(er) vom Fremdbild zu machen, d.h. dem anderen seine Meinung zu lassen, ohne sie sich zu Herzen zu nehmen. Zu den letztgenannten Kritikern zählen auch Leute, die ich liebevoll „Angsthaserln" nenne. Du hast eine Idee, bist dir noch nicht ganz über die Umsetzung im Klaren und erzählst sie einer Bekannten. Sie rät dir von deinem Vorhaben ab. Es ist an dir, zu erkennen, ob ihre Einwände sachlich begründet sind, auf Neid beruhen oder nur deine eigene Angst spiegeln.
Sollte nun zum Beispiel ein dümmlicher oder manipulierender Buchkritiker, Moderator oder Günstling machtmissbrauchender Organisationen, der das vorliegende Buch nicht gelesen hat oder dessen Inhalt einfach nicht verstehen will, auf die Idee kommen, Elemente meiner ehrlichen Darstellungen durch Verdrehung oder einseitige Zitierung „gegen" mich zu verwenden, würde mich dies tief drinnen bestimmt erst einmal bedrücken. Im Endeffekt könnte dem Ziel des Buchs aber kein größerer Dienst erwiesen werden. Auch Negativwerbung ist Werbung und veranlasst eventuell noch nicht ganz tote Geister, sich näher mit diesem Werk zu befassen ...
Anmerkung: Den obigen Text habe ich 2010 geschrieben. Schon kurz nach dem Erscheinen der ersten Auflage hat er sich bewahrheitet. Eine offenbar wahrnehmungsgestörte Person hat „Tiger in High Heels" als gewaltverharmlosend bezeichnet, mich ins rechte Lager zugeordnet und mehr Interesse für dieses Buch geweckt, als ihr lieb war ...

1 *Böhse Onkelz,* Lied „Das Problem bist du" vom Album „Hier sind die Onkelz" (1995)

III. FÜR DICH?

Freiheit ist das höchste Gut
Wahrheit und Liebe sind
ihr Schwert und Schild

EINFACH BESONDERS

Raus mit der Wahrheit

Die nun folgenden Erörterungen sind prinzipiell auf jede Form des Andersseins anwendbar. Nicht einer phantasierten Norm zu entsprechen, erzeugt Leid, und das unabhängig davon, ob wir Süchte, Ängste und Phobien, unsere wahre geschlechtliche Identität oder sexuelle Orientierung verheimlichen. Das Herausrücken mit der Wahrheit wird als „Coming Out" bezeichnet und kommt eigentlich von „Coming out of the closet": aus dem Kleiderschrank herauskommen. Es handelt sich um den Prozess der Selbstmitteilung bislang unterdrückter, verheimlichter Eigenschaften oder Verhaltensweisen, wobei sie sich, wie gesagt, nicht nur auf Abweichungen der individuellen Sexualität von einer angeblichen Norm erstrecken, sondern auch andersartige geschlechtliche Identifikationen und prinzipiell jede „Devianz"[1] umfassen können. Ob du nun mit deiner Angst vor Führungsaufgaben oder öffentlichen Vorträgen eine berufliche Leitungsfunktion bekleidest, ob du heimlich und eventuell stressbedingt trinkst oder als Arzt blockierende Scheu vor dem Nahkontakt mit Patienten hast, macht hinsichtlich des Gefühls des persönlichen Unvermögens keinen Unterschied.

1 Devianz: In der Soziologie werden gewisse stigmatisierte Eigenschaften, wie etwa Behinderung und Hautfarbe sowie Verhaltensweisen wie sexuelle Aktivitäten etc. als abweichendes Verhalten bezeichnet. Sie werden aufgrund von Etikettierungen und sozialer Kontrolle von einer dominanten Gruppe auf eine Minderheitengruppe in Form einer Fremdzuschreibung als Abweichung von über einen bestimmten Zeitraum gültigen Normen und Werten beurteilt. Die Deklarierung von abweichendem Verhalten (Devianz) umfasst stets ein Werturteil und geht daher mit den gesellschaftlichen Prozessen der subjektivierten Normbildung einher.

Ist der Leidensdruck groß genug, wird meist Hilfe von außen angenommen. Dem inneren Prozess der Bewusstwerdung (inneres Coming Out) folgt möglicherweise das erleichternde äußere Coming Out, das eine Bandbreite von der Einweihung des engsten Vertrautenkreises bis zur Offenbarung gegenüber dem ganzen sozialen Umfeld abdecken kann.

Daran, dass es im 21. Jahrhundert überhaupt noch nötig ist, sich für etwas Natürliches und Menschliches zu „outen", erkennen wir erneut unsere Gefangenheit im unsichtbaren Sozialnormkäfig. Als normal gilt, was mehr als 50 Prozent der Mitglieder eines Kulturkreises denken, fühlen, tun oder unterlassen. Mangels faktischer Überprüfbarkeit im großen gesellschaftlichen Kontext ist „die Norm" jedoch eine geistige Fiktion. Wer nicht zum Kreis der fiktiven Masse gehört, dem scheint aus einer unbewussten sozialen Sicht eine Rechtfertigungsverpflichtung auferlegt zu sein. Doch wer erklärt sich hier wem gegenüber und aus welchem Grund? Wie oft hat sich bei dir jemand wie folgt geoutet: „Du, ich muss dir etwas mitteilen, das ich dir sehr lange verschwiegen habe… ich wurde männlich geboren und möchte es bleiben!" Hat dir schon einmal jemand gestanden, heterosexuell zu sein?

Aus persönlicher und beruflicher Erfahrung weiß ich, dass es sich beim „Herauskommen" in erster Linie um die Auseinandersetzung mit den eigenen Ängsten handelt, nicht normal zu sein, verspottet und gemobbt zu werden oder gar den Job zu verlieren. Ob die Ängste irrational oder berechtigt sind, ist dabei absolut unerheblich. Subjektiv wird Angst empfunden. Das genügt. „Die Anderen" spielen dabei eigentlich nur insofern eine Rolle, als die inneren Ängste des Herauskommenden oft auf sie übertragen werden. Die innere Angst wird an der vermuteten Reaktion der Außenstehenden fühlbar. Eventuell hat man sich ja bereits in einem Versuch der Öffnung an seine Mitmenschen herangewagt und ist dabei kräftig auf die Schnauze geflogen, weil man noch nicht wirklich zu sich selbst gestanden oder sich einfach nur in einem ungünstigen Umfeld bewegt hat. Je länger etwas (weiter) verheimlicht wird, umso intensiver werden die Phantasien über eine Zurückweisung im Falle der (wirklichen) Öffnung. Ich möchte hier nichts beschönigen. Es wird immer jemanden geben, der bzw. dessen Ego nicht mit uns zurechtkommt. Die wesentliche Frage ist aus meiner Sicht, ob wir wirklich zu uns *selbst* stehen oder uns mit der vermeintlichen Anerkennung in einer nicht authentischen Rolle zufrieden geben wollen. Irgendwann gilt es abzuwägen, ob uns die Maskerade nicht mehr Energie kostet als die künftige Ausgrenzung, die bisher meist „nur" in unserer Vorstellung stattfand. Wollen wir weiterhin einen Beruf bekleiden oder uns mit einem Menschen abgeben, der nicht mit unserem Wesen vereinbar ist? Wollen wir den Kampf der Egos austragen oder uns vor ihm verstecken? Oder wollen wir endlich zu unserem Selbst gelangen, an dem sich niemand wirklich reiben kann? Als Anhalt darf genommen werden, dass uns die Mitmenschen besser so annehmen können, wie wir wirklich sind. Prinzipiell dürsten Menschen nach Offenheit und sind selber froh, wenn sie etwas von sich preisgeben können. Sie schätzen uns hauptsächlich aufgrund der Art des Umgangs und der sozialen oder beruflichen Leistungen, die wir erbringen, und nicht wegen dem, was wir verbergen oder preisgeben. Unser Umfeld ist außerdem stark mit sich selbst beschäftigt. Wir sind also eher nicht im Brennpunkt ihres Interesses.

Ratsam ist, sich der eigenen Seite bewusst zu werden und erst einmal innerlich zu sich selbst zu stehen. Wer zu sich steht, ist innerlich so gut wie unantastbar, weil man spontan agieren kann und meist von *selbst* eine Änderung seiner Beziehungen vornimmt. Verantwortung für sich zu übernehmen, kostet und gibt Kraft, wobei meiner Erfahrung nach ein deutliches Energie-Plus zu verzeichnen ist. Die Annäherung an die menschliche Umgebung kann schrittweise und einfühlsam, aber konsequent vom Partner über Freunde zu Berufskolleginnen und der Öffentlichkeit erfolgen. Wenn man sich seiner Neigung bewusst ist, diese akzeptiert und positiv – oder gar nicht mehr – darüber denkt, ist ein guter Schritt in Richtung einer liebevollen, von Akzeptanz geprägten Beziehung zur Partnerin und anderen Mitmenschen bereits getan. Niemand kann jemand anderen lieben, ohne sich selbst zu lieben.

Besonders den Transidenten empfehle ich, gegenüber der Partnerin oder dem Partner von Anfang an mit offenen Karten zu spielen. Gelangt erst nach Jahren ans Tageslicht, was mühevoll verheimlicht wurde, wiegt der Vertrauensbruch an sich oft weit mehr als das eigentlich Verheimlichte. Der Mensch, dem man offenbar am meisten vertraut, weil man neben (und mit) ihm schläft, hat es verdient, dass man ehrlich zu ihm ist. Genauso wie dem Partner schadet es auch einem selbst, wenn man einen wichtigen Aspekt seines Lebens verheimlicht. Die Last wird mit der Zeit immer schwerer zu tragen. Gegenüber Kindern empfiehlt es sich, ehrlich zu sein, aber nur soviel preiszugeben, wie sie wissen müssen oder von sich aus wissen wollen. Meist fragen sie früh genug.

Am besten macht man die (eigenen) Kinder darauf aufmerksam, dass sie die „Neuigkeiten" grundsätzlich weitererzählen können, aber dann damit rechnen müssen, von anderen Kindern und deren Eltern schief angeschaut oder verspottet zu werden. Die Wahrheit macht frei.

Schreibing out

Was ich wortspielerisch als „Schreibing out" bezeichne, sind die schriftlichen Mitteilungen an jenes berufliche Umfeld, zu welchem kein oder nur wenig persönlicher Kontakt besteht. Sie sollten mir und der Kollegenschaft mein „Coming Out" erleichtern. Wer regelmäßig mit mir von Angesicht zu Angesicht zu tun hatte, erfuhr höchstpersönlich etwas aus ihrer oder seiner Sicht Neues. Bevor ich mich offenbarte, war mir von nahestehenden Personen, die es sehr gut mit mir gemeint hatten, eher davon abgeraten worden. Gut gemeint ist aber nicht immer gut.
Mein erstes Outing anlässlich „meiner" ersten Fernsehshows ereignete sich, nachdem ich vom Dienstgeber zu einer schriftlichen Stellungnahme ausgefordert worden war. Was ich erst als gegen mich gerichtete Energie wahrgenommen hatte, verwandelte sich durch das abverlangte Schreiben in etwas Konstruktives:

Sachverhaltsdarstellung:[1]

Auf Ersuchen meines Abteilungsleiters, XXXXXXXXXXXXXX stelle ich folgenden Sachverhalt betreffend meinen Auftritt in der XXXXXXXXX-Show vom XXXXXX dar:

1. Thema der besagten Sendung war „XXXXXXXXXX" – sohin eine rein meine Privatsphäre betreffende Thematik. Teilgenommen habe ich, nachdem eine mir bekannte Redakteurin der Firma „XXXXX" an mich herantrat. Als Inserat (eingeblendete Personalien) schien „Toni, Lebens- und Sozialberater" auf. Dies erfolgte in Absprache mit meiner einstigen (auch aufgetretenen) Lebensgefährtin und besagter Firma sowie insb. um nicht mit etwaigen Dienstgeberinteressen zu kollidieren.
Auf der Bühne war auch eine mit mir bestens befreundete Radiomoderatorin aus Linz, die ebenfalls das Gewerbe der Lebens- und Sozialberatung ausübt.

1 Gewisse Angaben über Personen und TV-Sendungen werden aus rechtlichen Gründen nicht angeführt.

2. Wie verabredet, wurde zu Beginn der Sendung ein ca. 40sekündiger Abspann aus einer zuvor gedrehten Sendung zum Thema Transidentität gespielt, der mich in „weiblichem Outfit" zeigt. Zum damaligen Zeitpunkt bauten meine Ex-Lebensgefährtin (Beruf Maskenbildnerin) und ich ein Unternehmen auf, welches sich auf Verwandlungen aller Art spezialisieren sollte. In den letzten etwa sieben Minuten dieser Sendung erläuterte ich unter dem Pseudonym „Monique" meine Sichtweise zum Thema Transidentität und meine Freude an der Verwandlung. Als Beruf wurde aus den unter 1. dargelegten Gründen „Lebens- und Sozialberater" angeführt. Des Weiteren wurde auf meinen Wunsch hin meine Stimme technisch unkenntlich gemacht.

3. Zu keinem Zeitpunkt wurde ein Konnex zu meiner Tätigkeit im BMLV hergestellt, zumal a. die Sendungsthemen nicht mit selbiger zusammenhingen und b. meine Funktion im BMLV nicht einmal am Rande thematisiert wurde.

4. Aufmerksam wurde Firma „XXXXX" auf mich durch meine private Homepage http://monique-dumont.com[1] Diese Website wurde bislang von etwa 200.000 Menschen besucht und hat vor allem künstlerisches Spiel mit Rollenbildern zum Inhalt. Gezeigt werden insb. stilvolle, meist von Profifotografen angefertigte Aufnahmen, welche optisch darlegen, wie „man aus einem gestandenen Mannsbild mit Farben und Kleidung ein mit einer Frau zum Verwechseln ähnliches Wesen erschaffen kann." Auch bei meinem Internetauftritt ist weder bildlich noch schriftlich eine Verbindung zu meinem (Haupt-) Beruf als Jurist im BMLV herstellbar. So lautet bspw. die Domain auf den Namen der Webdesignerin. Die Url dieser Homepage wurde XXXXXXXXXXXXXX telefonisch bekannt gegeben.

5. Wäre entgegen den o.a. Ausführungen dennoch ein für die Öffentlichkeit erkennbarer Konnex zwischen meinen Auftritten und meiner beruflichen Tätigkeit beim BMLV herstellbar, so würde dies zweifellos keinen (disziplinar-) strafrechtlichen Tatbestand erfüllen. Da ich jedoch meinem Dienstgeber loyal gegenüber war (und bin), wollte ich im Vorfeld etwaiger für das Ressort ungewollter Publicity vorbeugen.

6. Um für Klarheit zu sorgen und ggf. „dunklen Phantasien" keinen Raum zu geben, lege ich folgende persönliche Dinge dar.

1 Heute lautet die private Internet-Seite **www.monika-donner.at**

Die Phantasiegestalt „Monique Dumont"

- *ist Ausdruck meiner künstlerischen Kreativität und Verspieltheit,*
- *bot mir neben Pistolenschießen, Tauchen und Sport bereits in meiner Zeit als Kompaniekommandant die Möglichkeit zur Entspannung vom stressgeladenen Berufsalltag inkl. Studium und Hausbau*
- *trug sohin zur Leistungssteigerung bei und*
- *ist seit geraumer Zeit enger mit mir zusammenarbeitenden KollegInnen bekannt.*

Was „Monique Dumont" nicht ist:

- *Verkappte Homosexualität (sexuelle Orientierung heterosexuell)*
- *Transsexualität (ich lebe im richtigen Körper und werde – ggf. zum Leidwesen meiner KameradInnen und KollegInnen – nicht „als Frau" zum Dienst erscheinen)*
- *Transvestitismus (ich fühle mich stets als dem männlichen Geschlecht zugehörig)*
- *Verulkung männlicher oder weiblicher Rollenbilder (auch wenn diese überholt, weil zunehmend unnatürlicher sind)*

Ich stehe jederzeit völlig angst- und wertungsfrei für ernsthafte Aussprachen, Diskussionen etc. zur Verfügung und erkläre mein Einverständnis, vorliegende Sachverhaltsdarstellung im Bedarfsfall dienstlich und im Originalwortlaut zu verwenden.

Dieses Schreiben stellt die damalige Situation wahrheitsgetreu dar. Ich spürte zwar, dass da mehr war, wusste mangels „Vorbilder" aber nicht, wie ich dieses Mehr zuordnen oder damit umgehen sollte. Vor und seit dieser Selbstoffenbarung gab es keine wie auch immer gearteten direkten Übergriffe im Berufsleben. Allein eine Kollegin wurde von einem halblustigen Unteroffizier, dem dieses Schreiben auch zuging, gefragt, ob „Justl die Stöckelschuhe auch beim Bumsen anhat." Warum ich nicht selbst gefragt wurde, liegt wohl auf der Hand. Die Gefahr, dass ich die Frage des Betreffenden als seinen eigenen Wunsch entlarvt hätte, wäre wohl zu groß gewesen. Ich riet jedenfalls meiner Kollegin, sich nicht mehr um derlei Geschwafel zu kümmern und Wissbegierige direkt an mich zu verweisen. Seither hörte ich nichts mehr darüber.

Ein sehr angenehmer Begleiteffekt meines Outings war, dass es niemand mehr wagte, mich einseitig zu duzen. Das „feudale Du" ist zwar beim Militär offiziell verboten, wird aber trotzdem regelmäßig praktiziert. Jüngere bzw. rangniedrigere Soldaten werden oft mit „Du" angesprochen, sollen aber die Ranghöheren mit „Sie" anreden. Dieses verblödete Überbleibsel aus der Monarchie erinnerte mich immer schon an Hunde, die anderen Hunden aufreiten. Auch wenn es mehrfach bei mir versucht wurde, ließ ich es schon bei der Truppe nicht durchgehen. Ab meiner Selbstöffnung im Ministerium wagte es niemand mehr, es auch nur zu probieren.

Nachdem ich später beschlossen hatte, in der weiblichen sozialen Rolle zu leben, legten mir Freunde nahe, meine Anti-Operationshaltung nicht bekannt zu machen, weil das niemand etwas angehen und man mich dann eventuell nicht ernst nehmen würde. Etwas verschweigen und damit zu bewusster Irreführung beizutragen, entspricht nicht meinem Wesen, weshalb die nächste, im Kapitel „Gesellschaftliches Rundherum" angekündigte schriftliche Selbstoffenbarung lautete:

Sehr geehrter Herr Brigadier!

Wie unlängst besprochen, ersuche ich Dich auf diesem Wege, gegenständliche Sachverhaltsdarstellung zur Kenntnis zu nehmen sowie an Deine in der Hierarchie Vorgesetzten bis inkl. Ebene KBM weiterzuleiten. Die nun folgenden Zeilen wurden verfasst, um mich zu erklären sowie um einen möglichst offenen, respektvollen und den Dienst förderlichen Umgang mit KameradInnen und Vorgesetzten zu erhalten. Dabei soll trotz des nötigen Ernstes meinem Charakter entsprechend der Humor nicht unbedingt zu kurz kommen.

Das österreichische Bundesheer und ich haben einiges gemeinsam – u.a. auch den Prozess, in dem wir uns seit einiger Zeit befinden: jenen der Transformation. Nach vielen Jahren des Versteckspiels mit meinem Umfeld habe ich kürzlich und nach reiflicher Überlegung beschlossen, fortan im sog. sozialen Geschlecht als Frau zu leben. Darunter verstehe ich, dass ich rein körperlich Mann bin und bleibe, mich aber emotional und geistig überwiegend als weiblich empfinde.
Mein Entschluss wird durch eine entsprechende Befundung (Transsexualismus; Beilage) untermauert.

Mit bspw. der ressortangehörigen transsexuellen Frau Hauptmann verbindet mich zwar die Diskrepanz zwischen körperlichem Geschlecht und geschlechtlicher Identität, jedoch habe ich aus mehreren Gründen nicht vor, mich einer geschlechtsanpassenden Operation zu unterziehen. Vor allem fühle ich mich wohl in meiner Haut bzw. besteht kein seelisches Leid aufgrund meiner Körperlichkeit an sich. Vielmehr bereitet der Umstand Unbehagen, in keines der vorgegebenen stereotypen Rollenbilder zu passen und gelegentlich befremdeten Reaktionen ausgesetzt zu sein. Der von mir beschrittene Weg stellt eben in unseren Breitengraden eher ein Novum dar.

Es erfolgte bereits ein öffentliches, aber moderates, weil nicht ganz authentisches (Verleugnung der Transsexualität), „Outing" insb. via TV inkl. schriftlicher Stellungnahme für den XXXXXXXXXXX. Dass mein persönlicher Werdegang meiner Leistungsfähigkeit keinesfalls abträglich war (und ist), wurde offenbar auch von meinen ehemaligen Vorgesetzten (XXXXXXXXXXX) so gesehen: Mein Referat verzeichnete ein Plus an Aufgaben, Vorträge auch an den Chef des Generalstabs, die Leitung von Besprechungen mit nachgeordneten Dienststellen etc. Aufgrund meines persönlichen Einsatzes erhielt ich innerhalb von einem halben Jahr drei beachtliche Geldbelohnungen. Dies alles erwähne ich nicht zur Selbstbeweihräucherung, sondern um hervorzuheben, dass durch Abbau von Scham und bisher völlig unbegründeter Angst vor Mobbing Energien frei werden, die nicht dem Betroffenen alleine, sondern auch dem Dienst zugute kommen. Diese Erkenntnis habe ich nicht zuletzt aus meiner selbständigen Tätigkeit im Rahmen der Lebens- und Sozialberatung (psychotherapeutische Methoden – Hilfe zur Selbsthilfe), sondern auch aus jener beim Helplineservice des Heerespsychologischen Dienst gewonnen.

Um etwaigen Missverständnissen vorzubeugen, bestätige ich, mit einer Frau zusammen zu leben und keinerlei sexuelles Interesse an Männern zu haben, nicht provozieren zu wollen, keine „Bevorzugung" im Sinne des § 11b B-GlBG oder Bonus für das von mir geführte Unternehmen erschleichen zu wollen. Psychostruktur, Ausbildungen und Lebenserfahrung machen mich zu allem anderen als zum potentiellen Mobbingopfer, weshalb dieses Schreiben kein Unterstützungsgesuch darstellt. Eventuell gereicht es jedoch Menschen zur Hilfe, die Leid zu ertragen haben, weil sie nicht zu sich selbst stehen können u/o aufgrund ihres Andersseins diskreditiert werden.
Aufgrund der o.a. Darlegungen wird bestimmt einleuchten, dass ich es bevorzuge, als Frau behandelt zu werden, wie dies im privaten und

sonstigen Umfeld (Krankenkasse, Gemeinde, Bank, Unternehmen etc.) bereits seit einiger Zeit erfolgt. Von einer einheitlichen dienstlichen Regelung der Anrede in diesem Sinne halte ich nichts, zumal aufgrund des geschlechtsspezifischen Geburtenbucheintrages (männlich) kein Rechtsanspruch darauf besteht, als Frau behandelt zu werden. Außerdem möchte ich eigenverantwortlich agieren und es jeweils meinem Gegenüber überlassen, für welche Form der Anrede er/sie sich bspw. entscheidet. Dies auch, weil mein Äußeres einerseits in den letzten Jahren weitest möglich verweiblicht wurde, ich aber andererseits – u.a. aufgrund des Zuwachses im Oberkörperbereich – weiterhin (mit 1,90m Körpergröße) Kraftsport betreibe.

Der Mangel einer rationalen Erklärung dieses Phänomens ist für uns westliche Menschen unbefriedigend. Vielleicht unterstützt die Darstellung besseres Verständnis, dass ich bereits als Kind sowohl große Sympathie für militärische Belange als auch für indianische Krieger hatte, die beschlossen, als Frau zu leben.

Ich erlaube mir, diesen Brief (als Beilage) v.a. jenen MitarbeiterInnen zukommen zu lassen, die nicht in regelmäßig persönlichem Kontakt zu mir stehen. Gegenständliche Vorgangsweise wurde mit Mag. XXXXXXXXXXX von der Presseabteilung abgesprochen. Da ich Erfahrung im Umgang mit diversen Medienvertretern habe, wurde festgelegt, dass selbige bei Anfragen über mein Privatleben an mich verwiesen werden. Nicht zuletzt in diesem Zusammenhang bekräftige ich, dass sich an meiner bisherigen positiven Haltung gegenüber der militärischen Landesverteidigung nichts geändert hat. Sie fand viel mehr durch den umsichtigen Führungsstil meiner Vorgesetzten mehrfach Bestätigung. Diese sahen augenscheinlich fachliche und soziale Kompetenz ebenso untrennbar mit meinem Wesen verbunden wie den von mir eingeschlagenen persönlichen Weg.

Nach der ersten Namensänderung übermittelte ich folgenden Text an sämtliche Behörden und Unternehmen:

Sehr geehrte Damen und Herren!

Da ich seit einiger Zeit (im sozialen Geschlecht) als Frau lebe, habe ich eine Vornamensänderung von „Anton Alexander" auf „Toni Monique Alexandra" vorgenommen. Den diesbezüglichen Namensänderungsbescheid entnehmen Sie bitte der Beilage. Äußeres Erscheinungsbild und Verhalten entsprechen dem weiblichen Geschlecht, eine geschlechtsanpassende Operation kommt für mich jedoch aus mehreren Gründen nicht in Frage.

Da „Toni" zwar an sich geschlechtsneutral ist, aber dennoch im Sprachgebrauch eher dem männlichen Geschlecht zugeordnet ist, möchte ich Sie ersuchen, hinkünftig jedwede Korrespondenz – je nach dem Grad Ihres Entgegenkommens – nach folgenden (meinen) Prioritäten an mich zu richten:

1. *Frau Mag. Monique Alexandra Justl*
2. *Frau Mag. T. Monique Alexandra Justl*
3. *Mag. Monique Alexandra Justl*
4. *Mag. T. Monique Alexandra Justl*
5. *Mag. Toni Monique Alexandra Justl*

Zur besseren Nachvollziehbarkeit habe ich mir erlaubt ein aktuelles Foto anzuhängen. Selbstverständlich bestätige ich, dass der geschlechtsspezifische Eintrag im Geburtenbuch nach wie vor "männlich" lautet. Aus für Sie bestimmt nachvollziehbaren Gründen ersuche ich Sie aber, meiner Priorität 1 nachzukommen und verbleibe mit freundlichen Grüßen

Nur eine Bank entschied sich für Version Fünf. Die restlichen Adressaten schrieben und sprachen mich gemäß Variante Eins an. Wie im Privatleben gab es auch im beruflichen Bereich keine nennenswerten Probleme. Soweit ich mich erinnere, waren da lediglich zwei Kollegen, die sich aktuell und explizit weigerten, meinem Wunsch nachzukommen, mich als Frau zu behandeln und anzusprechen. Das tat mir kurzfristig weh, auch weil ich der Ansicht war und bin, dass meine Entscheidung zu respektieren ist. Aus unzähligen Gesprächen mit genitalverändernd operierten TS weiß ich, dass auch sie diese, wenn auch wenigen, unangenehmen Erfahrungen der Nichtannahme machen. Ich bin felsenfest davon überzeugt, dass Menschen, die in sich ruhen und sie selbst sind, andere Menschen so sein lassen können, wie sie sind, wenn niemand dadurch Schaden trägt. Wenn also jemand selbst nach allen erhaltenen Informationen noch ein Problem mit meinem Weg hatte, war es im Grunde genommen sein Problem mit seinem eigenen Ego. Sich mit dem Ego oder der Maske des Gegenübers anzulegen, bringt nichts außer Zoff. Anders ausgedrückt: „Never argue with an idiot – he will lower you to his level and beat you with experience!"[1] Streite nie mit einem Idioten, er zieht dich auf seine Ebene herunter und schlägt dich mit Erfahrung! In einer Ausnahmesituation, in der wir viel Energie für uns selber brauchen, lohnt dieser Kraftaufwand sowieso nicht. Dass es Menschen gibt, die in solchen Situationen weder neutral noch unterstützend, sondern wie kleine energetische Blutsauger agieren, kann zwar ganz schön kränken oder ärgerlich sein, ist aber, wie bereits erörtert, ausschließlich Ausdruck ihrer eigenen Selbstentfremdung und unbewussten Systemanpassung ...

Nachdem mein Rechtskrampf gewonnen und die Rechtslage daher klar war, bedurfte es nur noch der Vorlage eines schlichten Dreizeilers, der neuen Geburtsurkunde und Namensänderungsbescheide an den Dienstgeber, die Behörden und Unternehmen. Einige Menschen scheinen sich wohler zu fühlen, seitdem meine amtlichen Dokumente dem gelebten Geschlecht entsprechen. Mir geht es genauso, weil ich nichts mehr erklären muss.

Schikane und Mobbing

Als Resultat meiner Selbstöffnung halte ich fest, dass sich nur die wenigen halbherzigen Beziehungen wie von selbst auflösten. Dafür kamen viele neue Bekanntschaften und Freundschaften hinzu. Auch im Dienst öffnen sich Menschen mir gegenüber und sind froh, nun selber etwas „Geheimes" bei mir loswerden zu können. Einige Mitarbeiterinnen, die sich schikaniert oder gemobbt fühlten, wendeten sich bereits an mich. Ich selbst habe mich bisher nie schikaniert gefühlt.

1 Dieses Zitat stammt angeblich von *Bob Smith*

Aber ich bin nach wie vor wachsam. Mobbing ist meist versteckter und nur selten offener Psychoterror gegenüber Kollegen in der Schule, am Arbeitsplatz, im Verein oder in der Wohnsiedlung. Typisch für diese niederträchtige Form der Herabwürdigung von Menschen sind die Verbreitung von falschen Gerüchten, die Zuweisung aufwandreicher und im Ergebnis sinnloser Arbeiten, ständige und unberechtigte Kritik an Arbeiten, ungerechtfertiges Hindern am beruflichen Aufstieg und Gewaltandrohungen.

Das dahinter steckende Ziel ist die eigene Ego-Erhöhung und die soziale Isolation des zunehmend zermürbten Gemobbten. Das Perfide an derartigen Übergriffen ist, wie wir auch der Spitzenlektüre einer französischen Psychoanalytikerin entnehmen[1], ihre schwere Durchschaubarkeit, die nicht selten dazu führt, dass sich das Umfeld offen vom Opfer abwendet, weil es sich „plötzlich nur noch seltsam verhält." Wer solchen Attacken ausgesetzt ist, sollte so bald wie möglich damit beginnen, sämtliche Vorfälle schriftlich zu dokumentieren und Zeugen anzuführen. Führt eine klare Aussprache mit den Tätern nicht zum abrupten Ende der Feindseligkeiten, wäre Hilfe von außen (Gewerkschaft, Therapeuten, bei ernsthafter Gefährdung auch die Polizei) in Anspruch zu nehmen und die Sache möglichst sachlich und urteilsfrei dem Leiter der jeweiligen Einrichtung (Schuldirektor, unmittelbarer Vorgesetzter) vorzutragen. Es ist dessen Aufgabe, im Sinne der Gesundheit des Bediensteten und der ganzen Belegschaft, diesen Frechheiten unverzüglich ein Ende zu setzen. Kommt er diesem Auftrag nicht nach, weil er eventuell gar selbst einer der Täter ist, so wendet man sich am besten an die nächsthöhere Etage.

Jedenfalls kommt auch eine disziplinäre und/oder strafrechtliche Verantwortung der Täter in Frage. Nach österreichischem Recht kommen hauptsächlich, auch in Verbindung mit einer sexuellen Komponente, „Körperverletzung", „Gefährliche Drohung", „Nötigung", „Beleidigung" und „Beharrliche Verfolgung" in Betracht.[2] Auch rein psychische Einwirkungen können den Begriff der Gesundheitsschädigung erfüllen. Das ist nur dann der Fall, wenn dadurch ein körperlich oder seelisch krankhafter Zustand, sei es auch nur vorübergehend, herbeigeführt wird.[3] Dies kommt auch bei jenen Fällen in Betracht,

1 Vgl. *Marie France Hirigoyen*, Die Masken der Niedertracht – Seelische Gewalt im Alltag und wie man sich dagegen wehren kann (2002)
2 Vgl. §§ 83f., 105, 107, 107a, 111, 115 StGB
3 Vgl. auch *Diethelm Kienapfel*, Grundriss des österreichischen Strafrechts – Besonderer Teil – Teil I (1997), S. 96 (Rn 20)

bei denen Menschen gezielt psychischer Zermürbung ausgesetzt werden, weiß Strafrechtsexperte Professor Kienapfel und führt weiter aus: „Derartige Strategien werden häufig beim Mobbing am Arbeitsplatz – offen und in subtiler Weise – eingesetzt und können, etwa durch Auslösen von schweren Schlafstörungen, reaktiven Depressionen, Suizidgefährdung etc. die Qualität einer (uU schweren) Körperverletzung erreichen ..."[1]

Mobbing am Arbeitsplatz kann im Einzelfall auch als gefährliche Drohung zu werten sein.[2] Zur ebenfalls strafbaren „Üblen Nachrede" bemerken wir mit Kienapfel: „Oft sind es die *Intriganten*, die sich nicht selten höchst subtiler Raffinesse bedienen, um ihr Opfer zB durch eine ‚unschuldige' Frage vor allem aber durch *Hinzudichten, Weglassen, Entstellen, Unterstellen oder sonstiges Manipulieren entscheidender Fakten* ins schiefe Licht zu rücken. Das gilt insb. auch für das *Mobbing* am Arbeitsplatz."[3] Auch „gezielte Verhöhnung vor anderen – oft in sehr subtiler Form – ist neben intriganten Beschuldigungen und Unterstellungen (...) ein beliebtes Instrument des Mobbing am Arbeitsplatz", lesen wir in Zusammenhang mit dem Straftatbestand der „Beleidigung".[4]

Diese Zusammenstellung müsste – in ähnlicher Form – grundsätzlich auch in jeder anderen europäischen Rechtsordnung Gültigkeit haben. Man sollte sich nicht davor scheuen, im Bedarfsfall die Polizei einzuschalten. Dazu ist sie da.

Wie wir sehen, muss sich kein Mensch infamen Lügen und Diskreditierungen ausliefern. Mit dem klaren Aufzeigen des Sachverhalts, der Inanspruchnahme von Hilfe und dem Heraustreten aus der Opferrolle in ein selbstverantwortliches Zu-Sich-Stehen ist der wesentliche Schritt bereits getan. Wer so, also im gegebenen Kontext durch gemeine Egos, zu sich gefunden hat, ist weiterhin kaum noch angreifbar.

1 Vgl. ebendort S. 96 (Rn 20); Anmerkung: „uU" bedeutet „unter Umständen
2 Vgl. ebendort S. 262 (Rn 32)
3 Ebendort S. 331 (Rn 18)
4 Vgl. ebendort S. 358 (Rn 8)

SPIRITUELLE EVOLUTION

Ein Krieger des Lichts ist wie ein Fels. Befindet er sich auf ebenem Terrain und um ihn herum ist alles in Harmonie, dann wankt er nicht. Die Menschen um ihn können ihre Häuser auf ihm bauen, und der Sturm kann ihnen nichts anhaben. Befindet er sich jedoch auf geneigtem Terrain und um ihn ist kein Gleichgewicht, oder er wird nicht geachtet, dann zeigt er seine Kraft. Er rollt auf den Feind zu, der den Frieden bedroht. In diesen Augenblicken ist der Krieger zerstörerisch, und niemand wird ihn aufhalten können. Ein Krieger des Lichts denkt zugleich an den Krieg und an den Frieden und weiß den Umständen entsprechend zu handeln.

Paulo Coelho[1]

Es scheint ein Naturphänomen zu sein, dass innerlich starke Menschen so gut wie nie verspottet, gemobbt oder wenigstens nicht davon berührt werden können. Versuche einmal, einen Zen-Meister zu verarschen. Hier dürfte sich das von Darwin vertretene Modell der Durchsetzung des Stärkeren auf der emotional-geistigen Ebene manifestieren. Als Selektion bezeichnet man, wie wir wissen, die natürliche Überlebenssicherung der besser an eine knappe Ressourcensituation angepassten Individuen. Dieser Theorie der natürlichen Zuchtwahl zufolge überleben diejenigen im Kampf um die gegenüber dem Nachwuchs geringen Ressourcen, die ihren Konkurrenten im Wettstreit um Nahrung, Paarungspartner, Nistplätze und Reviere überlegen sind.[2] Meine Forderung nach „emotional-geistiger Selektion durch spirituelle Rebellion" deckt sich sowohl mit Darwins Evolutionstheorie als auch mit dem Stufenbau des Bewusstseins bzw. Denkens nach Ken Wilber.

Dass das Nachgeben des Klügeren in der Herrschaft der Dummen resultiert, haben wir bereits festgestellt. „Für den Triumph des Bösen reicht es,

1 *Paolo Coelho, Handbuch des Kriegers des Lichts (2001), S. 51*

2 *Vgl. Charles Darwin, Die Entstehung der Arten durch natürliche Zuchtwahl (1859); deutsche Übersetzung, Reclam (2007), S. 98ff. sowie Christian Krummer, Der Fall Darwin – Evolutionstheorie contra Schöpfungsglaube (2009), S. 20*

wenn die Guten nichts tun", lautet ein Ausspruch von Edmund Burke, der am Beginn und Ende des Filmes „Hitler – Der Aufstieg des Bösen" eingeblendet wurde.[1] Es geht mir hier aber nicht um die Verstrickung in ein Gefecht zwischen den Kehrseiten ein und derselben Medaille namens „Gut und Böse". Wer zu seinem Selbst zurückgekehrt ist, kennt keinen Hass und entzieht sich weitestgehend dem Kampf der Egos und Masken. Wo es erforderlich ist, kämpft solch ein Mensch hassfrei für seine Freiheit und die seiner Mitmenschen. Für die Zeit des Kampfs wird er selbst zum Kampf. Eine Form des Kampfs ist der Nichtkampf. Darunter ist der prinzipielle Ausstieg aus den von verletzten, gierigen Egos geführten Kriegen und Gefechten gemeint. Wenn es aber gar nicht anders geht, wird eben auf ein paar Etagen „tiefer" gekämpft.

Menschen mit einem ganzheitlichen Bewusstsein befinden sich, wie wir schon erarbeitet haben, „höher" auf der gedachten Hierarchie des Bewusstseins. Weil sie ihrem Selbst näher sind, „überragen" sie jene Mitmenschen, die auf eher einfachen Ebenen des Denkens, wie etwa dem rein rationalen Denken, verhaftet sind. Da uns die Evolution zu mehr und mehr Geist hinbewegt, die immer weitere Ausdehnung der geistig-spirituellen Energie also ein kontinuierlicher Prozess ist, wäre die Resignation der „Schöngeister" gegenüber den „Affengeistern" ein Entwicklungsrückschritt. Schlechtes Gewissen für gerechtfertigtes Abwehren dummgeistig-egozentrischer Übergriffe folgt dem einseitigen Denken und der konditionierten Scham. Es wäre ein Zeichen des Nicht-Selbst und daher weder im Einklang mit der Evolutionstheorie noch mit der Lehre spiritueller Rebellen.

Lange Rede – kurzer Sinn: Sei du selbst, und du bewegst dich im Einklang mit deiner und unser aller Natur. Dazu kann auch gehören, seinen Mitmenschen deutliche Grenzen zu setzen. Das geschieht im Zustand der Einheit wie von selbst.

Sollte man davon ausgehen, dass Evolution einfach nur passiert, ohne sich an einem wie auch immer gearteten Ziel auszurichten, dass also eine Verdichtung der Materie und ein Abnehmen des Geistig-Seelischen kein Rückschritt wäre, dann wäre es eben Sache der „Schöngeister", umso bewusster und konsequenter für ihre bessere Anpassung an die vorherrschende Lebenssituation zu sorgen.

1 *Vgl. Christian Duguay, „Hitler – Der Aufstieg des Bösen" (2003)*

Vor allem ab Ebene Sechs des Denkens/Bewusstseins (das empfindsame Selbst) müssten Menschen für ihr Überleben (Nichtuntergehen) und letztlich zum Wohl aller Menschen dafür Sorge tragen, dass die Entwicklung zumindest nicht rückläufig – daher eben nicht zugunsten der „Affengeister" – vonstatten geht. Das beste Beispiel dafür ist die durch den medialen Konsumzwang verursachte Umweltverschmutzung. Leute ab Ebene Sechs dürfen sich nicht den kleingeistigen, unsere Natur ausbeutenden Stammhirndenkern beugen, wenn sie das Grün dieser Erde erhalten wollen. Die Heilung dieses wunderschönen Planeten ist ein globales Projekt. Generell wird den Mitmenschen durch eine bessere Vernetzung und ein intensiveres Aufzeigen der Wahrheit die Gelegenheit geboten, sich geistig zum Selbst hin zu erhöhen. Dies wäre meines Erachtens die eigentliche Aufgabe jeder Religion (Rückanbindung). Da sie noch nicht wahrgenommen wird, kümmern wir uns nun etwas um uns selbst.

MEDITATIONEN UND DENKREZEPTE

Die nun folgenden Meditationen und Denkrezepte habe ich irgendwann in meinem Leben selbst entwickelt. Eigentlich habe ich sie nicht bewusst gestaltet, sondern von klein auf unbewusst angewendet. Heute schreibe ich sie nieder. Jeder Einzelne von uns ist weit mehr als ein Name, Körper, Denken, Fühlen, Beruf, Teil einer Beziehung oder Elternteil. Das ist alles ist nur die „Ego-Masse". Diese Masse ist die Summe all dessen, was wir zum gesellschaftlichen Leben brauchen bzw. glauben zu brauchen. Wir sind noch weit mehr als die „Ego-Masse", weil wir auch eine Seele und einen Wesenskern haben, die uns mit dem Universum verbinden. Wir sind Teil des Ganzen. Diese Erfahrungen und Erkenntnisse kommen in der Meditation und intensivieren sich mit ihr. Mit den Denkrezepten möchte ich dir „Formeln" mit auf den Weg geben, mit denen du dich im Alltag in der denkenden Mitte einpendeln kannst.

Meditation 1 „Wald-Einheit"

Draußen in der Natur braucht man kein Abitur.
In Wiese, Wald und Flur ist Bildung nur Makulatur
Die Doofen[1]

... der Allerhöchste wohnt nicht in Tempeln,
die mit Händen gemacht sind ...
Apostelgeschichte[2]

Spaltet das Holz und ich bin da.
Hebt den Stein hoch: Dort werdet ihr mich finden
Jesus Christus[3]

Am besten gehst du etwas tiefer in den Wald hinein. Such dir einen ruhigen Ort etwas abseits vom Weg, an dem du nicht durch andere Menschen gestört werden kannst. Bleib dort stehen, wo du dich wirklich wohl fühlst. Hör dabei auf dein Gefühl. Nimm eine Weile bewusst die Umgebung wahr. Danach wähle eine Position, in der du gerne verweilen möchtest. Du kannst stehen bleiben, dich hinsetzen und an einem Baum anlehnen, auf dem Rücken liegen oder auf dem Bauch liegend alle vier von dir strecken.

Die Natur wartet bereits darauf, mit all deinen Sinnen wahrgenommen zu werden. Fühl den weichen Waldboden, den Baumstamm oder den Stein, auf dem du dich befindest. Atme dabei tief durch. Atme ein und aus, ohne dem zuviel Bedeutung beizumessen. Berühre, was sich in deiner Reichweite befindet. Atme tief ein und wieder aus. Beobachte die Bäume, die verschiedenen Gräser, die abgefallenen Äste am Boden, die saftigen Äste in der Höhe und die Tiere des Waldes. Beobachte auch deinen Atem, wie er von alleine kommt und wieder geht. Spüre, wie du in dein Umfeld eingebunden bist. Nimm wahr, dass dein Atem dich mit allen Dingen verbindet. Du atmest die Luft, die zuvor von den Bäumen gereinigt wurde. Wenn du magst, kannst du dich nun bei ihnen dafür bedanken. Ein leises inneres Dankeschön genügt. Vielleicht kommt ein Windhauch. Spüre ihn und rieche die Nadeln und Blätter, das Moos, Holz und Gras. Schmeckst du es in der Luft? Möchtest du die Augen schließen und der Melodie des Waldes lauschen?

1 *Die Doofen*, aus dem Lied „Muh muh muh" vom Album „Lieder, die die Welt nicht braucht" (1995)
2 Apostelgeschichte 7:48 und 17:24
3 Thomas-Evangelium, Logion 77

Vielleicht hörst du den Wind in den Baumwipfeln oder einen Specht sein unüberhörbares „Tock-tock-tock“ klopfen?

Vielleicht hörst du aber auch ein Flugzeug und denkst: „Nicht einmal hier draußen kann man seine Ruhe haben!“ Diesen Gedanken kannst du dann gleich in den Flieger verfrachten und mitfliegen lassen. Visualisiere es, wenn du magst. Sollten störende Gedanken hochkommen, ärgere dich nicht darüber. Lass sie ziehen. Du kannst sie in ein Phantasieflugzeug setzen oder in eine Wolke verwandeln und sanft davonziehen lassen. Beobachte deinen Atem, und du siehst, dass die Existenz dich mit Luft versorgt. Hilft das nicht, dann halte einmal den Atem bewusst an, und du wirst feststellen, dass die Existenz dich geradezu zwingt, weiter zu atmen. Dazu musste niemand denken. Wozu also hier und jetzt denken? Wenn geistige Ruhe eingekehrt ist, wenn du einfach nur präsent bist und beobachtest, bist du bereits im Hier und Jetzt. Dann spürst du dein Selbst. Du kannst dir Stück für Stück von diesem Zustand in dein Alltagsleben hinübernehmen. Erinnere dich, wo du auch bist, an den Zustand der Einheit, wenn etwas dich bedrängt oder zu anstrengend wird. Es steht dir frei, ein Zimmer deiner Wohnung geistig zum Wald der Einheit zu machen.

Meditation 2 „Wald-Stadt“

Da ja nichts und niemand im Leben alleine kommt,
so kam auch das Denken nicht alleine.
Es brachte gleich seine zwei besten Freunde mit:
Die Irrenhäuser und die Klapsmühlen!
Alf Poier[1]

Draußen in der Natur lebt sich's ohne Geld mit Bravour
Glücklich ist das Reh auch ohne Portemonnaie
Die Doofen[2]

Nachdem du einen ruhigen, für dich stimmigen Ort im Wald gefunden hast, bringst du dich in etwa so mit deiner Umgebung in Einklang, wie es in der Meditation „Wald-Einheit“ beschrieben wird. Atme nun tief durch und mach die Augen zu, wenn du dir dann etwas besser vors geistige Auge führen (vor-stellen) kannst. Visualisiere nun einen Kurzfilm, der in Zeitraffer abläuft.

Stell dir vor, wie plötzlich um dich herum Menschen und Maschinen erscheinen. Sie fällen Bäume und begradigen Unebenheiten. Es wird asphaltiert, Mauern werden aufgestellt, Häuser errichtet. Vom Wald und seinem Geruch bleibt nichts über. Du sitzt nun mitten im grauen Großstadtdschungel. Niemand sieht dich, aber du kannst alles beobachten. Dort, wo früher Gras wild wachsen durfte, werden nun die wenigen Grünflächen gestutzt wie Kopfhaar und Bart der meisten Männer. Kannst du es sehen? Hörst du den Rasenmäher dort rattern, wo zuvor noch freie Stille war? Siehst du Stöckelschuhe über den Steinboden stolzieren, wo man zuvor barfuss im weichen Grün gehen konnte? Stell dir nun vor, wie die Menschen in ihren Mauerschachteln (Wohnungen) leben. Wo früher freie Unbegrenztheit war, ist jetzt gemauerte Begrenztheit. Wo die Luft vorher frei zirkulierte, bringt nun eine Öffnung in der Mauer gelegentlich einen Lufthauch. Die Nachbarn kleben dicht aufeinander, kennen sich aber kaum. Hör zu, wie sie viel Oberflächliches übereinander wissen, sich freundlich begrüßen, aber hinter ihren Rükken Gerüchte verbreiten. Sieh zu, wie beide Lebenspartner in die Arbeit fahren, um sich neben dem Lebensnotwendigen ein oder zwei Autos, Mobiltelefone und allen möglichen Schnickschnack leisten zu können.

1 *Alf Poier*, Mein Krampf – Ein geistiges Sterbebuch (2007), S. 64
2 *Die Doofen*, aus dem Lied „Muh muh muh“ vom Album „Lieder, die die Welt nicht braucht“ (1995)

Er wuchs nicht auf den Bäumen, die für den betonierten Wohnraum sterben mussten. Betrachte die Wasserleitung, die den Bach ersetzte, den Kühlschrank, der das Erdloch verdrängte, und die Zentralheizung, die statt der Feuerstelle montiert wurde. Alles ist automatisiert, auch der menschliche Arbeitsroboter. Betrachte die vollen Kleider- und Waffenschränke und Garagen. Spüre die Annehmlichkeiten des Luxus, aber auch die damit verbundene Last.

Lass deinen Blick über den naheliegenden Kindergarten schweifen und beobachte, wie kleine Kinder kaserniert und auf die Schule vorbereitet werden. Empfinde die Freude, die sie beim Spielen mit anderen Kindern haben. Fühlst du auch ihre Traurigkeit, weil sie nicht zuhause sind und in ein Schema gepresst werden? Fliege nun über das nächste Gebäude und sieh zu, wie Jugendlichen Nützliches und Unbrauchbares eingetrichtert wird. Spüre, welchem Druck sie ausgesetzt sind, den es in jenem Wald nicht gab, der sich einst hier befand. Du kannst den Systemdruck als Drücken und Ziehen in der Bauchgegend wahrnehmen. Merkst du, wie sich die Eltern im Beruf abrackern und sich über die Anerkennung für ihre Leistungen, das Geld, freuen? Spür aber auch, wie sehr sie wegen der Arbeit und dem Chef frustriert sind, aber aus Angst schweigen und freundlich bleiben. Am Abend fahren sie von einem Haus zum nächsten Haus, um sich zu erholen. Gelegentlich gibt es zuhause Probleme mit den Kindern, die sich in den anderen Häusern nicht gehörig verhalten haben. Manchmal streiten dann die Eltern, wenn der Stress zu groß wird. In einem abseits gelegenen, großen Gebäude „sitzen“ jene Menschen, die etwas heftiger gegen bestimmte Regeln verstoßen haben. Sie arbeiten und schlafen in ein und demselben Haus, dem Gefängnis. Gar nicht so weit weg von diesem Gebäudekomplex siehst du jenes Haus, in dem Menschen „wohnen“, die mit dem ganzen Druck nicht mehr zurechtkamen. Man nennt sie krank oder irre.

Spiele den Film nun rückwärts ab. Lass die Mauern und Strassen verschwinden. Ein paar Menschen bleiben über. Sie leben in Zelten. Ihr Leben ist natürlicher und freier, aber auf den ersten Blick um einiges härter. Beobachte sie beim Wasserschleppen, beim Feuermachen und bei der Jagd. Spürst du ihre Verbundenheit mit der Umgebung? Siehst du, dass sie weniger Fleisch essen, weil sie es nicht hygienisch verpackt aus dem Supermarkt mitnehmen, sondern die Tiere selbst töten müssen? Bemerkst du, dass sie ihre Umwelt nicht beschädigen und verschmutzen, weil sie in der Natur leben?

Lass jetzt auch diese Menschen und ihre „Stoffhäuser" sich auflösen, bis du wieder ganz alleine auf deinem ruhigen Platz im Wald bist. Betrachte die Bäume und Gräser. Spüre den Wind, die frische Luft und wie unendlich frei du hier bist. Das bist du. Spüre, wie dich die Energie des Waldes durchströmt. Fühlst du, dass es keinen Unterschied zwischen dieser Energie und dir gibt? Wann immer du im Großstadtdschungel bist, kannst du dich an deine innere Reise im Wald erinnern. Irgendwann spürst du diese innere Freiheit, wo immer du auch sein magst. Vielleicht morgen, vielleicht in einem Jahr …

Meditation 3 „Baumumarmung"

Der heilige Baum ist ein Bild für das Leben, die Zyklen der Zeit, die Erde und das Universum.
Der heilige Baum[1]

Jeder einzelne Baum ist heilig.

Du bist wieder im Wald. Nicht unbedingt dort, wo dich jemand beobachten kann. Suche dir nun einen Baum aus. Betrachte ihn und geh auf ihn zu. Langsam, aber aufrecht. Schmiege dich an ihn. Umarme ihn mit beiden Armen. Du hast vollen Körperkontakt mit ihm. Über deine Oberschenkel, Brust und Wange fühlst du die Rinde deines hölzernen Freundes und Bruders. Seine Energie ist stark, aber nicht aufdringlich. Sie durchzieht dich so sanft, wie eine Brise durch dein Haar fährt. Atme tief ein und aus, während du den Baum körperlich spürst.

Bemerkst du, dass du ein Teil von ihm bist und er ein Teil von dir? Sprich mit ihm, wenn du magst. Das kannst du mit der inneren Stimme, ganz leise oder auch lautstark machen. Stell ihm Fragen. Frag ihn doch, wer du bist, ob dein Name oder dein Beruf für ihn wichtig sind. Stell ihm jede beliebige Frage, erzähl ihm etwas oder danke ihm für seine Geduld. Lass die Antworten und Erkenntnisse, die in deinem Inneren auftauchen werden, einfach so stehen, wie sie sind. Oder analysiere sie, wenn du es unbedingt brauchst. Auf jeden Fall wird dein Alltagsleben dadurch beeinflusst werden.

1 *Judie Bopp, Michael Bopp, Lee Brown und Phil Lane*, "The sacred tree"; ins Deutsche übersetzt von *Vroni und Peter Hegi*, Der heilige Baum – Ein indiansisches Weisheitsbuch (1990), S. 29

Freilich kannst du Bäume auch in einem Park umarmen. Sollte dich davor ein beklemmendes Gefühl abhalten, was wohl andere davon halten mögen, stell dir doch einfach vor, wie oft gewisse Leute ihre Autos streicheln. Dient der Putzlappen nicht zur Tarnung der „Liebe" zwischen Mensch und Kraftfahrzeug? Ist der Baum aus Holz nicht liebenswürdiger und lebendiger als die Blechlaube?

Meditation 4 „Hysterisch-blödes Lachen"

Lachen braucht keinen Grund. Lachen ist Lachen. Du kannst, wenn du keinen „natürlichen" Anlass zum Lachen hast, dich in ein künstliches Lachen hineinsteigern. Irgendwann ist dann nur mehr reines, grundloses Lachen da. Hab keine Scham davor, dich vor dir selbst lächerlich zu machen. Benimm dich einmal komplett irre. Mach es erst alleine und nur für dich. Hab Mut und mach dich kurz zu deinem eigenen „Trottel". Danach wirst du sehen, dass du nicht dümmer, sondern klarer im Kopf geworden bist.

Beim Polsterlachen liegst du am besten auf dem Bauch, drückst dein Gesicht in ein Kissen und beginnst extrem künstlich zu lachen. Du kannst dich von leise zu laut steigern. Irgendwann kommt dir das so bescheuert vor, dass du ganz von selbst aus voller Seele und Kehle lachst. Ab einem bestimmten Zeitpunkt entsteht nämlich so etwas wie eine Rückkoppelung zwischen dem künstlichen Blödelgeräusch und deinem „natürlichen Lachzentrum". Das daraus resultierende Lachen macht wirklich Spaß und ist sehr intensiv, weil es mehrfach wahrgenommen wird. Du hörst es innerlich und äußerlich, spürst aber auch die warme Lachluft im Gesicht. Vergiss aber bitte nicht, immer wieder frische Luft zu tanken.

Als Spiegellachen bezeichne ich jenes Lachen, das durch unseren bescheuerten Gesichtsausdruck im Spiegel ausgelöst wird. Es genügt vollkommen, dich einige Sekunden einfach nur dämlich anzugrinsen. In der Regel wächst dann das Bedürfnis, der blöden Visage gegenüber, die einen so hämisch angrinst, eine zu knallen. Das Bewusstsein, dass wir uns selber urblöd finden, kann tierischen Spaß machen. Aus dem Grinsen können sich die „hübschesten" Grimassen entwickeln. Langgezogene Ohren und Mundwinkel, oder Finger, Daumen und Zahnbürsten in den Nasenlöchern ergeben eine herrliche Abrundung der eigenen Dämlichkeit. Probier es aus und du weißt, was ich meine.

Manchmal macht auch Phantasielachen große Freude, indem man sich total schwachsinnige, verkehrte, sinnentleerte Bilder im Kopf ausmalt. Hast du dir jemals Stalin und Hitler in einem rosa UFO vorgestellt? Ihre Bärtchen sind rosa, und sie tragen neckische Dessous. Nach wilden Diskussionen über die machtpolitische Bedeutungslosigkeit ihrer Strapsgürtel, entscheiden sie sich für ein neues gemeinsames Machtsymbol: Sie dekorieren ihr Raumschiff mit lilafarbenen Plastikenten. Sie heiraten dann beide in pinken Rüschenkleidchen. Ihre Armeen wohnen der Zeremonie bei. Ab diesem Tag werden die Soldaten anstatt der Schnürstiefel mit Gefechtsstöckelschuhen ausgestattet. Selbst wenn solche Vorstellungen nicht lustig für dich sind, kannst du künstlich lachen. Daraus wird dann ein befreiendes Gelächter.

Der gedankenlose, entspannte Zustand nach den Lachattacken entspricht dem natürlichen Sein im Hier und Jetzt. Was bleibt, ist der Hausverstand. Das nennen manche dann Erleuchtung. Hol sie hervor, wann immer du Gelegenheit dazu hast und verweile bewusst in diesem Zustand. Beobachte dich dabei. Mehr ist nicht nötig, um Stück für Stück davon in den Alltag zu transportieren. Eines Tages brauchst du keine Meditation mehr, irgendwann ist alles, was du tust, ganz von allein Meditation.

Meditation 5 „Lustige Ego-Suche“

Dieses „Spiel“ nennt sich auch „Versteckspiel mit mir selbst“. Es ist so oft vom Ich die Rede. Das Wort „Ich“ kommt in diesem Buch mehr als 500-mal vor. Dem Ego kommt ein sehr hoher sozialer Stellenwert zu, und doch kann man das Ich nicht anfassen oder sehen. Es bringt meiner Erfahrung nach absolut nichts, das eigene Ich gedanklich begreifen zu wollen. Wie soll man schließlich eine gedankliche Fiktion mittels Gedanken erkennen? Wenn wir einen Spielfilm verstehen, macht ihn das dann zur Realität? Wenn wir uns nun auf die sehr kindische Suche nach unserem Ego machen, dann soll der Schwachsinn der Aktion das Denken ausschalten.

Am besten gehst du auf eine größere freie Fläche, auf der du herumtollen kannst, wie du willst. Stell dir während dem Gehen folgende Frage: „Wer bin ich?“ Frage dich dann mehrfach selbst: „Wer ist Ich?“ Mach die Augen zu und schau in deinen Körper. Siehst du dein Ego?

Wo ist da jemand, der „Ich" heißt? Stell dir diese Frage am besten ganz laut. Musst du schon lachen? Du wirst innen nichts finden. Spiel ein beleidigtes Kind, dass gern sein Ich finden würde. Lass die Arme und Mundwinkel hängen wie ein trauriger Clown. Kuller mit deinen Augen. Vielleicht hat sich das Ich ja im Kopf versteckt. Schaffst du es nicht, mit deinen Augen in deinen Kopf hineinzublicken? So ein Pech aber auch. Jetzt bist du noch trauriger. Oder lachst du gerade? Plötzlich kommt der Geistesblitz. Du sagst laut: „Vielleicht ist mein Ich ja hinter mir?" Dreh dich um. Siehst du dein Ich? Nein? Nun, dann dreh dich ganz schnell um. Vielleicht reagiert dein Ich ja sehr rasch und versteckt sich immer genau hinter dir. Dreh dich nun wie verrückt im Kreis und versuche dein Ego zu fangen: „Huhu, Ego ... hallo Eeeeeegooooo... wo bist du? Komm her!" Dreh dich bis zur Erschöpfung wie ein Hund, der in seine eigene Rute beißen möchte.

Wenn du völlig außer Puste bist, bleib stehen und sage zu dir selbst: „Ich drehe mich um, ich bin aber nicht da!" Frage dich erneut: „Wer ist Ich?" Antworte dir selbst – am besten lachend: „Hey, da ist niemand!" oder „Hallo, mich gibt es ja gar nicht!" oder „Ich bin ja gar nicht mein Ego – es gibt mich also gar nicht!" oder „Es ist völlig egal, wie andere mich sehen, weil die meisten Menschen sowieso nur sehen, was sie auf mich projizieren!" Du kommst nun zu folgender Erkenntnis: „Ich bin so viel, dass man mich mit Worten nicht beschreiben kann." Keine der Beschreibungen, die man dir bis jetzt geboten hat oder die du dir selbst gegeben hast, sind dein wahres Selbst. Sag zu dir selbst: „Nichts von dem, was mit Worten beschrieben wird, existiert wirklich!" Nichts davon ist die Wahrheit. Wenn du noch mehr lachen möchtest, geh weiter und wiederhole, was du erkannt hast. Grinse blöd und sage zu dir selbst: „Ich drehe mich um, da ist niemand. Ich schaue in mich hinein, da ist niemand. Da ist niemand, der Ich ist oder so ist, wie das Ich sein soll." Du bist pures Sein.

Kurz bevor ich mich entschied, als Transfrau zu leben, hatte ich intensiv über mein Ich sinniert. Auf einmal begann ich wie irre zu lachen und tat, was ich dir eben in dieser Meditation beschrieben habe. Ich zerkugelte mich vor Lachen und sprach wie ein durchgeknallter Oberlehrer zu mir selbst: „Primitiv gesagt, möchte die Gesellschaft, dass ich als Ich lebe und mich damit identifiziere. Ich soll in meiner Ego-Zelle verhaftet sein und mich noch mehr einzementieren lassen. Na, dann zementiere ich aber mein Ich so ein, dass ich mehr Freiheiten habe.

Und das kann für mich nur als Transfrau sein. Ich bin keine Frau, lebe aber als solche. Und so möchte ich auch behandelt werden. Mein nicht existentes Ich möchte als Frau behandelt werden. Ha-ha-ha!"

Kurz darauf fiel mir noch ein: „Die Gesellschaft will mich einkasteln für ihre Verwaltungszwecke und Zuordnungsabsichten. Vielleicht stelle ich noch einen weiteren Antrag auf Namensänderung. Passend wäre da meine Sozialversicherungsnummer 4163 110771. Dann heißt mein Ich entsprechend der Funktion, die es hat. Eine Nummer im Konsum-Konzentrationslager. Dann haben es die Verwaltungsorgane leichter." Daraufhin musste ich wieder intensiv lachen und ergänzte: „Ha-ha-ha! Am besten nenne ich mich A-4163 110771 ... wegen der internationalen Zuordenbarkeit."

Meditation 6 „Unbeschriebenes Blatt"

Die nächste Seite ist leer. Betrachte nun diese buchstabenfreie Fläche, und stell dir dabei vor, dass du als unbeschriebenes Blatt zur Welt gekommen bist. Erinnere dich daran. Bevor man dich zu manipulieren begann, warst du wie diese weiße Fläche. Fokussiere die Mitte und versuche, im sogenannten Tunnelblick durch das Papier hindurch zu sehen. Wenn alles rundherum etwas verschwommen erscheint, dann erinnere dich an die Erziehung zuhause, im Kindergarten, in der Schule und so weiter. Schau dir jene Bereiche genau an, die dich heute noch an dieser einstigen Gehirnwäsche stören. Du kannst sie dir auf dem Papier bildlich vorstellen, mit einem Bleistift niederschreiben oder zeichnen. Danach hast du die Möglichkeit, diese Elemente neu zu gestalten oder einfach wegzuradieren. Beobachte dich dabei. Das genügt vielleicht schon ...

Meditation 7 „Eins mit dem Licht"

Schließ nun deine Augen. Bring Körper, Geist und Fühlen zur Ruhe. Werde ganz leise und verfolge deinen Atem. Beobachte ihn. Spüre, wie er dich von ganz allein durchdringt und wieder verlässt. Du selbst bist nur ein Windrad, das sich nach dem Winde dreht und durch seine Kraft bewegt wird. Ändert der Wind die Richtung, drehst du dich mit. Spüre die Ruhe und das Vertrauen in die Existenz, in die du eingebettet bist. Sie versorgt dich. Nun reise mit voller Konzentration in dein Zentrum. Begib dich rasch in dein Selbst. Tu es mit einer Dringlichkeit, als müsstest du schon sehr lange auf die Toilette und wärst kurz vor der Erleichterung. Schreite voran mit einer Notwendigkeit, als ob es um Leben und Tod gehen würde. Reise mit der stärkenden Gewissheit, dass du ankommst. In diesem Moment ist dein Wesenskern alles, was zählt. Es gibt jetzt nichts außer deinem inneren Zentrum.

Entspannung und große Freude machen sich breit. Du tanzt einen friedlichen Tanz mit der Existenz und spürst, dass du eins mit ihr bist. Du siehst das freundliche helle Licht um dich herum. Dieses Licht durchdringt die gesamte Existenz. Sie ist die Energie hinter den Dingen der materiellen Welt. Spüre die Sicherheit und friedliche Stärke dieses Lichts. Es ist dasselbe Licht, das auch in dir strahlt. Ihr seid eins, du und das Licht. Es gab nie eine Trennung zwischen euch. Ihr seid untrennbar verbunden. In dieser strahlenden Einheit bemerkst du, dass du nicht nur dein Körper bist. Du bist auch nicht nur dein Denken oder Fühlen. Dein Name ist gerade völlig bedeutungslos. Er ist ein Instrument deines Egos. Dein Ego ist ein Instrument, auf dem dein Selbst ab nun bewusst spielen kann. Du beobachtest und bist einfach nur da. Ganz von selbst schwingst du mit dem Leben.

Meditation 8 „Das Leben"

Es gibt unzählige Meditationen. Sie sind dazu da, dich aus dem einseitigen Denken und Fühlen in die Gegenwart zu holen. Wenn du dich für eine der vielen Möglichkeiten entschieden oder vielleicht selbst eine Meditation erfunden hast, dann praktiziere nicht nur zuhause und an abgelegenen Orten. Für Außenstehende völlig unentdeckt, kannst du fast überall üben: im Zug, auf der Parkbank, in Pausen, am Klo, am Arbeitsplatz oder in der Schule. Kurzes Üben genügt. Irgendwann wird jede Tätigkeit, die du verrichtest, durch bewusste Ausführung zur Meditation. Tu einfach, was zu tun ist. Wenn dir etwas widerstrebt, tu es nicht. Auch dieses Nichtstun ist Tun. Mach nichts halbherzig. Verrichte die Dinge, die zu erledigen sind, voll und ganz. Sei eins mit dem, was du tust, egal, ob du nun eine Schweißnaht über ein Auspuffrohr legst oder deine Fingernägel lackierst. Schon als Kind habe ich bewundert, wie in sich selbst versunkene Frauen ihre Nägel lackierten. Es war eine zutiefst mystische Erfahrung, an der ich teilhaben durfte. Sie schienen in einer anderen Welt zu sein. Schon in meiner Pubertät stellte ich fest, dass man dabei nicht in eine andere Welt gerät, sondern bewusst sehr intensive Momente in dieser Welt erlebt. Man konzentriert sich darauf, den Lack gleichmäßig aufzutragen, ohne zu patzen. Währenddessen ist man gleichzeitig das Pinselchen, die arbeitende Hand, die ruhende Hand und der Nagel. Man riecht und sieht die glänzende Farbe und freut sich daran. Dabei auch noch zu denken, scheint so gut wie unmöglich zu sein.

Auch Denken ist Tun. Wenn du komplexe Dinge überdenken musst, nimm dir die Zeit und Ruhe dafür. Doch wenn du gehst, dann geh und tu nichts anderes. Wenn du isst, dann iss und tu nur das. Multitaskingfähigkeit ist ein Modewort, das uns vermittelt, dass die gleichzeitige Verrichtung von Dingen eine tolle Errungenschaft ist, die uns „Ruhm und Ehre" bringen kann. So ein Schwachsinn. Das einzige, was die menschliche Gleichzeitigtuerei bringt, sind die Entfernung aus der Einheit, Stress, Burnout, Impotenz, Magengeschwüre, Herzinfarkte und kaputte Beziehungen …

Es gibt keinen anderen Moment als das Jetzt. Wieso sich also nicht jetzt voll darauf einlassen? Sobald Gedanken über die Vergangenheit, das Hier und Jetzt oder die Zukunft einsetzen, ist man nicht mehr wirklich „dort", wo man ist. Wenn du dich schminkst und währenddessen überlegst, ob es deinem Liebsten gefallen wird, hast du dich gedanklich aus dem Jetzt in die Zukunft manövriert. Deine Pinselbewegungen werden nicht so harmonisch sein wie sonst. Wer während der Tischlerarbeit an eine unbeglichene Stromrechnung denkt, ist nicht voll bei der Sache. Gefährliche Fehler und Verletzungen können sich einschleichen. Seinen „Verdrängungsmechanismus" zu erkennen, kann hilfreich sein.

Unter diesem Mechanismus verstehe ich jene Geisteshaltung in uns, die gerne Dinge verschiebt oder aufschiebt: „Ich kann ja nachher noch im Hier und Jetzt sein, aber jetzt (!) bewegt mich doch noch das Problem mit der Stromrechnung!" Vielleicht denkst du während einer Gehmeditation: „Diesen Gedanken muss ich zu Ende denken. Ein anderes Mal werde ich dafür ganz da sein!" Tu jetzt, was jetzt zu tun ist, und denke nach, wenn die Zeit dafür gekommen ist.

Denkrezept 1 „Allesdenker"

Wenn dich Gedanken quälen, du aber keine befreienden Handlungen setzen kannst, kann es hilfreich sein, sich vorzunehmen, jeden nur möglichen Gedanken in jedem einzelnen Detail durchzudenken. Nimm dir vor, jeden bisher von dir gedachten Gedanken in all seinen Facetten zu überdenken. Strenge dich an, jeden bisher auf dieser Welt gedachten Gedanken in deinem Kopf zu bearbeiten. Dein Gehirn weiß, dass es unmöglich ist und wird vermutlich sehr bald Ruhe geben.

Denkrezept 2 „Gegenteil mitdenken"

Wenn dich ständig wiederkehrende Gedanken quälen, denk einfach das Gegenteil des Gedachten mit. Vielleicht hast du Zweifel über dein Aussehen und denkst, dass deine Mitmenschen dich hässlich finden. Denke dir doch stattdessen, sie würden dich wunderschön finden. Die Wahrheit wird in der Mitte oder eher beim zweiten Gedanken liegen. Dasselbe gilt auch für Pressemeldungen, die ein unangenehmes Gefühl in dir erzeugen. Liest du beispielsweise, dass „Staat X in das Territorium des Staates Y einmarschiert ist, um Frieden und Demokratie zu bringen", denk dir einfach hinzu: „Staat X wendet militärische Gewalt an und bringt den Krieg, um wirtschaftliche und/oder politische Interessen zu tarnen." Sehr wahrscheinlich liegt die Annahme einer gegenteiligen Aussage um einiges näher bei der Wahrheit als die ursprünglich transportierte Botschaft.

Denkrezept 3 „Absurdes Ich"

Sollte dir (unangenehm) auffallen, wie viele Gedanken sich um dich selbst drehen, sprich von dir in dritter Person oder ersetze das Wort „Ich" durch ein anderes. Statt „Ich habe es satt!" könntest du dann sagen: „Ich hat es satt!", „Jemand namens Ich hat es satt!", „Gott Satan hat es satt", „Moses David Hitler hat es satt" oder „Dampfbügeleisen hat es satt!" Die Auseinandersetzung deines Denkens mit zuerst absurd klingenden Selbstanreden ist ein guter Weg, um dich deiner Mitte näher zu bringen. Nach und nach müsste dem Gehirn eigentlich klar werden, wie absurd der jahrelange Gedanke war, ein Ich zu sein.

Denkrezept 4 „Vom Super-Ich zur Mitte"

Ist dein Selbstwertgefühl angenagt von Zweifeln darüber, wie du bei deinen Mitmenschen ankommst? Denkst oder fühlst du, dass du beobachtest und verspottest wirst, weil du „anders" bist? Wenn dich solche Gedanken und Emotionen plagen, dann denk dir doch einfach: „Ich bin zu geil für diese Welt!" Dies ist jetzt keine Anleitung, überheblich zu werden. Pendle dich in der Mitte zwischen der gedachten Ablehnung und der gedachten Bewunderung durch andere ein. Realisiere, dass es vollkommen egal ist, ob deine Gedanken und Eindrükke hinsichtlich des Fremdbilds einen Realitätsbezug haben oder ob sie phantasiert sind. Von Relevanz ist nur, dass du unabhängiger von der Meinung anderer wirst. Dies gilt erst recht, wenn du gar nicht wissen kannst, was dein Gegenüber von dir hält. Freilich gibt es einige Nervensägen, die tatsächlich schlecht über dich denken und reden. Sind sie „böse"? Die Wahrscheinlichkeit, dass deine Mitmenschen ähnliche Selbstzweifel haben wie du, ist sehr hoch. Vermutlich suchen sie deshalb nach „Fehlern" bei anderen. Sei stolz auf dich und kümmere dich nicht weiter um den Ego-Krieg der Selbstzweifler. Begib dich in deine Mitte. Sich die Wahrheit vorzustellen und liebevollen Umgang mit sich selbst zu pflegen, hilft immer. Bist du beispielsweise eine Frau im Männerkörper, also eine Mann-zu-Frau-Transsexuelle, führe dir dein inneres Bild von dir selbst und deine äußere Erscheinung vor Augen.

Gibt es Abweichungen? Steh dazu und nimm die Reaktionen des Umfelds nickend als Kompliment für deine Einzigartigkeit entgegen.

Manche lästige Zeitgenossen stellen Fragen, die dich in eine argumentative Ecke drängen sollen. Meist stecken fixe Meinungen hinter solchen Fragen. Sie haben eigentlich nur den Zweck, eine Bestätigung der Vorstellungen des Fragestellers zu erzwingen oder die gefragte Person lächerlich zu machen. Transidenten Menschen werden gelegentlich, auch von Unbekannten, die seltsamsten Fragen gestellt. Eine solche Frage könnte zum Beispiel lauten: „Gell, Sie sind doch eigentlich ein Mann?" Hier gilt es, auf das erste Gefühl zu hören und kurz durchzuatmen. Steckt ehrliches Interesse hinter einer Frage, kann man ehrlich antworten oder lächelnd weitergehen. Möchte man uns verhöhnen, so gibt es mehrere interessante Reaktionsmöglichkeiten. Ein lustiges Eingehen auf den Fragenden oder eine absurde Antwort können sehr wirksam sein. Einer Frau kann man spontan und entwaffnend antworten: „Na, Sie müssen ja sexuell ganz schön ausgehungert sein, wenn Sie in mir einen Mann sehen! Sorry, ich bin nicht lesbisch!" Einem männlichen Fragesteller entgegnet man vielleicht: „Ich bin stark wie ein Mann, aber für ihre homoerotischen Phantasien möchte ich nicht verantwortlich gemacht werden!" Wenn man keine spontanen Antworten parat hat, so blickt man seinem Gegenüber erst einmal sehr selbstsicher in die Augen. Die Pause, die man sich damit nimmt, schafft eher Respekt als Hohn. Fällt dir inzwischen keine Antwort ein, so kannst du vorbereitete Gegenfragen stellen: „Warum interessiert Sie das?", „Streikt der Anrufbeantworter Ihres Psychotherapeuten, weil Sie mich anlabern?" oder „Wollen Sie mir ein Gespräch aufzwängen?" Du kannst auch sagen: „Hey, man sieht die Strapshalter durch Ihre Jeans!"

Ein sehr einfacher Weg zur momentanen Mitte ist ein schlichtes Lächeln gegenüber jenen Menschen, von denen du dich kritisch betrachtet, argwöhnisch abgetastet, hintergangen, bedroht oder verarscht fühlst. Nichts strahlt mehr als ein selbstsicheres Lächeln.

IV. APPENDIX

BEGRIFFE ZUM BEGREIFEN

Mit Begriffen
sollen wir uns nicht
von einander distanzieren
oder uns gegenseitig abwerten.
Überwinden wir die Künstlichkeit
abstrakter Begriffe, dann können wir
dem konkreten Gegenüber sehr nahe sein.
Wenn wir wollen ...

Ein- und Umleitung

Transidente, Intersexuelle, Hermaphroditen, Zwitter, Transsexuelle, Transgender, Transvestiten, Transen, Transfrauen, Transmänner, Female impersonators, Crossdresser, Travestie-Künstler, Drag Queens, Drag Kings, Damenwäscheträger, bla bla bla: Es sind alles nur Begriffe. Sie wären allesamt nicht nötig, wenn wir Menschen uns einfach akzeptieren könnten, wie wir sind. Diese abstrakten Begrifflichkeiten haben eines gemeinsam. Es geht um Bezeichnungen für Menschen, die permanent oder zeitweise nicht in die künstliche Ordnung der bipolaren Geschlechterrollen passen. Grundsätzlich sind die Begriffe für eine grobe erste Selbstdefinition nützlich. Trotz der begrifflichen Vielfalt sind aber manche Bezeichnungen unscharf oder gar falsch. Dazu kommt, dass die Übergänge zwischen den verschiedenen Kategorien mehr oder weniger fließen, weil die Grenzen bei fast jedem Menschen anders gesteckt sind. Der Einfachheit halber fasse ich alle „transischen Erscheinungen" entgegen anderslautender Meinungen unter dem Sammelbegriff „Transidente" zusammen. Die konkreten Bezeichnungen spielen für mich persönlich kaum eine Rolle, weil jedes menschliche Wesen anders ist.

Das Individuum hat ein Recht darauf, nicht schubladiert, sondern als einzigartiges Wesen behandelt zu werden. Dazu möchte ich in Erinnerung rufen, dass ich mich selbst nie wirklich einer Definition untergeordnet habe. Meine Deklarierung als Transsexuelle erfolgte ja vorwiegend zu meinem rechtlichen Schutz in der Berufswelt. Der Vollständigkeit halber und weil es einige Menschen gibt, denen die Nomenklatur (begriffliche Fachwelt) von nicht gerade geringer Bedeutung zu sein scheint, werden nun die einzelnen Termini erörtert. Wem meine Vereinfachung „Transidente" nicht genügt, sollte sich bewusst sein, dass es von einer transsexuellen Person prinzipiell als Abwertung empfunden wird, als Transvestit bezeichnet zu werden, weil sie nicht nur vorübergehend, sondern permanent im Gegengeburtsgeschlecht lebt. Transvestiten mögen es selten, als „Tunten" oder „Schwule" gerufen zu werden, weil ihre Neigung prinzipiell nichts mit ihrer sexuellen Orientierung zu tun hat.

Sehr gerne werten sich aber manche Transidente gegenseitig ab und stützen sich dabei auf Definitionen und Begriffe. Noch nie habe ich eine uneinigere Randgruppe erlebt. In ihr findet man bei genauem Hinsehen nicht selten eine typisch männliche Hierarchie vor, bei der Damenwäscheträger ganz unten und Transsexuelle ganz oben auf der transischen Nahrungskette zu stehen scheinen. Das Thema Projektion ist hier in riesengroßen Lettern zu schreiben: Hauptsächlich werden eigene Ängste auf andere Betroffene übertragen. So zum Beispiel, wenn eine komplett hübsch gestylte „Isabella" (Transvestit) von einer operierten Transsexuellen namens „Victoria" als verkleideter Mann beschimpft wird, obwohl Isabella in ihren temporären Rolle ausdrücklich als Frau behandelt werden möchte. Isabella lässt sich die Vermännlichung freilich nicht gefallen und geht auf Victoria los: „Du bist ja selbst ein geschminkter Eunuch!" oder "Ich bin lieber Transvestit als ein kastrierter Mann!" Das Gefecht beginnt dann erst so richtig und geht zumindest im Internet bis zu Morddrohungen. Hinter dem Kampf stecken zwei gekränkte Egos, die beide so angenommen werden möchten, wie sie sich empfinden. Victoria möchte nicht in einen Topf mit Transvestiten geworfen werden, die von den Medien gelegentlich in ein falsches Licht gerückt werden. Sie hat schließlich „eh schon genug Probleme mit den Normalos" und möchte daher, dass sich Transvestiten nicht auf die Straße begeben. Eigentlich sollte es sie ihrer Meinung nach am besten gar nicht geben. Auch Isabella möchte in ihrer Rolle anerkannt werden und eben nicht „nur" als Transvestit oder gar als „Kerl im Fummel" gesehen werden. Tatsächlich sitzen beide in einem ähnlichen Boot, haben gar nicht so unähnliche Bedürfnisse und scheinen im Kampf der Egos doch grundverschieden zu sein. Daher betrachten wir erstmal die Gattung Mensch.

Menschentiere

Menschen sind Begriffstiere: Begriffs-Tiere und Begriff-Stiere. Mit ihren Hörnern der abstrakt-begrifflichen Ignoranz bohren sie sich in das Seelenkleid konkreter Menschen. Mit Charles Darwin wissen wir, dass der Mensch das Tier mit der größten Ausbreitung und dem höchsten Herrschaftsverhalten ist: „Der Mensch ist jetzt, auch im rohesten Zustand, das dominierendste Tier, das je auf Erden erschienen ist."[1] Schmunzelnd und ernst zugleich lässt sich eine charakteristische Gabe des Menschen feststellen, die ihn als Beobachter, Forscher und Herrscher alle äußeren Erscheinungen in abstrakte Begriffe packen lässt. Er zerlegt solange alles in Kategorien und Unterkategorien, bis er sich schließlich im abstrakten Denken von den benannten konkreten Phänomenen getrennt fühlt. Damit hängt eine weitere Begabung, nämlich jene der bipolar und abstrakt geführten Auseinandersetzungen zusammen, die den Menschen gelegentlich fast in den Wahnsinn treibt. Im besten Fall lässt sie ihn die Sinnlosigkeit des Haftens an Begriffe erkennen und wieder zum Einssein zurückkehren – als friedvollen Teil der großen bewussten Einheit. Die Auflösung der Begriffswelten durch deren Verknüpfung oder generelle Ablegung entspricht in der Regel der Abkehr vom biopolaren Denken in Richtung des ganzheitlichen Denkens.

Wer holistisch[2] denkt, verzichtet auf Macht. Wer herrschen will, muss erst teilen im Sinne von zer-teilen, ein-teilen, auseinander-teilen, unterteilen und umver-teilen: Divide et impera.[3] Menschliche Herrschaft erstreckt sich nicht nur auf die Pflanzenwelt und die anderen Tiere, sondern auch auf die eigenen Artgenossen. Obwohl die Natur eine gewisse Bandbreite an biologischen Geschlechtern bietet, versucht der Mensch, jede Abweichung der Biologie vom menschlichen Konstrukt der Zweigeschlechtlichkeit wie einen wilden Fluss zu begradigen. Darüberhinaus ist mit der Zuordnung eines Menschentiers zur Kategorie „Mann" oder „Frau" eine weitere Unnatürlichkeit verbunden: die männliche oder weibliche Rolle.

1 *Charles Darwin*, Die Abstammung des Menschen (1871), aus dem Englischen von *Heinrich Schmidt* (2009), S. 59
2 Holismus: Ganzheit
3 Divide et impera (lat.): Teile und herrsche; siehe Kapitel „Dienende Herrschaften"

Als *„Cis-Frau“*[1] („Bio-Frau“) oder *„Cis-Mann“* („Bio-Mann“) werden Menschen bezeichnet, deren körperliches Geschlecht mit der psychischen Geschlechtsidentität übereinstimmt. Darunter fällt vermutlich der Großteil der Menschheit, wenngleich jeder Mensch auch gegengeschlechtliche Anlagen hat. Jene Menschen, die biologisch oder rollenmäßig vom künstlichen Standard abweichen, werden vielfach *„Trans-Frauen“* oder *„Trans-Männer“* genannt. Sie werden kategorisiert, meist tabuisiert, nicht selten an den Rand der Gesellschaft gedrängt, in manchen Fällen als krank bezeichnet und sogar zwangsoperiert. Wir kommen somit nicht umhin, die einzelnen transidenten Phänomene mitsamt ihrer Einbettung in das heutige soziale Leben zu beleuchten. Auf einer fiktiven Stufenleiter klettern wir nun von den Damenwäscheträgern bis auf die oberste Sprosse der Intersexuellen. Dabei sei nochmals betont, dass tatsächlich kein Stufenbau existiert, Übergänge fließend sind und ich diese Definitionen in einer von mehr Liebe und Akzeptanz geprägten Welt als überflüssig erachten würde.

Herrliche Damenwäscheträger (DWT)

Nicht nur Damen tragen Damenwäsche. Auch manche Herren finden Freude daran. Frauen, die Frauenwäsche tragen, heißen weiterhin Frauen. Packen Männer „Weiberwäsche“ aus der Kommode, um sie selbst anzulegen, sind zwar die Textilien nicht mehr in der Lade, die Träger werden aber gedanklich in eine gesteckt: in die geistige Schublade der Damenwäscheträger. Sie leben prinzipiell gerne als Männer und wollen beim Tragen der femininen Wäsche gar nicht in die Haut oder die Rolle der Frau schlüpfen. Ihrem Bedürfnis gehen sie hauptsächlich heimlich nach, indem sie die geliebte Wäsche nur im stillen Kämmerlein, auf diversen Veranstaltungen oder im Berufsalltag unter dem Anzug tragen. Manche mögen einfach den Anblick und das Gefühl beim Tragen von Dessous, BH, Strapsen, Höschen und Stöckelschuhen. Andere erzielen dadurch einen erotischen Kick oder erreichen einen sexuellen Höhepunkt nur, wenn sie Damenwäsche tragen.

Zumindest im letztgenannten Fall spricht die Medizin dann vom „Fetischismus“, der gemäß ICD 10 den „Störungen der Sexualpräferenz“ zugeordnet wird. Die Definition des Fetischismus (F65.0) lautet dort:

1 Cis (lat.): beim, binnen, diesseits; Eine „Cis-Frau“ befindet sich also diesseits bzw. innerhalb der körperlich gezogenen Geschlechtergrenzen, wohingegen die „Trans-Frau“ diese überschreitet (trans: lat. hinüber)

„Gebrauch toter Objekte als Stimuli für die sexuelle Erregung und Befriedigung. Viele Fetische stellen eine Erweiterung des menschlichen Körpers dar, z.B. Kleidungsstücke oder Schuhwerk. Andere gebräuchliche Beispiele sind Gegenstände aus Gummi, Plastik oder Leder. Die Fetischobjekte haben individuell wechselnde Bedeutung. In einigen Fällen dienen sie lediglich der Verstärkung der auf üblichem Wege erreichten sexuellen Erregung (z.B. wenn der Partner ein bestimmtes Kleidungsstück tragen soll)."

Ansonsten, also beim Tragen der Damenwäsche (durch Männer) ohne sexuelle Stimulation und ohne dem Bedürfnis nach Zugehörigkeit zum weiblichen Geschlecht, haben wir es zwar medizinisch gesehen nicht mit einer Krankheit zu tun, wohl aber mit einem gesellschaftlichen Tabu. Krank oder zu verachten ist aber keinesfalls der Mann in Damenwäsche, sondern die soziale Tabuisierung. Wir kommen alle nackt zur Welt und sind gezwungen, Kleidung zu tragen. Man schreibt uns nicht nur vor, dass wir Kleidung tragen müssen, sondern auch welche. Das trifft für Frauen und Männer gleichermaßen zu. Aber Frauen werden kaum belächelt oder ausgegrenzt, wenn sie Männerkleidung tragen.

Warum gibt es wohl den Begriff „Herrenwäscheträgerin" nicht?

Frauen sind freier in der Kleidungswahl. Darf es da verwundern, dass Männer zur Damenwäsche greifen, die darüberhinaus noch weicher, verspielter und erotischer ist? Ich kann das absolut nachvollziehen und finde es voll okay. Seltsam finde ich eher jene Leute, die sich auf Boxer-Shorts und Feinripp einschränken lassen.
Wie im Kapitel „Anima-Erotik" beschrieben wird, hatte ich bereits in meiner Jugend ein Faible für Strümpfe, Korsetts und Stöckelschuhe. Ich kannte den Begriff DWT nicht und empfand mich als „ganz normal". Aber ich wusste, dass das Tragen von Damenwäsche gesellschaftlich den Damen vorbehalten war, diese aber ungeniert Herrenunterwäsche und öffentlich Herrenoberkleidung tragen können. Diese Ungleichheit stieß mir schon immer bitter auf. Wie du dem Kapitel „Haus-Strapse und Drogerie-Schlampe" entnehmen kannst, begann ich verhältnismäßig früh damit, provokativ zu revoltieren und zeigte mich mehr oder weniger öffentlich.

Travestie

In der eher geschlossenen Öffentlichkeit, im geschützten Rahmen, treten die bunt-schrillen Travestiekünstler auf. Ihre Auftritte sind prinzipiell örtlich und zeitlich auf die Bühne beschränkt. Dort spielen sie die Rolle des anderen Geschlechts, wobei die „Damenimitatoren" Wert auf eine eher extreme und parodistische Darstellung der Frau legen. Hinter den oft wunderschönen Kostümen und lustigen Auftritten verbirgt sich sehr viel Wahres über die gesellschaftlichen Rollen und Rollenerwartungen. Travestie stellt eine anerkannte Variante bunter und sozialkritischer Unterhaltung dar. Diese Kunstform ist verwandt mit den noch öffentlicher auftretenden Drag Queens.

Drag Queens und Kings

Drag Queens sind meist homosexuelle Männer, die sich gelegentlich in extrem überzeichnete Frauen verwandeln. Dabei steht weniger die Identifikation mit der Frau als vielmehr das Parodieren im Vordergrund. Als „Überfrau" mit sehr hoher Frisur, extrem hohen Absätzen, schrillen Kostümen und meist perfektem, superstarkem Make-up mimen sie eine Art Wunderfrau. „Drag" bedeutet angeblich „Dressed as a girl". Wie ein Wundermädchen angezogen, durchstreifen diese scharfen Königinnen das Nachtleben und liefern eine „öffentliche Show" nach der anderen. In der Schwulenszene sind sie meist lokale Prominenzen. Wo sie sind, ist ihre Bühne, auf der sie die Künstlichkeit heteronormativer und zweigeschlechtlicher Ordnungen mächtig auf die Schaufel nehmen. Mit den Travestiekünstlern, die ihre Shows auf der „festen Bühne" abziehen, verbindet sie das humorvolle, kabarettistische Element.

Das Pendant zu den Drag Queens sind die *Drag Kings* („Dressed as a guy" – wie ein Mann gekleidet). Es handelt sich um Frauen, die eine überzogene Männlichkeit zur Schau stellen. Drag Kings haben ihren Ursprung in der Lesbenszene. Teilweise greifen sie auf die wesentlich ältere Tradition der „Butch", der sehr maskulinen „Männergestalt" vor allem in lesbischen Beziehungen, zurück.

Transidentes Sammelsurium

Den Begriff Transidentität verwende ich als Sammelsurium für alle als Geschlechterrebellen lebende Menschen, wie Transvestiten, Transsexuelle und Intersexuelle. Zumeist wird er jedoch ausschließlich synonym zu „Transsexualität" (TS) bzw. „Transgender" (TG) benutzt. Kritiker des Transsexualitätsbegriffs argumentieren nämlich zu Recht, dass dieses Wort betreffend die ursprüngliche Empfindung eines Menschen, im anderen sozialen Geschlecht leben zu wollen, die Assoziation zum Sexuellen nahelegt und daher falsch ist. Sexuelle Orientierung – Heterosexualität, Bisexualität und Homosexualität – berührt die geschlechtliche Identität nur am Rande. Transsexuelle bzw. Transgender wollen sozial als Angehörige des Gegengeburtsgeschlechts (anderen Geschlechts) anerkannt werden. Hier geht es um Identität. Der englische Begriff „Transsexual" ist daher korrekt, weil „Sex" im Englischen eben „Geschlecht" bedeutet. Die Verdeutschung ist aber falsch. Viele plädieren daher für den Begriff „Transgender" im Sinne von „hinüber" (lat. trans) zum anderen sozialen Geschlecht. Etwa die Hälfte der TS (TG) strebt eine Angleichung ihrer Körperlichkeit an das „Wunschgeschlecht" an.[1] Zur allgemeinen Verunsicherung wird „Transgender" von manchen auch als Überbegriff für sämtliche Phänomene herangezogen, bei denen Geschlechtergrenzen überschritten werden. Meine Erklärung hinsichtlich TS (TG) folgt jedoch der überwiegenden und auch medizinischen Sichtweise.

Transvestiten (TV)

Wie der Transsexualismus hat auch der Transvestitismus prinzipiell nichts mit der sexuellen Orientierung an sich zu tun. Es geht um eine *Neigung* und eine gelebte, geschlechtliche Identität, also um weit mehr als eine Verkleidung. Laut internen Umfragen erklärt sich die überwiegende Zahl der TV als heterosexuell. Transvestitismus beschreibt das Verlangen, sich zeitweilig bewusst in die Identität des anderen Geschlechts einzufühlen und hineinzubegeben. Das biologische Geschlecht wird dabei nicht in Frage gestellt. Ein komplettes Leben im anderen Geschlecht wird nicht unbedingt angestrebt. Das kann aber noch folgen. Transvestitismus kann somit eine „Vorstufe" zur Transsexualität sein.

1 Vgl. *Udo Rauchfleisch*, Transsexualität – Transidentität: Begutachtung, Begleitung, Therapie (2006), S. 18

Spätestens dann wird es sehr schwer, die Unterscheidung zwischen TS und TV aufrecht zu erhalten. Ursprünglich wurde unter einem Transvestiten eine Person verstanden, die die Bekleidung des anderen Geschlechts trägt, sich demnach „hinüberkleidet". Im Lateinischen bedeutet „trans" ja hinüber und „vestire" sich kleiden. Diesem Phänomen wird gerne mit dem Begriff des *Crossdressing*, dem reinen Tragen der gegengeschlechtlichen Kleidung, Rechnung getragen. Generell versteht man heute unter einem männlichen oder weiblichen Transvestiten jedoch einen Menschen, der nicht nur die Kleidung des Gegengeschlechts trägt, sondern sich temporär auch mehr oder weniger gegengeschlechtlich präsentiert. Mann-zu-Frau-Transvestiten (MzFTV) schminken und schmücken sich im Allgemeinen auch wie ihre äußeren oder inneren weiblichen Vorbilder. Der Umstand, dass der generelle Sprachgebrauch unter einem Transvestiten nur den MzFTV meint, bestätigt das bei den TS (TG) nochmals angesprochene Faktum, dass vor allem westliche Männer in ihrem Gehabe und Kleidungsstil strengeren Normen unterworfen sind als Frauen. Wenngleich ich mich nie als Transvestit sah, entspricht meine einstige Rolle „Monique Dumont" (als Gegenpol zum „Centurio") aus Sicht eines Außenstehenden doch am ehesten dieser Kategorie. Meine Definition war die des „weiblichen und spirituellen Kurzurlaubs vom Alltag". Ich habe sehr viele besondere Menschen kennengelernt, jedoch traf ich nie auf einen Frau-zu Mann-Transvestiten (FzMTV), der sich als solcher bezeichnete. Das dürfte wohl daran liegen, dass Frauen ohnehin beinahe jede beliebige Kleidung tragen, sich auch ungeschminkt außer Haus begeben und „männlich" verhalten können, ohne groß aufzufallen. Frauen zeigen uns damit, dass die Deklarierung als TV unnötig ist, wenn man sein von Natur aus gegebenes Recht des freien Selbstausdrucks sanktionslos wahrnehmen kann.

MzFTV gleichen meines Erachtens mehr oder weniger bewusst ihr im Alltag vor*herr*schendes Defizit an Weiblichkeit aus. Nicht wenige dieser TV erklären explizit, dass sie es satt hätten, in erster Linie von ihren weiblichen Mitmenschen, insbesondere den Partnerinnen und Müttern (!) in die einseitige Rolle des starken, fleißigen Mannes gedrängt zu werden. Der Ausgleich wird über eine andere Rolle gesucht, wobei die meisten Vertreter dieser transischen Gattung ihre zweite Identität geheim und im Verborgenen ausleben. Nicht ganz fein werden sie als „Wohnzimmertransen" tituliert. Manchen genügt dieses versteckte Frausein in ihren eigenen vier Wänden. Andere leiden kräftig darunter, diese sehr wichtige Seite ihres Lebens aus Scham und Angst vor Ausgrenzung verheimlichen zu „müssen".

Was für sie selbst entspannend und/oder erotisch wirkt, wird sehr oft sogar vor der Partnerin verheimlicht. Nicht selten ist sie eine der letzten Personen, die davon erfahren. Darin darf ein Mangel an gegenseitigem Vertrauen in einer Welt der schizophrenisierenden Rollenzuweisung erblickt werden.

Unter den „Störungen der Geschlechtsidentität" wird nach ICD 10 der „Transvestitismus unter Beibehaltung beider Geschlechtsrollen" (F64.1) wie folgt definiert: „Tragen gegengeschlechtlicher Kleidung, um die zeitweilige Erfahrung der Zugehörigkeit zum anderen Geschlecht zu erleben. Der Wunsch nach dauerhafter Geschlechtsumwandlung oder chirurgischer Korrektur besteht nicht; der Kleiderwechsel ist nicht von sexueller Erregung begleitet." Menschen, die sich derart in die Rolle des anderen Geschlechts einfühlen, dass sie Zugehörigkeitserfahrungen machen möchten, werden demnach als krank eingestuft. Dass darin nicht das Problem einschnürender Rollenzuweisung und die Chance zu ihrer Überbrückung gesehen wird, sollte uns eigentlich die Krankheit des Systems und nicht die der TV aufzeigen.

Wenn Erotik und Sexuelles im Spiel sind, fällt Transvestitismus nach ICD 10 unter die „Störungen der Sexualpräferenz". „Fetischistischer Transvestitismus" (F65.1) wird folgendermaßen beschrieben: „Zur Erreichung sexueller Erregung wird Kleidung des anderen Geschlechts getragen; damit wird der Anschein erweckt, dass es sich um eine Person des anderen Geschlechts handelt. Fetischistischer Transvestitismus unterscheidet sich vom transsexuellen Transvestitismus durch die deutliche Kopplung an sexuelle Erregung und das starke Verlangen, die Kleidung nach dem eingetretenen Orgasmus und dem Nachlassen der sexuellen Erregung abzulegen. Er kann als eine frühere Phase in der Entwicklung des Transsexualismus auftreten." Schon der Begriff Fetischismus[1] ist in diesem Zusammenhang irreführend, weil sich Fetischisten grundsätzlich und ausschließlich durch Ersatzobjekte, wie Bekleidungsstücke, diverse Gegenstände oder einzelne Körperteile erregen und befriedigen. Wesentliches Kriterium scheint dabei die Reduktion oder ausschließliche Fokussierung des sexuellen Interesses auf diese Gegenstände oder Körperteile zu sein. Soweit ich es beurteilen kann, trifft dies bei TV so gut wie gar nicht zu. Selbst wenn es so sein sollte, sehe ich in der sexuellen Auseinandersetzung mit sonst der Damenwelt vorbehaltenen „Fetischobjekten" wie High Heels und Strapsen den Gegenpol zum Alltag.

1 ICD 10, F65.0

Auch hier gilt für mich, dass eher jene gesellschaftlichen Normen krank sind, die bestimmte Kleidungsobjekte ausschließlich einem Geschlecht zuordnen. Im Verhalten des sogenannten fetischistischen TV sehe ich den Versuch, diese soziale Krankheit in sich selbst zu heilen. Nicht wenige Betroffene stellen ausdrücklich die berechtigte Frage: „Wie kann das, was mich heilt, krank sein?"

Transsexuelle (TS)

Wenn in der westlichen Welt von Menschen die Rede ist, die sich als „im falschen Körper gefangen" erachten oder deren „Seele" gemäß den eigenen Empfindungen nicht dem biologischen Geschlecht entspricht, sind Transsexuelle (TS) bzw. Transgender (TG) gemeint. Streng übersetzt bedeutet transsexuell soviel wie „hinübergeschlechtelt"[1]: Es wird ein Leben in der kompletten und nicht nur vorübergehenden Rolle des „anderen Geschlechts" angestrebt, das sich in ihrem sozialen Umfeld zumeist alles andere als einfach gestaltet. „Wir kennen andere Kulturen, in denen der Wechsel der Geschlechterrolle sogar recht weit verbreitet ist und einen festen Platz im kulturellen und religiösen Leben einnimmt", und lassen Udo Rauchfleisch als Beispiele anführen: „Die Berdache bei den Zuni in Mexiko, die Fakaleiti, Männer auf Tonga (Ozeanien), die sich in ihrem Auftreten und ihrer Kleidung dem weiblichen Geschlecht angleichen, die Hijra aus Indien, die meist weder eine eindeutig weibliche noch eine eindeutig männliche Geschlechtsidentität haben, und die Katoy in Thailand." Es bleibt offen, ob diese Lebensformen anderer Kulturen Transsexuelle in unserem Sinne sind.[2] Ich gehe davon aus, dass sie es zumindest dort keinesfalls sein können, wo die Einbindung im kulturellen und religiösen Leben gegeben ist. Es besteht dann nämlich kein Grund, sie als krank zu bezeichnen.

In unserer „Kultur" werden TS als psychisch kranke Menschen gesehen, die man in der Regel auf dem Operationstisch heilen will. Etwa die Hälfte der TS hat ja bei uns den Wunsch nach einer geschlechtlichen Anpassung. Komplett übersehen oder nicht berücksichtigt wird dabei vielfach die Wechselwirkung zwischen dem psychischen Drang der TS nach dem chirurgischen Zurechtschneiden ihrer Körper einerseits und der gesellschaftlichen Normvorgabe eindeutiger Geschlechtlichkeit nebst

1 Trans (lat.): Hinüber; Sex (engl.): Geschlecht
2 Vgl. *Rauchfleisch*, S. 11

Intoleranz gegenüber Abweichungen andererseits. Die Scham, nicht einem der beiden aufgezwungenen Bilder (Mann oder Frau) zu entsprechen, ist nicht selten mit jenem gegen den eigenen Körper gerichteten Hass verbunden, der die Betroffenen geradezu auf den Operationstisch drängt. Geschlechtliche Zwischenwesen sind ein ziemlich zuverlässiger Maßstab für die soziale Akzeptanz gegenüber der individuellen Freiheit und Besonderheit jedes einzelnen Menschen. Je materiell fixierter und je wirtschaftlich reicher eine Nation ist, desto enger geschnürt scheinen die Rollenkorsetts zu sein. Welches Indiz könnte diese These wohl besser unterstützen als das Konstruieren faktisch geschlechtsloser und unfruchtbarer Körper mit dem Skalpell? Auch darin ist die spirituelle Armut materiell reicher Nationen deutlich erkennbar.

Die Häufigkeit von Neuerkrankungen (Inzidenzrate) wird statistisch in Deutschland und den Niederlanden bei Männern zwischen 1:11.900 bis 45.000 und bei Frauen zwischen 1:30.000 und 100.000 angenommen.[1] Ein physischer Mann, der sich als Frau empfindet und ganz als solche leben will, wird etwas umständlich, aber eindeutig zuordenbar, als „Mann-zu-Frau-Transsexuelle" (MzFTS) bezeichnet. Ist ein Transsexueller hingegen biologisch mehr oder weniger eine Frau, will aber als Mann leben, lautet die korrekte Bezeichnung „Frau-zu-Mann-Transsexueller" (FzMTS). Der erwähnten Statistik zufolge ist die Zahl der MzFTS mehr als doppelt so hoch wie jene der FzMTS.

Dafür bieten sich folgende Erklärungen an. Wie im Kapitel „Pränatales" erörtert wird, stellt die Natur eher die Grundform des Weiblichen als jene des Männlichen zur Verfügung. Der natürliche Drang zur Verweiblichung dürfte sich verstärken angesichts der gegenüber Frauen größeren Unfreiheit der Männer in ihrem Auftreten, ihrer äußeren Erscheinung, ja in ihrer ganzen Identitätsfindung. Junge Frauen verbringen mehr Zeit mit dem mütterlichen Vorbild. Männern stehen ihre männlichen Vorbilder sehr viel eingeschränkter zur Verfügung. Für ihre Herrschaft in der äußeren Produktion (Wirtschaft) unterwerfen sie sich selbst einem strengen Reglement, dem die Frauen als Meisterinnen der sexuellen Produktion weniger stark unterworfen sind. In der Außenwelt steht dem männlichen Sein der weibliche Schein gegenüber. „Männliches" Verhalten von Frauen wird weniger verachtet als „weibliches" Verhalten der Männer.[2]

1 Vgl. *P.J. van-Kesteren, L.J. Gooren und J.A. Megens,* An epidemiological and demographic study of transsexuals in the Netherlands – Arch. Sex. Behav. (1996); *C. Weitze und S. Osburg,* Transsexualism in Germany – Empirical data on epidemiology an application of the German Transsexuals, Arch. Sex. Behav. (1996); siehe auch *Rauchfleisch* S. 12
2 Siehe dazu die Einleitung zu diesem Buch sowie Kapitel „Schwan mit Butler" („*Hinter den Kulissen*")

Etwa die Hälfte der TS strebt keine Operation an. Insbesondere im pornographischen Zusammenhang werden sie nicht selten als *She-male* bezeichnet. Die andere Hälfte hat den Wunsch nach medizinischer, sprich hormoneller und/oder chirurgischer Anpassung an das „Wunschgeschlecht" (Gegengeburtsgeschlecht). Zur rechtlichen Anerkennung im „neuen Geschlecht" wird in sehr vielen Staaten die chirurgische Anpassung verlangt. Dort ist sie in der Regel die Voraussetzung zur Änderung der geschlechtsspezifischen Eintragung („männlich" oder „weiblich") im Geburtenbuch und den persönlichen Dokumenten sowie der davon abhängigen Änderung des Vornamens. Rechtliche Details dazu findest du im Kapitel „Mein Rechtsk(r)ampf". Mein Empfinden zur spirituellen Komponente dieser Thematik wurde vor allem im Kapitel „Transzender" niedergeschrieben.

Ein chirurgischer Eingriff zur Angleichung der Primärgeschlechtsorgane (Penis und Scheide) an das Gegengeburtsgeschlecht ist irreversibel, meist sehr schmerzhaft, mit beachtlichen Risiken und lebenslanger Hormoneinnahme verbunden. Der Fachbegriff lautet „Geschlechtsanpassende Operation" (gaOp), womit die Unmöglichkeit der Herstellung des anderen biologischen Geschlechts verdeutlicht wird. Operativer Geschlechtswandel ist eine Lüge, ein verlogener Mythos.[1] Kastration, Verstümmelung gesunden Fleisches und Unfruchtbarmachung sind die Realität: MzFTS werden mangels Gebärmutter und Eileiter weder gebärfähig, noch weisen sie einen natürlichen Hormonhaushalt auf. Sie menstruieren nicht, behalten ihre Prostata und den Adamsapfel. Brüste wachsen entweder bedingt durch den neuen, synthetischen Hormonhaushalt, oder man hilft mit plastischer Chirurgie nach. Chirurgisch wird ein vaginaähnlicher Schlauch geformt. Ein in den Unterleib „gebohrter" Tunnel wird mit Teilen der Vorhaut ausgekleidet und die Spitze des amputierten Penis wird zu einer „Klitoris" umfunktioniert. Die so erschaffene, äußerlich meist perfekt aussehende „Neovagina" muss speziell gereinigt und vor dem Geschlechtsverkehr künstlich lubrifiziert[2] werden. Schlüpfrige „Vaginalflüssigkeit" wird also der Tube entnommen. Von nicht wenigen Neurologen wird die von Betroffenen behauptete physische Orgasmusfähigkeit stark bezweifelt. Sie gehört eher in den Bereich mythischer Wunschvorstellungen und Selbstschutzbehauptungen. Ausdrücklich schreibt die selbst betroffene Autorin Kamermans, dass eine MzFTS nie und nimmer die Weiblichkeit einer biologischen Frau

1 Vgl. auch *Johanna Kamermans*, Mythos Geschlechtswandel – Transsexualität und Homosexualität (1992)
2 Lubrifikation: Befeuchtung eines Gewebes mit einem Sekret

erreichen kann: Es handelt sich stets um eine imitierte Weiblichkeit, nie um eine erlebte.[1]
Bei FzMTS ist die Entfernung von Eileitern, Eierstöcken und Gebärmutter (Hysterektomie) sowie Brüsten (Masektomie) vorgesehen. Der Aufbau eines wurstähnlichen Penis (Penoid) aus Knochen, Muskeln und Haut der Wade oder des Unterarms wird zumeist rechtlich nicht verlangt. Zwar ist diese Operation um einiges schwieriger als die Herstellung der „Neovagina", aus Sicht der MzFTS handelt es sich jedoch um eine Gleichheitswidrigkeit. In dieser unsachlichen Differenzierung dürfen wir die Werteordnung männlicher Herrschaft im Äußeren erkennen. „Transfrauen" (MzFTS) müssen für Männer dem Weiblichen maximal angepasst werden, wohingegen „Transmänner" (FzMTS) getrost mit ihrer Vagina leben dürfen. Als Ausgleich für die schwierigere geschlechtliche Anpassung fällt den Transmännern das gesellschaftlich relevantere „Passing", das „Durchgehen" und Angenommensein im sozialen Geschlecht, etwas leichter. So hat bereits kurzfristige Hormoneinnahme grundsätzlich einen sichtbaren Bartwuchs und eine Vertiefung der Stimme zur Folge. In der Regel fällt ein kleinerer Mann mit etwas weicheren Konturen weit weniger auf als eine größere Frau mit größeren Händen, breiteren Schultern und Adamsapfel.
Je nachdem, ob TS operiert sind oder nicht, finden sich auch noch die Bezeichnungen Pre-op-TS (TS vor der Operation) oder Post-op-TS (TS nach der Operation). Diese Terminologie ist veraltet, zumal ja rund 50 Prozent gar keine Operation anstreben. Sie wären sinnentleert lebenslange „Pre-op-TS". Geläufig sind auch die erwähnten selbsterklärenden Begriffe „Transfrau" (MzFTS) und „Transmann" (FzMTS). Ich persönlich halte den mir bekannten Querschnitt transsexueller Menschen für hochsensibel. Viele sind aufgrund ihrer Sensibilität, des sozialen Drucks und des damit verbundenen Leids so sehr anpassungsfanatisch geworden, dass sie beginnen, ihre Körper zu hassen. Als mein Rechtsk(r)ampf publik wurde, habe ich von ein paar Freundinnen gehört: „Moni, wenn es zu meiner Zeit möglich gewesen wäre, ohne Operation als Frau zu leben, hätte ich mich wahrscheinlich nicht unters Messer gelegt ..." Andere hingegen fanden seelischen Trost im operativen Eingriff und hätten diesen unter allen Umständen durchführen lassen. Aus ihrer Sicht ist die gaOp keinesfalls eine Verstümmelung, sondern die Erlösung vom „Leid im falschen Körper". Wenn ich von Verstümmelung schreibe, dann ausschließlich im rein medizinischen und gesellschaftlichen Zusammenhang. Es wird schließlich in und an gesundem Fleisch herumgeschnitten.

1 Vgl. *Kamermans*, S. 108

Im Zusammenhang mit der rechtlichen Anerkennung im sozialen Geschlecht empfinde ich den Zwangscharakter der Operation als krank und nicht die TS (TG).

Transsexualismus ist nach ICD 10 eine *Krankheit* bzw. „Störung der Geschlechtsidentität". Die Definition (F64.0)[1] lautet: „Der Wunsch, als Angehöriger des anderen Geschlechts zu leben und anerkannt zu werden. Dieser geht *meist* mit Unbehagen oder dem Gefühl der Nichtzugehörigkeit zum eigenen anatomischen Geschlecht einher. Es besteht der Wunsch nach chirurgischer und hormoneller Behandlung, um den eigenen Körper dem bevorzugten Geschlecht soweit wie möglich anzugleichen." In meiner Beschwerde an den Verfassungsgerichtshof stellte ich abschließend fest: „Transsexualismus ist de facto keine Krankheit, sondern ist, wie auch Homosexualität, eine Normvariante. Homosexualität wird im ICD seit Jahren nicht mehr als Krankheit geführt, weil erkannt wurde, dass es sich eben um eine Normvariante handelt. Obschon die Klassifizierung als Krankheit insb. den Vorteil der Kostentragung durch die Krankenkassen bietet, so darf doch nicht übersehen werden, dass nicht der Drang, im Gegengeschlecht zu leben, krank ist, sondern die Scham darüber, in keines der beiden vorgegebenen geschlechtlichen Rollenbilder, wie mit dem Geburtsgeschlecht zufriedene Menschen, zu passen, krank machen kann, weil rechtliche und damit einhergehend soziale Ausgrenzung diese Diskrepanz auf oft schmerzhafte Weise verdeutlichen."[2]

Intersexuelle

Ist ein Mensch aufgrund genetischer Besonderheiten körperlich bzw. physisch-geschlechtlich nur schwer oder gar nicht einem der zwei Geschlechter zuordenbar, spricht man von Intersexualität oder Pseudo-Hermaphroditismus. Intersexuelle oder Pseudo-Hermaphroditen (Schein-Zwitter) besitzen bei der Geburt die primären und/oder sekundären Geschlechtsmerkmale beider Geschlechter. Dabei kommen folgende Zwischenformen vor: Penis und Schamlippen, Brüste und Penis, Scheide und Penis, Penis und Eierstöcke, Hoden und Vagina. Menschliche Hermaphroditen sind jedoch allein, d.h. ohne Geschlechtspartner nicht reproduktionsfähig.

1 In Frage kommt auch F64.2 „Störung der Geschlechtsidentität des Kindesalters"
2 Siehe Kapitel „Mein Rechtsk(r)ampf"

Daher werden hermaphroditsche Menschen Pseudo-Hermaphroditen genannt. Umgangssprachlich vernimmt man fälschlicherweise gelegentlich das Wort „Zwitter“ oder „Hermaphrodit“. Darunter werden Wesen mit den funktionstüchtigen Geschlechtsorganen (Keimdrüsen) beider Geschlechter verstanden, wie wir sie etwa unter den Schnecken finden. Am Rande sei bemerkt, dass die Selbstbefruchtung bei den Schnecken nur vorkommt, wenn sie lange Zeit partnerlos sind. Beim Menschen kommen, wie gesagt, (echte) Zwitter und Hermaphroditen nicht vor.

Aus der griechischen Mythologie kennen wir Hermaphroditos. Er/Sie war ursprünglich ein Junge, den Aphrodite, die Göttin der Liebe, dem Götterboten Hermes geboren hatte. In einem Teich wurde der Körper des Jünglings durch die göttliche Verschmelzung mit jenem der Nymphe Salmakis zu einer Einheit. Der „Zwitter“ vereinte auch männliche und weibliche Gesichtszüge in sich. Es war ihr/sein Wunsch an die Götter, dass jeder Mann verweiblicht werden solle, der in dieses Wasser steigen würde. Diese mystische, romantisch anmutende und für hohe Akzeptanz sprechende Deutung der natürlichen Erscheinung des (Pseudo) Hermaphroditen wird heutzutage mit barbarischen Füssen getreten.

Wer im 21. Jahrhundert mit weiblichen und männlichen Geschlechtsmerkmalen zur Welt kommt, dessen/deren an sich gesundes Fleisch wird grundsätzlich unmittelbar nach der Geburt zur „eindeutigen“ Frau oder zum „eindeutigen“ Mann zurechtgeschnitten. Aus sexualmedizinischer und psychiatrischer Sicht werden derartige Eingriffe zur „Vereinheitlichung des Geschlechts“ in der Regel bei Säuglingen und Kleinkindern empfohlen, um ihre ungestörte psychosexuelle Identitätsentwicklung zu ermöglichen. Von zweitausend Kindern ist etwa eines intersexuell. Nach ICD 10 können intersexuelle Erscheinungen insb. unter folgende Diagnosen fallen: „Adrenogenitale Störungen“ (E25), „ovarielle Dysfunktion“ (E28), „testikuläre Dysfunktion“ (E29), „Androgenresistenz-Syndrom“ (E34.5), „Turner Syndrom“ (Q96), „Anomalien der Genosomen bei weiblichem Phänotyp“ (Q97) oder „Anomalien der Genosomen bei männlichem Phänotyp“ (Q98). Wo man sich die Zweigeschlechtlichkeit einst als göttliche Schöpfung erklärte, hantiert man heute zur Operationsrechtfertigung mit medizinischem Fachvokabular herum. Etwas sarkastisch stelle ich folgende Frage:

Wie konnten unsere Vorfahren ohne alldem überleben?

ABKÜRZUNGEN

ABGB	Österreichisches Allgemeines Bürgerliches Gesetzbuch idgF
AT	Altes Testament; ältester Teil der Bibel (bis Jesus)
bspw.	beispielsweise
BVerfG	Deutsches Bundesverfassungsgericht
B-VG	Österreichisches Bundes-Verfassungsgesetz idgF
bzw.	beziehungsweise
d.h.	das heißt
DWT	Damenwäscheträger
engl.	englisch
etc.	und so weiter (lat.)
FzMTS	Frau zu Mann Transsexuelle
FzMTV	Frau zu Mann Transvestit
Fn	Fußnote
gaOp	geschlechtsanpassende Operation
gem.	gemäß
ggf.	gegebenenfalls
grds.	grundsätzlich
f. / ff.	folgende / folgfolgende
ICD 10	**I**nternational Statistical **C**lassification of **D**isseases and related Health Problems (Internationale Statistische Klassifikation der Krankheiten und verwandter Gesundheits probleme)
idgF	in der gültigen Fassung; hinsichtlich der erwähnten Gesetze wird der Einfachheit halber der Zeitpunkt der abschließenden Arbeit am Manuskript angegeben: 19.12.2009
insb.	insbesondere
iVm	in Verbindung mit
KKK	Katechismus der Katholischen Kirche: Nachschlagwerk über das Verständnis christlichen Glaubens; 1992 päpstlich approbiert und veröffentlicht
lat.	lateinisch

mE	meines Erachtens
MzFTS	Mann zu Frau Transsexuelle
MzFTV	Mann zu Frau Transvestit
NÄG	Österreichisches Namensänderungsgesetz idgF
NS	Nationalsozialismus, nationalsozialistisch
NT	Neues Testament (ab Jesus)
NTE	Nahtoderfahrung
Post Op	nach der Operation
Pre Op	vor der Operation
Rn	Randnummer
StGB	Österreichisches Strafgesetzbuch idgF
SM	Sadomasochismus
SMS	Short Message Services
TG	Transgender
TV	Transvestit, Transvestitismus
TS	Transsexuelle/r, Transsexualismus
u.a.	unter anderem/anderen
udgl.	und dergleichen
usw.	und so weiter
uU	Unter Umständen
v.a.	vor allem
VfGH	Österreichischer Verfassungsgerichtshof
vgl.	Vergleiche
VwGH	Österreichischer Verwaltungsgerichtshof
Z.	Ziffer
z.B./zB	Zum Beispiel

DANKSAGUNG

In erster Linie danke ich dir, liebe Leserin und dir, lieber Leser. Denn eventuell bewirkt dein künftiges Handeln eine kleine Kurskorrektur des Boots, in dem wir alle sitzen. Durch den Kauf dieses Buchs unterstützt du mich außerdem bei meiner weiteren Arbeit.

Einen extradicken Kuss schicke ich meiner geliebten Jasmin für ihre Mitarbeit an dieser überarbeiteten Neuauflage. Jasmin hat am Kapitel „Jasmonika“ mitgeschrieben, die Illustrationen der Vorauflagen sehr viel freundlicher gestaltet und Korrektur gelesen. Ein ganz besonderes Dankeschön gilt meinen Freunden, die geduldig zuhörten, aufmerksam lasen und mir den Rücken für die Schreibarbeit freihielten. Dasselbe gilt für meine Ex-Freundin Amanda und ihren Ex-Mann. Sie halfen mir beim Recherchieren und fertigten die Cover-Bilder nach meinen Vorgaben an. Die Arbeit der Cover- und Layout-Gestaltung nahmen mir gottlob meine kreativen Freunde Julian Pöschl und Phillip B. Bauer von mufim.media ab. Mit sehr viel Herzblut haben die beiden auch den Trailer zum Buch gedreht. Herzlichen Dank an Michael Emminger, dessen konstruktive Kritik und kontroverse Ansichten wesentlich zur Abrundung des Werks beigetragen haben. Einen beachtlichen Beitrag haben auch Serena Laker, Andrea und Irmi Scheidl, Natalie Sophie Chrstos, meine Mama und „Onkel“ Hans geleistet. Sie haben mich sowohl mental als auch beim Korrigieren unterstützt. Achim Stuhlmacher und seinem deutschen Lotus-Press-Team (Verlag) sei für die wunderbare, ergebnisreiche, manchmal nervige und dennoch entspannte, sehr menschliche Zusammenarbeit im Rahmen der ersten Auflage gedankt. Wer in einer vom Kommerz diktierten Literaturwelt einen Verlag für ein Kreativwerk sucht, weiß, womit man sich abmühen muss.

Die zweite Auflage habe ich selbst verlegt, weil ich das Raubrittertum der Großhändler nicht weiter unterstützen wollte, die für wenig Gegenleistung bis zu 60 Prozent (!) vom Kaufpreis einstreiften. Skurril.

Für die, die wirklich am und mit dem Buch gearbeitet haben, also mich und den Verleger, blieb da nicht viel über. Weil es inzwischen ein Kinofilmprojekt gab, das auf „Tiger in High Heels“ basierte und mich ganz schön in Anspruch nahm, habe ich mich bei der dritten Auflage für den österreichischen Verlag Berger entschieden. Elisabeth Hübl und Thomas Kubicek haben mich davon überzeugt, dass sich Qualität, Fairness, Verlässlichkeit und Nettigkeit auch in der Literaturbranche nicht ausschließen müssen. Dafür sei den Beiden ganz herzlich gedankt. Dasselbe gilt für Harald Mahrer von digiDruck, bei dem ich mich ganz besonders für Weitblick und Handschlagqualität bedanke! Die vorliegende überarbeitete Neuauflage durfte entstehen, weil mir Michael Nagula und das Konzept seines Amra-Verlags auf Anhieb sympathisch waren. Auf gute weitere Zusammenarbeit!

Am Ende des Buchs angelangt, wird es dich bestimmt nicht verwundern, wenn ich der Existenz dafür danke, dass „ich“ dieses Buch schreiben durfte. Mein Ich hat es nur in dem Sinne geschrieben, als mein Verstand nach Möglichkeiten suchte, das im Zustand der Meditation und in luziden Träumen Erfahrene, also das prinzipiell für jeden Menschen anzapfbare universelle Wissen, zu verschriftlichen. Außerdem musste ich eine Verbindung mit den Erfahrungen des gewöhnlichen Alltags herstellen. Viele Erkenntnisse kamen wie von allein, als ich im verschneiten Wald unterwegs war. Manchmal griff ich in absichtsloser Absicht nach einem Buch, das gerade perfekt zum Thema passte. Die vielen Schriftsteine des Buchmosaiks setzten sich in einem Prozess zusammen, den ich als kreativ-mystisch-rationales Schreiben bezeichnen würde. Dieses Selbsterfahrungsbuch hat sich wie von selbst geschrieben. Wir sind alle über das Ousia-Feld, das Feld des wahren Seins, verbunden und es gibt kein Ich, das sagen könnte: „Ich habe dieses Buch geschrieben!“ Daher haben wir es in letzter Konsequenz alle gemeinsam geschrieben.

Danke Euch allen!

Alles Liebe

Vorwort für normale Sterbliche und Skeptiker

Für Sie ist dieses Buch sicher unterhaltsam und beunruhigend zugleich. Sie werden die Menschen, die Ihnen in der U-Bahn oder Einkaufsmeile begegnen, künftig mit ganz anderen Augen sehen.

Denn jeder von ihnen könnte ein »Nichtgestorbener« sein ...

Was die Wissenschaft dazu auf der Pfanne hat, ist derzeit noch eher suboptimal, und wenn Sie drei »Experten« zu diesem Thema befragen, werden Sie zehn verschiedene Meinungen zu hören bekommen. Erwarten Sie also schon deshalb keine »hochwissenschaftliche« Abhandlung. Wenn Sie aber wissen möchten, wie man zum Himmel und wieder zurück kommt und mit welchen Tücken man zu kämpfen hat, wenn man sein »Leben nach dem Tod« hier auf der Erde wieder auf die Reihe bekommen will, dann begleiten Sie mich doch einfach ein Stück weit.

Dies ist kein Buch für Rosenzüchter. Ein paar Beulen in der Komfortzone Ihres bisherigen Weltbildes müssen Sie dabei schon aushalten können. Es enthält nämlich auch Antworten auf Fragen zum Totsein, die Sie sich bisher nie zu stellen wagten.

Aber allein, wenn es Sie dazu anregt, Ihren eigenen Tod von einer ganz anderen Seite zu sehen und auch mal darüber zu lachen, hat sich diese Investition für Sie schon gelohnt.

Ach ja, und die Antwort auf die uns Nahtod-Erfahrenen am häufigsten gestellte Frage ist: »Nein, ich habe Elvis nicht getroffen.«

Vorwort für Rettungssanitäter, Krankenschwestern und Polizisten

Wenn Sie zu denen gehören, leisten Sie in diesem Land und überall auf der Welt eine großartige Arbeit, meistens physisch und psychisch am Limit.

Haben Sie sich schon mal gefragt, warum? Ich meine, warum gerade *psychisch* am Limit? Ihre Berufe haben doch etwas sehr Genaues an sich, und trotzdem erleben Sie fast täglich Dinge, die gar nicht in Ihrer Ausbildung vorkamen.

Denken Sie nur daran, wie der Kollege Sie irritiert hat, der vorzeitig aus dem Dienst ausschied, weil er nach einem Unfall mit mehreren Toten »das alles« einfach nicht mehr ausgehalten hat. Post-*trauma*-tisches Belastungssyndrom. Das ist zwar ein ganz tolles Wort, aber was sagt das eigentlich genau, was steckt dahinter? Wie kommt's, dass jemand einen »garantiert tödlichen Unfall« nahezu unversehrt überlebt? Und was genau haben Sie da wirklich »mit nach Hause genommen«, wenn so ein Fall Sie lange Zeit, ja manchmal das ganze Leben lang nicht mehr loslässt?

Haben Sie sich mal die Mühe gemacht herauszufinden, wer Ihnen da schon einige Male ins Ohr geflüstert hat: »Pass auf, runter vom Gas!« – kurz bevor ein kapitaler Hirsch oder eine Waschmaschine plötzlich mitten auf der Straße stand?

Ich wette, dass von »Kommissar Zufall« auch keine Personaldaten existieren, geschweige denn, dass sich jemand mal bei ihm bedankt hat. Jedenfalls nicht offiziell, oder?

Ach, und diese sogenannten »Spontanheilungen« ... Witzige Sache, das, nicht wahr? Haben Sie nicht auch das Gefühl, dass den Göttern in Weiß so langsam keine Ausreden mehr dafür einfallen, dass sie die einfach *nicht* erklären können?

Das und vieles mehr ist gar nicht mehr so rätselhaft, wenn man es einmal »von der anderen Seite aus« betrachtet ...

Vorwort für Überlebende und ihre Angehörigen

Es ist etwas ganz anderes, eine Nahtod-Geschichte nur zu lesen, als wenn man selbst mitten drinsteckt. Das kann ich gut verstehen. Ich habe es ja selbst erlebt, mich danach mit den verschiedensten Menschen unterhalten und mir auch *ihre* Nahtod-Erlebnisse angehört.

Dabei habe ich herausgefunden, dass viele von uns Nichtgestorbenen panische Angst davor haben, irgendwie bloßgestellt zu werden. Viele Betroffene glauben am Anfang selbst, dass sie auf einmal verrückt geworden sind.

Wenn Sie gerade denken: »Das kenne ich ...«, kann ich Sie beruhigen. *Verrückt geworden?* Genau das sind Sie wahrscheinlich *nicht* – und wenn doch, dann eher wegen dem Blödsinn, der den ganzen Tag im Fernsehen läuft, als wegen Ihrem Nahtod-Erlebnis.

Dieses Buch soll niemanden »outen«, sondern alle wichtigen Erfahrungen zusammenfassen und ein paar Lösungen zum Selberbasteln anbieten. Sollten Sie als nicht Betroffener nach ein paar Seiten das Gefühl haben, Sie würden selbst in einem Nahtod-Erlebnis »mitfahren« ... so ist das pure Absicht!

Nach der Lektüre sollten Sie auf jeden Fall Ihre eigenen »Untoten« in der Familie besser verstehen und die ganze Sache mit dem Tod wesentlich entspannter sehen. Wenn Sie sich am Ende nicht *totgelacht* haben, können Sie sogar noch einen mittleren Aufstand anzetteln ...

Einführung: Nahtod-Erlebnisse

Nachdem ich meinen eigenen Tod schon im Alter von 17 Jahren überlebt hatte, lernte ich einen Beruf, arbeitete in einem Krankenhaus, einem Pflegedienst und einer evangelischen Kirche. Ich versuchte mich als freischaffende Künstlerin, heiratete und bekam Kinder. Aber erst 21 Jahre später brachte ich es fertig, meine Geschichte aufzuschreiben, und es war gut, dass ich jemanden hatte, der mir dabei geholfen hat. Dann suchte ich nach anderen Überlebenden und fand sie – obwohl die alle mehr oder weniger im »Untergrund« leben – erstaunlich schnell.

Nahtod-Erlebnis – das klingt doch schon wie eine zwei Pfund schwere Warze an der Backe; man sollte das bei Gelegenheit mal als Unwort des Jahres vorschlagen, nicht wahr?

Für die Überlebenden gibt es gar kein richtiges Wort, und das, obwohl immer mehr von ihnen durch die Gegend laufen. Daher biete ich Ihnen in diesem Buch auch ein paar andere Begriffe an. Sie können sich ja dann einen davon aussuchen, der Ihnen besonders gut gefällt.

Seltsamerweise entsteht immer der Eindruck, dass es Menschen mit Nahtod-Erfahrungen nur in Amerika gibt, oder im Fernsehen, auf jeden Fall aber irgendwo anders – ganz weit weg. Überhaupt glauben die meisten, dass es sich bei so etwas um irgendein ganz, ganz seltenes, geradezu magisches Phänomen handelt, und wenn mal einer von uns in der Öffentlichkeit erscheint, dann wird – wahrscheinlich wegen der Einschaltquote – immer gern so eine mystisch-heilige Aura um den oder die Ärmste verbreitet.

Wenn Sie aber nicht gerade auf einem Leuchtturm wohnen, möchte ich wetten, dass auch in Ihrer Straße jemand lebt, der schon mal eine sehr persönliche Begegnung mit dem Tod hatte. Und das ist in der Regel irgendein Otto Normalverbraucher, von dem Sie das absolut nicht gedacht hätten. Nahtod-Erlebnisse sind heutzutage nämlich gar keine Seltenheit mehr, im Gegenteil: Es ist schon eher ein Massenphänomen, eine richtige *Pandemie*.

Möglicherweise hat Ihr Nachbar, den Sie schon jahrelang kennen, bereits eines gehabt, oder der Bäcker an der Ecke. Oder auch Ihr Lebensgefährte/Ihre Lebensgefährtin, der/die Ihnen das schon seit Jahren verschweigt.

Wenn Sie dieses Buch aufmerksam lesen, werden Sie gut und gern etwa drei Personen in Ihrem engsten Umfeld benennen können, die wahrscheinlich schon ein Nahtod-Erlebnis hatten – und Sie werden sich wundern, wie einfach das ist.

Sollten Sie selbst bereits eine Nahtod-Erfahrung gehabt haben, dann haben Sie bestimmt auch schon versucht, irgendeine Erklärung für Ihr Erlebnis zu finden, und sind dabei auf Literatur gestoßen, die manchmal einen bedrückenden Eindruck hinterlassen kann.

Sehr schnell ist man da auf mystischen Pfaden unterwegs, die in alle möglichen Richtungen führen und einen nirgendwo wirklich hinbringen.

Außerdem nützt es einem in dem Moment auch nicht gerade viel, zu wissen, dass ein Guru in Indien gute Erfahrungen mit der »Öffnung des Dritten Auges« gemacht hat oder Erdlinien sich negativ auf unsere Aura auswirken können.

Aber gerade in der ersten Zeit nach unserem Erlebnis können Probleme der unterschiedlichsten Art auftreten, an die man im Leben nicht gedacht hätte und für die man auf der Stelle eine praktische Lösung braucht, um seinen Alltag erst mal wieder einigermaßen bewältigen zu können.

Ich beschreibe Ihnen hier also keinen hochspirituellen Weg, sondern biete Ihnen eher einen Erste-Hilfe-Kurs für den Normalbürger, der zwischen Himmel und Erde ein paar Erfahrungen gemacht hat, die seine Welt einmal komplett durchgeschüttelt haben ... frei nach dem Motto: »Hilf dir selbst, dann hilft dir Gott.«

Und keine Sorge, Sie müssen jetzt nicht gleich in den nächsten Baumarkt laufen, wir arbeiten hier mit dem Werkzeug, das wir im Haus haben.

Ich gebe ja zu, dass ich diese Sache auch jahrelang eher ignoriert habe, aber irgendwann blieb mir gar nichts anderes übrig, als mich damit auseinanderzusetzen.

Man bringt nämlich schon mal einen Menschen aus dem Jenseits wieder raus, aber man bringt das Jenseits niemals mehr aus dem Menschen raus ... nicht wirklich.

»Point of no return«

Mir ist aufgefallen, dass sich die meisten Heimkehrer da oben nicht gerade durch besondere Geistesgegenwart ausgezeichnet haben. Die meisten der Befragten taumelten wohl eher rum wie im Traum. Hätte es sich dabei um eine Führerscheinprüfung gehandelt, sie würden heute noch zu Fuß gehen. Und zu Fuß kommt man da oben nicht weit.

Die meisten von uns haben es ganz sicher höheren Mächten zu verdanken, dass die Sache gut für sie ausgegangen ist.

Ob Sie also gerade buchstäblich neben sich stehen, von der Decke eines Operationssaals den Ärzten bei ihrer eigenen Behandlung zusehen oder schon vor einem Tunnel oder Licht stehen, jetzt *spätestens* ist der Moment gekommen, an dem Ihnen klar sein sollte, ob Sie leben wollen oder nicht. Hier haben Sie oft noch die Möglichkeit, eine Entscheidung zu treffen für oder gegen das Leben. Also das Leben auf der Erde, so mit Schwerkraft, Steuern und festen Arbeitszeiten, aber auch mit denen, die Sie lieben und die Sie vielleicht brauchen.

Vielleicht sind Sie ja auch einfach noch nicht fertig mit diesem Leben? Diese neugewonnene Erkenntnis, dass mit dem Tod wohl doch nicht alles aus ist, könnte auf ihr bisheriges Leben hier auch noch mal ein ganz anderes Licht werfen, nicht wahr? Wenn Sie sich an dieser Stelle also für das Leben entschieden haben, gut.

Dann tun Sie sich bitte den Gefallen und gehen Sie jetzt auf keinen Tunnel zu, steigen Sie über keinen Zaun und überqueren Sie keinerlei Grenze, auch nicht ins »Licht«, denn von dort ist nun wirklich noch keiner zurückgekommen. Gehen Sie auch mit niemandem irgendwohin, von dem Sie nicht wissen, wer er ist und was er von ihnen will!

Das ist so einfach wie wirkungsvoll, und wenn Sie Kinder haben, wissen Sie, was ich meine. Dann wollen wir mal sehen, wie wir Sie jetzt wieder auf den Boden zurückbekommen.

Wenn Sie klug waren, dann stehen Sie ja jetzt immer noch VOR der Einreisekontrolle ...? Gut, dann habe ich jetzt an dieser Stelle einen Notfallplan für Sie.

Anja Rivinius *wuchs in einem Krankenhaus auf. Mit sechs fast ertrunken, entlarvte sie als 13-Jährige den Mathelehrer als Sektenmitglied, der sie von da an für eine Außerirdische hielt, verhinderte in Dänemark ein Busunglück mit 32 Schülern, zwei Vergewaltigungen und eine Kindsentführung, diskutierte ihre schwere Krebserkrankung mit dem Schöpfer aus und erlebte eine Spontanheilung. Heute repariert sie Schuhe, Handtaschen und Ölgemälde.*

Jetzt auch als eBook!

LD Thompson

WAS DIE SEELE SIEHT

Wege zum inneren Frieden

256 Seiten, Hardcover, oranges Leseband
Amra Verlag, € 19,95

ISBN 978-3-939373-98-8

Dein Leben wird von deiner Seele gestaltet, und je mehr du auf sie hörst und nach ihren Werten und Wünschen handelst, desto freudvoller wird dein Leben. Vorwort von Sabrina Fox.

Jetzt auch als eBook!

Satsanga Sabine Korte

UMA LERNT FLIEGEN

Grenzenloser Mut zum Glücklichsein

320 Seiten, Hardcover, weißes Leseband
Amra Verlag, € 19,95

ISBN 978-3-939373-94-0

Eine junge Frau geht auf eine Reise, auf der man nichts behalten kann. Sie führt sie bis nach Indien ins Allerheiligste des Mystikers OSHO. Der Roman einer Wahrheitssuche.

Jetzt auch als eBook!

Lee Carroll, Tom Kenyon u. a.

NEUE ZEIT

Kryon, Metatron, Hathoren und Maria Magdalena

368 Seiten, Hardcover, silbernes Leseband
Amra Verlag, € 19,95

ISBN 978-3-939373-76-6

Die Neue Zeit beginnt, in der sich fortschrittliche Seelen versammeln: visionäre Schöpfer, humanistische Aktivisten, soziale Unternehmer. Sie verkörpern den Neuen Menschen.

Textauszüge, Videos und Hörproben auf www.AmraVerlag.de